国家自然科学基金项目（70973090）
教育部人文社会科学重点研究基地重大项目（05JJD790020）

金融改革和金融发展：

理论与实践的回顾及反思

JINRONG GAIGE HE JINRONG FAZHAN
LILUN YU SHIJIAN DE HUIGU JI FANSI

江 春/著

人民出版社

责任编辑:陈　登

图书在版编目(CIP)数据

金融改革和金融发展:理论与实践的回顾及反思/江春 著.
-北京:人民出版社,2012.8
ISBN 978 - 7 - 01 - 011112 - 4

Ⅰ.①金…　Ⅱ.①江…　Ⅲ.①金融改革-研究-世界②金融业-经济发展-
研究-世界　Ⅳ.①F831

中国版本图书馆 CIP 数据核字(2012)第 176872 号

金融改革和金融发展:理论与实践的回顾及反思
JINRONG GAIGE HE JINRONG FAZHAN:LILUN YU SHIJIAN DE HUIGU JI FANSI

江　春　著

人民出版社 出版发行
(100706　北京朝阳门内大街166号)

北京市文林印务有限公司印刷　新华书店经销

2012 年 8 月第 1 版　2012 年 8 月北京第 1 次印刷
开本:710 毫米×1000 毫米 1/16　印张:43.25
字数:664 千字

ISBN 978 - 7 - 01 - 011112 - 4　定价:88.00 元

邮购地址 100706　北京朝阳门内大街 166 号
人民东方图书销售中心　电话 (010)65250042　65289539

目　录

引　言 ………………………………………………………………… 1

第一篇　金融自由化改革的理论基础

第一章　金融自由化改革的理论先导
　　　　——第一代金融发展理论 ………………………………… 19
　第一节　"金融深化论"的产生 ………………………………… 19
　第二节　"金融深化论"的基本模型及政策建议 ……………… 28
　第三节　"金融深化论"的扩展 ………………………………… 42

第二章　新自由主义经济理论与金融自由化改革 ……………… 48
　第一节　"华盛顿共识" …………………………………………… 48
　第二节　开放资本账户的理论主张 ……………………………… 51

第二篇　发展中国家及经济转轨国家的金融改革
实践：基于金融自由化理论的实践

第三章　拉丁美洲国家金融改革的实践与绩效 ……………… 67
　第一节　智利的金融改革 ………………………………………… 67
　第二节　阿根廷的金融改革 ……………………………………… 87
　第三节　墨西哥的金融改革 ……………………………………… 106
　第四节　巴西的金融改革 ………………………………………… 121

第四章　亚洲国家的金融改革 ………………………………… 132
　第一节　韩国的金融改革 ………………………………………… 133

第二节　泰国的金融自由化改革 …………………………… 152

第三节　印度尼西亚的金融改革 …………………………… 164

第四节　印度的金融自由化改革 …………………………… 178

第五章　非洲国家的金融改革 ………………………………… 197

第一节　尼日利亚的金融改革 ……………………………… 198

第二节　塞内加尔、埃及、加纳及马拉维等国的金融改革 ……… 209

第六章　转轨国家的市场化改革及金融改革 ………………… 233

第一节　中央计划经济体制及金融体制 …………………… 234

第二节　由中央计划经济体制向自由市场经济体制转轨的理论

　　　　基础 ……………………………………………… 241

第三节　波兰向市场经济的转轨及金融改革 ……………… 248

第四节　俄罗斯向市场经济的转轨及金融改革 …………… 264

第五节　匈牙利的经济及金融改革 ………………………… 284

第三篇　金融改革与金融发展实践的进一步理论探索

第七章　对金融自由化理论与实践的反思 ………………… 297

第一节　对"金融深化论"的批评及 Mckinnon 对"金融深化

　　　　论"的修改补充 ………………………………… 297

第二节　金融约束理论 ……………………………………… 301

第三节　货币危机理论 ……………………………………… 311

第八章　第二代金融发展理论

　　　　——内生金融增长理论 ……………………………… 318

第一节　内生增长理论及第二代金融发展理论的产生 ……… 318

第二节　金融中介和金融市场的内生形成 ………………… 321

第三节　金融体系的功能与经济增长 ……………………… 336

第九章　第三代金融发展理论 ………………………………… 347

第一节　法律制度与金融发展 ……………………………… 348

第二节　产权制度与金融发展 ……………………………… 372

第三节　政治制度与金融发展：金融发展的政治经济学 ………… 382

　　第四节　非正式制度与金融发展 ················· 401
　　第五节　制度的量化问题及第三代金融发展理论的意义 ········· 413

第十章　有关资本账户开放的进一步理论探讨 ········· 418
　　第一节　资本账户开放的利弊之争 ··············· 418
　　第二节　开放资本账户的前提条件 ··············· 428
　　第三节　资本账户开放的"次序理论" ············· 437

第十一章　金融发展、国际贸易与外商直接投资 ········· 447
　　第一节　金融发展与国际贸易 ················· 447
　　第二节　金融发展与外商直接投资 ··············· 463

第十二章　金融发展与收入分配 ··············· 478
　　第一节　金融发展与收入分配理论：理论模型及基本观点 ····· 479
　　第二节　金融发展改善收入分配：实证分析 ··········· 485
　　第三节　金融发展改善收入分配的作用机制 ··········· 488
　　第四节　金融发展、人力资本积累与经济增长 ········· 504

第十三章　金融发展、企业家精神与经济增长 ········· 508
　　第一节　金融发展和企业家精神：理论观点 ··········· 510
　　第二节　金融发展与企业家精神：实证分析 ··········· 520
　　第三节　金融发展、企业家精神与经济增长：路径分析 ······· 532

第十四章　金融发展与经济增长：理论分析及实证研究 ······· 542
　　第一节　金融发展促进经济增长的渠道及机制 ········· 543
　　第二节　金融发展与经济增长因果关系的不同观点 ······· 565
　　第三节　金融发展与经济增长关系的理论反思 ········· 571

第四篇　金融改革与金融发展的理论反思及展望

第十五章　发展中国家及经济转轨国家金融改革实践的理论反思 ··· 589
　　第一节　发展中国家及经济转轨国家在金融改革的过程中爆发
　　　　　　金融危机的反思 ················· 589
　　第二节　发展中国家及经济转轨国家的金融改革取得成功的原

因分析 ·· 600

第十六章 金融发展理论的综合及重新表述：金融发展理论的一个
         创新尝试 ·· 606

  第一节 金融发展的框架：理论综合基础上的重新表述 ········· 606

  第二节 金融的实质及功能：一个重新解释 ················· 607

  第三节 金融发展的关键：合理的产权制度 ················· 621

  第四节 金融发展的基石：权力制衡的政治体制 ············· 624

  第五节 对策建议 ······································· 628

参考文献 ··· 631

后　记 ··· 686

引　言

自美国经济学家 Mckinnon 和 Shaw 于 20 世纪 70 年代提出"金融深化理论",从而创立了第一代金融发展理论之后,全球范围内的许多国家(特别是发展中国家及经济转轨国家)① 掀起了一波又一波的金融改革浪潮,并向市场经济转型,从而推动全球经济格局发生重大了变化。在全球各国的金融改革浪潮中,"市场化、自由化、全球化"构成金融改革的主流。从现实来看,这些国家所采取的金融改革措施确实推动了这些国家的金融发展及经济增长,但也随之产生了许多问题(如经济及金融的动荡甚至是金融危机),这些问题的产生对以强调金融自由化改革为核心的第一代金融发展理论形成挑战②,并给人们提出了一系列值得深入思考的问题,即如何看待金融自由化改革? 金融危机是金融自由化改革所造成的吗? 金

---

① 第二次世界大战以后,人们往往将世界各国分为"发达国家"和"欠发达国家"(一般称为"发展中国家")这两大类。而到 20 世纪 80 年代以后,由于许多发展中国家进行市场化改革并因而促进了经济的迅速增长,因此又出现了"新兴市场国家"(Emerged Market)这一概念。具体而言,发展中国家或经济转轨国家要成为国际社会公认的新兴市场经济体是有条件的,这些条件主要有:一是实行"对内改革和对外开放"的政策,二是国内生产总值与人均国内生产总值显著提升,三是与国际社会的经济联系愈益紧密,四是积极主动融入国际和区域经济合作。基于此,本书将"新兴市场国家"定义为力图通过市场化改革而融入全球经济体系,并取得较快增长速度的国家。而"发展中国家"则指经济较落后,同时又没有进行市场化改革以力求融入全球经济体系的国家。20 世纪 90 年代以后,由于苏联及东欧各国向市场经济体制转轨(Transition),因此又出现经济转轨国家这一概念。

② 对发展中国家及经济转型国家金融改革所存在的问题,目前有两种绝然不同的观点,一种观点认为是政府干预过度所致,另一种观点则认为是市场化改革过快及府监管不够所致。在亚洲金融危机爆发以后,国内外一些学者认为金融自由化会增加金融风险、带来金融脆弱性,并指出金融管制是中国大陆未受到金融冲击的关键,从而在国内外学术界形成了一种加强金融管制的浪潮。

融危机的根源到底是什么？如何避免金融危机？决定金融发展的根本因素到底是什么？如何才能成功地进行金融改革并进而成功地实现金融发展？等等。

基于发展中国家及经济转轨国家金融自由化改革的现实，并为回答以上这一系列问题，国外越来越多的学者开始在第一代金融发展理论基础上，试图通过借鉴或吸收其他理论流派（如"内生增长理论"及新制度经济学理论等）的基本观点或研究方法，或在大量的实证分析基础上，从不同层面或不同角度对第一代金融发展理论进行修正、补充或完善，由此便产生了第二代及第三代金融发展理论。

第二代金融发展理论通过借鉴或吸收"内生增长理论"的基本观点及研究方法，不再将金融视为决定经济增长的外生变量，而将金融活动内生化，将金融发展置于"内生增长模型"中，研究金融中介和金融市场是如何"内生"的形成和发展的，以及内生的金融体系是如何通过作用于技术进步及生产率，并进而推动经济的长期可持续增长，从而形成自成体系的"内生金融增长理论"。与第一代金融发展理论强调资本积累在经济增长中的作用不同，"内生金融增长理论"强调技术进步或生产率的提高在刺激经济增长中的作用。在此基础上，"内生金融增长理论"特别强调金融的效率，强调金融发展对提高投资效率的作用；主张一国在进行金融自由化改革时应注重培育金融业的微观基础，并应遵循"自然演进"的发展路径；指出金融自由化改革不应过于追求改革的形式，而应有利于让金融体系充分发挥其各项功能以推动经济的持续增长（Greenwood 和 Jovanovic，1990；Jemen 和 Murply，1990；Bencivenga 和 Smith，1991；Saint 和 Paul，1992；Zilibotti，1994；Allen 和 Gale，1994；Boyd 和 Smith，1996；Leland 和 Pyle，1997；Boot 和 Thakor，1997；Greenwood 和 Smith，1997；Blackburn 和 Hung，1998；Dutta 和 Kapur，1998；Bacchetta 和 Caminal，1996）。

第三代金融发展理论另辟蹊径，通过借鉴或吸收新制度经济学的基本观点及研究方法，从制度（Institutional，包括法律制度、产权制度、政治制度，以及文化传统等非正式制度等）的角度研究金融发展问题，从而得出了"良好的制度（包括法律制度、产权制度及政治制度等）是实现金融发展的关键"这一基本结论（La Porta、Lopez-de-Silanes、Shleifer 和 Vishny，1998；Demirgüç-Kunt 和 Maksimovic，1998；Verdier，1999；Thorsten Beck、Asli

Demirguc-Kuntt 和 Ross Levine，2000；Fohlin、Weber 和 Davis，2000；Morck、Ye-ung 和 Yu，2000；Glaser、Johnson 和 Shleifer，2001；Pagano 和 Volpin，2001；Johnson、McMillan 和 Woodruff，2002；Beck、Demirgü-Kunt 和 Levine，2002；Bar-th、Caprio 和 Levine，2003；Classens、Laeven；2003；Beck、Levine，2003；Guiso、Sapienza 和 Zingales，2004）。

　　进入 21 世纪以后，除了第三代金融发展理论仍在不断深入研究以外，金融发展理论还出现了许多新的进展，这除了在金融发展与经济增长的关系问题上有了更深入的思考以外，还逐步向其他学科渗透，且研究领域也更加广泛，如将金融发展（包括金融开放）与企业家精神、收入分配与贫困减缓、比较优势等问题联系起来进行研究，并开始趋向微观化、国别化与地区化，等等，由此产生了大量新的研究领域及研究成果。

　　如果说，第一代金融发展理论强调的是"自由化或市场化"，而第二代金融发展理论强调的是"内生增长"或金融的"功能"，第三代金融发展理论则强调"制度因素"在金融发展中的作用，而 21 世纪以后金融发展理论的一些新进展实际上将"金融发展如何更好地造福人类"作为研究主题，这意味着金融发展理论的研究思路又向前推进了一步。金融发展理论的这一发展变化反映出人们对发展中国家及经济转轨国家金融自由化改革的现实及以上一系列问题的认识在不断深入，也为一国如何更有效地推进金融改革及实现金融发展提供了更多的思路。

　　此外，由于许多发展中国家（新兴市场国家）及经济转轨国家在金融自由化改革过程中所爆发的金融危机往往伴随着资本账户的开放，因此学术界在资本账户开放的利弊问题上存在着较大的争议。但最新的研究进展还是从制度这一角度，并运用实证分析方法提出了很有新意的观点：开放资本账户对一国经济的利弊取决于该国制度质量的高低，如果一国在制度不完善或制度质量低下的情况下开放资本账户，则不但难以取得预期的效果甚至还有可能爆发金融危机，而一国只有在制度完善或制度质量较高的情况下开放资本账户才能享有开放所带来的好处，并有利于避免金融危机的爆发（Ito，2005；Klein，2005；Chinn 和 Ito，2006；Law 和 Demetriades，2006；Ju 和 Wei，2007；Klein 和 Olivei，2008）。应该说，这一新的研究成果为一国更稳妥地开放资本账户提供了十分有益的启示。由于这一成果是从制度这一角度进行研究的，因此这一成果也可以归为第三代金融发展理论。

有趣的是，作为第三代金融发展理论代表人物的 Demirg-Kunt 和 Levine（2008）却认为中国经济增长及金融发展的现实对第三代金融发展理论甚至主流的经济增长理论提出了挑战。Allen、Qian 和 Meijun（2005）、Demirg-Kunt 和 Levine（2008）以及 Berger、Hasan、Wachtel 和 Zhou（2009）等人也持相同的观点。他们提出，中国金融发展及经济增长存在着两个"谜团"：（1）中国在制度并不完善（如中国的产权制度存在缺陷，且中国的法治并不健全，等等）的情况下实现了金融的快速增长。而第三代金融发展理论的基本观点是，良好的制度（包括法律制度、产权制度及政治制度等）是实现金融持续发展的关键，但中国的情况却相反（Hasan、Wachtel 和 Zhou，2009），这可称为"中国金融发展之谜"。[①]（2）中国在制度及金融体系都不完善的情况下成为世界上经济增长率最快的国家之一，这一现象则可称为"中国经济增长之谜"。

按照主流的金融发展理论及经济增长理论，"金融体系的良好运转是经济成功的关键所在"（Mishkin，2006），因此，从理论上来说，如果一国没有一个完善的金融体系，则经济增长就会受到影响。世界银行（1989）的研究也表明，有效率的银行体制与运行良好的资本市场乃是经济改革与经济增长取得成功的重要因素，因此世界银行认为，从长期来看，如果没有发育良好的国内金融市场，发展中国家的经济增长必定受到损害。此后，世界银行于 1996 再次提出"其他市场改革的成功有赖于一个健康的金融体系"，2008 年世界银行再次提出"一个高效的、功能良好的金融体系能够实现资金优化配置、分散投资风险、促进经济发展、提供更多就业机会以及促使公平收入分配，从而减少贫困"。但中国的情况却似乎不是这样，中国是在制度及金融体系都不完善的情况下成为全球经济增长率最高的国家。因此，"中国金融发展之谜"和"中国经济增长之谜"这两个"谜团"的存在，使得中国的金融发展及经济增长成为主流金融发展理论及经济增长理论的重要反例（Allen、Qian 和 Meijun，2005）。

---

① 中国 20 世纪 80 年代开始进行金融改革到现在为止，中国的金融业发生了翻天覆地的发展变化：金融资产的种类及数量迅速增多，金融机构的种类及规模不断扩大，金融市场快速发展。

中国的现实促使我们必须在理论上回答这样的问题：中国的金融发展及经济增长真的是主流金融发展理论及经济增长理论的反例吗？或者说，中国的经济增长及金融发展实践是否真的推翻了第三代金融发展理论及主流的经济增长理论的基本观点？是否存在一个有中国特色的金融发展理论？中国目前的这种经济增长及金融发展模式是否具有长期的可持续性？这实在既是一个值得深入思考和细致分析的重大理论问题，又是一个需要用时间来证明的实践问题。

值得注意的是，国外已有许多学者开始从不同的角度来研究这两个"谜团"。如 Allen、Qian 和 Qian（2002）认为，在法律体系不完善的情况下，中国经济的增长主要是由一些非正式部门推动的。Mishkin（2007）则认为，中国金融业之所以在制度不完善的情况下发展较快，同时，中国经济之所以在金融体系并没有市场化的情况下实现了高速的增长，原因可能有以下几个方面：（1）中国目前尚处于发展的初期阶段，增长的基数较低；（2）中国的储蓄率较高，因而能够进行大规模的资本积累以刺激经济增长；（3）由于将中国农业部门大规模的未充分利用的劳动力转移到高生产率的资本密集型部门，从而刺激了中国的经济增长。[①] 但 Mishkin（2007）同时指出，中国目前的这一发展模式不会总是奏效，他认为苏联就提供了一个生动的例子。在 19 世纪五六十年代，苏联也因高储蓄率、大规模的资本积累及大量未充分利用的劳动力从自给农业转向制造业，从而刺激了经济的高速增长（Weitzman，1970）。但由于在这一高增长阶段，苏联没有建立相应的制度来有效地配置资本，当苏联的剩余劳动力被充分利用后，增长速度显著下滑，结果在与西方发达市场经济国家的竞争中逐步落后。Mishkin（2007）认为，在今天，没有人认为苏联经济是成功的范例，而它无法适时发展相应的制度来有效地配置资本及维持经济的长期高速增长，这是这个前超级大国最终消亡的重要原因。Mishkin 甚至还提出，中国经济发展的最大危险可能在于脆弱的金融体系和日益增大的贫富差距。Guariglia 和 Poncet（2008）则认为，中国私营部门的发展可能是中国

[①] 胡永泰（Woo，1994）认为，中国以农业为主的经济结构使得政府可以通过扩大农业积累，而可不必多发行货币为国有企业融资。Honohan（2004）则指出，虽然中国现有储蓄没有得到高效的利用，但由于中国大量的剩余劳动力从低收益的农业部门转移到高收益的工业部门，这就足以促进高经济增长。

在制度不完善的情况下推动经济高速增长及金融较快发展的原因。[1] Berger、Hasan 和 Zhou (2009) 则认为，经济的全球化及大量外资直接投资的引进[2]可能是中国在制度不完善的情况下推动经济高速增长及金融较快发展的两个重要因素。

事实上，除了国外学者所指出的以上这些因素以外，本书认为可能还有以下几个因素是中国在制度并不完善的情况下实现较高经济增长和较快金融发展的原因：(1) 由于存款利率（由于中国银行业是中国金融业的主体，因此银行存款利率目前是中国影响面最广的利率，这意味着，存款利率是中国实际上的基准利率）过低，[3] 从而降低了中国金融业的成本，扩大了中国银行体系的利差，从而使中国银行业能获得较高的利润，并进而保证了中国金融业的快速发展。(2) 要素（指劳动力和土地这两种要素）的价格过低。中国过低的要素价格人为地降低了要素成本及生产成本，掩盖了资本边际收益递减的基本规律，并人为地增大了企业的利润，而这种人为增大的利润又转化为高额的投资从而刺激了经济增长。但这种增长与制度是否完善无关，而且这种经济增长实际上是以人为压低中国居民的报酬为代价的。[4] (3) 由

---

① LaPorta、Lopez-de-Silanes、Shleifer 和 Vishny 等人 (1999) 曾对中国私营企业在制度不完善的情况下之发展起来的原因进行过探讨。他们认为：中国的政府官员在促进私营企业发展方面扮演着十分积极的角色，而政府官员之所以要支援私营企业的发展原因又在于：第一，20 世纪 80 年代中国政府实行了强制退休年龄政策，从而使得中国的官员更趋于年轻和更具有经济发展意识。第二，在中国改革的早期阶段，地方政府通常在乡镇企业中是半个所有者，从而为私有部门的发展提供了源泉。乡镇企业的巨大成功以及相关官员仕途的晋升都给其他的官员提供了激励。第三，企业的利益共用机制激励了官员采取措施致力于企业发展。

② Huang (2003) 则认为：中国吸引 FDI 的原因恰恰在于中国的金融部门配置资源低效，因此，中国 FDI 的作用就是为了弥补国内金融部门的低效率。

③ 这意味着，中国目前实际上仍然存在着"金融压抑"的问题。这同时还说明，中国目前之所以实行以间接融资为主体的金融体系，目的就在于压低中国经济的融资成本。

④ 需要指出的是，要素价格的决定过程既是配置资源的过程，同时又是决定各生产要素报酬的过程，或者说，要素价格的决定过程既是成本（对于要素的需求者来说）的决定过程，同时也是收入（对于要素的供给者来说）的决定过程。这意味着，要素价格的决定实质上也是一个收入分配（即生产要素参与收入分配）问题，这种收入分配被称为功能性收入分配（Functional Distribution of National Income）。功能性收入分配从国民收入来源的角度分析国民收入在各要素所有者之间的分配，它要解决的是"如何生产及为谁生产"这两个重大问题。可见，要素价格既解决收入的分配问题，同时又解决稀缺资源在各种不同用途之间的配置问题。由于只有在各生产要素能够根据其生产中的消耗大小得到相应补偿（即要素价格合理化），或根据其生产中的贡献大小获得相应报酬的情况下，才能产生足够的激励促使各生产要素流动到最有效率或最有经济价值的用途上，以得到最有效的利用从而最大限度地创造产出，因此从促进国民收入增长的角度来看，要素价格是最重要的价格，功能性收入分配也是最重要的收入分配。

于中国在制度不完善的情况下依靠大量消耗能源，以环境的污染为代价刺激了经济增长，并因此推动了金融的发展，等等。当然，还应该指出的是，中国也在不断地进行制度的改革，[①] 并不断扩大对外开放，应该说这都是推动中国经济增长及金融发展的重要因素。

此外，根据 Berger、Hasan 和 Zhou（2009）等人的分析，我们还可以回答这样一个问题：中国为什么在不完善的金融制度基础上能够实现经济的高速增长？原因可能在于引进了大量的外资，即中国通过大量引进外资，从而弥补了中国金融体系在资源配置方面的缺陷，并进而刺激了中国的经济增长和金融发展。

如果以上分析成立，则说明中国目前的经济增长及金融发展模式也许是难以持续的，这是因为：中国目前较高的经济增长及较快的金融发展是依靠一些特殊的因素，如通过人为地压低成本（特别是包括劳动、资本及土地等要素的成本）推动了中国经济的高速增长及金融的较快发展，但长期人为地压低成本必然导致资源消耗过大及效率不断降低，而这显然是难以持续的，更重要的是，长期压低劳动力要素的成本——工资（从劳动需求的角度看，工资代表劳动要素的成本，但从劳动供给的角度来看，工资代表劳动者要素的报酬）使居民难以享受经济增长及金融发展的成果，并导致内需不足，[②] 从而造成国内经济的失衡，等等。可见，中国目前的经济增长及金融发展模式是难以持续的。[③]

---

① 当然，中国目前的改革还没有从根本上解决中国制度层面所存在的深层次问题。

② 曾经长期流行的观点认为中国内需不足的根源是中国居民的储蓄率过高（Modigliani 和 Cao，2004；Blanchard 和 Giavaxxi，2005；Prasad、Eswar 和 Rajan，2006）。但随着理论研究及实证分析的深入，这一观点目前已受到重大挑战。Blanchard 和 Giavazzi（2005）、Kuijs（2005）、Aziz 和 Cui（2007）、李扬和殷剑峰（2007）等人基于国民经济核算概念上的统计分析，并根据中国的国民专案及资金流量表进行计算的结果发现，导致中国内需不足（特别是消费不足）及储蓄大于投资更重要的原因在于中国居民收入占国民收入的比重持续下降，而政府的可支配收入及企业储蓄占国民收入的比重持续上升。或者说，中国消费率的低下，从而内需不足不是消费倾向过低（或居民的储蓄倾向过高）的问题，而是收入过低的问题，是作为消费主体的居民在国民收入分配中的收入份额下降所导致的。事实上，自 Keynes 开始的宏观经济理论已证明，在影响消费的所有因素中，收入具有决定性的意义，消费是收入的函数。这意味着，中国居民消费不足的根本原因在于收入水平低下。

③ 事实上，自进入 21 世纪以后，国外就开始有一些学者开始对中国的金融发展提出质疑（Cull 和 Xu，2000；Azizt 和 Duenwald，2002；Allen、Qian 和 Qian，2002；Biggeri，2003；Boyreau-Debray 和 Wei，2005）。

事实上，如果全面、深入地考察中国目前的金融改革及金融发展模式，则会发现中国目前的金融改革及金融发展模式还存在以下问题：

第一，较注重政府在推动金融改革及金融发展方面的作用，而较为轻视市场主体在推动中国金融改革及金融发展过程中的作用；政府对金融资源配置的作用过大，而市场机制对金融资源配置中的作用较小。

第二，中国目前较注重金融体系动员集聚资源的功能，而充分发挥金融体系合理配置及有效利用资源的功能发挥不够。从现实来看，中国的金融体系在动员储蓄方面尚称有效，但在将储蓄合理配置到有价值的投资项目上则效率十分低下。[①]

第三，中国的金融发展在刺激经济增长方面起到了较大的作用，但在创造就业机会方面却乏善可陈。

第四，中国金融的"数量"或规模虽然不断扩大与增长，但中国金融的"质量"或效率却存在问题。

第五，较注重发挥金融体系刺激经济增长的功能，而发挥金融体系促进社会公平（包括减少收入分配差距，地区差距及城乡差距等），[②] 以及确保人们的投资回报，给人们带来相应的财产性收入，使全体人民分享经济增长成果的功能不够。

第六，城市金融业的发展较快，而农村金融业的发展严重滞后，金融的"宽度"（Width）不够。此外，中国的间接融资与直接融资之间发展也不平衡，中国金融业的国际化也存在着不均衡的问题，即中国金融的"对内开放"滞后于"对外开放"（中国国内还存在着大量的金融管制），

[①] 中国目前的金融体系在评价成千上万大大小小的投资项目的风险和收益方面存在较大缺陷，因此其配置资源的效率很低。一个明显的证据是，中国一方面不断吸引 FDI，另一方面却又向资本充足的经济体（如美国）大量输出资本。

[②] Qi、Ran、Liu 及 Vincent 等人（2003）运用中国 28 个省从 1978 年到 1998 年的资料进行实证分析以后认为，由于中国的银行业将大部分贷款发放给国有企业，因而中国的金融发展反而拉大了城乡收入差距。Liu 和 Yu（2008）则认为，中国的银行业结构特点（即以四大国有商业银行为主的、过度集中的银行业结构）在一定程度上导致了中国收入分配差距及城乡差距的扩大。这是因为：中国以四大国有商业银行为主的银行业结构不利于中小企业的发展。而中小企业至少可以从两个方面改善收入分配：一方面，中小企业的技术门槛较低，与大型企业相比，更多的是劳动密集型的产业，因此同等数额的资本投资于中小企业可以产生更多的就业机会；另一方面，中小型企业也有助于分散的农村家庭进入市场，从而可以提高农民的收入，以减少城乡之间和地区之间的差距，等等。这意味着，中国目前过度集中的银行业结构（实际上是寡头垄断型的银行业结构）不利于改善中国的收入分配状况。

等等。

　　总之，由于中国目前的金融改革及金融发展模式存在以上种种问题（特别是在合理配置资源方面存在较大的问题），由此导致国内的大量储蓄没有转化为有效的投资，结果形成潜在的金融风险及通货膨胀压力，并造成经济的内外失衡，而且还在一定程度上扩大了收入分配差距及城乡差距和地区差距，等等。这些现实充分表明，中国目前的金融改革及金融发展模式并不是一种理想的模式。

　　以上分析说明，中国目前的金融发展实践也许还没有（或根本不可能）推翻主流的金融发展理论或经济增长理论，从长期的角度来看，中国未来长期可持续的经济增长及金融发展仍然必须依靠制度的改革及完善来推动。这意味着，中国目前的金融改革及金融发展思路需要有重大的转变，而中国目前的金融改革及金融发展模式也必须进行重大改革。在这方面，主流的金融发展理论或经济增长理论无疑仍然是值得我们参考或借鉴的理论选择。正是基于这一目的，本书力图在全面、系统地疏理及分析第一、第二及第三代金融发展理论的基础上，力图搜集并解读国外金融发展理论的最新文献，以了解国外金融发展理论的最新进展，从而为中国下一步正确地选择金融改革及金融发展模式提供某种启示或借鉴。

　　从国外金融发展理论的角度来看，自 20 世纪 90 年代（特别是 21 世纪）以后，除了第三代金融发展理论以外，新的理论进展主要有：

　　第一，许多学者（Rajan 和 Zingales，1998；Svaleryd 和 Vlachos，2002；Beck，2003；Carlin 和 Mayer，2003；Braun，2003；Romalis，2004；Ju 和 Wei，2005；Greenaway，Guariglia 和 Kneller，2007；Antras 和 Caballero，2007；Suwant-aradon，2008；Manavo，2008）基于发展中国家及经济转轨国家将贸易自由化改革作为金融自由化改革的基础这一现实，从理论上对金融发展与国际贸易之间的关系进行研究，从而既推动了国际贸易理论的创新，同时又扩展了金融发展理论的研究内容，而且还为一国如何实现贸易自由化与金融自由化的良性循环，以及如何在要素禀赋并不丰裕或资源短缺的情况下，通过加快金融发展来不断地创造本国的比较优势提供了富有启发性的思路。

　　第二，根据发展中国家及经济转轨国家大量引进外商直接投资（FDI）的现实，将金融发展与 FDI 联系起来，为一国如何通过加快金融发展以提高本国的吸收能力，从而充分利用或吸收 FDI 的技术溢出效应，进而推动本国经济的市场化并更有效地促进经济的增长提供了具有操作性的建议（Bailliu，2000；Alfaro，2003；Hermes 和 Lensink，2003；Choong、Yusop 和 Choo，2004）。

第三，将金融发展与收入分配联系起来进行系统深入的理论研究，深入探讨金融在改善收入分配及减缓贫困方面的作用（Greenwood 和 Jovanovic，1990；Galor 和 Zeira，1993；Banerjee 和 Newman，1993；Aghion 和 Bolton，1997；Matin 和 Hulme，1999；Matsuyama，2000；Holden 和 Prokopenko，2001；Ghatak 和 Jiang，2002；Jeanneney 和 Kpodar，2005；Beck、Demirgüç-Kunt 和 Levine，2007；Jeanneney 和 Kpodar，2008；Demirgüç-Kunt、Bourguignon 和 Klein，2008），这一研究纠正了以往过于注重金融发展刺激经济增长的作用而忽略金融发展改善收入分配的作用的倾向，为一国如何通过加快金融发展以改善收入分配及减缓贫困提供了新的思路，并开辟了一个新的研究领域。值得注意的是，正是在这一理论思路的影响下，世界银行提出了"金融宽化"（Width）这一新的概念及"全民金融"（Finance to All）这一新的命题，这显然是对"金融深化"理论的一个重大发展。

第四，将金融与人力资本积累联系起来，研究了金融发展与人力资本积累之间的关系（Gregorio，1996；Cooley 和 Smith，1998；Gregorio 和 Kim，2000；Krebs，2003），从而进一步拓宽了金融发展促进经济增长的视角。

第五，20 世纪 90 年代以来金融发展理论最引人注目的进展应该是Schumpeter（1912）创新理论的重新复兴。Schumpeter 早在 1912 年就提出，金融的本质或核心功能就是筛选具有创新精神的企业家，以帮助企业家重新组合各种生产要素，从而实现"革命性的变化"，进而促成经济增长。时隔 80 年以后，一些学者（King 和 Levine，1993；Rajan 和 Zingales，1998，2003；Blanchflower 和 Oswald，1998；Beck，2000；Guiso，2004；Hurst 和 Lusardi，2004；Sharma，2007；Demirgüç-Kunt 和 Levine，2008；Nykvist，2008；Quadrini，2009；Bianchi，2009；Buera、Kaboski 和 Shin，2009）不断地在 Schumpeter 的"创新"理论基础上围绕"金融发展、企业家精神与经济增长"这一主题进行了大量的新的理论探索及实证分析，并提出了许多新的观点。值得注意的是，学者们在这一领域的研究结论基本上没有争议，其思想基本上是一致的，即都认为：金融最核心的功能就在于识别或遴选富有创新精神的企业家，并支持企业家的创新和创业活动。从宏观来看，只有这样，才能创造更多的企业及更多的就业机会以不断增加人们的收入水平，并改变社会结构，以及推动技术的不断进步及知识的溢出，从而大大提升一国的国际竞争力，进而刺激经济较快的有效增长。可以说，这一新的研究动向不仅表明金融发展理论已逐步走向成熟，而且对中国下一步选择正确的金融改革及金融发展模式提供了非常有意义的理论指导。

需要特别指出的是，进入 21 世纪以后，虽然认为金融发展能有效刺激经济增长（Beck、Loayza 和 Levine，2000；Aghion，2004；Christopoulos 和 Tsionas，2004；Vlachos 和 Waldenstrom，2005；Shen 和 Lee，2006；Huang，2006；Wagner，2007；Kim，2007；Demirg-Kunt 和 Levine，2008；Beck，2008；Buera、Kaboski 和 Shin，2009；Greenwood、Sanchez 和 Wang，2010；Gorodnichenko 和 Schnitzer，2010）的观点仍然占主流地位，但许多学者不再只是限于简单地说明"金融促进增长"或检验金融发展与经济增长之间的因果关系，而是从多个角度更全面深入地分析金融与增长之间的关系，并探讨在什么情况下金融发展才能真正有效地促进经济增长以及如何避免金融发展所可能带来的问题（如金融危机），结果产生了许多具有重大启示意义的新观点。这些新观点主要体现在以下方面：（1）金融发展促进经济增长是有条件的（Dehejia 和 Muney，2003；Andres、Hernando 和 Salido，2004；Koetter 和 Wedow，2006 Loayza 和 Ranciere，2006；Galindo、Schiantarelli 和 Weiss，2007；Galindo、Schiantarelli 和 Weiss，2007；Ang，2008）；（2）金融发展对经济增长的促进作用存在阶段性（（Calderon 和 Liu，2003；Jeong，2005；Deidda 和 Fattou，2002；Christopoulos 和 Tsionas，2004；Rioja 和 Valev，2004）；（3）从长期来看，金融对增长的促进作用会逐步减弱甚至很小（Rioja 和 Valev，2004；Aghion、Howitt 和 Foulkes，2005；Huang 和 Lin，2009；Fung，2009）；（4）应正确地估计金融发展对经济增长的促进作用，从长期来看，一国不可能长期依赖金融来刺激增长（Shan，2005；Aghion、Howitt 和 Foulkes，2005；Rousseau 和 Wachtel，2005；Demirgüç-Kunt、Beck 和 Honohan，2008；Greenwood、Sanchez 和 Wang，2010）。此外，还有一些学者（Berglof 和 Bolton，2002；Rioja 和 Valev，2003；Arestis 和 Caner，2004；Levine，2005；Vollrath 和 Erickson，2006；Graff 和 Karmann，2006；Blackburn 和 Forgues-Puccio，2010）在"金融发展如何更有效地促进经济增长"这一问题上进行了深入的研究，等等。

总之，20 世纪 90 年代以来特别是 21 世纪以来金融发展理论的最新研究成果为一国如何有效地促进金融发展并成功地避免金融危机的爆发提供了更多的思路或参考。

然而，全面、系统地疏理及分析第一、第二、第三代金融发展理论及最新的理论进展虽极为必要，但由于"实践是检验真理的唯一标准"，因此为对现有的金融发展理论进行检验，或力争对现有的金融发展理论进行补充、修正、发展及完善，并进而力图在此基础上形成新一代的金融发展理论，还需对发展中国家自 20 世纪 70 年代以来及经济转轨国家自 20 世纪 90 年代以来至今的金融改革及金融发展实践，特别是一些国家爆发金融危机的现实进行全面、客观的分析。而且，对发展中国家及经济转轨国家金融改革的绩效或成败得失进行全面、深入、客观的分析及反思，也有利于为中国下一步的金融改革及金融发展提供有益的借鉴或启示。

事实上，有关发展中国家（或新兴市场国家）及经济转轨国家金融改革及金融发展问题，目前国内外已有大量的理论及实证研究。从国外的情况来看，目前除了国际货币基金组织（IMF）及世界银行等国际经济组织在发展中国家（或新兴市场国家）及经济转轨国家的金融自由化改革问题上有大量的研究成果以外，国际上还有许多学者分别从以下各个方面对发展中国家（或新兴市场国家）及经济转轨国家的金融改革问题进行了深入的研究，其中主要有：（1）对发展中国家（或新兴市场国家）金融自由化及金融发展问题所进行的一般性理论研究（Bascom，1994；Sikorski，1997；Arestis 和 Demetriades，1999；Gupta，2000；Laeven，2001；Bekaert 和 Harvey，C.，2003；Detragiache、Gupta 和 Tressel，2005；Ito，2006；Galindo、Schiantarelli 和 Weiss，2007；Tressel 和 Detragiache，2008；Singh、Kpodar 和 Ghura，2009）；（2）对发展中国家（或新兴市场国家）的银行改革及金融市场发展问题的研究（Kim、Singal，2000；Bekaert 和 Harvey，C.，2002；Das，2003；Beehmer、Nash 和 Netter，2005；George、Clarke、Cull 和 Shirley，2005）；（3）研究发展中国家（或新兴市场国家）的资本账户开放、汇率制度改革及金融开放问题（Edwards，1987、1998、2001；Cooper，1991；Fischer 和 Helmut，1993；Aghelvi、Khan 和 Montiel，1993；Quirk，1994；Sikorski，1997；Johnson 和 Echcverria，1999；Schneider，2000；Eichengreen，2001；Reinhart 和 Reinhard，2003；Prasad，2003；Frankel，2004；Chinn、Menzie 和 Ito，2006）；（4）研究新兴市场国家（包括亚洲金融危机）的货币危机问题（Eichengreen、Rose 和 Wyplosz，

1996；Mishkin，1996；Frankel 和 Rose，1997；Baig 和 Goldfajn，1998；Kaminsky 和 Reinhart，1999、2001；Corsetti、Pesenti 和 Roubini，1999；Johnson、Boone 和 Friedman，2000；Dooley，2000；Calvo、Mendoza，2000；Chang 和 Velasco，2001；Dekle 和 Kletze，2001；Daniel 和 Jones，2007）；（5）对经济转轨国家的经济及金融改革所进行的一般性理论研究（McKinnon，1991；Sachs，1993；Coorey、Mecagni 和 Offerdal，1996；Heybey 和 Murrell，1997；C. Denizer、Desai 和 Gueorguiev，1998；Pistor、Raiser 和 Geifer，2000；Hermes 和 Lensink，2000；Fischer，2001；Berglof 和 Patrick，2002；Bonin 和 Wachtel，2003；Nicoló、Geadah 和 Rozhkov，2003；A. Akimova、A. Wijeweerab 和 B. Dollery，2009）；（6）研究转轨国家的资本账户开放及汇率制度改革问题（Williamson，1991；Sachs，1996；Drabek 和 Brada，1998；Corker、Beaumont、Elkan 和 Iakova，2000；Masson，2001；Klyuev，2001）。

此外，还有专门对某一国家的金融改革及金融发展问题进行研究的成果，其中较重要的主要有：（1）研究印度的金融改革问题（Demetriades 和 Luintel，1996；Jayati Sarkar 和 Subrata Sarkar，1998；Sy，2007；Rathinam，2007；Oura，2008；Prasad，2009）；（2）研究俄罗斯的金融改革问题（Brada 和 Claudon，1990；Pastor 和 Danjanovic，2001；Oomes 和 Ohnsorge，2005；Berglof 和 Lehmann，2009；Pinto 和 Ulatov，2009；Granville 和 Mallick，2010）；（3）研究墨西哥的金融改革问题（Rogers，1992；Becker、Gelos 和 Richards，2000），等等。

还有，一些学者（Manning，2003；Khan 和 Senhadji，2003；Andersen 和 Tarp，2003；Fisman 和 Love，2004；Eschenbach，2004；Levine，2005；Huang，2006；Ang，2008；Beck，2008；Demirgüç-Kunt 和 Levine，2008；Anwa 和 Sun，2011）为推动金融发展理论的进一步发展或取得金融发展理论的突破，对金融发展的理论文献进行了较系统的回顾及综述，并在此基础上提出了许多有启发意义的观点，这为本书的研究提供了非常好的基础。

从国内的情况来看，目前，国内有关金融发展理论及发展中国家及经济转轨国家金融改革实践的相关研究成果主要有：（1）对金融自由化理论及发展中国家的金融自由化改革进行了较全面的回顾与分析（谈儒勇，2000；杨咸月，2002；彭兴韵，2002；韩廷春，2002；王曙光，2003；张荔，2003；李丹红，2003；沈悦，2004；黄静茹，2005；雷达、于春海，

2005；陈雨露、汪昌云，2006；朱波，2007；郑志刚，2007；陈雨露、罗煜，2007）；（2）对经济转轨国家的金融改革进行一般性的理论分析（庄毓敏，2001；孔田平，2003；冉茂盛、张宗益，2004；郭竞成，2005；徐明威，2005）；（3）对发展中国家的资本账户开放进行了深入的分析（张礼卿，2000、2006；廖发达，2001；丁志杰，2002；周申，2006；吴信如，2006；陈志刚，2007；唐珏岚，2007；叶伟春，2009）；（4）深入分析发展中国家（或新兴市场国家）及经济转轨国家的货币危机及金融危机问题（黄金老，2001；陈学彬，2001；刘莉亚，2004；金洪飞，2004 年；朗晓龙，2007）；（5）对发展中国家及经济转轨国家的银行改革进行分析（张旭，2004；龚明华，2004；刘锡良、凌秀丽，2006；凌婕，2008；庄起善，2008；张蓉，2008 年；窦菲菲，2009）；（6）对经济转轨国家的金融市场进行了分析（曾康霖、黄平，2006）；（7）对经济转轨国家的汇率制度改革进行分析（孙光慧，2006；武良成，2006）；（8）对俄罗斯的金融自由化改革进行的研究（庄毓敏，2001；范敬春，2004；高晓慧、陈柳钦，2005；郭连成，2005；王凤京，2008），等等。

总之，目前国内外对发展中国家、新兴市场国家及经济转轨国家的金融自由化改革问题的大量相关研究已取得了丰硕的成果，并积累了大量的实证分析资料，提出了许多切中问题要害的观点或富有启发性的研究思路，这些都为后续的研究（特别是本书）提供了很好的基础。

为将国内外的相关研究向前推进一步，特别是为将金融发展理论向前推进一步，本书将在国内外相关研究的基础上，力求完成以下工作：

第一，根据现实的最新发展变化，并运用主流经济学的基本概念及思路对根据金融自由化理论进行金融自由化改革的发展中国家及经济转轨国家金融改革及金融发展的绩效或成败得失进行全面、深入的分析及反思。特别是，本书将力图根据最新的资料对发展中国家及经济转轨国家（特别是经济转轨国家）的金融改革做出客观的评价。①

第二，大量搜集相关文献（特别是最新的金融发展理论文献），力图在全面、系统地疏理及分析第一、第二、第三代金融发展理论以及 21 世纪

---

① 或许是由于数据（特别是最新数据）方面的问题，目前国内的一些研究成果对一些国家金融改革的评价存在一定的片面性（如某些否定过于牵强附会，缺乏说服力等等）。

以来的最新理论进展基础上，进一步追踪解读国外金融发展理论的最新文献，以全面回顾并评价金融发展理论的整个发展过程及最新进展。

通过完成以上工作，本书将力图在以下方面做出贡献：

第一，通过全面、深入、客观地分析发展中国家及经济转轨国家金融改革的绩效或成败得失，以系统地回答本书提出的一系列问题，并探索成功地进行金融改革以实现金融持续发展的正确路径。

第二，本书试图通过全面、深入、客观地分析发展中国家及经济转轨国家金融改革的绩效或成败得失，并对现有的金融发展理论进行综合或重新表述，尝试找出一条理论主线，以力争在现有的金融发展理论基础上有所创新或突破，进而为将金融发展理论推向新一代开辟思路。

第三，通过对金融发展理论及实践的回顾与反思，来促使人们对中国目前的金融改革及金融发展模式进行冷静的反思，同时通过对现有的金融发展理论的综合，进而为中国下一步的金融改革及金融发展提供具有指导意义的思路。

第一篇

金融自由化
改革的理论基础

第 一 章

金融自由化改革的理论先导
——第一代金融发展理论

从理论上来说，最先促使发展中国家进行金融自由化改革的理论前导是由美国经济学家 Mckinnon 和 Shaw（1973）分别提出的"金融深化论"。

第一节　"金融深化论"的产生

一、"金融深化论"产生的时代背景

美国经济学家 Mckinnon 和 Shaw 以发展中国家为研究对象，分别于1973 年先后出版了《金融深化与经济发展》和《货币、资本与经济发展》这两部专著。在这两部专著中，[1] 两人分别研究了金融受到抑制的发展中国家的经济问题，[2] 并从不同角度对发展中国家金融发展与经济增长的关系进行了开拓性的研究，提出了"金融压制"和"金融深化论"，从而创

---

[1]　Mckinnon, R. L. , 1973, *Money and Capital in Economic Development*, The Brookings Institution, Washington, D. C. ; Shaw, E. S. , 1973, *Financial Deepening in Economic Development*, Oxford University press.

[2]　Shaw 用 "落后经济（Lagging Economies）" 一词代表 "发展中经济（Developing Economies）"。

建了一套专门针对发展中国家的金融发展理论。Mckinnon 和 Shaw 所分别提出的理论被认为是发展经济学及货币金融理论的重大突破，其理论不但成为直接推动发展中国家进行金融改革的理论先导，而且构成第一代金融发展理论的基础。

从历史的角度来看，Mckinnon 和 Shaw 之所以能提出"金融深化论"，并在现实中产生重大影响，是有着深刻的时代背景的。20 世纪中叶的第二次世界大战结束以后，在政治上开始独立的发展中国家普遍面临着加快本国经济发展的紧迫任务。但是，由于发展中国家普遍存在着资本缺乏、市场落后且分割、经济结构不合理、农业占主导地位、出口结构单一、教育水平落后、失业问题严重、人均收入水平及储蓄率低下等一系列问题，在这种情况下，同时又由于发展中国家受到凯恩斯主义（主张政府干预）以及早期的发展经济学思想（强调计划化）和苏联早期计划经济体制（实行国有化）的成功经验的影响，人们普遍不相信自由放任的市场机制能够实现发展中国家经济的快速增长，不相信私人部门能够把握最有利的投资机会，甚至认为实行自由市场经济会导致经济秩序的混乱和经济的动荡，而只有由政府统一制定和实施计划，并统一配置资源才是加快经济增长最直接、最安全的方式。正是在这种思想的指导下，大多数发展中国家在第二次世界大战以后为迅速摆脱落后的局面，纷纷采取非市场化措施，强调计划的重要性，主张建立大量的国有企业①或实行经济的国有化，并力求提高投资率及资本积累率，以尽快实现本国的工业化和推动本国经济迅速增长。②

在采取非市场化措施和强调计划重要性的同时，许多发展中国家（特别是拉丁美洲的发展中国家）实行了进口替代（以国内生产的工业品替代进口工业品）的发展战略来迅速实现国内的工业化，并推动本国经济的快速增长。而为实现这一战略，拉丁美洲的发展中国家除了通过实行高关税

---

① 世界银行（1997）将国有企业定义为：政府拥有或政府控制的、从产品和服务的销售中创造主要收入的经济实体。具体来说，国有企业包括三类企业：一是直接由一个政府部门运作的企业，二是政府直接或间接通过其他国有企业掌握其主要股份的企业，三是国有股份较少但政府通过剩余股份的分配能有效控制的企业。

② 在第二次世界大战以后，发展中国家都深受自 20 世纪 50 年代至 60 年代流行的以强调政府干预、主张计划指导、重视资本积累、提倡工业化、注重结构变革为特征的早期发展经济学的影响。

及进口限额等政策措施来保证进口替代的发展战略得以推行以外，[①] 还对金融实行管制，将金融作为实现政府目标的一种工具，以集中社会的储蓄并保证有限的资源用于满足进口替代的发展战略需要。

拉美发展中国家的金融管制特点主要为：（1）实行银行的国有化，[②] 且政府对银行的经营日常进行干预，以保证银行金融机构能按照政府的意愿提供贷款（包括强制购买政府债券）；（2）实行低利率政策以降低国内金融机构的融资成本及生产企业的要素成本；[③]（3）对银行实行高准备金率政策（如巴西的法定存款准备金比率超过了40%，阿根廷则超过了70%），以便将银行吸收的存款集中到政府指定的银行或投放到政府确定的项目上，从而为政府的发展计划筹集资金；（4）对政府确定的优先部门实行强制性的信贷分配；（5）实行外汇管制，直接控制外汇的买卖以间接管制进口，并保证稀缺的外汇用于政府指定的用途；（6）实行资本管制，以避免资本外逃，从而稳定国内储蓄和资本形成；（7）对汇率进行严格的

---

① 阿根廷经济学家普莱维什（Prebish）于1950年提出了著名的"贸易条件恶化论"及"中心—外围"理论。他认为，在现行的国际经济体系中，非工业化的发展中国家主要生产及出口初级产品，并从工业化的发达国家进口工业品，而发达国家则出口工业品而进口初级产品，由于受恩格尔定理、技术进步、工业品较农产品更有垄断性、工会的作用不同及发展中国家劳动过剩等因素的影响，初级产品的价格越来越低于工业品的价格。这意味着，贸易条件（即出口商品价格与进口商品价格之比）将对发展中国家越来越不利，据此，Prebish认为，国际经济体系实际上被分成了两个部分：工业化的发达国家处于国际经济体系的中心，而非工业化的发展中国家处在外围地带。处于中心的发达国家享受着国际分工和自由贸易的绝大部分利益，而处于外围的发展中国家则获利很少。Prebish指出，在这种国际经济体系中，发展中国家如果仍然依靠传统的比较利益原则参与国际分工并实行自由贸易，则将永远无法消除自己的贫穷落后状态。为此，他主张处于外围的发展中国家应采取以下措施来促进本国的经济发展：一是实行贸易保护政策（如实行高关税或进口限额等）；二是通过实行进口替代战略来实现本国的工业化；三是联合起来建立区域共同市场，一方面促进外围国家的贸易及工业发展，另一方面增强外围国同中心国抗衡的实力。Prebish的"中心—外围"理论一度对拉丁美洲国家产生了重大的影响。

② 世界银行（2001）认为，国有银行在人均收入水平较低的发展中国家更为普遍，其原因可能有：第一，支持政府拥有银行的人认为这样可以更好地将资本配置到高生产率的投资项目上；第二，人们担心银行业的私有制将导致银行业过度集中，并会限制某些社会阶层进入信贷市场；第三，人们认为私有银行更易爆发危机，而政府拥有银行则会使金融体系起到稳定作用。

③ 在这一时期，主张实行低利率政策以刺激投资及有效需求，从而刺激经济增长并解决就业问题的凯恩斯主义对发展中国家有很大的影响。世界银行（1989）则认为，许多发展中国家保持低利率一是为了鼓励投资，二是为了进行收入再分配，三是降低国债的利息负担，使政府可以低成本借款，四是担心抬高物价。但从市场经济的角度来看，由于发展中国家资本短缺（资本的供给大大小于需求），且风险较大，因此发展中国家的利率水平应该比发达国家高。

管制,① 以便通过高估本币汇率降低以本币表示的进口品的价格,从而降低国内企业的生产成本以支持本国"进口替代"的发展战略。

此外,拉美等发展中国家为了迅速提高本国的资本形成率,以打破贫穷的恶性膨胀,② 还往往通过财政赤字、通货膨胀和举借外债等方式来筹措资金以提高本国的资本形成率。

拉美等国所采取的以上非市场化措施虽然在短期内较迅速地刺激了拉美等国的经济增长,但却带来了一系列严重的弊端:(1)由于拉美等国长期强调政府在资源配置中的作用,排斥竞争,③ 排斥市场价格的作用,结果造成价格的扭曲,并进而导致资源的错误配置。(2)由于国有企业不承担亏损的责任且缺乏市场竞争的压力,因此国有企业并没有真正的压力不断提高经营效率,结果往往形成严重的亏损。再加上扭曲的价格无法为国有企业提供合理配置资源的正确信号,因此大量国有企业的存在及实行经济国有化的结果造成了经济的低效率。(3)由于实行贸易保护政策排斥了外来竞争,并导致市场信号的扭曲,而且实行进口替代的发展战略也限制了本国企业实现规模经营(因为进口替代以国内市场为主),因此贸易保护政策和进口替代的发展战略又进一步加剧了国内企业的低效率。同时,进口替代的发展战略也限制了本国比较优势的充分发挥。(4)由于银行的

---

① 落后的发展中国家一般都实行固定汇率制度或钉住汇率制度,其原因在于:第一,在本国制度不完善、经济基础薄弱的情况下,担心汇率的波动会给本国宏观经济以及金融市场的稳定带来严重的冲击,而且,由于国际贸易是以发达国家的货币计价的,因此汇率波动对发展中国家带来的不利影响要大于发达国家。第二,发展中国家通常存在着严重的财政赤字,在这种情况下实行浮动汇率制度,往往易于导致本国货币的对外贬值(因为严重的财政赤字最终必然导致通货膨胀),而实行固定汇率制度或钉住汇率制度相当于"进口"市场纪律和货币信誉,从而有利于控制国内的高通货膨胀。第三,发展中国家之所以不愿意汇率浮动可能是担心丧失出口竞争力和出口的多样化受阻,同时又担心本币汇率贬值会增加本国的债务负担。而汇率稳定有利于估算成本和收益,从而有利于吸引外资流入。第四,在金融体系不完善(包括缺乏健全的金融机构和广泛而成熟的外汇市场)的情况下,实行固定汇率制度或钉住汇率制度有利于为货币政策提供一个可以钉住的名义锚(Nominal Anchor),从而可以自动形成货币政策的规则。这是因为:当本国货币汇率有贬值倾向时,名义锚的汇率规则就要求本国必须实行紧的货币政策,这就有利于抑制本国货币汇率的贬值趋势。反之则反是。

② 美国著名发展经济学家 Nurkes 曾于 1953 年提出了一个"贫穷的恶性膨胀"理论,他认为,发展中国家之所以贫穷(人均收入水平低),是因为发展中国家人均收入水平低导致储蓄率低,储蓄率低导致资本形成不足,资本形成不足导致低生产率,低生产率又导致人均收入水平低,因而形成一个"低收入—低储蓄能力—低资本形成—低生产率—低产出—低收入"的恶性膨胀。

③ 由于政府可以通过制订政策来限制竞争,而私人企业家却难以长期实行垄断(因为这会引起社会的不满)来限制竞争,因此强调政府在资源配置中的作用必然导致竞争缺失。

国有化,政府就能对国有银行的经营进行全面的干预,并实行高准备金比率政策,结果严重限制了银行业的经营活动,从而降低了本国银行业的效率。同时,在政府的干预下,国有银行往往成为支持低效率国有企业的工具,[①] 这样也挤掉了私人部门的借款活动,从而压制了有活力的部门。而长期实行低利率政策又更进一步降低了资金的使用效率及资源配置效率(压低利率在微观经济领域的结果),并助长了通货膨胀(实行低利率政策在宏观经济领域的结果)。(5)实行外汇管制以便通过高估本币汇率来降低以本币表示的进口品的价格,从而降低国内企业的生产成本,但结果却使外汇不能通过市场竞价机制流向出价最高(因使用效率最高而需求最大)的人使用,进而降低了外汇的使用效率。(6)因资本管制限制了资本的自由流动,结果反而加剧了资本的外逃。(7)高估本币汇率、低估外币汇率,一方面人为地提高了以外币表示的本国出口产品的价格,另一方面又人为地降低了以本币表示的外国进口品的价格,结果打击了本国的出口,并刺激了进口,从而导致本国进出口贸易及经常账户的逆差。(8)经常账户的逆差又导致外汇供给小于外汇需求,从而造成外汇的短缺。在这种情况下,拉美等国又不得不大量举借外债(国外储蓄)以弥补经常账户的逆差及外汇的短缺。[②] 由于以上一系列弊端,结果导致拉美许多国家出现财政赤字、通货膨胀、经常账户赤字及巨额外债等一系列问题,这些问

---

① 在银行国有化的情况下,政府既能对银行进行干预,同时又要对国有银行进行保护。而在政府的保护下,国有银行没有竞争压力,亏损由政府弥补,更不能倒闭,因此国有银行缺乏创新的动力,也缺乏控制成本的压力。

② 发展中国家的经济发展战略也深受美国经济学家 Chenery 和 Strout 于 1966 年提出的"两缺口理论"的影响。Chenery 和 Strout 的"两缺口理论"是在国民收入恒等式的基础上提出的。根据国民收入恒等式:Y(国民收入) = C(消费) + I(投资) + X(出口) − M(进口),由于用于进口的支出会形成外国的国民收入,而不形成本国的国民收入,故需从等式中减去,有:

$$Y - C = I + X - M \qquad (1)$$

由于国民收入减去消费($Y - C$)等于储蓄 S,即:

$$Y - C = S \qquad (2)$$

将 $Y - C = S$ 代入(1)式得:

$$S = I + X - M \qquad (3)$$

将上式移项得:

$$S - I = X - M \qquad (4)$$

再移项,则得:

$$I - S = M - X \qquad (5)$$

Chenery 认为,上式左端($I - S$)为投资与储蓄之差,称为"储蓄缺口",右端为进口与出口

题的长期积累，终于导致拉丁美洲国家最终爆发了债务危机及经济危机，[①]
甚至形成"财政赤字—通货膨胀—经常账户赤字—汇率贬值"的恶性循环。

　　总之，拉美等发展中国家由于实行经济的非市场化及对金融进行管制
不但没有成功地实现经济的发展，反而带来一系列严重的弊端，这一现实
使越来越多的人开始对政府干预经济及经济的非市场化产生了怀疑，人们
的经济思想开始发生转变。正是在这种情况下，自 20 世纪 70 年代开始，
强调自由市场及价格机制作用的新古典主义经济学开始在发展经济学中复
兴。正是在这一背景下，Mckinnon 和 Shaw 开始专门以发展中国家为研究
对象，深入探讨发展中国家的经济及金融问题，以力图形成一套适合发展
中国家的金融发展理论。

二、"金融深化论"的理论渊源

　　除了现实需要以外，从理论上来看，Mckinnon 和 Shaw 创立的"金融
深化论"还深受历史上的自由主义经济思想及金融发展思想的影响。英国
哲学家约翰·洛克（John Locke，1632—1704 年）、现代经济学的奠基人亚
当·斯密（Adam Smith，1723—1790 年）、杰里米·边沁（Jeremy Ben-
tham，1748—1832 年）等人的自由主义经济思想可谓是 Mckinnon 和 Shaw
理论的渊源。现代经济学的奠基人 Smith（1776）认为银行通过信用流通
工具的创造，节省了流通费用，减少了一国非生产性资本的占用，增加了
生产性资本；同时，银行信用促进了社会现实资本的流动，把零散于民间

　　（接上页注②）之差，称为"外汇缺口"。为实现经济的均衡，上式的两端必须相等。也就是
说，如果一国的投资大于储蓄，则说明该国出现"储蓄缺口"，这个缺口必须由"外汇缺口"即
进口大于出口（意味着从国外获得储蓄）来加以平衡。因此，根据"两缺口"理论，一国实现经
济均衡的方式有两种，一种是消极的方式，即一方面通过减少投资或进口，另一方面增加储蓄和
出口来实现经济的平衡，前者意味着要紧缩经济，后者短期内不易达到。另一种是积极的方式，
即通过从国外获得储蓄（引进外资）来弥补两缺口，以实现经济的均衡。Chenery 认为，通过引进
外资来平衡两缺口具有双重效应，若外资以机器设备的形式进入本国，则一方面从供给方面看它
是进口，而这笔进口不须通过增加出口来支付，这就缓解了外汇缺口；另一方面，从需求方面来
看，这笔进口又是投资品，而这些进口的投资品又无须国内储蓄来提供，因而又缓解了国内储蓄
不足的问题。可见，引进外资能同时缓解一国的储蓄缺口和外汇缺口。

　　① 拉丁美洲国家的债务危机是于 1982 年在墨西哥首先爆发的，墨西哥的债务危机迅速蔓延
到整个拉丁洲的发展中国家，由此引发了使拉美地区经济陷入所谓"失去的十年"的拉美债务
危机。

的死的资财变成活的资财，从而促进了一国的经济增长。Hamilton（1781）则指出，就刺激经济增长而言，银行是被发明的最令人愉快的引擎。奥地利著名经济学家、创新理论的大师约瑟夫·熊彼特（Joseph Schumpeter，1883—1950 年）认为，经济发展的关键在于企业家的"创新"活动，[①] 而金融的本质或核心功能就是识别和筛选出最具有创新精神的企业家，并为他们提供信贷资金，以帮助企业家重新组合各种生产要素，或建立一种新的生产函数进行"创新"活动，从而实现"革命性的变化"，进而实现经济增长。因此，Schumpeter 实际上认为，金融的本质或核心就是为企业家的"创新"活动提供信贷支持。Schumpeter 不但认为一国的金融业只有通过支持企业家的创新活动才能实现经济增长，而且他还认为一国的金融业也只有通过支持企业家的创新活动才能发展起来，他写道："信用制度在所有各国都是从为新的组合提供资金而产生并从而繁荣起来的。"[②] 这种关于金融和经济发展关系的观点可算是 Mckinnon 和 Shaw 理论的又一渊源。

随后，Gurley 和 Show（1955，1956）、Patrick（1966）、Hicks（1969）及 Goldsmith（1969）等在 20 世纪五六十年代所做的开创性研究也为 Mckinnon 和 Shaw 的"金融深化理论"奠定了基础。Gurley 和 Shaw（1960）从专业化和劳动分工的角度考察了货币、金融在经济中的作用。他们认为，货币的出现促进了专业分工，这是因为以货币为媒介的交易替代了物物交换的过程，并降低了交易成本；同时，"货币化"还扩大了市场范围，从而有利于在更大的范围内实现专业化，进而有效地促进经济增长。此外，他们还指出，货币理论只是金融理论的一部分，因为货币只是各种金融资产中的一种；同样，银行理论也只是整个金融机构理论的一部分，因为银行只是各种金融机构的一种。因此，他们试图发展一种包括货币和银行在

---

① Schumpeter 所说的企业家的"创新"活动就是建立一种新的生产函数，将一种从未有过的有关生产要素和生产条件的"新组合"或"新模式"引入经济体系。所谓的经济发展就是整个社会不断地实现这种新组合，具体而言，"创新"包括以下五个方面：开发新的产品、引进新的生产方法、开拓新的市场、发现新的原材料或控制原材料新的供应来源、生产组织上的创新等。根据 Schumpeter 的"创新"理论，只有将新产品、新工艺、新方法或新制度引入经济中去的第一次尝试才属于 Schumpeter 所说的"创新"。Schumpeter 认为，"创新"是经济发展最本质的东西，因为企业家的"创新"活动才是经济发生突破性增长的动力，是商业周期和经济发展的根本原因。

② 熊彼特：《经济发展理论》，何畏等根据美国哈佛大学 1934 年出版的修订版翻译，商务印书馆 1990 年版，第 78 页。

内的金融理论，并以此分析金融在经济中的作用。他们认为，货币、金融资产和金融机构的出现促进了储蓄和投资过程中的分工，也就是说，金融的作用就在于将储蓄者的储蓄转化为投资者的投资，从而提高全社会的生产性投资水平，进而刺激经济增长。英国著名经济学家 Hicks（1969）在《经济史理论》一书中详细考察了金融与工业革命的关系。[①] 他发现，在工业革命前十年，新产品实际上早已被研发出来，但由于资金匮乏，导致技术的发明创造无法转化为生产力，因而没有立即刺激增长。因为新技术的应用及新产品的研发需要大量的投资和长期资本，显然，在缺乏金融支持的情况下，"工业革命"是无法实现的。正是英国金融市场的发展催生了"工业革命"。由于在金融市场上，投资者所持有的金融资产（包括股票、债券等）都可以很容易地在金融市场上变现；同时，金融市场还可以将人们手中闲置的短期金融资金转化为长期投资，这就解决了新技术及新产品的研发所需要的大量资金投入问题，从而催生了"工业革命"。可见，工业革命事实上也是一场金融革命，因为它实现了投资的长期化。此外，Hicks 还将法律同货币并列起来视为古代世界的两大遗产。

Patrick（1966）较早研究金融发展和经济增长之间的因果关系，他在《欠发达国家的金融发展与经济增长》一文中提出，金融发展与经济增长有两种模式：（1）"需求追随型（Demand-following）"，即金融发展是"真实"经济活动的结果。也就是说，是经济发展产生了对金融服务的需求，即随着经济的增长、市场范围的持续扩大和产品的日益多元化，要求更有效地分散风险和更好地降低交易成本，因而社会就会需要更多种类的金融服务和更多的金融机构来提供这些服务，在这种需求的推动下，金融体系就得以不断发展。这就是"需求追随型"的金融发展。[②]（2）"供给引导型（Supply-leading）"，即金融发展领先于"真实"经济活动的发展。也就是说，当金融发展到一定的水平以后，金融机构之间、金融机构与金融市场之间会出现激烈的竞争，为了获得更多的利润和争取更多的客户，这些金融组织会主动地开发新的金融产品，以便人们进一步降低风险和交易成本。这样，金融发展就会对经济增长起着积极的引导或带动作用。"供给

---

① Hicks, J., 1969, *A Theory of Economic History*, Oxford, Clarendon Press, pp. 143-145.

② 著名经济学家 Robinson（1952）也认为，金融并不能刺激经济增长，金融的发展只是简单地反映或追随实际部门的发展。

引导型"的作用主要体现在两个方面：一是金融体系能够动员那些阻滞在传统部门的资源，使之转移到能够促进经济增长的现代部门，并确保这些资源投资于最有盈利前景的项目或用途上，从而主动地刺激经济增长；二是通过支持企业家来积极地推动经济增长。

Patrick 指出，纵观世界经济发展史，金融发展和经济增长的关系在经济发展的最初阶段大都遵循"需求尾随型"的发展路径，即金融工具、金融机构及金融市场都是在需求的刺激下发展起来的；但在经济发展及金融工具、金融机构与金融市场的发展达到一定水平以后，金融发展又反过来推动实体经济的增长，从而形成"供给引导型"的金融发展路径。但 Patrick 又强调，"供给引导型"的金融发展不能脱离实体经济发展状况，否则就会出现非均衡的金融发展。综合以上两种观点，Patrick（1966）认为，金融发展与经济增长间存在双向因果关系，这种因果关系取决于经济发展所处的阶段。

Cameron（1967）则指出金融体系既是由经济增长引导的，又是引导经济增长的。Cameron 为 19 世纪在英国、法国、荷兰、比利时、德国、俄国及日本等国成功的工业化进程中金融发展和经济增长之间的互动关系提供了详细的案例研究。Cameron 认为，金融的发展显著地促进了这些国家的工业化。Cameron 特别强调，英国的银行业连同它发达的教育产业一道为工业化做出了巨大贡献，并在很长一段时间维持了经济的高增长率。

Goldsmith 在其于 1969 年出版的名著《金融结构和金融发展》一书中，从金融结构和金融发展两个方面分析了发达国家和发展中国家的金融发展路径，并开创了"金融结构"这一新的理论研究领域。在该书中，Goldsmith 对比了世界上 35 个国家 1860—1963 年长达一百多年的金融史料与数据，进行了国际间的横向比较和历史纵向比较，创造性地提出了衡量一国金融结构与金融发展水平的存量和流量指标，第一次对各国金融发展的差异进行了数量分析和比较研究，从而揭示了金融发展的路径和规律。

总的来看，Goldsmith 的理论主要包含两大内容：（1）提出了金融结构的概念。Goldsmith 试图从金融结构的角度来提出度量金融发展的指标以及分析金融结构的类型。他认为："金融理论的职责就在于找出决定一国金融结构、金融工具存量和金融交易量的主要经济因素，并阐明这些因素怎样通过相互作用而促进金融发展。"事实上，他认为金融结构就是一国金融工具和金融机构的形式、性质及相对规模。在此基础上,他进一步认为,金融发展就是金融结构的变化,研究一国金融结构的变化过程就是研究一国的金融发展过程及规律,而反映各国金融发展差异的主要指标就是金融结构指标。因此,Goldsmith 指出,为了反映各国金融发展的差异,探悉金融发展的规律和方向,必须从一国的金融结构解析入手。(2) 对金融发展的内在路径和规律做了深入研究。Goldsmith 认为,尽管各国的金融结构不尽相同,但金融发展的基本趋势是一致的。为此,Goldsmith 设计出包括金融相关率(即一定时期内一国金融活动总量与经济活动总量的比率。其中,一国金融活动总量用一国全部金融资产价值表示,而一国经济活动总量则用国民生产总值或国内生产总值来表示)在内的 8 个指标来反映一国的金融发展水平。他认为,一国的金融相关率越大,金融活动对经济的渗透力越强,则该国的金融发展水平越高,因而所提供的选择机会就越多,该国的经济增长和经济发展就越快。据此,Goldsmith 还得出了金融发展与经济发展之间大致存在平行关系以及经济快速增长时期一般都伴随着金融的超常发展等结论。但是,Goldsmith 并没有探究金融发展与经济发展之间的因果关系,也没有深入研究各国的金融效率问题。

总之,Gurley 和 Show(1955,1956),以及 Patrick、Cameron 和 Goldsmith 等人的研究引发了金融发展与经济增长关系的持续学术讨论,并为"金融深化论"的产生提供了基础。

第二节 "金融深化论"的基本模型及政策建议

一、"金融压制"的含义

Mckinnon 和 Shaw 首先指出,金融发展与经济发展之间存在着相互推动和相互制约的关系(这一观点与 Goldsmith 的观点相同):从相互推动来看,一方面,健全的金融体系能将储蓄资金有效地动员起来并引导到生产性投资上去,促进经济发展;另一方面,经济的发展也会通过国民收入的提高和经济主体对金融服务需求的增长反过来刺激金融业的发展,形成一种互相促进的良性循环。他们认为，从现实来看，绝大多数发达国家的金融发展与经济发展之间存在着相互推动的良性循环关系，而绝大多数发展中国家的金融和经济发展之间却存在着一种相互制约的恶性循环关系。具体表现为：在发展中国家，一方面，由于金融体系落后且缺乏效率，因而束缚了经济的发展；另一方面，经济的呆滞又限制了资金的积累和金融的发展，从而形成相互促退的恶性循环。Mckinnon 和 Shaw 强调，发展中国家之所以出现这种情况，其根本原因就在于发展中国家实行了经济的国有化或非市场化，在于政府对经济及金融的管制和人为干预。

从现实来看，发展中国家政府除了对经济进行干预以外，还对金融业进行过度的管制和人为的干预，这主要表现在：

（一）政府对利率进行管制

在发展中国家，政府往往强制规定和控制利率（尤其存款利率），使其低于市场的均衡水平，这就使利率不能正确反映资金的供求状况和发展中国家的资金短缺现象，从而歪曲了金融资产的价格。同时，发展中国家又往往普遍存在通货膨胀，在利率受到管制的条件下，利率不但不能反映人们的时间偏好，而且由于名义利率无法补偿通货膨胀率，以致实际利率为负数。这种负的实际利率意味着对存款者课税，使储蓄者或金融资产的持有者得到的不是报酬而是惩罚，这就严重打击了人们的储蓄动机，导致社会储蓄的下降，从而造成资本供给不足，并影响到金融业的发展。

由于资本供给严重不足，政府又不得不实行信贷配给制度。在这种情况下，利率就不能发挥甄别投资的作用，在信贷配给制度下，能获得信贷的多为享有特权的国营企业以及与官方金融机构有特殊关系的利益集团，但这些借款者所选择的投资项目往往并不是效率最好的。因此，信贷配给制度往往挤掉了一些高效益的投资项目，从而导致资金配置的不合理及资金使用效率的低下，进而导致金融体系的脆弱性。

此外，发展中国家进行利率管制还恶化了收入分配状况。这是因为：（1）在利率管制及信贷配给的情况下，大借款人或与政府有特殊关系的利益集团往往能够获得大量低利率贷款，从而获得更大的盈利，而小借款人特别是家庭式小企业因得不到贷款而难以提高收入水平。（2）在利率水平过低的情况下，大量的贷款往往流向资本密集型企业，这就不利于劳动密集型行业的发展，从而导致劳动力需求的减少，并进而造成非技术劳动力的工资水平下降，等等。

（二）政府对外汇市场也实行管制

发展中国家不但对利率进行管制，而且对外汇市场也实行管制。由于发展中国家生产力水平低下，产品在国际市场上缺乏竞争力，而国内企业因技术水平低下，急需进口大量的先进技术和设备，以提高生产力。在这种情况下，实行进口替代的发展中国家往往会实行外汇管制政策，以便通过对外汇需求进行管制来低估外币的币值或高估本币的币值，进而降低进口成本以推动本国的工业化。但是，高估本币币值会造成种种不良的后果：一是损害本国出口，从而使本国出口业大受打击；二是刺激进口，导致对外汇的过度需求。此外，由于外汇过于便宜，还会助长外汇的滥用。正因为在发展中国家利率和汇率不能正确地反映资金和外汇的市场供求和机会成本，结果导致资源的不合理配置及严重的浪费，资源的不合理配置致使就业不足、经济落后。总之，这种由于政府当局因实行了过分管制和人为干预的金融政策而导致金融体系与实际经济同时呆滞落后的现象，就称为"金融压制"。

二、"金融深化论"的基本模型

由于"金融压制"是一个不均衡现象，阻止了市场出清，妨碍了市场按照最优方式分配资金的功能，因此到了20世纪60年代至70年代，发展中国家所普遍存在的"金融压制"已愈益明显地导致发展中国家经济效率的降低，从而成为经济发展的严重障碍。为此，Mckinnon 和 Shaw 指出，要解决这一问题，发展中国家就必须全面地进行金融改革，特别是必须放弃政府对金融业的过度管制和人为干预，实行金融的"市场化"或"自由化"，即让利率和汇率由市场供求决定，以充分发展市场机制的作用，通过这种"市场化"或"自由化"改革来实现"市场出清"并提高经济效率。只有这样，发展中国家才能实现金融发展与经济增长之间相互促进的良性循环。这就是著名的"金融深化"理论。

Mckinnon 和 Shaw 的"金融深化"理论模式可用图 1 - 1 加以表示。[1]
在图 1 - 1 中，横轴表示储蓄和投资的数量，纵轴代表利率。I 为社会投资
曲线，$S(Y_1)$ 代表当国民收入为 Y_1 时的社会储蓄曲线，$S(Y_2)$ 代表当
国民收入为 Y_2 时的社会储蓄曲线、$S(Y_3)$ 代表当国民收入为 Y_3 时的社会
储蓄曲线。

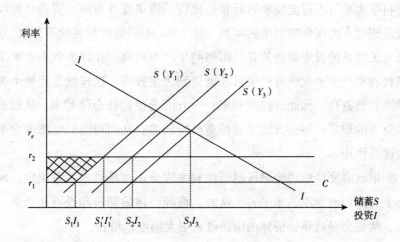

图 1 - 1　Mckinnon 和 Shaw 的模式

根据图 1 - 1，在不存在"金融压制"的条件下，r_e 为曲储蓄曲线 S
(Y_3) 和投资曲线 II 相交时所决定的均衡利率。CC 为"金融压制线"，该
"金融压制线"代表政府硬性规定利率上限 r_1，从而将实际利率压低在均
衡利率之下的情形。

如果假定一国的储蓄全部转化为投资，并舍象掉外资，则图 1 - 1 表
示，当金融当局将实际利率人为压低在 r_1 时，实际投资仅为 I_1。其原因在
于：当利率被政府压低为 r_1 时，金融体系所能吸纳的社会储蓄总量仅为
S_1。同时，低利率又意味着投资成本低，结果生产率很低的投资项目也得
以开工，从而使整个国家的投资效率下降。因此，压低利率，一方面使资
本积累不足，另一方面又使投资效率下降，从而会严重地阻滞经济的
发展。

---

[1]　Subrata Ghatak, 1981, *Development Economics*, Macmillan Publishing Co., p. 62.

如果金融当局放松金融压制，将实际利率从 r_1 提高到 r_2，这就会使社会储蓄从 S_1 增加到 S_1'，结果使社会投资从 I_1 增加到 I_1'。由于投资增长，结果导致国民收入从 Y_1 增加到 Y_2。而国民收入增加，就会使社会储蓄曲线右移到 $S(Y_2)$，而这又会使投资增加。因此，在利率水平上升到 r_2 时，储蓄和投资都增加到 S_2 和 I_2。同时，由于利率的提高会阻止企业家从事在均衡利率水平下不可能赢利的低收益投资，原来低效益的投资项目即收益率勉强超过人为压低的利率的项目（图 1 - 1 中阴影所代表的部分），立即会成为无效益的投资而被放弃，而那些生产率较高、在均衡利率水平下也能赢利或能产生更大收益的项目才能得到大量投资，这样就会使整个国家的投资效益提高。因此，提高利率，一方面会提高社会储蓄率，从而真正加速资本的积累；另一方面又能提高投资效率，从而对国民经济的发展起乘数促进作用。

如果政府完全取消金融压制，使利率完全由市场供求关系决定，利率就会上升到均衡利率的水平 r_0，这时，该经济体的储蓄和投资还会进一步扩大，从而会导致该经济体的国民收入更大幅度地增长。

基于以上分析，"金融深化论"认为，只要政府放弃对金融的过分干预或管制，取消对利率和汇率的人为压制，使利率和汇率由市场供求决定，从而使利率真实反映资金和外汇的实际供求状况，并充分发挥其调节资金和外汇供求的应有功能，就会一方面以均衡的利率动员较多的储蓄以加快金融的发展，并以均衡的汇率促进出口从而增加外汇的供给，另一方面在均衡的利率或汇率水平上满足有效率的资金需求或外汇需求，从而提高资金或外汇的使用效率，进而最终实现金融发展与经济增长之间的良性循环。

三、"金融深化论"的理论贡献

Mckinnon 和 Shaw 根据发展中国家的经济和金融现实修改或补充了西方主流的金融理论和经济发展理论，并将金融理论与经济发展理论结合起来，提出了颇为新颖的观点，从而在国际经济学界引起了较大的反响。概括起来，他们的贡献主要在于：

（一）提出了利率高低与投资大小成正比关系的新观点

根据发展中国家的实际经济状况，Mckinnon 和 Shaw 一反利率高低与投资大小成反比关系的流行观点，提出了利率高低与投资大小成正比关系的新观点。他们首先指出，主流的货币金融理论（包括凯恩斯主义的货币理论及货币主义的货币理论等）之所以认为利率高低与投资大小成反比关系，是因为其理论是建立在以下的基本假定基础之上的：（1）生产要素（尤其是资本）可以分割。即由于发达国家存在着制度完善、市场发达且自由进出及资本证券化等条件，因此各类生产要素（尤其是资本）能够灵活流动，得到有效利用。（2）货币与实物资本（投资）是相互竞争的替代品，两者都是资本或财富的组成部分。（3）金融市场完善，市场处于均衡及出清的状态，因此货币与实物资本（投资）能顺利地相互替代转换，这就会使各种资产的收益率（用利率表示）在市场供求的作用下趋于一致。根据以上假定，就可得出如下结论：当利率（存款利率）提高，即货币的收益率增加时，人们就会把实物资本（投资）转化为货币（存款）。而当利率降低时，人们就会把货币转化为实物资本以进行有利可图的投资，因而就形成利率高低与投资大小成反比关系的现象。Mckinnon 和 Shaw 将这种利率高低与投资大小成反比关系，即提高利率压抑投资，降低利率刺激投资的现象称为"替代效应"。

Mckinnon 认为，主流货币金融理论的这几个前提假设完全不符合发展中国家的实际情况。在大多数发展中国家，金融市场缺乏或不发达，金融体系也极不完善，因此企业投资较难依靠外部融资，即较难在金融市场上发行证券来筹集资金，而只能主要依靠内部融资，即依靠自己的内部积累来筹集投资资金；而且，由于经济基础设施薄弱，市场机制不健全，特别是缺乏金融市场和金融工具，因此在大多数发展中国家，生产要素（尤其是资本）是不可分割的，投资的门槛较高，也即投资必须将资金积累到一定的规模以后才能实际进行；再者，由于缺乏非货币性金融资产，因此在发展中国家，资产主要由货币和实物资产两类构成。在这些条件下，投资者要想进行投资，就必须在投资之前将货币量积累到相当规模。这表示，如果投资需求越大，则积累货币的需求也越大。

由此，Mckinnon 提出，就发展中国家来说，其货币需求函数应为：

$$\left(\frac{M}{P}\right)d = L(Y, I/Y, d - p^*) \qquad (1-1)$$

式（1-1）中，$\left(\frac{M}{P}\right)d$ 为实际货币需求，L 为需求函数，Y 为收入，I 为实际投资，d 为名义存款利率，p^* 为预期物价变动率，$d-p^*$ 代表实际利率。

L 的所有偏导数都是正数，故 $L_1 = 2L/2Y > 0$，它表示货币需求与收入成同方向变动。$L_2 = 2L/2\,(I/Y) > 0$，它表示投资率越高，则实际货币需求越大，即货币与实物资本是并行增长的。$L_3 = 2L/2\,(d-p^*) > 0$，它表示实际利率越高，货币需求越大，其原因是，利率越高，实际投资的意愿越高，则货币积累的需求也就越大。如果用 r 代表实际投资的平均收益率，则货币需求函数又可写为：

$$\left(\frac{M}{P}\right)d = L(Y, \bar{r}, d - p^*) \qquad (1-2)$$

其中，偏导数 $L_2 = 2L/2\bar{r} > 0$。

在以上分析的基础上，Mckinnon 认为，由于货币需求与实际投资同时增加，因此货币与资本（投资）非但不是相互竞争的替代品，反而是相互补充的互补品。货币余额愈多，投资规模则愈大，货币成了投资的先决条件或渠道。如果货币的实际收益率（实际存款利率）提高，则货币需求增加，货币需求增加则导致货币积累量增加，这就扩大了内部融资的资本形成机会，即投资机会增加。因此，在发展中国家，提高利率反而刺激投资，降低利率却压抑投资，利率与投资成正比关系，这种现象称为"渠道效应"。[①]

不过，Mckinnon 也承认，如果 $(d-p^*)$ 超过某一限度，则人们会继续持有货币（存款），而不愿将之转化为实物资本（投资）。这时，"替代效应"才开始起作用，货币与实物资本才成为相互竞争的替代品，利率与投资的关系才由正比关系转化为反比关系。因此，提高利率与刺激投资是

---

① 虽然 Mckinnon 和 Shaw 两人在金融深化问题上的基本观点相同，但他们分析的着眼点却有所不同，Mckinnon 着眼于"渠道效应"（即实际利率提高—实际货币余额需求增加—实质资本形成增加—投资增加—经济发展），Shaw 则着眼于金融中介的作用，即 Shaw 则更多地将目光放在使金融机构可贷资金量扩张的存款积累上。Shaw 认为，更高的存款利率会刺激金融中介的储蓄增加，这就能增大金融中介的信贷量，从而扩大外部融资水平，并进而增加投资以促进经济增长。尽管 McKinnon 和 Shaw 在分析思路上略有不同，但是他们的理论观点基本上是一致的。

在一定的范围内起作用的，如图 1 - 2 所示。①

　　在图 1 - 2 中，横轴代表实际利率，纵轴代表投资率，图中的曲线表示两者之间的关系。从 A 至 B，代表"渠道效应"占优势的范围，即实际利率、货币需求和投资率同时增加的情况。B 点以后的区域，则代表"替代效应"占优势的范围，意即利率升至 B 点以后，人们愿意继续持有货币，投资率下跌，货币与实物资本成为替代品。即使如此，由于 $(d - p^*)$ 的提高，生产者也可能宁愿积累货币，也不愿进行囤积原料和半制成品的浪费性投资行为，因此资本存量的质量将有所提高。在这种情况下，"渠道效应"与"替代效应"在图中的分野可能是 C 点而非 B 点。

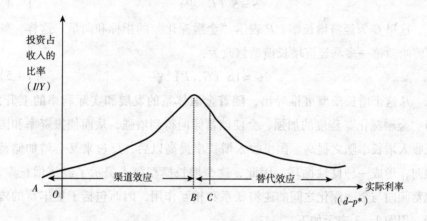

图 1 - 2　提高利率与刺激投资的作用

　　以上论述假定生产者所采取的是内部融资方式，但同一理论也可应用于外部融资的情况。

（二）补充和修正了的哈罗德—多马经济增长模型

　　哈罗德—多马经济增长模型是西方经济增长理论的重要模型。这一模型的基本公式为：

$$G = S/K = VS \tag{1-3}$$

公式（1-3）中，G 为经济增长率；S 为储蓄倾向；K 为资本产量比

① 参见麦金农：《经济发展中的货币与资本》，上海三联书店 1988 年版，第 69 页。

率，即为获得一定的产量，需要多少投资，也称投资系数；V 为资本生产率，即一单位资本所能生产出的产量，也称为投资效率，即 K 的倒数。

这一增长模型表明，在均衡条件下，经济增长率等于储蓄倾向与投资系数的商，或者说经济增长率是储蓄倾向与资本生产率的乘积。这一模型在分析经济增长时，通常将储蓄倾向假定为一个常数或固定参数，而对可提高储蓄倾向的金融因素的作用不够重视，忽略了金融政策、实际利率以及金融市场等因素对储蓄倾向的影响。Mckinnon 认为，储蓄倾向并不是一个常数，而是受经济增长率和金融深化程度影响的一个变数，它可用一函数式表示：

$$S = S\ (G,\ P) \tag{1-4}$$

这里 G 为经济增长率，P 表示"金融深化"的指标和向量。这样，就可将哈罗德—多马经济增长模型修改为：

$$G = VS\ (G,\ P) \tag{1-5}$$

从这个增长模型可推导出，随着金融体系的发展和实际利率的上升，即"金融深化"程度的加强，会使储蓄倾向得到增强，从而使投资率和国民收入增长率随之提高。国民收入增长率提高以后，反过来又会增加储蓄倾向，形成一种良性循环。因此，这个增长模型深入提示了经济增长率、储蓄倾向与金融深化之间的逻辑联系和相互作用，因而包括了更丰富的内涵，用图 1-3 表示如下。

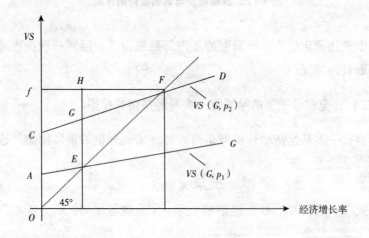

图 1-3　经济增长率、储蓄倾向与金融深化之间的联系和相互作用

在图 1-3 中，横轴代表经济增长率 G，纵轴代表 VS，虚线是从原点引伸出的 45°对角线，在该直线上任何一点，都代表均衡增长率 $G = VS$。

假定最初金融深化程度有限，即 $P = P_1$ 时，$VS (G, P)$ 由 AB 线代表，AB 线与 45°对角线相交的 E 点所决定的均衡经济增长率为 $0e$。但如实行金融改革，让利率和汇率由市场供求关系决定，从而使金融体系得以发展，即当金融深化程度提高以后，P_1 将提高到 P_2，结果储蓄倾向将大为增加，从而使投资率和经济增长率相应提高，则代表 $VS (G, P_2)$ 的直线 CD 高于 AB 线，它与 45°对角线相交的 F 点所决定的经济增长率为 $0f$，这显然高于 $0e$。Mckinnon 将 AB 升至 CD 的良性效应分为两部分，EG 代表经济尚未增长之前，金融改革对储蓄的刺激；GH 则代表经济增长以后对储蓄的进一步推动。

Shaw 也将金融深化的良性效应分为几个部分，其一为收入效应，即经济单位所持的平均货币余额增加以后，由于货币具有减少交易成本的功能，故生产率势必提高，结果导致收入增长；其二为储蓄效应，即收入增长导致储蓄增加；其三为投资效应，即储蓄增加导致投资增加；其四为就业效应，即由于实际利率提高，生产者对资本的运用将会更加节约和更注重效益，一些效益不高的资本密集型投资计划将被迫放弃，有限的资金将投向效益较高的劳动密集型投资项目上。因此，提高利率将刺激企业采用劳动密集的生产方法，这在一定的投资水平条件下，会创造更多的劳动就业机会。这对资本不足但劳动力充裕的发展中国家是极为重要的。此外，Shaw 还提出了金融深化具有对政府官僚主义的"替代效应"，这是因为：金融自由化就是用市场代替官僚机制，因而能提高效率，并减少腐败，这也有利于经济增长。正如 Shaw（1973）所言："自由化的一个主要目的，就是用市场去代替官僚机构。"也正因于此，"金融深化"理论又被定义为"金融自由化"。

（三）提出了货币职能的新观点

金融学理论的主流观点认为，货币的职能主要是交易的媒介、计价的单位、价值贮藏的手段及延期支付的工具等，而 Shaw（1973）则指出，这些并不是货币的基本职能而只是货币的具体职能，在现实中人们往往只注重货币的具体职能而忽视了货币的基本职能。Shaw 认为，货币的基本职能是转移资源，即能从储蓄者手中将资本转移到投资者手中，从而促进储蓄向投资的转化并实现资源的合理配置。同时，Shaw 还认为，货币作为交易媒介的目的是减少资源转移过程中的交易成本，以节约资源并提高经济效率，从而最终促进经济增长。

四、"金融深化论"的政策含义

"金融深化论"可以称为是金融理论中的新古典经济学，其基本思想是强调市场机制在金融发展中的作用，其核心在于减少直至放弃政府对金融的管制或干预，主张进行市场化改革，实现经济及金融的市场化和自由化。正如 Shaw（1973）所说的，金融自由化的一个主要目的就是"用市场去取代官僚机构"。根据这一中心思想，"金融深化论"提出了以下政策建议：

第一，发展中国家要彻底改革金融体制，逐步放弃对市场准入的限制，以实现金融业的市场化，从而使银行体系和金融市场能真正发挥充分吸收社会储蓄，并将之引导至生产性投资上去的功能。

第二，政府必须放弃对利率的管制，使利率能正确地反映资金的供求状况和均衡程度。Mckinnon 和 Shaw 都主张，在发展中国家，实际利率必须为正数，因为负利率会阻碍储蓄的增加，并助长无效益的投资，是经济发展的重大阻滞因素。只有正数的实际利率才有助于吸收社会储蓄资金和促进资本形成并提高投资效率。Shaw 指出，"金融深化意味着利率必须更准确地反映以投资替代目前消费和抵消消费者等待的情绪的机会成本。"[①]由于发展中国家资金缺乏，投资机会极多，投资的边际收益较高，因而即使提高名义利率，也不会压抑投资。较高的名义利率能够使资金从资本密集型产业转向劳动密集型产业，从而具有扩大劳动就业的效应。

第三，政府不应采取通货膨胀的方式来刺激经济增长，相反，政府应努力通过采取紧缩货币或增强货币需求（提高存款利率）的方法以压抑通货膨胀，提供一个稳定的经济环境以促进经济发展。Mckinnon 和 Shaw 强

---

① 爱德华·肖：《经济发展中的金融深化》，王巍等译，中国社会科学出版社 1989 年版，第6—7 页。

调，降低通货膨胀率并不意味着实际货币量的缩减和投资减少，因为实际货币量（M/P）与名义货币量（M）是不同的概念。如果物价 P 持续稳定，而金融体系又能以合理的均衡利率吸收存款，则实际货币量（M/P）就能稳定增长。由于实际货币量与资本形成（投资）的相辅相成关系，因此经济发展将能以非通货膨胀的形式实现。

第四，政府还应放弃对金融机构和金融市场的管制和干预，以促进并保证金融机构的自由发展和自由竞争。同时，政府还应允许和鼓励私营金融机构的发展。此外，政府还应大力促进农村金融机构和农村金融市场的发展。

第五，政府还应放宽外汇管制，在适度范围内任汇率浮动，使汇率能正确反映外汇的实际供求状况。汇率和外汇市场的管制放宽后，将有利于解决本国货币汇率的高估问题，这一方面有利于鼓励出口（因为不存在人为提高以外币表示的本国出口产品价格的本国货币汇率高估问题）和吸引外资，另一方面也能压缩不必要的进口（因为不存在人为降低以本币表示的外国进口品价格的本国货币汇率高估的问题），从而有利于国际收支的平衡，这实际上反而有利于解决外汇的短缺问题。

第六，"金融深化"还包括贸易自由化、税制合理化及改革财政支出政策等措施，如逐步消除贸易保护政策，促使国内企业同国外企业进行竞争，实行有利于进出口贸易的增值税，提高税制结构的收入弹性，取消对亏损企业的补贴，以减轻财政负担，等等。由于这些措施有利于缓解通货膨胀的压力，从而能为"金融深化"提供良好的经济环境，因而也是"金融深化"的一部分。

Mckinnon 和 Shaw 的"金融深化论"提出以后，在国际学术界产生了重大影响，并被许多发展中国家作为指导本国经济及金融改革的理论基础。以 IMF 和世界银行的一大批经济学者为代表的新古典主义经济学家也极力推崇"金融深化论"对于经济增长的积极作用，并试图从理论和实证两个方面来验证"金融深化论"。

美国经济学家 Fry（1980）使用两阶段最小二乘法（2SLS）和工具变量二乘法来分别对 McKinnon 和 Shaw 的货币需求函数进行检验，结果支持了 McKinnon 和 Shaw 的理论观点。同时，他还采用累计时间序列回归估计得出结论，在亚洲，平均实际利率向均衡的市场利率每上涨 1 个百分点，则经济增长率将提高 0.5 个百分点。此外，Fry 还对 61 个发展中国家在 20 世纪 60 年代中期至 70 年代中期的储蓄和投资函数进行了实证研究，结果显示，实际利率每低于均衡利率 1 个百分点，即意味着实际经济增长率将下降 0.5 个百分点左右。[①]

Lanyi 和 Saracoglu（1981）对 21 个发展中国家 1971—1980 年间的实际利率与金融资产增长率及 GDP 增长率之间的关系进行了计量分析。他们在实证分析的基础上写出了研究报告《发展中国家的利率政策》，这一报告后由 IMF 于 1983 年发表。该研究报告验证了"金融深化论"的基本观点，其中主要有：（1）实际金融增长与 GDP 呈正相关；（2）在保持实际利率为正数的国家中，其实际金融资产的增长较高；（3）实际储蓄率与 GDP 的增长呈现较强的正向关系。世界银行的经济学家 Gelb（1989）也对亚洲、非洲及拉丁美洲的 34 个发展中国家的相关数据进行了实证分析，他发现：实际利率为正值的国家，其经济增长率约为 5.6%；实际利率明显为负值的国家，增长率为 3.8%；而实际利率为强负值的国家，其增长率仅为 1.9%。在这期间，这些国家的实际利率每上升 1 个百分点，经济增长率就相应提高 0.2—0.25 个百分点。Gelb 的这一研究也验证了"金融深化论"的基本观点。

Gupta（1986）则使用了一个联立方程模型来检验印度和韩国的金融自由化改革实践。他发现，虽然这两个国家的经历有着显著差异，但结果都显示"金融压制"严重阻碍经济增长，而金融自由化对金融发展和经济增长有正面影响。差异只是在于这两国金融自由化的战略不同而不是自由化本身的不同。De Melo 和 Tybout（1986）的实证研究发现，乌拉圭在金融自由化时期实际利率与投资之间存在正相关关系，即实际利率的上升刺激了投资，从而促进了该国的经济增长。这就支持了"金融深化论"的基本观点。

五、对"金融深化论"的评价

"金融深化论"从金融的角度对发展中国家落后的原因及摆脱落后的

---

① Fry, M. J. ,1980, "Saving, Investment, Growth and the Cost of Financial Repression", *World Development*, Vol. 8.

途径提出了自己的观点，这被认为是在发展经济学和金融理论领域的重大突破。具体来说，许多学者认为 Mckinnon 和 Shaw 的"金融深化论"在以下方面做出了突出的贡献：

第一，强调发展中国家经济及金融落后的根源在于政府对经济及金融的管制和过度干预。在 Mckinnon 和 Shaw 提出"金融深化论"之前，人们普遍认为发展中国家的贫困在于物质资本的匮乏。因此，发展中国家要实现经济腾飞，关键是提高资本形成率。为此，发展中国家要么是提高储蓄率（Lewis，1949），要么是大量引进外资（Chenery 和 Strout，1966）。而 Mckinnon 和 Shaw 则提出了与之不同的观点，他们认为，发展中国家贫困的根源并不在于资本稀缺，而在于政府对经济及金融的管制和干预，在于排斥了市场机制的作用，结果造成资本利用效率低下，从而抑制了经济增长。Shaw（1973）曾指出："一个丧失了边际相对价格灵活的经济，必定要求人为地干预政策去平衡市场，但这是行政机构不可能胜任的任务，并且还要为之付出高昂的低效率和贪污腐化的代价。"据此，Mckinnon 和 Shaw 认为，发展中国家只有抛弃政府对经济及金融的管制和干预，实现经济及金融的市场化，才能实现经济发展与金融发展的良性循环。总之，Mckinnon 和 Shaw 的"金融深化论"有助于使人们重新恢复对市场机制的信任。

第二，Mckinnon 和 Shaw 的"金融深化论"根据发展中国家的现实，提出了许多完全不同于主流经济学（包括新古典经济学理论和凯恩斯主义的经济理论等）的新观点。例如，主流经济学认为货币和资本（投资）是相互竞争的替代品，而 Mckinnon 和 Shaw 则认为，这一观点赖以成立的假设条件并不符合发展中国家的现实。由于发展中国家的金融体系不发达，因此在发展中国家，货币与资本（投资）有可能是相互补充的互补品。"金融深化论"根据这一观点指出了主流的货币金融理论的缺陷。凯恩斯理论假定经济中存在闲置的资源，再加上提出投资乘数的概念，因而得出以低利率刺激投资从而提高国民收入和促进经济增长的主张。"金融深化论"认为，这一理论除了忽视通货膨胀问题以外，也根本不适合发展中国家的现实。此外，"金融深化论"还批判了结构主义的经济理论认为通货膨胀在经济发展和结构转换过程中是不可避免的甚至有助于经济发展的观点。"金融深化论"认为，这一理论是完全错误的，其错误的根源在于没有弄清名义货币量与实际货币量、名义利率与实际利率之间的差别。"金融深化论"强调，经济发展只有在控制通货膨胀，并通过金融深化使实际货币量增加以刺激投资的情况下才能得以实现。

第三，在政策方面，"金融深化论"认为，金融自由化改革既有利于避免通货膨胀，同时又能刺激经济增长。这是因为：在利率水平因市场化改革而上升的情况下，货币需求会增加，这样就会刺激投资，并促使投资效率提高，进而促进国民收入的增长。这一政策思路既不同于凯恩斯主义者的观点（凯恩斯主义者主张采取低利率政策来刺激投资），也不同于货币主义者的观点（货币主义者提倡"简单规则"，主张通过控制货币供给以稳定物价，并进而保证经济增长）。"金融深化论"认为，货币主义的主张忽略了在发展中国家紧缩货币供应量所带来的负作用，因而不利于促进资金短缺的发展中国家的经济发展。"金融深化论"的政策思路是，通过提高利率并实现"金融深化"，使金融体系能够有效地动员社会储蓄，并顺利地将其引导到生产性投资上去，才不会引起货币主义所主张的紧缩政策所带来的失业和经济衰退现象，从而真正实现经济发展。"金融深化论"的这一独特之处备受理论界的关注。另外，Mckinnon 和 Shaw 还就发展中国家的经济发展问题从金融、财政和对外贸易等宏观经济的各个方面提出了一系列明确的政策建议，这就使第一代金融发展理论成为一个完整的理论体系。

第四，第一次对发展中国家的利率机制进行了分析。综观以往的利率理论，包括古典利率理论、凯恩斯主义、新古典利率理论、*IS-LM* 模型及蒙代尔—弗莱明模型（Mundell-Fleming Model）中的利率理论，研究的都是发达市场经济条件下的利率决定或利率政策问题，而没有研究发展中国家特殊的经济金融环境的利率形成机制问题，Mckinnon 和 Shaw 的金融深化理论对发展中国家的利率问题进行了开创性的研究工作，并提出了利率高低与投资大小成正比这一完全不同于主流经济学的新观点，这在理论上也是一个较大的创新。

第三节　"金融深化论"的扩展

Mckinnon 和 Shaw 的"金融深化论"问世以后受到各界的关往，并对发展中国家的经济及金融改革提供了宝贵的理论指导。但毋庸置疑，Mcki-nnon-Shaw 的金融发展理论还比较粗糙，比如其模型还停留在静态水平上，模型所包括的因素也较少，等等。因此，自 20 世纪 70 年代末期至 20 世纪 80 年代末期的 10 年间，一些经济学家致力于对 Mckinnon 和 Shaw 的"金融深化论"进行实证研究，并力求在此基础上加以扩展，其主要代表人物主要有 Kapur（1976）、Mathieson（1980）、Galbis（1977）和 Fry（1978，1980，1988）等人。

一、Kapur-Mathieson 的理论

新加坡国立大学经济学教授 Kapur（1976）与国际货币基金组织的经济学家 Mathieson（1980）在 Mckinnon 和 Shaw 的理论基础之上，对发展中国家的货币金融、经济增长及经济稳定之间的关系进行了系统的研究和阐述。他们以劳动力供给过剩的发展中经济体为研究对象，认为在劳动力供给过剩的发展经济体中，影响经济增长的主要因素是资本的数量，而金融中介对经济发展的影响主要是通过影响资本的供给实现。

Kapur 指出，发展中国家要摆脱金融抑制首先必须制止通货膨胀。而制止通货膨胀的手段不外乎两种：一是减少货币供给；另一是提高存款实际利率，增加货币的需求。但这两种方式对实际经济的影响（特别是对短期实际产出的影响）却大不一样。在 Kapur 看来，一个金融抑制的发展中国家在治理通货膨胀的初期，宜采取提高存款名义利率，以增加实际货币需求的方式，而不应采取严厉的紧缩通货的方式。因为提高存款名义利率，以增加实际货币需求，既有利于控制通货膨胀，同时又能促进经济增长。如果发展中国家单纯采取严厉的紧缩通货的方式，虽然可以控制通货膨胀，但却会导致经济增长率的下降。只有在通货膨胀率业已下降，经济增长率业已上升后，发展中国家才可以逐步的采取控制货币供应量的方式来稳定经济。

Mathieson（1980）则在《发展中经济的金融改革和稳定化政策》一文中提出，发展中国家在实施金融自由化改革的过程中要同时采取稳定宏观经济的政策，以避免自由化改革对金融体系的短期冲击。由于一下子全面解除利率管制会导致许多企业破产，因此为避免金融自由化改革对经济的

冲击，政府应采取逐渐解除利率管制的渐进方式。Mathieson（1980）认为，只有在进行金融自由化改革的同时实行稳定宏观经济的政策，才能避免金融自由化改革所带来的冲击。他指出，金融自由化改革与稳定政策的结合应分阶段进行：在第一阶段，首先提高存款利率，以利于金融体系吸收足够的储蓄，从而满足对银行贷款的需求并刺激投资；其次提高贷款利率，保证金融体系盈利或至少不亏损；再次，货币供应量的增长率降低到与预期的通货膨胀率一致的货币增长率水平以下。在第二阶段，使存款利率的调整与预期通货膨胀率相一致，同时使贷款利率的调整快于预期通货膨胀率，以反映金融业资产组合中固定利率贷款比率的下降。而货币供应量的增长率则要逐渐上升，以与长期的意愿通货膨胀率相适应。Mathieson认为，只有设计一种逐步放松利率管制的方案，才能使政府同时达到两个目的：既消除金融市场的扭曲现象，同时又避免金融体系的崩溃。

Kapur 和 Mathieson 还在 Mckinnon 和 Shaw 的基础上提出了一个开放条件下的金融深化模型。Kapur 认为，在开放条件下，政府可以同时协调使用货币供应、银行存款利率和实际汇率贬值这三种政策工具以达到治理通货膨胀的目的。Mathieson 的开放经济模型认为，发展中国家在进行金融自由化改革时要注意汇率政策的灵活运用。这是因为：在开放的经济条件下，进行金融自由化改革使利率提高会导致资本流入，这在初始阶段会增加国内储蓄，但资本流入会推动本国货币汇率升值，从而会降低本国出口产品的竞争力，进而导致本国国际收支的逆差。而随着国际收支的恶化，对本国货币汇率的贬值预期就会产生，进而会促使资本流出，这就会减少可贷资金的供给，进而导致本国经济的波动，等等。因此，Mathieson 认为，一国在进行金融自由化改革时必须注意汇率政策的运用。Mathieson 还指出，存在高通货膨胀率、低经济增长率和国际收支逆差的国家，可以借助名义存款利率和名义贷款利率的骤然提高、本国货币汇率的下跌及国内货币供应增长率的下降，以实现价格稳定，并促进经济增长（因为提高利率会刺激投资，而本国货币汇率下跌则会刺激出口）。

二、Galbis 的两部门金融发展模型

西班牙经济学家 Galbis（1977）于 1977 年发表《欠发达国家的金融中

介与经济增长：一种理论的探讨》一文，他在接受 Mckinnon 基本理论与政策主张的基础上，通过吸收著名发展经济学家 Lewis（1954）所提出的"二元经济模型"的思想，[①] 用一种"两部门模型"（Two-Sector Model）修正和补充了 Mckinnon 的"一部门模型"（One-Sector Model），以具体分析金融中介如何影响资源配置，借以验证利率市场化和经济增长的关系。

Galbis 认为，欠发达国家的投资资金是不足的，因而对投资资金的需求必然大大超过供给。而如何提高有限的投资资源的使用效率关键就在于金融中介如何通过贷款活动合理地分配资金。在这种情况下，只有提高实际利率才有利于减少落后部门的低效率投资，而相应增加先进部门的高效率投资，从而能在资源一定的条件下通过合理配置资源以最大限度地实现经济的增长。

Galbis 假设整个经济由两部门组成，部门 I 是落后部门（效率低下的部门），部门 II 是现代部门（技术先进部门）。部门 I 主要通过内部筹资进行融资，部门 II 通过银行获得融资。而部门 II 所能获得的银行贷款的数量取决于部门 I 的储蓄，部门 I 的储蓄又相当程度上取决于实际存款利率。Galbis 认为，在这种情况下，提高实际存款利率可以减少落后部门的低效率投资同时增加先进部门的高效率投资，在资源一定的条件下可以创造更多的产出，从而最大限度地促进经济增长。

总之，Galbis 两部门金融发展模型的特点是：（1）创造性地将发展经

---

① 二元经济模型（Dual Sector Model）也称为"两部门模型"（Dual Sector Model），是 1979 年诺贝尔经济学奖获得者美国经济学家刘易斯（Lewis）在 1954 年发表的《劳动无限供给下的经济发展》中提出的模型，这一模型构成发展经济学的一个理论基础。该模型的基本观点是：发展中国家的经济是由两个不同的经济部门组成：一是传统部门，主要是指农业，该部门容纳着绝大部分劳动力，但劳动生产率很低，边际劳动生产率甚至接近于零，这意味着该部门存在大量的隐蔽性失业或存在无限的劳动供给；二是现代部门，指的是技术较先进的工业部门，该部门具有典型的资本主义生产方式，因而劳动生产率及工资水平较高。两部门的工资差异，促使农业部门的剩余劳动向城市工业部门流动。这时，经济发展的关键是要扩大投资，如果工业部门的资本家能将利润用于投资以雇佣农业部门的剩余劳动，则农业部门剩余劳动向城市工业部门的流动将对两个部门都有利。这是因为：首先，农业部门的剩余劳动力不但获得了就业机会，而且获得了更高的工资；其次，工业部门因获得了成本较低的劳动力因而利润不断增加，这又有利于投资的扩大；最后，农业部门因劳动供给减少因而劳动的边际生产率及工资水平也得以提高，等等，这一切变化就意味着经济的发展。这一过程将持续到农业部门的所有剩余劳动都被吸收到工业部门，因而农业部门的劳动边际生产率及工资水平上升到与工业部门的劳动边际生产率及工资水平相一致时为止，这时经济的二元结构也就消失了。

济学的经典模型"二元经济模型"引进金融发展理论，用两部门投资效率差异引致的资源转移来说明金融中介对经济增长的促进作用。（2）突破了 Mckinnon 的货币与真实资本互补性假说，认为货币是转移资源的手段，而不单是资本积累的渠道。（3）从全新的角度解释了金融中介的职能是通过转移资源来促进经济增长，因此认为金融促进经济增长的重要机制在于改进金融机构的中介功能及资金配置效率。具体来说，在发展中国家，金融中介的作用就在于将资源从落后的低效率的部门转移到先进的高效率的部门以实现经济增长。（4）认为利率市场化的作用就在于能促使资源由生产效率低的部门转向生产效率高的部门，进而刺激经济增长，这就得出了与 Mckinno 和 Shaw 的"金融深化论"相同的观点。但 Galbis 又认为，他的"两部门金融发展模型"比 Mckinno 和 Shaw 的理论模型更符合发展中国家的实际。

三、Fry 的金融发展模型

美国加州大学经济学教授 Fry（1978，1980，1982）则在 Mckinno 和 Shaw 的理论基础上将金融发展模型动态化，并区分了通货膨胀在短期和长期的不同效果。Fry 的模型分为两部分：稳态金融发展模型和动态金融发展模型。

在稳态金融发展模型中，Fry 认为投资的规模与投资效率是经济增长的决定因素。而在发展中国家，投资规模与投资效率这两者在很大程度上受货币金融因素的影响。就投资规模而言，发展中国家存在大量的投资机会，投资规模的大小取决于资本的供给，资本的供给来源于储蓄。储蓄包括国内储蓄和来自国外的储蓄。国内储蓄的高低取决于长期的经济增长率、国外储蓄率、存款的实际利率、预期的投资实际收益率和上年国内储蓄率。这五大因素中，存款实际利率的高低起着十分关键的作用，而且实际利率水平也是决定投资效率的重要因素。与 Mckinnon 和 Shaw 一样，Fry 也认为提高实际利率不仅能筹集更多的资金以扩大投资规模，还能优化资金的配置以提高投资的平均效率，从而促进经济增长。

在动态金融发展模型中，Fry 利用菲利普斯曲线来分析发展中国家的通货膨胀率与经济增长之间的关系。在该模型中，Fry 赞同弗里德曼

（M. Friedman）所认为的通货膨胀率与失业率在长期是无关的的观点，他指出，在一个存在金融压制的经济中，通货膨胀在短期内会带来经济增长率的提高，而在长期中，通货膨胀率与经济增长率呈负相关关系。这是因为，在发展中国家，实际货币需求往往是银行信贷资金的主要来源，也是企业投资的主要资金来源。在通货膨胀率比较高的情况下，实际利率下降，导致储蓄减少，进而使得资本供给减少，这样企业就得不到足够的投资资金，最终必然引起长期经济增长率下降。因此，Fry 认为，从长期来看，控制通货膨胀才有利于经济增长。这与 Mckinnon 和 Shaw 的观点也基本相同。

Fry 还指出，在稳态的条件下，实际增长率必然等于正常增长率。但是，在动态经济中，二者却未必相等。这是因为，实际增长率由两部分构成，即正常增长率和周期性增长率。Fry 还把时滞因素引入其模型中，从而能更准确地反映储蓄与投资的变化对经济增长的实际影响。

Fry 的理论分析虽然没有摆脱 Mckinnon 的理论框架，但其模型更为全面。Fry 在同时强调投资的数量与质量、投资资金的国内来源与国外来源的基础上，从静态和动态两个角度构建了金融发展模型，得出的结论也与 Mckinnon 和 Shaw 基本相似：国内存款实际利率与国内储蓄率呈正向关系，国内真实利率的提高有利于经济增长。

第 二 章

新自由主义经济理论与金融自由化改革

20 世纪 90 年代以后，对发展中国家及经济转轨国家的经济及金融改革产生重大影响的还包括以主张经济自由和反对国家干预为基本特征的新自由主义经济理论以及其他一些理论观点。①

第一节 "华盛顿共识"

1989 年，陷于通货膨胀和债务危机的拉丁美洲国家急需进行经济调整及改革以摆脱通货膨胀和债务危机。在这种情况下，美国国际经济研究所邀请国际货币基金组织、世界银行、美洲开发银行和美国财政部的官员及学者，以及拉丁美洲国家的代表在华盛顿召开了一个研讨会，旨在为拉丁美洲国家摆脱危机提供具体的方案和对策。在研讨会的最后阶段，美国国际经济研究所前所长 Williamson 以"会议共识"的名义执笔撰写了"会议

---

① 新自由主义经济理论是 20 世纪 30 年代后逐渐形成和发展的当代西方经济学说。虽然自由主义的经济思潮有着很长的理论渊源，但新自由主义经济理论主要是在反凯恩斯主义经济理论的过程中发展起来的。新自由主义经济理论包括的学派很多，主要有：伦敦学派、现代货币学派、理性预期学派、供给学派、弗莱堡学派、公共选择学派等。在这些学派中，伦敦学派是最彻底的自由主义，这一学派的观点在最大程度上反映了新自由主义经济学说的基本思想，现代货币学派则是新自由主义中影响最大的学派。

记要"，系统地提出了指导拉丁美洲国家通过进行经济调整与改革以摆脱危机的十条政策主张。由于国际货币基金组织、世界银行及美国政府（财政部）都在华盛顿，加上会议在华盛顿召开，因此 Williamson 所撰写的"会议记要"被称为"华盛顿共识"（Washington consensus）。

具体而言，"华盛顿共识"包括十个方面政策建议：

第一，通过加强财政纪律，压缩财政赤字以降低通货膨胀率，从而稳定宏观经济形势。Williamson 等人认为，巨额的财政赤字会导致宏观经济失衡，如通货膨胀、经常账户赤字、资本外逃等。而这正是拉丁美洲国家发生债务危机以致金融危机的重要原因。

第二，调整公共支出的优先次序。Williamson 等人认为，要减少财政赤字以实现财政平衡，还必须调整公共支出的优先次序。为此，应减少对亏损企业的财政补贴。政府对亏损企业的补贴，不但扰乱了市场价格机制，从而会降低效率，而且会扭曲收入分配（因补贴了特定的利益群体），从而加剧社会的不公平。因此，为保证效率与公平的统一，公共支出的重点应转向经济效益高的领域和有利于改善收入分配的领域（如教育、健康支出及对公共基础设施的投资）。

第三，进行税制改革。改革的基本原则是扩大税基，降低边际税率，以增强激励，并调整收入分配。

第四，利率完全市场化。让利率由市场供求决定，并保证实际利率为正数，以鼓励储蓄，抑制资本外逃，促进生产性投资和限制政府债务的过度扩张。

第五，实行具有竞争力的汇率制度，以促进出口，使本国经常账户保持在与本国生产潜力相适应的水平上，并避免产生潜在的通货膨胀压力。

第六，实现贸易的自由化，开放国内市场，以消除国内市场的垄断（贸易自由化是反垄断的最有效手段，因为它不需要复杂的法律、管理和控制程序）或扭曲。同时，实现贸易的自由化还可以引进能反映国际供求关系的国际市场价格，使国际市场价格信号成为国内资源配置的指示器。

第七，取消外国公司进入本国市场的各种壁垒。外国公司和本国公司应该被允许在同等的条件下竞争，以鼓励外商直接投资的大量进入，以此引进国外的资本与技术，从而刺激本国经济增长。

第八，对国有企业实行私有化。

第九，放松或取消政府对企业的管制和对竞争的限制，以创造公平竞争的市场环境，充分发挥市场机制的作用，激发市场活力，使企业能创造更多的就业机会，并提高储蓄向投资转化的比率。

第十，保护私人财产权。为了建立有效的市场秩序，发展中小企业和私人经济部门，在法律上明确界定财产权并对私人财产权进行有效的保护。

总之，"华盛顿共识"为拉丁美洲国家摆脱危机所提供的方案和对策包括：实现汇率、价格、外贸、利率等一系列价格的全面自由化，解除工资、金融、外资、产业等一系列的政府管制，建立和强化私有产权保护的法律体系等。其中心思想是：尽力减少政府在经济中的作用，取消对外资自由流动的各种障碍以及国有企业私有化，取消政府对企业的管制等，让市场机制在经济中发挥主宰作用。可见，"华盛顿共识"与 Mckinnon 和 Shaw 的"金融深化论"的基本思想是一致的。

Williamson 认为，"华盛顿共识"可以概括为"自由化"、"私有化"及"宏观经济的稳定化"① 这三大方面。"自由化"即自由价格，让市场价格来调节供求，配置资源；"私有化"意味着给企业以追求利润最大化的激励；"宏观经济的稳定化"就是要保证物价总水平的稳定，以使价格体系能够起到合理配置资源，以消除短缺或过剩的作用。"华盛顿共识"还指出，市场化改革的速度越快，效果就越好，这是因为：一旦实行私有化和经济的自由化，自由市场就能有效地分配资源，并通过创造活跃的私有部门而产生强劲的增长势头，这样就自然能够摆脱危机。

从直接目的来看，"华盛顿共识"旨在为拉丁美洲国家提供摆脱危机提供方案，但实际上，由于"华盛顿共识"集中反映了新自由主义经济学的根本宗旨，那就是在全球范围全面推行私有化、市场化（反对政府干预）、自由化（金融、贸易和投资的自由化）及全球经济的一体化，因此"华盛顿共识"不但对发展中国家产生了广泛的影响，而且对经济转轨国

---

① 根据主流经济学的观点，在短期，市场机制有可能出现暂时的失衡（由于供给的调整需要一定的时间，因此在短期供给可能难以根据市场价格的变化而得到及时的调整），因此市场机制的调节在短期虽然不一定能实现经济的均衡，但在长期却是能实现经济均衡的（因为在长期，供给会根据市场价格的变化而得到调整）。这意味着，市场机制在长期是会实现储蓄和投资的均衡的。这样，财政收支政策的基本规则是，根据储蓄和投资的短期失衡暂时调整财政收支，但在长期则应保持财政收支的平衡。

家也产生了重大影响。

第二节　开放资本账户的理论主张

在进行金融改革之前，发展中国家及经济转型国家都普遍实行资本管制（Capital Controls），① 以便将外汇市场与国内货币市场分隔开来。发展中国家及经济转型国家实行资本管制的目的在于：（1）减少外汇储备和国际收支的异常波动，并使一国货币当局能够干预外汇市场以维持本币的币值稳定，从而减少国际资本流动对国内经济稳定及增长的影响。（2）避免资本外逃以保证国内储蓄率的稳定。尤其是在发展中国家，由于实行"金融抑制"政策，实际存款利率为负数，因此如果不实行资本管制就会产生大量的资本外逃。可见，从发展中国家的角度来看，只有实行资本管制，"金融抑制"政策才有效。（3）由于实行资本管制有利于实行压抑国内利率水平的政策，这就有利于降低国内政府及企业的筹资成本和金融机构的经营成本（Grilli 和 Milesi-Ferretti，1995）。（4）防止国内税基的流失，保障政府对金融交易及其相关收入和财富的课税能力，同时也有利于政府获取铸币税和通货膨胀税。（5）保证本国宏观经济政策的独立性。（6）保证国内经济稳定及经济增长计划的完成。

但是，资本管制却存在着严重的内在缺陷，这主要有：（1）管制成本（除包括建立机构、制订规则、实施管制及处罚违规等行为的成本以外，还包括规避管制的资本交易所产生的经济扭曲）太高，且难以奏效；（2）资本管制反而会导致更多的资本为逃避管制而外逃；（3）资本管制会增大进出口贸易的成本及国内企业和家庭的借款成本（Edwards，1999）；（4）资本管制创造了寻租机会，因而往往会导致腐败并浪费社会资源（Cooper，1998）；（5）资本管制会造成经济的扭曲，并隔断了国际经济与国内经济的联系，使国内经济的扭曲现象无法得到纠正，从而降低本国经

---

① 资本管制是指一国政府对跨国资本交易或外汇的进出进行管制。虽然资本管制的具体做法在各国并不完全相同，但比较有代表性的做法主要有：对资本输出入进行管制、实行双重或多重汇率安排、对涉外金融交易直接或间接征税。

济的效率；（6）资本管制导致政府没有压力进行改革，因为在资本管制的
情况下国内金融体系不会受到外部冲击（Mishkin，2001）。由于在资本管
制的情况下，投资者不能跨国界进行套利活动，因而利率平价是不成立的。

一、开放资本账户的作用

正是由于资本管制存在以上种种弊端，因此许多经济学家认为金融自
由化改革应包括取消资本管制、开放本国资本账户的内容，Johnston
（1999）就明确地将资本账户的开放看成是国内金融自由化的对外延伸。
或者说，从开放经济的角度来看，金融自由化改革包括资本账户的开放。[1]
许多学者认为，开放资本账户具有以下有利作用：

（一）促进资本的全球优化配置

Fischer（1998）认为，开放资本账户的根本利益，在于促进资本的自
由流动，而资本的自由流动能促进资本在全球范围实现优化配置，使全球
储蓄得到有效的利用，进而促进全球经济更快的增长并获得更大的福利。
在新古典的 MacDougall-Kemp 模型中，资本账户开放后，穷国可以获得资
本流入（因穷国资本稀缺，因而资本在穷国的边际回报率较高），直到穷
国的资本边际回报率等于富国的资本边际回报率，从而使世界各国的利率

---

[1] 虽然国际货币基金组织在 1993 年编写的《国际收支手册》（第五册）中将国际收支平衡
表中原有的资本账户改为"资本与金融账户"，但人们仍然习惯用"资本账户"来统称"资本与
金融账户"。因此，理论上所说的资本账户开放实际上涉及国际收支平衡表上的资本与金融账户，
其中资本项目包括资本转移和非生产、非金融资产的收买或出售，金融账户则包括直接投资、证
券投资、其他投资（包括国际信贷、预付款等）、官方储备。实际上目前讨论的资本账户的开放是
指不包括官方储备的资本和金融账户下的其他账户的交易。在国际收支平衡表中如此划分账户与
设置项目，与第二次世界大战后，特别是 20 世纪 80 年代以来，服务贸易的飞速发展、技术贸易
的日益扩大、发展中国家要求发达国家提供更多的援助捐赠，以及发展中国家要求债权国给予更
多的债务减免有着密切的关系。长期以来，资本账户的开放并没有一个统一的表述。Quirk 和 Ev-
ans（1995）将资本账户的开放表述为"取消对跨国界资本交易的控制、征税和补贴"。IMF 在
《汇兑安排与汇兑限制年报》（1999）中称，"资本账户开放"是指"政府解除对资本与金融账户
下资本国际流动的限制"。印度资本账户开放委员会则认为，"资本项目开放"是指"以市场汇率
进行国内金融资产与国外金融资产的转换"。综合以上观点，可将资本账户的开放定义为：取消对
资本跨国界交易的管制与汇兑限制以及影响其交易成本的相关措施。可见，资本账户的开放意味
着本国金融的对外自由化（或对外开放）。

水平（及其他要素价格）逐步趋同。这样，各国的收入差距将会逐步缩小，即产生所谓的"收入收敛效应"。Mathieson 和 Rojas-Suarez（1993）认为，实现资本在国内外的自由流动可以使一国的国内生产要素价格趋近国际水平，这就有利于一国企业根据国际市场的价格进行正确的投资决策，从而有利于促进本国的经济增长。Sweeney（1997）认为，金融的开放可以提供一种信息，借助于这种信息可以获取适当的风险调整贴现率，市场主体可以利用获得的这种信息决定他们所考虑的每个项目是否能够提供足够大的预期收益，从而实现资本的合理配置。Borensztein、De Gregorio 和 Lee（1998）的研究表明，与国际金融市场融合程度高的经济体会吸引大量的 FDI，且这种 FDI 的流入会产生大量的"技术溢出效应"（Technology Spillover Effect），从而会刺激本国生产率及经济增长率的提高。Edison 等人（2002）则从福利经济学的角度指出了资本账户开放的福利含义：资本账户的开放既能提高一国及世界各国的经济效率，同时又能改善一国及世界各国的收入分配状况，从而能大大提高世界各国的福利水平。

（二）平滑消费

资本账户的开放还能使一国在收入大幅度波动的条件下起到平滑消费的作用，从而有利于熨平经济的周期波动，这就有利于经济的稳定。这是因为，在资本账户开放的国家里，国内金融市场是与国际金融市场互动的。这样，即使该国收入水平发生波动，该国也可以通过国际借贷，一方面用他国的储蓄弥补本国的储蓄缺口，从而增加投资，促进经济增长；另一方面，通过国际借贷也有助于稳定一国居民的消费水平，使国内消费和投资保持在一个适当的水平上，从而有利于经济的稳定和均衡发展（Greenwald，1984）。

（三）推动国内金融改革，提高金融体系的运行效率

在本国资本账户开放的条件下，一国政府试图采取管制措施使其利率和国内其他金融资产价格偏离均衡的市场出清水平是徒劳的。这是因为，如果一国政府试图在资本账户开放的情况下仍然对利率进行管制，那么就会导致资本外逃，这反而不利于本国的经济稳定及增长。因此，开放资本账户可以大大削弱政府对本国金融的干预或管制，并有利于消除国内的金

融抑制状况，有利于推动一国的金融自由化改革，从而有利于促进国内的金融竞争。

同时，许多学者还认为，开放资本账户及实现资本的自由流动能通过外国金融机构的进入促进一国金融中介机构的改革、发展及效率的提高，而金融中介机构的发展有利于减少信息不对称，提高资源配置的效率，进而促进经济增长（Michael，2001）。并且，资本的自由流动或跨国银行的进入有利于打破垄断，促进金融市场的竞争并扩充金融市场的深度，以提高金融体系的运行效率，这也有利于推动一国的经济增长。还必须注意的是，金融机构之间的激烈竞争也会降低企业的融资成本，这将有利于本国企业的发展壮大。

（四）实现资产在国际间的合理组合，从而有助于分散风险

Obstefeld（1999）的研究表明，开放资本账户所带来的风险分散和资产多样化的利益会很可观，这主要表现为：在一国资本账户开放及金融对外开放的条件下，该国的企业可以通过在国际范围内从事多元化的生产和经营活动，[①] 从而利用更多的新型产品管理风险或从事投资活动，以大大减少经营和投资收入的不确定性，而个人也将有机会分散投资于各国的资产，从而能在国际范围内实现资产的分散或合理组合，以减轻来自国内真实部门和金融部门的各种冲击，并尽量保证其收入和财富的稳定性。而金融机构更能在不同国家、不同市场，不同货币及不同的金融资产上实现资产的合理组合，从而在国际范围内最大限度地降低风险以获得稳定的预期收益。

（五）减少管制成本，并形成对政府的约束

开放资本账户，取消对资本流动的管制，将大大减少管制成本及实行资本管制所导致的经济扭曲。而且，在资本自由流动的情况下，如果政府实行了不合理的政策，则会导致人们对该国经济失去信心，并由此会出现大量的资本外逃，这就会对一国政府的政策形成约束。而在资本管制的条

---

① Aggarwal、Klapper 和 Wysocki（2005）及 Levine 和 Schmukler（2007）等人都认为，开放的资本市场会给国内的企业提供更多的融资机会，从而有利于该国企业不断发展壮大。

件下，一旦政府的决策失误，则本国居民会因无法将资本转移到国外而只能默默地承担无谓的损失，且无法通过将资本转移到国外来约束本国政府的行为。

（六）推动经济增长

Eichengreen（1999）认为，如果想要通过加入全球经济体系以获得较快的经济增长率，开放资本账户就是必不可少的。开放资本账户将使市场信息更加公开，且有利于吸引外商直接投资（FDI）大量流入，而 FDI 的大量流入会产生技术溢出效应并带来先进的管理经验，从而提高 FDI 流入国的全要素生产率，进而推动该国的经济增长。同时，开放资本账户将有利于实现国内金融体系与国际金融体系的一体化，以创造一个更具竞争性的市场环境，使国内生产及投资决策在更大的程度上及更广的范围内依赖市场价格机制，这将有利于使各国的生产及投资决策更符合各国的比较优势，进而有效地促进一国的经济增长和社会福利的提高。

此外，开放资本账户的一个潜在好处是向国际投资者传递本国市场化改革的信号。Bartolin 和 Drazen（1997）认为，一国推进金融全球化具有重要的"信号"作用，这会被市场理解为该国政府在未来会对国外投资采取更加友好的态度。因此，开放本国的资本账户有利于创造良好的外部经济环境，有利于增强投资者的信心，这不但有利于鼓励外资的流入，而且还有利于避免资本外逃。这意味着，认为开放资本账户（在本国市场化改革的基础上进行）会导致资本大量外逃的担心是没有必要的。

总之，主张开放资本账户有利论的学者们认为，各国取消资本管制，开放资本账户，这既是在更大的范围内及更高的层次上实现本国金融的自由化，同时也能为国际间的资本自由流动提供有利的制度环境，这将有利于使世界各国的储蓄自由流动到全球收益或生产率最高的投资项目上以促进全球资源的合理配置，从而最终提高全球的产出水平并增进全球的经济福利。[①] 正是在以上理论观点的影响下，放松或消除资本在国际间的自由流动和汇兑自由的限制也成为发展中国家及经济转轨国家金融自由化改革的重要组成部分。

---

① Rajan 和 Zingales（2003）认为，国家之间的竞争正是国内市场能够更好运行的重要原因。

二、可采取激进的方式开放本国的资本账户，从而"一步到位"地实现本国货币的自由兑换

一些主张开放资本账户的学者（Musso，1982；Choksi，1986；Papageorgiou，1986；Lal，1987；Guitian，1997）提出，为了迅速完成改革，从而"一步到位"地过渡到市场经济体制，可以采取激进的方式开放本国的资本账户，从而"一步到位"地实现本国货币的自由兑换（即同时开放经常账户和资本账户）。[①] 这些激进派认为，采取激进的方式开放本国的资本账户具有以下好处：

（一）能对经济的自由化改革提供广泛的刺激，并使经济自由化的好处能够立即反映出来

激进派强调国内改革的种种约束条件和面对强大的外部压力时依靠自身能力推进改革的局限性。在激进派看来，在改革初期就开放资本账户实际上是推动改革的重要催化剂，可以对经济的自由化改革提供广泛的刺激。而且，激进派认为，采取激进的方式开放本国的资本账户，也是向世人昭示经济转轨的决心和政策，因而有利于吸引资本大量流入。

Choksi（1986）、Papageorgiou（1986）及 Musso（1982）等经济学家认为，从经济学的观点出发，在不存在市场扭曲和外部效应的情况下，一步到位地实现本国货币的自由兑换可能是最佳的方法，因为它能使自由化的好处能够立即反映出来。赞同这种激进方式的捷克前财政部长克劳斯（Klaus）曾有一句名言："自由兑换实现的唯一问题只是宣布它。"[②]

（二）渐进改革的成本过大

Krueger 和 Michael Michaely（1986）认为，经常账户与资本账户的开

---

① 根据本书的观点，资本账户的开放意味着本国金融的对外自由化或对外开放，因此主张"一步到位"地实现本国货币的自由兑换也意味着主张"一步到位"地实现本国金融的对外自由化或对外开放。

② 转引自《东欧是否实现了完全的货币自由兑换》一文，载《Intereconomics》，德国汉堡经济预测研究所，1992 年 9 月。

放孰先孰后，其实不应绝然分开，因为无论是经常账户的开放还是资本账户的开放都是以对方为前提的。如当一国要降低关税时，就必须要有充足的资金为后盾，这就需要资本账户的开放，而要开放外国直接投资时更应维持国内产品的竞争力，这就需要经常账户的开放，因此经常账户的开放与资本账户的开放之间是互相联系、互动互为的。而只有在经常账户开放与资本账户开放互动中，才能减少国际因素对国内经济的影响与冲击。Lal（1987）甚至主张，在分阶段实行贸易自由化时就宣布开放资本账户。他的理由是：如果这一宣布具有公信力，那么长期投资者就会根据国际市场的相对价格，而不是国内扭曲的市场价格来做出决策，这就有利于国内投资效率的提高。

（三）采取激进的方式开放本国的资本账户恰恰有利于促使该国创造各项前提条件

在 Guitian（1997）看来，开放资本账户确实需要具备若干先决条件，如一定数量的外汇储备、宏观经济的稳定、灵活的汇率制度、可维持的财政收支状况、对外部冲击有相当承受力的国内金融体系等。但是，如果在资本账户开放及开放资本账户之前一味等待这些条件的实现，就只会永久进行资本管制。相反，资本账户与经常账户同时开放，则有利于这些条件的实现。例如，资本账户开放将约束一国的宏观经济政策，使其不得不使经济恢复平衡和稳定。因此，宏观经济的稳定，与其说是资本账户开放的前提，不如说是资本账户开放的结果。对汇率制度也是如此，资本账户与经常账户的自由化将自动产生灵活的汇率制度。同样的道理，资本账户的开放将有利于培育本国金融体系应对外部冲击的能力，因此本国金融体系应对外部冲击的能力可以看成是资本账户开放的结果，而不是它的先决条件。

一些人则从政治经济学理论的角度出发认为，由于市场化改革在短期会带来阵痛或成本（如企业破产和失业等），而资本账户开放吸引外资流入，这有助于创造就业机会，从而可以减少或抵消自由化改革的短期成本，因此他们主张经常账户的可兑换应与资本账户的可兑换同时进行（Little、Scitovsky 和 Scott，1970；Krueger，1981、1984；Michaely，1986）。Guitian（1997）也认为经常账户与资本账户可以同时开放，因为资本管制会阻碍全球经济的一体化，而资本自由流动会提高经济效率，促进经济增长，增进福利。

总之，主张以激进方式开放本国资本账户的理由是：只有以激进方式开放本国的资本账户才能较快地实现经济的自由化，才能迅速地创造市场经济制度，尽快地提供预期确定的经济环境，并尽早给予转轨中的经济及国内企业以国际自由竞争的压力和动力，促使国内企业尽快适应新的市场环境或游戏规则，尽快形成适应市场的心理预期，以尽快减少经济扭曲或摩擦，加速经济转轨过程。

三、开放资本账户与实行浮动汇率制度

根据 Mundell 和 Fleming（1962）提出的有关解释资本完全自由流动条件下宏观经济政策如何发挥作用的 Mundell-Flemming 模型及 Krugman（1998）在 Mundell-Flemming 模型的基础上提出的"三元悖论"理论（又可称为"开放经济中的三元冲突"理论），可以得出这样的结论：一国要想在拥有独立的货币政策前提条件下开放本国的资本账户，就必须实行浮动汇率制度。因为，根据 Mundell 和 Fleming 及 Krugman 等人的理论模型，有：

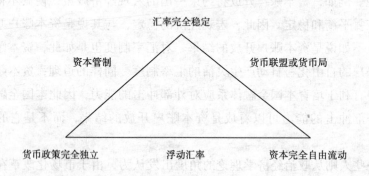

图 2-1　开放经济中的"三元冲突"

Flening 和 Mundell（1962）及 Krugman（1998）都认为，一国在资本自由流动、汇率稳定及货币政策的独立性这三者之间只能同时选择其中的两个作为政策组合，而不能同时选择这三者，即资本自由流动、汇率稳定

及货币政策的独立性这三者之间是不能共存的。也就是说：（1）一国如果想在开放本国的资本账户以刺激本国经济及金融发展的同时又想保证本国汇率的稳定，就必须放弃本国货币政策的自主权；（2）而一国如果想保证本国货币政策的自主权，同时又想保证本国货币汇率的稳定，那么就不能通过开放本国的资本账户以刺激本国的经济及金融发展；（3）一国如果想在拥有独立的货币政策前提条件下开放本国的资本账户以刺激本国的经济及金融发展，就必须实行浮动汇率制度。

　　显然，一国如果选择货币政策自主权和汇率稳定的政策组合，那么就必须实行资本管制，而这就不利于刺激本国的经济及金融发展，而且也不符合经济全球化的发展趋势。但是，一国如果要在开放资本账户的同时试图保持汇率的稳定，那么必须放弃货币政策的自主权。这是因为，当一国因开放资本账户而导致外汇大量流入，从而造成外币贬值和本币升值压力时，本应采取紧缩的政策（因外汇大量流入而会造成国内经济扩张）的中央银行为维持固定汇率将不得不投放基础货币以收兑外汇，从而消除外币贬值和本币升值的压力，但这却使本国的货币供应量在外汇大量流入的情况下大量增加，从而加剧本国的通货膨胀。相反，当一国因开放资本账户而导致外汇大量流出，从而造成外币升值和本币贬值压力时，本应采取扩张的政策（因外汇大量流出而会造成国内经济紧缩）的中央银行为维持固定汇率将不得不收回基础货币以投放外汇，从而消除外币升值和本币贬值的压力，但这反而使本国的货币供应量在外汇大量流出的情况下大量减少，从而加剧本国的经济衰退。这意味着，如果一国在开放资本账户的同时实行固定汇率制度，将导致中央银行无法主动通过货币政策的操作来调节或稳定本国的宏观经济，从而有可能加剧本国经济的波动。

　　更严重的是，如果一国在开放资本账户的同时实行固定汇率制度，则有可能导致巨大的金融风险。这是因为：（1）固定汇率仅仅只能固定"名义汇率"，而不能固定"实际汇率"。因此，长期实行固定汇率制度反而可能使本国货币币值无法随市场供求的变化而变化，进而易于形成高估，这就会削弱本国产品的竞争力，从而导致贸易及经常账户的逆差。（2）固定汇率制度等于政府为国内外市场主体的汇率风险提供了担保，这既会使国内市场主体忽视汇率风险，又会起到鼓励外汇投机活动（因为没有汇率风险）的作用。（3）在固定汇率制度下，如果本国出现国际收支持续逆差就会形成本币贬值的预期，但由于汇率固定使得本币币值高估，在本币将贬值的预期心理作用及本国资本账户开放的情况下，投机者为了谋利就会大量抛售币值高估的本国货币，而大量买进币值高估的外币。[①] 一旦中央银行为维持汇率固定的外汇储备被耗尽，中央银行再也无法通过出售外汇储备来稳定本国货币的汇率水平时，本国的货币危机就会随之爆发。[②]总之，以上模型说明：一国要想在拥有独立的货币政策前提条件下通过开放本国的资本账户以刺激本国的经济及金融发展，就必须实行浮动汇率制度。

而从理论上来看，浮动汇率制度具有以下优点：

（一）有利于形成均衡的汇率水平，并实现资源的合理配置

在浮动汇率制度下，由于本国货币汇率由市场供求关系决定，这就有利于促使本国货币汇率趋向供求均衡点，从而有利于形成市场均衡汇率。[③]同时，浮动汇率制度通过汇率的及时变动维持购买力平价（PPP），能使国内价格与国际市场价格紧密联系，这就能准确地传递国内外的市场价格信号（在开放经济中，汇率是最重要的资源配置价格），使国内市场主体能准确地了解国外产品与本国产品的相对价格与成本差异，从而能正确地进行成本和盈利的国际比较，以促使国内将资源用于成本真正低于国外的产品，并进口成本真正低于国内的产品，即为发挥本国的比较优势而出口，

---

① 在汇率固定的情况下，国际收支顺差国的货币汇率因无法及时升值形成低估，而国际收支逆差国的货币汇率因无法及时贬值而形成高估，这就给外汇投机活动创造了市场空间。而且，固定汇率制度下的外汇投机是只赚不赔的单向投机。

② 这意味着，选择资本自由流动、固定汇率制和货币政策不独立这三者的组合有一个严格的前提条件，那就是：该国的外汇储备是无限的。显然，在现实中，一国的外汇储备不可能是无限的。事实上，一国的外汇储备总量再巨大，与规模庞大的国际游资相比也是微不足道的。一旦中央银行耗尽外汇储备仍无力扭转国际投资者的贬值预期，则其在外汇市场上将无法继续托市，固定汇率制也将彻底崩溃。因此，一国即使放弃货币政策的独立性，在巨大的国际游资压力下，往往也很难保证固定汇率制度能够得以继续维持下去。也就是说，资本自由流动、固定汇率制和货币政策不独立这三者的组合并不是一个具有可持续性的选择。

③ 在固定汇率制度下，均衡汇率的确定是一个难题。中央银行不可能比市场更清楚均衡汇率的真实水平，因为中央银行不可能比市场更"聪明"，市场总是不断变化的，而均衡汇率的调整总是滞后于市场供求的变化。所以，固定汇率制度虽然避免了汇率的波动问题，但却面临均衡汇率的背离问题。

为利用别国的比较优势而进口，从而使一国的进出口贸易真正建立在比较利益的基础之上，以最大限度地提高该国的资源配置效率。

（二）浮动汇率制度能够自动调节国际收支，使其保持平衡

在浮动汇率制度下，一国的国际收支顺差或逆差会通过汇率的变化而得到自动调节，而不必依靠货币供应量的变化所引起的价格变化或国民收入及就业的变化来调节，不需要政府的干预。汇率对国际收支的调节简单易行，成本较低，而且可以随时对国际收支进行连续性的调节，并可以避免国际收支长期失衡可能对实际经济活动所带来的冲击和不利影响。这是因为：在浮动汇率制度下，如果一国国际收支出现顺差，则该国的汇率水平就会上升，这意味着一单位的本国货币就能兑换更多的外国货币，因而以本国货币表示的进口品价格就会下降，同时以外国货币表示的国外资源价格也会下降。在这种情况下，国内市场主体将会为实现成本最小化增加进口和对外投资，结果减少本国的国际收支顺差，使其逐步趋于平衡。相反，如果一国国际收支出现逆差，则该国的汇率水平就会下降，这意味着一单位的外国货币就能兑换更多的本国货币。在这种情况下，国内市场主体就会为实现收益最大化而努力扩大出口，从而自动促使国际收支趋于平衡。相反，在固定汇率制度下，由于汇率不能及时随外汇供求的变动而变动，因此恢复国际收支的均衡就需要调节本国的实际经济变量，故调节成本较大。

由于浮动汇率具有自动调节国际收支的功能，不需要政府的人为行政干预，这不仅可以降低社会成本（包括政府干预本身所需要的成本、由干预所造成的经济扭曲所引起的成本以及纠正干预错误所产生的成本），而且可以大大减少由于决策失误所造成的混乱或损失。此外，由于汇率能够自动调节国际收支的平衡，因此各国不可能、也不必持有大量的外汇储备，这就可以大大减少大量持有外汇储备所需承担的成本。

（三）浮动汇率制度有利于隔绝国外经济因素对本国经济的冲击

浮动汇率制度被认为是隔绝外部冲击的一种有效制度安排（Frankel，1999）。这是因为：在固定汇率制度下，两国的货币和商品市场通过固定汇率制度而紧紧连成一体，一国的物价上涨必然会引起另一国的物价上

涨。这意味着，固定汇率制度不利于隔绝国外经济因素对本国经济的冲击。而在浮动汇率制度下，国外物价水平的上涨并不会引起本国物价水平的上涨。这是因为：在国外物价水平上涨的情况下，外币的购买力将下降，而本国货币将会升值，这样进口品的本币价格就不会上涨。可见，在浮动汇率制度下，当外国出现通货膨胀或通货紧缩时，本国的货币汇率将会随之升值或贬值，从而可以自动隔绝国外通货膨胀或经济周期的国际传递。同时，本国国际收支顺差的结果是本国货币汇率的上升，而不是外汇储备及由此导致的本国货币供应量的增加，这就有利于抑制因本国国际收支大量顺差所造成的通货膨胀。

（四）浮动汇率制度使本国可以独立地实施宏观经济政策

在固定汇率制度下，一国为了维持本国货币汇率的稳定，往往不能自主地实行独立的货币政策。而在浮动汇率制下，一国的货币政策没有承担稳定汇率的义务。在这种情况下，一国的中央银行就不必再为维持本国货币汇率的稳定而被迫大量投放或收缩基础货币，这就有利于中央银行实行独立的货币政策，并大大减少中央银行的对冲成本。而且，由于在浮动汇率制度下，国际收支的平衡可由汇率自行调节实现，资本的流入或流出只会引起汇率水平的变化，而不会改变一国的货币供应量。在这种情况下，各国也不必在国外经济因素的影响下采取紧缩性或扩张性的财政货币政策以保证外部平衡的实现，故浮动汇率制度有利于各国实行独立的宏观经济政策。

（五）浮动汇率事实上具有内在的自动稳定功能

在浮动汇率制度下，当人们预期某种货币将贬值时，则投机者为获利就会先卖出这种货币的远期外汇，然后等到远期外汇的交割日再买进这种货币的即期外汇，这就会在未来增大该货币的需求，从而降低该种货币未来贬值的幅度；而当人们预期某种货币升值时，则投机者为获利就会先买进这种货币的远期外汇，然后在到期时再卖出这种货币的即期外汇，这就会在未来增大该货币的供给，从而降低该种货币未来升值的幅度。可见，浮动汇率制度下的投机反而有利于通过调节外汇市场的供求，从而有利于避免汇率的过度波动，并促使汇率调整到其长期价值。这意味着，浮动汇率制度具有内在的自动稳定功能。① 同时，在浮动汇率制度下，由于汇率随时根据市场供求的变化而进行调整，政府也不承诺维护某个汇率水平，因此投机者将难以找到汇率明显高估或低估的机会。在投机者要承担汇率反向变动的巨大风险情况下，投机者恶意投机的可能性较小。

Eichengreen 和 Hausmann（1999）发现，灵活的汇率制度既可以减少银行外汇借款，又可以防止银行外部信贷的扩张。Domac 和 Peria（2003）则发现，实行浮动汇率制度反而减少了发展中国家发生银行风险的可能性。

在浮动汇率制度下，由于国际收支可以自动达到均衡，因此各国无须实施贸易保护措施，这就有利于促进国际间自由贸易的发展。而建立在各国比较优势基础上的自由贸易将带来以下好处：（1）使各国的生产成本不断下降，效率不断提高；（2）使各国的产量不断扩大，进而使各国的收入及消费水平不断提高；（3）有利于促使各国同一生产要素所获得的报酬趋于均等，从而有利于改善一国国内的收入分配状况，并有利于使国际间的贫富差距逐步消失，等等。显然，这对于发展中国家是有利的。

---

①　反对浮动汇率制的人认为实行浮动汇率制度带来投机，会导致汇率的经常性波动和外汇市场的不稳定。他们认为，如果人们预期某种货币有可能贬值，则人们就会抛售这种货币，当越来越多的人抛售这种货币时，该种货币就会贬值。这种导致汇率不稳定的投机行为将加大汇率围绕其长期价值波动的幅度，从而增大国际贸易的风险，不利于为国际贸易的发展提供稳定的货币环境。同时，在充斥投机的外汇市场上，投机往往会带来汇率的巨大波动，从而导致货币危机。然而，事实上，这种导致不稳定的投机者是不可能长期存在的。因为：任何人如果总是在某种货币已经贬值到低于其长期价值后再将其卖掉，或是在某种货币已经升值到高于其长期价值后再买进，则这些人就长期而言就会亏本，从而不得不退出市场。市场会在奖励稳定性投机活动的同时惩罚非稳定性的投机活动。因此，从长期来看，导致不稳定的投机者将会被逐出市场，留下来的都是会加速汇率向其长期价值调整从而避免长期亏损的具有更好洞察力和预测力的投机者。这些投机者往往是在外汇汇率降低时买入外汇，这就有利于抑制外汇汇率的过度降低，而在外汇汇率提高时卖出外汇，这就有利于压抑外汇汇率的过度上涨。这意味着，平均来说外汇投机反而有利于通过调节外汇市场的供求，从而避免汇率的过度波动，并促使汇率调整其长期价值。也就是说，浮动汇率下的投机活动不是扰乱了外汇市场的均衡，而是促进了外汇市场的均衡。浮动汇率制度下的汇率波动完全能够反映基本经济状况的变动。近年来的研究也表明，浮动汇率制度下投机者的套利行为使得市场汇率不至于过分偏离其长期均衡值，而固定汇率制度的僵化则有可能导致汇率的严重高估或低估。当市场一致预期到这种大幅度的偏离时，集中的投机行为不仅会加剧外汇市场的不稳定，而且还可能演化成严重的金融危机。

第二篇

发展中国家及经济转轨国家的金融改革实践：基于金融自由化理论的实践

第 三 章

拉丁美洲国家金融改革的实践与绩效

由于许多发展中国家实行政府干预及金融管制带来了种种弊端，同时由于在理论上受到 Mckinnon 和 Shaw 所提出的"金融深化论"及强调自由市场、自由贸易和价格调节的新古典主义经济思想的影响，从 20 世纪 70 年代中期开始，拉丁美洲一些国家（包括智利、阿根廷、墨西哥）下决心开始进行旨在实现以"市场化及自由化"为基本特点的经济及金融改革。

第一节　智利的金融改革

智利位于南美洲西南部，国土面积为 75 万多平方公里，智利曾于 20 世纪 70 年代初实行国有化及计划经济，但结果出现一系列问题，造成经济陷入停滞状态，并导致政治动荡。① 为摆脱这种困境，智利于 1974 年开始根据 Mckinnon 和 Shaw 的"金融深化理论"实行激进式的经济改革及金融

---

① 在进行金融自由化改革之前，智利实行的是计划经济体制及金融压制政策。其"金融压制"的具体特征表现为：一是货币化程度低；二是金融体系规模很小，金融体系由 20 家政府性的商业银行、1 家外资商业银行和几家非银行金融中介机构组成，而且智利的所有大型银行和金融机构都处于政府的控制之下；三是利率受到政府的管制，由于通货膨胀严重，造成实际利率为负数，等等。由于实行计划经济体制及"金融压制"政策，智利的经济增长率几乎处于停滞状态，1973 年，GDP 下降了 5.6%，财政赤字达到 GDP 的 21%，通货膨胀率达到 300%。

改革。①

一、智利金融改革的几个阶段

（一）第一阶段的金融改革：1974—1982 年

智利经济改革的基本内容是：（1）大力进行"私有化"改革，以扩大私有企业的作用。（2）大幅削减政府支出（特别是补贴开支）以削减财政赤字并减少政府对经济的干预。（3）实现价格的市场化。为在保证市场稳定的前提下迅速地实现价格的市场化，智利除了 30 种产品的价格采取"逐步放开"的渐进方式以外，所有产品的价格都采取了"立即放开"的激进改革方式。（4）开放本国市场，降低关税，以逐步实现贸易的自由化，等等。

由于金融体系是在经济运行中对资源进行重新配置的制度安排及机制，因此为配合经济的市场化改革，同时也深受"金融深化论"的影响，就必须对原来受到政府严格管制的金融体系进行改革，如必须建立市场化的金融体系以支持私有企业的发展。为此，智利在进行经济市场化改革的同时，也大刀阔斧地进行了金融自由化改革，其主要改革措施有：（1）实行银行的私有化改革。1975 年 4 月，智利政府宣布对 20 家国有商业银行中的 19 家进行私有化改革。同时，智利允许成立私人金融公司。（2）不断放松政府对金融的管制，降低金融业的进入门槛，并取消对银行设立分支机构的限制。②（3）降低法定存款准备金比率，从 1976 年到 1980 年，活期存款的法定存款准备金比率由 85% 降到 10%，定期存款的法定存款准备金比率由 55% 降到 4%。（4）消除对商业银行的信贷数量控制及贷款用途限制，并大大减少对优先部门的选择性信贷。（5）实行利率的市场化。1974 年 5 月，智利首先允许非银行金融机构在短期金融业务中自主决定利率，并放开短期货币市场的利率；1974 年 11 月，智利又取消了所有银行金融机构的存款利率上限控制；1975 年 10 月，智利又放松了对商业银行

---

① 智利是拉丁美洲国家中最早实行激进式金融自由化改革的国家之一。

② Fry（1988）认为，降低金融业的进入门槛、促进银行之间的竞争有利于降低存贷利差，从而能提高金融机构的功能效率。

及 SINAP① 的贷款利率管制。到 1977 年 6 月，智利基本实现了利率的自由化。（6）允许外资银行在智利自由设立分支机构并收购智利的商业银行。（7）取消外汇管制，开放资本账户。1974 年，智利开放了个人资本账户的自由交易，并允许外国资本在到位三年后可以在官方外汇市场上购买外汇以便将利润汇回国内。1979 年，智利取消了对中长期国际资本流入的限制，1980 年又取消了对每月外资流入量的限制。（8）连续下调比索汇率以改变比索汇率高估的问题，逐步让比索汇率反映市场供求关系。

智利第一阶段的金融改革于 1982 年结束。这一阶段改革所取得的主要成效是：（1）金融机构的数量和金融交易量迅速增长；（2）经济开始强劲增长，从 1977 年到 1981 年，智利的 GDP 年均增长 8% 左右（但 1981 年有所下滑）；（3）通货膨胀率下降，智利的通货膨胀率从 1976 年的 212% 降至 1981 年的 20%，等等。这意味着，智利第一阶段的金融改革取得了一定的成绩，参见表 3 - 1。

表 3 - 1　智利的宏观经济指标及经济金融状况：1977—1981 年

	1977 年	1978 年	1979 年	1980 年	1981 年
GDP 增长率（%）	8. 70	7. 46	8. 68	8. 15	4. 74
人均 GDP 增长率（%）	7. 20	6. 01	7. 19	6. 60	3. 17
人均 GDP（美元）	1246. 22	1417. 06	1881. 29	2466. 48	2876. 60
M2/GDP（%）	13. 90	15. 97	18. 78	22. 91	26. 81
通货膨胀率（基于 CPI, %）	91. 94	40. 12	33. 36	35. 14	19. 69
商品和服务出口/GDP（%）	20. 621	20. 583	23. 277	22. 820	16. 418
商品和服务进口/GDP（%）	22. 423	23. 926	26. 108	26. 978	26. 754
经常账户平衡/GDP（%）	- 4. 125	- 7. 065	- 5. 736	- 7. 148	- 14. 498
实际年利率（%）	27. 874	18. 056	11. 241	14. 271	34. 480
存款年利率（%）	94. 92	63. 53	45. 19	37. 72	40. 90
贷款年利率（%）	163. 15	86. 13	62. 11	47. 14	52. 02
官方汇率（1 美元兑换）	n. a.	n. a.	n. a.	n. a.	n. a.

---

　① SINAP 是智利的一个国民储蓄及贷款体系，该体系主要是通过互助储蓄银行为住房信贷融资。

	1977 年	1978 年	1979 年	1980 年	1981 年
外债总额/GNI（%）	42.813	49.513	46.730	45.515	50.449

资料来源：世界银行 WDI 数据库，http://ddp-ext.worldbank.org/ext/DDPQQ/member.do? method = getMembers&userid = 1&queryId = 6；世界银行 GEM 数据库，http://externalization.worldbank.org/external/default/main? theSitePK = 2880771&contentMDK = 21119307&menuPK = 2880787& PK =64691875&pagePK=64691887。

但是，智利这一阶段的金融改革却存在着许多的问题，其中主要是：

第一，私有化改革的方法过于简单。智利在银行的私有化改革中，规定个人或企业只需以 20% 的现金就可以购买国有银行，然后可以再从银行获得贷款去购买国有企业。政府还允许财团控制的商业银行将贷款转移到财团本身所控制或拥有的公司，并允许私有化的金融公司把大量资金借给其持股人，等等。由于在金融自由化改革过程中缺乏必要的监管，结果造成一些银行和金融公司因出现大量的不良贷款而倒闭。到 1980 年，智利有数十家自由经营的金融公司倒闭，智利银行部门的不良贷款率从 1980 年的 1.2% 上升到 1984 年的 9.0%。[1] 同时，智利在国内资本市场发育不太完善的条件下，对国有企业进行了激进的私有化改革，在较短时间内将大量国有企业"分期"出售或退还原主人，结果导致资源很快集中到少数几家大财团手中，因而并没有形成一个有效的竞争市场。

第二，只注重放开金融管制，并取消金融业的进入壁垒，而没有建立有效的金融监管体制，[2] 没有对金融机构进行必要的监督和检查，同时免费的国家存款保险制度加剧了银行部门的道德风险。

第三，由于智利在缺乏有效监管的情况下放开了利率，因此，银行金融机构为了最大限度地获得利润，一方面以高利率来吸引存款，另一方面又通过发放高风险的贷款以获得更高的回报，结果导致整体利率水平过高。[3]

---

[1] Felipe Morris with Mark Dorfman, Jose Pedro Ortiz, and Maria Claudia Franco, The world Bank, 1990, "Latin America's Banking System s in the 1980s: A Cross-Country Comparison", Washington D.C., p.31.

[2] 龚明华：《发展中经济金融制度与银行体系研究》，中国人民大学出版社 2004 年版，第 40 页。

[3] Hanson（1995）在分析智利这一时期的高利率情况时认为，智利的高利率反映了投资者对智利的经济没有信心，因而要求一个很大的风险溢价来补偿他们所承担的风险。

智利的实际贷款利率水平，1976 年为 64.3%，1977 年为 56.8%，1978 年为 42.2%，1979 年为 16.6%，1980 年为 11.9%，1981 年为 38.7%，1982 年为 35.1%。由于过高的实际利率大大超过了实体经济投资的边际生产率，从而导致大量的企业无力偿还贷款，同时导致许多企业破产倒闭。到 1982 年，智利的破产企业数量达到 810 家，企业破产反过来造成银行不良贷款的大幅增加。而为了挽救银行和企业，政府一方面增发货币，另一方面又不得对金融体系重新进行管制，但结果是一方面导致了通货膨胀，另一方面又有丧失改革成果的危险。

第四，1980 年，智利取消了对银行外资头寸的限制。随着对银行举借外债限制的逐步放松，智利商业银行借入的外债成倍增长，进而促成资本的大量流入。资本大量流入的结果是智利的货币——比索的大幅升值。由于比索升值降低了智利出口品的竞争力，从而抑制了智利的出口，再加上 1979 年欧佩克大幅度提高石油价格，结果导致智利的经常项目迅速恶化。1981 年，智利经常项目的逆差高达 GDP 的 14.5%。经常项目的赤字又造成智利的外汇储备大量减少，使智利的货币当局难以维持本国货币汇率的稳定，结果致使货币当局在 1982 年 8 月不得不放弃固定汇率制，允许汇率浮动。结果，比索的汇率在很短的时间里贬值 43%，最终酿成了智利的货币及金融危机。[①]。到 1982 年，智利的 GDP 增长率降为 - 14.5%，失业率则超过 25%，并引起了社会的动荡。因此，可以说，智利这一阶段的金融及经济改革是不成功的。

(二) 第二阶段的金融改革：1985—1989 年

从 1984 年开始，智利逐渐走出金融危机的阴影，开始重新推动金融自由化改革。从 1985 开始，智利的金融改革进入第二阶段。鉴于第一阶段的"激进式"改革不成功，智利在第二阶段采取了渐进式的改革模式。

在这一阶段，智利又重新对企业进行了私有化改革（又称为第二轮私有化改革）。在 1984—1985 年间，政府将近 50 家私有化后又回到国家手中的企业重新转让给私人。1986—1989 年，智利重点对依法建立的国有大型

---

① 阿赫塔尔·霍赛思、阿尼斯·乔杜里斯主编：《发展中国家的货币与金融政策——稳定与增长》，经济科学出版社 2001 年版，第 80 页。

企业（资产额为 12 亿美元）实行私有化。智利在这一阶段采取了比较谨慎的措施进行国有企业的私有化改革。具体方法是：在进行私有化改革之前，政府先通过立法把这些国有企业变为股份公司，然后在证券交易所上市。整个交易过程按比例、分步骤进行。第一步是先出售企业 30% 的股份，如果成功则再以招标的方式出售 19%，最后再转让 2% 以完成企业控制权向私人部门的转移；第二步是最终完成其余剩余股份的出售。① 总的来看，智利第二轮的企业私有化改革重新给智利的经济带来了活力，1986—1988 年，智利的年均经济增长率上升到 5%，1988 年的失业率下降到近 12%，通货膨胀率则下降到 20%，国内储蓄率相当于 GDP 的 22%，国内投资相当于 GDP 的 17%。②

智利第二阶段所采取的谨慎的企业私有化改革为智利再次进行金融改革奠定了基础。从 1985 开始，智利采取了以下的金融改革措施：

1. 加强金融监管

智利第一阶段金融及经济改革不成功的现实使智利政府意识到健全金融体系和加强金融监管的重要性。因此，智利第二阶段的金融改革虽然仍以"自由化"为核心，但智利对金融监管、银行的业务范围及存款保险制度等都做出了许多新的规定，并通过了新的《银行法》。根据新的《银行法》，智利金融监管当局加强了对银行财务状况的监控，强调银行的资本充足率标准，并提高银行经营管理信息的透明度。新的《银行法》还将银行的各项经营活动也置于严格的监管之下，例如对每个贷款人最高贷款金额实行限制，对银行外币头寸实行限制，禁止向与银行关系密切的企业和个人发放优惠贷款等。新《银行法》允许银行通过下设机构从事证券业务，如股票经纪业务，投资基金业务和财务顾问等，但同时要求传统的银行业务与证券业务在资金、人员和设施等方面严格分离。此外，为了抑制道德风险问题，智利还进一步完善了存款保险制度。新的规定是：商业银行的活期存款得到全额保险，对定期存款和储蓄存款只实行部分保险。

2. 完善中央银行的宏观调控机制

为了保证中央银行有效地实施货币政策和行使监管金融机构的职责，

---

① Dominique Hachette-Rolf Luders,1992,"La Pribatizacion en chile",Centro Internacional para el Desarrollo Economico(CINDE),pp. 16-17,p. 93.

② 韩琦：《智利经济—社会转型的特点和经验》，《拉丁美洲研究》2005 年第 4 期。

1989 年 10 月，智利以立法的形式确立了中央银行的独立地位。同时，智利为完善中央银行的宏观调控机制以适应经济市场化的需要，开始放松在金融危机过程中采用的利率管制。1987 年智利中央银行停止公布指导性利率，并通过买卖中央银行债券等公开市场操作来调节市场利率。这是智利中央银行从直接调控迈向间接调控的重要一步。

3. 稳步推进资本市场的发展

由于对国有企业进行大幅度的私有化改革，因而智利的资本市场（主要是股票市场）和机构投资者（如养老基金等）也得到了快速的发展。为稳步推进资本市场的发展，1987 年，智利对《证券市场法》和《保险法》进行了修正，规定所有可供私人养老基金投资的金融工具都必须经过两家以上的私人专业风险评估机构进行风险评估，以降低机构投资者的风险，并稳步推进资本市场的发展。

4. 谨慎地扩大对外开放

在这一阶段，智利还采取了渐进的方式谨慎地实现对外开放：

（1）为增强贸易部门的竞争力，使之适应资本账户开放所带来的挑战，智利从 1985 年开始逐步降低关税，以推进贸易的自由化。

（2）进一步减少对经常账户交易的限制，同时采取渐进型的方式谨慎地开放资本账户。1985 年，智利准许外国直接投资以债权换股权的方式实现资本的流入，但是要求流入的资本在 10 年内不得撤回，投资所得利润也只能在 4 年之后才能汇出。在证券投资方面，则允许居民和非居民用外汇购买国内的某些债券，但用于购买债券的外汇不能从官方的外汇市场上获得。1987 年，智利批准成立"外国投资基金"，以便利外国中小投资者通过债权换股权的方式对智利进行直接投资。此外，智利还采取措施推进资本流出的开放，如降低了本国企业到国外发行债券的信用等级要求，允许国内企业在国外发行可转让债券，等等。

（3）实行"爬行汇率带"制度，使比索汇率朝着市场化和更富有弹性的方向发展，以发挥比索汇率的调节作用。从 1985 年起，比索对美元汇率的每日波动幅度从 1% 放宽至 4%。1989 年又扩大到 10%。参见表 3 - 2。

表 3 - 2　**1984—1989 年的智利汇率制度改革**

时间	事　件	时间	事　件
1984 年 8 月	确立 ±0.5% 的波动区间	1992 年 7 月	波动区间变为 ±10%，中心汇率改为盯住篮子货币
1984 年 9 月	名义汇率贬值 23.7%	1994 年 12 月	汇率升值 7%，调整货币篮子比重
1985 年	汇率贬值 17.6%，波动区间变为 ±2%	1997 年 1 月	汇率升值 4%，波动区间变为 ±12.5%
1989 年	波动区间调整到 ±5%	1998 年 7 月	区间变为 2.5% 和 -10%

资料来源：Morande 和 Tapia（2002）；智利中央银行年度报告。

　　由于智利在这一阶段所进行的渐进的贸易自由化改革及汇率的市场化改革提高了智利出口产品的国际竞争力，增强了智利应对资本账户开放过程中各种不利冲击的能力，从而为资本账户的稳步开放创造了有利的经济环境。总的来看，智利这一阶段的经济及金融改革取得了相当的成效，参见表 3 - 3。

表 3 - 3　**智利的金融发展状况：1985—1989 年**

	1985 年	1986 年	1987 年	1988 年	1989 年
金融深度（经济货币化程度）					
M2/GDP（%）	33.86	35.69	34.22	33.89	35.25
实际年利率（%）	7.08	3.49	5.43	-1.19	19.81
经济信用化程度					
银行系统提供的国内信贷占 GDP 的比例（%）	114.67	108.35	97.11	83.10	73.94
向私有部门提供的信贷占 GDP 的比例（%）	69.32	62.70	57.41	52.63	48.87
金融资产价格					
官方汇率（本币/美元，时期平均）	160.86	192.93	219.41	245.01	266.95
存款年利率（%）	32.10	19.04	25.28	15.16	27.79
贷款年利率（%）	39.97	26.36	32.67	21.21	36.01

续表

	1985 年	1986 年	1987 年	1988 年	1989 年
银行体系效率和风险					
利差	7.87	7.32	7.38	6.05	8.22

资料来源：世界银行发展指标数据库，http://ddp-ext. worldbank. org/ext/DDPQQ/showReport. do? method = showReport。

表3-4　智利的宏观经济状况：1985—1989 年

	1985 年	1986 年	1987 年	1988 年	1989 年
GDP 年增长率（%）	7.12	5.60	6.59	7.31	10.56
人均 GDP（美元）	1361.67	1439.61	1669.64	1935.14	2190.87
现金盈余或赤字占 GDP 的比例（%）[1]	na	na	na	na	na
出口商品和服务占 GDP 的比例（%）	28.15	29.09	30.13	34.25	35.39
进口商品和服务占 GDP 的比例（%）	25.71	26.03	27.22	27.25	30.65
总储备（现值美元，十亿美元）[2]b	2.45	2.35	5.50	3.16	3.63
年通货膨胀率（GDP 平减，%）	30.71	22.10	25.83	22.67	13.52

注：①现金盈余（现金盈余或者财政赤字占 GDP 的比重）是指财政收入减去支出再减去对非金融资产的净购买（下同）。

②总储备（Total Reserve）包括外汇、特别提款权，以及 IMF 成员国在 IMF 的储备，但不包括黄金储备（下同）。

资料来源：世界银行发展指标数据库，http://ddp-ext. worldbank. org/ext/DDPQQ/showReport. do? method = showReport。

（三）第三阶段的金融改革：1990 年至今

智利第三阶段的金融改革是从 1990 年开始的，智利在这一阶段继续按照"渐进"的方式进行改革，其改革措施主要有：

1. 重视制度建设，以不断提高金融体系的效率

智利第三阶段对金融部门的改革重点转向加强金融市场的竞争性，丰富交易品种，以不断提高金融体系的效率。例如，通过引入外资银行以降低本国银行的垄断程度，引入价格指数类的金融工具以重新树立货币政策的权威性，强化对公共债务的管理，通过不断修改法律以对资本市场进行改革，从而确保资本市场有效地发挥其合理配置资源的功能。

2. 进一步加快资本市场的发展

从 1990 年开始，智利政府开始采取各种措施加快资本市场的发展。1990 年，智利允许投资者进行期货交易以实现套期保值的目的，并活跃资本市场，同时发挥期货交易的传递信息及发现价格的功能。① 1994 年又引入期权交易；② 为加快资本市场的发展，智利于 1995 取消了养老基金在证券市场上的投资限制。2001 年，智利则放宽了中小企业进入资本市场的限制，并创立中小企业板（创业板），免征中小企业的资本所得税。同时，为提高资本市场的流动性和深化程度，智利对高换手率的股票以及债券与股票的卖空交易免征资本所得税，并放宽了保险公司、共同基金的投资范围与比例限制，等等。这些措施都大大促进了智利资本市场的发展。

3. 进一步扩大对外开放

在这一阶段，智利加大了对外开放的步伐，所采取的措施主要有：

（1）放松对长期资本流入的限制，逐步实现资本流入的自由化

1990 年，智利首次允许发行美国存托凭证，即 ADR（American Depository Receipt），③ 取消了对外国资本流入的限制。随后在 1991 年扩大了通过发行 ADR 而获得的资金购买股票和进行交易的范围，并降低了对红利收入的税率。

在逐步实现资本流入自由化的同时，智利还采取措施限制可能危害本国金融体系的短期资本的过度流入。但智利限制短期资本的过度流入并不

---

① 期货交易是一种现期定价，在将来某一特定时间交割的买卖方式。期货市场上大量投机者根据市场供求变化的种种信息，对价格走势做出预测，靠"低买高卖"赚取利润。正是这些投机者承担了市场风险，制造了市场流动性，使期货市场风险转移的功能得以顺利实现。更重要的是，期货市场上活跃的预测者之间的竞争，将鼓励对此在预测价格方面有相对优势的人从事这一职业。因此，允许正当投机活动的存在也是让那些更有知识的人能专心致志地研究未来市场的动向，让专家预测价格，并让其他生产者能根据期货价格与现货价格所提供的信息专心致志地从事生产活动，从而使每个人都充分发挥各自的比较优势。

② 期权是一种能在未来某特定时间以特定价格买进或卖出一定数量的某种特定商品或资产的权利。与期货不同的是，期权并不是要将未来某日期的价格锁定在某一既定的水平上，而是将价格变动的方向控制在对自己有利的一面。这样，投资者既能避免价格波动的风险，同时又不放弃从价格变动中获得收益的机会。

③ 美国存托凭证（ADR）由美国银行发行，每份包含美国以外国家一家企业交由国外托管人托管的若干股份，该企业必须向代为发行的银行提供财务资料。美国存托凭证可在纽约股票交易所、美国股票交易所或纳斯达克交易所挂牌上市，交易程序与普通美国股票相同，但不能消除相关企业股票的货币及经济风险。

采取直接限制的办法，而是通过对流入的短期资本征收准备金的办法加以间接限制。如1991年6月，智利规定，除了出口信贷以外，所有新借入的外债都要将数额为总金额的20%作为无偿准备金存放在智利中央银行。接着又宣布，借款人可以缴纳与无偿准备金的财务成本相当的现金来代替在智利中央银行存放准备金。1992年5月，无偿准备金的要求扩展到外币存款，准备金比率提高到30%。由于不同期限的资金的准备金要求是一样的，因而资本流入的期限越短，准备金所带来的财务成本就越高，这样就能对短期资本的过度流入起到一定的抑制效果。

（2）逐步放松对资本流出的管制

由于智利采取了一系列鼓励外资流入的措施，因此，智利的资本流入不断增长。到1990年，智利的资本账户盈余已经高达当年GDP的9.9%。为了减轻外资流入过多给本国货币供应量及汇率造成的压力，智利自20世纪90年代起逐步放宽了对资本流出的限制。1991年，智利允许居民用在非官方外汇市场上获得的外汇在国外投资，同时允许国内企业、机构和个人在境外投资，外国直接投资撤回投资的最低年限也从10年缩短为3年，等等。1994年，智利放宽了国内商业银行对外投资的限制，允许国内商业银行将40%的外币存款投资于国外，并可用25%的美元存款购买低风险、高利率的外国证券；同时，智利对养老基金、保险公司及共同基金的对外投资限制也不断放宽。到1996年，智利资本流出自由的节奏大大加快，准许人寿保险公司、商业银行和共同基金将其资产的更大比率投资于国外，并减少国外投资在投资工具、投资地域等方面的限制。同时，外国投资的本金和利润在某些条件下可以自由汇出而不受以前规定的时间限制。到2001年4月，智利取消了对资本流动（包括短期资本流动）的所有限制，从而完全实现了资本账户的自由化。

（3）继续推进汇率制度的市场化改革

为与资本的自由流出入相配合，智利还进一步推进了汇率制度的市场化改革。由于智利在资本流入不断增长的情况下适时地开放了资本的自由流出，使得智利的资本账户能够基本上保持平衡，这就减轻了本币升值的压力，从而保证了本国产品的出口竞争力，进而又有利于维护本国经常账户的基本平衡，而经常账户的基本平衡又为智利的汇率制度改革创造了极为有利的条件。在这一阶段，智利进一步加大了比索汇率的浮动幅度，从而使比索的汇率更加市场化和更富有弹性。到1992年，比索对美元汇率的每日波动幅度由10%扩大到20%，这一波动幅度实际上已为实行自由浮动汇率制度奠定了基础。

表3-5 智利比索的浮动：1991—1992年

1991年	汇率升值两次，幅度达7%	1998年12月	波动区间变为±3.5%
1992年1月	汇率升值5%，波动区间为±10%	1999年9月	取消汇率区间，宣布实行浮动汇率

在逐步增大比索汇率弹性的同时，智利还采取了以下措施以便为成功地过渡到自由浮动汇率制度创造更有利的条件：一是加快外汇市场的发展。智利在20世纪80年代开始开展远期外汇交易，等等。① 到1999年实行浮动汇率制度时，智利的在岸即期、远期和掉期市场以及离岸的NDF市场已经非常完善。衍生外汇市场的交易额在1993年占GDP比重为0.06%，到了2003年则达到2.9%（Ahumada，2006）。二是在不断扩大比索汇率浮动性的同时，智利政府引入了通货膨胀目标制这一货币政策框架，② 智利

① 远期外汇交易是市场主体所进行的以签订合约的形式约定在未来的某个时间按照事先约定的汇率水平（这种在远期外汇交易中事先约定的未来交割外汇时的汇率被称为远期汇率）交割外汇的一种交易。许多市场主体从事远期外汇交易的目的是为了避免难以预见的未来汇率波动所带来的损失，以锁定成本和获得预期的收益。按照IMF的定义，一国只有存在大量的远期外汇交易，才是真正拥有外汇市场的国家（因为远期外汇交易的发展会吸引越来越多的市场主体进入外汇市场）。

② 通货膨胀目标制是中央银行直接以通货膨胀为目标的货币政策框架，是20世纪90年代以后提出的一种货币政策框架。在通货膨胀目标制下，传统的货币政策体系发生了重大变化，即在政策工具与最终目标之间不再设立中间目标，而是由货币当局公布一个通货膨胀目标（通常为目标区），然后由货币当局对通货膨胀的未来走势进行预测并与公布的目标区相比较，如出现较大偏差，货币当局将综合运用利率、汇率等多种货币政策工具进行灵活调节，使通货膨胀率稳定在预设水平，使通货膨胀的实际值和预设目标相吻合。可见，在通货膨胀目标制下，货币政策的决策依据主要依靠定期对通货膨胀的预测。通货膨胀目标制的优点在于：一是实行通货膨胀目标制是以国内经济均衡作为首要目标的货币政策框架。它可以直接缓和经济的波动，因此实行通货膨胀目标制有利于经济的稳定。二是可以不考虑货币供应量是否与最终经济目标之间具有相关性，从而可以提高中央银行货币政策的灵活性，也有利于缓解金融创新对货币需求与货币流通速度造成的不确定影响。三是通货膨胀率的公布简单易行，并且很容易被公众所理解和接受（通货膨胀目标比货币供应量目标更易为公众所理解），会使人们对未来的物价形成一种比较稳定的预期，从而简化经济主体的经济决策模型，并鼓励他们进行长期性的经济决策，这样有利于宏观经济的稳定和经济增长质量的提高。四是实行通货膨胀目标制可以增强中央银行的责任感，提高货币政策的透明度，为衡量中央银行的业绩提供一个相对严格的量化标准，从而也就有利于货币政策的制度化。五是通货膨胀目标制可以减轻央行追求短期高产出的压力，从而避免因此导致的时间不一致问题。六是通货膨胀目标可以保证一国央行货币政策的独立性，从而能处理来自国内总需求变化的冲击，并且避免受到来自国外的冲击。

从 1989 年开始同时实行通货膨胀目标制和爬行盯住区间，但是在政策的实施中逐渐突出通货膨胀目标制的重要地位。在 1999 年实行浮动汇率制度以后，通货膨胀目标成为唯一的名义锚。三是在实行浮动汇率制度的过程中，政府还加强了对货币错配和外汇风险的监管，以减少外汇风险的曝露。例如，智利在 20 世纪 90 年代对所有的国内企业的对外负债规定了最低信用评级标准，对银行资本充足率和美元化进行严格监管，限制银行的汇率错配比例，等等。

　　智利第三个阶段的金融改革极大地促进了智利金融部门的发展，详见表 3 - 6。

表 3 - 6　智利的金融发展状况：1990—2010 年

	1990 年	1991 年	1992 年	1993 年	1994 年	1995 年	1996 年	1997 年	1998 年	1999 年	2000 年
金融深度（经济货币化程度）											
M2/GDP（%）	35.34	33.62	33.54	35.13	34.31	33.24	36.75	40.49	45.52	50.66	51.43
实际利率年（%）	21.57	5.02	9.81	11.27	5.81	7.01	14.25	10.93	17.90	9.95	9.83
经济信用化程度											
银行系统提供的国内信贷占 GDP 的比例（%）	83.64	79.38	75.64	82.26	78.65	76.92	79.98	72.15	73.44	77.46	82.40
向私有部门提供的信贷占 GDP 的比例（%）	50.55	53.01	55.09	63.09	62.97	62.37	65.24	67.23	66.93	70.25	73.62
金融资产价格											
官方汇率（本币/美元，时期平均）	304.90	349.22	362.58	404.17	420.18	396.77	412.27	419.30	460.29	508.78	539.59
存款年利率（%）	40.35	22.35	18.29	18.24	15.12	13.73	13.48	12.02	14.92	8.56	9.20
贷款年利率（%）	48.87	28.58	23.97	24.35	20.34	18.16	17.37	15.67	20.17	12.62	14.84
银行体系效率和风险											
利差	8.52	6.23	5.68	6.11	5.22	4.43	3.89	3.65	5.25	4.06	5.64
	2001 年	2002 年	2003 年	2004 年	2005 年	2006 年	2007 年	2008 年	2009 年	2010 年	
金融深度（经济货币化程度）											
M2/GDP（%）	70.67	88.40	82.23	75.41	72.88	71.58	77.61	85.49	89.43	82.34	

续表

	2001 年	2002 年	2003 年	2004 年	2005 年	2006 年	2007 年	2008 年	2009 年	2010 年
实际年利率(%)	7.80	3.45	-0.05	-2.19	-0.81	-3.93	3.05	12.99	4.26	-4.22
经济信用化程度										
银行系统提供的国内信贷占 GDP 的比例(%)	86.65	89.36	87.87	86.86	83.63	82.96	89.81	97.60	100.29	94.46
向私有部门提供的信贷占 GDP 的比例(%)	76.22	77.69	78.41	79.50	80.30	81.87	88.30	96.99	98.95	90.21
金融资产价格										
官方汇率（本币/美元,时期平均）	634.94	688.94	691.40	609.53	559.77	530.28	522.46	522.46	560.86	510.25
存款年利率(%)	6.19	3.80	2.73	1.94	3.93	5.11	5.61	7.49	2.05	n.a.
贷款年利率(%)	11.89	7.76	6.18	5.13	6.68	8.00	8.67	13.26	7.25	4.75
银行体系效率和风险										
利差	5.70	3.96	3.45	3.19	2.75	2.89	3.06	5.77	5.20	n.a.

资料来源：世界银行发展指标数据库,http://ddp-ext.worldbank.org/ext/DDPQQ/showReport.do? method = showReport。

　　表3-6 显示，经过第三阶段的金融改革，智利的金融业出现了以下变化：第一，金融深化取得进展。智利的金融深度指标 M2/GDP 显著上升，由1990 年的35.34%上升到2010 年的82.34%，说明金融改革后智利的经济货币化程度不断加深。第二，国内信贷规模增大且结构趋于合理。尽管智利银行系统提供的国内信贷占 GDP 的比例没有明显上升，但是智利的净国内信贷大幅增加，由1990 年的67533 亿比索增加到2010 年的752889.98亿比索，增长了近11 倍，说明智利的信贷规模不断扩大。更重要的是，智利银行向私有部门提供的信贷占 GDP 的比例增加，由1990 年的52.25%上升到2010 年的90.21%，这说明智利的信贷结构趋于合理化。第三，股票市场规模扩大，流动性提高。从规模上看，智利的股票市场总市值占 GDP的比例由1990 年的43.09%上升到2010 年的167.90%；智利上市公司的数目也有所增加，2010 年的上市公司比1990 年增加了12 家，这两个指标

都说明智利的股票市场规模扩大。从流动性上看，智利股票市场交易总值占 GDP 的比重和换手率在金融改革后都有所上升，股票市场交易总值占 GDP 的比例由 1990 年的 2.48% 上升到 2010 年的 21.57%，同时换手率由 1990 年的 6.31% 上升到 2010 年的 26.70%，说明智利股票市场的交易较以前活跃，股票市场的流动性增强。第四，从 1999 年开始，智利比索兑美元的汇率波动幅度开始加大，这意味着比索汇率开始发挥调节作用。

由于智利第三阶段的金融改革促进了金融的深化并促使私人信贷占 GDP 的比率不断上升，因而有力地促进了智利经济的发展及宏观经济的稳定，这主要表现为：（1）经济持续增长。除 1999 年和 2009 年，1990—2010 年间智利的 GDP 年增长率都为正，其中有 10 年的 GDP 年增长率超过 5%。人均 GDP 的增长更为迅速，由 1990 年的人均 2393.04 美元增长到 2010 年的人均 11887.71 美元。（2）对外贸易不断扩大及外汇储备不断增加。智利的外汇储备由 1990 年的 67.84 亿美元增加到 2010 年的 278.2 亿美元。（3）宏观经济逐步趋于稳定。从 1996 年开始，智利的通货膨胀率趋于下降并保持平稳，这说明智利的宏观经济开始趋于稳定。参见表 3－7。

表 3－7 智利的宏观经济指标：1990—2010 年

年份	1990 年	1991 年	1992 年	1993 年	1994 年	1995 年	1996 年	1997 年	1998 年	1999 年	2000 年
GDP 年增长率（%）	3.7	7.97	12.28	6.99	5.71	10.63	7.41	6.61	3.23	-0.76	4.49
人均 GDP（美元）	2393.04	2712.29	3250.97	3423.98	3890.98	4951.57	5178.74	5580.11	5277.79	4792.37	4877.52
财政状况											
现金盈余或赤字占 GDP 的比例（%）①	n.a.	n.a.	n.a.	n.a.	n.a.	n.a.	n.a.	n.a.	n.a.	n.a.	-0.66
出口商品和服务占 GDP 的比例（%）	33.99	32.4	29.81	26.62	28.24	29.3	27.28	27.08	26.3	29.6	31.6
进口商品和服务占 GDP 的比例（%）	30.55	27.77	28.17	28.62	26.57	27.1	28.97	29.2	29.57	27.33	29.73
总储备（现值美元,十亿美元）②	6.07	7.04	9.17	9.64	13.09	14.14	14.97	17.57	15.86	14.62	15.03

年份	1990 年	1991 年	1992 年	1993 年	1994 年	1995 年	1996 年	1997 年	1998 年	1999 年	2000 年
政府收入③占 GDP 的比例(%)	n. a.	n. a.	n. a.	n. a.	n. a.	n. a.	n. a.	n. a.	n. a.	n. a.	21.63
政府支出占 GDP 的比例(%)	n. a.	n. a.	n. a.	n. a.	n. a.	n. a.	n. a.	n. a.	n. a.	n. a.	20.95
经济稳定指标											
通货膨胀(GDP 平减)	22.46	22.44	12.89	11.75	13.73	10.42	2.73	4.27	1.93	2.43	4.56

年份	2001 年	2002 年	2003 年	2004 年	2005 年	2006 年	2007 年	2008 年	2009 年	2010 年
GDP 年增长率(%)	3.38	2.18	3.92	6.04	5.56	4.59	4.60	3.66	-1.689	5.20
人均 GDP(美元)	4394.22	4261.62	4636.00	5929.30	7253.81	8912.23	9878.72	10165.82	9487.01	11887.71
财政状况										
现金盈余或赤字占 GDP 的比例(%)	-0.53	-1.24	-0.45	2.13	4.56	7.69	8.80	4.75	-4.52	n. a.
出口商品和服务占 GDP 的比例(%)	33.31	34.04	36.52	40.76	41.33	45.77	47.25	44.81	38.72	34.62
进口商品和服务占 GDP 的比例(%)	31.77	31.62	32.41	31.58	32.81	30.71	33.24	40.91	30.82	34.92
总储备(现值美元,十亿美元)	14.38	15.34	15.84	15.99	.16.93	19.39	16.84	23.07	25.28	27.82
政府收入③占 GDP 的比例(%)	21.73	21.08	20.69	22.00	23.79	25.78	27.41	25.78	20.37	n. a.
政府支出占 GDP 的比例(%)	20.92	21.00	20.00	18.86	18.15	17.00	17.24	19.53	22.95	n. a.
经济稳定指标										
通货膨胀(GDP 平减)	3.79	4.17	6.23	7.48	7.55	12.42	5.45	0.24	2.87	9.37

注：①现金盈余（现金盈余或者赤字占 GDP 的比重）是指财政收入减去支出再减去对非金融资产的净购买。

②这里的政府收入不包括援助收入。

资料来源：世界银行发展指标数据库，http://ddp-ext. worldbank. org/ext/DDPQQ/showReport. do? method = showReport.

二、智利金融改革的经验

总的来看，智利的金融自由化改革是成功的，而智利的金融自由化改革之所以较为成功，主要有以下原因：

（一）真实经济部门的市场化改革为金融部门的市场化改革创造了条件

智利金融自由化改革较为成功的原因首先在于智利真实经济部门的市场改革比较成功，而其中最为关键的是企业的私有化改革取得了较好的成效。可以说，正是企业私有化改革的成功为智利的金融自由化改革创造了良好的前提条件。其原因在于：（1）企业的私有化改革通过充分发挥私人部门的积极性，并提高企业的生产效率及竞争力，从而为金融业的发展及效率的提高奠定了微观基础。（2）由于进行企业私有化改革大幅减少了政府的财政赤字，这就为控制通货膨胀创造了前提条件，而通货膨胀率的下降又为金融自由化改革的顺利进行提供了稳定的宏观经济环境。（3）企业的私有化改革激活了资本市场，加上私人养老基金等机构投资者的积极参与，从而使智利的资本市场得到了较快的发展。（4）企业私有化改革使得企业真正增强了外汇风险意识（因为经过私有化改革后的企业必须独立承担汇率变动所带来的风险，甚至导致企业严重亏损或破产的财产责任），并促使企业不得不采取各种措施来防范或对冲汇率风险，结果就使企业管理外汇风险的能力不断增强，这就为智利不断增大汇率弹性及至最终实行浮动汇率制度奠定了良好的微观经济基础。

同时，智利的价格改革也比较成功。智利在价格改革过程中采取了"渐进"的方式：政府首先放松对价格的控制、减少政府定价的范围，并调整对价格补贴的幅度，然后对私人部门的产品价格实行自由化，最终再过渡到价格完全由市场决定。为保证社会的稳定，在放开价格的同时，政府对贫困阶层采取了一些相应的补偿措施，以缓解物价放开后对贫困阶层所造成的不利影响。此外，政府还在价格改革过程中加强对市场价格的监督，防止不法商人乘机哄抬物价。与此同时，智利还通过开放国内市场，实行贸易自由化，让外国商品进入本国市场以增加供给，从而平抑国内市场价格，等等。总之，通过价格改革，智利形成了由市场供求决定价格的机制，这就使价格能够真实反映产品或资源的效用（需求）、真实成本、相对稀缺程度及供求状况，并进而为智利的金融自由化改革能够实现合理配置资源的目标创造了市场条件。

（二）注重建立完善的法律框架

智利在金融自由化改革过程中，还十分注重建立完善的金融体系法律框架，这主要包括：（1）有关中央银行的法律。通过制定《中央银行法》以确立一个政治上相对独立的中央银行，使它承担维持物价稳定并对金融机构的风险进行有效监管和及时救助的责任。（2）有关金融机构的法律，如《一般银行法》、《银行与金融机构监管基本法》等。这些法律规则规定了金融机构最低安全与效率标准，并规定对金融机构监管的手段和方式，允许监管者设定审慎的规则来控制风险（包括资本充足率、贷款损失准备金、资产集中度、流动性、风险管理以及内部控制等）。（3）有关资本市场的法律规则，如《证券市场法》、《资本市场法》、《IPO法》及《养老基金法》，等等。这些法律规则旨在为资本市场建立一个透明、公平、有效的法律与监管环境（包括对投资者的保护，对证券的发行、交易以及交易商和经纪人的监管等）。从智利的改革实践来看，较完善的法律框架保证了金融自由化改革的稳步进行。

（三）力求保证政治的稳定及政策的一贯性

在一个政治与社会环境不稳定且政府政策多变的国家，其金融体系发生动荡和系统性危机的概率会远远大于政治稳定的国家。Giancarlo Corsetti 和 Nouriel Roubini（1997）的研究证明了政治、社会和金融环境的恶化与国际收支危机、汇率危机以及系统性金融危机之间的关系。而智利政府所采取的各种稳定政治局面的措施以及长期一贯的政策确保了金融自由化改革的顺利进行。

（四）建立了较完善的宏观调控机制

为建立完善的宏观调控机制以保证金融的稳定，智利中央银行还在国内金融市场上通过公开竞卖的方式发行政府短期债券，使这些政府债券成为中央银行通过公开市场操作调节货币供应的基础。同时，政府短期债券的大量发行也有利于形成基准收益率曲线，这就为完善中央银行的宏观调控机制起到了相当的作用。

（五）社会保障制度的改革与金融改革相互配合

智利在进行金融自由化改革的同时，还注重与社会保障制度的改革相配合。随着社会保障制度的改革，智利的养老基金和人寿保险公司等机构投资者不断发展，而养老基金和人寿保险公司为实现资产的增值对固定收益金融工具及股票提出了稳定的需求，这就极大地促进了公司债券市场及股票市场的发展。同时，养老金制度的改革还促进了金融创新，使得金融市场更加透明。智利养老基金的发展不仅推动了资本市场的发展，而且还大大减轻了政府在社会保障方面的负担。

由于智利的改革取得了较为成功的结果，因此 1998 年 4 月在智利的首都圣地亚哥召开的美洲峰会上提出了一个新共识——"圣地亚哥共识"。该共识的基本内容为：（1）发展必须基于市场。（2）一般而言，政府不应该直接介入企业生产。（3）但政府仍然应该在以下领域具有广泛的作用：完善和巩固民主制度；提供稳定的宏观环境；提供基础设施；发展教育与培训以培育人力资本；技术扩散；出口激励；连续但适度的管制，以及金融部门的支持；提供法律结构等基本公共物品，包括保护财产权利；消除贫困和不平等，等等。"圣地亚哥共识"既吸收了"华盛顿共识"的一些思想（如基于市场的发展观及限制政府直接介入生产），同时又强调市场也有很大的失灵，强调政府仍应发挥广泛的作用。可见，"圣地亚哥共识"既有与"华盛顿共识"相同的一面，同时又有不同的一面。其不同之处就在于"圣地亚哥共识"强调：应该充分发挥政府推动改革的作用，并指出改革应使每一个人都能从中受益。

最后需要指出的是，智利金融改革成功最重要的经验在于智利的金融体系大力支持了本国的企业家（用私人信贷占 GDP 的比例说明），[①] 见表3 - 8。

---

① 目前，反映一国金融发展水平较为常用的指标有三种：一是 M2 与 GDP 比率（由 Mckinnon 提出，又称为 Mckinnon 指标），二是金融资产总量与 GDP 比率（由 Goldsmith 提出，又称为 Goldsmith 指标），三是私人信贷（即提供给非金融私人部门的信贷）占 GDP 的比率。这一指标最

表 3－8　智利私人信贷占 GDP 比例：1989—2010 年

年份	1989	1990	1991	1992	1993	1994	1995	1996	1997	1998	1999
私人信贷/GDP（%）	48.87	45.31	42.64	45.21	49.24	48.07	49.71	54.10	67.23	66.93	70.25
年份	2000	2001	2002	2003	2004	2005	2006	2007	2008	2009	2010
私人信贷/GDP（%）	73.62	76.22	77.69	78.41	79.50	80.30	81.87	88.30	96.99	98.95	90.21

资料来源：世界银行发展指标数据库，http://ddp-ext.worldbank.org/ext/DDPQQ/showReport.do? method = showReport。

（接上页注①）早是由亚洲开发银行（1992）提出的，亚洲开发银行提出这一指标是为了反映一国金融业的资金配置状况。King 和 Levine（1993）则第一个在学术上用这一指标来反映一国的金融发展程度。他们认为，一国信贷中投向国有企业、公共部门或政府的部分往往效率不高，因而把信贷提供给国有企业，公共部门或政府的金融中介在评估管理者、筛选投资项目、汇集风险和提供金融服务等方面的效率往往都不及把信贷主要提供给私人部门的金融中介，因此他们认为用私人信贷占 GDP 的比率来衡量一国金融发展状况更合适，因为这一比率的上升表明金融体系配置效率的提高。而 M2 与 GDP 比率或金融资产总量与 GDP 比率都不能反映一国金融体系的配置效率，且 M2 与 GDP 比率也不能反映金融体系能将储蓄转化为有效率的投资这一基本功能。此外，Rajan 和 Zingales（2003）等人也持同样的观点。Rajan 和 Zingales（2003）认为，衡量一国金融发展的最重要标准应该是"任何一个"拥有合理项目的企业家或公司获得银行贷款的难易程度，以及投资者预期获得足够收益的信心。而且，私人信贷占 GDP 的比率也能反映新企业获得银行融资的难易程度。总之，由于这一指标能够反映金融业对资源配置的影响，因此目前这一指标愈来愈被学者们作为衡量一国金融发展水平的重要指标。但需要指出的是，私人信贷占 GDP 的比率反映的实际上是间接金融活动的规模，而没有反映直接金融活动的规模。因此，严格来说，私人信贷占 GDP 的比率事实上还不能全面地反映金融体系对资源配置的影响。反映直接金融活动规模的指标目前主要是股票市值（国内上市公司市值）占 GDP 的比率。那么，是否应该加上这一指标以反映一国的金融发展水平呢？Allen、Bartiloro 及 Kowalewski 等人（2006）指出，股票市值这一指标存在许多缺陷。这主要是：首先，股票市值指标不像信贷指标，它并不能反映经济体中的筹资者实际得到的融资额。该指标也没有反映股权份额，而是上市公司当前与未来现金流的折现值。其次，当少数公司的股票市值相当高时，似乎表明股票市场很重要，但实际情况并非如此。最后，股票市值经常受到股票价格波动的影响，市值的增加可能仅是因为价格的上升，而并非是股票份额的增加，等等。Allen、Bartiloro 及 Kowalewski 等人还认为，私人债券市值（国内私人企业发行的流通在外的国内债券总额）也存在与股票市值一样的缺点。因此，根据 Allen、Bartiloro 及 Kowalewski 等人的观点，股票市值或私人债券市值等反映直接金融活动的指标都不是完善的能够用于衡量金融发展的指标。此外，根据 Quintyn 和 Verdier（2010）的分析，目前全球绝大多数国家的金融体系是银行主导型的。这意味着，用私人信贷占 GDP 的比率来反映一国的金融发展水平在目前情况下可以说是最合适的。基于以上原因，本书仍然运用私人信贷占 GDP 的比率这一指标反映一国金融业对该国企业家及企业家创新活动的支持程度。但值得注意的是，Ang（2008）认为，使用私人信贷占 GDP 的比率来衡量金融发展要格外小心，这是因为一国私人信贷/GDP 比率很高并不一定表明一国的金融体系完善，他举出亚洲一些爆发金融危机的国家，这些国家在金融危机爆发之前私人信贷占 GDP 的比率也很高，但这并不表明所有这些国家的金融体系健全且有效率。另外，由于全球金融一体化的深化，国内金融指标并不能完全勾画一国的金融发展水平。总之，如何更好地衡量金融发展仍然是一个理论上的重大问题。

图 3-1 显示, 自 1989 年以后, 智利的私人信贷所占比率不断上升, 这意味着, 智利的金融体系在第三轮金融改革以后开始不断增大对企业家的支持力度, 智利金融体系的资源配置效率不断提高。正是由于智利的金融体系充分发挥了支持企业家的功能, 因此对智利的经济增长起到了相当的推动作用。这也许是智利金融改革较为成功的一个极为重要的原因。

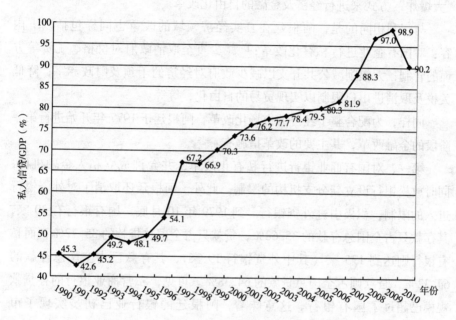

图 3-1 智利私人信贷占 GDP 比例: 1989—2010 年

第二节 阿根廷的金融改革

一、阿根廷的金融改革

阿根廷位于南美洲, 国土面积达 270 多万平方公里。在 20 世纪初, 阿根廷曾是拉丁美洲最富裕的国家之一, 但由于后来的各种原因, 特别是阿根廷政府在相当长的时间内对经济进行强有力的干预, 并通过经济的国有化在制造业、金融业、农业等领域建立大批国有企业, 结果导致经济效率逐步降低，经济发展水平逐步落后。为扭转这一趋势，阿根廷于 1977 年开始进行经济及金融的自由化改革。

（一）第一轮的经济与金融改革：1977—1989 年

为迅速扭转阿根廷经济发展水平落后的趋势，阿根廷采取了激进的"大爆炸"方式来进行经济及金融的自由化改革。

与智利相同的是，阿根廷在真实经济领域的改革也同样包括以下内容：对国有企业进行私有化改革；[①] 减少直至取消政府对价格、工资等方面的管制；大幅削减公共开支以减少政府对经济的干预及财政赤字；降低关税及取消进出口限制以实现贸易的自由化，等等。

同样，为配合整个经济的市场化改革，阿根廷于 1977 年开始进行第一阶段的金融改革，其主要的改革措施有：

第一，对国有商业银行进行私有化改革，并允许成立私人金融机构，同时放松银行设立新分支机构的限制。此外，阿根廷还取消了对外资银行进入的限制，积极引进外资银行。到 1979 年 10 月底，国有银行有 30 家，其存款只占全国总存款的 35.68%，贷款只占全国总贷款的 35.72%；而私有银行则达到 175 家（其中外资银行 19 家），其存款已占全国总存款的 64.32%，贷款则占全国总贷款的 64.38%。可见，私营商业银行的存贷款规模已超过了国有银行。这意味着，阿根廷的银行业已初步实现了市场化。

第二，取消政府对银行业的信贷控制，实现银行经营的自由化，同时降低所有类型存款机构的存款准备金率，以增加商业银行自由支配的资金，存款准备金率由 1977 年的 45% 下降到 1980 年的 10%。

第三，利率自由化。1977 年 6 月，阿根廷中央银行颁布新的《金融法》，取消了对所有存贷款利率的管制，从而实现了利率的全面市场化。阿根廷是发展中国家中第一个率先实现利率市场化的国家。[②]

---

① 在进行经济改革之前，阿根廷的国有企业基本上垄断了公共部门。由于国有企业亏损严重，造成公共部门的支出和财政赤字日益增加，并导致了严重的通货膨胀。1975 年，阿根廷的政府预算赤字占 GDP 的百分比为 15.6%，通货膨胀率高达 335.1%。

② 在全面进行金融改革之前的 1971 年，阿根廷就做过利率市场化的尝试，但由于各种原因而终止。1975 年，阿根廷再次推进利率市场化改革，取消了除储蓄存款利率以外的其他利率限制，1976 年 9 月又放宽了对储蓄存款利率的限制。

第四，取消资本管制。阿根廷在进行利率市场化改革的同时，还宣布取消对资本自由流动的控制，放开资本项目下的对外借贷和外汇交易，以实现本国金融的对外开放。到 1979 年，阿根廷已取消了大多数的资本管制措施。

第五，实行货币贬值政策以刺激出口。1974 年美元兑比索的比率为 1：5，1975 年则为 1：61，1976 年为 1：275，1977 年更进一步贬值为 1：598。比索的持续贬值使阿根廷对外贸易出现了持续顺差。1976 年，阿根廷的贸易顺差为 11.53 亿美元，经常项目的顺差为 6.51 亿美元。而到 1978 年，阿根廷的贸易顺差增加到 29.13 亿美元，增长 1.53 倍；经常项目的顺差则增加到 18.56 亿美元，增长近 3 倍，经常项目的顺差占 GDP 的比率则达到 3%。

第六，放弃固定汇率制度。1975 年，阿根廷在实现货币贬值政策的基础上放弃了固定汇率制度，而实行"爬行钉住"的汇率制度，以便由本国中央银行根据国内外通货膨胀的差异和变化来及时对本国汇率水平进行调整。

总的来看，阿根廷的这次金融改革没有取得成功，这主要表现为：(1) 由于没有建立有效的金融监管体系，加之阿根廷在金融改革过程中缺乏对银行部门有效的谨慎监管，结果导致存贷款利率水平过高（在此期间，除了 1980 年和 1986 年以外，阿根廷的存款利率都高于 100%，1989 年的存款利率达到了惊人的 17235.81%）。[1] 过高的贷款利率导致许多公司纷纷倒闭，并打击了经济增长，从而带来过高的失业率。在 1978—1989 这 12 年中，阿根廷的经济有 6 年都为负增长。缺乏有效的金融监管还导致银行部门的不良贷款数量逐渐增加，并造成一些大银行的破产。1981 年，有 70 多家商业银行被清算，其资产占商业银行总资产的 16%。[2] (2) 由于阿根廷在本国企业竞争力并不高的情况下实行贸易的自由化，因此自 1979 年以后一直到 1989 年，阿根廷的经常账户又开始连续出现逆差。(3) 比索持续贬值。1978 年底 1 美元合 1003.5 阿根廷比索，1982 年 11 月 1 日为 1

---

① 世界银行 (2001) 认为，发展中国家或新兴市场国家的高利率实际上反映出发展中国家或新兴市场国家的高风险。

② Sundararajan, V. and Balino, T., 1990, "Issues in Recent Banking Crises in Developing Countries", Working Paper WP/90/19, Washington, D. C. : International Monetary Fund.

美元合 39000 阿根廷比索。由于货币贬值严重，阿根廷政府不得不于 1983 年 6 月 1 日发行新比索，并按 1∶10000 的比例收回旧比索。但由于新比索贬值速度过快，阿根廷政府不得不于 1985 年 6 月 14 日废除旧比索，而发行新货币——阿根廷奥斯特，并规定 1 奥斯特 = 1000 新二代比索（0.8 奥斯特合 1 美元）。但奥斯特同样迅速贬值，到 1991 年底已经贬值到 10000 奥斯特合 1 美元。阿根廷政府不得已，只好又于 1992 年 1 月 1 日重新发行新货币，名称又改为新三代比索，并按照 1∶10000 的比例收回奥斯特。

（4）比索的持续贬值导致了恶性通货膨胀。1978—1989 年间，除了 1980 年和 1986 年以外，其他年份的通货膨胀率超过了 100%。1989 年，阿根廷的通货膨胀率甚至达到 3057.63%。恶性通货膨胀引起了经济混乱，使公众对比索失去信心，这反过来又加快了比索的贬值速度，而比索大幅贬值又进一步加剧了通货膨胀，从而形成汇率贬值与通货膨胀的恶性循环。

（5）由于大量借入外债，加之阿根廷的经常账户连年逆差，导致阿根廷陷入严重的债务危机（1989 年阿根廷外债总额达到 652.6 亿美元，占当年国民总收入 GNI 的 92.93%）。这一切都意味着，阿根廷的宏观经济出现了严重问题。可见，阿根廷这一轮的金融改革是极不成功的。

表 3 - 9   阿根廷的宏观经济指标：1977—1989 年

	1977 年	1978 年	1979 年	1980 年	1981 年	1982 年
GDP 增长率（%）	6.93	-4.51	10.22	4.15	-5.69	-4.96
人均 GDP 增长率（%）	5.32	-5.92	8.60	2.60	-7.11	-6.40
人均 GDP（美元）	2110.88	2127.34	2499.02	2735.84	2754.64	2907.05
M2/GDP（%）	14.67	16.77	17.43	18.99	19.26	14.91
通货膨胀率（基于 CPI，%）	176.00	175.51	159.51	100.76	104.48	164.78
现金盈余占 GDP 的比例（%）	n.a.	n.a.	n.a.	n.a.	n.a.	n.a.
商品和服务出口/GDP（%）	9.616	8.608	6.511	5.062	6.921	9.090
商品和服务进口/GDP（%）	7.326	5.715	6.330	6.484	7.372	6.521
经常账户平衡/GDP（%）	1.983	3.195	-0.741	-6.203	-5.989	-2.791
存款年利率（%）	115.43	131.72	117.29	79.61	157.07	126.24
官方汇率（1 美元兑换）①	0	0	0	0	0	0.0000003
外债总额/GNI（%）	20.315	23.002	30.527	35.599	46.378	55.038

续表

	1984 年	1985 年	1986 年	1987 年	1988 年	1989 年
GDP 增长率（%）	2.21	-7.59	7.88	2.91	-2.56	-7.50
人均 GDP 增长率（%）	0.67	-8.97	6.28	1.40	-3.97	-8.81
人均 GDP（美元）	2645.24	2912.83	3600.48	3553.15	3977.63	2380.98
M2/GDP（%）	12.44	10.29	14.39	15.22	14.89	10.48
通货膨胀率（基于 CPI,%）	626.72	672.18	90.10	131.33	342.96	3079.81
商品和服务出口/GDP（%）	7.590	11.736	8.162	7.873	9.532	13.058
商品和服务进口/GDP（%）	4.756	6.273	6.324	7.576	6.212	6.579
经常账户平衡/GDP（%）	-3.155	-1.077	-2.577	-3.812	-1.246	-1.703
存款年利率（%）	396.85	630.03	94.69	175.95	371.85	17235.82
官方汇率（1 美元兑换）	0.0000011	0.0000068	0.0000602	9.43E-05	0.000214	0.000875
外债总额/GNI（%）	65.145	60.887	49.517	55.179	48.738	92.932

注：①表中的官方汇率是按照阿根廷的第三代货币——比索的汇率计算的。

资料来源：世界银行发展指标数据库，http://ddp-ext.worldbank.org/ext/DDPQQ/showReport. do? method = showReport。

在这种情况下，阿根廷政府不得不暂时停止激进的金融改革，并采取了以下措施，结果在一定程度上恢复了金融压制：（1）采用 100% 的准备金要求；（2）规定国内货币利率和存款利率上限，使之低于通货膨胀率（这导致实际利率为负），以减轻企业的债务负担；（3）恢复外汇管制，对国外借债和还债实行限制；（4）实行双重汇率制度，对贸易项目和资本项目实行不同的汇率安排，同时对那些愿意重组对外债务的私人部门提供汇率保护，并保护那些负有大量对外债务的大企业不受汇率波动的影响。

（二）1989 年后的金融改革

阿根廷政府所采取的金融压制措施不但没有解决阿根廷经济所面临的问题，反而带来了新的问题。因此，在采取短暂的临时控制措施以后，阿根廷很快又开始进行第二轮的经济及金融自由化改革，这一轮改革仍然采取了"大爆炸"方式。

1. 阿根廷第二轮的经济自由化改革

（1）在更广泛的范围推进国有企业的私有化改革，由此掀起了新一轮的私有化浪潮。在1990—1995年的私有化浪潮中，阿根廷通过拍卖、廉价出售和租赁等方式，共对123家国有企业实行私有化，私有化的范围涉及电信、民航、石油、化工、铁路、公路、天然气、电力、供水、钢铁、煤炭、军工，以及电视、旅馆、港口、仓库、赛马场等部门。通过这次大规模的私有化改革，政府获得了184.5亿美元的财政收入。

（2）进一步放松管制，以实现经济的全面自由化。这一阶段经济自由化改革较突出的措施有：撤销农业委员会，政府不再干预或控制农业生产活动；实现劳动法规的灵活化，以提高劳动力市场的灵活性；社会保障体系也部分实现私有化。

（3）进一步扩大对外开放。在这一阶段，阿根廷加大了对外开放的力度，其主要措施有：推动贸易的自由化，到1993年，阿根廷的进口关税降至10%，同时阿根廷还废止了进口数量限制和许可证等非减税壁垒；于1989年宣布实行资本可以自由流出入，并允许外资无限制地收购国有企业。

2. 阿根廷第二轮的金融自由化改革

首先，放开利率，让利率完全由市场供求决定。其次，进一步放松设立私人银行的限制，并不断拓宽私人银行的业务。再次，吸引外资私人银行进入。1994年，阿根廷通过了《金融机构法》，确立了外资金融机构的国民待遇，向外国投资者开放本国金融业。到1999年，阿根廷外资银行所拥有的存款占全国总存款40%的比例。[1]第四，推进证券业的金融服务自由化，取消对金融衍生产品的限制。最后，明确中央银行的独立性，规定中央银行"在执行货币、兑换等政策时，严格服从议会通过的国家预算法律，杜绝政府通过中央银行滥发货币"，等等。[2]

最重要的是，为了克服因恶性通货膨胀而导致的经济危机，阿根廷于

---

① Peek, J. & Rosengren, E. , 2000, " Implications of the Globalization of the Banking Sector:The Latin American Experience", Inside Rosengren, E. & Jordan, J. eds, 2000, *Building an Infrastructure for Financial Stability*, Federal Reserve Bank of Boston, Conference Series No. 44, June.

② 宋晓平编著：《阿根廷》，社会科学文献出版社2005年版，第179页。

1991 年 4 月开始实行一个类似于货币局制度的"自由兑换计划"（以下称为"货币局制度"）。① 该"货币局制度"的基本要点为：（1）将阿根廷的货币——比索按 1：1 的汇率水平钉住美元；（2）规定比索与美元可以按照这一汇率水平自由兑换；（3）中央银行不得为政府财政赤字融资；（4）严格根据国家拥有的外汇（主要是美元）储备发行本国货币，每发行 1 元的比索都必须有 1 元的美元储备作为支持，外汇储备在任何时候都不得低于基础货币的总量。阿根廷实行这种"货币局制度"是为了保证本国的货币供给不受政府的控制，以杜绝政府制造通货膨胀的可能性，并借用美元的清偿能力来支撑本币的购买力，从而恢复公众对比索的信心，保持本国货币汇率的稳定，为阿根廷的经济增长创造一个有利的环境。

由于在"货币局制度"下，中央银行不能为政府财政赤字融资，因此政府试图通过增加货币供应量来弥补财政赤字的闸门被关闭了，而政府的财政支出又受到税收和政府向公众借款能力的限制，在这种情况下，阿根廷政府扩大财政赤字的行为得到了抑制，这就在一定程度上消除了公众的通货膨胀预期，从而逐步恢复了公众持有本币的信心。同时，"货币局制度"的实施也意味着阿根廷完全放弃了对外汇市场的管制，由于阿根廷对外汇买卖完全不加限制，这加快了阿根廷金融市场与国际资本市场的一体化进程。

从实践来看，阿根廷所实行的"货币局制度"在治理恶性通货膨胀及吸引外资方面取得了成功，并在短期内确实刺激了经济的增长。1990 年，阿根廷的通货膨胀率曾高达 800%，但到 1994 年则降低到 5%，为 40 年来的最低点。② 与此同时，由于阿根廷政府逐步解除对贸易、投资和资本流动的管制，加之阿根廷的金融市场逐步与国际金融市场连成一体，因此外资开始大量进入阿根廷。1991 年，阿根廷所吸收的国外直接投资突破 20 亿美元，1996 年上升到 42.85 亿美元。同时，阿根廷也开始重新回到国际

---

① 货币局制度是指一国或地区实行固定汇率、外汇自由兑换、资本自由流动以及基础货币发行以相应的外汇储备作为准备金这样一种特殊的货币制度和汇率安排。阿根廷是世界上采取货币局制度的两个有影响的经济体之一，另一个为中国香港。阿根廷的货币局制度不仅具有货币局制度的一般内容，而且还有自己的特点。

② 阿根廷实行货币局制度后，本国货币与美元的汇率固定下来且可自由兑换，因此拥有本国货币如同拥有美元，这就有利于消除比索贬值的预期，并由此使通货膨胀得到了控制。

金融市场进行融资活动，1991—1996 年平均融资 84 亿美元。随着国际资本的流入，阿根廷的国际收支逆差趋势逐步得到扭转，到 1995 年，经常账户逆差占 GDP 比例被压缩至 5% 的安全线以下，这就在一定程度上增强了公众对比索的信心。此外，实施"货币局制度"使美元和比索取得了几乎同等的法偿货币资格，这在一定的程度上促进了阿根廷与美国两国之间的生产要素流动，从而加强了两国之间的经济、贸易和金融联系，使阿根廷的市场与国际市场对接起来了。外资的大量流入及贸易的自由化刺激了阿根廷的经济增长，使阿根廷经济摆脱了 20 世纪整个 80 年代近十年的低速增长或负增长。1991—1998 年，阿根廷的 GDP 增长率平均达到 5.8%（只有 1995 年为负增长）。总之，从宏观经济的角度来看，阿根廷的"货币局制度"既降低了通货膨胀率，同时又刺激了经济增长，可以说是一次巨大的成功（Mishkin，2006）。正因如此，阿根廷这一时期的改革一度受到国际社会的普遍赞扬，一度被誉为"阿根廷奇迹"。

但是，由于货币局制度自身存在着内在的缺陷，实行货币局制度很快使阿根廷受到来自内外两个方面的挑战，结果最终又使阿根廷经济陷入了困境：

第一，货币局制度使阿根廷的货币政策失去了独立性和主动性。[1] 由于与美元挂钩的货币局制度使阿根廷的货币供应增长严格受限于外汇储备的规模，阿根廷中央银行并不能自由地调节货币供应量及利率水平，这就大大削弱了阿根廷中央银行运用货币政策调节本国经济的能力，尤其是在经济下滑的情况下，阿根廷中央银行无法通过扩张性的货币政策来刺激经济的复苏。1998 年，阿根廷 GDP 增长率为 4%，1999 年下降到 3.4%，2000 年下滑到 -0.5%，2001 年进一步下滑到 -1.8%。在经济增长不断下降的情况下，由于受货币局制度的限制，阿根廷中央银行无法实行扩张性的货币政策以刺激经济复苏，结果使经济衰退的势头难以遏止。

第二，货币局制度使阿根廷的货币政策失去灵活性。为了维持比索与美元之间的 1 : 1 的比价，阿根廷政府不得不长期实行紧缩性的货币政策，

---

[1] 在本国中央银行无法独立实施货币政策的情况下，本国的劳动力市场和产品市场必须具有充分的弹性，才能应对本应由货币政策解决的经济冲击。例如，如果总需求过低，在本国中央银行无法实施扩张性的货币政策情况下，工资和物价就必须相应地充分下降，以实现充分就业。

并保持较高的利率,① 这从长期来看抑制了经济的增长。

第三,货币局制度限制了中央银行"最后贷款人"的功能,使中央银行在商业银行发生经营困难时无法及时救助,从而造成金融体系的脆弱性。此外,虽然在货币局制度下中央银行的基础货币投放必须有等量的外汇储备作保证,但这些基础货币经过商业银行的派生存款创造效应以后,流通中的现金和银行存款事实上将超过货币当局所拥有的外汇储备。在这种情况下,一旦人们失去对比索的信心而将本币兑换成外币时,货币局制度就面临难以克服的危机。

第四,货币局制度使比索汇率不能随外汇的供求变化而变化,这既造成比索汇率严重高估,又使比索汇率失去了调节作用。在货币局制度下,阿根廷的货币——比索兑换美元的汇率保持为 1∶1 不变,这虽有利于保持汇率的稳定,但由于美国进入 20 世纪 90 年代以后出现了战后最长时期的经济繁荣,因而美元不断升值。在这种情况下,比索与美元的汇率保持不变必然造成比索汇率的高估(同期高估约 42%)。同时,由于1997 年东南亚爆发金融危机及 1999 年巴西出现金融动荡,阿根廷主要贸易伙伴国的货币汇率对美元的汇率都有较大幅度的贬值,这使得比索汇率高估的情况日益严重。比索汇率的高估一方面人为地提高了以外币表示的本国出口产品的价格,另一方面又人为地降低了以本币表示的外国进口品的价格,结果削弱了阿根廷出口产品的竞争力,从而导致阿根廷的出口下降。1990 年至 1999 年,阿根廷的出口仅增长 2 倍,但进口却增长了 6.5 倍,这就进一步扩大了阿根廷经常账户的逆差。同时,出口下降导致国内一些企业破产,这又造成国内失业率的上升(当时阿根廷的失业率接近 20%),并导致本国收入分配差距扩大,从而埋下社会动荡的隐患。但货币局制度使得阿根廷不能通过调整本国汇率来改变这种状况,从而使阿根廷既失去了一个解决经济失衡的政策工具,又丧失了经济的自动纠错机制。

更重要的是,实行货币局制度使得阿根廷的经济易于受国际市场(特别是美国经济)的冲击,这在阿根廷的企业竞争力低下的情况下,就必然

---

① 将本国货币汇率与另一个国家的货币汇率绑定就意味着该国放弃了利率政策,因此阿根廷将比索的汇率与美元的汇率固定以后,政策制定者就放弃了对阿根廷国内利率的控制。

会给阿根廷的经济带来负面影响。1994 年，由于美国的利率水平上升（因经济增长较强劲），而阿根廷由于在货币局制度下，本币与外汇可以自由兑换，因此大量资本为获得高利率开始流出阿根廷，这就直接导致阿根廷的外汇储备急剧下降。到 1995 年一季度，阿根廷的外汇储备下降了 41%。同时，由于货币局制度规定外汇（主要是美元）储备是本国货币供给的基础，因此外汇储备的大幅度下降又直接导致阿根廷的货币供应量大幅度减少，使阿根廷出现了通货紧缩，严重抑制了经济的增长。此外，外汇储备的大幅度下降还使人们担心比索与美元 1∶1 的固定比价难以为继，因此出现公众挤提银行存款以兑换美元的金融风潮。① 在这种情况下，阿根廷中央银行不得不大量购买比索以维持比索与美元的固定汇率，从而维持货币局制度的运行。但阿根廷中央银行大量购买比索的结果却使公众手中的比索数量减少，进而造成货币供应量急剧减少和利率的大幅上升，② 从而进一步抑制了阿根廷的经济增长。到 1995 年，阿根廷的经济开始出现负增长。

从 1998 年开始，阿根廷的经济进一步下滑。到 2000 年以后，由于阿根廷的国际资本流入减少，加之国内资本外逃，使阿根廷的资本账户及国际收支出现严重逆差，结果市场形成比索贬值的预期，公众开始大量地将比索兑换成美元。为应对这种状况，阿根廷政府出台了一系列严厉的金融管制措施（如"银行存款管制"和"外汇出境限额"及外贸企业支付资金必须事前报经中央银行审批，等等），规定成年人每人一周只能从银行账户中提取不超过 250 美元的现金，对个人每月每次可以带出境外的美元也有限制。但这些措施反而进一步影响了公众对阿根廷经济的信心。在这种情况下，阿根廷政府又不得不于 2001 年 12 月下令严格限制取款，阻止资金外流。但这些措施反而激化了社会矛盾，并导致阿根廷国内发生骚乱，最终引发了严重的社会政治动荡，并导致经济连续负增长。且从 2002

---

① 最初，阿根廷商业银行的储户们只是将他们的比索储蓄转换成美元储蓄，但发现银行体系的流动性问题以后，他们开始将自己的钱从银行里取出来（不管是比索还是美元），这导致了银行挤兑。

② 事实上，由于货币局制度使阿根廷无法借助汇率的变动来实现国际收支的自动平衡，因此阿根廷也不得不通过提高国内利率的方法来吸引外资的流入，以便借助资本账户的顺差来弥补经常账户的逆差。

年开始，阿根廷又出现了较严重的通货膨胀。① 在这种情况下，2002 年 1 月，阿根廷议会不得不通过经济改革法案，决定放弃比索与美元 1∶1 的固定比价，让比索贬值，并实行经济的"比索化"② 和浮动汇率制度。由此，阿根廷实行了 11 年之久的货币局制度终于以失败而宣告结束。

表 3 - 10　阿根廷的经济金融指标：1989—2002 年

	1989 年	1990 年	1991 年	1992 年	1993 年	1994 年	1995 年
GDP 增长率（%）	-7.50	-2.40	12.67	11.94	5.91	5.84	-2.85
人均 GDP 增长率（%）	-8.81	-3.76	11.13	10.45	4.53	4.49	-4.06
人均 GDP（美元）	2380.98	4330.33	5732.83	6821.09	6967.02	7479.30	7402.98
M2/GDP（%）	10.48	6.21	7.47	11.06	16.17	19.21	20.43
通货膨胀率（基于 CPI,%）	3079.81	2313.96	171.67	24.90	10.61	4.18	3.38
现金盈余占 GDP 的比例（%）	n.a.	n.a.	n.a.	n.a.	n.a.	n.a.	n.a.
商品和服务出口/GDP（%）	13.058	10.360	7.675	6.598	6.909	7.522	9.649
商品和服务进口/GDP（%）	6.579	4.631	6.078	8.133	9.314	10.600	10.075
经常账户平衡/GDP（%）	-1.703	3.220	-0.341	-2.425	-3.466	-4.265	-1.983
资本账户净值（十亿美元）	n.a.	n.a.	n.a.	0.031	0.032	0.035	0.028
总储备（不包括黄金储备，十亿美元）	1.46	4.59	6.00	9.990	13.791	14.327	14.288
实际利率（%）	n.a.	n.a.	n.a.	n.a.	n.a.	7.010	14.231
存款年利率（%）	17235.82	1517.88	61.68	16.78	11.34	8.08	11.90
贷款年利率（%）						10.06	17.85
官方汇率（1 美元兑换）	0.042334	0.487589	0.953554	0.990642	0.998946	0.999008	0.99975
外债总额/GNI（%）	92.932	46.047	35.574	30.438	27.571	29.470	38.858

---

① 到 2002 年，阿根廷的实际 GDP 较 1998 年下降了 28%，较 2001 年下降了 11%，通货膨胀率高达 41%，失业率达到 25%。

② 为实现经济的"比索化"，阿根廷政府规定，以美元结算的全部银行债务、抵押贷款和其他美元债务一律按 1∶1 的汇率转换成比索债务；银行的全部美元存款则以 1 美元兑 1.4 比索的汇率转换成比索存款。为稳定人心，阿根廷还规定 3 万美元以下的美元存款，如果储户不愿意转换成比索存款，则可以换成长期美元化的政府债券。

续表

	1989 年	1990 年	1991 年	1992 年	1993 年	1994 年	1995 年
政府收入①占 GDP 的比例（%）	n. a.	n. a.	n. a.	n. a.	n. a.	n. a.	n. a.
政府支出占 GDP 的比例（%）	n. a.	n. a.	n. a.	n. a.	n. a.	n. a.	n. a.

	1996 年	1997 年	1998 年	1999 年	2000 年	2001 年	2002 年
GDP 增长率（%）	5.53	8.11	3.85	-3.39	-0.79	-4.41	-10.89
人均 GDP 增长率（%）	4.23	6.82	2.64	-4.46	-1.84	-5.36	-11.74
人均 GDP（美元）	7712.44	8199.90	8273.18	7759.03	7695.59	7203.26	2709.71
M2/GDP（%）	20.89	23.78	27.29	30.83	31.61	30.41	25.63
通货膨胀率（基于 CPI,%）	0.16	0.53	0.92	-1.17	-0.94	-1.07	25.87
现金盈余占 GDP 的比例(%)	n. a.	n. a.	n. a.	n. a.	n. a.	n. a.	-5.706
商品和服务出口/GDP（%）	10.399	10.529	10.385	9.788	10.885	11.529	27.690
商品和服务进口/GDP（%）	11.069	12.773	12.932	11.534	11.519	10.210	12.800
经常账户平衡/GDP（%）	-2.488	-4.145	-4.844	-4.212	-3.160	-1.407	8.591
资本账户净值（十亿美元）	0.102	0.133	0.146	0.298	0.212	0.313	0.812
总储备（不包括黄金储备，十亿美元）	18.104	22.320	24.752	26.252	25.147	14.553	10.489
实际利率（%）	10.569	9.752	12.554	13.118	9.945	29.120	16.180
存款年利率（%）	7.36	6.97	7.56	8.05	8.34	16.16	39.25
贷款年利率（%）	10.51	9.24	10.64	11.04	11.09	27.71	51.68
官方汇率（1 美元兑换）	0.999663	0.9995	0.9995	0.9995	0.9995	0.9995	3.063257
外债总额/GNI（%）	41.651	44.132	47.948	50.843	50.935	56.942	153.235
政府收入①占 GDP 的比例（%）	n. a.	n. a.	n. a.	n. a.	n. a.	n. a.	14.06
政府支出占 GDP 的比例（%）	n. a.	n. a.	n. a.	n. a.	n. a.	n. a.	19.68

注：①这里的政府收入不包括援助收入。

资料来源：世界银行 WDI 数据库，http://ddp-ext.worldbank.org/ext/DDPQQ/member.do?method=getMembers&userid=1&queryId=6；世界银行 GEM 数据库，http://externalization.worldbank.org/external/default/main?theSitePK=2880771&contentMDK=21119307&menuPK=2880787&PK=64691875&pagePK=64691887。

二、阿根廷爆发金融危机的原因

从表面来看，阿根廷的金融危机是由于实行了货币局制度以及美国利率水平上升所导致的，但实际上，根源则在于阿根廷的微观经济基础薄弱，企业缺乏竞争力，在于阿根廷的实体经济存在问题。这是因为：在实行货币局制度的情况下，要保持比索与美元的汇率不变，就必须维持本国国际收支的平衡。而且，要增加货币供应以保证本国的经济增长，就需要相应的美元储备增长来担保，而这只有实现本国国际收支的顺差（特别是经常账户的顺差）才能实现，这就要求本国企业具有较强的国际竞争力，从而能不断扩大本国的出口。此外，在货币局制度下，由于比索的汇率不能变动，这就无法通过比索汇率的变动来调节本国的国际收支，因此本国的国际收支逆差只能通过本国企业生产成本的降低，进而赢得相对于国外竞争者的成本优势来加以解决，而这就要求阿根廷的劳动市场更有效率、要求阿根廷的企业具有较高的生产率及国际竞争力。

但问题的关键恰恰在于：阿根廷的企业缺乏国际竞争力。[1] 因此，在阿根廷的企业竞争力没有提高的情况下，短期内实行贸易自由化的结果必然导致阿根廷的进口远远大于出口，并进而导致经常账户的逆差（从1989年到2002年的14年间，阿根廷的经常账户有12年为逆差），这就必然造成阿根廷的国际收支逆差。虽然阿根廷实行货币局制度，但在本国经常账户存在逆差的情况下，就必然会形成比索汇率将贬值的预期。[2] 在这种情况下，再加上美国的利率水平上升，就必然引发资本的大量外逃，从而进一步加剧了比索贬值的预期。而在本国企业竞争力低下的情况下，如果依靠大幅度提高利率来阻止资本的外逃以维持比索汇率的稳定，则在国内企业竞争力较低的情况下必然会打击本国的经济增长。这样，在本国外汇储

---

① 20世纪90年代以来，阿根廷制成品在出口总额中的比重仅为1/3，其余均为农产品、初级产品等。

② 从均衡汇率的角度来看，经常账户是否平衡是分析均衡汇率的基石。国际上比较认可的指标是经常账户差额与GDP之比。例如，国际货币基金组织评估成员国汇率最主要的宏观经济均衡法（Macroeconomic Balance），核心概念就是经常项目差额与GDP之比的均衡值（Current Account Norm）。如果一国中期内经常账户差额超过均衡值，其汇率就被认为存在低估，反之则为高估；经常项目差额超过或低于均衡值越多，汇率低估或高估程度就越大。

备不足（因本国企业竞争力低下导致经常账户逆差）的情况下，货币局制度的崩溃以致货币危机的爆发就是不可避免的了。

总之，阿根廷金融危机的爆发表面上看是实行货币局制度及美国利率水平的上升，但实际上是阿根廷的企业缺乏竞争力。而阿根廷的企业之所以缺乏竞争力，与阿根廷的金融业对企业家的支持力度不够有很大的关系，这从表3－10可以清楚地看出。

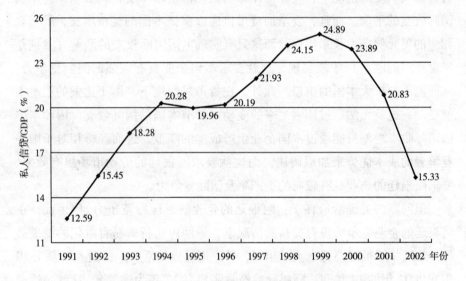

图3－2　阿根廷私人信贷占GDP比例：1991—2002 年

图3－2 显示，自 1991 年至 2002 年，阿根廷的私人信贷占 GDP 的比率从未超过 25%。这意味着，如果从最新的衡量金融发展的指标（即对私人部门的信贷占 GDP 的比率）来看，阿根廷金融体系的资金配置有问题，或者说金融体系的资源配置效率不高。由于在公平竞争且充满风险的市场经济条件下，要成功地创办并经营私人企业，私人企业的经营者就必须具有企业家精神及企业家才能。[①] 因此，对私人部门的信贷占 GDP 的比率过低，也意味着阿根廷的金融体系并充分没有发挥支持国内企业家的功能，

---

①　企业家精神及企业家才能主要包括以下方面：经营管理企业及组织生产的能力（Marshall，1890）、创新精神（Schumpeter，1912）、承担风险的能力（Knight，1921）、敏锐而深刻的市场洞察力（kirzner，1973），以及在不确定条件下就稀缺资源的配置做出判断性决策的能力（Casson，1982），等等。

这就不利于培育阿根廷的企业家，并导致阿根廷的企业竞争力低下，结果必然导致该国企业竞争力及出口产品竞争力的低下，并进而为金融危机的爆发埋下隐患。

事实上，阿根廷自 1977 年至 1989 年所进行的第一轮的金融改革之所以没有成功，甚至爆发了金融危机，从金融的角度来看，同样也是因为阿根廷的金融体系在金融改革过程中没有发挥支持本国企业家的功能，结果导致本国的微观经济基础薄弱。

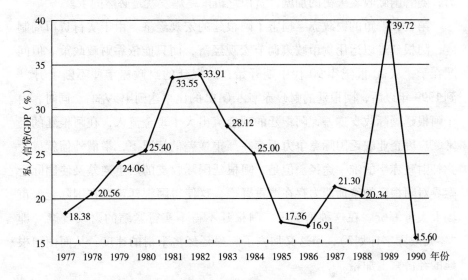

图 3 – 3　阿根廷私人信贷占 GDP 比例：1977—1990 年

图 3 – 3 显示，阿根廷在第一轮经济及金融改革阶段的 1977—1988 年，阿根廷的私人信贷占 GDP 的比例从未超过 35%，1985 年和 1986 年更是低于 20%。由此可见，阿根廷在第一轮金融改革过程中并没有注重发挥金融体系支持企业家的功能，结果导致阿根廷的企业竞争力没有得到相应提高，因而出现经常账户的逆差，而在这种情况下阿根廷又放弃了固定汇率制度，这就势必导致本国货币汇率的持续贬值并引发通货膨胀。同时，阿根廷在没有充分发挥金融体系支持企业家的功能以致其微观经济基础薄弱的情况下又放开了利率，这样，在利率水平大幅上升的情况下，阿根廷的经济增长必然受到打击，结果阿根廷第一轮经济及金融改革的失败就难以避免了。

除了以上这一关键因素以外，还有以下几个因素也促成了阿根廷金融危机的爆发：

第一，由于在本国企业缺乏竞争力的情况下实行货币局制度导致比索汇率的高估，从而人为地抬高了以外币表示的本国出口产品的价格，这就进一步削弱了阿根廷经济的竞争力；同时，货币局制度又使比索汇率不能随外汇供求的变化而变化，使比索汇率失去了对国际收支及宏观经济的调节作用，结果造成阿根廷丧失了市场的自行理顺机制及经济自我恢复的能力，随着国际收支失衡的加剧，货币危机最终爆发就是必然的了。

第二，严重的财政赤字损害了阿根廷的宏观经济。由于实行货币局制度，阿根廷难以运用货币政策调节宏观经济，而只能依靠财政政策。但问题在于，从20世纪年90代中期开始，阿根廷的财政赤字便不断上升，[1]到1999年以后，阿根廷的财政赤字占GDP的比率达到4%左右。同时，由于阿根廷国际收支逆差，阿根廷的现金流出大于现金流入，在阿根廷的经常账户因企业缺乏国际竞争力而存在严重逆差的情况下，举借外债就成为弥补财政赤字的唯一途径。但是，阿根廷国际收支的严重逆差又使国际金融界对阿根廷的偿债能力存在严重疑虑，这使得阿根廷难以在国际金融市场上大量筹资。在这种情况下，阿根廷不得不实行紧缩的财政政策（即"零财政赤字计划"），但这又加剧了阿根廷经济下滑的速度，从而使阿根廷的经济雪上加霜。

第三，政府对人们经济自由的限制造成了社会动荡。在国内失业率上升且收入分配差距扩大的情况下，政府又强行实行冻结存款、限制取款、削减公务员工资和退休人员的养老金等做法，从而限制了人们的经济自由，并使贫困人口的数量急剧增加，其数量由1998年占总人口的27%攀升至2002年的54%，这样做的最终结果必然引发社会动荡。

以上这三点说明，阿根廷所爆发的货币危机与其说是市场化改革带来的失败，还不如说是市场化改革不彻底带来的（本国货币汇率不能随市场供求的变化而变化，以及财政赤字和政府对人们经济自由的限制意味着阿根廷市场化改革的不彻底）。

---

[1]　比索因高估利率趋高，使政府债务的利息成本急剧上升，高成本负债的增加使阿根廷政府逐渐陷入债务危机中。

三、阿根廷金融危机爆发以后的改革

在货币危机爆发以后，阿根廷于 2002 年 1 月通过经济改革法案，决定放弃比索与美元 1∶1 的固定比价，让比索贬值，并实行经济的"比索化"和浮动汇率制度，这一举措既可以说是阿根廷金融危机的表现，但同时也可以说是阿根廷为应对金融危机而实行的一次重大改革（或者说是不得不实行的改革）。这是因为：通过比索贬值以及实行自由浮动汇率制度，可以提高阿根廷出口产品的竞争力以扩大出口，进而改变经常账户持续逆差的状况。同时，实行浮动汇率制度有利于通过比索汇率的变动来调节本国的国际收支，以避免本国经常账户及国际收支的持续逆差，从而稳定公众对阿根廷货币及阿根廷经济的信心。

除了实行浮动汇率制度以外，阿根廷还采取了其他种种改革措施来摆脱危机，并力求促进经济增长，其中主要有：（1）减少财政赤字，力求实现财政收支平衡。为此，阿根廷政府一方面严格财政纪律，控制财政支出以减少财政赤字，其中包括将公务员工资降低 13% 以及减少对社会保障体系的拨款等措施；另一方面则增加税收，如增加对出口企业的课税。政府认为，这些出口企业（其中包括大量私有化企业）因比索贬值而受益匪浅，因此必须向政府缴纳更多的税赋。此外，阿根廷还征收了石油出口特别税，用以弥补政府因比索贬值而蒙受的经济损失。到 2002 年 3 月，征收临时出口税的范围进一步扩大，其中初级产品为 10%，制成品为 5%，石油产品为 20%，以用于政府制定的社会救助计划。在力求实现财政收支平衡的过程中，政府还力图完善税收体系，减少偷税漏税。（2）解冻银行存款，政府保证归还被冻结的存款，允许储户在适当的时候可以如数提取存款，以恢复公众的经济自由及对阿根廷银行体系的信心。但阿根廷同时加速银行和金融体系的调整与改革，并建立严格的银行监管制度，以增强金融体系的稳健性，等等。此外，为控制通货膨胀，阿根廷还采取了控制物价的做法，如规定国内企业不得趁机涨价，同时冻结工资，并规定 90 天内禁止企业解雇职工。[①]

---

① 但这在一定的程度上也损害了市场机制的功能，特别是削弱了劳动市场的弹性。

经过以上一系列改革及政策措施，阿根廷的出口开始增长，资本也开始回流，就业机会开始增加，经济开始复苏。到2003年，阿根廷经济终于走出长达4年多的衰退，并实现了8.7%的增长。此后，一直到2008年，阿根廷的年均经济增长率达到8.5%。

表3-11　阿根廷的经济金融状况：2002—2010 年

	2002 年	2003 年	2004 年	2005 年	2006 年	2007 年	2008 年	2009 年	2010 年
GDP 增长率（%）	-10.89	8.84	9.03	9.18	8.47	8.65	6.76	0.85	9.16
人均 GDP 增长率（%）	-11.74	7.85	8.06	8.22	7.51	7.70	5.83	-0.03	8.22
人均 GDP（美元）	2709.71	3410.34	3993.91	4735.98	5485.52	6623.86	8225.67	7665.07	9123.74
M2/GDP（%）	25.63	26.66	27.99	28.61	28.10	27.74	25.18	25.58	25.53
通货膨胀率（基于 CPI,%）	25.87	13.44	4.42	9.64	10.90	8.83	8.58	6.28	10.78
现金盈余占 GDP 的比例（%）	-5.706	-2.829	-0.461	n.a.	n.a.	n.a.	n.a.	n.a.	n.a.
商品和服务出口/GDP（%）	27.690	24.971	25.257	25.068	24.759	24.627	24.475	21.351	22.263
商品和服务进口/GDP（%）	12.800	14.202	18.167	19.189	19.232	20.337	20.650	16.002	17.562
经常账户平衡/GDP（%）	8.591	6.281	2.097	2.879	3.629	2.820	2.068	2.737	0.836
资本账户净值（十亿美元）	0.812	0.140	0.244	0.178	0.159	0.242	0.362	0.148	0.135
总储备（不包括黄金储备，十亿美元）	10.489	14.153	18.884	27.179	30.903	44.682	44.855	46.093	49.734
实际利率（%）	16.180	7.829	-2.238	-2.460	-4.231	-2.806	0.336	5.162	-4.176
存款年利率（%）	39.25	10.07	2.61	3.76	6.42	7.97	11.05	11.60	n.a.
贷款年利率（%）	51.68	19.15	6.78	6.16	8.63	11.05	19.47	15.66	10.56
官方汇率（1 美元兑换）	3.063	2.901	2.923	2.904	3.054	3.096	3.144	3.710	3.896
外债总额/GNI（%）	153.235	131.779	112.598	70.780	55.468	45.626	37.011	40.132	n.a.

续表

	2002 年	2003 年	2004 年	2005 年	2006 年	2007 年	2008 年	2009 年	2010 年
政府收入①占 GDP 的比例（%）	14.06	17.20	18.14	n.a.	n.a.	n.a.	n.a.	n.a.	n.a.
政府支出占 GDP 的比例（%）	19.68	19.84	18.29	n.a.	n.a.	n.a.	n.a.	n.a.	n.a.

注：①这里的政府收入不包括援助收入。

资料来源：世界银行 WDI 数据库，http://ddp-ext.worldbank.org/ext/DDPQQ/member.do? method＝getMembers&userid＝1&queryId＝6；世界银行 GEM 数据库，http://externalization.worldbank.org/external/default/main? theSitePK＝2880771&contentMDK＝21119307&menuPK＝2880787& PK＝64691875&pagePK＝64691887。

　　必须指出的是，由于阿根廷的市场机制及微观经济基础仍较薄弱（如对物价的控制损害了市场机制的功能），因此阿根廷的经济复苏还不稳固。到 2009 年，阿根廷的经济又开始下滑。同时，阿根廷的金融发展状况仍存在相当问题。如从阿根廷的股票市场来看，1989 年阿根廷的上市公司总市值占 GDP 的比例为 5.51%，2010 年仅为 17.33%。上市公司的数目不增反减，由 1989 年的 178 家减少到 2010 年的 101 家，这说明阿根廷的股票市场规模较小，不能完全满足经济发展目标的需求。阿根廷股票市场的流动性也没有在金融改革中得到改善，1989 年阿根廷股票交易总值占 GDP 的

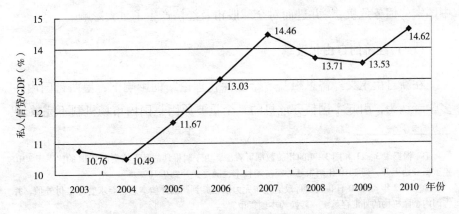

图 3－4　阿根廷私人信贷占 GDP 比例：2003—2010 年

资料来源：世界银行 WDI 数据库，http://ddp-ext.worldbank.org/ext/DDPQQ/member.do? method＝getMembers&userid＝1&queryId＝6。

比重为 2.50%，2010 年仅为 0.7%；1989 年股票市场换手率为 61.41%，2010 年下降到 4.57%，这说明阿根廷股票市场流动性不足，等等。造成以上这些问题的关键在于阿根廷的金融体系仍然没有充分发挥支持企业家的功能，见图 3 - 4。

因此，从金融的角度来看，阿根廷下一步的金融发展及经济增长取决于阿根廷的金融体系能否大力支持有创新精神的企业家。[①]

第三节　墨西哥的金融改革

一、墨西哥的经济及金融自由化改革：1988—1994 年

墨西哥位于北美洲，北部与美国接壤，国土面积 190 多万平方公里，人口在拉美仅次于巴西，居第二位。墨西哥曾于 20 世纪 70 年代为加快经济发展而大量借入外债。但是，由于墨西哥的经济体制存在深层次的问题，国内市场机制不完善，借入的大量外部资金并没有得到有效利用，结果到了 20 世纪 80 年代，墨西哥因无力偿还外债而引发一场严重的债务危机。[②] 这次债务危机不但造成墨西哥经济的严重动荡，而且引发了一场全球性的发展中国家的债务危机，[③] 并进而对全球股市及经济产生了重大影响。

（一）经济的自由化改革

在新自由主义经济思想及"金融深化理论"的影响下，墨西哥国内许多学者认为，引起本国债务危机的一个重要原因是国内市场机制不完善。[④]

---

① 根据表 3 - 11 和图 3 - 4 的相关数据可看出，由于阿根廷的私人信贷占 GDP 的比率于 2010 年重新开始上升，到 2010 年阿根廷的经济增长率也随之上升到 9.16%。

② 1982 年 8 月 20 日，墨西哥政府宣布无力偿还其到期的外债本息，要求暂停偿付外债，并将国内金融机构的外汇存款统一转换为本国货币。

③ 继墨西哥之后，巴西、阿根廷、智利、秘鲁、委内瑞拉等国也相继发生还债困难，因而纷纷宣布终止或推迟偿还外债。

④ Blaine（1998）则认为，导致 20 世纪 80 年代墨西哥债务危机的四个因素是：政府扩张性的政策、对石油出口收益过分乐观的估计、公私外债的迅速积累、维持高估的汇率。

在这种思想的指导下，墨西哥于 1988 年开始进行经济与金融的自由化改革。

墨西哥在真实经济领域的自由化改革措施主要有：（1）私有化改革。墨西哥私有化改革的特点有两个：一是范围很广。不仅涉及制造业、矿业、农业、交通运输业和旅游业，而且包括银行业，甚至包括一些公路、港口和码头等基础设施。二是速度快。从 1989 年到 1992 年间，私有化的收入就超过 195 亿美元，占同期 GDP 的 6.3%。（2）放开价格。在改革过程中，墨西哥废止了长期以来政府对价格的管制与监督，除石油以及少数的食品和农产品以外，其他产品和服务的价格完全放开，由市场供求决定。（3）不断推进贸易的自由化以开放市场。1986 年，墨西哥加入关税与贸易总协定，并开始大幅度降低关税，平均税率由 24% 降至 13%。1988 年，墨西哥取消了进口许可证制度。同时，为促进出口，墨西哥采取了放松外汇管制和实行货币贬值的政策。此外，墨西哥 1992 年与美国和加拿大签署了《北美自由贸易协定》，[①] 进一步推动了贸易的自由化。（4）放松对外资的限制。1989 年，墨西哥颁布新的《外资法》，从而大大放松了对外资的限制。新的《外资法》规定，除石油、电力、铁路、铀矿开采等具有战略意义的部门以外，外资股权可以达到 100%，等等。

（二）金融的自由化改革

与真实经济领域的自由化改革相配套，墨西哥的金融自由化改革包括以下方面：

第一，对银行进行私有化改革。墨西哥于 20 世纪 80 年代爆发债务危机以后，曾对私营银行实行了国有化。[②] 但由于国有银行日益成为财政赤字的融资来源，同时由于国有银行的经营效率十分低下，因此导致金融体系存在内在的脆弱性。在这种情况下，墨西哥于 20 世纪 90 年代再次对银行进行私有化改革。为此，墨西哥议会 1990 年 5 月通过了一项关于修改

---

① 该协定的宗旨是取消贸易壁垒，创造公平的条件，增加投资机会，保护知识产权，等等。协定规定从 1994 年开始后的 15 年内，逐步取消关税及非关税壁垒，实现区域内商品及生产要素的完全自由流动。

② 墨西哥在 1982 年债务危机爆发以后对私营商业银行实施国有化也与人们当时的观念有关。当时人们认为，在银行私有化的情况下，资本易于外逃，因而易于导致金融危机，因此对私营银行实行国有化及进行金融管制能够降低金融体系的波动。

《宪法》第 28 条的法案，为银行的私有化提供了法律依据。1991—1992 年间，墨西哥对银行部门实行私有化改革，其间墨西哥所有的 18 家国有商业银行都实现了私有化。[①]

第二，鼓励外资金融机构的进入。1993 年，墨西哥首次修改了有关外资参与金融服务的法规，放宽外资银行和其他金融机构的市场准入。1994 年，墨西哥批准了 18 家国外商业银行的营业执照，使外资金融机构能够进入国内市场与国内私营银行进行竞争，以形成一个竞争性的金融市场。

第三，在对国有银行进行私有化改革和大力引进外资金融机构的同时，墨西哥还减少以致逐步取消了对银行信贷的管制。1988 年，墨西哥废除了信贷数量控制，特别是废止了商业银行必须向国有企业提供低于市场利率的信贷的规定，并允许银行发行承兑票据和债券。1989 年，墨西哥金融改革条例规定，各种金融机构在业务上可以互相渗透交叉，商业银行可以从事各种金融服务，可以对房地产公司投资，也可以进行股票投资，以此提高国内商业银行的国际竞争力。1990 年，墨西哥又取消了商业银行必须持有政府长期债券的强制性规定。

第四，利率的市场化。1989 年，墨西哥撤消了对存款利率和贷款利率的管制，规定商业银行可以自由决定利率，从而在较短的时间内实现了利率的市场化。

第五，对外开放资本市场。为此，1990 年，墨西哥改变外国投资者只能通过基金或墨西哥投资公司购买墨西哥公司股票的规定，允许外国投资者直接在墨西哥的证券交易所购买上市公司的股票。同时，允许非居民在墨西哥发行债券、商业票据和存单等金融工具，等等。

应该说，墨西哥这一轮的经济及金融改革取得了显著的成效，这主要表现在：（1）经济开始恢复增长。从 1989 年到 1994 年，墨西哥的 GDP 增长率均保持在 3% 以上（除 1993 年以外），人均 GDP 的增长率也得以上升。（2）财政收支状况好转。1982 年，墨西哥的财政赤字占 GDP 的 17%，而到 1992 年，墨西哥的财政盈余却占 GDP 的 1.6%。（3）通货膨胀由

---

① 1990 年，墨西哥财政部长 Aspe 提出银行改革的八项原则：一是确保银行所有权结构的多元化；二是建立更有效率和竞争力的金融体系；三是确保银行管理层具有较高的道德水准和较强的管理能力；四是确保银行由墨西哥人控制；五是促进更多地区参与改革；六是获得符合客观标准的公平价格；七是建立平衡的金融体系；八是推广银行稳健经营的惯例。

1987 年的 180% 和 1988 年的 114.16% 下降到 1994 年的 6.97%。（4）资本大量回流，外汇储备增加。市场化改革使墨西哥成为外资青睐的"新兴市场"。1990 年至 1994 年，流入墨西哥的外资高达 1040 亿美元，外汇储备也由 1989 年的 59 亿美元上升到 1993 年的 251 亿美元。

此外，经过这次经济及金融的自由化改革，墨西哥的金融深化程度有了很大程度的提高，这主要表现在：（1）1980 年至 1988 年，墨西哥的金融深化指标 M4/GDP 一直在 27% 左右徘徊，1989 年上升至 30%，1994 年更上升至 45%；[①]（2）实际利率上升，改变了以前实际利率为负数的状况，等等。如表 3-12 所示。

表 3-12　墨西哥的经济金融状况：1988—1994 年

	1988 年	1989 年	1990 年	1991 年	1992 年	1993 年	1994 年
GDP 增长率（%）	1.25	4.20	5.07	4.22	3.63	1.95	4.46
人均 GDP 增长率（%）	-0.71	2.22	3.10	2.30	1.74	0.11	2.60
人均 GDP（美元）	2260.759	2697.31	3116.124	3659.683	4154.427	4524.709	4650.114
M2/GDP（%）	11.86	12.39	17.29	21.72	24.52	26.33	27.57
通货膨胀率（基于 CPI,%）	114.16	20.01	26.65	22.66	15.51	9.75	6.97
现金盈余占 GDP 的比例（%）	n. a.	n. a.	-2.545	0.000	0.978	0.234	-0.002
政府收入[①]占 GDP 的比例（%）	n. a.	15.33	14.89	15.42	14.90	14.92	
政府支出占 GDP 的比例（%）	n. a.	n. a.	16.82	13.72	13.35	13.50	13.66

注：①这里的政府收入不包括援助收入。

资料来源：世界银行 WDI 数据库，http://ddp-ext.worldbank.org/ext/DDPQQ/member.do?method=getMembers&userid=1&queryId=6；世界银行 GEM 数据库，http://externalization.worldbank.org/external/default/main?theSitePK=2880771&contentMDK=21119307&menuPK=2880787&PK=64691875&pagePK=64691887。

---

① M4=现金+活期存款+储蓄存款+银行承兑汇票+政府债券+商业票据+政府养老基金+国内外流通债券总额。

二、墨西哥再次爆发金融危机

（一）墨西哥金融危机的具体情况

虽然墨西哥于 1988 年开始进行的经济及金融改革取得了成效，但最终仍然于 1994 年再次爆发了金融危机。从表面情况来看，这次金融危机的爆发主要是墨西哥在改革过程中实行了钉住汇率制度（墨西哥将本国货币比索的汇率稳定在 1 美元兑 3 比索左右），但自 1991 年至 1994 年以来，墨西哥因经常账户连年逆差导致外汇储备不断减少。在这种情况下，墨西哥再也难以维持比索与美元之间的钉住汇率，因此墨西哥政府不得不于 1994 年 12 月 19 日深夜突然对外宣布，本国货币比索贬值 15%，并放弃比索汇率与美元联合机制，实行浮动汇率制度。

墨西哥政府的这一决定在市场上引起了极大的恐慌。为避免损失，投资者大量抛售比索，抢购美元，结果导致比索汇率急剧下跌。从 1994 年 12 月 20 日至 22 日，墨西哥比索兑换美元的汇价就暴跌了 42.17%。比索大幅贬值加剧了资本外逃，导致墨西哥的外汇储备锐减，墨西哥的外汇储备在 1994 年 12 月 20 日至 21 日两天就锐减近 40 亿美元。结果，墨西哥的整个金融市场一片混乱。同时，由于墨西哥吸收的外资中有大量是投机性的短期证券投资，因此墨西哥比索持续贬值而引发的资本外逃，也直接导致墨西哥的股市持续下跌。到 1995 年 1 月，股市下跌 40% 以上，股市下跌的幅度甚至超过了比索贬值的幅度，这就进一步打击了墨西哥的经济及人们的信心，等等。由于受金融危机的冲击，1995 年墨西哥的 GDP 增长率迅速下降为负的 6.2%，人均 GDP 也由上年增长 3.4% 下降为负的 0.6%。

表 3 – 13   墨西哥的宏观经济状况：1988—1994 年

	1988 年	1989 年	1990 年	1991 年	1992 年	1993 年	1994 年
商品和服务出口/GDP（%）	19.928	18.997	18.601	16.365	15.238	15.248	16.789
商品和服务进口/GDP（%）	18.538	19.062	19.705	19.272	20.272	19.174	21.603
经常账户平衡/GDP（%）	-1.296	-2.612	-2.836	-4.735	-6.722	-5.804	-7.034

续表

	1988 年	1989 年	1990 年	1991 年	1992 年	1993 年	1994 年
资本账户净值（十亿美元）	n. a.	n. a.	n. a.	n. a.	n. a.	n. a.	n. a.
总储备（不包括黄金储备，十亿美元）	5. 28	6. 33	9. 86	17. 73	18. 94	25. 11	6. 27
实际利率（%）	n. a.	n. a.	n. a.	n. a.	n. a.	7. 52	9. 98
存款年利率（%）	55. 22	33. 37	30. 40	17. 96	15. 88	16. 69	15. 03
贷款年利率（%）						17. 73	19. 30
官方汇率（1 美元兑换）	n. a.	n. a.	2. 836	3. 010	3. 040	3. 114	3. 381
外债总额/GNI（%）	56. 405	43. 713	41. 105	37. 296	31. 722	33. 316	33. 898

资料来源：世界银行 WDI 数据库，http://ddp-ext. worldbank. org/ext/DDPQQ/member. do? method = getMembers&userid = 1&queryId = 6；世界银行 GEM 数据库，http://externalization. world-bank. org/external/default/main? theSitePK = 2880771&contentMDK = 21119307&menuPK = 2880787& PK =64691875&pagePK = 64691887。

（二）墨西哥爆发金融危机的根源

从金融的角度来看，墨西哥爆发金融危机的原因与阿根廷相似，即墨西哥的金融业对私人部门的信贷占 GDP 的比率过低，1980—1994 年墨西哥的这一比率从未超过 20% 。这说明，墨西哥的金融体系在金融改革过程中同样也充分没有发挥支持国内企业家的功能，见表 3 - 14 及图 3 - 5。

表 3 – 14　墨西哥私人信贷占 GDP 的比率：1980—1994 年

年份	1980	1981	1982	1983	1984
私人信贷/GDP（%）	19. 36823	19. 55595	15. 30947	12. 56788	14. 11893
年份	1985	1986	1987	1988	1989
私人信贷/GDP（%）	13. 01509	13. 0317	12. 92629	11. 11396	15. 55867
年份	1990	1991	1992	1993	1994
私人信贷/GDP（%）	17. 45249	20. 92488	28. 037	31. 72427	38. 65518

资料来源：世界银行 WDI 数据库，http://ddp-ext. worldbank. org/ext/DDPQQ/member. do? method = getMembers&userid = 1&queryId = 6。

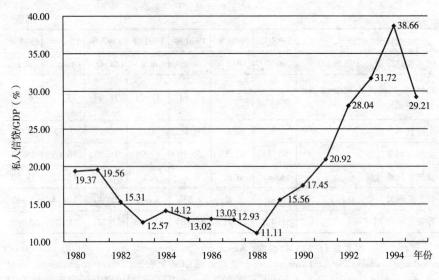

图3－5　墨西哥私人信贷占 GDP 的比率：1980—1994 年

资料来源：世界银行 WDI 数据库，http://ddp-ext. worldbank. org/ext/DDPQQ/member. do? method = getMembers&userid = 1&queryId = 6。

图 3 – 5 显示，从 1980 年至 1994 年，墨西哥的私人信贷占 GDP 的比率从未超过 40%，而且绝大多数年份没有超过 30%。由于墨西哥的金融业在金融改革过程中并没有充分发挥支持国内企业家的功能，因而不利于培育企业家，并导致微观经济基础薄弱，结果必然导致该国企业竞争力及出口产品竞争力的低下，并进而为金融危机的爆发埋下隐患。

除此之外，还有以下几个因素也促成了墨西哥金融危机的爆发：

第一，由于墨西哥的经济及金融改革没有培育出大量的具有创新精神的企业家，因此企业的创新能力十分不足。这样，当利率上升以后，实体经济的生产部门就因难以创造足够高的利润支付较高的利息而难以吸引投资，于是资金便大量流入投机性较强的房地产业或证券市场。同时，由于墨西哥在金融改革过程中没有建立起完善的金融监管体系，因此许多商业银行为获利也大量从事投机性较强的房地产投资及证券投资，从而导致商业银行资产负债表的恶化。1990 年，银行不良贷款占全部贷款的比率仅为 2.3%，但到 1994 年，这一比率迅速上升至 10.5%，这造成墨西哥的金融体系出现严重的脆弱性。墨西哥金融体系的这种脆弱性严重地影响了投资者的信心。

第二，由于自 1987 年比索贬值 36% 以后，墨西哥为控制通货膨胀，将比索汇率基本稳定在 1 美元兑 3 比索左右，以便通过稳定本国货币的汇率水平而起到稳定本国物价水平的名义锚作用①。但由于美国进入 20 世纪 90 年代以后出现了战后最长时期的经济繁荣，因而美元不断升值，而比索兑美元的汇率被维持在 1 美元兑 3 比索的水平上基本不变必然导致比索汇率的高估，这就自然削弱了墨西哥出口产品的竞争力。

第三，由于墨西哥在本国企业竞争力低下且因比索汇率高估而削弱了本国出口产品竞争力的情况下完全开放了本国市场，特别是与美国签署《北美自由贸易协定》，实现产品和要素的自由流动以后，大量的有竞争力的美国产品必然进入墨西哥市场，结果使进口猛增（如在《北美自由贸易协定》开始生效的 1994 年，墨西哥的进口额就从 1993 年的 490 亿美元猛增到 730 亿美元，而出口额只有 500 亿美元），导致国内企业大量倒闭及失业率上升，这就必然引发本国的金融危机。

第四，由于墨西哥仍然大量依靠借入外债来刺激本国经济增长，使本国的债务负担仍然过重。从 1988 年到 1994 年，墨西哥的外债占 CNI 的比率平均将近 40%，过重的外债负担也是形成比索贬值预期，从而引发货币危机的重要因素。

此外，墨西哥在金融改革中也没有解决好农村和贫困边远地区的融资体系问题，银行仍然主要集中在墨西哥城等大城市，这就在一定程度上加剧了贫富悬殊。

失业率的上升加剧了社会的贫困，同时由于贫富悬殊加剧，最终导致墨西哥政局动荡（1994 年，墨西哥执政党总统候选人 Luis Donaldo Colosio

---

① 名义锚是对一国货币价值的限定（Mishkin，2001）。在货币政策操作框架中通过设定一个名义锚来限定货币的对内价值或是对外价值，能够避免该国的物价或汇率发生大幅度的波动。实行固定（或钉住）汇率制度的国家就意味着以汇率的稳定作为本国货币政策的名义锚。这是因为：在本国货币与它国货币保持固定（或基本固定）汇率的情况下，如果本国的通货膨胀率过高，就会导致本国货币贬值，结果就难以维持与它国货币之间的固定汇率。在这种情况下，该国货币当局就必须采取相应的紧缩政策来维持汇率名义锚，所以在汇率名义锚下，本国的通货膨胀率可以被维持在目标国的水平上。此外，从理论上来说，在以汇率为货币政策名义锚的情况下，一国的货币政策操作具有避免时间不一致问题的自动规则（Automatic Rule）。这是因为：如果一国实行扩张的货币政策来追求短期的高产出和低失业，那么这会导致本国货币的贬值。因此，在固定（或钉住）汇率制度下，由于中央银行有维持汇率稳定的承诺，因而将不得不实行从紧的货币政策，这样就可以避免相机抉择下货币政策的时间不一致问题。

被暗杀，接着墨西哥南部恰帕斯州又爆发起义），经济社会的不确定性增大，这进一步打击了投资者对墨西哥政治及经济前景的信心。[①] 从国际经济环境来看，由于美国于 1994 年 2 月开始 6 次提高利率，使美国的长期利率上升到 8%，但墨西哥却担心，如果与美国同步提高利率会进一步打击本已十分脆弱的国内经济，因而造成墨西哥利率水平低于美国。利率水平过低加上投资者对墨西哥的政治及经济前景缺乏信心导致资本大量外逃，结果使墨西哥的外汇储备迅速下降。墨西哥外汇储备的大幅下降使投资者担心比索贬值，这就进一步加剧了资本的外逃，资本外逃反过来又加剧了比索汇率的贬值，形成"资本外逃与汇率贬值的恶性膨胀"，结果自然就会爆发金融危机。

（三）墨西哥在金融危机爆发以后的改革措施

在金融危机爆发以后，墨西哥除了实行浮动汇率制度，让比索的汇率由市场供求决定，以改变因比索汇率高估而削弱本国出口产品的竞争力这一弊端以外，在宏观经济领域还进行了以下改革：（1）实施全面的经济紧缩计划，特别是实行紧缩财政的政策以力求实现财政收支的平衡；（2）鼓励出口，并进一步放宽进口限制；（3）进一步大力引进外资，等等。

与此同时，墨西哥还进一步推进金融改革，改革的目的一方面是为了增强本国金融体系的稳健性，另一方面则着眼于充分发挥金融体系对经济增长的刺激作用。其具体的改革措施主要有：（1）开放资本账户，取消墨西哥比索在国外交易的所有限制。（2）放松外资对国内商业银行持股的限制。（3）大力培育机构投资者，加快金融市场的发展。1996 年，墨西哥改革了养老基金体制，允许建立私人养老基金，并鼓励共同基金的发展。结果，墨西哥私人养老基金占 GDP 的比率从 2000 年的 2% 增长到 2006 年的 10% 左右，这就为拓展和深化国内资本市场起到了重要作用。（4）大力发展金融衍生品市场。（5）加强金融监管。1995 年，全国银行委员会（NBC）和全国证券委员会（NSC）合并为全国银行和证券委员会（CNBV），并实行更为严格的资本充足率监管，对信息披露提出更高的要求，以加强市场

---

① La Porta、Lopez-de-Silanes 和 Shleifer（1998）等人曾指出，一国的政治形势（如贫富差距、政治极端化等）在很大程度上决定了该国金融改革的成功与否。

纪律。(6) 建立征信管理局,制定与国际标准接轨的会计准则,实行更为
严格的资本充足率监管。(7) 对银行存款实行明确的有限制的存款保险制
度(规定最高保险限额为13万美元),既保证金融体系的稳定,又促使公
众合理选择商业银行,以形成促使商业银行必须不断提高效率并降低风险
的市场竞争机制,等等。

　　由于采取了以上这些措施,墨西哥的经济又开始逐步回升,见
表3-15。

表 3-15　墨西哥的经济金融状况:1995—2010 年

	1995 年	1996 年	1997 年	1998 年	1999 年	2000 年	2001 年	2002 年
GDP 增长率(%)	-6.22	5.14	6.78	4.91	3.87	6.60	-0.16	0.83
人均 GDP 增长率(%)	-7.83	3.36	5.00	3.22	2.28	5.06	-1.51	-0.45
人均 GDP(美元)	3107.07	3546.93	4206.56	4342.33	4884.63	5816.61	6139.30	6324.17
M2/GDP(%)	26.98	25.34	28.97	31.78	31.41	27.90	28.21	29.14
通货膨胀率(基于 CPI,%)	35.00	34.38	20.63	15.93	16.59	9.50	6.36	5.03
现金盈余占 GDP 的比例(%)	-0.616	-0.132	-1.511	-1.631	-1.689	-1.170	n.a.	n.a.
商品和服务出口/GDP(%)	30.362	32.076	30.267	30.694	30.738	30.939	27.559	26.823
商品和服务进口/GDP(%)	27.703	30.019	30.373	32.814	32.357	32.933	29.774	28.639
经常账户平衡/GDP(%)	-0.550	-0.753	-1.909	-3.797	-2.908	-3.224	-2.848	-2.181
资本账户净值(十亿美元)	n.a.	0	0	0	0	0	0	0
总储备(不包括黄金储备,十亿美元)	16.847	19.433	28.797	31.799	31.782	35.509	44.741	50.594
实际利率(%)	15.635	4.316	3.783	9.510	7.517	4.305	6.533	1.173
官方汇率(1 美元兑换)	6.419	7.599	7.918	9.136	9.560	9.456	9.342	9.656
外债总额/GNI(%)	60.488	48.988	38.001	39.022	35.599	26.642	26.939	25.842
政府收入①占 GDP 的比例(%)	15.27	15.20	14.71	13.02	13.78	14.74	n.a.	n.a.

续表

	1995 年	1996 年	1997 年	1998 年	1999 年	2000 年	2001 年	2002 年
政府支出占 GDP 的比例（%）	14.96	14.42	15.23	13.95	14.92	15.44	n. a.	n. a.

	2003 年	2004 年	2005 年	2006 年	2007 年	2008 年	2009 年	2010 年
GDP 增长率（%）	4.05	3.21	5.15	3.26	1.50	-6.08	4.05	5.50
人均 GDP 增长率（%）	0.11	2.79	1.94	3.83	1.95	0.21	-7.26	4.21
人均 GDP（美元）	6740.21	7223.87	7972.55	8830.85	9484.73	9908.75	7879.68	9166.23
M2/GDP（%）	25.92287	25.41818	26.24717	25.3271	25.18839	25.59185	28.8592	29.39758
通货膨胀率（基于 CPI，%）	4.55	4.69	3.99	3.63	3.97	5.13	5.30	4.16
现金盈余占 GDP 的比例（%）	n. a.	n. a.	n. a.	n. a.	n. a.	n. a.	n. a.	n. a.
商品和服务出口/GDP（%）	25.355	26.605	27.101	27.968	27.928	28.005	27.593	29.757
商品和服务进口/GDP（%）	26.816	28.374	28.553	29.216	29.508	30.234	29.018	30.920
经常账户平衡/GDP（%）	-1.023	-0.689	-0.598	-0.471	-0.854	-1.491	-0.720	-0.541
资本账户净值（十亿美元）	0	0	0	0	0	0	0	0
总储备（不包括黄金储备，十亿美元）	58.956	64.141	74.054	76.271	87.109	95.126	99.589	120.265
实际利率（%）	-10.026	-1.492	4.928	0.770	1.828	2.385	2.846	0.867
官方汇率（1 美元兑换）	10.789	11.286	10.898	10.899	10.928	11.130	13.513	12.636
外债总额/GNI（%）	24.832	22.846	20.123	17.398	19.132	18.974	22.304	n. a
政府收入[①]占 GDP 的比例（%）	n. a.	n. a.	n. a.	n. a.	n. a.	n. a.	n. a.	n. a.
政府支出占 GDP 的比例（%）	n. a.	n. a.	n. a.	n. a.	n. a.	n. a.	n. a.	n. a.

注：①这里的政府收入不包括援助收入。

资料来源：世界银行 WDI 数据库，http://ddp-ext. worldbank. org/ext/DDPQQ/member. do? method = getMembers&userid = 1&queryId = 6；世界银行 GEM 数据库，http://externalization. world-bank. org/external/default/main? theSitePK = 2880771&contentMDK = 21119307&menuPK = 2880787& PK = 64691875&pagePK = 64691887。

表3-15显示,1996年之后墨西哥的经济开始恢复增长,除2001年和2008年以外,墨西哥的经济年年增长。更重要的是,墨西哥的通货膨胀率得到有效控制,1995年墨西哥的通货膨胀率高达37.87%,此后不断下降,2004年后通货膨胀率一直控制在10%以内,2008年为5.13%,2010年进一步下降为4.16%。

(四) 墨西哥金融改革存在的问题及原因

总的来看,墨西哥的金融改革仍然存在许多问题,没有有效地推动经济的增长,如表3-15所示,从2001年到2010年,墨西哥的GDP增长率年均只有2.1%。同时,墨西哥的金融发展本身也不理想,见表3-16。

表3-16 1995—2010年墨西哥金融发展指标

	1995年	1996年	1997年	1998年	1999年	2000年	2001年	2002年
金融深度(经济货币化程度)								
M2/GDP(%)	26.98	25.34	28.97	31.78	31.41	27.9	28.21	29.14
实际年利率(%)	15.64	4.32	3.78	9.51	7.52	4.30	6.53	1.17
流动性负债(M3)/GDP	n. a.	n. a.	35.38	33.96	33.88	27.06	23.81	23.19
经济信用化程度								
净国内信贷(现值,十亿智利比索)	911.96	944.99	1685.91	1940.63	2216.92	2311.06	2430.90	2681.45
银行系统提供的国内信贷/GDP(%)	49.55	37.35	42.11	39.01	36.27	34.10	33.15	36.48
向私有部门提供的信贷/GDP(%)	29.21	18.77	26.48	23.73	20.38	18.31	15.66	17.70
总国内储蓄/GDP(%)	22.63	25.3	25.87	22.22	21.95	21.87	18.64	18.84
经济证券化								
上市公司总市值/GDP(%)	31.63	32.00	39.00	21.78	32.01	21.53	20.30	15.89
国内上市公司数目	185.00	193.00	198.00	194.00	188.00	179.0	168.00	166.00
股票交易总值/GDP(%)	11.99	12.93	13.05	8.11	7.49	7.80	6.44	4.27
换手率(%)	32.98	42.5	39.68	28.55	29.04	32.28	31.60	31.62

续表

	1995 年	1996 年	1997 年	1998 年	1999 年	2000 年	2001 年	2002 年
金融资产价格								
官方汇率（本币/美元，时期平均）	6.42	7.60	7.92	9.14	9.56	9.46	9.34	9.66
存款年利率（%）	39.82	26.40	16.36	15.45	11.60	8.26	6.23	3.76
贷款年利率（%）	59.43	36.39	22.14	26.36	23.74	16.93	12.80	8.21
银行体系效率和风险								
利差	19.61	9.98	5.78	10.90	12.14	8.67	6.56	4.45
银行不良资产占总贷款比率（%）	n.a.	n.a.	n.a.	n.a.	n.a.	5.8	5.1	3.7
银行流动性储备/资产（%）	n.a.	n.a.	n.a.	n.a.	n.a.	n.a.	0.12	0.16

	2003 年	2004 年	2005 年	2006 年	2007 年	2008 年	2009 年	2010 年
金融深度（经济货币化程度）								
M2/GDP（%）	25.92	25.42	26.25	25.33	25.19	25.59	28.86	29.40
实际年利率（%）	−10.03	−1.49	4.93	0.77	1.83	2.38	2.85	0.87
流动性负债（M3）/GDP	21.57	21.16	21.68	21.51	22.55	22.81	26.30	27.00
经济信用化程度								
净国内信贷（现值，十亿智利比索）	2784.40	2849.83	2961.63	3416.02	3795.38	3885.54	4280.78	4624.15
银行系统提供的国内信贷/GDP（%）	33.21	31.78	32.05	34.87	37.21	37.19	43.69	44.82
向私有部门提供的信贷/GDP（%）	16.00	15.21	16.55	19.66	21.75	20.93	23.12	24.52
总国内储蓄/GDP（%）	21.43	22.89	22.27	24.96	23.96	24.72	20.73	19.53
经济证券化								
上市公司总市值/GDP（%）	17.50	22.63	28.17	36.58	38.39	21.22	38.58	43.70
国内上市公司数目	159.00	152.00	151.00	131.00	125.00	125.00	125.00	130.00
股票交易总值/GDP（%）	3.35	5.64	6.21	8.41	11.16	9.87	8.73	10.44
换手率（%）	20.75	29.36	25.66	27.27	30.99	34.33	26.89	27.31

续表

	2003 年	2004 年	2005 年	2006 年	2007 年	2008 年	2009 年	2010 年
金融资产价格								
官方汇率（本币/美元，时期平均）	10.79	11.29	10.90	10.90	10.93	11.13	13.51	12.64
存款年利率（%）	3.09	2.70	3.46	3.30	3.20	3.04	2.01	n.a.
贷款年利率（%）	7.02	7.44	9.70	7.51	7.56	8.71	7.07	5.29
银行体系效率和风险								
利差	3.94	4.74	6.24	4.22	4.36	5.66	5.06	n.a.
银行不良资产占总贷款比率（%）	3.2	2.5	1.8	2	2.7	3.2	3.1	2.8
银行流动性储备/资产(%)	0.18	0.18	0.20	0.15	0.11	0.12	0.11	0.09

资料来源：世界银行发展指标数据库，http://ddp-ext.worldbank.org/ext/DDPQQ/showReport.do? method = showReport。

根据表 3 - 16，可发现墨西哥的金融发展存在以下问题：（1）股票市场发展缓慢。尽管墨西哥采取了诸多措施以促进金融市场的发展，但是成效并不显著。墨西哥的股票市场在规模和流动性方面都有所下降：从规模上看，1995 年墨西哥上市公司总市值占 GDP 的比例为 31.63%，2010 年为43.70%，墨西哥上市公司数目也有所减少，1995 年为 185 家，到 2010 年仅剩 130 家；从流动性上看，墨西哥股票交易总值占 GDP 的比重由 1995年的 11.99% 下降到 2010 年的 10.44%。（2）墨西哥的经济货币化程度没有提高。金融危机后经过 14 年的金融改革，墨西哥的金融深度没有明显改进，1995 年到 2010 年，墨西哥的 M2/GDP 由 26.98% 上升为 29.40%，M3/GDP 在 1997 年为 35.38%，而 2010 年仅为 27.%。这说明，这一段时期的金融改革没有提高墨西哥的经济货币化程度。（3）墨西哥的银行效率仍然较低，这可以从反映银行效率的重要指标——利差看出。虽然墨西哥的银行存贷利差有所下降，但直到 2009 年，墨西哥的利差仍为 5.06%，这高于发达市场经济国家，表明墨西哥的银行效率相对较低。

墨西哥的金融改革之所以没有有效地推动经济的增长，金融发展之所以不理想，原因可能仍然在于墨西哥的金融体系在金融危机以后的改革中仍然没有充分发挥支持企业家进行创新活动的功能，见表 3 - 17。

表 3 – 17　墨西哥私人信贷占 GDP 的比率：1995—2010 年

年　份	1995	1996	1997	1998	1999	2000	2001	2002
私人信贷/GDP（%）	29.21	18.77	26.48	23.73	20.38	18.31	15.66	17.71
年　份	2003	2004	2005	2006	2007	2008	2009	2010
私人信贷/GDP（%）	16.00	15.21	16.55	19.66	21.75	20.93	23.12	24.52

资料来源：世界银行 WDI 数据库，http：//ddp-ext. worldbank. org/ext/DDPQQ/member. do? method = getMembers&userid = 1&queryId = 6。

图 3 – 6 显示，从 1995 年至 2010 年，墨西哥的私人信贷占 GDP 的比率反而不断下降。这说明，墨西哥之所以在爆发金融危机以后经济开始恢复增长，且通货膨胀得到控制，主要是由于墨西哥在宏观经济领域实行浮动汇率制度，让比索贬值从而提高本国出口产品的竞争力，并且通过实施全面紧缩计划及紧缩财政，从而在一定程度上使通货膨胀得到缓解。但是，由于墨西哥的金融业在金融改革过程中仍然没有充分发挥支持国内企业家的功能，因而没有从根本上解决墨西哥微观经济基础薄弱的问题，或者说没有从根本上解决金融发展的微观基础问题，因而墨西哥的金融发展

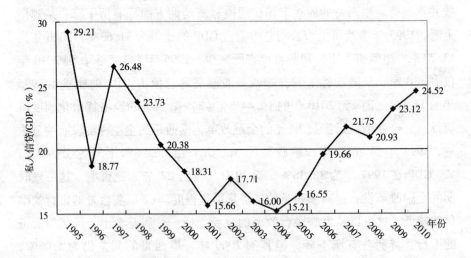

图 3 – 6　墨西哥私人信贷占 GDP 的比率：1995—2008 年

资料来源：世界银行 WDI 数据库，http://ddp-ext. worldbank. org/ext/DDPQQ/member. do? method = getMembers&userid = 1&queryId = 6。

没有有效地促进经济的增长，① 且难以取得理想的结果就是必然的。这一分析再次充分说明，如果金融体系不能充分发挥支持企业家创新活动的功能，则该国的经济及金融发展就很难取得理想的效果。

第四节　巴西的金融改革

巴西位于南美洲东部，是拉丁美洲最大、人口数量最多的国家，国土面积为 850 多万平方公里，巴西的国土面积及人口数量均居世界第五位。在历史上，巴西作为葡萄牙的殖民地，经济结构畸形，"咖啡加牛奶"的农业经济曾长期占据其经济的主导地位。只是到了 20 世纪 50 年代后半期，特别是 1964 年发生军人政变以后，在以强调国有化、计划经济、政府干预、资本积累、进口替代的工业化为基本内容的第一代发展经济理论的影响下，巴西政府一直实施负债发展战略，大量引进外资以弥补经济发展中的资金缺口，经济一度因此迅速增长，在 1968—1973 年期间创造了 GDP 年均增长 10% 以上的"奇迹"。但在 1973 年石油危机，以及 1979 年第二次石油危机和国际金融市场上的利率大幅提高之后，属于石油进口国的巴西陷入了沉重的债务危机之中。为了摆脱危机，从 1988 年开始，巴西在国际货币基金组织等援助方的建议下接受了新自由主义经济思想，开始进行彻底的经济改革，实行全面的经济自由化。

一、巴西第一轮的经济及金融自由化改革

巴西在经济领域里的改革主要是：（1）实行国有企业的私有化。巴西对国有企业的私有化改革采取了渐进的方式。1989 年，巴西只批准 14 家企业实行私有化，1990 年又增加 13 家，1991 年再增加了 20 家，到 1993 年才逐渐将私有化的范围扩大到钢铁、石化、化肥等工业部门。为确保国

① 这一点还说明，如果试图只是进行汇率制度的改革（如实行浮动汇率制度，并让本国货币汇率贬值），而不是通过大力支持本国企业家的创新活动，是难以真正提高本国企业及本国出口产品的竞争力的，从而也是难以有效地促进本国经济持续增长的。

有企业私有化改革的顺利进行，政府颁布专门法规，对私有化程序作了规定。从私有化改革的范围来看，私有化的对象既包括中型、小型国有企业，也包括大型国有企业。企业的购买者既包括国内的私人或企业，也包括国外的私人或企业。巴西的企业私有化改革成效较显著。经过私有化改革，巴西私有企业增加，同时政府也获得了更多的财政收入。1991—1994 年，政府出售 33 家国有企业，共获得收入 86 亿美元，转移债务 33 亿美元。1990—1996 年，从国有企业私有化中获得收入 103 亿美元。国有企业私有化改革完成以后，企业效率普遍提高。如圣保罗钢铁厂由年亏损 5.7 亿美元到 1993 年盈利 3000 万美元。(2) 不断降低关税，推进贸易的开放及自由化。如巴西平均进口关税率 1990 年为 85%，1991 年下降为 60%，1992 年降为 40%，1993 年为 35%，1994 年之后更是明确把税率水平降至 14% 以下。(3) 大力引进外资，允许外资进出自由。巴西政府于 1994 年颁布法令，取消了外资收购巴西企业（包括国有企业）的限制，为引进外资扫清了障碍。由于大力引进外资，巴西成为当时发展中国家吸引外资较多的国家之一。1996 年，巴西引进的外商直接投资为 99 亿美元，1997 年则迅速上升为 170 亿美元。

巴西在金融领域里的改革则包括以下方面：(1) 对银行体系进行改革。1988 年巴西通过新宪法，允许商业银行可以同时从事商业银行、投资银行及房地产融资等多项业务，以形成综合性的商业银行。1994 年，巴西又对银行业进行了全面重组。首先，关闭经营状况不好的银行的分支机构，并允许银行业实行裁员计划。其次，降低外国投资者进入国内金融部门的门槛。1988 年的新宪法曾禁止外国金融机构在巴西建立新的分支机构或子公司，禁止那些在 1988 年以前就已成立的外资银行进一步扩大市场份额。但到 1995 年底，巴西政府开始解除禁令，允许外资进入国内金融业。再次，明确中央银行的职能并加强中央银行的监管职能。巴西的中央银行建于 1965 年，主要负责贯彻执行国家货币委员会的决定，执行监督。(2) 逐步开放金融市场。1988 年，巴西的新宪法允许外国投资者通过离岸市场上的投资基金间接参与巴西的证券市场。1992 年，巴西完全对外开放国内证券市场。(3) 1988 年，巴西对贷款利率实行部分自由化，并开始降低准备金要求。1989 年，存款利率实现了完全的自由化。[①] (4) 为发挥汇

---

① 巴西的利率市场化经历了一个反复的过程。1976 年巴西废除了对利率的控制，但 1979 年又重新进行利率管制。

率的名义锚功能，以有利于在市场化改革的过程中起到控制物价水平的作用，巴西实行了钉住汇率制度。1994 年，巴西将本国货币——雷亚尔与美元挂钩（1 美元兑换 0.638 雷亚尔），以稳定本国货币汇率，进而控制通货膨胀，并有利于吸引投资。

巴西这一阶段的经济及金融改革取得了一定的成效，这主要表现在：（1）由于私有化改革使财政收入增加，这就有利于减少财政赤字，从而有利于降低通货膨胀率。同时，钉住汇率吸引了外资大量流入，从而在一定程度上稳定了本国货币的汇率。巴西的通货膨胀率从 1988 年的 648.7% 降至 1998 年的 5% 左右。（2）巴西从 1994 年开始推出以实行"爬行式钉住美元"为核心的"雷亚尔计划"以保证本国货币汇率的稳定，吸引了外资的流入，从而在一定程度上有利于稳定本国货币的汇率。（3）企业的私有化改革、外资的流入及金融的市场化改革促进了经济增长。从 1993 年至 1997 年，巴西的 GDP 增长率平均达到 4.2%。

表 3-18 巴西的宏观经济状况：1988—1999 年

	1988 年	1989 年	1990 年	1991 年	1992 年	1993 年
GDP 增长率（%）	-0.1	3.28	-4.3	1.51	-0.47	4.67
人均 GDP 增长率（%）	-1.96	1.44	-5.94	-0.15	-2.03	3.06
人均 GDP（美元）	2286.956	2893.461	3086.877	2677.267	2526.596	2791.969
M2/GDP（%）	38.71	58.44	17.25	20.43	32.11	48.21
通货膨胀率（基于 CPI，%）	629.11	1430.72	2947.73	432.78	951.65	1927.98
现金盈余占 GDP 的比例（%）	n.a.	n.a.	-3.39	1.51	-2.11	-6.93
商品和服务出口/GDP（%）	10.888	8.93	8.2	8.677	10.868	10.503
商品和服务进口/GDP（%）	5.693	5.461	6.962	7.914	8.385	9.096
经常账户平衡/GDP（%）	1.258	0.235	-0.828	-0.356	1.559	0.005
资本账户净值（十亿美元）	0.003	0.023	0.035	0.042	0.054	0.081

	1988 年	1989 年	1990 年	1991 年	1992 年	1993 年
总储备（不包括黄金储备，十亿美元）	6.972	7.535	7.441	8.033	22.521	30.604
实际利率（%）	n. a.	n. a.	n. a.	n. a.	n. a.	n. a.
存款年利率（%）	859.43	5844.98	9394.29	913.47	1560.18	3293.50
贷款年利率（%）	n. a.	n. a.	n. a.	n. a.	n. a.	n. a.
官方汇率（1 美元兑换）	1.13548E − 07	1.22639E − 06	2.95573E − 05	0.000176	0.001953	0.038277
外债总额/GNI（%）	37.017	25.497	26.626	30.336	33.67	33.69
政府收入[①]占 GDP 的比例（%）	n. a.	n. a.	22.753	20.787	23.021	25.292
政府支出占 GDP 的比例（%）	n. a	n. a	34.187	23.471	28.483	36.510

	1994 年	1995 年	1996 年	1997 年	1998 年	1999 年
GDP 增长率（%）	5.33	4.42	2.15	3.37	0.04	0.25
人均 GDP 增长率（%）	3.74	2.84	0.60	1.81	− 1.46	− 1.22
人均 GDP（美元）	3426.84	4751.065	5109.349	5220.857	4980.981	3413.26
M2/GDP（%）	24.62	27.48	31.36	34.72	38.1	40.37
通货膨胀率（基于 CPI，%）	2075.89	66.01	15.76	6.93	3.2	4.86
现金盈余占 GDP 的比例（%）	− 2.72	n. a.	n. a.	− 0.01	− 3.67	− 2.53
商品和服务出口/GDP（%）	9.513	7.257	6.567	6.821	6.933	9.411
商品和服务进口/GDP（%）	9.162	8.775	8.366	9.02	8.932	10.816
经常账户平衡/GDP（%）	− 0.211	− 2.359	− 2.769	− 3.5	− 4.009	− 4.328
资本账户净值（十亿美元）	0.173	0.352	0.533	0.568	0.429	0.339
总储备（不包括黄金储备，十亿美元）	37.07	49.708	58.323	50.827	42.58	35.279

续表

	1994 年	1995 年	1996 年	1997 年	1998 年	1999 年
实际利率（%）	n. a.	n. a.	n. a.	65. 538	78. 794	66. 335
存款年利率（%）	5175. 24	52. 25	26. 45	24. 35	28. 00	26. 02
贷款年利率（%）	n. a.	n. a.	n. a.	78. 19	86. 36	80. 44
官方汇率（1 美元兑换）	0. 665	0. 918	1. 005	1. 078	1. 161	1. 814
外债总额/GNI（%）	28. 373	21. 173	21. 908	23. 211	29. 251	42. 972
政府收入[①]占 GDP 的比例（%）	26. 920	n. a.	n. a.	21. 803	18. 738	19. 628
政府支出占 GDP 的比例（%）	32. 908	n. a.	n. a.	22. 116	22. 410	22. 173

注：①这里的政府收入不包括援助收入。

资料来源：世界银行 WDI 数据库，http://ddp-ext. worldbank. org/ext/DDPQQ/member. do? method = getMembers&userid = 1&queryId = 6；世界银行 GEM 数据库，http://externalization. world-bank. org/external/default/main? theSitePK = 2880771&contentMDK = 21119307&menuPK = 2880787& PK = 64691875&pagePK = 64691887。

　　但是，由于巴西在经济改革过程中过于依靠大量借入外债来刺激国内的经济增长，结果导致巴西的债务负担过重。从 1997 年开始，巴西进入偿还内债的高峰期，政府必须从国内外市场借入巨额新债来偿还旧债。这一方面加大了国内货币市场的压力，另一方面也给外汇市场造成相当大的冲击。与此同时，1998 年 8 月爆发的俄罗斯金融危机打击了国际市场对发展中国家或新兴市场国家的信心，结果既提高了巴西借用外债的成本，又造成了大量的资金外流。1999 年 1 月 6 日，巴西的地方政府财政状况出现问题；1 月 12 日，主张本国货币雷亚尔与美元挂钩的中央银行总裁被撤职，加之巴西外债负担过重，引发市场对巴西经济的担心及对巴西货币雷亚尔的信心不足。为避免雷亚尔贬值所带来的损失，资本开始大量外流，结果导致巴西的外汇储备减少，并使雷亚尔所面临的贬值压力越来越大。在这种情况下，巴西中央银行不得不于 1999 年 1 月 15 日决定放弃对汇率的干预，宣布采取浮动汇率制度。结果，雷亚尔一路贬值，进而引发了一场货币危机。

（二）巴西爆发货币危机的原因

从表面来看，巴西爆发货币危机的原因在于以下几点：

第一，由于巴西实行钉住美元的汇率制度，加之巴西大量吸引外资，结果导致巴西的货币雷亚尔高估。雷亚尔汇率高估，一方面抑制出口，另一方面又刺激进口。在巴西不断降低关税、推进贸易的开放及自由化的情况下，雷亚尔汇率高估必然导致巴西经常账户的逆差，公众自然会形成雷亚尔将贬值的预期，从而为货币投机的爆发创造了条件。

第二，为维持钉住汇率制度，同时为吸引外资，巴西不得不长期保持高利率以吸引资本流入，其银行利率一直在 20% 以上。而且，每当发生金融动荡，巴西政府就通过大幅提高利率来遏止外资流出，这就更加导致巴西的利率水平居高不下。国内利率过高，不但吸引短期资本从事投机性套利活动，而且抑制了国内实体经济的增长。

第三，由于政府的财政赤字规模过大，为了弥补财政赤字，政府只得发行巨额国债。由于政府是在高利率（巴西为实行钉住汇率制度和吸引外资而不得不长期保持高利率）的情况下发行国债（短期国债的利率高达 25% 以上），因此高利率加重了国债付息的负担，并进而加剧了财政赤字。同时，巨额国债的大量发行又进一步抬高了市场的利率水平。

第四，由于巴西为实施"进口替代工业化"的发展战略而大量举借外债以弥补国内资本的不足，这就导致本国的债务负担过重。从 1988 年到 1994 年，巴西的外债占 CNI 的比率平均将近 40%。而到 1998 年，巴西的外债规模高达 5220 亿美元。过重的外债负担也是形成比索贬值预期，从而引发货币危机的重要因素。

但如从深层次分析，巴西爆发货币危机的原因同样在于其微观经济基础薄弱，在于其企业竞争能力较低，在于其实体经济存在问题。这是因为：（1）在巴西实行钉住美元的汇率制度的情况下，就要求巴西的企业具有较强的国际竞争力，从而能不断扩大本国的出口，以保证本国国际收支的平衡。但是，巴西的企业缺乏国际竞争力。因此，在巴西的企业竞争力没有相应提高的情况下，实行贸易自由化的结果必然导致阿根廷的进口远远大于出口，并进而导致经常账户的逆差（从 1988 年到 1999 年的 12 年间，巴西的经常账户有 8 年为逆差，且巴西的经常账户逆差占 GDP 的比率不断上升)。由于经常账户是否平衡是分析均衡汇率的基石,因此在巴西经常账户逆差占 GDP 的比率不断上升的情况下,就必然会形成巴西货币雷亚尔将贬值的预期,从而埋下货币危机的伏笔。(2) 由于巴西的企业竞争力较低,因而难以通过不断地进行创新活动及不断降低成本来消化过高的利息成本。在巴西企业竞争力较低的情况下,过高的利率水平最终必然会抑制本国的经济增长(如到 1998 年以后,巴西的经济增长率大幅下降,1998 年和 1999 年,巴西的 GDP 增长率分别只有 0.04% 和 0.25%)。(3) 巴西的微观经济基础薄弱,企业竞争能力较低及实体经济存在问题,也是造成巴西财政赤字的重要原因。(4) 巴西之所以要通过大量借入外债来推进"进口替代工业化"的发展战略,也说明巴西的微观经济基础薄弱及实体经济存在问题,即企业缺乏足够的利润并将其转化为资本积累,等等。而巴西的微观经济基础之所以薄弱、巴西的企业竞争能力之所以较低及实体经济之所以存在问题,一个重要的根源可能在于巴西缺乏大量具有创新精神的企业家。从金融的角度来看,巴西之所以缺乏大量具有创新精神的企业家,与巴西的金融业对企业家的支持力度不足有很大的关系,见图 3 – 7。

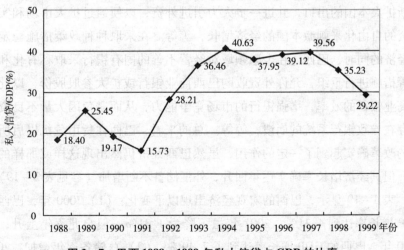

图 3 – 7　巴西 1988—1999 年私人信贷占 GDP 的比率

　　图 3 – 7 说明,从 1988 年到 1999 年,巴西的私人信贷占 GDP 的比率基本上在 40% 以下。因此,可以说,从金融的角度来看,由于巴西的银行

业在金融改革过程中并没有充分发挥支持国内企业家的功能，这在一定的程度上导致巴西的微观经济基础薄弱、企业竞争力及实体经济存在问题，并进而为金融危机的爆发埋下隐患。

二、巴西在金融危机爆发以后的改革

在货币危机爆发以后，巴西试图通过实行浮动汇率制度以解决本国货币汇率的高估问题，以此提高本国产品的出口竞争力，从而刺激经济增长，同时避免了为维持雷亚尔兑美元的汇率而不得不持有大量外汇储备的情况，这就使得市场不必担心巴西的外汇储备状况，从而有利于恢复投资者的信心，进而有利于促使国内金融市场逐步恢复稳定。

除了实行浮动汇率制度以外，巴西还采取了以下措施来应对货币危机。从宏观经济方面来看，巴西采取了以下措施：（1）大幅削减公共开支和政府投资，同时增加税收（如提高个人所得税的税率，以及提高燃油、烟、酒、汽车等产品的间接税等），并进一步推动国有企业的私有化改革以增加财政收入，从而解决困扰巴西的财政赤字规模过大问题。（2）通过不断开放本国市场，力促南美洲自由贸易区及南美国家共同体的建立，以不断扩大本国的出口，并进一步大力引进外资，以便通过扩大市场和实现投资的自由化来刺激本国的经济增长，等等。在采取种种政策措施稳定宏观经济的同时，巴西还在金融领域对经营不善的国有银行采取私有化和并购等措施进行重组，允许外资收购巴西商业银行或扩大参股股份，以此提高商业银行的效率，增强银行的市场竞争能力，从而避免因大量不良资产的存在导致银行系统的崩溃，等等。总的来看，巴西在货币危机以后所进行的改革确实起到了一定的作用，虽然巴西经济仍然出现这样或那样的问题，但其经济增长率确实逐年回升，外汇储备不断增加（参见表3－19）。

表3－19显示，巴西的宏观经济出现以下变化：（1）2000年，巴西的GDP增长率达到4.31%，2001年虽下降为1.31%，但自此逐年上升，到2010年，巴西的GDP增长率达到了7.49%；（2）总储备逐年增加，2010年达到2871亿美元；（3）巴西的外债规模逐年减少；（4）巴西货币雷亚尔自2004年以后稳步升值；等等。这一切都说明，经过市场化改革，巴西经济逐步走上了正轨。

表 3 – 19 巴西的经济金融状况：1999—2010

	1999 年	2000 年	2001 年	2002 年	2003 年	2004 年
GDP 增长率（%）	0.25	4.31	1.31	2.66	1.15	5.71
人均 GDP 增长率（%）	-1.22	2.82	-0.09	1.28	-0.16	4.42
人均 GDP（美元）	3413.26	3696.15	3129.76	2812.33	3041.68	3609.88
M2/GDP（%）	40.37	43.37	45.88	45.26	45.41	47.06
通货膨胀率（基于 CPI,%）	4.86	7.04	6.84	8.45	14.72	6.6
现金盈余占 GDP 的比例（%）	-2.53	-1.83	-2.08	-1.17	-4.34	-1.86
商品和服务出口/GDP（%）	9.411	9.978	12.181	14.097	14.987	16.425
商品和服务进口/GDP（%）	10.816	11.742	13.497	12.583	12.075	12.548
经常账户平衡/GDP（%）•	-4.328	-3.757	-4.194	-1.515	0.756	1.768
资本账户净值（十亿美元）	0.339	0.273	-0.034	0.452	0.499	0.341
总储备（不包括黄金储备，十亿美元）	35.279	32.434	35.563	37.462	48.847	52.462
实际利率（%）	66.335	47.709	44.641	47.327	46.920	43.399
存款年利率（%）	26.02	17.20	17.86	19.14	21.97	15.42
贷款年利率（%）	80.44	56.83	57.62	62.88	67.08	54.92
官方汇率（1 美元兑换）	1.814	1.829	2.350	2.920	3.077	2.925
外债总额/GNI（%）	42.972	38.539	42.740	47.244	43.060	33.491
政府收入[①]占 GDP 的比例（%）	19.628	19.880	20.724	21.619	20.917	21.541
政府支出占 GDP 的比例（%）	22.173	21.723	22.818	22.795	24.950	22.891
	2005 年	2006 年	2007 年	2008 年	2009 年	2010 年
GDP 增长率（%）	3.16	3.96	6.09	5.16	-0.64	7.49
人均 GDP 增长率（%）	1.99	2.87	5.06	4.21	-1.52	6.55
人均 GDP（美元）	4743.26	5793.40	7197.03	8627.99	8251.06	10710.07
M2/GDP（%）	50.20	54.07	57.09	59.17	65.81	65.92
通货膨胀率（基于 CPI,%）	6.87	4.18	3.64	5.66	4.89	5.04
现金盈余占 GDP 的比例（%）	-3.59	-2.89	-1.87	-1.21	-3.54	n.a.
商品和服务出口/GDP（%）	15.128	14.368	13.364	13.665	11.122	10.247
商品和服务进口/GDP（%）	11.52	11.466	11.847	13.475	11.177	11.164
经常账户平衡/GDP（%）	1.585	1.251	0.114	-1.706	-1.524	-2.269

续表

	2005 年	2006 年	2007 年	2008 年	2009 年	2010 年
资本账户净值（十亿美元）	0.663	0.869	0.768	1.077	1.130	1.140
总储备（不包括黄金储备，十亿美元）	53.245	85.156	179.433	192.844	237.364	287.056
实际利率（%）	44.934	42.069	35.750	35.930	36.802	30.419
存款年利率（%）	17.63	13.93	10.58	11.66	9.28	n.a.
贷款年利率（%）	55.38	50.81	43.72	47.25	44.65	39.99
官方汇率（1 美元兑换）	2.434	2.175	1.947	1.834	1.999	1.759
外债总额/GNI（%）	21.565	18.016	17.650	16.2857	17.900	n.a.
政府收入[1]占 GDP 的比例（%）	22.668	22.857	23.191	23.566	23.136	n.a.
政府支出占 GDP 的比例（%）	25.645	25.019	24.245	23.849	25.606	n.a.

注：①这里的政府收入不包括援助收入。

资料来源：世界银行 WDI 数据库，http://ddp-ext.worldbank.org/ext/DDPQQ/member.do? method = getMembers&userid = 1&queryId = 6；世界银行 GEM 数据库，http://externalization.worldbank.org/external/default/main? theSitePK = 2880771&contentMDK = 21119307&menuPK = 2880787&PK = 64691875&pagePK = 64691887。

从金融的角度来看，巴西的金融业对企业家的支持力度也不断加大，见表 3 - 20。

表 3 - 20　巴西私人信贷占 GDP 的比例：1999—2010 年

年　份	1999	2000	2001	2002	2003	2004
私人信贷/GDP（%）	30.46	31.66	30.38	30.65	28.65	28.95
年　份	2005	2006	2007	2008	2009	2010
私人信贷/GDP（%）	31.37	40.34	47.85	53.10	54.04	56.99

资料来源：世界银行金融与结构数据库，http://go.worldbank.org/X23UD9QUX0。

表 3 - 20 显示，自 2000 年以后，巴西的私人信贷占 GDP 的比率也逐年上升，到 2010 年则达到了 56.99%。这说明，由于巴西的金融业对企业家的支持力度不断增大，在一定的程度上刺激了巴西的经济增长。

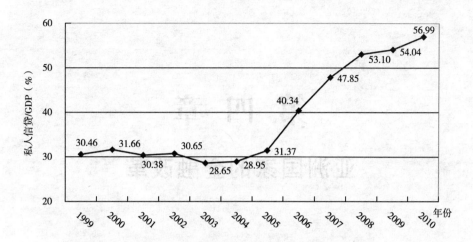

图 3 - 8. 巴西私人信贷占 GDP 的比例: 1999—2008 年

资料来源: 世界银行金融与结构数据库, http://go.worldbank.org/X23UD9QUX0。

第 四 章

亚洲国家的金融改革

　　亚洲的大多数新兴市场国家虽然与拉丁美洲新兴市场国家实行进口替代型的发展战略不同，采取了出口导向的发展战略，但是，在经济模式上，亚洲的新兴市场国家同样实行的是政府主导型的经济模式，在金融领域也实行"金融抑制"政策。在金融领域，金融业主要由国有金融机构垄断、政府干预金融机构的信贷，以便使信贷主要投向政府支持的企业。同时，政府通过压低利率以降低投资成本，并通过动员储蓄实现较高的投资率以刺激本国的经济增长。此外，亚洲的新兴市场国家大多实行固定汇率或钉住汇率制度。[①]

　　东亚的经济体制虽然基本上属于市场经济体制，但与英美发达市场经济体制仍存在相当大的差异，东亚的经济体制可以说是"政府主导型的市

---

　　① Eichengreen 和 Hausmann（1999）曾指出，由于新兴市场经济体的市场经济制度很不完善，汇率的波动往往会较大程度偏离真实经济基本面，从而给国内的宏观经济稳定以及金融市场安全带来严重的冲击。Calvo 和 Reinhart（2000）也认为，在新兴市场国家，汇率频繁变动对贸易的影响比在发达国家要大得多。因此，保证汇率稳定往往成为新兴市场经济体的政策选择。总之，许多新兴市场国家（包括亚洲的新兴市场国家）实行钉住汇率制度的原因在于：一是担心汇率波动给国内经济造成冲击。二是不论国内通货膨胀是源于过高的财政赤字，还是工资—价格推动的通货膨胀，将本国货币汇率钉住低通货膨胀国家的货币有助于减轻国内通货膨胀的压力。三是对那些经历了价格不稳定之后又出现通货紧缩的国家，实行钉住汇率制度有利于引导私人部门形成良好的通货膨胀预期。四是许多新兴市场经济体之所以不愿意汇率浮动可能是担心丧失出口竞争力和出口多样化受阻，同时又担心本币汇率贬值会增加本国的债务负担。五是在金融体系不完善——包括缺乏健全的金融机构和广泛而成熟的外汇市场的情况下，实行钉住汇率制度有利于为货币政策提供一个简单、可信的基准锚。

场经济"，而不是"企业家主导型的市场经济"。① 亚洲国家的发展模式可概括为：政府主导、高储蓄、高投资、出口导向。在金融改革方面，亚洲国家和地区的金融自由化进程要平缓一些，主要采取渐进式的金融自由化改革策略。

第一节　韩国的金融改革

韩国位于朝鲜半岛南部，国土面积为 99000 多平方公里。1960 年，韩国还是当时世界上最贫困的国家之一（Mishkin，2006）。1961 年，韩国的 GDP 只有 21 亿美元，人均仅 82 美元，国民储蓄率只有 2.9%，② 可供投资的资金极其有限。从国外流入韩国的资本也少得可怜，每年还不到 4 亿美元（Mishkin，2006）。在这种情况下，当时的韩国政府认为，只有通过政府将有限的资源集中到对经济增长具有决定意义的产业和大企业，才能实现经济的高速增长。在这种思想的指导下，自 20 世纪 60 年代开始，为实现经济的迅速增长，韩国选择了政府主导经济增长的经济模式，并实行"政府主导型"的金融体制。

韩国"政府主导型"的金融体制的具体特征主要表现为：（1）政府全面、直接地控制金融体系，使金融体系并不能完全根据市场原则配置资源，而在相当程度上成为执行政府经济计划和产业政策的工具。在韩国 20 世纪 60 年代开始实行外向型经济增长战略时期，政府利用金融体系引导资源流向出口部门，而在韩国 20 世纪 70 年代的重化工业时期，韩国的金融体系则又在政府的干预之下主要服务于重化工业部门（钢铁、机械、造船、汽车、电子、有色金属和石油化学等）。（2）韩国的金融体系以间接金融为主，其中国有银行又占主导地位，并受到政府的严格管制。韩国规定，私人和私人机构不得单独拥有一家银行 4% 的股份，所有银行的行长、

---

① Baumol、Litan 和 Schramm 等人（2007）认为资本主义实际上存在着多种形态，他们将"资本主义"分为"国家主导型资本主义"、"寡头型资本主义"、"大企业型资本主义"及"企业家型资本主义"四种。

② 参见王洛林、李扬：《金融结构与金融危机》，经济管理出版社版 2002 年版，第 144 页。

经理都必须由政府任命，银行的财权和人事权都牢牢掌握在政府手中。（3）利率不由市场决定，而由政府决定。韩国的《利息限制法》规定，各金融机构利率的调整权归财政部掌握。韩国控制利率水平的目的实际上是将一部分利息转化为政府对某些行业或企业提供的政策租金或补贴。（4）政府不仅控制商业银行信贷的流向和贷款利率，也控制贷款的期限和种类。

韩国实行这种"政府主导型"的金融体制的目的是为了将资源以较低的成本分配给政府确定的重点行业或部门，以迅速地推进工业化并刺激经济增长。这种金融体制在韩国经济发展的初期，具有把有限的资本首先集中投向需要重点发展的部门或主导产业，以此推动经济迅速起飞的优点。

但是，由于政府管制下的利率水平低于市场均衡水平，因此导致资金的需求远远大于供给，在这种情况下，就不得不实行信贷配给，但信贷配给却严重扭曲了资源的配置。同时，在不反映市场供求关系的低利率水平下，企业得以大量依靠外部借款来扩大规模，结果造就了许多财务结构不健全的企业。此外，过低的利率也导致货币供应量大幅增加，从而造成通货膨胀。1979—1981年间，韩国的平均通货膨胀率高达20%。同时，由于受第二次石油危机的冲击，企业成本大幅上升，许多财务结构脆弱的企业纷纷破产倒闭。在这种状况之下，韩国不得不于20世纪80年代初开始实行以自由化为核心的经济及金融改革。

一、韩国第一阶段的金融自由化改革：1982—1997年

1981年初，韩国政府颁布了十年期的金融改革一揽子计划，随后又公布了多项金融自由化措施，其主旨是逐步放松管制，减少政府的干预，以充分发挥市场机制的作用，其改革措施主要有：

（一）对国有银行进行私有化改革

韩国从1982年开始对国有银行进行私有化改革，① 方式是通过出售普

---

① 韩国在对国有商业银行进行私有化改革之前，先对国有企业进行了私有化改革。在20世纪70年代中期以前，韩国的国有经济规模一直处于不断扩大之中，大部分国有企业集中于关键性的工业部门，且国有企业的规模较大，垄断程度较高。在韩国于20世纪70年代末开始对国有企业进行私有化改革的过程中，除提供公共物品、且需要巨额投资、私人无力经营及不适合私营的行业以外，大部分国有企业分期分批地通过向私人出售股权而向私营企业转变。

通股票将政府对国有银行的所有权转移到私人手中。由于此时韩国的股票市场尚处于不成熟阶段，因此政府采用了公开招标出售国有股的方式。在这同时，韩国将所有地方性的都市银行转为私营。到 1983 年，韩国有 70% 的商业银行实现了私有化。但为了防止大企业集团等大股东垄断银行所有权，政府采取了分别向企业和个人出售国有股的方式，并于 1982 年规定单一股东所持有的股份不得超过银行资本金的 8%。另外，政府还保留了对商业银行的最高人事任免权。

（二）引进外资银行

韩国在进行商业银行民营化改革的同时，还放宽外资银行的设立限制。为此，韩国分别于 1982 年和 1983 年特许建立了两家由外资参与的合资银行。1984 年，韩国政府给予外资银行以国民待遇，准许其加入银行公会，使用韩国中央银行——韩国银行（BOK）的再贴现窗口。1990 年到 1997 年，有 22 家外资银行分支机构建立。

（三）放松金融管制，并不断减少政府对银行信贷的干预

随着金融自由化的推进，政府不断放松金融管制，并鼓励金融机构扩大金融服务范围，金融业的进入门槛不断降低。1982 年，韩国还取消了对商业银行的信贷限制，并减少对优先部门的指令性信贷。20 世纪 90 年代以后，韩国政府放松了对银行以及其他金融机构的业务管制，出现了金融业务互相渗透，地方银行和国有商业银行分别在 1983 年和 1984 年被允许经营信托业务。1985 年，韩国允许所有的存款银行提供可转让存单。证券公司、租赁公司等非银行金融机构被允许从事外汇业务，银行也被允许从事证券业务。1990 年，韩国政府还允许商业银行认购和买卖私营公司债券，1991 年 4 月，商业银行又成为短期国库券和长期公债的主要认购者。1994 年 12 月，韩国允许商业银行通过设立分支机构或通过收购证券公司来从事有关证券业务，1995 年 5 月允许商业银行从事国库券及公债的交易业务等。

（四）采取“渐进”的方式逐步实现利率的市场化

实现利率的市场化也是韩国金融自由化进程中的一个核心内容，但与

拉丁美洲激进式的利率市场化改革不同，韩国采取了渐进式的分阶段的利率市场化改革措施：

1. 第一阶段（20世纪80年代初—1991年11月）

韩国首先对那些市场化程度高或市场化以后对整体经济影响较小的利率种类，以及那些管制效率低下的金融工具（如企业债券、大额可转让定期存单、商业票据等）的利率实行市场化。具体步骤为：1981年，韩国废除了商业银行保单贷款（Policy Loan）的优惠利率，引入无管理利率的商业票据。1982年，取消对重点部门的贷款优惠利率，使之与一般贷款利率一致，并允许公司债券的收益率在银行基本贷款利率上下1个百分点的幅度内浮动。1984年1月，允许银行根据借款人的信用状况收取不同的利率。1986年3月，允许自由确定公司债券、金融债券的发行利率及可转让存单的利率；1986年6月，货币稳定债券的发行利率同市场利率挂钩。这一阶段，取消了三年以上的存款利率限制，因而有10%的银行存款利率和贷款利率实现了自由化；在非银行机构中，45%的存款利率和25%的贷款利率实现了市场化。1988年，韩国允许商业银行和地方银行参照中央银行的再贴现率自行决定利率水平。1990年11月，韩国又对大额存单、巨额不动产票据、透支贷款、商业票据贴现和两年以上的公司债券利率实行自由化。

2. 第二阶段（1993年初—1994年底）

在这一阶段，韩国30%的存款利率和75%的贷款利率实现了市场化，非银行金融机构65%的存款利率和所有的贷款利率实现了市场化。而到1994年底，除政策性融资项目以外的所有贷款利率和期限长于两年的长期存款利率都实现了自由化，并取消了对债券利率的限制。

3. 第三阶段（1994—1996年）

韩国实现中央银行再贷款利率的市场化，同时所有银行和非银行金融机构的存款（除活期存款以外）利率也实现了市场化，对政策性融资项目的贷款利率也实行市场化。

4. 第四阶段（1997—1999年）

全部活期存款利率实现了市场化，金融市场的利率也由市场供求来决定。

总之，韩国在利率市场化改革过程中采取了逐步放开利率的方法，即先放开贷款利率，后放开存款利率；先放开期限长的存款利率，再放开期限短的利率。

（五）渐进地开放资本市场

在进行国内金融自由化改革的同时，韩国也实行了"渐进的金融开放"策略，谨慎地逐步推进本国金融的对外开放。从股票市场的情况来看，1984 年，为在韩国股票市场投资的外国人而建立的封闭式基金——韩国基金（Korea Fund）在纽约证券交易所挂牌。1991 年，韩国允许外国公司在韩国股票交易所上市，并允许外国证券公司在韩国设立分支机构。1992 年 1 月，韩国向外国投资者开放了本国股票市场，但最初规定外国投资者持有的韩国上市公司的的股份不得超过 10%。1994 年 12 月，韩国将外国投资者持有的韩国上市公司的的股份限额扩大至 12%，1996 年 10 月追加到 18%—20%，1997 年 12 月扩大到 55%，1998 年末则废止了限额规定，从而基本上完全开放了本国股票市场。

而从债券市场的情况来看，1991 年，韩国允许本国大公司在国外发行可转换债券。从 1991 年 9 月 16 日起，将可转换债券转换成股票的非居民可以出售其股票，并可用售卖所得收入购买在韩国股票市场上的任何一支股票；相应的，国内投资机构也被允许投资于由外国政府或信用等级高的公共机构发行的债券。1993 年 7 月，韩国又允许外国投资者投资于无担保的由中小企业发行的公司债券。1994 年，韩国允许外国人在韩国初级市场购买按国际市场利率发行的政府债券和公共债券以及由小公司发行的与资产净值相连的债券。而到 1997 年，大部分债券的外国人持有限制被取消。

（六）外汇及汇率制度改革

1988 年 11 月，韩国接受《国际货币基金组织协定》第八条款的规定，① 放松了经常账户交易的兑付限制，实现了经常项目的可兑换。1990

---

① 《国际货币基金组织协定》第八条款的规定包括以下内容：不得对居民从国外购买经常项目下的商品或服务所对应的对外支付和资金转移加以限制；不得实施歧视性货币措施或多重汇率制（因为这将导致实际上的支付限制）；对其他成员国所持有的本国货币，如其他成员国提出申请，且说明这部分货币结存系经常性往来中所获得的，则应予以兑回（即无条件地兑付外国持有的在经常性交易中所取得的本国货币）。

年3月，为加快对外开放的步伐，韩国引入汇率决定的"市场平均汇率决定体系"，允许韩元汇率每天根据市场的供求状况自由波动。

1991年12月，韩国通过《外汇管理法案》规定，韩国的外汇管制由"正的管理体系"（意即除了法律允许的以外，所有的外汇交易都被禁止）向"负的管制体系"（意即除了法律禁止的以外，所有的外汇交易都被允许进行）转变，从而向外汇的自由交易迈出了实质性的步伐。1993年，韩国允许非居民自由设立韩元账户，并在这一年实现了经常账户和资本账户下的自由兑换，韩国还同时规定外资银行在韩国的分支机构享受国民待遇。到1995年，外国投资者被允许直接投资于韩国的股票市场和债券市场，并解除对金融机构境外短期借款的限制，从而排除了短期外资流动的障碍。

1996年，韩国为加入经济合作与发展组织（OECD），进一步加快了经济自由化进程。主要措施有：（1）放松外商直接投资的管制，规定除非申请人的申请项目在15天内受到置疑，否则就自动生效。（2）政府放松对非居民提供的贷款，同意外国大公司参与国内基础建设项目。（3）放宽外国投资者的投资范围，允许外国投资者投资于韩国的短期金融工具（如商业票据等）。这意味着，韩国开放了本国的货币市场。

（七）货币政策从直接控制转向间接调节

金融自由化改革也使得韩国的货币政策从直接控制转向间接调节。由于从1982年开始，韩国政府已不直接控制银行信贷，在此情况下，韩国中央银行银行开始运用法定准备金率、再贴现政策和公开市场业务这"三大法宝"来调节货币供应，并进而调节宏观经济。此外，为了使商业银行获得更大的自主权并提高其盈利率，韩国大幅度地降低了商业银行存款准备金率的要求。更重要的是，随着利率市场化的逐步推进，公开市场业务逐步成为韩国中央银行调节货币供应的主要手段。

总的来说，韩国第一阶段的金融改革取得了一定的成效。由于金融体系的效率不断提高，因而有效地促进了经济增长，韩国GDP的增长率在1986—1991年间平均为9.9%。在这同时，韩国的财政状况也大为改善，通货膨胀率下降，居民储蓄率上升。由于经济高速增长及人均收入大幅提高，韩国成为世界上重要的经济体，并于1996年成为OECD成员国。

二、韩国金融危机

（一）韩国金融危机的爆发及其原因

虽然金融改革取得了一定的成效，但韩国仍然于 1997 年底爆发了金融危机。危机首先表现为一系列大公司陆续破产，多家银行倒闭，金融市场大幅动荡，股市暴跌 70% 以上。同时，韩国的外汇储备锐减至 40 亿美元，还不够支付一个月的进口所需，韩国中央银行已经完全丧失了干预外汇市场的能力，从而再也难以维持钉住美元的汇率制度。在这种情况下，韩国中央银行不得不于 1997 年 11 月 17 日宣布放弃钉住美元的汇率制度。结果，韩元大幅贬值，1997 年末的 3 个月中，韩元对美元贬值幅度高达 75%。而且，股市的暴跌也沉重打击了韩国的经济。1998 年，韩国经济增长降至历史最低点（-6.7%）。

有趣的是，韩国是在宏观经济状况良好的情况下爆发金融危机的，这就给我们提出了一个十分有意义的问题：为什么韩国会在宏观经济状况良好的情况下爆发金融危机？对这一问题的深入分析，将有助于我们从更广的角度更全面地理解金融危机。

既然韩国在爆发金融危机时宏观经济状况良好，那么韩国金融危机的原因显然不在于其宏观经济状况。韩国爆发金融危机的原因到底是什么呢？要分析这一问题，必须从分析韩国的经济体制着手。从韩国的现实来看，韩国的经济体制虽然也属于市场经济体制，但与英美发达市场经济体制却存在相当大的差异，韩国的经济体制可以说是一种"政府主导型的市场经济体制"，而不是"企业家主导型的市场经济体制"。

1. 由于政府的过度干预导致韩国的金融体系十分脆弱

由于韩国实行的是"政府主导型的市场经济体制"，因此即使在进行了金融自由化改革以后，韩国政府依然保持着对金融领域的强有力干预。韩国规定，私人和私人机构不能单独拥有一家银行 4% 以上的股份，商业银行的行长和其他高级经理必须由政府任命。而且，韩国虽然在第一轮金融自由化改革中取消了对商业银行的信贷限制，但政府仍然通过商业银行的信贷进行"窗口指导"以影响商业银行的信贷投放。而为了加快经济增长，韩国政府选择了优先扶持大企业的发展战略。为实现这一战略，韩国的商业银行在政府的干预下向大企业发放了大量关联贷款，以支持大企业的扩张。[①] 根据 Nam（1993）统计，韩国的政策贷款几乎占了 20 世纪 90 年代早期国内贷款的一半。[②]

这样，一方面，由于韩国的大型企业向商业银行大量借款，结果导致企业负债比率过高；另一方面，由于韩国的商业银行承担了大量的政策性贷款与非经营性贷款，结果导致商业银行积累了大量的风险资产，大企业的高负债和商业银行的大量风险资产形成韩国脆弱的金融结构。

政府对商业银行进行干预的同时也实行保护，如政府不允许银行倒闭，并对经营不善的商业银行给予援助，等等。在政府的保护下，商业银行因没有倒闭的压力而往往忽视经营中的风险。在这同时，韩国又没有建立起有效的金融监管体系，特别是中央银行对非银行金融机构的监管不力，结果导致韩国金融体系的脆弱性。

由于韩国的大公司追求规模扩张，导致资金的需求过大，结果造成国内利率水平过高（韩国国内的利率水平与国外相比，约高出 13%—15%），对中小企业的贷款利率水平甚至高达 30%。在这种情况下，韩国的企业不得不大量对外借债，从而导致韩国的外债比率过高。至 1997 年 11 月，韩国的外债余额达到 1569 亿美元，并且中短期债务占比过高，一年内到期的短期债务占 2/3，这一比率可以说在全球各国的短期债务比率中是最高的，这就进一步加剧了韩国经济的脆弱性。

2. 在钉住美元的汇率制度下实现资本的自由流动

在本国金融业因受政府干预而十分脆弱的情况下，韩国又实行了钉住美元的汇率制度。这样，当美元于 1995 年大幅升值而带动韩元升值之后，韩国的出口便开始下降，结果导致韩国经常账户出现逆差，因而外汇储备不断减少。而为了维持钉住美元的汇率制度，韩国不得不提高利率水平。但是，利率的上升却使负债率过高的大型企业集团难以还本付息或不得不申请破产。同时，利率水平过高还导致房地产及股市的泡沫的破灭，从而

---

① 所有这一切都意味着，韩国的公司治理存在着问题。

② Nam，S.，1993，"Liberalization of Korean Financial Market"，*in Monetary and Financial Policy Reforms*：*European Experiences and Alternatives for Korea*，Papers and Disscussions from a Joint KDI/FES Conference.

造成银行不良资产大幅上升。在这种情况下，韩国又采取了放松银根的方式来解救被呆账、坏账拖累的商业银行，结果又加剧了通货膨胀。由于存在以上这些情况，投资者开始对韩国经济失去信心。而恰恰在这种情况下，韩国又放开了对资本流动的管制，结果导致资本大量外逃，外汇储备锐减，使政府再也难以维持钉住美元的汇率制度。在这种情况下，韩国不得不放弃钉住美元的汇率制度，并宣布韩元贬值，韩国金融危机由此爆发。

根据以上分析可看出，"政府主导型"的经济增长模式是导致韩国金融危机的根本原因。这一现实说明，从短期来看，"政府主导型"的经济增长模式也许作用明显，但从长期来看，随着经济的发展，特别是经济自由化及全球化程度的加深，"政府主导型"的经济增长模式会带来越来越多的问题。因此，可以说，在韩国导致金融危机的根源是政府对经济及金融的干预而不是金融的自由化改革或金融的对外开放。

表 4 – 1 韩国的宏观经济状况：1982—1997 年

	1982 年	1983 年	1984 年	1985 年	1986 年	1987 年	1988 年	1989 年
GDP 增长率（%）	7.33	10.77	8.10	6.8032	10.62	11.10	10.64	6.74
人均 GDP 增长率（%）	5.68	9.15	6.78	5.76	9.60	10.06	9.59	5.72
人均 GDP（美元）	1938.11	2117.53	2306.86	2367.78	2702.64	3367.54	4465.67	5438.25
M2/GDP（%）	31.92	32.67	31.71	31.69	31.80	32.18	32.54	34.76
通货膨胀率（基于 CPI，%）	7.19	3.42	2.31	2.46	2.75	3.05	7.15	5.70
现金盈余占 GDP 的比例（%）	n.a.	n.a.	n.a.	n.a.	n.a.	n.a.	n.a.	n.a.
商品和服务出口/GDP（%）	33.23	32.97	33.37	31.97	35.64	38.27	36.42	30.80
商品和服务进口/GDP（%）	35.75	34.07	33.64	31.38	30.58	31.20	29.28	28.74
经常账户平衡/GDP（%）	-2.80	-1.69	-0.41	-1.57	4.04	7.70	7.92	2.29

续表

	1982 年	1983 年	1984 年	1985 年	1986 年	1987 年	1988 年	1989 年
资本账户净值（十亿美元）	-0.097	-0.080	-0.082	-0.093	-0.096	-0.209	-0.353	-0.318
总储备（不包括黄金储备，十亿美元）	2.807	2.347	2.754	2.869	3.320	3.584	12.347	15.214
存款年利率（%）	8.00	8.00	9.17	10.00	10.00	10.00	10.00	10.00
贷款年利率（%）	11.79	10.00	10.00	10.00	10.00	10.00	10.12	11.25
实际年利率（%）	4.803	3.568	3.769	4.995	4.256	4.116	2.340	5.215
官方汇率（1 美元兑换）	731.08	775.75	805.98	870.02	881.45	822.57	731.47	671.46
政府收入①占 GDP 的比例（%）	n.a	n.a	n.a	n.a	n.a	n.a	n.a	n.a
政府支出占 GDP 的比例（%）	n.a	n.a	n.a	n.a	n.a	n.a	n.a	n.a

	1990 年	1991 年	1992 年	1993 年	1994 年	1995 年	1996 年	1997 年
GDP 增长率（%）	9.16	9.39	5.88	6.13	8.54	9.17	7.00	4.65
人均 GDP 增长率（%）	7.91	8.38	4.92	5.19	7.57	7.62	5.98	3.67
人均 GDP（美元）	6153.09	7122.70	7555.2	8219.90	9525.4	11467.81	12249.17	11234.78
M2/GDP（%）	34.11	33.73	34.95	35.86	36.07	36.00	37.03	38.87
通货膨胀率（基于 CPI，%）	8.58	9.3	6.31	4.75	6.26	4.48	4.92	4.45
现金盈余占 GDP 的比例（%）	1.65	0.53	1.18	1.97	2.12	2.45	2.60	2.64
商品和服务出口/GDP（%）	27.95	26.33	26.59	26.53	26.64	28.83	27.86	32.39
商品和服务进口/GDP（%）	29.03	28.99	27.75	26.14	27.38	29.92	31.34	33.00
经常账户平衡/GDP（%）	2.29	-0.53	-2.44	-0.68	0.82	-0.83	-1.55	-4.12
资本账户净值（十亿美元）	-0.318	-0.331	-0.330	-0.407	-0.475	-0.437	-0.488	-0.598

续表

	1990 年	1991 年	1992 年	1993 年	1994 年	1995 年	1996 年	1997 年
总储备（不包括黄金储备，十亿美元）	14.793	13.701	17.121	20.228	25.639	32.678	34.037	20.368
存款年利率（%）	10.00	10.00	10.00	8.58	8.50	8.83	7.50	10.80
贷款年利率（%）	10.00	10.00	10.00	8.58	8.50	9.00	8.84	11.88
实际年利率（%）	-0.470	-0.601	2.210	2.101	0.617	1.502	3.540	6.939
官方汇率（1 美元兑换）	707.76	733.35	780.65	802.67	803.45	771.27	804.45	951.29
政府收入①占 GDP 的比例（%）	16.78	15.91	16.65	17.14	17.56	17.77	18.50	18.48
政府支出占 GDP 的比例（%）	14.24	14.14	14.46	14.22	14.44	14.30	14.50	14.40

注：①这里的政府收入不包括援助收入。

资料来源：世界银行 WDI 数据库，http://ddp-ext.worldbank.org/ext/DDPQQ/member.do? method = getMembers&userid = 1&queryId = 6；世界银行 GEM 数据库，http://externalization.worldbank.org/external/default/main? theSitePK = 2880771&contentMDK = 21119307&menuPK = 2880787& PK = 64691875&pagePK = 64691887。

（二）韩国金融危机之后的改革

在金融危机爆发之后，韩国从以下三个方面进一步推进了金融改革：

1. 对金融机构进行重组，并进行金融结构的调整

在金融危机爆发之后，韩国采取了破产关闭、合并和向外资出售股权三项措施来对金融机构进行重组，并进行金融结构的调整，以克服本国金融体系的脆弱性。在这一过程中，韩国坚持市场竞争机制，坚决关闭无生存能力的金融机构，果断关闭了无力清偿债务的 14 家商业银行和 2 家证券公司。1998 年 6 月，韩国政府又关闭了 5 家资本金严重不足的商业银行。同时，对经营存在问题的金融机构进行兼并或收购。

在对本国金融机构进行重组的过程中，韩国十分注重引进外资来对韩国的银行体系进行重组，其主要方式有：（1）让拥有较强资金实力的商业银行直接引入外资股东（如韩国外汇银行向德国商业银行出售 27.79% 的股权，使其成为仅次于韩国政府的第二大股东）；（2）在合并组成新的商

业银行的基础上再引入外资股东（如韩国第一银行的资产重组模式，该银行在与商业银行合并重组为商业韩一银行后，再向美国新桥投资集团出售51%股权，而成为亚洲金融危机以来外资控股亚洲大型商业银行的首例）；（3）允许韩国的商业银行通过发售全球存托凭证（Global Depository Receipts）① 来吸引全球战略投资者；（4）允许外资银行收购韩国的商业银行（如美国花旗银行收购了韩国韩美银行市价达 1.5 万亿韩元的股权，从而成为第一家获得韩国商业银行控股权和经营权的外国金融机构），等等。韩国认为，吸收外资有利于将韩国的商业银行改造成符合国际标准的商业银行。

为增强金融体系的安全性，韩国于 1997 年成立存款保险公司（KDIC），从而将过去分散的存款保险业务集中起来，交由韩国存款保险公司统一办理。韩国存款保险公司（KDIC）用自己发行的债券而非现金支付银行的资本费用，政府则为存款保险公司的债券担保并同意按期用现金支付利息。韩国存款保险公司为所有的金融机构提供服务，并协助金融机构的资产重整以及向遇到经营困难的金融机构注入资金或弥补存款人的损失。②

2. 进一步加大市场化改革及金融对外开放的力度

更重要的是，由于韩国认识到金融危机的根源并不是金融的自由化改革或金融的对外开放，而恰恰是政府对经济及金融的干预，因此韩国在爆发金融危机之后并没有限制金融的对外开放，反而是在进行经济及金融结构调整的基础上，进一步加大了市场化改革及金融对外开放的力度，这主要表现为：

（1）放弃政府对金融的直接管制，停止保护那些丧失清偿能力的银行和非银行金融机构，关闭或重组破产的商业银行和投资银行，等等。

（2）实行浮动汇率制度。1997 年 12 月 16 日，韩国开始实行浮动汇率制度，韩元汇率由外汇市场供求决定，并完全自由浮动，韩国中央银行仅在必要时干预韩元汇率。

---

① 全球存托凭证是指上市公司根据存托协议将公司股份寄存在国外的银行，由后者发出单据作为寄存证明，这些单据即为全球存托凭证，国际投资者可以间接投资该公司的股票。

② 为增加储户监督银行的动机，以促使商业银行减少从事高风险投资活动的动机，韩国于2001 年采用部分保护体系，存款保险公司对存款保险金额的上限确定为 5 千万韩元（约 4 万美元）。

（3）对外开放金融市场。在实行浮动汇率制度的基础上，韩国还逐步实现了国内货币市场和资本市场的对外开放，其具体步骤为：1998年2月，韩国放宽了外国投资于韩国国内货币市场短期金融工具的限制；1998年3月，韩国的商业票据等短期货币市场工具交易实现自由化；1998年5月，韩国取消了外国投资韩国股市的比例上限，并允许外国投资者的恶意并购，外资投资于韩国国有企业的股权上限则由25%提高为30%；1998年底，国内债券市场对外国投资者开放，政府取消了外商投资国内债券的所有限制。

（4）开放资本账户。从1999年4月起，韩国取消了海外借款的限制，允许外国银行从事外币以及本币之间的远期、期货、调期以及期权等金融衍生产品的交易，并规定金融机构承办外汇业务不必经过审核，除外国人在国内金融机构开立一年期以下的韩元存款，以及直接与海外金融机构订立衍生金融合同等外汇交易仍受限制外，未表列的外汇交易均已自由化。到2000年底，韩国则基本上放开了所有的资本账户的交易。

总之，在金融危机爆发以后，韩国采取了更为自由化的金融开放政策。

3. 建立更具透明度的金融监管框架

在金融爆发以后，韩国认识到，缺乏有效的监管是导致金融危机的一个重要原因。因此，金融自由化改革并不是放弃金融监管，而是要改变政府监管的方式，金融自由化要摒弃的是妨碍金融发展和经济增长的金融抑制政策，而不是放弃必要的金融监管。于是，韩国在金融危机爆发之后也对其金融监管体制进行大幅度的改革，以建立更具透明度的金融监管框架，从而建立一个健全和高效的金融体系。为此，韩国采取了以下措施：

（1）制定并修改相关法律以加强中央银行的独立性

在金融危机爆发后，韩国修改了《韩国中央银行法》，赋予韩国银行独立制定货币政策的权利，并规定制定货币政策的最高机构——货币委员会——的主席不再由财政部长兼任，而由中央银行行长兼任，以增强中央银行的独立性。

（2）改进金融监管体系，成立专门的金融监管机构

1998年4月1日，韩国为了加强对银行、证券公司、保险公司以及其他金融机构的统一监管，而成立了直接隶属于总理的金融监管委员会

（FSC）。其主要职责是修改金融法规、健全金融监管机构，并监督或评估金融机构的重整、合并与增资。

（3）强化市场纪律

韩国政府在金融危机爆发以后明确表示不再保证大公司不会破产，不再为大公司提供隐形担保，这极大地改变了韩国的商业环境，并强化了投资者监督公司的动机，有利于强化市场对公司的约束，从而有助于形成市场纪律。

三、韩国金融危机以后的金融发展及经济增长

通过以上一系列的改革，韩国的金融体系重新焕发了生机。银行从2001年重新开始盈利，平均资产回报率接近1%，股本回报率为16%，这不仅超过了危机前的水平，而且可与美国的状况相媲美（Mishkin，2006）。截至2001年底，韩国商业银行的不良贷款从最高时占总资产的13.6%减少到3.3%。韩国1998年GDP增长为–5.8%，而1999年达到l0.7%，失业率下降到3.6%。2000年7月，韩国的外汇储备增长到930亿美元，列全球第五位。这说明，韩国仍然是依靠经济及金融的市场化改革克服了金融危机的影响，推动了韩国的金融发展及经济增长。

（一）韩国的金融发展

表4–2　韩国的金融发展状况：1998—2010年

	1998 年	1999 年	2000 年	2001 年	2002 年	2003 年	2004 年
金融深度（经济货币化程度）							
M2/GDP（%）	47.72	55.51	61.53	67.59	68.45	69.90	66.73
实际年利率（%）	8.94	9.50	3.36	3.71	3.43	2.58	2.79
流动性负债（M3）/GDP（%）	82.85	85.71	83.91	87.26	85.82	83.98	75.82
经济信用化程度							
净国内信贷（现值万亿韩元）	324.48	382.18	450.60	516.72	619.93	680.27	699.75

续表

	1998 年	1999 年	2000 年	2001 年	2002 年	2003 年	2004 年
银行系统提供的国内信贷/GDP（%）	67.03	72.18	74.70	79.32	86.04	88.68	84.62
向私有部门提供的信贷/GDP（%）	68.56	74.67	77.50	81.55	88.26	90.13	84.73
总国内储蓄/GDP（%）	37.87	35.81	33.42	31.42	30.67	32.16	34.09
经济证券化							
上市公司总市值/GDP（%）	35.07	88.83	32.17	43.61	43.35	51.20	59.37
国内上市公司数目（家）	1079.00	1178.00	1308.00	1409.00	1518.00	1563.00	1573.00
股票交易总值/GDP（%）	42.14	185.41	200.23	139.51	137.55	106.05	88.49
换手率（%）	184.73	355.80	233.19	380.30	303.34	236.77	168.51
金融资产价格							
官方汇率（本币/美元，时期平均）	1401.44	1188.82	1130.96	1290.99	1251.09	1191.61	1145.32
存款年利率（%）	13.29	7.95	7.94	5.79	4.95	4.25	3.87
贷款年利率（%）	15.28	9.40	8.54	7.71	6.77	6.24	5.90
银行体系效率和风险							
利差	1.99	1.45	0.61	1.92	1.82	1.99	2.03
银行不良资产占总贷款比率（%）	..	..	8.90	3.40	2.40	2.60	1.90
银行流动性储备/资产（%）	1.77	2.01	1.99	2.42	2.62	2.72	2.31

	2005 年	2006 年	2007 年	2008 年	2009 年	2010 年
金融深度（经济货币化程度）						
M2/GDP（%）	64.54	63.75	60.80	62.46	68.58	70.76
实际年利率（%）	4.91	6.14	4.38	4.14	2.15	1.72
流动性负债（M3）/GDP（%）	74.70	n.a.	n.a.	n.a.	n.a.	n.a.
经济信用化程度						
净国内信贷（现值百万韩元）	764.38	876.23	959.83	1122.83	1164.84	1210.06
银行系统提供的国内信贷/GDP（%）	88.34	96.42	98.44	109.39	109.37	103.18

续表

	2005 年	2006 年	2007 年	2008 年	2009 年	2010 年	
向私有部门提供的信贷/GDP（%）	87.00	95.01	99.52	108.67	107.18	100.84	
总国内储蓄/GDP（%）	32.39	31.01	30.94	30.03	29.78	n. a.	
经济证券化							
上市公司总市值/GDP（%）	85.01	87.75	107.09	53.11	100.29	107.37	
国内上市公司数目（家）	1620.00	1694.00	1767.00	1798.00	1778	1781	
股票交易总值/GDP（%）	142.39	140.80	188.14	157.40	189.61	160.34	
换手率（%）	209.79	172.54	201.60	181.18	237.62	168.94	
金融资产价格							
官方汇率（本币/美元，时期平均）	1024.12	954.79	929.26	1102.05	1276.93	1156.06	
存款年利率（%）	3.72	4.50	5.17	5.87	3.48	n. a.	
贷款年利率（%）	5.59	5.99	6.55	7.17	5.65	5.51	
银行体系效率和风险							
利差	1.87	1.48	1.38	1.30	2.17		
银行不良资产占总贷款比率（%）	1.20	0.80	0.70	1.10	1.20	1.50	
银行流动性储备/资产（%）	2.52	2.97	2.98	3.03	n. a.	n. a.	

资料来源：世界银行发展指标数据库，http://ddp-ext. worldbank. org/ext/DDPQQ/showReport. do? method = showReport。

表 4-2 显示，从 1998 年到 2010 年，韩国的金融业进一步得到了发展，这主要表现为：（1）韩国的金融深度提高。M2/GDP 的比例显著上升，由 1998 年的 47.7% 上升到了 2010 年的 70.76%。（2）韩国的经济信用化程度不断提升。从银行体系规模上看，国内信贷规模迅速扩大，银行提供的信贷比例由 1998 年的 67.03% 提高到 2010 年的 103.18%；从信贷结构上看，银行对私有部门的贷款显著增加，说明银行贷款结构更加合理。（3）韩国的经济证券化程度显著上升。从股票市场的规模来看，上市公司总市值占 GDP 的比重明显上升，由 1998 年的 35.07% 上升到 2010 年的 107.37%；从流动性上看，股票市场交易活跃，股票交易总值占 GDP 的

比重以及股票市场换手率都有所上升。（4）金融体系稳定，效率不断提高。韩国银行体系不良贷款比例逐年下降，由 2000 年的 8.90% 下降到 2010 年的 1.50%；金融资产价格基本稳定，银行体系的流动性储备在总资产中的百分比有所增加，说明韩国金融体系较为稳定。（5）据来自韩国金融监管委员会的数据显示，2008 年韩国银行业资本充足率达到了 12.72%，核心资本充足率更是高达 9.01%，大大超过《巴塞尔协议》的要求，这说明韩国银行业的稳健程度也得到提高，等等。

（二）韩国的经济增长

在韩国金融业进一步发展的同时，韩国的宏观经济状况也得到改善，见表 4-3。

表 4-3　韩国的宏观经济指标：1998—2010 年

	1998 年	1999 年	2000 年	2001 年	2002 年	2003 年	2004 年
GDP 增长率（%）	-6.85	9.49	8.49	3.97	7.15	2.80	4.62
人均 GDP 增长率（%）	-7.52	8.71	7.58	3.21	6.55	2.29	4.23
人均 GDP（美元）	7462.84	9554.44	11346.66	10654.94	12093.76	13451.23	15028.94
M2/GDP（%）	47.72	55.51	61.53	67.59	68.45	69.90	66.73
通货膨胀率（基于 CPI,%）	7.51	0.81	2.27	4.07	2.76	3.51	3.59
现金盈余占 GDP 的比例(%)	1.254	1.326	4.375	2.722	3.644	1.71	0.10
商品和服务出口/GDP（%）	46.164	39.064	38.564	35.741	33.126	35.37	40.88
商品和服务进口/GDP（%）	33.295	32.377	35.707	33.478	31.651	33.10	36.73
经常账户平衡/GDP（%）	11.687	5.506	2.297	1.592	0.937	2.42	4.48
资本账户净值（十亿美元）	0.611	-0.404	-0.627	-0.794	-1.099	-1.453	-1.750
总储备（不包括黄金储备，十亿美元）	51.975	73.987	96.130	102.753	121.345	155.284	198.997
实际利率（%）	8.937	9.505	3.362	3.705	3.428	2.583	2.786
官方汇率（1 美元兑换）	1401.332	1188.624	1130.991	1291.206	1251.282	1191.614	1145.319
政府收入[①]占 GDP 的比例（%）	19.70	20.02	22.32	21.78	21.57	21.93	21.19
政府支出占 GDP 的比例（%）	16.95	16.58	16.63	17.72	16.82	18.89	18.86

	2005 年	2006 年	2007 年	2008 年	2009 年	2010 年
GDP 增长率（%）	3.96	5.18	5.11	2.30	0.32	6.16
人均 GDP 增长率（%）	3.74	4.83	4.76	1.98	0.03	5.88
人均 GDP（美元）	17550.85	19706.68	21653.38	19161.89	17109.99	20756.69
M2/GDP（%）	64.54	63.75	60.80	62.46	68.58	70.76
通货膨胀率（基于 CPI,%）	2.75	2.20	2.54	4.70	2.80	2.93
现金盈余占 GDP 的比例(%)	0.91	1.14	2.32	1.64	0.02	n.a.
商品和服务出口/GDP（%）	39.27	39.68	41.92	53.01	49.81	n.a.
商品和服务进口/GDP（%）	36.57	38.30	40.41	54.19	45.90	n.a.
经常账户平衡/GDP（%）	2.20	1.48	2.07	0.34	3.93	2.78
资本账户净值（十亿美元）	-2.34	-3.23	-2.43	-0.01	0.28	-0.30
总储备（不包括黄金储备，十亿美元）	210.317	238.882	262.15	201.144	269.933	291.491
实际利率（%）	4.91	6.14	4.38	4.14	2.15	1.72
官方汇率（1 美元兑换）	1024.117	954.791	929.257	1102.047	1276.93	1156.061
政府收入[①]占 GDP 的比例（%）	21.79	22.68	24.21	24.03	23.05	21.79
政府支出占 GDP 的比例（%）	19.72	20.53	20.14	20.60	21.85	19.72

注：①这里的政府收入不包括援助收入。

资料来源：世界银行发展指标数据库, http://ddp-ext.worldbank.org/ext/DDPQQ/showReport.do?method=showReport。

表 4-3 显示，从 1999 年开始，韩国经济在金融危机后逐步复苏，这主要表现为：（1）从 1999 年到 2010 年，韩国的 GDP 增长率年均达到近 7%，人均 GDP 增长率同样也保持在较高的水平；（2）韩国的外汇储备不断增加；（3）韩元汇率不断升值，到 2004 年更是大幅升值到 1 美元兑换 28.293 韩元，此后也仍然保持稳步升值的趋势。这一切都意味着，韩国基本上摆脱了金融危机。

（三）韩国金融业不断加大对企业家的支持力度是促进韩国金融发展及经济增长的重要因素

从韩国金融体系的功能来看，韩国私人信贷占 GDP 的比率在 1998 年的金融危机爆发以后不断上升，这与 1998 年的金融危机爆发之前的情况大不相同，见表 4 - 4。

表 4 - 4　韩国私人信贷占 GDP 的比例：1982—2010 年

年份	1982	1983	1984	1985	1986	1987	1988	1989	1990	1991
私人信贷/GDP（%）	45.47	45.39	45.25	48.05	47.41	48.43	46.74	52.11	54.54	54.03
年份	1992	1993	1994	1995	1996	1997	1998	1999	2000	2001
私人信贷/GDP（%）	52.72	52.87	54.02	53.26	56.76	62.54	68.56	74.67	77.50	81.55
年份	2002	2003	2004	2005	2006	2007	2008	2009	2010	
私人信贷/GDP（%）	88.26	90.13	84.73	87.00	95.00	99.52	108.67	107.18	100.84	

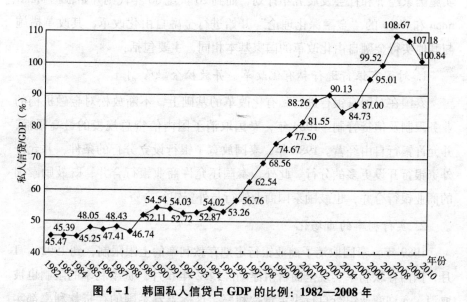

图 4 - 1　韩国私人信贷占 GDP 的比例：1982—2008 年

资料来源：世界银行 WDI 数据库，http://ddp-ext.worldbank.org/ext/DDPQQ/member.do?method = getMembers&userid = 1&queryId = 6。

根据图 4 - 1 可看出，韩国在金融危机爆发以后，除了采取重组金融机构、调整金融结构、建立更具透明度的的金融监管框架，以及进一步加大市场化改革及金融对外开放的力度以外，韩国金融发展还有一个十分突出的特点就是对本国企业家的支持力度不断增大，这就大大促进了韩国企业家的创新活动，从而在一定程度上既刺激了韩国的金融发展，又推动了韩国的经济增长。

第二节　泰国的金融自由化改革

一、泰国 1997 年以前的金融自由化改革及金融危机

（一）泰国 1997 年以前的金融自由化改革

泰国位于东南亚，国土面积 50 多万平方公里。泰国曾于 1961 年开始实施国家经济和社会发展五年计划，而到 20 世纪 80 年代则开始根据 Mckinnon 和 Shaw 的"金融深化理论"开始进行金融自由化改革，其改革措施与其他实行金融自由化改革的国家基本相同，主要包括：

1. 对国有银行进行私有化改革，并放松金融管制

泰国在对国有银行进行私有化改革的基础上，不断放松对金融机构的业务限制及信贷管制。1984 年，泰国取消了国内信贷总规模的最高限额，并允许银行自由经营。1988 年，泰国放宽了银行设立分行的条件，并允许外资银行开设更多的分行。此外，泰国还允许商业银行合并，既鼓励泰国的商业银行合并，也鼓励泰国商业银行与外资银行合资。

2. 实行利率的市场化

1989 年，泰国取消了商业银行定期存款利率的上限限制，到 1992 年 1 月，国内存款利率实现全面自由浮动。1992 年 6 月，贷款利率的限制也被取消，允许商业银行自行决定贷款利率，这标志着泰国的存贷款利率都实现了自由化。

3. 开放资本账户

为实现经济的对外开放，并使泰国成为东南亚金融中心，泰国采取了开放资本账户的政策。在这一过程中，泰国特别鼓励资本的流入①，其具体措施有：（1）1990 年，接受《国际货币基金组织协定》的第八条款，放宽了购买外汇的数量限制，也放宽了外汇携入、携出泰国的限制，从而扩大了非居民使用泰铢账户和居民使用外币账户的范围。（2）取消对出口导向产业外资投入和控股的限制，提供税收优惠以鼓励对特殊产业进行直接投资。（3）对证券投资流入不实行管制，国外共同基金投资于股票市场给予税收减免，并制定国内企业发行外币债券的规定，对汇往境外的红利实行减税。（4）境内机构可以自由地从国外借款，只需向泰国银行备案。（5）1993 年，泰国成立"曼谷国际银行交易所"，允许获得经营许可证的本国银行和外国银行从国外吸收存款和借款，然后以外币形式向居民和非居民提供贷款，同时允许非居民在泰国的商业银行开立泰铢账户，从而可以自由地进行存款、借款及货币兑换等活动。到 1996 年，泰国的资本账户基本上放开了。

应该承认的是，泰国于 20 世纪 80 年代开始实行的金融自由化改革似乎取得了成效，特别是泰国开放资本账户的政策吸引了大量外资净流入，从而刺激了经济增长。具体情况参见表 4-5。

表 4-5　泰国的宏观经济指标：1983—1996 年

	1983 年	1984 年	1985 年	1986 年	1987 年	1988 年	1989 年
GDP 增长率（%）	5.58	5.75	4.65	5.53	9.52	13.29	12.19
人均 GDP 增长率（%）	3.58	3.76	2.68	3.53	7.45	11.24	10.37
人均 GDP（美元）	794.82	814.04	743.39	807.97	929.50	1113.72	1283.66
M2/GDP（%）	48.27	54.67	58.90	61.82	62.91	62.20	63.95

---

① 与鼓励资本流入不同，泰国对居民和非居民资本流出的管制是逐步放开的。1990 年，允许商业银行向非居民发放有限的外币贷款，但对非居民出售证券的收入汇往境外需要经过批准。1994 年，规定居民购买境外货币、资本市场工具和不动产，以及境外直接投资超过 100 万美元，也需要经过泰国银行的批准。允许国内保险公司到境外投资，但不得超过资产总额的 5%，国内发行的共同基金不得在境外市场上投资。

续表

	1983 年	1984 年	1985 年	1986 年	1987 年	1988 年	1989 年
通货膨胀率（基于 CPI,%）	3.73	0.86	2.43	1.84	2.50	3.80	5.36
现金盈余占 GDP 的比例（%）	n. a.	n. a.	n. a.	n. a.	n. a.	n. a.	n. a.
商品和服务出口/GDP（%）	20.111	21.901	23.214	25.602	28.894	33.012	34.92
商品和服务进口/GDP（%）	27.273	26.168	25.942	23.569	28.334	34.402	37.485
经常账户平衡/GDP（%）	-7.176	-5.045	-3.952	0.573	-0.725	-2.683	-3.457
资本账户净值（百万美元）	-0.52	-0.73	0.15	0.19	1.56	-0.20	-0.35
总储备（不包括黄金储备，十亿美元）	1.607	1.921	2.190	2.804	4.007	6.097	9.515
实际利率（%）	11.152	15.125	13.610	11.531	6.511	5.348	5.780
存款年利率（%）	13.00	13.00	13.00	9.75	9.50	9.50	9.50
贷款年利率（%）	15.21	16.79	16.08	13.38	11.54	11.58	12.25
官方汇率（1 美元兑换）	23.000	23.639	27.159	26.299	25.723	25.294	25.702
外债总额/GNI（%）	34.940	36.283	45.771	43.776	40.935	35.772	32.930
政府收入①占 GDP 的比例（%）	n. a.	n. a.	n. a.	n. a.	n. a.	n. a.	n. a.
政府支出占 GDP 的比例（%）	n. a.	n. a.	n. a.	n. a.	n. a.	n. a.	n. a.

	1990 年	1991 年	1992 年	1993 年	1994 年	1995 年	1996 年
GDP 增长率（%）	11.17	8.56	8.08	8.25	8.99	9.24	5.90
人均 GDP 增长率（%）	9.63	7.36	7.13	7.43	8.15	8.26	4.83
人均 GDP（美元）	1495.36	1702.17	1914.14	2130.70	2440.66	2816.73	3019.47
M2/GDP（%）	68.42	72.78	75.58	79.35	79.22	78.57	81.24
通货膨胀率（基于 CPI,%）	5.86	5.71	4.14	3.31	5.05	5.82	5.81
现金盈余占 GDP 的比例（%）	n. a.	n. a.	n. a.	n. a.	n. a.	n. a.	n. a.
商品和服务出口/GDP（%）	34.132	35.964	36.972	37.960	38.872	41.844	39.252
商品和服务进口/GDP（%）	41.650	42.507	40.982	42.199	43.715	48.586	45.526
经常账户平衡/GDP（%）	-8.532	-7.708	-5.656	-5.083	-5.585	-8.083	-8.075
资本账户净值（十亿美元）	-0.71	n. a.	n. a.	n. a.	n. a.	n. a.	n. a.
总储备（不包括黄金储备，十亿美元）	13.305	17.517	20.359	24.473	29.332	35.982	37.731
实际利率（%）	8.172	9.125	7.346	7.629	5.406	7.255	9.024

续表

	1990 年	1991 年	1992 年	1993 年	1994 年	1995 年	1996 年
存款年利率（%）	12.25	13.67	8.88	8.62	8.46	11.58	10.33
贷款年利率（%）	14.42	15.40	12.17	11.17	10.90	13.25	13.40
官方汇率（1 美元兑换）	25.585	25.517	25.400	25.320	25.150	24.915	25.343
外债总额/GNI（%）	33.338	38.954	38.343	42.727	46.121	60.526	63.421
政府收入①占 GDP 的比例（%）	n.a.	n.a.	n.a.	n.a.	n.a.	n.a.	n.a.
政府支出占 GDP 的比例（%）	n.a.	n.a.	n.a.	n.a.	n.a.	n.a.	n.a.

注：①这里的政府收入不包括援助收入。

表 4 - 5 显示，从 1970 年到 1989 年，泰国的人均 GDP 增长率达到 4%；而从 1987 年到 1996 年，泰国的人均 GDP 增长率达到 8%，成为世界上增长率最高的国家之一。

二、泰国的金融危机

但是，由于泰国金融改革的的策略存在问题（在实行"钉住美元"的汇率制度下开放资本账户），同时由于泰国政府在进行金融改革以后仍然对本国的经济及金融活动进行较强的干预，结果导致泰国最终爆发了金融危机。

（一）在"钉住美元"的汇率制度下开放资本账户为金融危机的爆发埋下了伏笔

泰国事实上一直实行的是"钉住美元"的汇率制度，① 而泰国在金融

---

① 从 1984 年 6 月开始，泰国开始实行钉住"一篮子货币"的汇率制度，篮子中的货币权重分别为：美元 80%—82%，日元 11%—13%，西德马克 6%—8%，港元、林吉特和新加坡元 0%—3%。泰国中央银行每天公布中心汇率，浮动区间为中心汇率的 ±0.02。在此制度安排下，泰铢对美元汇率基本固定，长期维持在 1 美元兑换 24.5—26.5 泰铢的水平上。这意味着，泰国实际上实行的是"钉住美元"的汇率制度。这种汇率制度曾给泰国的经济增长带来了有利影响。1984—1995 年，由于美元对主要货币持续贬值，泰铢实际有效汇率大幅下降，从而提高了泰国的出口竞争力，出口的快速增长有力地推动了泰国经济发展。在此期间，泰国 GDP 以每年超过 8% 的速度增长，被视为亚洲奇迹。

自由化改革过程中并没有对这种汇率制度进行改革，政府一直试图维持泰铢与美元的汇率基本不变，以为本国的经济金融改革及对外开放提供一个稳定的环境，避免汇率的频繁波动给本国经济带来冲击。但是，由于美元于1995年大幅升值，因而带动泰铢升值，这就提高了以外币表示的泰国出口产品的价格。而泰国企业的国际竞争力不如美国，同时泰国出口产品结构单一（主要是劳动密集型的电子产品和服装等），因此泰铢升值直接导致泰国出口的下降，并进而导致泰国经常账户的恶化。到1996年，泰国的出口增长率从1995年的22.5%猛降到0.1%。1996年和1997年，泰国经常账户赤字占GDP的比率均超过8%，外部经济开始严重失衡。

由于泰国坚持维护"钉住美元"的汇率制度，因此泰国无法通过汇率的变动（泰铢贬值）来促进出口，以解决经常账户的逆差问题，从而平衡本国的国际收支。① 在这种情况下，泰国采取了开放资本账户与大幅提高利率的政策组合，试图通过吸引外资流入来弥补经常项目的逆差，从而维持泰铢汇率的稳定。② 但这样做的结果造成泰国的利率水平过高（1996年泰国的优惠利率达到13.25%，成为亚洲利率水平最高的国家，且比美国的优惠利率还高出5个百分点）。

更严重的是，本国的高利率与本币货币汇率的稳定这一组合对货币投机活动形成了激励，因为本国的高利率与本币货币汇率的稳定使得货币投机活动只会赚（因利率高）而不会赔（因汇率稳定）。正是在泰铢汇率稳定、且利率水平较高的情况下，泰国开放资本账户的政策吸引了大量的国外短期资本涌入泰国。更严重的是，大部分的国外短期资本流向了泰国的房地产市场，③ 结果推高了房价（1993—1996年，泰国的房地产价格上涨

---

① 钉住汇率制度的成功运行需要一系列的前提条件，如出口稳定增长，被钉住货币币值稳定或者略有升值，外汇持续流入且外债负担较轻，国内利率和工资等价格能够自由浮动以适应被钉住货币的波动，本国与被钉住货币国有非常相近的经济条件，等等。

② 在实行固定汇率（或钉住汇率）制度并开放本国资本账户的框架中，持续的经常账户逆差会形成本币贬值的预期，从而导致资本外逃和国际游资的投机性攻击。在这种情况下，实行固定汇率（或钉住汇率）制度的国家只有两个选择：一是出售本国的外汇储备来维持汇率稳定，二是提高利率（在外汇储备不足的情况下）来维持本币汇率。除此以外，就只能放弃固定汇率（或钉住汇率），让本币贬值。

③ 在泰铢汇率稳定且资本账户开放的情况下，泰国商业银行甚至还大量借入美元来发放房地产贷款。据统计，1996年，投向房地产的外国直接投资高达188.1亿泰铢，占泰国外商直接投资总额的1/3左右。

了近 400%，结果导致曼谷房价仅次于东京），形成房地产业的过高利润，并进而掀起了巨大的经济泡沫。[①] 此外，"曼谷国际银行交易所"的设立产生了大量的对外借款，使泰国外债占 GDP 的比率不断上升，1995 年和 1996 年都达到 60% 以上，1997 年更是高达 70% 以上。这些负债中有超过 1/3 的是短期贷款，到 1995 年所有短期贷款数据之和相当于泰国的外汇储备总额（Lynin，2003），等等，这一切都给金融危机的爆发埋下了伏笔。

（二）政府对经济及金融的干预加剧了金融危机的爆发

由于泰国实行的也是一种"政府主导型的市场经济"，而不是"企业家主导型的市场经济"，因此虽然泰国对国有银行进行了私有化改革，并放松了金融管制，但泰国政府对经济及金融的干预仍然较为严重。这主要表现在：政府仍然持有部分商业银行的股权，一些政府官员甚至直接担任商业银行的董事长，政府通过这些方式仍然直接干预商业银行的经营活动，而政府对商业银行的这种干预事实上也弱化了商业银行的风险意识。同时，泰国的一些大企业在政府的人为保护下，能很容易地从商业银行获得贷款，等等。泰国政府对经济及金融的人为干预是导致资源错误配置，从而形成金融危机的重要根源。

由于泰国的利率水平过高，而泰国企业的国际竞争力较低，创新能力不足，因此过高的利率导致泰国实体经济部门的成本过高，对实体经济进行投资往往难以获得预期的回报，而投资于房地产业及证券业等投机性强的行业虽然风险很大但收益也很大（因房价高）。在这种情况下，投资于房地产比投资于实体经济更有利。由于大量投资进入房地产，导致房地产价格直线上升，同时带动了股市的上涨。在这一过程中，泰国并没有建立起严格有效的金融监管体系，同时由于泰国的商业银行因受到政府的保护

---

① 中央银行是否应该关注资产价格（房价和股价）是一个有争议的问题。持否定观点的学者认为，由于以下原因，中央银行关注资产价格甚至将资产价格纳入货币政策的目标存在以下问题：一是难以区分资产价格变动是来自于泡沫还是源自基础因素（如股价上涨也许是技术进步造成的）；二是导致资产价格上涨也可能是全球性的，从而超出了一国中央银行的控制范围；三是中央银行应对资产泡沫的工具有限，如中央银行小幅调节利率可能起不到作用，而大幅调节利率又会导致经济的震荡；四是盯住过多的经济目标超出中央银行的能力，而且会弱化中央银行的绩效及公信力。此外，盯住过多的经济目标会对经济产生不确定性的影响。从国际经验来看，世界上较成功的中央银行都盯住较少的目标甚至单一目标。

而往往忽视潜在的风险，因而也愿将大量的资金贷给投机性强的房地产行业，结果商业银行的大量贷款投向了房地产行业。

表 4-6　泰国商业银行对房地产业的贷款占总贷款的比率：1995—1999 年

年　份	1995	1996	1997	1998	1999
对房地产业的贷款在总贷款中的比例	9.90%	8.93%	8.18%	9.42%	10.21%

资料来源：根据 Bank of Thailand, http://www2.bot.or.th/statistics/Download/EC_MB_033_ENG_ALL.XLS 的数据计算得出。

表 4-6 显示，从泰国银行贷款的部门分布来看，1995 年、1996 年及 1997 年泰国银行对房地产部门的贷款在总贷款中的比例分别高达 9.90%、8.93% 及 8.18%。这意味着，泰国存在着资源配置不合理的问题，金融发展偏离了实体经济。

从市场的角度来看，大量投资于房地产必然造成房地产市场严重供过于求，使大量的房地产投资无法收回，房地产商无力偿还贷款，结果导致银行呆账或坏账大量增加。1993—1996 年，泰国的商业银行因房地产滞销而产生的呆账就达到了 400 亿美元。1996 年 6 月，泰国商业银行的不良贷款达到 17800 亿泰铢，不良资产率达到 35.8%。同时，受房地产业不景气的影响，泰国的股市也由繁荣步入萧条。1996 年 5 月至 1997 年 5 月，泰国股指下跌幅度超过 60%。此外，大量资金没有进入实体经济也阻碍了泰国产业结构的调整及国际竞争力的提高。同时，泰国过高的利率水平导致许多企业破产及经济泡沫的破灭，并引发了经济衰退。

在泰国经济的基本面存在严重问题，银行业存在大量的呆坏账，且经常账户逆差及外债规模占 GDP 的比率不断扩大的情况下，投资者预期泰铢的贬值在所难免。为了避免损失或牟利，投资者从 1997 年初开始抛售泰铢，并抢购美元，结果引起泰国金融市场动荡。由于泰国政府担心泰铢贬值会引发通货膨胀，并会加重本国企业的债务负担，[①] 从而会导致企业大量破产，进而促使银行陷入困境，等等，因而泰国依然坚持"钉住美元"

----

① 这是因为：本币贬值以后，由于企业和银行的资产主要是以本币计值，因此公司资产价值不会上升，但由于外币相应升值，因此以外币计价的债务就会上升，这就有可能加重本国企业和银行的债务负担，甚至导致企业和银行的净资产减少。

的汇率制度不变。为此，泰国中央银行于 1997 年 2 月抛售了 20 亿美元的外汇储备以平息泰铢投机风波。1997 年 5 月，在投机者向泰铢发动第二次投机攻击之前，泰国政府曾通过计量模型的计算得出结论认为，泰铢高估的情况并不严重（仅为 5%—10%），而泰国央行拥有 390 亿美元的外汇储备，完全有能力将泰铢继续维持在 1∶25 的水平上。由于低估了泰铢的贬值压力，泰国联合东亚其他国家再次干预外汇市场以稳定泰铢汇率。

但是，由于泰国经济的基本面并没有根本改变，投资者预期泰铢贬值在所难免，因而投资者继续大规模抛售泰铢（投资者甚至一方面从泰国本地银行借入泰铢，另一方面在即期和远期市场大量抛售泰铢），使泰铢贬值的压力空前加大。由于泰国中央银行在外汇市场的干预行动使泰国的外汇储备迅速下降（到 1997 年 6 月底，泰国中央银行在外汇市场的干预行动使泰国的外汇储备累计下降约 300 亿美元），泰国中央银行再也无力继续通过干预外汇市场来维持泰铢汇率。在这种情况下，泰国政府不得不于 1997 年 7 月 2 日宣布放弃实行了 14 年之久的钉住汇率制度，[①] 而改为实行浮动汇率制度，结果当日的泰铢贬值幅度就高达 30%。到 1998 年 7 月，泰铢再次对美元贬值 60% 左右。泰铢贬值造成泰国物价上涨，利率居高不下，企业破产增加，股市大跌，经济衰退，从而爆发了一场严重的经济及金融危机。[②]

表 4 – 7　泰国的宏观经济指标：1996—1998 年

	1996 年	1997 年	1998 年
GDP 增长率（%）	5.90	– 1.37	– 10.51
人均 GDP 增长率（%）	4.83	– 2.46	– 11.56
人均 GDP（美元）	3019.47	2476.32	1814.13
M2/GDP（%）	81.24	91.27	106.79
通货膨胀率（基于 CPI,%）	5.81	5.63	7.99

① 固定汇率或钉住汇率制度之所以难以长期维持是因为：其一，长期钉住某一货币并不能有效地降低名义汇率的波动性，反而可能使本国货币币值高估，削弱本国的竞争力；其二，固定汇率制度可能使本国微观经济主体产生道德风险，银行和企业会低估汇率风险，最后会积累过多的未对冲的外债；其三，在本国开放资本账户以后，在资本自由流动的情况下，维持固定汇率制度将束缚本国货币政策的自主性；其四，不符合经济全球一体化及资本自由流动的发展趋势。
② 泰铢贬值后不久，投资者的投机攻击又在邻近其他国家展开，进而导致菲律宾比索、印尼盾、马来西亚林吉特和韩元的大幅贬值，从而形成了一场席卷整个东南亚地区的亚洲金融风暴。

续表

	1996 年	1997 年	1998 年
现金盈余占 GDP 的比例（%）	n. a.	n. a.	n. a.
商品和服务出口/GDP（%）	39. 252	48. 010	58. 878
商品和服务进口/GDP（%）	45. 526	46. 594	42. 990
经常账户平衡/GDP（%）	−8. 075	−2. 002	12. 732
资本账户净值（十亿美元）	n. a.	n. a.	n. a.
总储备（不包括黄金储备，十亿美元）	37. 731	26. 179	28. 825
实际利率（%）	9. 024	9. 208	4. 741
存款年利率（%）	10. 33	10. 52	10. 65
贷款年利率（%）	13. 40	13. 65	14. 42
官方汇率（1 美元兑换）	25. 343	31. 364	41. 359
外债总额/GNI（%）	63. 421	74. 646	97. 154
政府收入①占 GDP 的比例（%）	n. a.	n. a.	n. a.
政府支出占 GDP 的比例（%）	n. a.	n. a.	n. a.

注：①这里的政府收入不包括援助收入。

资料来源：世界银行 WDI 数据库，http://ddp-ext. worldbank. org/ext/DDPQQ/member. do? method = getMembers&userid = 1&queryId = 6；世界银行 GEM 数据库，http://externalization. world-bank. org/external/default/main? theSitePK = 2880771&contentMDK = 21119307&menuPK = 2880787& PK = 64691875&pagePK = 64691887。

表 4 - 7 显示，由于 1997 年泰国爆发了金融危机，结果导致泰国经济大幅下滑，1997 年的 GDP 增长率为 - 1. 37%，1998 年更大幅下降到 - 10. 51%，1998 年的人均 GDP 则大幅下降为 - 11. 06%。

三、泰国金融危机后的改革

泰国在金融危机爆发以后不得不实行浮动汇率制度。从改革的角度来看，泰国实行浮动汇率制度既是不得已而为之的措施，但实际上也可视为泰国为摆脱危机而进行的重大改革。这是因为：虽然泰铢贬值在短期内带来通货膨胀率上升、进口成本增加、外债负担加重及一部分企业破产等一系列问题，但实行浮动汇率制度也使市场机制恢复了在泰国经济中的调节作用，使泰铢汇率能够对经济的变化及时做出调整。特别是泰铢的贬值提高了泰国出口产品的竞争力，并进而扩大了泰国的出口，从而刺激了泰国的经济增长，这就为泰国摆脱危机奠定了基础。① 在此基础上，泰国还采取了进一步推进经济及金融改革的策略，从而使泰国逐步摆脱了金融危机。

泰国在实体经济领域的改革措施主要是对企业进行重组，减轻企业的税负，加快中小企业的发展，以及修订破产法等，以充分发挥市场机制的作用，等等。这些改革在一定程度上增强了泰国经济的活力，从而为泰国进一步进行金融改革并实现经济的增长奠定了基础。

泰国在金融方面的改革措施主要有：

（一）修改和完善相关法律

为重整泰国的金融体系，泰国对所有金融法规，包括银行法、金融公司法和专业金融机构法都进行了全面的修改和补充，对开设金融机构的具体要求、不同金融机构的业务范围、贷款风险管理、监管权限都作了新的规定和要求。

（二）实施"金融重建"计划，并加强金融监管

为避免金融危机的再次发生，泰国政府于 1997 年 10 月设立了"金融重建局"，同时成立金融重整机构及资产管理公司，负责对因营业状况恶化而被责令停业的金融公司进行资产清理、分类，清算、合并与拍卖工作；泰国中央银行还设立了"金融机构发展基金"，以收买资不抵债的商业银行，并将其出售给私人企业。此外，泰国还进一步扩大了中央银行对金融业的监管权，使中央银行在进行金融重组时不必事先征得泰国财政部的批准，因而更具自主性和灵活性。

（三）加强银行体系的稳健性

在金融危机爆发以后，泰国要求商业银行提高自有资本金和风险准备金的比率，以加强商业银行的稳健性，恢复公众对金融体系的信心。同时，为建立安全、有效的银行体系，提高银行体系抵御风险的能力及竞争能力，泰国鼓励金融机构的购并重组，并允许国内银行与外资银行合并。为此，泰国将外国投资者拥有国内银行的股权比例从 25% 提高到 50% 以上。

---

① 为避免泰铢进一步贬值，以保持汇率的稳定，泰国中央银行同时采取了紧缩的货币政策。

（四）进一步加快金融市场的发展

在金融危机爆发以后，泰国并没有放慢金融市场的发展步伐，反而加快了金融市场的发展步伐。例如，泰国在加强对股票市场监管的同时，放宽了企业上市的条件，以期改变上市公司主要由家族企业集团垄断的局面。在债券市场方面，政府成立了"企业复兴基金"，专门为中小企业发行债券提供担保，同时放松发行管制，并引入主承销商制度，大力培育"做市商"以扩大市场的深度和广度，并增强市场的吸引力。此外，为促进本国金融市场的发展，泰国还鼓励国外投资者的进入。为此，泰国采取了对境外投资者降低或免除所得税扣缴的办法，以促进跨国间的债券投资。

从实践来看，以上的一系列改革大大提高了泰国金融体系的效率，从而在一定的程度上刺激了泰国的经济增长。[1]

---

[1] 泰国金融发展有一个值得分析的现象就是：泰国私人信贷占 GDP 的比率在金融危机爆发前后最高，而在金融危机以后反而降低，见图 4-2。

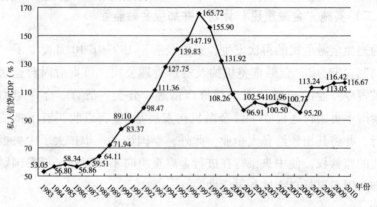

图 4-2   泰国私人信贷占 GDP 的比例：1983—2010 年
资料来源：世界银行 WDI 数据库，http://ddp-ext. worldbank. org/ext/DDPQQ/member. do? method = getMembers&userid = 1&queryId = 6。

由于缺乏泰国私有企业投资结构的具体数据，因此本书只能推断也许是因为在金融危机爆发之前，泰国私人企业的投资结构可能存在问题（如可能将更多的资金投向了房地产，等等）。这意味着，泰国私人信贷占 GDP 比率的不断上升反而导致泰国的经济结构不合理并加剧了经济的泡沫。Lynin（2003）曾根据泰国的实际情况指出，在泰国金融危机爆发之前，只有 40% 的企业向银行提供了经审计后的财务报表，这使得投资者及金融机构很难了解到有关企业投资质量的信息，从而往往造成逆向选择问题（即由于信息不对称造成市场资源配置扭曲的现象），并进而导致企业的投资结构存在问题。而由于泰国在金融危机爆发以后进一步推进市场化改革，不断完善公司（包括商业银行）的治理机制及加强金融监管体系的建设，等等，在这种情况下，私人信贷/GDP 的上升就开始起到了促进经济增长的作用。

表4-8 泰国的宏观经济指标：1999—2008年

	1999年	2000年	2001年	2002年	2003年	2004年
GDP增长率（%）	4.45	4.75	2.17	5.32	7.14	6.34
人均GDP增长率（%）	3.20	3.51	0.98	4.11	5.95	5.23
人均GDP（美元）	1964.95	1943.24	1808.11	1962.74	2182.03	2442.31
M2/GDP（%）	113.78	111.85	112.83	111.15	111.74	111.71
通货膨胀率（基于CPI,%）	0.28	1.59	1.63	0.70	1.80	2.76
现金盈余占GDP的比例（%）	n. a.	n. a.	n. a.	n. a.	1.479	1.129
商品和服务出口/GDP（%）	58.298	66.778	65.857	64.194	65.681	70.697
商品和服务进口/GDP（%）	45.726	58.145	59.366	57.503	58.899	65.841
经常账户平衡/GDP（%）	10.134	7.589	4.415	3.668	3.345	1.710
资本账户净值（十亿美元）	n. a.	n. a.	n. a.	n. a.	n. a.	n. a.
总储备（不包括黄金储备，十亿美元）	34.063	32.016	32.355	38.046	41.077	48.664
实际利率（%）	13.565	6.401	5.075	6.009	4.549	2.302
存款年利率（%）	4.77	3.29	2.54	1.98	1.33	1.00
贷款年利率（%）	8.98	7.83	7.25	6.88	5.94	5.50
官方汇率（1美元兑换）	37.814	40.112	44.432	42.960	41.485	40.222
外债总额/GNI（%）	81.124	65.989	59.709	48.478	37.291	32.078
政府收入[①]占GDP的比例（%）	n. a.	n. a.	n. a.	n. a.	19.55	19.61
政府支出占GDP的比例（%）	n. a.	n. a.	n. a.	n. a.	15.86	16.60
	2005年	2006年	2007年	2008年	2009年	2010年
GDP增长率（%）	4.60	5.15	4.93	2.46	-2.33	7.80
人均GDP增长率（%）	3.60	4.19	4.24	1.78	-2.95	7.15
人均GDP（美元）	2644.02	3078.18	3642.92	3992.76	3838.23	4612.80
M2/GDP（%）	108.17	104.79	103.32	104.52	113.28	110.42
通货膨胀率（基于CPI,%）	4.54	4.64	2.28	5.40	-0.85	3.3185
现金盈余占GDP的比例（%）	2.495	1.905	0.132	0.498	-3.051	n. a.
商品和服务出口/GDP（%）	73.568	73.598	73.424	76.445	68.352	71.2978
商品和服务进口/GDP（%）	74.687	70.110	65.036	73.881	57.806	63.8882
经常账户平衡/GDP（%）	-4.336	1.118	6.348	0.811	8.290	4.6273
资本账户净值（十亿美元）	n. a.	n. a.	n. a.	n. a.	n. a.	n. a.
总储备（不包括黄金储备，十亿美元）	50.691	65.291	85.221	108.661	135.483	167.53

续表

	2005 年	2006 年	2007 年	2008 年	2009 年	2010 年
实际利率（%）	1.249	2.006	3.477	2.993	3.939	2.203
存款年利率（%）	1.88	4.44	2.88	2.48	1.04	n. a.
贷款年利率（%）	5.79	7.35	7.05	7.04	5.96	5.94
官方汇率（1 美元兑换）	40.220	37.882	34.518	33.313	34.286	31.686
外债总额/GNI（%）	27.625	23.076	20.432	20.959	23.314	n. a.
政府收入[①]占 GDP 的比例（%）	21.10	20.07	19.44	20.11	18.63	n. a.
政府支出占 GDP 的比例（%）	16.44	16.13	17.62	18.23	19.67	n. a.

注：①这里的政府收入不包括援助收入。

资料来源：世界银行 WDI 数据库，http://ddp-ext. worldbank. org/ext/DDPQQ/member. do?method = getMembers&userid = 1&queryId = 6；世界银行 GEM 数据库，http://externalization. world-bank. org/external/default/main? theSitePK = 2880771&contentMDK = 21119307&menuPK = 2880787&PK =64691875&pagePK=64691887。

　　从 1999 年下半年起，泰国经济开始走出低谷，全年 GDP 增长率达到 4%，2000 年则达到 4.5%。2003 年 7 月 31 日，泰国宣布提前两年还清了国际货币基金组织 143 亿美元的贷款。2003 年底，泰国外汇储备约为 431 亿美元，2008 年上升为 1110.09 亿美元，2009 年上则达到 1355 亿美元。2002—2007 年，泰国的年均经济增长率达到了 5.59%。[①]

第三节　印度尼西亚的金融改革

一、印度尼西亚的金融自由化改革

　　印度尼西亚（简称印尼）是全世界最大的群岛国家，由上万个岛屿组

---

　　①　由于 2008 年以后泰国出现政治动荡，结果严重影响了经济发展，2008 年泰国的 GDP 增长率仅为 2.58%，通胀率却达到 5.47%，银行业盈利水平迅速下降，净资产回报率竟降到 -148.3%，其亏损程度甚至超过了 1998 年的金融危机。但这一现象的出现是由于泰国政治上的动荡产生的，并不是由泰国的市场化改革造成的。

成，疆域横跨亚洲及大洋洲，别称"千岛之国"，国土面积为 190 多万平方公里，是世界第四人口大国。印尼曾于 1945—1966 年实行以国有化、计划化、本土化（对外封闭）为特征的经济体制（即"有领导的经济"），但结果导致经济增长缓慢。1957—1967 年，印尼的经济增长率平均仅为 1.9%，且出现严重的通货膨胀。1966 年印尼的通货膨胀率高达 650%。在这种情况下，印尼不得不于 20 世纪 60 年代末开始实行经济自由化改革并采取迅速对外开放的政策，以实现经济的市场化。

（一）印尼颇有特色的改革顺序：资本账户的开放先于国内的金融自由化改革及经常账户的开放

在进行金融自由化改革的国家当中，印尼的金融改革颇有特色。印尼金融改革的特色主要表现为：资本账户的开放先于国内的金融自由化改革及经常账户的开放。而且，在资本账户的自由化改革中，资本流出的开放又先于资本流入的开放。[①] 具体来说是：

第一，印尼早在进行国内金融自由化改革之前，就于 1970 年通过了"第 16 号法规"（Govermment Regulation No 16）。该法规的一个重要特点是：规定资本账户（除少数限制外）可以自由交易，从而实现了资本账户的对外开放，但经常账户的交易却受到限制，从而形成"资本账户的开放先于经常账户的开放"这一与其他国家改革顺序完全不同的局面。[②] 印尼之所以要在经常账户开放之前就开放资本账户，其目的是想在国内实体经济部门的改革还没有完成的情况下，先通过开放资本账户以吸引外资流入，从而启动国内的改革并刺激经济增长。

第二，由于印尼在开放资本账户的过程中，允许居民及外国居民自由地在国内银行开设印尼盾或外币账户，并允许个人和企业自由地从商业银行购买外汇，这意味着资本的流出是自由的。而在资本流入方面，虽然企业和个人可以自由地从国外借款，但银行和国有企业的对外借款却受到限

---

① 印尼的金融改革顺序与许多经济学家（包括 Mckinnon）建议的改革顺序——自由化改革应该先从实际部门开始，先贸易项目的自由化，然后国内金融部门的自由化，最后是资本账户的自由化——恰好相反。

② 直到 20 世纪 80 年代中期，印尼才加快了经常账户的开放步伐，并于 1988 年 5 月 8 日基本开放了经常账户。

制。同时，印尼对外商直接投资的地域、产业和股权比例也实行限制，并且不允许外国投资者购买印尼上市公司的股票。这意味着，印尼的资本流出自由化先于资本流入的自由化。

此外，印尼为刺激出口及本国的经济增长，于 1978 年将印尼盾贬值了50%。总的来看，印尼的对外开放改革取得了成效，从 1970 年到 1980 年，印尼的经济增长率平均达到 7.7%，人均 GDP 从 91.1 美元提高到 644.25美元。

（二）印尼国内的金融自由化改革

在对外开放改革取得成效的基础上，为应对世界经济衰退以及油价下跌对印尼经济的影响，印尼又于 1983 年开始分几个阶段在国内全面地进行了金融自由化改革①，其改革措施与其他发展中国家基本类似：②

1. 利率市场化

印尼于 1982 年开始放弃利率管制，该年印尼放弃了中央银行对存款利率的硬性规定，并允许半年以上的存款利率完全由市场决定。同时，印尼取消了中央银行对国有银行贷款利率的控制，允许商业银行自主决定贷款利率并取消了对商业银行的贷款上限控制。

2. 放宽对国内私人银行的限制，削弱国有银行的垄断地位，引进竞争机制

1988 年，印尼开始允许私人创办商业银行，由此恢复发放新银行的经营许可证，并允许私营银行发行股票，对新设银行仅要求缴足 100 亿印尼盾的资本金，这就大大降低了金融市场的准入"门槛"。同时，为提高私人银行的贷款能力及市场竞争能力，印尼将私人银行的最低法定准备金比

---

① 印度尼西亚与大多数发展中国家一样，在进行金融自由化改革之前，其金融体系具有以下明显特点：其一，金融业由国家垄断。印度尼西亚的金融体系主要由商业银行构成（商业银行拥有 95% 的金融资产），而银行业又主要由五家最大的国有商业银行组成。其二，实施严格的利率管制和信贷配给。印尼国有银行的存贷款利率都由政府确定，印尼政府通过对存款和贷款利率的控制来控制信贷规模并刺激投资。同时，印尼还实行信贷配给政策，政府对每个商业银行的信贷扩张进行直接的控制。对信贷总量的部分构成进行控制。此外，中央银行还对那些为重点部门提供贷款的商业银行在政策上给予优惠。其三，资本市场十分落后。

② 参见吴崇伯：《20 世纪 80 年代以来印度尼西亚金融自由化研究》，厦门大学博士学位论文，2005 年。

率由 15% 大幅降为 2% ，并废除了对私人银行开设分支机构的种种限制。印尼还大幅度减少了国有金融机构的特权，以削弱国有银行的垄断地位，如准许私人银行在开办储蓄存款的同时经营外汇业务（过去只有国有银行才能从事外汇交易，只有国有银行才享有与国营企业进行业务往来的特权），并简化私人银行获得外汇业务许可证的程序，允许国有企业把 50% 的资金存入私人银行。此外，印尼还取消了国内银行向国外银行借款的限制，鼓励国内银行加强与国际金融界的业务往来。由于私营银行的权利不断扩大，国有银行的垄断地位不断下降，从而在金融领域引进了市场竞争机制。1992 年 2 月，印尼国会通过了新的《银行法》，规定国有银行应在一年内由事实上的政府机构转变为真正的责任有限公司，以便让它们拥有更多的自主权，从而能够与私营银行进行竞争。

3. 放宽对外资银行的限制，进一步增强市场的竞争

为进一步增强市场的竞争，印度尼西亚于 1988 年开始对外开放银行业，取消对本国金融业的保护。为此，印尼政府放宽了对外资银行的限制。从 1988 年底开始，印尼规定凡在印尼开设办事处已两年以上的外国银行均可与印尼国内银行兴办合资银行，外资在合资银行中的股份份额可达85% ；同时，允许外资银行在印尼增设分支机构，简化外资设立分行和成为外汇银行的手续，允许合资银行经营租赁、证券交易、信用卡以及为消费者融资等业务，合资银行还可办理保险业务；允许外资独资银行办理印尼盾存款业务，外国银行向雅加达以外地区提供信贷的限制也被取消。此外，1992 年的新《银行法》还允许外资购买印尼国有银行和私营银行49% 以下的股权，等等。这意味着，印尼基本实现了银行业的对外开放。

4. 加快资本市场和货币市场的发展

一方面，为加快股票市场的发展，印尼政府分别于 1987 年 12 月和1988 年 10 月两次修订证券市场的管理办法，以放宽证券上市要求，并简化上市公司的审批手续。取消原来规定的上市公司在最近两年内的盈利至少等于其上市股票发行额 10% 的规定，新规定是公司只要有盈利即可上市。同时，印尼撤销了管理部门对股票价格每日浮动 4% 的限制，并允许更多的金融机构参与股市交易，特别是印尼允许民间机构建立私营的股票交易所。此外，印尼还向外国投资者开放本国股票市场，准许外国股票经

纪行同印尼证券公司成立合营证券行，提高外国投资者拥有本国公司的股权份额，等等。另一方面，为加快债券市场的发展，印尼于 1988 年开始允许私营企业发行企业债券，1989 年又允许私人企业和私营银行可以多种形式在海外金融市场直接发行债券。

在 1997 年东南亚金融危机爆发之前，印尼的金融自由化改革取得了一定的成效。据印尼中央银行——印度尼西亚银行的统计，印尼全国的银行总数由 1988 年的 124 家增加到 1995 年的 240 家，分支机构也由 1900 家上升到 6300 家，银行的分支机构已遍布城乡各地。印尼私营银行在金融改革浪潮的推动下也得到了迅速的发展。从 1988 年到 1993 年底，私营银行总数由 63 家扩展到 126 家，其分支机构由 559 家增加到 2693 家。由于实现了利率的自由化，各银行开始提供有竞争力的利息率，从而大大刺激了民间增加储蓄的积极性，印尼整个金融体系吸收的存款总额由 1988 年的 38 万亿盾增加到 1995 年底的 198 万亿盾。

由于 M2/GDP 从 1988 年的 25.76% 上升至 1997 年的 50.35%，私人信贷占 GDP 的比例则从 1988 年的 28.39 上升至 1997 年的 60.85%，1989 年到 1996 年印度尼西亚的 GDP 增长率均超过了 7%，因此在 1997 年东南亚金融危机爆发前，印尼的金融改革曾受到一些人的赞扬，尤其是印尼突破了被学术界普遍认同的正常改革顺序，将资本账户开放置于国内金融自由化改革及经常账户的开放之前，这也曾被认为是一种有特色的改革模式。

表 4 - 9　印度尼西亚的宏观经济指标：1983—1998 年

	1983 年	1984 年	1985 年	1986 年	1987 年	1988 年	1989 年	1990 年
GDP 增长率（%）	8.45	7.17	3.48	5.96	5.30	6.36	9.08	9.00
人均 GDP 增长率（%）	6.10	4.92	1.38	3.89	3.31	4.42	7.16	7.14
人均 GDP（美元）	529.44	531.93	519.51	466.90	434.46	498.79	559.91	620.72
M2/GDP（%）	16.75	18.33	21.44	25.04	24.98	25.76	28.34	34.24
通货膨胀率（基于 CPI，%）	11.79	10.46	4.73	5.83	9.28	8.04	6.42	7.81
现金盈余占 GDP 的比例（%）	n.a.	n.a.	n.a.	n.a.	n.a.	n.a.	n.a.	n.a.

续表

	1983 年	1984 年	1985 年	1986 年	1987 年	1988 年	1989 年	1990 年
商品和服务出口/GDP（%）	26.343	25.587	22.201	19.487	23.934	23.776	24.287	25.329
商品和服务进口/GDP（%）	27.860	22.078	20.449	20.487	22.397	21.090	21.407	23.733
经常账户平衡/GDP（%）	-7.424	-2.118	-2.202	-4.885	-2.763	-1.573	-1.092	-2.611
资本账户净值（十亿美元）	n.a.	n.a.	n.a.	n.a.	n.a.	n.a.	n.a.	n.a.
总储备（不包括黄金储备，十亿美元）	3.718	4.773	4.974	4.051	5.592	5.048	5.454	7.459
实际利率（%）	n.a.	n.a.	n.a.	21.610	5.396	8.295	10.642	12.162
存款年利率（%）	6.00	16.00	18.00	15.39	16.78	17.72	18.63	17.53
贷款年利率（%）	n.a.	n.a.	n.a.	21.49	21.67	22.10	21.70	20.82
官方汇率（1 美元兑换）	909.27	1025.95	1110.58	1282.56	1643.85	1685.70	1770.06	1842.81
外债总额/GNI（%）	36.921	38.819	44.355	56.466	73.063	63.861	61.306	63.980
政府收入[①]占 GDP 的比例（%）	n.a.	n.a.	n.a.	n.a.	n.a.	n.a.	n.a.	n.a.
政府支出占 GDP 的比例（%）	n.a.	n.a.	n.a.	n.a.	n.a.	n.a.	n.a.	n.a.

	1991 年	1992 年	1993 年	1994 年	1995 年	1996 年	1997 年	1998 年
GDP 增长率（%）	8.93	7.22	7.25	7.54	8.40	7.64	4.70	-13.13
人均 GDP 增长率（%）	7.12	5.50	5.58	5.92	6.81	6.12	3.27	-14.29
人均 GDP（美元）	683.74	730.22	816.46	900.27	1013.70	1124.16	1052.11	459.23
M2/GDP（%）	37.14	39.01	40.04	41.50	43.34	47.08	50.35	48.32
通货膨胀率（基于 CPI，%）	9.41	7.53	9.68	8.52	9.43	7.97	6.23	58.39
现金盈余占 GDP 的比例（%）	0.676	-0.970	0.539	2.825	1.717	1.982	1.316	-1.843
商品和服务出口/GDP（%）	25.797	27.891	26.755	26.511	26.312	25.825	27.859	52.968

续表

	1991 年	1992 年	1993 年	1994 年	1995 年	1996 年	1997 年	1998 年
商品和服务进口/GDP（%）	24.102	24.958	23.769	25.366	27.646	26.440	28.135	43.218
经常账户平衡/GDP（%）	-3.324	-1.998	-1.333	-1.578	-3.182	-3.370	-2.266	4.292
资本账户净值（十亿美元）	n.a.	n.a.	n.a.	n.a.	n.a.	n.a.	n.a.	n.a.
总储备（不包括黄金储备，十亿美元）	3.718	10.449	11.263	12.133	13.708	18.251	16.587	22.713
实际利率（%）	15.351	17.719	10.752	9.263	8.339	9.521	8.214	-24.600
存款年利率（%）	23.32	19.60	14.55	12.53	16.72	17.26	20.01	39.07
贷款年利率（%）	25.53	24.03	20.59	17.76	18.85	19.22	21.82	32.15
官方汇率（1 美元兑换）	1950.32	2029.92	2087.10	2160.75	2248.61	2342.30	2909.38	10013.62
外债总额/GNI（%）	71.643	72.195	58.669	62.641	63.415	58.302	65.097	168.197
政府收入①占 GDP 的比例（%）	16.64	16.82	15.85	17.01	15.62	15.49	17.50	15.99
政府支出占 GDP 的比例（%）	10.23	10.78	10.71	9.81	9.50	9.92	12.54	13.18

注：①这里的政府收入不包括援助收入。

资料来源：世界银行 WDI 数据库，http://ddp-ext. worldbank. org/ext/DDPQQ/member. do? method = getMembers&userid = 1&queryId = 6；世界银行 GEM 数据库，http://externalization. world-bank. org/external/default/main? theSitePK = 2880771&contentMDK = 21119307&menuPK = 2880787& PK = 64691875&pagePK = 64691887。

二、印尼的金融危机

然而，1997 年爆发的亚洲金融危机成为印尼经济金融发展的一个转折点。由于受泰国金融危机的影响，自 1997 年下半年起，印尼盾的汇率大幅度下跌，下跌幅度高达 75%。印尼盾的贬值导致印尼进口成本提高，使依赖进口或借有外债的企业受到沉重打击，结果造成大量企业破产倒闭，导致失业率上升；大量企业破产倒闭还导致商业银行的呆坏账大幅增加，一些商业银行甚至不得不宣告关闭。而且，进口成本的提高还引起连锁反应，导致国内物价上涨。此外，印尼盾的贬值还导致股市狂泻，雅加达证券交易所的股票总市值从危机前的 1000 亿美元减少到 110 亿美元。所有这一切最终引发了印尼经济的衰退，印尼的 GDP 增长率从 1996 年的 8% 下跌到 1997 年的 4.7%，然后猛跌至 1998 年的 −13%，人均 GDP 则由 1997 年超过 1000 美元下降到 1998 年的 430 美元，全国的贫困人口从 2250 万人猛增到 8000 万人，失业率超过 20%。与此同时，印尼的通货膨胀率 1998 年高达 80%。伴随着金融危机的爆发，印尼出现严重的政治动荡，投资者对印尼经济丧失信心，因此又出现资本的大量外逃，从而导致印尼的外汇储备不断减少。在这种情况下，印尼不得不于 1998 年 4 月 14 日宣布放弃对汇率的干预，实行自由浮动汇率制度。

与韩国及泰国的情况相类似，印尼爆发金融危机的原因主要有：

（一）政府对经济的干预过大及利益集团对经济的控制

在印尼爆发金融危机之前，印尼的经济在很大的程度上由利益集团（如苏哈托家族及垄断性大企业等）控制，并形成一种"裙带资本主义"（Crony Capitalism）体制。① 而印尼所进行的经济及金融的自由化改革并没有对这种"裙带资本主义"体制进行改革，因而政府仍然对经济及金融施加很强的干预。更重要的是，印尼的经济及金融自由化改革是在利益集团的控制下进行的。显然，在这种"裙带资本主义"体制中，企业要占领市场并获得盈利从而不断发展壮大，最关键的并不在于不断进行"创新"活动，而在于寻求裙带关系或优惠政策以及通过不公平的竞争来占领市场并获得盈利，这样就极大地压抑了企业家的创新精神，结果导致印尼企业竞争力的低下，使印尼在经济开放后的国际竞争中处于不利地位。② 而且，利益集团对经济的控制和裙带关系也造成资源配置的不合理（即资源不是根据创新能力或效率来配置，而是基于裙带关系来配置）。

同时，在利益集团对经济的控制和裙带关系的影响下，印尼也很难建立有效的金融监管体系，这使得印尼商业银行的内部借贷、关系型借贷和

---

① 裙带资本主义又被称为关系资本主义、朋党资本主义、权贵资本主义、密友资本主义。

② 在印尼企业缺乏竞争力的情况下，印尼的经济增长在很大程度上依靠石油出口。由于油价波动较大，因此这种经济结构导致印尼经济极易受到来自国外的冲击。

幕后交易现象等仍然十分严重，且大量贷款投放到了投机性极强的房地产及股市上，结果导致金融机构呆坏账问题十分严重。此外，利益集团对经济的控制和裙带关系的影响也大大限制了中央银行的独立性及调节宏观经济以应对金融危机的能力，这些都造成印尼金融体系的脆弱性，从而为经济及金融危机的爆发埋下了伏笔。

（二）资本账户开放与钉住汇率制度的组合

与其他爆发金融危机的国家相同，印尼实行的也是资本账户开放与钉住汇率制度相结合的政策组合。显然，在"裙带资本主义"体制的基础上实行这一政策组合必然导致金融危机。这是因为：印尼在企业竞争力低下（因在"裙带资本主义"体制中，企业发展的关键不是"创新"，而是寻求裙带关系或优惠政策）的情况下实行钉住汇率制度必然形成印尼盾的高估，而在本国货币汇率高估的情况下开放资本账户，又必然导致投机资本的大量流入。

此外，裙带资本主义使社会财富向少数掌握权力和关系的人手中集中（如苏哈托家族利用权力掌握了巨大的财富），导致社会贫富悬殊日益扩大，从而使社会矛盾不断积累，这也是引发危机的一个重要因素。

三、金融危机后的金融改革

在金融危机爆发以后，印尼除了实行浮动汇率制度以外，为消除利益集团对经济的控制，从而逐步摆脱"裙带资本主义"体制，印尼进一步加快了经济自由化的改革步伐。其措施主要包括：（1）进一步扩大经济的私有化；（2）放宽投资限制，以增强竞争并消除垄断；（3）进一步开放国内市场，实行贸易及投资的自由化，实现经济的国际化，等等。

在金融领域，印尼则进行了以下改革：

（一）增强中央银行的独立性

印尼在金融危机后把增强中央银行的独立性、增强中央银行调节宏观经济及应对金融危机的能力视为避免金融危机的重要措施。为此，1999 年5 月 17 日，印尼政府公布了新的《银行法》。根据这个新法案，印尼中央银行将更具独立性，印尼不再将中央银行行长列入内阁成员行列，央行行长的任命由国会批准而不再由政府直接任命，这就使中央银行拥有更大的独立性和自主权，进而能够更独立地行使职能。

（二）重组银行体系

为建立一个安全、有效和有竞争力的银行体系，印尼政府在国际货币基金组织的帮助下，采取了一系列重组金融机构的措施，这主要包括：（1）成立新的金融监督机构——印尼银行重组局（Indonesian Banking Restructuring Agency，简称 IBRA），以接管问题银行和处置银行体系内的坏账，保证存款人和债权人的合法权益。（2）通过多种方式（如政府注资，发行政府债券，从世界银行、亚洲开发银行和其他国家筹资，开放金融市场以及鼓励外资等）筹集资金，以支持印尼银行体系的重建。为鼓励外资参与印尼银行体系的重建，印尼特别修改了《银行法》，规定外国投资者可以控制国内商业银行100%的股份（金融危机之前只允许控制49%的股份）。（3）要求金融机构按照国际通行的准则（如《巴塞尔协议》）重新核算和充实资本金及提取损失准备金。（4）鼓励金融机构合并重组，并允许外资收购兼并国内的金融机构。

印尼原有200多家商业银行，经过几年的重组，银行的数量显著下降，从2004年开始趋于稳定。2008年底，全国共有商业银行124家。其中，国有商业银行5家，地方政府控股银行26家，私有银行68家，外资银行10家，合资银行15家。

经过这轮改革，印度尼西亚的金融业得到了进一步的发展。这首先表现在：虽然印尼的银行数量减少了，但是银行不良贷款的比例却大幅下降了，由2000年的34.4%下降到了2009年的3.3%，这说明印尼通过银行体系的重组降低了银行业的风险。其次，印尼的金融市场经过这轮改革也得到了长足的发展，印尼股票市场上的国内上市公司数目大幅增加，股票交易总值和换手率也明显上升，表明印尼的股票市场规模和流动性都有所增加。具体参见表4-10。

表 4 – 10　印度尼西亚的金融发展状况：1998—2010 年

	1998 年	1999 年	2000 年	2001 年	2002 年	2003 年	2004 年
经济信用化程度							
净国内信贷（万亿印尼盾）	572.76	682.65	843.27	896.71	954.52	990.81	1139.26
银行系统提供的国内信贷/GDP（%）	59.93	62.07	60.68	54.47	52.39	49.20	49.62
向私有部门提供的信贷/GDP（%）	53.24	20.59	19.91	20.29	21.28	22.95	26.39
总国内储蓄/GDP（%）	26.53	19.45	32.76	30.81	27.70	32.94	28.73
经济证券化程度							
上市公司总市值/GDP（%）	23.16	45.78	16.26	14.34	15.33	23.28	28.52
国内上市公司数目（家）	288.00	277.00	290.00	316.00	331.00	333.00	331.00
股票交易总值/GDP（%）	11.12	14.22	8.67	6.02	6.67	6.29	10.73
换手率（%）	59.40	46.97	32.92	39.30	42.02	34.42	43.32
金融资产价格							
官方汇率（本币/美元，时期平均）	10013.62	7855.15	8421.78	10260.85	9311.19	8577.13	8938.85
存款年利率（%）	39.07	25.74	12.50	15.48	15.50	10.59	6.44
贷款年利率（%）	32.15	27.66	18.46	18.55	18.94	16.94	14.12
银行体系效率和风险							
利差（%）	−6.91	1.92	5.95	3.07	3.44	6.34	7.68
银行不良资产占总贷款比率（%）	n.a.	n.a.	34.40	31.90	24.00	6.8	4.5
银行流动性储备/资产（%）	n.a.	n.a.	n.a.	0.352	0.369	0.396	0.361

	2005 年	2006 年	2007 年	2008 年	2009 年	2010 年
经济信用化程度						
净国内信贷（万亿印尼盾）	1281.85	1391.10	1603.28	1819.64	1998.15	2284.7
银行系统提供的国内信贷/GDP（%）	46.20	41.66	40.58	36.77	36.98	36.53
向私有部门提供的信贷/GDP（%）	26.43	24.61	25.46	26.55	27.67	29.13

续表

	2005 年	2006 年	2007 年	2008 年	2009 年	2010 年	
总国内储蓄/GDP（%）	29.23	30.81	28.96	28.87	33.81	34.12	
经济证券化程度							
上市公司总市值/GDP（%）	28.48	38.10	48.99	19.36	33.04	51.01	
国内上市公司数目（家）	335.00	344.00	383.00	396.00	398	420	
股票交易总值/GDP（%）	14.66	13.39	26.12	21.69	21.38	18.33	
换手率（%）	54.18	44.33	64.38	71.30	83.27	48.11	
金融资产价格							
官方汇率（本币/美元，时期平均）	9704.74	9159.32	9141	9698.96	10389.94	9090.433	
存款年利率（%）	8.08	11.41	7.98	8.49	9.28	n.a.	
贷款年利率（%）	14.05	15.98	13.86	13.60	14.50	13.25	
银行体系效率和风险							
利差（%）	5.97	4.57	5.89	5.11	5.22	n.a.	
银行不良资产占总贷款比率（%）	7.40	6.00	4.10	3.20	3.30	n.a.	
银行流动性储备/资产（%）	0.294	0.394	0.401	0.242	0.309	0.310	

资料来源：世界银行发展指标数据库，http://ddp-ext.worldbank.org/ext/DDPQQ/showReport.do? method = showReport。

印尼在金融危机以后所进行的金融改革也有效地推动了印尼的经济发展，见表4-11。

表4-11 印度尼西亚的宏观经济指标：1999—2010 年

	1998 年	1999 年	2000 年	2001 年	2002 年	2003 年	2004 年
GDP 增长率（%）	-13.13	0.79	4.92	3.64	4.50	4.78	5.03
人均 GDP 增长率（%）	-14.29	-0.54	3.55	2.30	3.15	3.45	3.74
人均 GDP（美元）	459.23	664.74	773.31	742.11	893.32	1058.3	1143.50
M2/GDP（%）	48.32	55.21	50.04	48.24	47.18	45.52	43.28
通货膨胀率（基于 CPI,%）	58.39	20.49	3.72	11.50	11.88	6.59	6.24

续表

	1998 年	1999 年	2000 年	2001 年	2002 年	2003 年	2004 年
现金盈余占 GDP 的比例（%）	-1.843	-3.675	n. a.	n. a.	-0.939	-1.744	-1.018
商品和服务出口/GDP（%）	52.968	35.514	40.977	39.032	32.688	30.478	32.217
商品和服务进口/GDP（%）	43.218	27.430	30.460	30.761	26.392	23.139	27.545
经常账户平衡/GDP（%）	4.292	4.131	4.843	4.301	3.999	3.453	0.609
资本账户净值（十亿美元）	n. a.	n. a.	n. a.	n. a.	n. a.	n. a.	n. a.
总储备（不包括黄金储备，十亿美元）	22.713	26.445	28.502	27.246	30.971	34.962	34.953
实际利率（%）	-24.600	11.827	-1.654	3.720	12.322	10.852	5.134
官方汇率（1 美元兑换）	10013.82	7855.15	8421.78	10260.85	9311.19	8577.13	8938.85
外债总额/GNI（%）	168.197	117.119	95.370	92.082	74.139	59.108	55.957
政府收入[①]占 GDP 的比例（%）	15.99	16.710	n. a.	18.257	16.386	16.930	17.436
政府支出占 GDP 的比例（%）	13.18	16.181	n. a.	15.393	15.292	15.838

	2005 年	2006 年	2007 年	2008 年	2009 年	2010 年
GDP 增长率（%）	5.69	5.50	6.35	6.01	4.58	6.10
人均 GDP 增长率（%）	4.44	4.30	5.18	4.89	3.49	5.02
人均 GDP（美元）	1257.65	1585.65	1858.82	2171.63	2271.78	2945.58
M2/GDP（%）	40.31	38.71	38.37	35.82	36.02	35.91
通货膨胀率（基于 CPI,%）	10.45	13.11	9.09	11.06	2.78	6.96
现金盈余占 GDP 的比例（%）	-0.126	-0.625	-1.021	-0.335	-1.672	n. a.
商品和服务出口/GDP（%）	34.067	31.035	29.436	29.808	24.169	24.612
商品和服务进口/GDP（%）	29.921	25.622	25.394	28.753	21.362	22.978
经常账户平衡/GDP（%）	0.097	2.979	2.428	0.025	1.971	0.800
资本账户净值（十亿美元）	0.334	0.350	0.546	0.294	0.096	0.050
总储备（不包括黄金储备，十亿美元）	33.141	41.103	54.976	49.597	63.563	92.908
实际利率（%）	-0.246	1.658	2.340	-3.852	5.738	4.842
官方汇率（1 美元兑换）	9704.74	9159.32	9141	9698.96	10389.94	9090.43
外债总额/GNI（%）	49.402	35.912	32.313	29.703	30.211	49.402
政府收入[①]占 GDP 的比例（%）	17.457	18.700	17.622	19.477	15.381	17.457

续表

	2005 年	2006 年	2007 年	2008 年	2009 年	2010 年	
政府支出占 GDP 的比例（%）	16.536	17.803	17.156	18.445	15.756	16.536	

注：①这里的政府收入不包括援助收入。

资料来源：世界银行 WDI 数据库，http://ddp-ext. worldbank. org/ext/DDPQQ/member. do? method = getMembers&userid = 1&queryId = 6；世界银行 GEM 数据库，http://externalization. world-bank. org/external/default/main? theSitePK = 2880771&contentMDK = 21119307&menuPK = 2880787& PK = 64691875&pagePK = 64691887。

表 4 - 11 显示，在金融危机后，印尼的宏观经济表现出以下特点：
（1）国内生产总值持续增长。虽然 1998 年印尼的 GDP 为负增长（ - 13.13%），但从 1999 年开始，印尼经济开始复苏，并呈现出加速增长的趋势，从 2000 年到 2010 年，印尼的年均经济增长率达到了 5.19%。（2）国际收支保持顺差，外汇储备迅速增加。从 1998 年到 2010 年，印尼的经常账户和资本账户都保持了顺差，特别是经常账户的顺差呈现不断上升的趋势，因此促使印尼的外汇储备不断增加，2002 年 12 月底达到 315.7 亿美元，到 2009 年底则达到 636 亿美元，等等。

但是，印尼的金融改革也有不尽人意之处，主要是印尼的金融改革并没有完全消除"金融压制"现象，这表现在以下方面：（1）印尼的实际利率在 1998 年、2000 年、2005 年、2008 年都为负数；（2）M2/GDP 的比例也较低，而且呈现出下降趋势，1999 年，印尼 M2/GDP 的比例为 55.21%，但到了 2010 年，印尼 M2/GDP 的比例下降为 35.91%；（3）出现了较为严重的通货膨胀，从 1999 年到 2010 年，印尼的通货膨胀率年均达到 9.5%；（4）本国货币出现贬值趋势。从印尼公布的官方汇率看，1999 年到 2009 年，印尼盾一直处于贬值状态，等等。这说明，印尼的金融改革仍存在一定的问题。

最关键的是，印尼的私人信贷占 GDP 的比例自 1998 年以后大幅降低且一直没有超过 30%，这可能是印尼的金融改革不尽人意的重要原因。详见表 4 - 12。

表 4 - 12　印度尼西亚私人信贷占 GDP 的比例：1983—2010 年

年份	1983	1984	1985	1986	1987	1988	1989
私人信贷/GDP（%）	14.80	17.22	19.70	23.57	25.09	28.39	34.61

续表

年份	1990	1991	1992	1993	1994	1995	1996
私人信贷/GDP（％）	48.09	47.25	45.53	48.98	51.94	53.53	55.47
年份	1997	1998	1999	2000	2001	2002	2003
私人信贷/GDP（％）	60.85	53.24	20.59	19.91	20.29	21.28	22.95
年份	2004	2005	2006	2007	2008	2009	2010
私人信贷/GDP（％）	26.39	26.43	24.61	25.46	26.55	27.67	29.13

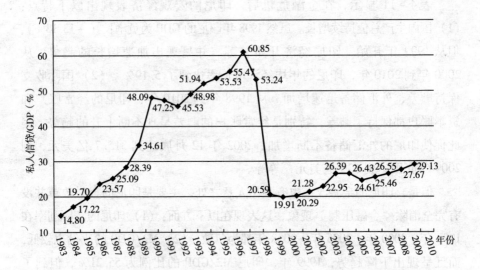

图 4 – 3　印度尼西亚私人信贷占 GDP 的比例：1983—2008 年

资料来源：世界银行 WDI 数据库，http://ddp-ext. worldbank. org/ext/DDPQQ/member. do? method = getMembers&userid = 1&queryId = 6。

第四节　印度的金融自由化改革

　　印度是南亚次大陆最大的国家，国土面积为 298 万平方公里，是世界上仅次于中国的第二人口大国。印度于 1947 年独立以后，虽然在政治体制上实行西方的议会民主制，但在经济体制上却受苏联经济模式的影响，选择了在混合所有制基础上实行计划经济的"甘地—尼赫鲁社会主义"体制。[①] 然而，印度虽然主张国营部门和私营部门、计划经济与自由经济并存的混合所有制，但在实际上印度更注重加快国有经济部门的发展。国有经济主要分布在具有战略意义的行业（如基础工业、原材料工业、重工业及金融业等），而私营经济则主要分布在农业、轻工业、消费品工业及竞争性较强的商业领域。同时，印度十分重视计划的作用，并主张通过政府对经济的管制（如实行生产许可证制度等[②]）来保证经济计划的实现。此外，印度还强调通过保护国内市场以实行"进口替代"的工业化，从而加快国内民族工业的发展。

在金融领域，印度更是强调国有化及政府管制，这主要表现为：（1）金融业基本上由国有部门垄断。印度在独立之后，就开始对银行业实行国有化改造，因而国有银行的规模不断扩大，并逐步垄断了金融业。到20世纪90年代初，国有银行的资产及业务规模均占全国银行资产及业务总额的90%以上。[③]（2）利率受到严格的管制。印度在金融改革之前，政府对所有的利率都实施严格的管制，规定所有的银行都必须实行印度储备银行（印度的中央银行）统一规定的存贷款利率。由于印度在进行改革之前的通货膨胀率较高，因此印度的实际利率很低甚至为负数。（3）银行的准备金率过高，且银行的信贷投向受到政府的管制。印度在实行利率管制的同时，还对各商业银行规定了较高的法定准备金率和法定流动性比例，二者合计约占各银行存款总额的53.5%。这些准备金被转存到了印度储备银行以后，又往往被转换为对政府的贷款（包括购买国债）。由于商业银行有超过50%的资金不能自主支配，因而严重影响了商业银行的自主经营活动，并导致商业银行的经营成本过高。即使在这种情况下，印度政府仍然通过制定优先贷款领域对商业银行的信贷进行干预。在印度，政府规定的贷款项目通常占到全部贷款金额的50%以上。（4）实行严格的外汇管制。1957年，印度在第二个"五年计划"期间实行大规模的进口替代战

---

① 印度在独立以后之所以选择建立在混合所有制基础上的计划经济体制，是由于印度当时的领导人认为这种体制能够平衡印度各个主要利益集团的利益关系。

② 在这种生产许可证制度下，企业要进入任何一个领域都必须取得政府的许可证。这种许可证制度不但使企业家因受到政府的管制而严重压抑了企业家（特别是私人企业家）的创新精神，从而降低了效率，而且导致了制度性的寻租及腐败，从而带来严重的不公平。

③ 司马军、李毅：《印度市场经济体制》，兰州大学出版社1994年版，第130—131页。

略。由于进口大量增加，结果出现严重的外汇短缺。在这种情况下，印度实行了严格的外汇管制。（5）实行钉住英镑的固定汇率制度。与建立在混合所有制基础上的计划经济体制相适应，为避免汇率波动对经济计划的影响，印度实行了将本国货币（卢比）与英镑挂钩的固定汇率制度。① 为降低进口成本以推进"进口替代"的工业化，印度采取了高估本币汇率的政策，等等。

虽然印度建立在混合所有制基础上的计划经济体制在短期内曾使印度迅速摆脱了贫穷落后的局面，但由于这种体制严重压抑了企业家的创新精神，阻碍了国内外市场的一体化，不利于形成平等竞争的市场机制，因而导致资源的不合理配置及经济效率的低下。印度长期实行这种体制的结果是经济的增长十分缓慢（1960 年至 1982 年，印度的人均 GNP 增长率仅为 3.4%。1952 年印度的 GNP 占世界经济的比率为 2%，1980 年则下降为 1.4%）。同时，由于国有企业的亏损和政府机构臃肿，导致财政赤字严重（1979—1980 财政年度，印度中央财政赤字达到 242.7 亿卢布，占当期 GDP 的 2.01%）。此外，由于印度实行"进口替代"的发展战略，加之国内企业的出口竞争能力低下，结果导致印度的经常账户严重逆差。1980 年，印度的经常账户逆差达到 17.9 亿美元，1988 年则达到 71.4 亿美元，占 GDP 的 2.44%，而印度当时的外汇储备只能维持两周的进口所需。这意味着，印度所实行的建立在混合所有制基础上的计划经济体制及"金融抑制"政策是不成功的。

一、印度 1991—1996 年的经济及金融改革

鉴于建立在混合所有制基础上的计划经济体制的弊端，印度从 1992 年开始力求改变这种状况，② 而实行以"市场化、私有化、自由化、全球化"为核心的经济体制改革，从而使印度由原来存在政府管制的封闭的计划经

---

① 事实上，一国实行外汇管制意味着该国不可能产生外汇市场，意味着该国的货币汇率也不能由市场供求决定，也意味着该国不可能实行浮动汇率制度。

② 印度曾于 1980—1990 年进行了一场旨在使经济朝自由化方向发展的经济体制改革，但是由于这一阶段的改革并不彻底，特别是没有使以国营经济占主导地位的混合经济体制发生根本变化，因此与这种体制直接相关的弊端依然存在。

济体制向开放的市场经济体制转轨。其改革措施主要有：（1）私有化改革。从1992年开始，印度停止向亏损的国有企业投资，并对国有企业进行私有化改革，改革的方式是出售国有企业的股票。（2）放松政府对经济的管制，实现经济的自由化。为此，政府首先基本取消了生产许可证制度，然后修改了《垄断与限制贸易行为法》，取消了对私营企业扩大规模的限制，并将过去只能由国有企业垄断经营的领域向包括外资在内的私营部门开放，为企业创造平等的竞争机会。（3）不断降低进口关税，放松进口管制，逐步实现贸易的自由化，引进国际市场的竞争机制。（4）大力引进外国直接投资，把外资在印度所占企业股份的最高限额由原来的40%提高到51%。同时，进一步简化外资企业的审批手续，并成立专门机构协助外商到印度直接投资。

与经济的自由化改革相配套，印度也相应地进行了金融自由化改革，[①]其改革措施主要有：

（一）渐进的国有银行私有化改革

印度对国有银行的私有化改革采取的渐进的改革方式，主要表现在：一方面，印度并没有对国有银行实施大规模的私有化；另一方面，印度采取逐步增加私人股份在国有银行比重的方式来逐步实现国有银行的私有化（最初规定私人股份占国有银行的比率最高只能达到49%，最后逐步放宽到77%）。在这同时，印度政府允许银行发行股票来扩充资本，以提高银行的资本充足率。[②]

（二）放松市场准入限制，允许私人银行和外资银行的进入，鼓励自由竞争

在对国有银行进行私有化改革的同时，印度还通过放松私营银行和外资银行的进入限制，以建立竞争性的银行体系。1993年，印度颁布了私营

---

① 参见李辉富：《印度金融改革的理论与实证》，西南财经大学博士学位论文，2007年。

② 印度在金融改革过程中强调各商业银行必须根据《巴塞尔协议》的要求，在1996年达到8%的资本充足率要求，（其中核心资本必须达到4%）。为此，印度采取了以下措施：一是通过财政预算向各商业银行注入资金，二是允许商业银行直接进入资本市场发行股票和债券来扩充资本，三是允许商业银行引进外资来补充资本金。此外，印度还通过放松对商业银行的限制，使其能增加盈利以提高资本充足率。

银行的设立标准，该标准包括以下几点：（1）最低 1 亿卢比的资本要求；（2）外资银行参股比率最高为 20%，所有非本地居民参股最高 40%；（3）公开上市。同时，印度还扩大了外资银行的市场准入，并允许已进入印度的外资银行可以增设分支机构。

（三）降低存款准备金比率，减少优先贷款的比重，使商业银行能够自由经营

为扩大商业银行的放款能力及盈利能力，印度决定把法定的存款准备金比率降至 10%，法定流动性比例则降至 25%，两者相加只有 35%，比原来的 53.5% 降低了 18.5 个百分点。这就降低了商业银行的经营成本，并扩大了商业银行的经营自主权。同时，印度还减少了各银行对政府确定的优先部门发放优惠贷款的比重，比重由最高时的 50% 减少到 30%；并废除了信贷批准计划，政府只对各银行超过 5000 万卢比的流动资金贷款及超过 2000 万卢比的定期贷款进行审查。

（四）逐步实现利率的市场化

印度利率市场化改革中的一个特色是通过实现政府债券利率形成机制的市场化来推动整个利率的市场化。1992 年，印度储备银行对政府债券的发行采取了公开的市场拍卖方式，按照"价高者得"的原则由市场来决定政府债券的价格，进而由市场决定政府债券的收益率。这种方式实际上就是通过市场供求来决定政府债券的利率，这对印度的整个利率市场化改革进程起到了至关重要的推动作用。

在存贷款利率方面，印度则采取了逐步放松管制的做法。在存款利率方面的改革步骤为：（1）1992 年，印度储备银行废除了固定存款利率，中央银行只对所有存款规定一个最高的利率上限，商业银行可以在这一上限的规定下自由决定存款利率。（2）为扩大商业银行对存款利率的自主决定权，印度储备银行采取了不断调整存款利率上限的做法。（3）1995 年 10 月，印度取消了两年以上期限的存款利率上限。1996 年 7 月，一年以上期限的存款利率上限也被取消。（4）1997 年 10 月，印度完全放开了定期存款的利率。

印度在贷款利率方面的改革步骤则为：（1）1992 年，把贷款利率分成

六类，其中对贷款总额高于 20 万卢比的贷款只规定贷款利率水平的下限。在此下限基础上，商业银行可以根据风险大小自主决定贷款利率。（2）从 1994 年 10 月起，印度对超过 20 万卢比以上的贷款取消最低贷款利率水平的限制，商业银行可以自主决定贷款利率。同时，规定商业银行有权决定其基本贷款利率。

（五）建立规范的银行监管制度

在金融改革过程中，印度十分重视建立规范的银行监管制度。为此，印度对银行金融机构的设立与扩张进行严格的控制，新设一家银行乃至银行新设一家分支机构，都必须向印度储备银行提出申请，只有经过严格审查，才能发放许可证。印度储备银行对商业银行的贷款数量与质量进行严格的监管。同时，印度储备银行于 1991—1992 年度要求印度的所有商业银行实行统一的会计准则，以使银行的资产负债表能与国际标准接轨，要求商业银行对所有的问题资产及损失资产必须保持 100% 的准备金。印度储备银行还借鉴美国的经验，制定骆驼评级制度（CAMEL），以便通过资产与风险相匹配的方式，评价银行的经营业绩。此外，印度还完善存款保险制度，并修改相关法律，强化债权人保护机制，不断提高司法效率。[①]

（六）大力推进国债市场的发展

1991 年以后，为加快国债市场的发展，[②] 以推动利率的市场化，并以此推动金融市场的发展及改善中央银行的货币政策调节机制，印度对国债市场采取了一系列的改革措施。这主要包括：（1）通过拍卖方式确定政府证券利率；（2）切断通过发行国库券弥补财政赤字的机制；（3）引进一级交易商作为国债市场的做市商，允许商业银行开展一级交易商业务；

---

① 首先，进一步落实企业破产法。20 世纪 90 年代进行经济改革后，印度政府不仅停止接管病态的私营企业，而且逐渐减少对国有企业的保护。除了对一些经过挽救可能改善经营状况的国有企业实行资产重组并由银行注入资金帮助其继续生产经营外，对那些挽救无望的国有企业则让其按照破产程序实行破产处理，从而尽量减少银行对这类企业发放贷款所形成的呆账。

② 在 1991 年金融改革之前，印度的国债市场非常落后。国债市场实质上是印度储备银行弥补政府财政赤字的一种途径。同时，由于缺乏有效的市场规则以及其他基本制度安排，印度国债市场一直规模较小，交易十分平淡。

（4）建立券款交付（DVP）结算系统，提高政府债券交易的透明度；（5）不断扩大投资者的范围，吸引非银行金融机构参与国债的回购交易，同时也有条件地许可外国机构投资者投资政府债券；（6）不断增加国债市场的交易品种（包括 91 天国库券、零息债券、浮动利率债券、资本指数债券、利率期货、OTC 利率衍生工具等），等等。上述一系列改革措施，极大地推动了印度的国债市场的发展，并进而有效地推动了印度金融市场的发展及货币政策机制的完善。

（七）不断推进股票市场的改革

股票市场的发展既关系到印度的金融发展，同时又关系到印度市场机制的完善及经济的发展。为此，印度十分注重股票市场的改革，并也采取了一系列的改革措施：（1）在股票的一级市场上放松对股票发行的管制。1992 年，印度废除了 1947 年制订的《资本发行控制法案》，规定公司不需事先经过政府批准，只要公司有连续三年的红利分配记录，并取得印度证券交易委员会发放的批文后便可发行股票或可转让债券。1995 年，印度在新股发行定价方面又实行入标定价法（Book Building），[1] 从而提高了股票发行的效率。（2）在股票的二级交易市场上注重拓宽市场基础，提高市场流动性，加强风险管理。如实行"涨跌停"限制制度，以控制股票市场价格过度波动。1998 年，印度允许企业回购其股份，以改善股票市场的流动性，并增加投资者的财富。（3）实现股票市场的对外开放。1992 年，印度政府允许印度公司通过可转换债券向外国投资者发行股权证券，使外商可以直接投资于印度的公司证券。紧接着，又宣布向外国投资者开放其股票市场，允许外国机构投资者（FII）在印度股票市场投资，外国机构投资者[2]可自由进入本国一级或二级股票市场。（4）大力发展共同

---

[1]　入标定价法是美国式的定价方法，该方法是由包销商设定股价的上下限，然后由投资者填表认购，再以最多的投资者选择的价格作为最终定价。入标定价法的优点是由市场决定上市股价，可以避免价格超额逾百倍的情况出现。因为若股票受市场欢迎，上市公司可将股票上限提高，从而增加筹资金额。另一个好处是，既然市场已经决定了上市价格，暗盘买卖这些灰色市场活动的活跃程度便会大为降低，也间接减少了大户通过操纵暗盘市场而获利的机会。

[2]　但印度证监会对外国机构投资者的资格作了严格规定，外国投资者必须具有专业能力、财务实力、良好声誉、历史业绩并受注册地金融监管当局的严格监管，经印度证监会和印度储备银行批准后方可取得 FII 的资格。

基金（尤其是私营性质的共同基金）等机构投资者以加快股票市场的发展。（5）加强对股票市场的监管。印度于 1992 年初宣布印度证券交易委员会为资本市场的法定管理委员会。1995 年 10 月，印度又公布了《有价证券和交易委员会管理法》，规定了有价证券市场中欺骗和不公平交易的范围，并赋予印度证券交易管理委员会制止这些行为的权力。印度制定了严厉的信息披露准则和公司治理准则，以制止公司内部交易活动和价格欺诈行为，并依法严惩违规操作的机构和个人，从而保护中小投资者利益，并营造公平的投资环境。此外，印度还建立了场外交易市场，使小公司的股票能够进行交易，① 并允许公共基础设施和市政公司在股票市场上发行债务证券，等等。印度目前有 27 个股票市场（包括 2 家全国性的股票市场和 25 家地方性的股票市场），其中最重要的 2 家全国性股票交易所是孟买股票交易所和印度国家股票交易所，全国所有的 27 个股票市场都进行了计算机联网。印度的股票市场表现出相当的活力。

（八）逐步实行浮动汇率制度，并逐步实现卢比在经常项目下的可兑换

为实现印度经济的对外开放，促使印度经济与国际经济接轨，印度 1991 年开始进行汇率制度的改革，并逐步实现卢比在经常项目下的可兑换。这一改革采取了分阶段逐步推进的方式：（1）于 1991 年 7 月 1 日和 3 日分别将卢比贬值 9% 和 11%。1992—1993 年，印度实现了卢比在经常账户下的部分自由兑换。在改革的初始阶段，印度采用了双轨制的汇率制度作为过渡。在过渡期间，出口商必须将其外汇收入的 40% 按官方汇率出售给指定的交易商，余额则可以按市场汇率自由兑换。（2）1993 年，印度开始实行浮动汇率制度，② 并于 1994 年 8 月接受 IMF 的第八条款，实现卢比在经常项目下的可兑换。

---

① 这为创业者及那些具有高风险、高收益特征的中小创新型企业提供了融资渠道，从而在一定程度上刺激了印度知识密集型产业及高科技产业的发展。

② 按照 IMF 的划分标准，印度实行的是"未事先宣布路径的管理浮动汇率制度"，其特征有以下几点：第一，只要有必要，印度储备银行随时可以干预外汇市场，以防止汇率异常波动。第二，印度储备银行并不对汇率水平设定一个需要捍卫和追求的"固定"目标。第三，印度储备银行购买和出售外汇是通过几家银行来进行的，操作非常谨慎。第四，原则上，市场操作和汇率变动都应该是交易导向而非完全投机导向的。

在这一过程中，为加快外汇市场的发展，并通过市场机制对冲汇率波动所产生的风险，印度给予交易商更大的经营自由，允许投资者进行外汇的远期及期货交易，并逐步开放卢比—外汇的掉期交易，以及引入外汇期权、利率和货币掉期、利率期货等交易方式。放开这些交易方式，既有利于市场主体规避汇率风险，同时又有利于提高外汇市场的效率。当然，为保证经济的稳定，印度并不完全听任卢比汇率在市场上自由浮动，只要有必要，印度储备银行就会干预外汇市场，以防止汇率异常波动。印度储备银行干预汇率的目标是使卢比的汇率能够反映印度的经济基本面，并将汇率水平保持在能使经常项目赤字可持续的水平上。

（九）谨慎地开放资本账户

印度将资本账户的开放置于其他改革以及汇率制度改革之后，[①] 而且是在本国经济达到一系列前提条件下才开放资本账户的。这些前提条件分别是：（1）中央政府财政赤字占国内生产总值的比重下降到 3.5%；（2）平均通货膨胀率控制在 3%—5.5%；（3）银行体系的不良资产占总贷款的比重下降到 5%。印度资本账户开放方面最大的特点是资本账户的自由化与适当管制并举。在自由化方面，就商业或个人目的所涉及的绝大多数正当交易而言，卢比实现了可自由兑换。印度对资本账户交易的管制主要体现在两个方面：（1）为防范金融危机的发生，印度对短期的海外商业借款进行限制；（2）为有效地防止外汇市场的脆弱性，以避免短期资本的频繁流动对本国经济的冲击，印度对国内居民将其国内银行存款和闲置资产（比如房地产）转换成外币资产有一定的限制，同时对居民的国内存款兑换外币也施加一定的限制，[②] 等等。这些举措使得印度的资本账户开放得以平稳顺利的展开，资本账户的开放也极大地刺激了印度外汇市场的发展。

---

① Chakraborty（1999）在研究了阿根廷、智利及印度等国资本账户开放的经验后指出，资本账户开放应该放在所有改革的最后来进行。

② Komulainen 和 Lukkarila（2003）对 1980—2001 年间新兴市场国家 31 次金融危机的研究表明，以 FDI 为主的资本流入会降低金融危机发生的概率，而短期外债占 GDP 的比重越高，发生金融危机的概率越大。

二、印度 1997 年以后的经济及金融改革

1997 年亚洲金融危机之后，印度进一步加大了改革步伐，继续推进以"自由化、私有化、国际化"为核心的经济改革，其在金融领域里的改革措施主要包括：

（一）进一步推动印度金融业的对内和对外开放

在亚洲金融危机爆发以后，为增强本国金融业的国际竞争力，印度采取了进一步推动本国金融业对内和对外开放的措施，其中主要措施有：（1）放宽对私营银行的业务管制以不断拓宽私营银行的业务；（2）允许外资拥有印度商业银行最高达 74% 的股份；（3）允许外国公司及个人作为机构投资者对印度股市投资；（4）印度还允许业绩良好的印度公司在海外发行股票，并允许国内公司通过发行美国存托凭证（ADRs）、全球存托凭证（GDRs）、外币转换债券以及对外商业借款等在国际金融市场融资。

（二）加快公司债券市场的发展

1997 年亚洲金融危机的经验表明，由于相对银行融资而言，公司进行债券融资不但有利于完善公司的资本结构，而且有利于降低宏观经济遭受外部冲击的可能性。为此，在亚洲金融危机爆发后，印度还加快了公司债券市场的发展。2005 年，印度采取以下措施来加快债券市场的发展：①（1）在债券的一级发行市场上，印度采取了优化债券发行程序，缩短发行时间，削减发行成本，简化私募发行的相关规定，以及放宽银行发行债券的限制（即允许其发行超过 5 年的长期债券以及针对基础设施贷款的浮动利率债券）。（2）在债券的二级交易市场上，印度鼓励银行、外国机构投资者（FII）、养老金、保险公司等机构投资者参与公司债券市场的交易，并鼓励个人投资者通过共同基金参与公司债券市场的方法来加快债券市场的发展；（3）允许企业开展回购债券业务，逐步开展利率衍生产品交易。

---

① 由于印度的国债市场发展较好，并已形成了比较独立的收益率曲线，因此这就为印度公司债券市场的发展奠定了良好的基础。

（三）大力鼓励金融创新

为了给投资者提供有效的风险管理工具，从而提高本国金融体系应对或化解风险的能力，印度在亚洲金融危机爆发以后开始大力鼓励衍生金融工具（如指数期货、股票期货、指数期权和股票期权）的发展。为此，印度于2000年6月推出了股指期货，2001年6月推出了股指期权，2003年6月又推出了利率期货（短期国债期货和10年期国债期货）。

三、印度金融改革的成效

印度的金融改革有效地推动了印度的经济发展，见表4－12。

表4－12　印度的宏观经济指标：1992—2010年

	1992年	1993年	1994年	1995年	1996年	1997年	1998年	1999年	2000年	2001年
GDP 增长率(%)	5.48	4.77	6.65	7.57	7.56	4.05	6.19	7.39	4.03	5.22
人均 GDP 增长率(%)	3.53	2.84	4.75	5.67	5.68	2.26	4.38	5.58	2.30	3.53
人均 GDP（美元）	278.15	306.94	353.29	382.22	409.32	425.63	423.80	450.92	452.97	462.82
M2/GDP(%)	41.43	42.11	42.63	41.86	41.65	44.42	45.69	48.21	51.96	54.98
通货膨胀率（基于CPI,%）	11.79	6.36	10.21	10.22	8.98	7.16	13.23	4.67	4.01	3.68
现金盈余占GDP的比例(%)	-2.333	-3.95	-2.432	-2.206	-2.042	-2.823	-3.343	-3.342	-3.878	-4.417
商品和服务出口/GDP(%)	8.94	9.95	10.00	10.97	10.51	10.82	11.15	11.67	13.23	12.76
商品和服务进口/GDP(%)	9.7	9.93	10.31	12.16	11.68	12.07	12.83	13.61	14.15	13.65
经常账户平衡/GDP(%)	-1.827	-0.68	-0.518	-1.561	-1.534	-0.722	-1.658	-0.717	-1	0.295

续表

	1992 年	1993 年	1994 年	1995 年	1996 年	1997 年	1998 年	1999 年	2000 年	2001 年
资本账户净值（百万美元）	n. a.	n. a.	n. a.	n. a.	n. a.	n. a.	n. a.	n. a.	n. a.	n. a.
总储备（不包括黄金储备，十亿美元）	5.757	10.199	19.698	17.922	20.17	24.688	27.341	32.667	37.902	45.87
实际利率(%)	9.123	5.867	4.318	5.852	7.822	6.928	5.148	8.421	8.467	8.79
官方汇率（1 美元兑换）	25.918	30.493	31.374	32.427	35.433	36.313	41.259	43.055	44.942	47.186
外债总额/GNI(%)	37.088	34.188	31.192	27.017	24.674	23.247	23.934	22.181	22.021	20.827
政府收入① 占 GDP 的比例(%)	12.96	11.61	12.03	12.30	12.38	12.10	11.12	11.92	11.91	11.22
政府支出占 GDP 的比例(%)	15.29	15.32	14.77	14.41	14.25	14.77	14.58	15.08	15.69	15.79

	2002 年	2003 年	2004 年	2005 年	2006 年	2007 年	2008 年	2009 年	2010 年	
GDP 增长率(%)	3.77	8.37	8.28	9.32	9.27	9.82	4.93	9.10	9.72	
人均 GDP 增长率(%)	2.17	6.77	6.74	7.83	7.77	8.35	3.54	7.65	8.26	
人均 GDP（美元）	483.66	563.19	668.30	761.97	857.21	1104.59	1064.75	1195	1476.60	
M2/GDP(%)	59.03	60.36	58.97	60.13	61.45	64.54	69.92	70.99	69.59	
通货膨胀率（基于 CPI,%)	4.39	3.81	3.77	4.25	5.8	6.37	8.35	10.88	11.99	
现金盈余占 GDP 的比例(%)	-4.734	-3.477	-3.200	-3.179	-2.243	-0.470	-4.681	-4.890	n. a.	
商品和服务出口/GDP(%)	14.49	14.80	17.55	19.28	21.27	20.43	23.48	19.58	18.47	
商品和服务进口/GDP(%)	15.48	16.10	19.31	22.03	24.32	24.46	28.91	24.02	24.86	

续表

	2002 年	2003 年	2004 年	2005 年	2006 年	2007 年	2008 年	2009 年	2010 年
经常账户平衡/GDP(%)	1.392	1.463	0.108	-1.233	-0.977	-0.650	-2.552	-1.878	-2.995
资本账户净值(百万美元)	n. a.	n. a.	n. a.	n. a.	n. a.	n. a.	n. a.	n. a.	-1.306
总储备(不包括黄金储备,十亿美元)	67.665	98.938	126.593	131.924	170.738	266.988	247.419	265.182	275.277
实际利率(%)	7.824	7.631	2.037	6.307	4.485	6.873	6.203	4.320	n. a.
官方汇率(1 美元兑换)	48.610	46.583	45.316	44.100	45.307	41.349	43.505	48.405	45.726
外债总额/GNI(%)	20.807	19.794	17.123	14.462	16.815	16.516	18.577	18.217	17.123
政府收入[①]占GDP 的比例(%)	11.77	12.02	11.87	12.13	13.20	14.19	13.01	11.87	11.87
政府支出占GDP 的比例(%)	16.30	15.79	14.87	14.93	15.05	14.99	17.16	16.19	14.87

注：①这里的政府收入不包括援助收入。

资料来源：世界银行 WDI 数据库，http://ddp-ext. worldbank. org/ext/DDPQQ/member. do? method = getMembers&userid = 1&queryId = 6；世界银行 GEM 数据库，http://externalization. worldbank. org/external/default/main? theSitePK = 2880771&contentMDK = 21119307&menuPK = 2880787& PK = 64691875&pagePK = 64691887。

表 4 - 12 显示，自 1992 年到 1997 年，印度的 GDP 增长率年均达到 6%；自 1998 年到 2010 年，印度的 GDP 增长率年均则达到 7.34%。同时，印度所进行的金融改革也有效地促进了印度的金融发展，见表 4 - 13。

表 4 - 13　印度的金融发展指标：1992—2010 年

	1992 年	1993 年	1994 年	1995 年	1996 年	1997 年	1998 年	1999 年	2000 年	2001 年
金融深度（经济货币化程度）										
M2/GDP （%）	41.43	42.11	42.63	41.86	41.65	44.42	45.69	48.21	51.96	54.98
实际年利率 （%）	9.12	5.87	4.32	5.85	7.82	6.93	5.15	8.42	8.47	8.79

续表

	1992年	1993年	1994年	1995年	1996年	1997年	1998年	1999年	2000年	2001年
经济信用化程度										
净国内信贷（万亿卢比）	3.77	4.27	4.81	5.26	6.29	7.04	8.15	9.61	11.15	12.46
银行系统提供的国内信贷/GDP（%）	50.05	49.3	47.34	44.11	45.65	46.13	46.55	49.24	53.02	54.65
向私有部门提供的信贷/GDP（%）	24.98	24.11	23.92	22.77	23.68	23.84	23.96	25.89	28.85	29.08
总国内储蓄/GDP（%）	23.02	21.24	23.22	25.4	20.95	22.65	20.95	24.15	23.24	23.29
经济证券化										
上市公司总市值/GDP（%）	26.51	35.5	39.57	35.7	31.57	31.26	25.27	40.98	32.18	23.1
国内上市公司数目（家）	2781	3263	4413	5398	5999	5843	5860	5863	5937	5795
股票交易总值/GDP（%）	8.43	7.89	8.46	6.16	24.76	38.52	35.61	61.9	110.78	52.17
换手率（%）	36.71	26.71	24.23	17.21	76.98	126.10	126.89	192.43	306.50	192.91
银行体系效率和风险										
银行不良资产占总贷款比率（%）	n.a.	n.a.	n.a.	n.a.	n.a.	n.a.	n.a.	n.a.	12.8	11.4

	2002年	2003年	2004年	2005年	2006年	2007年	2008年	2009年	2010年
金融深度（经济货币化程度）									
M2/GDP（%）	59.03	60.36	58.97	60.13	61.45	64.54	69.92	70.99	69.59
实际利率（%）	7.82	7.63	2.04	6.31	4.49	6.87	6.20	4.32	n.a.
经济信用化程度									
净国内信贷（万亿卢比）	14.45	15.82	18.67	21.56	26.14	30.33	38.10	45.44	56.00
银行系统提供的国内信贷/GDP（%）	58.86	57.44	57.58	58.38	60.89	60.82	68.25	69.37	71.09
向私有部门提供的信贷/GDP（%）	32.81	32.06	35.57	39.41	43.23	44.82	48.95	46.77	48.99
总国内储蓄/GDP（%）	24.24	25.48	31.06	31.92	32.63	34.11	29.09	32.04	26.07

续表

	2002 年	2003 年	2004 年	2005 年	2006 年	2007 年	2008 年	2009 年	2010 年
经济证券化									
上市公司总市值/GDP（%）	25.83	46.56	53.75	66.31	86.08	146.42	53.18	85.41	93.46
国内上市公司数目（家）	5650	5644	4730	4763	4796	4887	4921	4955	4987
股票交易总值/GDP（%）	38.86	47.51	52.54	52.02	67.11	89.14	86.49	78.87	61.12
换手率（%）	163.31	138.89	113.68	92.23	93.08	83.97	85.19	119.35	75.62
银行体系效率和风险									
银行不良资产占总贷款比率（%）	10.4	8.8	7.2	5.2	3.3	2.5	2.3	2.3	n. a.

资料来源：世界银行发展指标数据库，http://ddp-ext. worldbank. org/ext/DDPQQ/showReport. do? method = showReport。

与许多发展中国家（或新兴市场国家）相比，印度的金融发展有以下两个特点：

（一）印度的金融市场（特别是股票市场）发展非常迅速

印度股票市场的发展水平在新兴市场国家中处于前列。印度全国共有23 个证券交易市场，23 家证券交易市场已全部实现了联网，完全实现了电子化交易，并在全国范围内形成了一个多层次的交易市场。在证券交易所上市的公司在 1 万家以上，其中最大的孟买证券交易所就有 5000 多家上市公司。由于印度的股票市场既对外资开放，又对内资开放，因此印度股票市场的投资者众多，境外战略投资者和私人共同基金成为印度股票市场最具活力的市场参与者。这为印度资本市场不断地注入新的流动性，印度股票市场的交易额在全球也居较前的位置。目前，印度股票市场已经逐渐成为外国机构投资者重点关注的对象，这反映出投资者对印度股票市场的发展持乐观的态度。

印度金融市场与全球流动性关系密切，这主要是因为：（1）印度经济高速发展与私营经济大量融资的需要使得金融市场对于资本的需求十分巨大，而印度国内的资本供给远远不能满足对资本的需求，迫切需要全球资本来补充，这就使得印度金融市场对全球流动性具有高度依赖性；（2）印度金融市场的自由化和开放程度较高，全球资本也乐于投资于印度金融市场。

（二）印度银行体系的坏账率较低，且利差不断缩小

由于印度经济的私有化程度或者民营化的程度比较高，印度商业银行的大量贷款投向了更高回报、呆坏账比率比较低的私营企业（包括大财团、中小企业等）及有创新精神的企业家，因此印度银行业的坏账率较低，且盈利率不断上升。2008 年印度银行业的坏账率只有 2.3%（不良贷款率的数据来源于 WDI）。表 4 - 14 显示，印度银行部门的 ROA（Return On Assets 的简写，即资产收益率）和 ROE（Rate of Return on Common Stockholders' Equity 的简写，即净资产收益率）不断上升，成本收益比不断下降。2009 年，印度银行体系的 ROA 和 ROE 分别为 1.3% 和 20.22%，成本收益比也下降到 42.35%。此外，由于印度商业银行的资产质量及效率不断提高，因而使商业银行的利差逐渐缩小，印度的银行存贷利差从利率市场化改革开始之初的 1990 年的 6.5% 减少至 2004 年的 4.92%（最低为 1995 年的 3.46%）。具体情况参见表 4 - 14。

表 4 - 14　印度银行体系的发展概况

单位:%

年份	管理费用	净息差	银行集中度	银行 ROA	银行 ROE	银行成本收益比
1992	2.94	3.37	42.25	-0.56	13.36	85.12
1993	2.74	3.42	41.43	-0.59	-3.47	73.46
1994	2.55	3.77	36.92	0.64	23.80	66.28
1995	2.82	3.93	37.25	0.58	-5.16	64.10
1996	2.61	3.61	35.90	0.92	16.48	61.20
1997	2.59	3.37	35.04	1.02	18.62	58.84
1998	2.80	3.08	35.28	0.66	11.24	64.30
1999	2.60	3.09	34.50	0.88	16.46	59.49
2000	2.56	3.21	34.72	0.52	8.37	59.97
2001	2.39	2.91	35.66	0.73	15.34	51.62
2002	2.31	3.03	34.98	0.83	17.37	47.75

	管理费用	净息差	银行集中度	银行 ROA	银行 ROE	银行成本收益比
2003	2.32	3.44	33.04	1.53	18.90	45.76
2004	2.26	3.30	33.87	0.79	10.16	53.32
2005	2.18	3.57	33.73	1.06	13.28	53.09
2006	1.92	3.53	32.87	1.05	15.71	50.08
2007	1.77	2.77	33.25	1.13	17.00	47.74
2008	1.61	2.11	33.64	1.21	18.45	45.17
2009	1.47	1.59	34.05	1.30	20.22	42.35

资料来源：金融结构数据库。

正是由于印度银行业的坏账率较低，银行业的效率不断提高，再加上印度所实行的"未事先宣布路径的管理浮动汇率制度"及在资本账户的开放上采取自由化与适当管制并举的策略，使得印度成功地应对了 20 世纪 90 年代两次金融危机（包括 1995 年墨西哥危机及 1997 年亚洲金融危机）的冲击。

四、印度金融发展的原因分析

印度金融发展的成效也是许多学者十分关注的问题。Narendra（2003）将印度金融开放的成功归因于：良好的宏观经济环境、稳健的金融部门改革和渐进的资本账户开放。Rathinam（2007）则认为：印度金融业的显著增长应该归因于法律制度的不断完善、产权保护和合同实施的逐步改进，以及金融管制的逐步放松。

基于对印度金融改革及金融发展的全面分析，可发现：印度金融发展较有成效的重要原因在于印度的金融体系在金融自由化改革过程中不断加大了对私人企业家的支持力度，这对培育印度的企业家精神，并通过企业家的创新活动来促进金融业的发展，并进而刺激经济增长起到了不可低估的作用。

印度目前众多的商业银行（包括外资银行）以及非银行金融机构（约有 47000 多家，这些非银行金融机构基本上都是私营的）为创业者和企业提供了较丰富的融资服务，印度的私人信贷占 GDP 的比率不断上升，这意味着，印度银行业的资金越来越多地流向私营企业，见图 4 - 4。

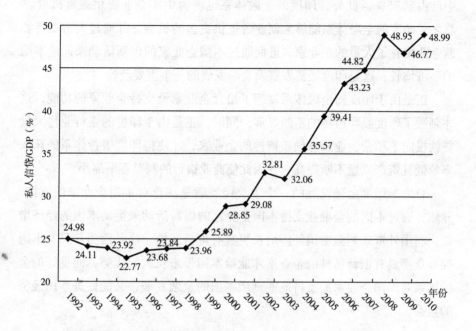

图 4 - 4　印度私人信贷占 GDP 的比例：1992—2010 年

资料来源：世界银行 WDI 数据库，http://ddp-ext. worldbank. org/ext/DDPQQ/member. do? method = getMembers&userid = 1&queryId = 6。

　　图 4 - 4 十分清楚地显示，印度的私人信贷占 GDP 的比率不断上升。同时，从印度的金融市场来看，印度的股票市场和债券市场虽然还不尽完善，但总体上能够大力支持私营企业的发展。孟买证券交易所是世界上最活跃的股市之一。印度的股票市场为企业家提供了便利的融资机会，允许小公司的股票在场外市场上交易为那些具有创新精神的企业家创造了发挥企业家才能的机会。这意味着，印度的金融业能够有效地发挥支持企业家进行创新活动的功能。

　　由于印度的金融体系注重支持本国的创业者及企业家，因此印度私营企业家的创新活动日益活跃，自由企业制度不断发展，使印度涌现了一批能与欧美公司竞争的世界级私营企业和企业家。一批新财团、跨国公司和世界级企业正在崛起。印度公司在信息软件产业和生物制药领域已出现了好几个世界顶尖企业，如软件业巨头 Infosys 和 Wipro、制药与生物技术公司 Ranbaxy 和 Dr. Reddy's Labs 等。[①] 印度私营企业的产值在国内生产总值中已占到 75%。此外，印度的金融体系也能为中小企业提供融资机会。[②]总之，印度的金融体系能够为创业者提供更多的机会，并通过大力支持私营企业培育了大量的企业家，进而通过本国企业家的创新活动来促进本国的经济增长，这是印度经济发展及金融发展的一个重要经验。[③]

正是由于印度的金融体系发挥了培育企业家及支持企业家的功能，这才刺激了印度股票市场的不断发展；同时，正是由于印度的银行业将大量贷款投向了私营企业及有创新精神的企业家，才使得印度银行体系的坏账率较低且资产质量不断提高，并因此使商业银行的利差逐渐缩小。

总之，印度金融发展的一个重要经验就是注重对本国企业家的支持。显然，通过本国的金融业支持本国企业家的创新活动来推动本国的经济增长比利用外资来刺激本国经济增长更具有可持续性。这是因为：只有本国拥有众多具有创新精神的企业家才能给本国带来长久的优势，而良好的金融体系对本国企业家的支持既能刺激本国的金融发展，又能促进本国经济的繁荣。

---

① 印度最著名的软件公司 Infosys（也可以说是全世界最大的软件公司）是由 7 个只有二十几岁的没有政府背景的年轻创业者于 20 世纪 90 年代初依靠从印度银行和股票市场上筹集的资金创建的。在当时，虽然这 7 个创业者所创办的 Infosys 没有多少固定资产，但该公司却成功地从印度的银行与股票市场获得了资金。当它的销售收入只有 10 万美元的时候，就能够从当时印度的银行获得 100 万美元的贷款。该公司于 1993 年孟买股票市场上市，成为第一批市场定价的公司。

② 有学者估计，印度的经济是由 450 万个企业家所驱动的。而根据世界银行的调查报告，中国 80% 以上的私营企业表示，获得贷款非常困难，这与俄罗斯、乌克兰的情况相似。而认为贷款非常困难的印度企业却只有 50%。另据 2002 年福布斯评选的世界最佳 200 小企业中，其中共有 13 家是印度的企业，而中国只有 4 家。

③ 美国麻省理工学院的黄亚生教授和印度出生的哈佛大学商学院的 Khanna 教授于 2003 年 7 月 2 日在《华尔街日报》发表了一篇引起广泛争议的文章，文章认为，尽管中国吸收的 FDI 已超过印度的 10 倍，且中国的国民储蓄率高达 GDP 的 40%，而印度的储蓄率只有 24%，但在过去 10 年中，中国的年经济增长率实际上大约为 7%，而印度的年增长率则为 6%。由此可见，印度的经济增长主要源于效率的提高。

第 五 章

非洲国家的金融改革

非洲位于亚洲的西南面，面积约 3020 万平方公里（包括附近岛屿），南北约长 8000 公里，东西约长 7403 公里。约占世界陆地总面积的 20.2%，仅次于亚洲，为世界第二大洲。非洲目前是世界上经济最不发达的地区，非洲国家不仅在制度上存在严重的缺陷，资本也极度稀缺。在 20 世纪 80 年代以前，为实现经济的迅速发展，绝大多数的非洲国家在独立以后实行了经济的"国有化"。从金融领域的情况来看，政府采取了干预及管制的政策，也形成一种典型的"金融压制"现象，结果导致非洲国家的金融体系不完善、金融部门的效率十分低下。到了 20 世纪 80 年代，不少非洲国家的金融业陷入困境，甚至爆发了严重的金融危机。基于此，从 20 世纪 80 年代中期起，非洲许多国家也开始进行经济结构改革，金融改革成为一项重要内容。

非洲国家金融改革的基本目标在于减少政府对金融业的过度干预，以充分发挥市场在资金配置中的作用，进而建立一个多样化的、竞争性的金融体系和活跃的金融市场。概括起来，非洲国家的金融改革主要包括以下方面：（1）改革银行体系，如对银行实行私有化改革，并对已存在的银行进行整顿，关闭破产的银行，增加新的金融机构；（2）加强对金融机构的监督与管理，增强中央银行的独立性；（3）提高利率，取消最高利率和最低利率限制，改变利率被人为压低的状况；（4）培育和发展金融市场。非洲国家特别注重证券市场的发展，1989 年以前，非洲 53 个国家中只有 7 个国家拥有证券交易所，截至 2003 年，非洲已有 18 个国家建立了证券交易所。以下分别介绍有关国家的金融改革，以分析总结国家金融改革的绩效及成败得失。

第一节　尼日利亚的金融改革及绩效

尼日利亚是西非古国，国土面积为 90 多万平方公里，是非洲第一人口大国。尼日利亚于 1960 年独立，在独立之前一直是英殖民地国家。因此，尼日利亚受西方国家的影响较大，目前在许多方面还沿袭西方国家的管理模式，其金融业具有非洲特色与西方模式相融合的两面性。一方面，尼日利亚的信用环境较差，金融业不良资产问题严重，从而严重制约了金融业的发展；另一方面，因受西方模式的影响，金融体系相对较完善，金融业的组织结构具有一定的先进性。在实行金融改革之前，尼日利亚对金融业同样也实行了"直接控制和过度干预"的政策，从而表现出明显的"金融压制"，这主要有：（1）严格控制存贷款利率，长期实行低利率甚至负利率政策，从而一方面挫伤了居民的储蓄积极性，另一方面又降低了投资效率，并进而阻碍了金融业的发展；（2）资金由政府计划分配，导致大量资金流向没有竞争力却得到政府高度保护的行业与部门，结果导致资源的不合理配置；（3）金融机构基本集中在城市，农村的金融服务极度缺乏，供给严重不足，因此一方面导致农村金融及经济的落后，另一方面又造成高利贷盛行于农村；（4）长期高估本币，结果一方面打击了本国的出口，并刺激了进口，从而导致经常账户的逆差，另一方面又导致外汇黑市猖獗，等等。总之，"金融压制"的结果是尼日利亚经济发展非常缓慢，自 20 世纪 60 年代独立以来，通货膨胀率长期在 12% 以上。

一、金融改革的实践及绩效

为改变本国金融业的落后状况并促进经济的增长，尼日利亚从 1986 年起开始实行金融自由化改革。尼日利亚的金融改革具有明显的阶段性：第一阶段从改革初到 20 世纪 90 年代初，以激进的市场化为特征；第二阶段从 1993 年到 2007 年，改革转向注重金融监管；第三阶段是从 2008 年爆发全球金融危机开始，尼日利亚进一步继续进行金融的市场化改革。

（一）以激进的市场化改革为特征的第一阶段金融改革

1. 尼日利亚的金融改革措施

尼日利亚第一阶段的金融改革目的非常明确，即要推进金融的自由化。因此，尼日利亚在第一阶段的金融改革过程中，基本上采取了激进的市场化改革方式，其改革内容与其他国家所实行的金融自由化改革内容基本相同，这主要包括：（1）成立独立的中央银行。尼日利亚于 1988 年将中央银行从财政部分离出来，成为独立的实体，专门制订及实施货币政策。（2）放开商业银行的利率，实行利率的市场化。尼日利亚在金融改革的开始阶段，就规定政府不再直接控制利率，而只是规定基准利率的最高限与最低限，在基准利率的高限及低限范围内，利率水平的高低由商业银行自行决定。而在改革开始的一年以后，尼日利亚完全放开了所有的利率，利率完全由市场决定。（3）减少对商业银行的指导性信贷。为提高资金的使用效率，减轻商业银行的负担，尼日利亚改变了以前实行的资金由政府计划分配的政策，给予商业银行一定的自主贷款权力，并不断减少享受政府信贷配给的产业或部门。（4）放宽金融机构进入门槛，实现商业银行的私有化，并鼓励外资银行的进入。1990 年开始，尼日利亚大力支持私人银行发展，宣布将政府在商业银行中所持有的股份转给私人，在这同时，尼日利亚还大力鼓励外资银行的进入。（5）不断加快外汇市场的改革步伐。尼日利亚外汇市场的市场化改革进程相当紧凑连贯，1986 年政府放弃汇率管制，开设了官方外汇市场之外的用于私营部门交易的第二外汇市场；1987 年 7 月则将官方外汇市场及私营部门交易的第二外汇市场加以合并；1988 年建成了统一的银行同业间外汇市场，1989 年建立交易局，以便专门为小额外汇使用者提供服务，其汇率由市场决定；1992 年 3 月 5 日，尼日利亚完全放弃了汇率管制。

2. 尼日利亚第一阶段金融改革的成效

第一阶段激进的金融自由化改革给尼日利亚的金融业带来了双重影响：一方面，尼日利亚的金融业在激进的金融自由化改革以后明显开始繁荣，这主要表现在：（1）金融机构的数量增长迅速。到 1991 年，国内银行数量从改革前的 40 多家增加到 120 多家。（2）商业银行的信贷配置更自由。到 1992 年，银行的贷存比则相比于改革之初的 74.01% 增加到 85.71%。

另一方面，激进式的金融自由化改革又造成以下问题：（1）由于尼日利亚在市场机制还不健全、微观经济基础还十分薄弱的情况下就放开了利率和汇率，因此导致许多新建立的商业银行不是通过为实体经济提供贷款而盈利，而是通过投机活动来盈利（如利用官方外汇市场与第二外汇市场间的价差进行投机活动以获利，等等）。结果，有相当一部分商业银行的风险资产规模过大，甚至濒临破产边缘。（2）利率上升过快。由于投机活动盛行，特别是由于进行外汇投机的资金需求不断上升，因而导致利率水平上升过快，而过高的利率水平又对尼日利亚的经济产生了不利的影响。如从 1986 年到 1993 年，尼日利亚的银行存款利率达到了 18%，这在一定程度上阻碍了实体经济部门的投资及经济增长。（3）由于汇率改革过于频繁，特别是 1992 年 3 月 5 日尼日利亚完全放弃了汇率管制，因此导致尼日利亚的货币奈拉大幅贬值，货币汇率贬值直接造成尼日利亚的物价水平不断攀升，从而出现严重的通货膨胀。1993 年和 1994 年这两年，尼日利亚的通货膨胀率都达到了 57%，1995 年则攀升到 72%，这就严重地恶化了尼日利亚的宏观经济运行状况。

（二）以加强金融监管为主线的第二阶段金融改革

尼日利亚在金融改革中之所以出现上述问题，表面上是因为自由化改革（特别是外汇体制的自由化改革）的速度太快、太激进所致，但实质上则是尼日利亚在进行激进的金融自由化改革之前，忽视了以下方面的制度建设：（1）忽视了法律体系的建设；（2）没有建立起公平竞争的市场机制；（3）没有建立合理的金融监管体制。为此，尼日利亚于 1993 年开始进行第二阶段的金融改革，试图解决以上问题。因此，在这一阶段，尼日利亚特别注重金融监管体制的建设，其举措主要有：

1. 健全银行体系

这主要表现在：（1）为增强商业银行抵御风险的能力，尼日利亚于 1993 年开始要求国内所有商业银行的资本金必须达到《巴塞尔协议》的最低要求。（2）规定严重亏损的银行必须消除呆账、停止从事外汇业务、不准提供新贷款、不能从事新的资本投资项目、不能出售或处理固定资产、禁止重估资产等。（3）对于濒临破产的国有商业银行，则要求其停业整顿，甚至是破产清算。（4）对国内商业银行实施大规模的重组。由于尼日利亚国内银行的规模普遍不大，过分依赖政府存款，竞争力不强。到2004年，尼日利亚中央银行宣布对国内89家商业银行实施大规模的重组，到2005年底，占整个市场存款份额93.5%的76家银行通过合并或收购的方式组成了25家新的商业银行，并从资本市场获得了4060亿奈拉的资金支持。仅占市场份额6.5%左右的余下13家商业银行则因为没能达到最低资本金要求而被关闭。改组后的尼日利亚银行有5家银行在2009年挺进了世界500强，16家商业银行在2010年进入非洲百强银行之列。（5）健全存款保险制度以保证金融体系的安全。为此，尼日利亚专门成立了"尼日利亚存款保险公司"以保护存款人的利益，并借此重振公众对银行体系的信心，以及监督与促使银行在保证存款安全的前提下进行经营活动。尼日利亚存款保险公司在银行破产时负责债务清偿，以保证金融秩序的稳定，等等。

2. 加强对利率和汇率的调控

由于在第一阶段的激进自由化改革过程中，尼日利亚剧烈波动的利率与汇率导致国内物价不断攀升，并造成市场的混乱，从而挫伤了民众的信心，因此从1994年起尼日利亚中央银行规定存贷利率波动的幅度最高不能超过21%。外汇由中央银行控制，并按部门定期分配外汇使用额度，兑换比率以中央银行的规定为准，居民所得外汇不能超过2500美元。

3. 加快资本市场的发展步伐

尼日利亚在第一阶段的金融自由化改革过程中较重视外汇市场的改革，而对其他金融市场的建设较为忽略，这在一定程度上形成金融体系的扭曲，并导致投机活动猖獗。为解决这一问题，尼日利亚自20世纪90年代以后，除了继续完善外汇市场，推行荷兰式拍卖体系，以缩小官方和黑市的汇差，解决尼日利亚长期存在的外汇短缺问题以外，还加快了资本市场的改革步伐。事实上，尼日利亚的股票市场成立很早，拉各斯股票所成立于1961年，后在1977年更名为尼日利亚证券交易所。由于尼日利亚在第一阶段的金融自由化改革过程中一直注重银行和汇率的改革，而忽视股票市场的作用，因此在相当的程度上影响了尼日利亚的金融发展与经济增长。到 1993 年以后，尼日利亚为加快资本市场（特别是股票市场）的发展，以完善金融体系并更有利地刺激经济增长，尼日利亚开始大力鼓励企业通过股市融资，并为此成立了多家股票交易中心，从而在一定程度上推动了资本市场的发展。不过，从总体来看，因政府管制过度等原因导致尼日利亚的股票市场规模过小、效率较低，也缺乏活力。

（三）进一步市场化的第三阶段金融改革

2008 年因美国次贷危机而引发的全球金融危机爆发以后，尼日利亚的金融业也遭到了沉重打击，银行业出现高额呆坏账，同时外国贷款锐减、国内股市动荡。2008 年，尼日利亚的股指跌幅 40%；汇率不断贬值，截至 2009 年 1 月 15 日，尼日利亚的货币奈拉对美元比价跌至 150 比 1。

但尽管如此，世界经济论坛（WEF）发布的《2009 金融发展报告》，对全球 55 个金融中心的金融稳定状况的调查分析指出，2009 年尼日利亚的金融稳定状况位列被调查国的第 29 位，优于英国的第 37 位。同时，尼日利亚在全球金融危机之后也没有停止金融改革的步伐。自 2009 年 7 月 13 日起，尼日利亚全面放开了外汇交易，恢复批发式外汇拍卖系统（WDAS），不再限制参加外汇拍卖活动的公司数量，允许公开拍卖交易的外汇用于其他用途等，同时鼓励银行间的外汇交易，以活跃外汇市场的供求。此外，尼日利亚在全球金融危机之后还改变了曾一度加强的对利率和汇率进行管制的做法，进一步放松了利率管制及汇率管制，重新开始让市场供求来决定利率及汇率，等等。

二、尼日利亚金融改革的经验教训

应该说，尼日利亚的金融改革基本上是沿着市场化改革的路径进行的，而且在改革过程中也强调要建立有效的金融体系体制。但是，尼日利亚的金融发展水平仍然很低，在世界经济论坛（WEF）的报告中，其金融发展指数仅为 2.71，在所调查的 55 个国家中位列倒数第三。由英国国际开发署支持的尼日利亚非政府组织发布的 2010 年度《尼日利亚金融服务调查报告》显示，在尼日利亚全国1.5亿总人口中，还有3920万成年公民从未接触过储蓄、贷款、保险、付款和养老金等金融服务。可见，尼日利亚的金融服务供给严重不足。而且，尼日利亚的货币化程度较低。同时，一直困扰尼日利亚的利率、汇率以及通货膨胀问题都没有得到根本扭转：存款利率长期维持在10%以上，奈拉的汇率在1998年以后急剧贬值，通货膨胀更是高企不下，这意味着尼日利亚的金融改革并没有达到有效地刺激金融发展及经济增长的目的。

尼日利亚的金融改革之所以没有达到有效地刺激金融发展及经济增长的目的，最根本的原因可能在于尼日利亚的金融体系对国内企业家的支持严重不足。这从表5-1中可以看出，在2007年之前，尼日利亚的银行业配置给非国有的私人部门的信贷额在GDP中所占比重在近半个世纪没有超过15%（2007年以后开始上升）。

表5-1　尼日利亚金融改革情况

年份	私人信贷占GDP的比例（%）	官方汇率（1美元兑换）	CPI（%）	存款年利率（%）	贷款年利率（%）
1970	4.92	0.714	13.76	3	7
1971	5.39	0.713	15.60	3	7
1972	6.14	0.658	3.46	3.04	7
1973	6.05	0.658	5.40	3	7
1974	4.70	0.630	12.67	3	7
1975	6.81	0.616	33.96	3	6.25
1976	7.62	0.627	24.3	2.67	6.5
1977	9.24	0.645	15.09	2.83	6
1978	10.99	0.635	21.71	4.15	6.75
1979	10.39	0.604	11.71	4.47	7.79
1980	12.23	0.547	9.97	5.27	8.43
1981	15.93	0.618	20.81	5.72	8.92
1982	18.51	0.673	7.70	7.6	9.54
1983	17.25	0.724	23.21	7.41	9.98
1984	16.34	0.767	17.82	8.25	10.24

续表

年份	私人信贷占GDP的比例（%）	官方汇率（1美元兑换）	CPI（%）	存款年利率（%）	贷款年利率（%）
1985	15.68	0.894	7.44	9.12	9.43
1986	20.54	1.755	5.72	9.24	9.96
1987	14.84	4.016	11.29	13.09	13.96
1988	13.18	4.537	54.51	12.95	16.62
1989	9.39	7.365	50.47	14.68	20.44
1990	9.41	8.038	7.36	19.78	25.30
1991	9.43	9.909	13.01	14.92	20.04
1992	12.03	17.298	44.59	18.04	24.76
1993	9.11	22.065	57.17	23.24	31.65
1994	11.49	21.996	57.03	13.09	20.48
1995	10.20	21.895	72.84	13.53	20.23
1996	8.93	21.884	29.27	13.06	19.84
1997	10.57	21.886	8.53	7.17	17.80
1998	12.94	21.886	10.00	10.11	18.18
1999	13.95	92.338	6.62	12.81	20.29
2000	12.46	101.697	6.93	11.69	21.27
2001	15.24	111.231	18.87	15.26	23.44
2002	13.04	120.578	12.88	16.67	24.77
2003	13.82	129.222	14.03	14.22	20.71
2004	13.14	132.888	15.00	13.7	19.18
2005	13.24	131.274	17.86	10.53	17.95
2006	13.18	128.652	8.24	9.74	16.90
2007	25.33	125.808	5.38	10.29	16.94
2008	33.91	118.546	11.58	11.97	15.48
2009	38.59	148.902	11.54	13.30	18.36
2010	29.43	150.298	13.72	n.a.	17.59

资料来源：世界银行WDI数据库，http://ddp-ext.worldbank.org/ext/DDPQQ/member.do?method=getMembers&userid=1&queryId=6。

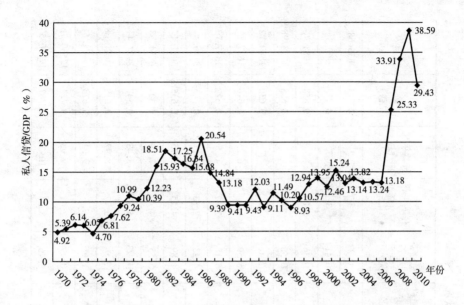

图 5 - 1　尼日利亚私人信贷占 GDP 比率

资料来源：世界银行 WDI 数据库，http://ddp-ext. worldbank. org/ext/DDPQQ/member. do? method = getMembers&userid = 1&queryId = 6。

由于尼日利亚的私人信贷占 GDP 的比率长期以来一直过低，这意味着该国的企业家长期以来很难得到金融支持，因此导致该国缺乏企业家，这就难以造就有竞争力的企业，不利于刺激该国实体经济部门的发展，结果导致该国的经济增长率相对较低（特别是在 2002 年以前），且波动较大（如多次出现负的经济增长）。而且，由于尼日利亚的金融业没有大力支持本国的企业家，也就难以为金融的发展奠定微观基础，这就制约了商业银行资产质量的提高及经营规模的不断扩大（因缺乏高质量的客户），并导致股票市场规模过小（因缺乏具有创新精神的企业家），这反过来造成尼日利亚的金融服务供给不足，等等。总之，尼日利亚金融改革不成功的根源在于尼日利亚的金融体系对国内企业家的支持严重不足。

表 5 - 2 尼日利亚的经济金融状况

年份	GDP增长率（%）	人均GDP（美元）	国际直接投资（净流入，百万美元）	证券投资（资产净值，百万美元）	M2/GDP（%）	CPI（%）	经常账户（十亿美元）	资本账户（百万美元）	总储备（十亿美元）	存款年利率（%）	贷款年利率（%）	官方汇率（1美元兑换）	外债总额（百万美元）
1970	25.01	218.73	205	na	9.16	13.76	na		0.2	3	7	0.714	836.68
1971	14.24	156.30	286	na	9.74	16.00	na		0.41	3	7	0.713	960.36
1972	3.36	203.92	305	na	10.18	3.46	na		0.36	3.04	7	0.658	1081.76
1973	5.39	245.67	373	na	10.51	5.40	na		0.56	3	7	0.658	1778.98
1974	11.16	392.13	257	na	10.11	12.67	na		5.6	3	7	0.630	1880.72
1975	-5.23	426.44	470.12	na	14.44	33.96	na		5.59	3	6.25	0.616	1687.17
1976	9.04	541.38	339	na	17.03	24.3	na		5.18	2.67	6.5	0.627	1337.79
1977	6.02	521.29	440.51	0	19.92	15.09	-1.02	0	4.23	2.83	6	0.645	3146.44
1978	-5.76	512.53	210.93	0	21.07	21.70925	-3.75	0	1.89	4.15	6.75	0.635	5091.17
1979	6.76	643.65	309.60	0	20.24	11.71	1.67	0	5.55	4.47	7.79	0.604	6244.58
1980	4.20	849.87	-738.87	0	24.11	9.97	5.18	0	10.23	5.27	8.43	0.547	8921.41
1981	-13.13	772.10	542.33	0	29.19	20.81	-6.47	0	3.9	5.72	8.92	0.618	11420.68
1982	-0.23	624.98	430.61	0	30.73	7.70	-7.28	0	1.61	7.6	9.54	0.673	11971.61
1983	-5.29	428.13	364.43	0	31.26	23.21	-4.33	0	0.99	7.41	9.98	0.724	17560.76
1984	-4.82	336.74	189.16	0	31.66	17.82	1.23	0	1.46	8.25	10.24	0.767	17770.53

续表

年份	GDP增长率（%）	人均GDP（美元）	国际直接投资（净流入，百万美元）	证券投资（资产净值，百万美元）	M2/GDP（%）	CPI（%）	经常账户（十亿美元）	资本账户（百万美元）	总储备（十亿美元）	存款年利率（%）	贷款年利率（%）	官方汇率（1美元兑换）	外债总额（百万美元）
1985	9.70	330.98	485.58	0	30.68	7.44	2.60	0	1.67	9.12	9.43	0.894	18643.26
1986	2.51	229.52	193.21	0	32.00	5.72	0.21	0	1.08	9.24	9.96	1.755	22211.93
1987	-0.70	259.41	610.55	0	24.11	11.29	-0.07	0	1.17	13.09	13.96	4.016	29021.38
1988	9.90	246.39	378.67	0	23.17	54.51	-0.30	-903.56	0.65	12.95	16.62	4.537	29621.03
1989	7.20	250.63	1884.25	0	18.19	50.47	1.09	-234.98	1.77	14.68	20.44	7.365	30122.00
1990	8.20	291.87	587.88	0	19.36	7.36	4.99	0	3.86	19.78	25.30	8.038	33438.92
1991	4.76	273.17	712.37	0	20.82	13.01	1.20	0	4.44	14.92	20.04	9.909	33527.21
1992	2.92	319.30	896.64	0	16.78	44.59	2.27	0	0.97	18.04	24.76	17.298	29018.71
1993	2.20	203.49	1345.37	0	16.93	57.17	-0.78	0	1.37	23.24	31.65	22.065	30735.62
1994	0.1	220.22	1959.22	0	18.81	57.03	-2.13	0	1.39	13.09	20.48	21.996	33092.29
1995	2.5	255.50	1079.27	0	14.81	72.84	-2.58	-46.27	1.44	13.53	20.23	21.895	34092.47
1996	4.3	313.44	1593.46	0	12.20	29.27	3.51	-52.54	4.08	13.06	19.84	21.884	31406.61
1997	2.7	314.30	1539.45	0	13.61	8.53	0.55	0	7.58	7.17	17.80	21.886	28454.87
1998	1.88	272.44	1051.33	na	16.89	10.00	-4.24	17.10	7.10	10.11	18.18	21.886	30294.50
1999	1.10	287.92	1004.92	na	19.08	6.62	0.51	13.20	5.45	12.81	20.29	92.338	29127.62

续表

年份	GDP 增长率（%）	人均 GDP（美元）	国际直接投资（净流入，百万美元）	证券投资（资产净值，百万美元）	M2/GDP（%）	CPI（%）	经常账户（十亿美元）	资本账户（百万美元）	总储备（十亿美元）	存款年利率（%）	贷款年利率（%）	官方汇率（1 美元兑换）	外债总额（百万美元）
2000	5.4	371.77	1140.14	na	18.56	6.93	7.43	32.68	9.91	11.69	21.27	101.697	31354.92
2001	3.1	378.83	1190.63	na	21.96	18.87	2.48	0	10.45	15.26	23.44	111.231	31041.59
2002	1.55	455.33	1874.04	na	20.10	12.88	1.08	0	7.33	16.67	24.77	120.578	30475.99
2003	10.3	508.44	2005.39	na	19.00	14.03	3.39	0.16	7.33	14.22	20.71	129.222	34617.04
2004	10.6	644.03	1874.03	na	16.69	15.00	16.84	0.27	16.96	13.7	19.18	132.888	37766.89
2005	5.4	802.79	4982.53	750.78	16.10	17.86	36.53	7335.57	28.28	10.53	17.95	131.274	22033.91
2006	6.2	1024.62	4854.42	1769.18	16.50	8.24	36.52	10555.64	42.3	9.74	16.90	128.652	7633.64
2007	6.45	1129.09	6034.97	1447.08	22.55	5.38	27.64	0	51.33	10.29	16.94	125.808	8628.10
2008	6	1374.69	8196.61	-953.74	30.09	11.58	28.08	0	53	11.97	15.48	118.546	11508.66
2009	7	1091.13	8554.84	487.28	38.12	11.54	13.15	0	44.76	13.30	18.36	148.902	7845.51
2010	7.85	1222.48	6048.56	2161.27	36.71	13.72	2.48	0	34.92	n. a.	17.59	150.298	n. a.

资料来源：世界银行 WDI 数据库，http://data.worldbank.org/sites/default/files/indicators/en/portfolio-investment-equity-bop-current-us-dollars_en.xls。

第二节　塞内加尔、埃及、加纳及
马拉维等国的金融改革

一、塞内加尔的金融改革

塞内加尔是非洲的一个农业国，位于非洲西部凸出部位的最西端，首都达喀尔。塞内加尔于 1960 年独立，其国土面积近 20 万平方公里。塞内加尔从独立后一直到 1973 年，都一直表现为典型的"金融压制"现象：（1）塞内加尔国内仅有 5 家银行。除首都达卡尔（Dakar）以外，其他地区很少有银行分支机构，使得银行体系缺乏竞争，导致金融服务的供给严重不足、效率十分低下。（2）不存在金融市场。（3）政府还对银行的经营活动进行干预，往往要求银行将资金贷给政府指定的特定部门或企业。[①]（4）政府采取人为压低利率的政策，使实际利率为负数。[②]（5）由于金融机构很少和利率过低，因此导致储蓄率很低，至 20 世纪 70 年代中期，平均储蓄率一直在 10% 左右。此外，由于塞内加尔独立后欧洲移民撤离，导致塞内加尔的金融深化率急剧下降，从 20 世纪 60 年代初期的 21% 急剧下降到 1966 年的 12.68%。

为加快本国的经济及金融发展，塞内加尔从 20 世纪 70 年代初期起开始进行金融改革，其措施主要包括：（1）关闭亏损的银行，对商业银行实行私有化改革。经过改革，所有商业银行的政府所有权降低到 25% 以下。[③]（2）减少政府对银行经营活动的干预，同时取消了政府对国有企业借款的担保。（3）逐步推进利率的市场化。（4）成立银行委员会来加强对银行的

---

①　尼尔斯·赫米斯、罗伯特·伦辛克主编：《金融发展与经济增长——发展中国家（地区）的理论与经验》，余昌森等译，经济科学出版社 2001 年版，第 86—89 页。

②　Kanhaya L. Gupta：《金融自由化的经验》，上海财经大学出版社 2002 年版，第 9—10 页。

③　尼尔斯·赫米斯、罗伯特·伦辛克主编：《金融发展与经济增长——发展中国家（地区）的理论与经验》，余昌森等译，经济科学出版社 2001 年版，第 228 页。

监管，等等。

　　塞内加尔进行金融改革的结果使得货币化程度有所提高。到 20 世纪 80 年代初，M2/GDP 增加到 30% 左右，银行数量从 1961 年的 5 家增加到 1986 年的 15 家，这意味着塞内加尔的"金融深化"取得了一定的进展。但是，由于在改革过程中货币的创造过多，且商业银行在缺乏有效的金融监管机制及政府管制情况下经营不规范，因此这次改革不但导致了通货膨胀，而且造成银行出现大量的不良资产。1987 年的银行部门审计结果显示，尼日利亚有 9 家国有及私有银行或金融机构处于破产边缘。为了挽救金融系统，塞内加尔于 1988 年制定和实施了银行重组及自由化法案，从而开始进行第二轮金融改革。特别值得一提的是，由于塞内加尔在新一轮的金融改革中，特别是在 1998 年以后的金融改革中，银行部门对私人部门的信贷有一定程度的增长。图 5－2 和表 5－3 显示，自 1998 年开始，塞内加尔的私人信贷占 GDP 的比率不断的稳步上升。这意味着，塞内加尔的金融业对企业家的支持力度不断地稳步加大，因而刺激了塞内加尔的经济在 1998 年以后稳步增长。但要注意的是，由于塞内加尔的私人信贷占 GDP 的比率过低，从未超过 30%，因此塞内加尔的经济增长并不稳定，人均 GDP 的增长率也不高。

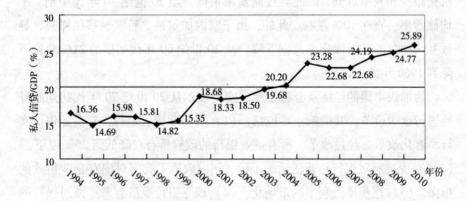

图 5－2　塞内加尔私人信贷占 GDP 的比率：1994—2010 年

　　资料来源：世界银行 WDI 数据库，http://ddp-ext. worldbank. org/ext/DDPQQ/member. do?
method = getMembers&userid = 1&queryId = 6。

表5－3　塞内加尔私人信贷占 GDP 的比率：1994—2010 年

年份	1994	1995	1996	1997	1998	1999	2000	2001	2002
私人信贷/GDP（%）	16.36	14.69	15.98	15.81	14.82	15.35	18.68	18.33	18.50
年份	2003	2004	2005	2006	2007	2008	2009	2010	
私人信贷/GDP（%）	19.68	20.20	23.28	22.68	22.68	24.19	24.77	25.89	

资料来源：世界银行 WDI 数据库，http://ddp-ext. worldbank. org/ext/DDPQQ/member. do? method = getMembers&userid = 1&queryId = 6。

表5－4　塞内加尔的宏观经济指标：1970—2009 年

	1970 年	1971 年	1972 年	1973 年	1974 年	1975 年	1976 年	1977 年	1978 年	1979 年	1980 年
GDP 增长率(%)	9	0	6	-6	4	8	9	-3	-4	7	-3
人均 GDP 增长率(%)	5	-3	3	-9	1	5	6	-5	-6	4	-6
人均 GDP(美元)	249.01	248.49	292.39	326.16	356.48	467.19	461.48	461.05	502.74	611.19	647.07
M2/GDP(%)	12	13	13	15	16	17	18	21	25	23	23
通货膨胀率(基于 CPI,%)	3	4	4	11	17	32	1	11	3	10	9
现金盈余占 GDP 的比例(%)	n.a.	n.a.	n.a.	n.a.	n.a.	n.a.	n.a.	n.a.	n.a.	n.a.	n.a.
商品和服务出口/GDP(%)	23	22	26	25	37	31	31	37	26	27	24
商品和服务进口/GDP(%)	26	28	29	32	41	35	37	44	37	35	38
经常账户平衡/GDP(%)	n.a.	n.a.	n.a.	n.a.	-4	-4	-4	-3	-9	-8	-11
资本账户净值(十亿美元)	n.a.	n.a.	n.a.	n.a.	n.a.	n.a.	n.a.	n.a.	n.a.	n.a.	n.a.
总储备(不包括黄金储备,十亿美元)	0.022	0.025	0.038	0.012	0.006	0.031	0.025	0.034	0.019	0.019	0.008
实际利率(%)	n.a.	n.a.	n.a.	n.a.	n.a.	n.a.	n.a.	4	5	2	3
存款年利率(%)	3	3	3	5.75	5.75	5.88	6	6	6	6	6.19

	1970 年	1971 年	1972 年	1973 年	1974 年	1975 年	1976 年	1977 年	1978 年	1979 年	1980 年
贷款年利率(%)	n.a.	n.a.	n.a.	n.a.	n.a.	n.a.	n.a	12	12	12	14.5
官方汇率(1 美元兑换)	n.a.	n.a.	n.a.	n.a.	n.a.	n.a.	n.a.	n.a.	n.a.	n.a.	n.a.
外债总额/GNI(%)	14	15	13	14	16	16	19	28	36	36	43
政府收入[①] 占 GDP 的比例(%)	n.a.	n.a.	n.a.	n.a.	n.a.	n.a.	n.a.	n.a.	n.a.	n.a.	n.a.
政府支出占 GDP 的比例(%)	n.a.	n.a.	n.a.	n.a.	n.a.	n.a.	n.a.	n.a.	n.a.	n.a.	n.a.

	1981 年	1982 年	1983 年	1984 年	1985 年	1986 年	1987 年	1988 年	1989 年	1990 年	1991 年
GDP 增长率(%)	5	8	−5	4	3	3	6	−1	4	−1	3
人均 GDP 增长率(%)	2	5	−8	1	0	0	3	4	1	−4	0
人均 GDP(美元)	571.43	544.15	471.87	447.05	475.29	652.60	761.9	731.12	699.13	789.43	752.81
M2/GDP(%)	23	23	25	24	22	22	22	22	22	23	23
通货膨胀率(基于 CPI,%)	6	17	12	12	13	6	−4	−2	0	0	−2
现金盈余占 GDP 的比例(%)	n.a.	n.a.	n.a.	n.a.	n.a.	n.a.	n.a.	n.a.	n.a.	n.a.	n.a.
商品和服务出口/GDP(%)	32	29	35	34	28	25	21	22	24	25	23
商品和服务进口/GDP(%)	52	43	52	49	39	33	29	30	31	32	31
经常账户平衡/GDP(%)	−15	−9	−11	−10	−12	−9	−9	−8	−7	−6	−7
资本账户净值(十亿美元)	n.a.	n.a.	n.a.	n.a.	0.09	0.10	0.12	0.15	0.15	0.17	0.17
总储备(不包括黄金储备,十亿美元)	0.009	0.011	0.012	0.004	0.005	0.009	0.009	0.01	0.019	0.011	0.013

续表

	1981 年	1982 年	1983 年	1984 年	1985 年	1986 年	1987 年	1988 年	1989 年	1990 年	1991 年
实际利率(%)	3	6	5	6	5	7	15	15	13	16	17
存款年利率(%)	6.25	7.75	7.5	7.25	7.25	6.08	5.25	5.25	6.42	7	7
贷款年利率(%)	14.5	16	14.5	14.5	14.5	13.5	13.5	13.58	15.13	16	16
官方汇率(1 美元兑换)	n.a.	n.a.	n.a.	n.a.	n.a.	n.a.	n.a.	n.a.	n.a.	272	282
外债总额/GNI(%)	54	62	78	85	90	80	83	82	70	68	66
政府收入[①]占 GDP 的比例(%)	n.a.	n.a.	n.a.	n.a.	n.a.	n.a.	n.a.	n.a.	n.a.	n.a.	n.a.
政府支出占 GDP 的比例(%)	n.a.	n.a.	n.a.	n.a.	n.a.	n.a.	n.a.	n.a.	n.a.	n.a.	n.a.

	1992 年	1993 年	1994 年	1995 年	1996 年	1997 年	1998 年	1999 年	2000 年	2001 年	2002 年
GDP 增长率(%)	1	1	0	5	2	3	6	3	3	5	1
人均 GDP 增长率(%)	-2	-2	-3	3	-1	1	3	4	1	2	-2
人均 GDP(美元)	781.19	717.48	476.13	583.00	589.61	530.17	559.83	555.93	493.57	499.81	532.15
M2/GDP(%)	24	22	19	20	20	21	20	21	23	24	25
通货膨胀率(基于 CPI,%)	0	-1	32	8	3	2	1	1	1	3	2
现金盈余占 GDP 的比例(%)	n.a.	n.a.	n.a.	n.a.	n.a.	n.a.	n.a.	-1	-1	-2	n.a.
商品和服务出口/GDP(%)	22	20	32	31	27	27	28	28	28	29	29
商品和服务进口/GDP(%)	31	29	39	37	33	34	34	35	37	38	39
经常账户平衡/GDP(%)	-7	-8	-5	-5	-4	-4	-5	-6	-7	-5	-6
资本账户净值(十亿美元)	0.18	0.15	0.22	0.21	0.17	0.10	0.10	0.10	0.08	0.15	0.13

续表

	1992 年	1993 年	1994 年	1995 年	1996 年	1997 年	1998 年	1999 年	2000 年	2001 年	2002 年
总储备(不包括黄金储备,十亿美元)	0.012	0.003	0.18	0.272	0.288	0.386	0.431	0.403	0.383	0.456	0.644
实际利率(%)	18	n.a.	n.a.	n.a.	n.a.	n.a.	n.a.	n.a.	n.a.	n.a.	n.a.
存款年利率(%)	7.75	3.5	3.5	3.5	3.5	3.5	3.5	3.5	3.5	3.5	3.5
贷款年利率(%)	16.75	n.a.	n.a.	n.a.	n.a.	n.a.	n.a.	n.a.	n.a.	n.a.	n.a.
官方汇率(1 美元兑换)	265	283	555	499	512	584	590	616	712	733	697
外债总额/GNI(%)	63	69	99	83	76	83	82	78	79	76	n.a.
政府收入[①]占 GDP 的比例(%)	n.a.	n.a.	n.a.	n.a.	15.22	15.85	15.50	16.00	16.88	16.84	n.a.
政府支出占 GDP 的比例(%)	n.a.	n.a.	n.a.	n.a.	n.a.	n.a.	n.a.	11.44	12.76	14.55	n.a.

	2003 年	2004 年	2005 年	2006 年	2007 年	2008 年	2009 年	2010 年
GDP 增长率(%)	7	6	6	3	5	3	2	4
人均 GDP 增长率(%)	4	3	3	0	2	1	0	1
人均 GDP(美元)	667.25	759.88	800.48	839.63	987.76	1120.72	1056.5	1041.85
M2/GDP(%)	28	32	33	34	34	33	35	38
通货膨胀率(基于 CPI,%)	0	1	2	2	6	6	-1	1
现金盈余占 GDP 的比例(%)	n.a.	n.a.	n.a.	n.a.	n.a.	n.a.	n.a.	n.a.
商品和服务出口/GDP(%)	27	26	27	26	25	26	24	25
商品和服务进口/GDP(%)	39	39	43	43	48	53	44	44
经常账户平衡/GDP(%)	-6	-6	-8	-9	-12	-14	n.a.	n.a.

续表

	2003 年	2004 年	2005 年	2006 年	2007 年	2008 年	2009 年	2010 年			
资本账户净值（十亿美元）	0.15	0.75	0.20	2.29	0.47	0.24	n. a.	n. a.			
总储备（不包括黄金储备，十亿美元）	1.11	1.37	1.19	1.33	1.66	1.60	2.12	2.05			
实际利率(%)	n. a.	n. a.	n. a.	n. a.	n. a.	n. a.	n. a.	n. a.			
存款利率（年%）	3.5	3.5	3.5	3.5	3.5	3.5	3.5				
贷款利率（年%）	n. a.	n. a.	n. a.	n. a.	n. a.	n. a.	n. a.				
官方汇率（1 美元兑换）	581	528	527	523	479	448	472	495			
外债总额/GNI（%）	65	49	45	21	23	21	27	n. a.			
政府收入[①]占 GDP 的比例(%)	n. a.	n. a.	n. a.	n. a.	n. a.	n. a.	n. a.				
政府支出占 GDP 的比例(%)	n. a.	n. a.	n. a.	n. a.	n. a.	n. a.	n. a.				

注：①这里的政府收入不包括援助收入。

资料来源：世界银行 WDI 数据库，http://ddp-ext. worldbank. org/ext/DDPQQ/member. do? method = getMembers&userid = 1&queryId = 6；世界银行 GEM 数据库，http://externalization. world-bank. org/external/default/main? theSitePK = 2880771&contentMDK = 21119307&menuPK = 2880787& PK =64691875&pagePK =64691887。

　　塞内加尔的金融改革实践说明：金融体系是否能大力支持具有创新精神的企业家是改革与增长能否取得成功的关键。

二、埃及的金融改革

　　埃及是世界文明古国，其国土面积有 100 多万平方公里，是阿拉伯世界中人口最多的国家。埃及在发展中国家属于中等发展水平，在非洲大陆中处于经济比较发达的国家，其金融业产生的时间比较早，发展水平也相对较高。但是，埃及在 1922 年之前，由于外国殖民者的入侵，导致国内出现了不少外国银行，并垄断着埃及的整个金融业。1953 年，埃及独立。从 1961 年起，埃及开始实施国有化，对工商业、银行、保险业、运输业和进出口贸易都实行国有化，在金融领域同样也实行了"金融压制"措施。

但经济国有化及"金融压制"的弊端越来越明显，因此从 1974 年开始，埃及开始实行"经济开放"政策，积极争取外援，大力引进外资，开发自由区和经济特区，发展私营企业。在金融领域也大力进行改革，其主要措施有：（1）放宽对私人银行的限制，允许外资银行在埃及设立分支机构；（2）允许商业银行自由经营，政府不再干预银行的贷款投向；（3）取消最高利率和最低利率的限制，实现利率的市场化；（4）为推动证券市场的发展，政府宣布出售国有企业的股票进行私有化改革，同时鼓励公司上市；（5）1997 年亚洲金融危机爆发之后，埃及开始加强中央银行对国有银行和私人银行的监督与管理，以保证国内金融机构和金融市场的稳定。

埃及所进行的金融改革对本国经济发展起到了一定的促进作用。首先是私人信贷占 GDP 的比率趋于上升，从而刺激了经济增长。其次是政府干预减少，市场机制开始在金融业中逐渐发挥作用，因而埃及金融业的竞争力有所提高，再次是证券市场的发展推动了埃及经济的市场化，等等。总之，从非洲有关国家的情况来看，埃及金融改革的成效相对较大。

图 5-3 埃及私人信贷占 GDP 的比率：1974—2010 年

资料来源：世界银行 WDI 数据库，http://ddp-ext. worldbank. org/ext/DDPQQ/member. do? method = getMembers&userid = 1&queryId = 6。

表 5 – 5　埃及私人信贷占 GDP 的比率：1974—2010 年

年份	1974	1975	1976	1977	1978	1979	1980	1981	1982	1983
私人信贷/GDP（%）	13.53	16.88	17.04	18.42	18.27	18.86	13.18	24.49	26.70	28.45
年份	1984	1985	1986	1987	1988	1989	1990	1991	1992	1993
私人信贷/GDP（%）	29.06	30.62	33.60	28.86	28.08	26.60	25.44	22.31	22.27	23.77
年份	1994	1995	1996	1997	1998	1999	2000	2001	2002	2003
私人信贷/GDP（%）	27.90	32.73	36.53	39.69	46.56	52.00	51.95	54.93	54.66	53.90
年份	2004	2005	2006	2007	2008	2009	2010			
私人信贷/GDP（%）	54.04	51.17	49.29	45.52	42.79	36.09	33.07			

表 5 – 6　埃及的宏观经济指标：1970—2010 年

	1970 年	1971 年	1972 年	1973 年	1974 年	1975 年	1976 年	1977 年	1978 年	1979 年	1980 年
GDP 增长率(%)	6	3	2	1	2	9	15	13	6	6	10
人均 GDP 增长率(%)	3	1	–0	–1	0	7	12	10	3	4	7
人均 GDP(美元)	213.86	224.92	233.23	250.38	229.64	285.01	325.6	348.79	345.98	413.27	509.70
M2/GDP(%)	34	33	35	37	41	42	41	43	48	47	52
通货膨胀率（基于 CPI,%）	4	3	2	5	10	10	10	13	11	10	21
现金盈余占 GDP 的比例(%)	n.a.	n.a.	n.a.	n.a.	n.a.	n.a.	n.a.	n.a.	n.a.	n.a.	n.a.
商品和服务出口/GDP（%）	14	14	13	14	21	20	22	22	22	30	31
商品和服务进口/GDP（%）	19	19	19	19	37	41	34	33	37	48	43
经常账户平衡/GDP(%)	n.a.	n.a.	n.a.	n.a.	n.a.	n.a.	n.a.	–6	–6	–8	–2
资本账户净值（百万美元）	n.a.	n.a.	n.a.	n.a.	n.a.	n.a.	n.a.	n.a.	n.a.	n.a.	n.a.
总储备(不包括黄金储备,十亿美元)	0.074	0.057	0.052	0.260	0.252	0.194	0.240	0.431	0.492	0.529	1.046

续表

	1970 年	1971 年	1972 年	1973 年	1974 年	1975 年	1976 年	1977 年	1978 年	1979 年	1980 年
实际利率(%)	n.a.	n.a.	n.a.	n.a.	n.a.	n.a.	-4	-1	-1	-8	-4
存款年利率(%)	n.a.	n.a.	n.a.	n.a.	n.a.	n.a.	3	4.67	5.88	7	8.33
贷款年利率(%)	n.a.	n.a.	n.a.	n.a.	n.a.	n.a.	8	8.83	10.17	12	13.33
官方汇率(1 美元兑换)	0.43	0.43	0.43	0.40	0.40	0.40	0.40	0.40	0.40	0.7	0.7
外债总额/GNL(%)	24	25	22	21	25	43	49	83	91	87	89
政府收入[①]占GDP的比例(%)	n.a.	n.a.	n.a.	n.a.	n.a.	n.a.	n.a.	n.a.	n.a.	n.a.	n.a.
政府支出占GDP的比例(%)	n.a.	n.a.	n.a.	n.a.	n.a.	n.a.	n.a.	n.a.	n.a.	n.a.	n.a.

	1981 年	1982 年	1983 年	1984 年	1985 年	1986 年	1987 年	1988 年	1989 年	1990 年	1991 年
GDP 增长率(%)	4	10	7	6	7	3	3	5	5	6	1
人均 GDP 增长率(%)	1	7	5	6	4	0	0	3	3	4	-1
人均 GDP(美元)	508.53	542.98	582.84	619.64	684.76	691.34	761.91	643.80	712.24	758.76	637.95
M2/GDP(%)	69	75	82	84	85	88	79	81	77	76	81
通货膨胀率(基于 CPI,%)	10	15	16	17	12	24	20	18	21	17	20
现金盈余占 GDP 的比例(%)	n.a.	n.a.	n.a.	n.a.	n.a.	n.a.	n.a.	n.a.	n.a.	-2	2
商品和服务出口/GDP(%)	33	27	25	22	20	16	13	17	18	20	28
商品和服务进口/GDP(%)	49	42	36	36	32	26	23	35	32	33	36
经常账户平衡/GDP(%)	-9	-7	-1	-6	-5	-4	0	-3	-3	5	9
资本账户净值(百万美元)	n.a.	n.a.	n.a.	n.a.	n.a.	n.a.	n.a.	n.a.	n.a.	10610	372

续表

	1981 年	1982 年	1983 年	1984 年	1985 年	1986 年	1987 年	1988 年	1989 年	1990 年	1991 年
总储备(不包括黄金储备,十亿美元)	0.716	0.698	0.771	0.736	0.792	0.829	1.378	1.263	1.520	2.684	5.325
实际利率(%)	14	5	6	3	5	2	-11	3	0	0	-13
存款年利率(%)	10	11	11	11	11	11	11	11	11.67	12	12
贷款年利率(%)	15	15	15	15	15	15	16.33	17	18.33	19	0
官方汇率(1 美元兑换)	0.7	0.7	0.7	0.7	0.7	0.7	0.7	0.7	0.9	1.6	3.1
外债总额/GNI(%)	102	115	115	113	115	124	110	132	117	79	89
政府收入[①]占GDP 的比例(%)	n.a.	n.a.	n.a.	n.a.	n.a.	n.a.	n.a.	n.a.	n.a.	22.97	29.72
政府支出占 GDP的比例(%)	n.a.	n.a.	n.a.	n.a.	n.a.	n.a.	n.a.	n.a.	n.a.	24.03	27.62

	1992 年	1993 年	1994 年	1995 年	1996 年	1997 年	1998 年	1999 年	2000 年	2001 年	2002 年
GDP 增长率(%)	4	3	4	5	5	5	4	6	5	4	2
人均 GDP 增长率(%)	3	1	2	3	3	4	2	4	4	2	0
人均 GDP(美元)	709.36	776.05	850.34	969.31	1071.44	1221.76	1298.88	1364.95	1475.84	1417.26	1251.89
M2/GDP(%)	78	81	80	76	75	72	73	74	73	78	83
通货膨胀率(基于 CPI,%)	14	12	8	16	7	5	4	3	3	2	3
现金盈余占 GDP的比例(%)	-1	4	3	3	-1	-2	n.a.	n.a.	n.a.	n.a.	-7
商品和服务出口/GDP(%)	28	26	23	23	21	19	16	15	16	17	18
商品和服务进口/GDP(%)	31	30	28	28	26	25	26	23	23	22	23
经常账户平衡/GDP(%)	8	5	0	0	0	-1	-3	-2	-1	0	1

续表

	1992 年	1993 年	1994 年	1995 年	1996 年	1997 年	1998 年	1999 年	2000 年	2001 年	2002 年
资本账户净值（百万美元）	n. a.	437	n. a.	n. a.	608	n. a.	n. a.	n. a.	n. a.	n. a.	n. a.
总储备（不包括黄金储备，十亿美元）	10. 810	12. 904	13. 481	16. 181	17. 40	18. 665	18. 124	14. 484	13. 118	12. 926	13. 242
实际利率(%)	0	9	7	5	8	4	9	12	8	11	10
存款年利率(%)	12	12	11. 83	10. 92	10. 54	9. 84	9. 36	9. 22	9. 46	9. 46	9. 33
贷款年利率(%)	20. 33	18. 30	16. 51	16. 47	15. 58	13. 79	13. 02	12. 97	13. 22	13. 29	13. 79
官方汇率(1 美元兑换)	3. 3	3. 3	3. 4	3. 4	3. 4	3. 4	3. 4	3. 4	3. 5	4. 1	4. 6
外债总额/GNI(%)	75	66	63	56	47	38	38	34	29	29	33
政府收入[①]占 GDP 的比例(%)	32. 65	34. 83	36. 91	34. 77	28. 66	26. 01	n. a.	n. a.	n. a.	n. a.	24. 35
政府支出占 GDP 的比例(%)	34. 94	31. 48	31	28. 13	26. 95	24. 23	n. a.	n. a.	n. a.	n. a.	27. 25

	2003 年	2004 年	2005 年	2006 年	2007 年	2008 年	2009 年	2010 年			
GDP 增长率(%)	3	4	4	7	7	7	7	5			
人均 GDP 增长率(%)	1	2	3	5	5	5	5	3			
人均 GDP(美元)	1159. 80	1082. 37	1208. 65	1422. 34	1695. 74	2079. 03	2370. 71	2698. 59			
M2/GDP(%)	88	90	92	91	88	84	80	76			
通货膨胀率(基于 CPI,%)	5	11	5	8	9	18	12	11			
现金盈余占 GDP 的比例(%)	−6	−6	−6	−7	−5	−6	−7	n. a.			
商品和服务出口/GDP(%)	22	28	30	30	30	33	25	21			
商品和服务进口/GDP(%)	24	30	33	32	35	39	32	28			

续表

	2003 年	2004 年	2005 年	2006 年	2007 年	2008 年	2009 年	2010 年			
经常账户平衡/GDP(%)	5	5	2	2	0	−1	−2	n. a.			
资本账户净值(百万美元)	n. a.	n. a.	−40	−36	1.9	0.5	−19	n. a.			
总储备(不包括黄金储备,十亿美元)	13.589	14.273	20.609	24.462	30.188	32.216	32.253	33.612			
实际利率(%)	6	2	7	5	0	0	3	1			
存款年利率(%)	8.23	7.73	7.23	6.02	6.1	6.58	9.46	n. a			
贷款年利率(%)	13.53	13.38	13.14	12.6	12.51	12.33	11.98	11			
官方汇率(1 美元兑换)	5.9	6.2	5.8	5.7	5.6	5.4	5.5	5.6			
外债总额/GNI(%)	37	40	34	28	26	20	18	n. a.			
政府收入①占GDP 的比例(%)	25.43	24.64	24.29	28.14	27.12	27.62	26.92	n. a.			
政府支出占 GDP 的比例(%)	27.33	26.89	27.39	32.76	29.34	30.32	30.08	n. a.			

注：①这里的政府收入不包括援助收入。

资料来源：世界银行 WDI 数据库，http://ddp-ext. worldbank. org/ext/DDPQQ/member. do? method = getMembers&userid = 1&queryId = 6；世界银行 GEM 数据库，http://externalization. world-bank. org/external/default/main? theSitePK = 2880771&contentMDK = 21119307&menuPK = 2880787&PK = 64691875&pagePK = 64691887。

三、加纳的金融改革

加纳是一个经济发展水平低下的非洲国家，其国土面积为 23 万多平方公里。自 20 世纪 60 年代加纳共和国成立以后，加纳经济一直处于衰退之中，而到 20 世纪 80 年代，加纳的经济状况变得更加糟糕，产出急速下降，通货膨胀率居高不下，财政赤字和经常账户的赤字骤增，经济陷入崩溃边缘,因而被视为是最不发达的国家之一。有鉴于此,加纳于 1983 年在国际货币基金组织的倡导下,开始实施"以振兴传统出口业和改革经济为主要内容的'经济复兴计划'"。

为贯彻"经济复兴计划",1988 年加纳政府对金融业进行了广泛的改革,其要点主要有:(1)进行银行的私有化改革,出售或转让以前由国家控股的商业银行的大部分股份;(2)加快私营商业银行的发展,使私营银行成为银行体系的主体;(3)减少政府对金融业的干预,废除政府对银行信贷的直接控制,并取消对某些部门或企业的优惠贷款,使银行金融机构能够按照市场规则自由经营,同时鼓励国内银行向海外拓展;(4)取消利率管制,实现利率的市场化,等等。[①] 加纳所进行的金融改革也取得了较明显的成效。

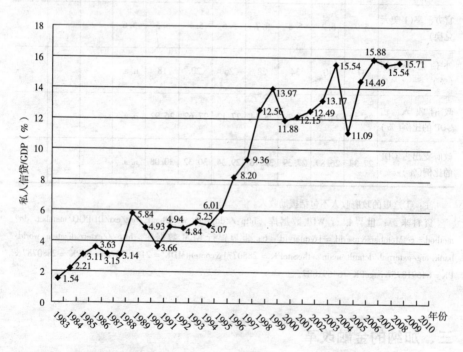

图 5-4 加纳私人信贷占 GDP 的比率:1983—2006 年

资料来源:世界银行 WDI 数据库,http://ddp-ext. worldbank. org/ext/DDPQQ/member. do? method = getMembers&userid = 1&queryId = 6。

---

① Kanhaya L. Gupta 编:《金融自由化的经验》,上海财经大学出版社 2002 年版,第 26 页。

表 5 - 7　加纳私人信贷占 GDP 的比率：1983—2006 年

年份	1983	1984	1985	1986	1987	1988	1989
私人信贷/GDP（%）	1.54	2.21	3.11	3.63	3.15	3.14	5.84
年份	1990	1991	1992	1993	1994	1995	1996
私人信贷/GDP（%）	4.93	3.66	4.94	4.84	5.25	5.07	6.01
年份	1997	1998	1999	2000	2001	2002	2003
私人信贷/GDP（%）	8.20	9.36	12.56	13.97	11.88	12.15	12.49
年份	2004	2005	2006	2007	2008	2009	2010
私人信贷/GDP（%）	13.17	15.54	11.09	14.49	15.88	15.54	15.71

资料来源：世界银行 WDI 数据库，http://ddp-ext.worldbank.org/ext/DDPQQ/member.do?method=getMembers&userid=1&queryId=6。

表 5 - 8　加纳的宏观经济指标：1983—2010 年

	1983 年	1984 年	1985 年	1986 年	1987 年	1988 年	1989 年
GDP 增长率（%）	-5	9	5	5	5	6	5
人均 GDP 增长率（%）	-8	5	2	2	2	3	2
人均 GDP（美元）	336.99	354.05	349.93	431.88	372.09	370.78	364.7
M2/GDP（%）	10	10	11	11	12	12	14
通货膨胀率（基于 CPI，%）	123	40	10	25	40	31	25
现金盈余占 GDP 的比例（%）	n.a.	n.a.	n.a.	n.a.	n.a.	n.a.	n.a.
商品和服务出口/GDP（%）	6	8	11	17	20	18	17
商品和服务进口/GDP（%）	6	11	14	20	26	24	24
经常账户平衡/GDP（%）	-4	-1	-3	-1	-2	-1	-2
资本账户净值（百万美元）	-1.9	0	-0.3	-0.5	-0.6	-0.7	-0.8
总储备（不包括黄金储备，十亿美元）	0.145	0.302	0.479	0.513	0.195	0.221	0.347

	1983 年	1984 年	1985 年	1986 年	1987 年	1988 年	1989 年
实际利率（%）	-47	-10	0	-15	-10	-6	n. a.
存款年利率（%）	11.50	15.00	15.75	17.00	17.58	16.50	0
贷款年利率（%）	19.00	21.17	21.17	20.00	25.50	25.58	n. a.
官方汇率（1 美元兑换）	0.0008825	0.003597	0.005434	0.008916	0.015365	0.020224	0.026985
外债总额/GNI（%）	41	45	51	49	67	60	64
政府收入①占 GDP 的比例（%）	n. a.	n. a.	n. a.	n. a.	n. a.	n. a.	n. a.
政府支出占 GDP 的比例（%）	n. a.	n. a.	n. a.	n. a.	n. a.	n. a.	n. a.

	1990 年	1991 年	1992 年	1993 年	1994 年	1995 年	1996 年
GDP 增长率（%）	3	5	4	5	3	4	5
人均 GDP 增长率（%）	0	2	1	2	0	1	2
人均 GDP（美元）	397.88	433.72	409.6	370.41	328.64	379.92	397.35
M2/GDP（%）	13	13	17	17	19	18	18
通货膨胀率（基于 CPI，%）	37	18	10	25	25	59	47
现金盈余占 GDP 的比例（%）	n. a.	n. a.	n. a.	n. a.	n. a.	n. a.	n. a.
商品和服务出口/GDP（%）	17	17	17	20	25	24	32
商品和服务进口/GDP（%）	26	26	29	36	37	33	40
经常账户平衡/GDP（%）	-4	-4	-6	-9	-5	-2	-4
资本账户净值（百万美元）	-0.5	-0.9	-0.1	-0.1	-0.1	0	0
总储备（不包括黄金储备，十亿美元）	0.219	0.550	0.32	0.41	0.58	0.70	0.83
实际利率（%）	n. a.	n. a.	n. a.	n. a.	n. a.	n. a.	n. a.
存款年利率（%）	0	21.32	16.32	23.63	23.15	28.73	34.50

续表

	1990 年	1991 年	1992 年	1993 年	1994 年	1995 年	1996 年
贷款年利率（%）	n. a.	n. a.	n. a.	n. a.	n. a.	n. a.	n. a.
官方汇率（1 美元兑换）	0.033	0.037	0.044	0.065	0.096	0.120	0.164
外债总额/GNI（%）	65	64	67	78	96	87	85
政府收入[①]占 GDP 的比例（%）	12.47	14.60	11.90	16.98	n. a.	n. a.	n. a.
政府支出占 GDP 的比例（%）	n. a.	n. a.	n. a.	n. a.	n. a.	n. a.	n. a.
	1997 年	1998 年	1999 年	2000 年	2001 年	2002 年	2003 年
GDP 增长率（%）	4	5	4	4	4	5	5
人均 GDP 增长率（%）	2	2	2	1	2	2	3
人均 GDP（美元）	385.55	408.84	411.94	259.71	270.43	306.23	369.91
M2/GDP（%）	20	21	22	23	26	29	28
通货膨胀率（基于 CPI，%）	28	15	12	25	33	15	27
现金盈余占 GDP 的比例（%）	n. a.	n. a.	n. a.	−7	−5	−4	
商品和服务出口/GDP（%）	32	34	32	49	45	43	41
商品和服务进口/GDP（%）	53	47	50	67	65	55	57
经常账户平衡/GDP（%）	−6	−7	−13	−8	−6	−1	1
资本账户净值（十亿美元）	0.00	0.00	0.00	0.00	0.00	73.3	154.31
总储备（不包括黄金储备，十亿美元）	0.538	0.377	0.454	0.232	0.298	0.54	1.353
实际利率（%）	n. a.	n. a.	n. a.	n. a.	n. a.	n. a.	n. a.
存款年利率（%）	35.76	32.05	23.56	28.60	30.85	16.21	14.32
贷款年利率（%）	n. a.	n. a.	n. a.	n. a.	n. a.	n. a.	n. a.
官方汇率（1 美元兑换）	0.2	0.2	0.3	0.6	0.7	0.8	0.9

续表

	1997 年	1998 年	1999 年	2000 年	2001 年	2002 年	2003 年
外债总额/GNI（%）	85	86	85	127	122	115	101
政府收入[①]占 GDP 的比例（%）	n. a.	n. a.	n. a.	n. a.	18.11	18.01	19.77
政府支出占 GDP 的比例（%）	n. a.	n. a.	n. a.	n. a.	18.71	20.03	22.02

	2004 年	2005 年	2006 年	2007 年	2008 年	2009 年	2010 年
GDP 增长率（%）	6	6	6	6	8	5	7
人均 GDP 增长率（%）	3	3	4	4	6	2	4
人均 GDP（美元）	420.07	495.4	919.61	1084.54	1226.22	1098.43	1283.46
M2/GDP（%）	29	29	20	22	24	26	27
通货膨胀率（基于 CPI，%）	13	15	11	11	17	19	11
现金盈余占 GDP 的比例（%）	-1	-1	-4	-5	-6	-6	n. a.
商品和服务出口/GDP（%）	39	36	25	25	25	31	25
商品和服务进口/GDP（%）	60	62	41	41	44	41	38
经常账户平衡/GDP（%）	-7	-10	-5	-9	-12	-6	-9
资本账户净值（百万美元）	251.04	331.21	229.94	188.14	463.31	563.89	337.50
总储备（不包括黄金储备，十亿美元）	1.627	1.753	2.09	n. a.	n. a.	n. a.	n. a.
实际利率（%）	n. a.	n. a.	n. a.	n. a.	n. a.	n. a.	n. a.
存款利率（年%）	13.62	10.16	8.89	8.90	11.29	17.06	
贷款利率（年%）	n. a.	n. a.	n. a.	n. a.	n. a.	n. a.	n. a.
官方汇率（1 美元兑换）	0.9	0.9	0.9	0.9	1.1	1.4	1.4
外债总额/GNI（%）	81	64	25	30	30	37	
政府收入[①]占 GDP 的比例（%）	23.71	23.69	13.59	15.67	15.69	15.31	n. a

续表

	2004 年	2005 年	2006 年	2007 年	2008 年	2009 年	2010 年
政府支出占 GDP 的比例（%）	23.48	22.75	15.62	17.87	20.55	17.90	n.a

注：①这里的政府收入不包括援助收入。

资料来源：世界银行 WDI 数据库，http://ddp-ext. worldbank. org/ext/DDPQQ/member. do? method = getMembers&userid = 1&queryId = 6；世界银行 GEM 数据库，http://externalization. world-bank. org/external/default/main? theSitePK = 2880771&contentMDK = 21119307&menuPK = 2880787& PK = 64691875&pagePK = 64691887。

由于金融业对企业家的支持力度不断增加，因此推动了加纳经济的不断增长。1994 年，加纳被联合国取消了最不发达国家的称号。进入 21 世纪以后，加纳经济运行势头良好，经济增长强劲，属于非洲地区特别是西非地区经济发展较好的国家之一。

四、马拉维的金融改革

马拉维处于南撒哈拉沙漠地区，其国土面积为 11 万多平方公里。马拉维于 1964 年宣布独立，1966 年成立马拉维共和国。马拉维是一个农业国，被联合国宣布为世界上最不发达的国家之一。

进行金融改革之前的马拉维与其他非洲国家一样，都存在着经济的国有化及"金融压制"现象（Johnston 和 Brekk，1991；Montiel，1994）。由于"金融压制"的存在，马拉维在进行金融改革之前，其金融体系呈现以下状况：（1）金融机构很少，国内仅仅只有 2 家商业银行、2 家租赁金融机构、1 家储蓄银行和 1 家建房互助协会（Chirwa，2001）；（2）政府对金融机构的信贷活动进行严格的控制；（3）缺乏资本市场；（4）对利率进行管制，存款利率由马拉维中央银行规定，贷款利率则由政府规定了上限，以保证国有企业能在政府的干预下获得廉价资金；（5）对资本账户进行管制，等等。

在 Mckinnon 和 Shaw 的金融深化理论影响下，马拉维于 1987 年开始进行金融改革，马拉维金融改革的特点是比较强调在法律制度的框架下改革金融部门和金融体系，其措施主要有：（1）降低金融市场的准入条件，允

许成立更多的金融机构。（2）进行利率市场化改革。在非洲国家，马拉维
的利率市场化改革较有特色。马拉维采取了渐进的方式分四个步骤进行利
率的市场化改革：第一步是于 1987 年 7 月决定商业银行可以自主决定其贷
款利率，第二步是于 1988 年 4 月决定解除对存款利率的管制，第三步是取
消对某些部门（如农业部门）所实行的优惠贷款利率，第四步是于 1990
年 5 月实现所有利率的市场化。（3）建立相对独立的中央银行制度，实行
间接的宏观调节（Mehran 等，1998）①，等等。总的来看，马拉维的金融
改革取得了一定的成效。

表 5-9　马拉维的宏观经济指标：1983—2010 年

	1986 年	1987 年	1988 年	1989 年	1990 年	1991 年	1992 年	1993 年	1994 年
GDP 增长率(%)	0	2	3	1	6	9	-7	10	-10
人均 GDP 增长率(%)	-5	-4	-3	-4	2	6	-8	9	-11
人均 GDP(美元)	154.51	145.55	160.15	175.69	200.49	229.93	185.87	212.99	120.94
M2/GDP(%)	20	22	21	19	18	17	20	18	22
通货膨胀率(基于 CPI, %)	14	25	34	12	12	13	24	23	35
现金盈余占 GDP 的比例(%)	n. a.	n. a.	n. a.	n. a.	n. a.	n. a.	n. a.	n. a.	n. a.
商品和服务出口/GDP(%)	23	25	23	19	24	23	23	16	30
商品和服务进口/GDP(%)	25	28	33	35	33	29	42	32	62
经常账户平衡/GDP(%)	-7	-5	-6	-3	-5	-10	-16	-8	-15
资本账户净值(十亿美元)	n. a.	n. a.	n. a.	n. a.	n. a.	n. a.	n. a.	n. a.	n. a.
总储备(不包括黄金储备,十亿美元)	0.025	0.052	0.146	0.100	0.137	0.153	0.04	0.057	0.043

---

① Mehran,H.,P. Ugolini,J. P. Briffaux,G. Iden,T. Lybek,S. Swaray, and P. Hayward,1998,"Fi-
nancial Sector Developments in Sub-Saharan African Countries",IMF Occasional Paper, No. 169(Washing-
ton:International Monetary Fund).

续表

	1986 年	1987 年	1988 年	1989 年	1990 年	1991 年	1992 年	1993 年	1994 年
实际利率(%)	5	2	-7	0	9	8	8	1	4
存款年利率(%)	12.75	14.25	13.50	12.75	12.10	12.50	16.50	21.75	25.00
贷款年利率(%)	19.00	19.50	22.25	23.00	21.00	20.00	22.00	29.50	31.00
官方汇率(1 美元兑换)	1.86	2.21	2.56	2.76	2.73	2.80	3.60	4.40	8.74
外债总额/GNI(%)	103	121	102	91	85	77	97	90	177
	1995 年	1996 年	1997 年	1998 年	1999 年	2000 年	2001 年	2002 年	2003 年
GDP 增长率(%)	17	7	4	4	3	2	-5	2	6
人均 GDP 增长率(%)	15	5	1	1	0	-1	-7	-1	3
人均 GDP(美元)	141.40	226.50	258.10	164.96	162.60	155.27	148.88	225.23	199.64
M2/GDP(%)	16	14	13	15	14	15	17	12	14
通货膨胀率(基于 CPI, %)	83	38	9	30	45	30	23	15	10
现金盈余占 GDP 的比例(%)	n.a.	n.a.	n.a.	n.a.	n.a.	n.a.	n.a.	n.a.	n.a.
商品和服务出口/GDP(%)	30	23	21	33	28	26	28	21	27
商品和服务进口/GDP(%)	48	32	34	38	43	35	39	34	41
经常账户平衡/GDP(%)	-6	-6	-10	0	-9	-4	-3	-8	n.a.
资本账户净值(十亿美元)	n.a.	n.a.	n.a.	n.a.	n.a.	n.a.	n.a.	n.a.	n.a.
总储备(不包括黄金储备,十亿美元)	0.11	0.22	0.14	0.26	0.25	0.24	0.20	0.16	0.12
实际利率(%)	-17	-5	6	15	10	17	24	-7	36
存款年利率(%)	37.27	26.33	10.21	19.06	33.21	33.25	34.96	28.08	25.12
贷款年利率(%)	47.33	45.33	28.25	37.67	53.58	53.13	56.17	50.54	48.92
官方汇率(1 美元兑换)	15.28	15.31	16.44	31.07	44.09	59.54	72.20	76.69	97.43
外债总额/GNI(%)	166	103	85	143	158	158	154	110	130

续表

	2004 年	2005 年	2006 年	2007 年	2008 年	2009 年	2010 年	
GDP 增长率(%)	6	3	6	9	8	7	6	
人均 GDP 增长率(%)	3	0	3	5	4	4	3	
人均 GDP(美元)	210.47	214.89	236.22	254.49	290.90	327.34	342.68	
M2/GDP(%)	14	15	14	15	20	23	n.a.	
通货膨胀率(基于 CPI, %)	11	15	14	8	9	8	7	
现金盈余占 GDP 的比例(%)	n.a.	n.a.	n.a.	n.a.	n.a.	n.a.	n.a.	
商品和服务出口/GDP(%)	25	24	23	27	30	30	26	
商品和服务进口/GDP(%)	43	52	47	35	47	38	36	
经常账户平衡/GDP(%)	n.a.	n.a.	n.a.	n.a.	n.a.	n.a.	n.a.	
资本账户净值(十亿美元)	n.a.	n.a.	n.a.	n.a.	n.a.	n.a.	n.a.	
总储备(不包括黄金储备,十亿美元)	0.13	0.16	0.13	0.22	0.24	0.15	n.a.	
实际利率(%)	19	20	10	18	15	16	16	
存款年利率(%)	13.73	10.92	11.00	5.97	3.5	3.5	n.a.	
贷款年利率(%)	36.83	33.08	32.25	27.72	25.28	25.25	24.63	
官方汇率(1 美元兑换)	108.90	118.42	136.01	139.96	140.52	141.17	150.49	
外债总额/GNI(%)	133	113	28	23	24	25	n.a.	

资料来源:世界银行 WDI 数据库,http://ddp-ext.worldbank.org/ext/DDPQQ/member.do? method = getMembers&userid = 1&queryId = 6;世界银行 GEM 数据库, http://externalization.worldbank.org/external/default/main? theSitePK = 2880771&contentMDK = 21119307&menuPK = 2880787&PK = 64691875&pagePK = 64691887。

表 5-10 马拉维私人信贷占 GDP 的比率:1986—2010 年

年份	1986	1987	1988	1989	1990	1991	1992	1993	1994	1995	1996	1997	1998
私人信贷/GDP (%)	12.90	9.81	8.15	9.56	10.95	11.55	14.69	9.39	12.56	6.50	4.51	4.29	7.11

续表

年份	1999	2000	2001	2002	2003	2004	2005	2006	2007	2008	2009	2010
私人信贷/GDP（%）	7.96	9.08	8.42	5.80	5.46	6.04	7.91	8.83	10.88	11.90	14.24	7.91

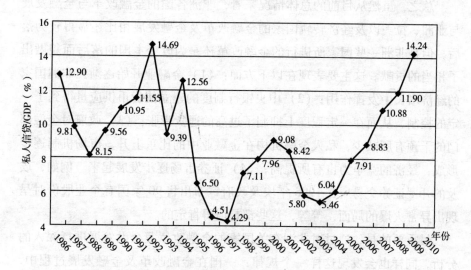

图 5 – 5　马拉维私人信贷占 GDP 的比率：1986—2009 年

资料来源：世界银行 WDI 数据库，http://ddp-ext. worldbank. org/ext/DDPQQ/member. do? method = getMembers&userid = 1&queryId = 6。

　　基于表 5 – 9、表 5 – 10 及图 5 – 5 可看出这样一个规律：马拉维人均 GDP 的增长率与私人信贷占 GDP 的比率存在相当大的相关关系。1991 年，由于马拉维私人信贷占 GDP 的比率较高，因此 1991 年马拉维人均 GDP 的增长率也较高。1992 年由于私人信贷占 GDP 的比率下降，因此其人均 GDP 的增长率也下降，1993 年私人信贷占 GDP 的比率上升，因此人均 GDP 的增长率也随之上升。1994 年私人信贷占 GDP 的比率再度下降，因此人均 GDP 的增长率也再度下降。而在 2003 年以后，由于马拉维私人信贷占 GDP 的比率不断上升，因此马拉维人均 GDP 的增长率也不断上升。这再一次证明：金融体系是否能大力支持具有创新精神的企业家是改革与增长能否取得成功的关键。

　　需要指出的是，马拉维的金融改革虽然取得了一定的成效，但也存在一定的问题。其中，一个重要问题就是私有化改革未取得明显进展。从金融业来看，马拉维为数不多的金融机构，其所有权仍然大多为政府所有，政府仍然控制着金融业，信贷仍然主要投向国有企业，私人部门往往被"挤出"金融市场。马拉维金融改革成效不显著的另一个重要方面是忽略了农村金融的发展，因而影响了农业的发展，并导致城乡差距过大。

总之，虽然从目前的总体情况来看，非洲各国的金融改革与金融发展与亚洲、拉美以及经济转轨国家的金融改革及金融发展相比还显得较为落后，但是非洲一些国家所进行的金融改革还是为改变本国的落后面貌做出了相当的贡献。这主要表现在以下方面：（1）金融业开始逐渐在非洲国家的经济增长中发挥作用；（2）中央银行制度的建立使货币供应量得到了一定的控制，从而在一定程度上抑制了过高的通货膨胀；（3）政府对金融部门的干预有所减少，私人金融机构在金融业中的比重上升，市场机制逐步形成，经济的竞争力也有所提高；（4）证券市场逐步发展起来。例如，埃及的开罗证券交易所在 1996 年埃及政府宣布出售 90 家国有企业股份时呈现出异常火爆的局面，等等，这些都是值得肯定的。

最重要的是，通过对非洲有关国家的金融改革及金融发展进行深入的分析，同样也会发现这样一个规律：一国在金融改革及金融发展过程中，是否能构建一个大力支持企业家进行创新活动的金融体系，是金融改革能否成功且金融发展能否有效地促进经济增长的关键所在。

第六章

转轨国家的市场化改革及金融改革

20世纪80年代末开始的从中央计划经济体制向市场经济体制的转轨（Transition），是20世纪末全球最引人注目的重大变革，这场变革深刻地影响了全球的经济及政治格局。IMF（2000）对经济转轨国家的定义是："转轨国家就是指决定不再以计划作为组织经济的主要模式，而是转向生产手段大量由私人拥有的市场导向经济的国家。"[①] 在欧洲复兴开发银行（EBRD）的转型报告中，将经济转轨定义为由中央计划经济体制向自由开放的市场经济体制的转变，因此转轨国家是指由中央计划经济体制向自由市场经济体制转型的国家。广义的转轨国家指的是所有从计划经济向市场经济过渡的国家，而狭义的转轨国家主要是指苏联及东欧等从中央计划经济体制向自由开放的市场经济体制转轨的国家，包括保加利亚、捷克共和国、匈牙利、波兰、罗马尼亚、斯洛伐克、斯洛文尼亚、爱沙尼亚、拉脱维亚、立陶宛、阿尔巴尼亚、波黑、克罗地亚、马其顿、亚美尼亚、阿塞拜疆、白俄罗斯、格鲁吉亚、哈萨克斯坦、吉尔吉斯、摩尔多瓦、蒙古、

[①] 根据IMF的定义，经济转轨包含以下要素：一是经济自由化（Liberalization）：允许大部分价格由市场决定，降低那些使得本国与全球市场经济价格结构相隔离的贸易壁垒；二是宏观经济稳定（Macroeconomic Stabilization）：将通货膨胀控制在一定范围之内，避免爆发恶性通货膨胀，缓解过度需求局面，严格控制政府预算规模，控制货币和信贷的增长，强调货币和财政政策纪律，维持国际收支的可持续性和基本平衡；三是重新塑造经济结构和私有化（Restructuring and Privatization）：创造强有力的金融部门，改革企业制度，逐步将企业所有权转移到私人手中；四是法律和制度改革（Legal and Institutional Reforms）：重新定位政府在经济中的作用，建立市场经济的法律规则（IMF：《世界经济展望》，2000年10月）。

俄罗斯、塔吉克斯坦、土库曼斯坦、乌克兰、乌兹别克斯坦等国家。[①]

第一节　中央计划经济体制及金融体制

一、中央计划经济体制的基本特点

苏联及东欧等转轨国家虽然在资源状况及经济发展程度上有所不同，但这些国家在向市场经济体制转轨之前所实行的中央计划经济体制都具有如下共同的特征：国家几乎控制了全社会绝大部分经济资源的产权。在国家几乎控制了全社会绝大部分经济资源产权的情况下，为保证这些资源得到充分利用以实现经济增长，国家就必须制订统一的指令性计划，以便决定将多少资源用于积累或投资，多少资源用于工业部门。而为保证计划的顺利实施及最终完成，国家就必须建立足够的直接管理经济的政府部门，以便采取统一的行政手段，并以行政命令的方式实施这种计划，以保证国家所掌握的绝大部分社会资源完全按政府所确定的用途加以配置和利用，以解决"生产什么、如何生产、生产多少以及为谁生产"等基本经济问题。由此就自然会形成以高度集中的计划控制和政府以行政命令的方式直接安排经济活动为基本特征的计划经济体制。可见，在国家几乎控制全社会绝大部分经济资源产权的制度基础上必然形成计划经济体制。

这种计划经济体制的基本特点是：（1）决策权高度集中于政府机关；（2）国家通过统一的计划来统一配置资源，并通过自上而下的行政命令来安排各种经济活动；（3）价格由政府决定，在计划经济体制中，价格不是配置资源的杠杆，而仅仅只是一种核算或分配的工具；（4）经济增长率的高低不是由经济运行的内在规律决定，而是由政府的政治意愿或目标决

---

　　① 欧洲复兴开发银行（EBRD）的转型报告未将中国列为转轨国家，因为他们认为，中国的改革是对现有制度的调整和完善，不涉及根本制度的转变，因此他们将中国列为"改革"国家而不是转轨国家。

定。在这种体制中，政府取代了市场，计划取代了市场价格，行政命令取代了自由选择，政府安排取代了市场激励，行政权力取代了市场竞争，计划配给取代了优胜劣汰，等等。

应该承认的是，实行这种中央计划经济体制曾经有效地推动了这些国家的经济增长。因为这种体制有利于政府迅速集中资源，大幅度提高资本积累率，并迅速调整落后的产业结构，从而迅速推动经济的高速增长（以苏联为例，1950—1975 年，苏联的经济增长率年均达到 8%）。

但是，由于中央计划经济体制难以解决信息和激励问题，且不利于发挥企业家的作用，因此长期实行中央计划经济体制的结果是经济的效率越来越低，主要表现为"投入越来越多，而产出越来越低"，结果最终导致经济的停滞甚至负增长（仍以苏联为例，到 1976 年以后，直至 1980 年，苏联的年均经济增长率下降到 4.2%，1981—1985 年进一步下降到 3.3%，1986—1990 年更下降为 1.8%，1990 年的经济增长率则为 -2%）。

二、在中央计划经济体制框架内形成的金融体制

在国家几乎控制了全社会绝大部分经济资源产权的中央计划经济体制的框架内，必然会形成具有以下特点的货币金融体制：

（一）货币不是真正的交易媒介，货币化程度较低

中央计划经济体制是一种名义上使用货币，而实际上是以实物交换为特征的产品经济。[①] 在这种体制中，引导资源或生产要素及产品流动是国家的计划，而不是货币。在这种体制中，货币并不是真正的交易媒介，而只是国家配置资源的手段，是计划的工具，是实物量的计算单位，是官方价格的表现形式，这就决定了货币在经济中的作用并不大，再加之人们的货币收入较少，因此导致实行中央计划经济体制的国家货币化程度普遍较低，结果严重限制了资源的合理流动及有效配置。

---

① 传统的理论甚至一度认为货币在计划经济体制中应该消亡，因为只有这样，才能克服人们自发的货币交易对计划经济的干扰，从而保证资源按国家的计划进行配置以实现国民经济有计划按比例的高速增长。

（二）国有化的单一银行体系

在计划经济体制的框架内，为促使全社会的资源完全按照政府的计划统一配置，以保证国民经济计划的完成，政府必然要成立受国家计划控制的国家银行，以便将一切信用集中于国家银行，并禁止或取消其他"会打乱"国民经济计划的其他信用活动（如商业信用、民间信用等），从而必然形成主要由一家银行（即国家银行）垄断所有金融业务（包括中央银行的业务及商业银行的业务）的单一银行体系。①

事实上，几乎所有的苏联东欧国家（除南斯拉夫外）在计划经济体制时期都基本上实行单一的大一统银行体制。在这种大一统的银行体制中，国家以规模庞大的国家银行为中心，加上数量极少的几家专业银行，囊括全国所有的金融业务。而国家银行实际上是中央银行和专业银行的混合体。国家银行既制定和实施货币政策、信贷管理计划、货币发行、经管国库、外汇管理等中央银行业务，又具体办理工商企业存贷款、居民个人储蓄、为企事业单位结算等商业银行业务，但是又并不发挥中央银行作为"银行的银行"的作用。这意味着，在计划经济体制中的国家银行既不是真正意义上的中央银行，又不是真正意义上的商业银行。

（三）银行并不是真正的金融中介，而只是按计划发放贷款的政府机构

在传统的计划经济体制中，银行并不是真正的金融企业，因为银行并没有经营自主权，并不能自主地选择最佳的客户或最有利的项目发放贷款或提供相应的金融服务，而只能被动地根据国家所制订的信贷计划来发放贷款。McKinnon（1991）在分析中央计划经济国家的金融体制时指出："在实行中央计划型的社会主义经济里，银行体制完全是被动的，因为如果需要确保计划的完成，信贷就可以在利率是零或是不均衡的低利率水平上自动发放贷款。"银行在给企业发放贷款时，根本不必对企业的资信状况及项目的风险大小进行评估，也不必承担贷款决策失败的责任。在这种情况下，银行既不可能有盈亏概念，也不可能有风险意识。

---

① 传统的理论认为，只有一切信用都集中于一家银行，才有利于资源完全按照国家的计划进行配置，从而才有利于国民经济计划的完成。

总之，由于银行的信贷计划是根据政府制订的实物生产计划制订的，因此银行的任务就是为国营企业完成国家的实物生产计划提供信贷资金。可见，计划经济体制中的银行并不是真正的金融中介，而更像一个国家的拨款机构和记账机器。

在计划经济体制中，由于国家几乎控制了全社会绝大部分的经济资源，因此国有企业所需要的固定资产的投资资金及定额流动资金由国家财政以无偿拨款的形式提供，而银行信贷仅仅只是用于满足国有企业临时性或季节性的短期流动资金的需求。20世纪60年代中期，一些国家开始实行"拨改贷"（即由国家财政无偿拨款改为银行的有偿贷款）。但由于担心信贷膨胀使基建投资失控，从而造成国民经济的比例失调，直到20世纪80年代中期，在生产性基本建设投资中，中央计划经济国家的银行贷款比重仍然很低（苏联未超过10%），再加上银行长期实行低利政策，使信贷、货币、利率等经济杠杆在调节经济中的作用微乎其微，银行也无法发挥对企业的信贷监督作用。而且，银行在信贷资金管理上往往习惯于行政方法。在银行内部管理上，实行机关管理，银行机构没有盈亏观念，银行经营好坏与银行职工的经济利益无关，使银行内部缺乏严格经济核算的动力，因而银行的经营效率十分低下。更严重的是，银行的贷款往往成了弥补国有企业亏损和长期财政亏空的手段，结果形成大量的银行不良资产及信贷的过度膨胀。这意味着，"拨改贷"这种改革并没有解决国有部门资金使用效率低下的问题。

（四）不存在金融市场，因而利率也不可能由市场供求决定

由于建立在计划经济体制基础上的金融体制实行统一计划、统一利率、统一信用形式、统一借贷，且所有的金融业务基本上集中于国家银行，因此在金融改革前中央计划经济国家不可能存在金融市场（包括货币市场和资本市场）。由于不存在金融市场，因此利率也就不可能由市场供求决定。事实上，在中央计划经济体制条件下，利率水平及利率结构是由政府统一规定的，利率水平既与市场供求无关，也与资本收益率无关。

（五）实行外汇管制，货币不能自由兑换，资本不能自由流动

在计划经济体制中，为了保证出口得到的外汇用于支付必需的进口，

从而保证国家工业化对进口品（尤其是资本品和技术等）的需求，并实现外汇收支的平衡，从而有利于实现政府所制订的经济计划，政府必须对外汇供求也实行严格的管制政策，即规定所有的外汇收入必须全部按官方价格上交给国家，从而将一切外汇收入都集中到国家手中。在这种体制中，外汇由国家集中分配，统一调度使用，任何企业或个人使用外汇则必须按计划向国家申请，国家是外汇的唯一合法持有者和使用者。为此，国家相应制订了严格的外汇收支计划，而国家的这种外汇收支计划完全是指令性的国民经济计划的一部分，也是政府配置外汇资源的唯一手段。由于国家对外汇实行严格的计划管制，并由政府按计划通过行政手段统一进行分配和使用，因而本国货币也不可能自由兑换，这样也就不可能产生外汇市场。

（六）高估本国货币汇率

由于本国货币不可自由兑换，不存在外汇市场，因此本国货币的汇率也无法由外汇的供求决定。在这种情况下，本国货币的汇率水平就只能由政府确定。而实行中央计划经济体制的国家为了达到以下目的，往往采取高估本币汇率或低估外币汇率的政策，这是因为：（1）通过降低以本币表示的外国进口品（特别是技术和机器设备等资本品及中间投入品等）的价格，以降低国有企业的生产成本，从而扩大国有企业的利润，并加速实现本国的工业化，从而逐步以国内生产的工业品替代原来需要进口的国外同类产品（即实现进口替代的工业化）；（2）通过降低以本币表示的外国进口品的价格，也有利于维持国内的低物价（特别是基本生活品的低物价），从而保证人们的基本生活水平。[1]

应该承认的是，在中央计划经济体制框架内形成的金融体制在当时条件下确实有利于国家集中全社会的资源来进行大规模的投资及经济建设，从而迅速提升产业结构并推动经济的快速增长。

---

[1] 但高估本币币值却带来以下问题：一是由于人为压低了进口品（包括机器设备或原材料等中间产品）的经济成本，结果削弱了国内工业企业降低资源消耗或生产成本的压力，这就在一定的程度上导致了国内工业生产的低效率；二是由于高估本币币值扭曲了本国的价格体系，使本国产品的价格无法反映其生产成本与国际市场价格的关系，因而无法反映本国的比较优势，并进而无法实现资源的合理配置；三是由于低估外币汇率，导致外汇的过度需求，从而人为加剧了外汇的短缺。

三、在中央计划经济体制框架内形成的金融体制的弊端

随着经济的发展，在中央计划经济体制框架内形成的金融体制日益暴露出其难以克服的弊端，其中主要有：

第一，由于货币不是真正的交易媒介，从供给的角度来看，企业要获得更多的生产要素以不断扩大生产规模，并不是根据市场需求生产出消费者最需要的产品以获得更多的货币，而是依靠向政府部门争取更多的计划指标。在这种情况下，企业既没有动力同时又没有压力根据市场需求生产消费者最需要的产品，因而往往一方面导致消费者所需要的产品生产过少而形成"短缺"，另一方面又导致消费者并不需要产品因生产过多而形成"过剩"（这实际上是将资源用于生产社会并不需要的东西而造成浪费）。

由于货币不是真正的交易媒介，从需求的角度来看，消费者无法利用手中的"货币选票"来行使其决定企业应该"生产什么、生产多少及为谁生产"的"消费者主权"，结果使企业不可能根据消费者的需求信息来组合生产要素进行生产活动。这从宏观来看，就意味着无法使社会资源按照消费者的需求或偏好用于生产各种商品或劳务，因而导致资源的错误配置及低效利用。

第二，在传统的金融体制中，银行是按照国家制订的实物生产计划来制订信贷计划发放贷款的。但问题在于：虽然实物生产计划是由政府制订的，但事实上只有少数政府官员真正参与实物生产计划的制订。[①] 显然，这些政府官员要制订出真正符合现实供求状况的实物生产计划，不但要全面了解本国的要素禀赋状况、各个企业的生产函数、众多消费者的需求状

---

① 有必要指出的是：在市场经济条件下，实际上每个消费者和生产者都是计划者，市场上的每个人都参与了"计划"（即在经济活动中，每个人都决定如何使用财产，如何投资，在什么地方投资，如何储蓄，如何消费，以什么方式消费，每个人都出价和要价，每个人都向市场提供信息，企业决定生产什么产品，如何生产，以什么方式生产，这些行为实际上都从各个方面影响或决定了计划。因此，在市场经济条件下，"计划"是建立在所有市场参与者的行为基础上的），这种计划完全建立在市场及其市场均衡价格的基础上。由于只有市场价格才能准确地进行经济计算。经济计算提供了正确的行动标准，市场价格的变化使人们能够及时地调整其"计划"，每个人都在最大限度地发挥自己的聪明才智，这种建立在每个人都最大限度地发挥自己聪明才智基础上的"计划"显然才是最佳的计划。而传统的中央计划经济体制实际上是由少数人制订计划，并采取行政命令的方式直接安排各种经济活动以完成这种计划的"命令经济体制"。

况及技术进步状况，而且还必须了解世界各国的要素禀赋状况、世界各国企业的生产函数、世界各国消费者的需求状况及技术进步状况。很明显，对于少数政府官员来说，要获得这极为复杂的大量国内外信息及具体数据几乎是不可能的。因此，在少数政府官员没有及时掌握充分的和准确的信息基础上所制定的实物生产计划是难以真正符合国内外的现实供求状况的。同时，由于计划一旦制订就不能随意变化，而市场供求却是经常变化的，这意味着由少数政府官员所制订的计划很难及时地根据国内外市场供求关系的变化而即时调整。[1] 因此，在这种情况下，给企业所下达的实物生产计划往往不一定符合市场的需求，且往往难以使企业的生产能力得到充分利用。显然，按照这种并不符合市场需求和难以使企业生产能力得到充分利用的实物生产计划所制订的信贷计划和所发放的贷款往往会进一步加剧资源配置的失调。

第三，由于中央计划经济体制框架内的银行只能根据政府制订的计划发放贷款，不能也根本不必对企业的资信状况及风险大小进行评估，不能也根本不必承担贷款决策失败的责任，结果导致中央计划经济体制框架内的银行不可能将资金配置到高收益的用途上（因为政府所制订的计划不一定符合市场的需求），因此导致中央计划经济体制框架内的银行积累了大量的坏账。

第四，由于不存在金融市场，且利率不是由市场供求决定，利率无法正确地反映资金或资本的供求及投资项目的风险或收益，不能正确地反映消费者对延迟消费的非意愿程度和客观存在的能替代现在消费的投资机会，也不能调节市场供求状况。因此，在中央计划经济体制中，资金或资本不能自由流动到效率最好的企业或收益最高的项目上，从而也难以实现资源的合理配置。

第五，由于中央计划经济体制国家的货币不能自由兑换，外汇不能自由买卖，因而也就不可能产生由外汇供求决定的市场汇率，这使得计划经济体制国家的货币汇率无法真正反映外汇的实际供求状况，无法正确反映本国货币与外国货币的实际比价，从而无法正确地反映国内外的相对价格

---

[1] 在市场经济条件下，每个经济主体都有压力和动力随时根据市场的变化而调整其计划或决策，因为如果他们不这样做就会因不适应市场的变化而失败。

差异，进而无法正确反映国内外的相对比较优势。在这种情况下，国内计划制订者及生产企业就难以根据国际市场的价格信号进行准确的经济计算以做出正确的生产经营和进出口决策，结果导致本国的资源无法根据本国的比较优势加以合理配置。

总之，由于苏联及东欧等国长期实行中央计划经济体制及其金融体制导致了经济的严重低效率，并进而造成政治的动荡。因此，苏联及东欧等国不得不放弃中央计划经济体制，而向自由市场经济体制转轨。

第二节 由中央计划经济体制向自由市场经济体制转轨的理论基础

苏联及东欧等国在由中央计划经济体制向自由市场经济体制转轨的过程中，除了可能受到金融自由化理论的影响以外，更重要的是受到了美国著名经济学家 Sachs 提出的"休克疗法"（Shock Therapy）及匈牙利著名经济学家 Kornai（1990）有关从中央计划经济向自由市场经济转轨的改革思路的影响。

一、"休克疗法"

"休克疗法"本是医学上的一种治疗方法，后被经济学家借用来喻指治疗恶性通货膨胀的一系列严厉的经济措施。它最早是由美国著名经济学家、哈佛大学经济学教授 Sachs 在 20 世纪 80 年代中期受聘担任玻利维亚政府经济顾问期间提出的。

玻利维亚是是南美洲的一个内陆国家，由于长期政治局势动荡不安，政府经济政策不断失误，由此引发的经济问题大量积累而又得不到解决，终于导致了一场严重的经济危机。1985 年，玻利维亚政府的预算赤字达 485.9 万亿比索，约占国内生产总值的 1/3，通货膨胀率高达 23000%。1984 年，外债为 50 亿美元，应付利息近 10 亿美元，超过了出口收入。从 1980 年至 1985 年，居民生活水平下降了 30%，国民经济几乎到了崩溃的边缘，结果成为南美洲最贫穷落后的国家。1985 年，Sachs 受聘担任玻利维亚政府的经济顾问，他根据货币主义的主张大胆地制定了一整套激进的反通货膨胀的经济纲领。[①] 在 Sachs 的指导下，玻利维亚政府采取了一系列激进的改革措施，这主要包括：（1）紧缩银根以控制通货膨胀；（2）压缩政府开支、改革税收制度、取消补贴以大幅减少财政赤字；（3）放开物价以形成市场价格；（4）将低效率的国有企业私有化；（6）实行贸易的自由化；（5）宣布本国货币汇率贬值以刺激出口，等等。玻利维亚所实行的激进改革取得了成功：首先是使通货膨胀率由 1985 年的 23000% 降至 1987 年的 15%，其次是 GDP 增长率由 1985 年的 –12% 上升到 1987 年的 2.1%，随后几年都保持了 2.5% 左右的增长势头。在物价趋于稳定及经济恢复增长的前提下，玻利维亚的市场开始趋于稳定，债务问题也得到了明显缓解，从而创造了所谓"玻利维亚奇迹"。这一奇迹令 Sachs 名声大噪，他设计的以遏制通货膨胀为目的的一揽子激进措施被命名为"休克疗法"。这时的"休克疗法"还只是一种治理通货膨胀、稳定经济的方法，而不包括解决经济转轨的问题。

20 世纪 80 年末以后，苏联及东欧各国发生剧变，各国都急于采取激进的措施迅速摆脱经济危机，并尽快实现经济体制的根本变革。在这种情况下，"休克疗法"被引入东欧和俄罗斯，Sachs 被邀请担任东欧一些国家和俄罗斯政府的经济顾问。在对东欧和俄罗斯等的经济进行了一番考察和研究以后，Sachs 针对东欧和俄罗斯的情况提出了新的不同于玻利维亚的"休克疗法"。新的"休克疗法"不仅是为了制止通货膨胀和稳定经济，更重要的则是同时迅速实现经济体制的根本变革，即以激进的方式彻底摧毁中央计划经济体制的各项制度安排，同时迅速向以私有制为基础的自由市场经济体制转轨，以"一步到位"的方式迅速建立起市场经济体制的框架。这样，"休克疗法"就具有了新的涵义，其内容也有了很大的扩展，可以说，它既是一套反危机的政策措施，又是向市场经济转轨的具体方案。

---

① Sachs 信奉货币主义的理论，在对待通货膨胀特别是恶性通货膨胀的问题上主张"快刀斩乱麻"的办法，即通过"关住货币水龙头"的方法来治理通货膨胀。货币主义还主张，一国在"管住货币"以控制通货膨胀的同时，还应通过"放开价格"以形成由市场供求决定价格的市场价格机制，以便通过市场价格机制来合理配置资源从而实现经济的有效增长。

"休克疗法"的核心内容包括以下几点：

（一）经济自由化

经济自由化是向市场经济体制转轨的核心。所谓经济自由化，主要是废除国家对经济生活的干预，具体内容包括：（1）价格自由化，即取消政府对价格的控制，让价格完全由市场供求关系决定，以此迅速形成由市场价格信号来配置资源的市场经济。[①]（2）取消政府对经济的控制或对企业的管制，打破行业垄断，放弃对私有部门的各种限制，通过制定新的商法（包括公司法等），使建立新的私营企业变得容易起来。（3）贸易自由化，即取消对外贸易的限制，建立自由贸易体制，以引进国际市场的竞争。为此，应放弃对企业对外贸易活动的管制，规定企业可以自由从事对外贸易而不受许可证或配额限制等的管制。（4）实现货币自由兑换，允许企业和家庭自由地买卖外汇，并放开汇率，让本国货币汇率由市场供求决定。这将使本国货币汇率能够真实反映本国货币与外国货币的实际比价，从而能够正确地反映国内外的相对价格差异及国内外的相对比较优势，并进而促使国内市场与国际市场连为一体，以从国外"进口"一个真正反映供求的价格体系，并创造更大的市场，使国内资源能够根据本国的比较优势加以合理配置。[②]（5）实现金融的自由化。

（二）私有化

从法律的角度来看，私有化是指将国有企业的财产提供给私人的法人和自然人。从经济的角度来看，私有化则被认为是向市场经济转轨的关键。具体来说，私有化改革所要达到的目标是：（1）割断政府与企业的联系，转变政府职能。（2）打破国有企业的垄断，创造竞争的市场，从根本上消除低效率的产权基础。（3）创造经济自由。（4）减少对亏损企业的补贴，增加政府税收，减轻国家的财政负担。（5）形成广泛的私有者阶层，为市场机制奠定社会基础，并使市场化改革不可逆转，等等。

---

① 主流经济学认为，除非价格能自由地对市场供给和需求做出相应的调整，否则市场就发展不起来，因此价格自由化是市场经济的基础。

② 实现价格的自由化和引进面向国际市场的竞争机制是纠正国内价格扭曲，并使本国比较优势得到充分发挥，从而使本国资源在国际间得到最佳配置的前提。

（三）稳定宏观经济

稳定宏观经济其实是与经济的自由化相辅相成的，经济自由化的一个重要内容就是放开价格，而只有在总供给和总需求基本平衡的情况下，相对价格的变动才能真实反映市场的供求状况或稀缺程度，从而才能为企业提供正确的信息，并有利于实现市场的均衡。相反，如果在经济自由化的过程中不实行稳定宏观经济的政策，就有可能造成货币供应量的过度增加，带来严重的通货膨胀，进而会使相对价格体系受到破坏，从而导致市场的失灵，这将会使经济的自由化改革失去意义。因此，在实现经济自由化的同时必须辅之以有力的稳定宏观经济的措施。

为此，向市场经济转轨的国家在经济的自由化改革过程中，必须采取严格的财政与货币紧缩政策，严格控制货币和信贷规模，停止向国营企业发放低利率贷款，同时削减财政补贴，减少财政赤字，以此抑制社会总需求，强制消除总供给和总需求之间的缺口，从而制止通货膨胀和价格总水平的上涨。

（四）建立社会安全网

从计划经济向市场经济转轨不可避免地会产生失业及贫困问题，一些人会在市场竞争中因自身条件或决策失误遭遇失败。在这种情况下，只有对失业者及其他生活无保障人员实行补贴或向最低收入阶层转移收入，才能减少或消除向市场经济转轨所带来的消极影响，从而顺利地实现经济的转轨。总之，一个有效的社会安全网不仅有利于经济转轨的顺利进行，而且有利于经济、社会及政治的长期稳定。

从"休克疗法"的核心内容（自由化、市场化、私有化和宏观经济的稳定化）来看，"休克疗法"的主张与"华盛顿共识"的主张基本相同。"华盛顿共识"及"休克疗法"都强调，自由化、私有化和宏观经济的稳定化这三者是一个完整的体系。① 就实现经济体制的根本变革、向市场经

---

① Dewatripont 和 Roland（1996）认为，经济学家广泛认同下列经济改革的目标：稳定宏观经济，以为自由市场价格制度发挥功能提供条件；通过价格自由化和创造一个面对世界经济的竞争性的市场环境来纠正计划经济体制下的价格扭曲，改善资源配置效率；实行公司治理，改善企业的激励机制，让企业能对市场信号做出正确的反应。

济转轨而言，私有化是基础，经济自由化是核心，稳定宏观经济是必要条件。没有宏观经济的稳定，实行私有化和经济的自由化会遇到严重的障碍；反之，宏观经济的稳定又依赖于经济的自由化及私有化。例如，私有化有利于消除对亏损企业的补贴，有利于提高企业的效率，从而有利于宏观经济的稳定。此外，如果人们用积累的货币购买公司的股份，则私有化也有利于吸收一国的超额货币。总之，稳定宏观经济、经济的自由化及私有化构成一个完整的体系，正是这一完整的体系构成了激进式改革的一整套思路及政策框架。提出"华盛顿共识"及主张"休克疗法"的经济学家都认为，只有在尽可能短的时间内同时达到这三个目标，才能实现"一跃而进入市场经济"的目的。

二、科尔奈（Kornai）关于从计划经济向市场经济转轨的改革思路

在苏联及东欧等从中央计划经济体制向自由市场经济体制转轨的初始阶段，对中央计划经济体制的弊端进行了大量的深入研究，并在国际学术界享有盛名的匈牙利经济学家 Kornai 于 1990 年出版了《通向自由经济的道路》一书，这是在经济转轨国家中第一部系统论述从中央计划经济体制向自由市场经济体制转轨的经典著作。在这部专著中，Kornai 在对中央计划经济体制和过去的经济改革思路进行批评的基础上，系统地阐述了将计划经济转变为自由市场经济的整套设想。

关于该书的核心思想，Kornai 的在该书序言中写道：要使社会主义走上自由经济的道路。他说，"自由经济就是市场经济"，但又比市场经济概念的范围更宽泛、丰富。市场机制意味着经济活动的主要协调机制是市场。自由经济不仅意味着在市场上自由进入、退出和竞争，而且意味着特定的产权结构、制度和政治秩序。自由经济鼓励、促进和保护私有产权的建立，鼓励个人的首创精神和企业家精神，把人们的创造精神从过度的国家干预中解放出来，并得到法津保护。Kornai 的改革思想可以归纳为以下几个方面：

（一）"市场社会主义"改革模式的内在矛盾

Kornai 指出，东欧一些国家（包括匈牙利）曾将"市场社会主义"作

为经济改革的指导思想和原则。根据这一原则，经济改革必须是在保持国有制的前提下进行，同时这种改革就是要创造条件使国有企业能够按照市场规律从事经营活动。但这一改革模式已被南斯拉夫、匈牙利、苏联等国的经济改革实践证明是行不通的。应该接受这一现实，抛弃以国有制为前提进行改革的原则。

Kornai 认为，市场机制是私有经济活动的自然的协调方式，它的核心内容是私有产权和市场协调的结合，它是与市场调节下的经济决策人的高度独立性结合在一起的。而国有企业是国家行政等级中的一个有机组成部分，国有制不断地产生行政官僚的行为方式。因此，不可能期望国有企业的行为方式能像私有企业一样，自发地根据市场导向来运作。他指出，在经济改革的初始阶段，人们抱着良好的愿望，认为只要放弃了指令性计划就可以为国有企业创造出市场协调机制。然而，这种愿望并没有变为现实。直接行政协调为间接行政协调所取代。国家行政机构仍然可以各种方式干预国有企业的活动。在国有制中，即使取消了一种行政干预，但另一种行政干预又会出现。这种行政协调方式对于国有经济来说，就像市场机制对于私有经济一样，是一种与生俱来的、自然的存在方式。Kornai 认为，匈牙利二十多年来的改革实践和其他一些社会主义国家的改革实践都证明了这一点。

（二）不能搞"冒牌"的产权改革。

Kornai 认为，在坚持国家所有制的前提下，不可能有真正的产权制度改革。产权制度改革的关键是将国有产权转移到私人手中。一些人设想，国家把国有资产的产权由一个国家机构转到另一个国家机构，或让一个或更多的国有企业成为另一个国有企业股东，还有国家商业银行和国有企业交叉持股，等等。Kornai 认为，这些都是冒牌的产权改革，体制并没有实质的变化，问题并没有得到真正的解决。因此，这些冒牌的产权改革是不会成功的。

一些人认为，即使在现代，股份也是由一些机构持股者、保险公司和非营利性机构（如养老金和大学基金）持有，匈牙利的改革为什么不可以大力发展这些非私有性质的机构投资者呢？Kornai 认为，资本主义发展的最初动力来源于单个的私人企业家，在激烈的竞争中，一些人生存下来并兴旺发达，另一些人被淘汰。一些精明、幸运的人或者迅速地或者通过一个过程积累起巨额资本。随着资本主义的发展，出现了资产所有权和控制权的分离。一些人不直接从事经营活动，把资金存入银行或购买股票，而另一些企业家却得到更多的、属于其他人的资本。由于产权保护和相应的法律的完善以及与之相适应的商业道德观念的发展，在现代资本主义国家，大量非私人性质的机构投资者也获得了很大的发展。但必须注意的是，在这些机构投资者的背后是一个个的私有者，这些私有者从自身利益出发以各种形式对机构投资者施以压力，约束其行为方式。因此，机构投资者的最终所有者实际上是一个个的私有者。由此，Kornai 认为，如果不将国有产权转移到私人手中，就不可能有真正意义上的产权改革。

（三）加快发展私有经济

Kornai 认为，从匈牙利的情况来看，自匈牙利实行经济改革以来，一个最重要的成就就是私有经济的发展。在国有经济部门低效率的同时，私有经济却蓬勃发展起来了，结果私有经济成为匈牙利国民经济中的一个重要的稳定器。私有经济的发展不但有利于宏观经济的稳定，而且给经济带来了活力。私有经济的活力可以从两个方面加以证明：一是私有经济部门不需要任何政府的设计、命令、刺激和指示而能自觉地根据市场需要进行生产活动，这是它自然的生存方式。而国有经济部门的组织、管理和协调均需要来自中央上层的设计和推动。如果没有中央上层的设计和推动，国有经济部门是很难主动进行创新的。二是私有经济部门能在困难和逆境中顽强地生存和发展。私有经济部门曾遭受最严厉的没收和打击，但稍有放松，它就很快发展起来了。因而，Kornai 指出，促进经济发展的关键在于能否成功地促进私有经济的发展。

Kornai 认为，为促进私有经济的发展，应具备以下一些条件：（1）私有经济应获得真正的自由。为此，应通过立法明确规定：人们可以自由建立企业、自由生产、自由贸易、自由决定价格、自由雇工、自由借贷、自由投资于其他个人所有的私有企业、自由带出或带入本币与外币。（2）法律应该切实保护私人合约的履行。当各种违反私人契约的事件发生时，受害人有权诉诸法律，在合约双方发生矛盾时，应该由法院处置。（3）应明确宣布私有财产受法律保护，私有部门应得到社会的尊重。就未来的投资动力而言，一个重要的问题是保证不再发生没收和剥夺私有财产的现象。(4) 税收体制不能限制私人投资。应该创造适宜的条件和环境鼓励人们储蓄和投资，应当允许公民尽可能多地获得收入，只有当公民的财富积累到一定程度，储蓄和投资才会极大地增加。(5) 必须大力发展支持私人投资和私人资本的信用制度及信用体系，等等。

Kornai 还指出，在私有化过程中，首先要考察的不是谁有权去获取国有资产，而是谁有能力把它经营得更好。Kornai 还强调，要尊重私有部门的经营者。但 Kornai 又指出，私有化改革应是一个渐进的历史过程。同时，Kornai 坚决反对在公民中等额分配或贱价出售国有财产，主张应按市场原则出售。与此相适应，应建立与私有化的信用机构，等等。总的来看，Kornai 的观点对东欧国家（特别是匈牙利）向自由市场经济的转轨也产生了一定的影响。

第三节　波兰向市场经济的转轨及金融改革

Sachs 针对东欧和俄罗斯等国所设计的"休克疗法"提出以后，东欧各国（匈牙利除外，匈牙利是唯一公开拒绝"休克疗法"的东欧国家）和俄罗斯都曾先后采用了 Sachs 的建议，并基本上根据"休克疗法"的基本要点制订了向市场经济体制转轨的纲领和方案，采取激进的转轨方式迅速加以实施，试图"一跃进入市场经济"。①

---

① 俄罗斯及东欧大多数国家（匈牙利除外）之所以采取激进的转轨方式，是因为：首先，俄罗斯及东欧大多数国家是在宏观经济严重失衡、通货膨胀不断加剧的情况下实行经济转轨的，在这种情况下，采取渐进的、温和的改革措施已难以奏效，只有采取严厉的紧缩措施才能迅速遏制通货膨胀，以尽快达到稳定经济的目的。其次，苏联及大多数东欧国家在经济转轨之前曾对计划经济体制长期不断地进行过"改革"，但由于这些无效的"修修补补"式的改革没有成功使得人们对渐进式改革失去了信心。最后，国际货币基金组织和世界银行都将稳定宏观经济、立即实行经济的自由化及自由贸易作为提供贷款或减缓偿还债务的条件，这就增大了俄罗斯及东欧大多数国家进行激进改革的压力。一些人曾认为，渐进的改革方式优于激进的改革方式，但实际上，激进式的金融改革也不乏成功的案例，尤其是波兰和捷克共和国，这些国家无论从经济增长还是从金融发展的情况来看都毫不逊色于采取渐进方式进行改革的匈牙利。

一、波兰的"休克疗法"

波兰是首先进行"休克疗法"的转轨国家。[①] 1989 年，波兰基本上采纳了 Sachs 的建议，首先制订了"休克疗法"式的经济改革纲领，并于 1990 年 1 月 1 日正式宣布实行激进的"休克疗法"。

（一）私有化

波兰认为，由中央计划经济体制向自由市场经济体制转轨的核心是私有化，[②] 因此波兰的激进改革首先是采取激进的方式进行私有化改革。波兰的私有化改革分别采取了"重新私有化"、"小私有化"及"大私有化"等方式。[③] 在 1995 年之前，由于政治上的动荡和经济上的困难，波兰的私

[①] 波兰在进行"休克疗法"之前的 1989 年，财政赤字高达 4 万亿兹罗提，通货膨胀率为 2000%，外债达 400 亿美元，大中型国有企业有 2/3 亏损；同时，市场上的商品严重短缺，经济已陷入崩溃的边缘。

[②] 主流经济学认为，私有化是使企业真正成为市场主体，并使市场价格机制能够充分发挥作用的先决条件。正如 Nolan（1992）所说："除非私人产权得到确立，否则企业不可能对市场信号做出正当的反应。"

[③] "重新私有化"、"小私有化"及"大私有化"是东欧及俄罗斯等国都曾采取的私有化改革方式，具体特点为：第一，重新私有化（或财产退还）是将过去数十年国有化和集体过程中所无偿没收的私人财产归还给原主或进行财产损失补偿，这些财产包括建筑物、地产及农业土地等。东欧及俄罗斯等国认为，重新私有化，一是能纠正过去实行强制公有化时所犯的错误，二是能加快私有化进程。第二，"小私有化"是指国有商业、运输业、服务业和小工业企业的私有化。由于"小私有化"涉及的企业规模小，所需资本数量不多，故比较容易进行。各国实行"小私有化"的措施主要有：一是公开拍卖，即按照谁出的买价高就卖给谁的原则进行公开的拍卖，从而实现小型国有企业的私有化，人们可以用私有化券和货币购买这些小型国有企业的产权。二是承租，即将国有企业承包或出租给私人经营，国家获取一定的利润或租金。在东欧国家，承租实行上是分期付款出售，因为只要承租人按期付清款项，企业就归该承租人私人所有。三是职工持股，即允许企业职工集资购买企业的部分或全部股份，并同意职工自行组成董事局以管理企业。第三，"大私有化"是国有大中型企业的私有化。由于国有大中型企业是国民经济的命脉，其资产规模巨大，因此"大私有化"既是各国私有化的重点或关键，又是各国私有化的难点。经济转轨国家对大中型国有企业进行私有化改造所采取的措施主要为：第一步，先对国有企业实行股份制。一般的做法是，先对原国有企业的资产状况、财务状况等进行评估，再在此基础上确定股份数额，并使企业转为国有股份公司，然后成立与政府行政机构脱离关系的董事会管理制度；第二步则是将国有股份按两种方式转让到私人手中：一是无偿地向本国公民发放"私有化证券"（或称所有权证书、股份证、投资券等），即不论性别、年龄、社会地位及收入状况等，国家都一律向每个公民发放等额的"私有化证券"，公民凭此券可以购买住宅、经营用地、企业财产和股票等，公民也可以将"私有化证券"投入"投资基金"，再由"投资基金"去购买国有股份公司的股票。此外，

有化进展十分缓慢。因此，波兰于 20 世纪 90 年代中期开始实行"大私有化"改革。波兰的"大私有化"是先由"国家私有化改造部"选择国有企业进行私有化改革，将其转换为国有股份公司。为配合国有企业的私有化改革，波兰以股份公司的形式成立了 15 家国民投资基金。波兰规定，国有股份公司股份的 25% 必须留给国库用于建立社会保障基金及养老基金，其余则分配给以股份公司的形式建立的 15 家国民投资基金，国民投资基金的股票可以在股票交易所上市交易。波兰成年公民向国家投资基金支付 20 新兹罗提（约合 18 美元）注册费用后即可获得一份国民投资基金的所有权证（波兰原先打算向公民免费发放所有权证，后来决定象征性收费，收费相当于公民 1 个月的工资），公民获得的这种所有权证可以转换为 15 家国民投资基金的股票，也可以直接在股票交易所上交易。

（二）放开价格，实现定价的自由

为迅速形成市场价格机制，波兰于 1990 年 1 月 1 日采取"一步到位"的方式放开了 90% 的商品和劳务的价格。其中，农产品的价格被全部放开，国家只对某些食品、民用电力、供热、基本药品、酒类、房租、公共交通和邮电服务等进行官方定价。到 1991 年底，除了公用设施收费、基本药品和住房之外，所有的商品或劳务的价格都被放开，而完全由市场供求决定，[①]政府对价格的控制仅仅限于反垄断的范围。

（三）实行经济的自由化

1990 年 1 月 1 日，波兰也采取"一步到位"的方式实现了经济的自由化，这主要表现为：（1）实行市场准入的自由化，特别是实行要素市场（劳动力市场和资本市场）的准入自由化。（2）贸易自由化。波兰于 1990

　（接上页注③）公民还可以将私有化证券"出售换成现金。这样，就将国有股份公司的股份无偿地转移到本国公民手中，从而实现国有企业的"私有化"。这样做的目的是不需要本国公民出资就可以迅速地实现私有化。二是出售，即将国有股份公司的股票出售给国内外的投资者，国内外的投资者必须用现金购买，以此实现国有企业的"私有化"。在将国营股份公司的股票出售给国内外的投资者时，许多转轨国家一般采取了先由企业内部的职工和经理人员购买，然后再由其他公民或团体购买，最后再由国外投资者购买的做法。

　① 波兰政府认为，放开价格，取消行政性的价格管制，使企业拥有定价的自由，这将使长期以来因销售价格一直低于成本而短缺的产品价格上涨，从而消除短缺现象。同时，价格放开还可以尽快释放通货膨胀的压力，消除因供求失衡而产生的超额货币问题。

年1月1日取消了国家对外贸的垄断和行政控制,所有经济实体都可以从事进出口贸易活动,所有经济实体只要交纳相关的赋税,就可以自由地进出口。同时,波兰还取消了大多数非关税限制措施及所有的出口补贴或汇率补贴,以消除会对进出口贸易产生不良影响的价格扭曲现象。(3)外商投资的自由化。波兰规定,外国资本可以自由购买波兰企业的股权,也可以在波兰建立独资公司。

(四) 宏观经济的稳定化

为了有效地稳定宏观经济,特别是控制通货膨胀,[1] 波兰在激进的"休克疗法"过程中还实行了紧缩的货币和财政政策。其措施包括控制货币供应、紧缩信贷,并提高利率来抑制投资需求和刺激储蓄,同时取消财政补贴、减少财政支出以平衡预算。由于波兰采取了紧缩的货币和财政政策,使通货膨胀率快速回落,从1990年的586%下降到1991年的70.3%,再降到1992年的43%。显然,波兰的宏观稳定政策取得了一定的成效。

二、波兰第一阶段的金融改革 (1989—1997 年)

波兰在进行激进的"休克疗法"的同时,也大刀阔斧地进行了金融改革(事实上,"休克疗法"本身也包括了金融自由化改革的基本内容),其中最有特色的改革主要是:[2]

---

[1] 在通货膨胀和失业之间,大多数转轨国家都选择了把抑制通货膨胀作为稳定宏观经济的首要目标。转轨国家认为,如果把减少失业作为宏观经济政策的首要目标,继续向低效率的国有企业提供大量的补贴和廉价的信贷,则在短期内虽然可以暂时避免生产下降和失业增加,但从长期来看却会导致严重的财政赤字及严重的信贷膨胀,结果将会使通货膨胀居高不下,这反而会进一步加剧宏观经济的失衡,并使市场价格机制难以发挥作用。

[2] 在1989年进行经济及金融自由化改革以前,波兰也同样存在严重的金融压制现象,这主要表现为:一是大一统的银行体系。在实行中央计划经济体制时期,波兰的银行体系主要以波兰国民银行(既是中央银行,又是商业银行)为主,除此之外,还有1家外贸银行、1家农业银行、1家出口银行、2家储蓄银行等等。二是银行贷款投向以及贷款规模由政府决定。三是不存在金融市场。四是利率由政府控制。五是实行固定汇率制度。由于存在严重的通货膨胀,因此实行固定汇率制度导致波兰的货币兹罗提的汇率被严重高估。

（一）银行业的改革

波兰从以下几个方面对其银行业进行了改革：（1）将大一统的银行体系改革为中央银行和商业银行分立的二级银行体系。1989 年，波兰通过了两部法律——《波兰国民银行法》和新的《银行法》。《波兰国民银行法》确立了波兰国民银行作为中央银行的地位，并成为独立的法人，中央银行有权独立地制定并执行货币政策和汇率政策。新的《银行法》则规定商业银行是具有独立法人地位的、完全自主经营并自负盈亏的经济实体。这两部法律的出台标志着波兰单一银行体系的结束和二级银行体系的开始。（2）在保留波兰国有银行的同时，将原有的 9 家国有银行改造为股份制的商业性银行，在此基础上再进行私有化改革。（3）允许成立更多的私营商业银行。波兰规定，法人只在达到 3 个以上或自然人只要达到 10 个以上都可以组建银行金融机构。从 1989 年至 1992 年，波兰共成立了 70 家银行。（4）逐渐放宽对外资银行的政策限制，鼓励外资银行进入，以提高波兰银行业的对外开放程度。但为防止外资银行通过不断拓宽其具有竞争优势的业务领域，从而威胁到国内本来就很脆弱的商业银行，波兰政府采取了有条件地允许外资银行进入的政策，如规定外资银行只有在同意救助经营不善的当地银行的条件下才能获准进入波兰。

（二）大力发展货币市场

在对银行业进行改革的同时，波兰还大力发展金融市场。从货币市场的情况来看，波兰在进行银行改革的同时放开了银行同业拆借市场。1991年，波兰财政部采取拍卖的形式发行了国库券，从而形成了国库券市场；1992 年，波兰允许企业发行商业票据，从而形成了商业票据市场，等等，这一系列改革有力地推动了波兰货币市场的形成及发展。货币市场的发展，既有利于为中央银行实施货币政策提供市场及机制，又为企业提供了进行短期融资的平台，还推动了利率的市场化改革。

（三）在"私有化改革"的基础上开放股票市场

波兰的股票市场是在波兰的私有化改革基础上发展起来的。从波兰的"大私有化"改革中可以看出，波兰"大私有化"改革有两个突出的特点：

1. 将私有化改革与股票市场的发育结合起来

由于波兰的"大私有化"实施以后产生的三种证券（公民手中的所有权证、国有企业的股票和国民投资基金的股票）纷纷上市交易，再加上一些商业银行在私有化的基础上也上了市，因此迅速推动了波兰股票市场的发展。1991 年 4 月，实行股份制的华沙股票交易所开始运作。华沙股票交易所包括三个不同的市场：主板市场、平行市场和自由市场，分别适用于不同上市标准的公司。华沙股票交易所的投资者主要是国外投资者、国内的个人和机构投资者，参与市场的比例大体上各占 1/3。为健全股票市场以加快私有化改革，波兰于 1992 年建立了证券监督委员会。波兰证监会的职责主要有：审核股票参与者并发许可证，监督证券交易是否按照公平交易和竞争的原则，保护投资者利益，等等。

2. 将私有化改革与社会保障制度的改革结合起来

波兰的"大私有化"规定，实行"大私有化"的国有企业必须将其股票的 25% 交给国库以建立社会保障基金及养老基金，这既有利于减少市场化改革所带来的震荡，从而有利于私有化改造的顺利进行，同时又有利于培育资本市场上的机构投资者。此外，由于波兰在私有化改革过程中设立了国民投资基金，这就直接培育了资本市场上的机构投资者。

（四）货币可自由兑换与外汇市场的形成

为实现经济的自由化（包括贸易的自由化），并鼓励出口以刺激经济增长，从而克服"休克疗法"对本国经济增长的影响，1990 年 1 月 1 日，波兰在进行"休克疗法"的第一天，就将本国货币（兹罗提）大幅度贬值（从 6500 兹罗提兑换 1 美元贬值到 9500 兹罗提兑换 1 美元），并允许兹罗提与美元自由兑换。在此之后，由于兹罗提多次贬值，使官方汇率与黑市接近，致使黑市外汇交易消失，在兹罗提可以自由兑换以及兹罗提的官方汇率与黑市汇率逐步一致的基础上，波兰的外汇市场发展起来了。波兰兹罗提交易带（Trading Band）的引入刺激了远期外汇市场的形成，它的产生有助于市场主体规避外汇风险。逐步地，外汇期权市场也开始发展。

（五）逐步实现本国汇率的市场化

为实现本国货币汇率的市场化，使本国货币汇率能够真实反映与外币的实际比价，从而使国内价格体系同国际市场价格体系及国内市场与国际市场连接起来，进而实现波兰经济的国际化。波兰在进行"休克疗法"的同时，不断改革其汇率制度，从而逐步实现了本国货币汇率的市场化。

1. 单一钉住美元

由于在实行"休克疗法"之前，波兰的通货膨胀率畸高，为了给激进的"休克疗法"提供一个稳定的货币环境，波兰于 1990 年 1 月起在对"兹罗提"大幅贬值的同时，采取了单一钉住美元的汇率制度，以此作为反通货膨胀的"名义锚"，即试图通过钉住美元来"锚住"波兰的物价水平。由于波兰一方面采取紧缩性的财政政策和货币政策，另一方面又实行单一钉住美元的汇率政策作为反通货膨胀的"名义锚"，结果逐步恢复了市场对"兹罗提"的信心，并在一定程度上降低了通货膨胀率，这为波兰激进"休克疗法"的进行提供了稳定的宏观经济环境，并进而促进了波兰经济复苏。1991 年，波兰的通胀率为 70.3%，经济增长率为 -7.6%，1992 年通胀率则下降为 43%，经济增长率上升到 1.5%。

2. 钉住一篮子货币

但是，"单一钉住美元"的汇率制度存在着一些根本性的缺陷，这主要是无法通过市场供求而形成均衡的汇率水平，同时还影响本国货币政策的独立性。此外，由于兹罗提钉住美元，当美元升值时，兹罗提也随之升值，这就影响了波兰的出口，从而不利于国际收支的平衡及刺激国内的经济增长。在这种情况下，为刺激本国的出口，波兰于 1991 年 5 月不得不再次将"兹罗提"对美元贬值 16.8%，同时放弃单一钉住美元的汇率制度安排，而实行"钉住一篮子货币"的汇率制度。"篮子货币"由美元、德国马克、英镑、法郎和瑞士法郎 5 种货币组成（这 5 种货币的发行国都是波兰最重要的贸易伙伴国），它们在货币篮子中的权重分别为 45%、35%、10%、5%、5%。"篮子货币"汇率的计算方法为：首先将前一天的"兹罗提"兑"篮子货币"的汇率根据当天国际汇市的有关货币兑换美元的汇率，折算成"兹罗提"对美元的汇率，再根据权重计算当天的篮子汇率。

3. 爬行钉住一篮子货币

由于"钉住一篮子货币"在本质上讲还是一种钉住制度，这种通过与一篮子货币相挂钩所计算出来的汇率是根据篮子中其他货币的汇率变动计算出来的，而不是由兹罗提的市场供求决定的。因此，这种制度同样不利于确定均衡的汇率水平，并且也难以使"兹罗提"的汇率随外汇供求的变化而变化以及时灵敏地调节本国的国际收支。此外，由于波兰所钉住的货币都实行浮动汇率，汇率经常变化，因此在"钉住—篮子货币"的汇率制度下，汇率调整的过程也过于复杂。在这种情况下，特别是由于当时波兰的国际收支出现失衡，为发挥兹罗提汇率平衡国际收支的作用，波兰政府在实行了短暂的"钉住—篮子货币"的汇率制度后，于 1991 年 10 月开始实行"爬行钉住—篮子货币"的汇率制度安排。"爬行钉住—篮子货币"的特点是允许"兹罗提"的名义汇率在一定的区间（当时规定每月爬行区间为 ±0.5%）内爬行浮动。为扩大兹罗提汇率的弹性，波兰中央银行不断扩大"兹罗提"的每月爬行区间，1992 年为 ±1.6%，1994 年为 ±1.5%，到 1995 年月爬行区间扩大到 ±2%。

4. 爬行钉住一篮子货币加区间浮动

到 1995 年，为加快波兰经济的国际化，波兰接受国际货币基金组织第八条款，宣布实现"兹罗提"在经常账户下的可兑换。经常账户的可兑换大大促进了进出口，从而推动了波兰的贸易自由化。在"爬行钉住—篮子货币"的汇率制度下，由于"兹罗提"在市场供求机制的作用下不断贬值，这就刺激了波兰的出口，使波兰的经常账户收支状况明显改善。经常账户收入状况的改善，再加上随着波兰经济市场化改革的不断深入，外国资本以直接投资和证券投资的形式大量流入波兰，使波兰的外汇供给不断增加，结果又使"兹罗提"的汇率面临升值的压力。在这种情况下，为稳定"兹罗提"的汇率以保证出口，波兰中央银行又不得不买入外汇，因而使波兰的外汇储备不断增加。到 1995 年底，波兰的官方外汇储备达到了150 亿美元。在外汇供给充足的情况下，波兰政府开始考虑通过加大汇率的灵活性，使"兹罗提"的汇率逐步由市场供求决定以形成合理的汇率水平，从而进一步推动经济的市场化改革。1995 年 5 月，波兰政府放弃了"爬行钉住—篮子货币"的汇率制度，开始实施更加灵活、更具弹性的"爬行钉住—篮子货币加区间浮动"的汇率制度，并且不断扩大爬行浮动的区间。到 1999 年 3 月，兹罗提汇率的爬行浮动区间已扩大至 15%，这实际上已达到了国际上公认的较宽的浮动区间，从而为最终实现兹罗提汇率的自由浮动奠定了基础。

　　总的来看，在这一阶段，波兰的经济及金融改革取得了相当的成效，参见表6-1。

表6-1　波兰的宏观经济指标：1990—1997年

	1990年	1991年	1992年	1993年	1994年	1995年	1996年	1997年
GDP增长率（%）	-11.6	-7.00	2.60	3.80	5.20	7.00	6.24	7.09
人均GDP增长率（%）	n.a.	-7.31	2.28	3.55	4.97	6.88	6.16	7.00
人均GDP（美元）	1547.16	1998.39	2198.00	2232.26	2555.96	3603.79	4057.28	4066.08
M2/GDP（%）	24.03	28.75	29.98	31.79	30.34	27.53	29.25	31.17
通货膨胀率（基于CPI，%）	555.38	76.71	45.33	36.87	33.25	28.07	19.82	15.08
现金盈余占GDP的比例（%）	n.a.	n.a.	n.a.	n.a.	n.a.	n.a.	n.a.	n.a.
商品和服务出口/GDP（%）	28.648	23.523	23.700	22.938	23.769	23.200	22.309	23.408
商品和服务进口/GDP（%）	21.507	25.443	22.166	21.963	21.612	21.047	23.740	27.335
经常账户平衡/GDP（%）	5.200	-2.808	-3.681	-6.742	0.644	0.614	-2.083	-3.655
资本账户净值（十亿美元）	n.a.	0.864	2.446	2.090	9.215	0.285	0.095	0.051
总储备（不包括黄金储备，十亿美元）	4.492	3.633	4.099	4.092	5.842	14.774	17.844	20.407
实际利率（%）	n.a.	9.371	8.191	11.103	3.916	-5.194	6.922	9.904
存款年利率（%）	102.86	58.43	41.23	37.13	33.40	26.78	20.02	19.19
贷款年利率（%）	644.50	69.78	49.86	45.06	41.97	33.45	26.08	25.21
官方汇率（1美元兑换）	0.95	1.058	1.363	1.811	2.272	2.425	2.696	3.279
外债总额/GNI（%）	88.753	72.600	58.583	53.351	44.282	32.152	27.824	26.637

　　资料来源：世界银行WDI数据库，http://ddp-ext.worldbank.org/ext/DDPQQ/member.do? method=getMembers&userid=1&queryId=6；世界银行GEM数据库，http://externalization.worldbank.org/external/default/main? theSitePK=2880771&contentMDK=21119307&menuPK=2880787& PK=64691875&pagePK=64691887。

图 6 - 1 波兰私人信贷占 GDP 的比例：1990—1997 年

资料来源：世界银行 WDI 数据库，http://ddp-ext. worldbank. org/ext/DDPQQ/member. do? method = getMembers&userid = 1&queryId = 6。

二、波兰 1998 年以后的金融改革

1998 年以后，波兰的金融改革进入了第二阶段。在这一阶段，波兰较突出的金融改革措施有：

（一）加大了银行业的对外开放

在金融改革的第二阶段，波兰政府逐渐取消了对外资银行进入波兰的限制，并挑选合格的境外战略投资者，将国有银行的大部分股权出售给境外战略投资者。1998 年出现的另一个引人注目的现象是外资银行参与了波兰国内商业银行的并购。但波兰并不是将引进外资银行当成目的，而只是作为完善波兰银行体系的手段。为了防止波兰银行业被少数几个国家的外资银行所控制，波兰注重外资银行来源地的分散化，由此波兰政府规定，对于申请进入波兰的第一个外资来源国银行，波兰政府将会优先批准。此外，波兰政府也鼓励并提供便利条件支持外资银行在波兰开展新的业务。

（二）实行自由浮动汇率制度

由于波兰的市场化改革取得了较大的成效且汇率的弹性不断增大，因

而促使波兰的外汇储备不断增加。在这种情况下,波兰政府于 2000 年 4 月放弃了"爬行钉住一篮子货币加区间浮动"的汇率制度,而完全实行"没有浮动区间、没有中心平价、没有人为贬值、没有政府干预"的自由浮动汇率制度,① 规定兹罗提的汇率完全由市场供求来决定,波兰中央银行不再干预外汇市场。浮动汇率制度的实行也意味着波兰基本实现了向市场经济的转轨。

(三) 实行通货膨胀目标制

由于波兰实行了完全自由浮动的汇率制度,因此,汇率作为稳定国内物价的名义锚作用基本消失。在这种情况下,为保证国内物价及宏观经济的稳定,从而增强人们对市场的信心,波兰中央银行在实行浮动汇率制度之前,就将货币政策框架转向通货膨胀目标制(Inflation Targeting),以便用简单、透明的通货膨胀目标作为新的名义锚取代汇率稳定目标,② 从而为实现向自由浮动汇率制度的平稳过渡创造前提条件。此外,实行通货膨胀目标制也有利于保证在浮动汇率制度的条件下通过控制通货膨胀来保证兹罗提汇率的稳定。

波兰第二阶段的金融改革进一步推动了波兰的经济发展,具体情况见表 6 - 2。

---

① 事实上,如果波兰继续维持实行"钉住"汇率的制度,而不实行自由浮动的汇率制度,则波兰中央银行就必须继续投放基础货币以买入外汇,这不但使中央银行的政策成本越来越大,而且有可能导致国内的通货膨胀。因此波兰实行浮动汇率制度也是市场化改革的必然结果。

② 在开放的条件下,通货膨胀目标制与浮动汇率制度是一组最佳的政策组合。这是因为:在浮动汇率制度下,货币当局不再承担稳定汇率的义务或不再以稳定汇率作为中介目标。因此,在实行浮动汇率制度以后,汇率作为名义锚(即通过将本国货币汇率钉住其一物价稳定国家的货币汇率,从而达到稳定本国物价的作用)的作用基本丧失。在这种情况下,为保证物价水平及宏观经济的稳定,就必须实行通货膨胀目标制。这是因为:以简单、透明的通货膨胀目标作为新的名义锚来取代汇率稳定目标,一国就能在浮动汇率制度的条件下通过控制本国的通货膨胀来稳定本国货币的汇率,从而为经济发展提供一个稳定的货币环境。而且,依据名义锚而实施的货币政策还能有效地解决时间不一致的问题。此外,相对于汇率名义锚,将通货膨胀目标作为"名义锚"是从国内经济情况出发的,这就有利于本国独立地实施宏观经济政策。还有,相对于货币供应量名义锚,将通货膨胀目标作为"名义锚"并不要求该国的货币供应量与最终的经济目标(即通货膨胀率及经济增长之间)有很强的相关关系。这样,货币流通速度的变化对货币政策的效果影响就大大下降了,这就可以抵消金融创新和经济全球化对本国货币政策实施效果的冲击。

表 6 - 2 波兰的宏观经济指标：1998—2010 年

	1998 年	1999 年	2000 年	2001 年	2002 年	2003 年	2004 年
GDP 增长率（%）	4.98	4.52	4.25	1.21	1.44	3.87	5.34
人均 GDP 增长率（%）	4.94	4.55	4.81	1.75	1.49	3.94	5.41
人均 GDP（美元）	4471.65	4344.72	4454.08	4978.57	5183.83	5674.74	6620.07
M2/GDP（%）	33.91	37.33	38.50	41.60	42.41	41.35	39.45
通货膨胀率（基于 CPI，%）	11.73	7.28	10.06	5.49	1.90	0.79	3.58
现金盈余占 GDP 的比例（%）	n.a.	n.a.	n.a.	-2.789	-4.500	-5.451	-5.500
商品和服务出口/GDP（%）	25.981	24.169	27.124	27.056	28.635	33.314	37.492
商品和服务进口/GDP（%）	30.813	30.076	33.546	30.721	32.098	36.005	39.843
经常账户平衡/GDP（%）	-3.991	-7.435	-6.039	-3.122	-2.797	-2.524	-5.246
资本账户净值（十亿美元）	0.052	0.021	0.018	0.044	-0.040	-0.135	1.064
总储备（不包括黄金储备，十亿美元）	27.325	26.355	26.562	25.648	28.650	32.579	35.324
实际利率（%）	12.076	10.229	11.988	14.380	9.571	6.883	3.339
存款年利率（%）	18.22	11.22	14.17	11.8	6.20	3.71	3.75
贷款年利率（%）	24.48	16.94	20.00	18.36	12.03	7.30	7.56
官方汇率（1 美元兑换）	3.475	3.967	4.346	4.094	4.080	3.890	3.658
外债总额/GNI（%）	33.218	38.922	38.172	34.794	39.056	44.022	43.029
政府收入[①]占 GDP 的比例（%）	n.a.	n.a.	n.a.	31.54	29.44	32.92	30.72
政府支出占 GDP 的比例（%）	n.a.	n.a.	n.a.	35.58	35.30	38.69	36.87
	2005 年	2006 年	2007 年	2008 年	2009 年	2010 年	
GDP 增长率（%）	3.62	6.23	6.79	5.13	1.65	3.82	
人均 GDP 增长率（%）	3.66	6.29	6.84	5.11	1.58	3.72	

续表

	2005 年	2006 年	2007 年	2008 年	2009 年	2010 年	
人均 GDP（美元）	7963.02	8958.02	11157.27	13885.65	11287.74	12270.65	
M2/GDP（％）	40.66	43.64	45.05	48.24	51.72	53.31	
通货膨胀率（基于 CPI，％）	2.11	1.11	2.39	4.35	3.83	2.71	
现金盈余占 GDP 的比例（％）	-4.034	-3.411	-1.876	-3.699	-6.109	n.a.	
商品和服务出口/GDP（％）	37.085	40.355	40.757	39.899	38.827	31.152	
商品和服务进口/GDP（％）	37.826	42.162	43.631	43.869	38.727	31.382	
经常账户平衡/GDP（％）	-2.383	-3.851	-6.230	-6.603	-3.984	-4.478	
资本账户净值（十亿美元）	0.850	1.930	4.293	5.782	6.812	8.334	
总储备（不包括黄金储备，十亿美元）	40.864	46.371	62.967	59.306	75.923	88.822	
实际利率（％）	4.080	3.942	n.a.	n.a.	n.a.	n.a.	
存款年利率（％）	2.79	2.20	n.a.	n.a.	n.a.	n.a.	
贷款年利率（％）	6.83	5.48	n.a.	n.a.	n.a.	n.a.	
官方汇率（1 美元兑换）	3.235	3.103	2.768	2.409	3.120	3.015	
外债总额/GNI（％）	36.384	41.854	47.425				
政府收入[①]占 GDP 的比例（％）	31.88	32.13	32.66	31.93	30.01	n.a.	
政府支出占 GDP 的比例（％）	36.27	35.85	34.23	35.22	35.74	n.a.	

注：①这里的政府收入不包括援助收入。

资料来源：世界银行 WDI 数据库，http://ddp-ext.worldbank.org/ext/DDPQQ/member.do?method=getMembers&userid=1&queryId=6；世界银行 GEM 数据库，http://externalization.worldbank.org/external/default/main?theSitePK=2880771&contentMDK=21119307&menuPK=2880787&PK=64691875&pagePK=64691887。

表6-2显示，从1998年到2010年，波兰的GDP增长率总的来看是较稳健的（2009年因受金融危机的影响而略有下滑）。从2002年开始，波兰的物价十分稳定（大多数年份的物价上涨率都控制在3%以下），外汇储备也不断增加。而且，从2005年开始，波兰货币兹罗提的的汇率也开始稳步升值。这一切都表明，波兰的金融改革是比较成功的，波兰经济的竞争力有了相当的提高。

三、波兰金融改革的经验

从波兰的实践来看，波兰的金融改革之所以比较成功，是因为波兰的经济及金融改革具有以下特点：

（一）波兰的私有化改革为金融体系的发展提供了良好的微观基础

为使私有化改革真正有利于健全公司的治理机制及提高公司的效率，波兰在私有化改革过程中规定，持有私有化证券的公民只能将它们换成15家国民投资基金的股票，而且规定每个私有化的企业必须有一家基金持有33%的股份，以使每个企业能有一家基金对其经营管理起主要的约束或监督作用；同时，为避免"一股独大"的负面效应，波兰还要求该基金应有来自其他14家基金的监督，等等。结果，在波兰私有化改革过程中产生的私营企业基本上形成了较合理的公司治理结构。由于健全的公司治理结构及高效率的公司经营是健全的金融体系的微观基础，因此波兰的私有化改革为波兰金融改革取得成效提供了良好的微观基础。

（二）金融体系注重充分发挥支持波兰企业家进行创新活动的功能是推动波兰金融发展的关键因素

更重要的是，波兰的金融体系在改革之后大力支持私营部门的发展。统计数据显示，从1996年开始，波兰的私人信贷占GDP的比率基本上是趋于不断上升的，至2010年达到了54.86%。这表明波兰金融体系越来越注重充分发挥支持波兰企业家进行创新活动的功能，由此自然会推动波兰的经济增长及金融发展。

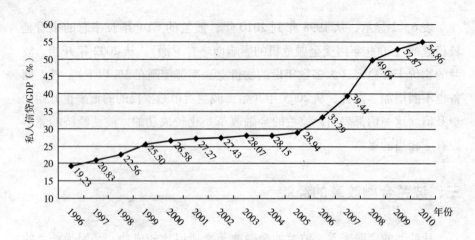

图 6 - 2 波兰私人信贷占 GDP 的比例: 1996—2010 年

资料来源: 世界银行 WDI 数据库, http://ddp-ext. worldbank. org/ext/DDPQQ/member. do? method = getMembers&userid = 1&queryId = 6。

(三) 采取渐进的方式逐步实行自由浮动汇率制度

波兰在其他的改革上基本上采取的是激进的改革方式, 但在汇率制度的改革上却采取了渐进的改革方式, 波兰渐进地向自由浮动汇率制度的过渡被国际货币基金组织誉为汇率制度平稳转型的成功典范。

其一, 波兰的汇率改革坚持了谨慎的改革原则、渐进的改革战略与坚定的市场取向相结合, 每一次汇率调整都顺应了当时国际及国内经济环境的变化, 及时解决了当时宏观及微观经济中的难题 (如通货膨胀、国际收支失衡, 以及货币政策目标与汇率政策目标的冲突等), 因而具有 "帕累托改进" 的效果。

其二, 作为汇率制度渐进式改革的成功典范, 波兰政府用了 10 年的时间, 尝试了几乎所有的汇率制度形式, 从单一钉住美元到钉住一篮子货币, 从钉住一篮子货币到爬行钉住一篮子货币, 再到爬行钉住加区间浮动, 最后实现了完全自由浮动的汇率制度。波兰的每次汇率制度改革都完全根据市场的适应能力来进行: 其中, 波兰中央银行首先用 5 年的时间实行较为狭窄的爬行钉住制度, 以使市场有一个适应过程; 然后再用 5 年的时间不断扩大爬行浮动区间, 逐步增加汇率政策的灵活性和汇率制度的弹性。随着 "兹罗提" 浮动幅度的不断扩大, 最后向自由浮动汇率制度的过渡就是水到渠成的事情了。因此，在波兰由固定汇率制度向浮动汇率制度的转轨过程中，没有出现较大的波动。

其三，在波兰准备实行自由浮动汇率制度之前，提前两年实行了通货膨胀目标制，即首先以通货膨胀目标制作为一个新的名义锚，与以汇率作为名义锚的钉住制度相衔接，然后逐渐扩大"兹罗提"的爬行浮动区间，最后实现汇率的完全自由浮动。用通货膨胀目标制作为新的名义锚替代原来的汇率名义锚，起到了稳定市场信心、增加政府控制通货膨胀的责任和压力的作用，这既有利于保证汇率制度的平稳过渡，同时又有利于保证宏观经济的稳定。

其四，在汇率制度变迁过程中，波兰十分注重货币市场的发展，包括建立银行间存款市场、国债市场、回购市场以及外汇市场，以加大金融市场的流动性和货币政策工具的多样化。同时，波兰还特别注重外汇市场（包括即期外汇市场和远期外汇市场等）的发展，以便通过远期市场和金融衍生工具来规避或对冲汇率风险。此外，波兰在实行浮动汇率制度时还十分注重加强对银行体系的监管，严格资本要求并引入现代风险管理技术，特别是对银行的净外汇头寸进行严格监控，等等，从而使金融体系能够在汇率制度的不断变迁过程中保持稳定。

其五，波兰在进行汇率制度改革过程中还十分注重提高微观经济的效率并降低成本，进而不断提高波兰经济的竞争力。例如，波兰在进行企业改革以使劳动生产率不断提高的同时，十分注意限制名义工资的过度上升，这就有利于降低波兰的劳动力成本，从而有利于提高波兰产品的竞争力，为波兰汇率制度的顺利改革提供了重要的微观基础。

此外，还有一点必须提及的是，波兰在金融改革过程中十分强调严格的金融监管，强调对投资者利益的保护，这也是波兰的金融改革较为成功，因而能为浮动汇率制度的实行创造前提条件的一个重要原因。Glaser、Johnson 和 Shleifer（2001）、Rajan 和 Zingales（2003）曾对 20 世纪 90 年代波兰和捷克两国的金融市场（特别是证券市场）发展进行了比较分析，从而证实了金融监管的重要性。他们发现，这两个国家的经济改革虽然都是以相似的路径开始的，但是由于在证券市场的管制上采取了完全不同的方式而表现出不同的经济绩效：波兰首先引进非常严格的信息披露标准，接着建立类似美国的独立的证券监督委员会，以确保信息披露标准和其他保护股东的措施得到严格执行，对证券市场进行严格的监管。在这种情况下，由于投资者知道自己的权益得到了很好的保护，因此投资者对波兰的证券市场充满信心，因而愿意进行长期的投资活动，结果波兰证券市场的发展既稳健又迅速。而捷克的金融监管则非常松懈，捷克政府主张"放手"、"不干涉"，一开始证券市场规模很大，但由于出现投资人被内部人欺骗、大机构投资者与内部人勾结起来对付少数股东的事情，结果严重打击了投资者的信心并挫伤了投资者的积极性，并进而导致捷克证券市场迅速萎缩。而波兰的证券市场虽然开始规模很小，但后来的成长却非常迅速并很快超过捷克。

第四节　俄罗斯向市场经济的转轨及金融改革

一、俄罗斯第一阶段的"休克疗法"及金融自由化改革

（一）俄罗斯第一阶段的"休克疗法"

苏联解体以后，俄罗斯政府根据 Sachs 提出的"休克疗法"、"华盛顿共识"，并借鉴了现代货币主义有关"管住货币，放开价格"的理论，于 1991 年 10 月开始采取激进的"休克疗法"，其改革措施主要有：

1. 价格自由化

俄罗斯从 1992 年 1 月 2 日起宣布，除某些基本生活用品和少数交通、能源等生产资料外，其他一切商品的价格全部放开。俄罗斯政府认为，价格自由化是市场经济的基础，必须在短期内一下子使价格自由形成。与此相适应，工资也不再由国家控制，而由市场供求决定，[①] 政府还取消了对居民收入增长的限制。

2. 私有化

私有化是俄罗斯经济改革的核心内容之一。俄罗斯的私有化改革包括

---

① 工资由市场供求决定有利于推动劳动力市场的发展。

两部分内容：（1）国营企业的私有化。俄罗斯曾规定 1995 年完成国有企业的私有化进程。国营企业的私有化方案分两类：一类是对小型国有企业，这一般采取拍卖和投标的方法私有化。另一类是针对大中型国有企业，则采取股份化的方式进行私有化。具体方法是首先将大中型国营企业改组为股份制公司，然后"无偿"地向每个公民发放面值为 1 万卢布的私有化证券，① 俄罗斯公民凭此券可以购买住宅、经营用地、企业财产和股票等，公民也可以将"私有化证券"投入"投资基金"，然后再由"投资基金"去购买国营股份公司的股票。此外，公民还可以将"私有化证券"出售换成现金。在这一期间，俄罗斯总共发放 1.5 亿卢布的证券，约相当于国有资产的 1/3。（2）土地和住房的私有化。俄罗斯政府发给国营农场和集体农庄每人一份土地证，个人可以自由买卖土地证，也可以将土地证集中起来以组成新的大型私人集体农庄。但俄罗斯规定，地下资源、江河湖海、文化遗产、中央银行等则禁止私有化。

在激进式的"休克疗法"改革路径下，俄罗斯的私有化改革速度较快。1992 年，国民经济不同部门的 4.6 万个国有企业已经完全或部分地转为私有。在私有化企业的总数中，82% 是市政所有的小企业，大型企业主要通过股份制途径实行私有化。1993 年 1—11 月，又有 3.9 万家国有企业实现了私有化。至 1993 年底，俄罗斯共有 8.6 万家国有企业实现了私有化。在这同时俄罗斯还实现了土地和住房的私有化。

由于采取向公民无偿分配私有化证券的方式实现私有化既不利于国家获得财政收入，又不能为企业增加资本，同时，由于公民缺乏有关企业的信息，在大多数情况下，企业的大部分股份由企业"内部人"（经营者和职工）购买，从而没有带来企业"内部人"之外的外部所有者，这不利于形成合理的公司治理结构。因此，从 1994 年 7 月起，俄罗斯从无偿发放私有化证券改变为按一定的价格出售国有资产，这被称为"货币私有化"。②

① "无偿"地向俄罗斯公民发放私有化证券是俄罗斯私有化的最初方式。通过向公民无偿地分配"私有化证券"进行私有化改革的好处是：在公民财富积累不足的情况下，可以快速推进经济转轨，并且不偏向任何利益集团，能保证公平；同时，也不存在定价的难题。但缺点是：无法为政府增加财政收入，也不能给企业带来资本。向公民无偿地分配"私有化证券"进行私有化改革意味着是先找"最初的所有者"，而通过向投资者出售国有企业进行私有化改革的方法则相当于直接找到"最终的所有者"。

② "货币私有化"不同于无偿转让国营企业的"凭证私有化"，而是采取按市场价格出售国有企业的方式来实现私有化。

3. 实现对外开放并实现对外经济活动的自由化

除了实现价格的自由化、取消政府对经济的控制以外，俄罗斯还十分强调对外经济活动的自由化，使国内外的经济活动拥有最充分的自由。为此，俄罗斯采取了以下措施：（1）取消国家在对外贸易的垄断，规定任何企业都可以自由地从事对外贸易活动；（2）允许外国投资者自由进入俄罗斯进行投资活动。

4. 宏观经济稳定化

为了在全面放开价格和实行私有化的同时保证宏观经济的稳定，以避免放开价格导致物价暴涨，甚至演变成"价格—工资"的交替上升，从而出现恶性的通货膨胀，俄罗斯政府在进行"休克疗法"时实行了紧缩的财政政策和货币政策。在财政政策方面，政府一方面减少财政支出、削减或取消政府价格补贴及企业亏损补贴等，同时还削减政府的公共投资及军费开支等来压缩政府的预算支出，另一方面又进行税制改革，通过提高税率来增加财政收入，以此来实现财政收支的平衡。在货币政策方面，则采取严格控制货币供应量、提高利率、紧缩信贷等方法来控制一般物价水平的上涨。

通过实行"休克疗法"，俄罗斯迅速摧毁了原有的计划经济体制，并基本建立了市场经济的框架。随着私有化改革的深入，私营企业迅速增多，政府对经济的干预程度大大减弱，市场供求逐渐趋向平衡，长期存在的排队现象和黑市问题逐步消失了。

（二）俄罗斯第一阶段的金融自由化改革

在对实体经济进行激进式的"休克疗法"改革的同时，俄罗斯也在金融领域进行了自由化改革，其中主要包括：

1. 建立二级银行体系

俄罗斯的金融自由化改革首先是打破国有化的单一银行体系，实行中央银行与商业银行并存的二级银行体制。为此，俄罗斯出台了《俄罗斯中央银行法》。该法规定，中央银行是独立法人，除非另有特殊规定，中央银行不承担国家债务，国家也不承担中央银行的债务。中央银行可以独立地制定货币政策并调节货币供应量，以此影响市场主体的行为。

为推动经济的私有化及自由化，俄罗斯明确规定商业银行是具有法人地位的，自主经营和自负盈亏的经济组织，放开了对私人资本（包括外资）成立银行的限制，并且准入条件非常宽松。此外，为了创造吸引外资的条件，俄罗斯允许外资银行进入俄罗斯，并规定外资银行的业务范围与国内商业银行基本相同，以使外资银行与国内商业银行公平竞争。到 1992 年，俄罗斯的二级银行体系框架基本建立，且商业银行的数量迅猛发展。到 1995 年，俄罗斯的注册银行发展到 2500 多家，从而形成了除中央银行以外，还包括国有商业银行、私人商业银行、股份制商业银行和外资银行并存的多元化银行体系。

2. 开放金融市场

俄罗斯政府认为，要实现以私有化为基础的市场经济体制，就必须开放金融市场，并实现金融的自由化。因此，随着经济的全面自由化，俄罗斯也全面开放了金融市场。其中，货币市场包括银行同业拆借市场、短期票据市场、短期国债市场①等，资本市场则包括联邦长期债务市场、公司债券市场及股票市场等。

特别需要提及的是，俄罗斯股票市场的发展充分反映了经济转轨的特点。俄罗斯股票市场是在私有化改革的基础上产生的。从 20 世纪 90 年代开始，俄罗斯通过大规模的"凭证私有化"阶段和"货币私有化"阶段，将大量的国有企业转变为私营企业，并形成了无数的"公众公司"（即股票由投资公众拥有的公司）。为解决这些公司股票的流动性问题，1991 年12 月 28 日，俄罗斯通过了《关于有价证券的发行和流通及俄罗斯联邦交易所规则》法案，从而促成了俄罗斯股票市场的形成。但在早期，俄罗斯的股票市场极其混乱，仅 1995 年俄罗斯财政部就给 70 多家股票交易所发放了执照。由于股票交易所过多，给监管带来了难题。同时，由于俄罗斯市场经济的基础十分薄弱，俄罗斯的股票市场并不是在私人企业充分发展的基础上产生的，因此俄罗斯在私有化进程中虽然"瞬间"创立了无数的"公众公司"，但公司治理结构大都不完善，因而市场上存在着大量的非法筹资行为，投资者的权益得不到保护，结果导致俄罗斯股票市场的风险过

---

① 俄罗斯规定，从 1993 年开始，政府的财政赤字不再由中央银行发行货币弥补而改为发行国债来弥补，这就推动了俄罗斯国债市场的发展。

大。到 1995 年以后，俄罗斯开始注重资本市场的法治建设。1995 年和 1996 年，俄罗斯颁布了一系列有关资本市场的法律，如《俄罗斯民法》、《俄罗斯联邦股份公司法》等。特别是 1996 年 4 月颁布的《俄罗斯联邦证券法》，奠定了资本市场的法律框架。为对资本市场进行严格的监管，俄罗斯建立了专门的证券监管机构——俄罗斯联邦证券市场委员会（FC-SM）。该委员会于 1997 年对股票交易所实行了新的注册要求和资本要求（公司最低注册资本要求为 230 万美元），这一措施导致股票交易所的数量锐减。到 1997 年底，只有 11 家股票交易所在俄罗斯联邦证券市场委员会注册，从而使俄罗斯的股票市场逐步走上了正轨。

私有化及股票市场的发展也推动了投资基金的发展。从 1992 年 7 月 1 日俄罗斯颁布《关于向公民发放私有化证券》的总统令开始，投资基金就开始在俄罗斯建立。俄罗斯公民私有化证券的 31% 集中在投资基金上，因此从 1993 年初起投资基金得到迅速发展，1993 年全国有 500 多个投资基金（大多为封闭式基金），但由于证券市场的管理不规范和投资基金本身的市场运作失败使其面临很多困难。

3. 放开利率，实现利率的市场化

在 1992 年放开物价的同时，俄罗斯就同时放开利率，实现利率的市场化，使利率由市场供求决定。1993 年，为实现基准利率的市场化并形成中央银行间接调节货币供应量及利率水平的机制，俄罗斯中央银行开始采取拍卖方式分配信贷额度，通过拍卖形成一种市场基准利率，然后再通过调整再贴现率、存款准备金率及公开市场业务来间接调控市场利率水平。

4. 实现卢布的可兑换

在实现国内经济活动自由化的基础上，为实现对外经济活动的自由化，使企业和个人能自由地从事国际贸易活动，并使外资能自由地进入国内，就必须进行外汇体制的改革，建立外汇市场，实现卢布的自由兑换。为此，俄罗斯于 1992 年开始了实现卢布自由兑换的进程。[①] 但最初的自由

---

① 1991 年 11 月，俄总统签署了《对外经济活动自由化》的总统令。根据该总统令，俄公民有权进行外汇现金交易。这是俄公民第一次有权选择以何种方式持有存款——卢布现金、银行卢布存款、外汇现金或存在指定银行外汇账户上的外汇存款。

兑换是"内部自由兑换"，① 其含义是：（1）卢布的自由兑换仅限于本国居民，即俄罗斯的法人和自然人；（2）卢布可以自由兑换为外国货币，但仅限于不涉及与国际资本流动有关的对外经济活动；（3）货币的兑换通过外汇交易所或指定的商业银行和交易网点，按供求关系决定的汇率进行。1996 年，俄罗斯开始承担国际货币基金组织章程第八条款规定的义务，实现卢布在经常账户下的自由兑换，规定在经常账户下，居民、非居民、法人、自然人都有权利自由买卖外汇。

5. 对外开放金融市场

实现卢布的可兑换导致外汇市场的形成，同时也推动了本国金融市场的对外开放。1996 年，俄罗斯允许非居民进入俄罗斯金融市场。② 为保证外国投资者获得稳定的投资收益，俄罗斯允许非居民将外汇换成卢布在俄罗斯金融市场进行投资活动的同时，可以进行远期外汇交易，以保证非居民投资者在向国外汇出资金时能够按约定的汇率购买外汇，从而降低投资风险。这一规定既有利于吸引外资，同时又促进了俄罗斯远期外汇市场的发展。

6. 实行浮动汇率制度

俄罗斯从 1992 年 7 月 1 日起开始实行卢布"内部兑换"时，就允许货币的兑换通过外汇交易所或指定的商业银行和交易网点，按供求关系决定的汇率进行。③ 根据这一制度安排，中央银行不再干预外汇市场，这意味着卢布汇率实现了市场化。同时，为了有利于市场主体在卢布汇率完全市场化的情况下能够规避或对冲汇率风险，俄罗斯在 1992 年 7 月实行卢布统一浮动汇率制度时建立了外汇期货市场。

---

① 卢布的可兑换有利于使俄罗斯的市场与国际市场相连接，从而有利于使俄罗斯的市场价格逐步与国际市场的价格相一致。

② 允许外国资本进入俄罗斯股票市场也与俄罗斯的资本短缺及私有化改革有关，由于俄罗斯的私有化需要大量的资本注入，但俄罗斯国内缺乏资本积累，因此必须大量引进外资。

③ 1992 年 7 月 1 日，卢布兑美元的汇率为 125∶1，到 1992 年 11 月卢布汇率贬值为 470∶1，此后一直到 1995 年 7 月俄罗斯放弃浮动汇率制度而实行"汇率走廊制"时为止，卢布汇率的大幅度贬值就没有停止过。

二、1998 年的俄罗斯金融危机

（一）俄罗斯金融危机的爆发

俄罗斯第一阶段的"休克疗法"及金融自由化改革虽然在一定程度上推动了市场经济体制的形成，消除了市场供应短缺的现象，但却带来了经济增长率大幅下降和通货膨胀率严重等问题，特别是俄罗斯最终于 1998 年下半年爆发了金融危机，这主要表现为：

1. 经济增长率下降

自由化改革初期，俄罗斯经济持续谁退，1990 年至 1998 年间，其年均 GDP 增长率为 – 6.2%，倒退最严重的 1992 年达到了 – 14.53%，1994 年则为 – 12.57%；[①] 在实行"休克疗法"的当年，俄罗斯的 GDP 几乎减少一半。[②]

2. 财政赤字大幅上升

1992 年，俄罗斯联邦的预算赤字达到当年 GDP 的 44.5%。

3. 出现严重的通货膨胀

由于俄罗斯为向自由市场经济体制转轨而放开了价格，这使得原来定价过低的产品价格因受供求关系的影响而大幅上升。这样，俄罗斯在中央计划经济体制时期以短缺（即供给小于需求，这实际上是一种隐蔽的通货膨胀）形式积累起来的隐蔽型通货膨胀压力得到了释放的机会，因而使隐蔽型的通货膨胀变成了公开的通货膨胀。1993 年，俄罗斯的通货膨胀率（以消费价格指数表示）达到874.62%，1994 年为307.63%，1995 年则为197.47%，1998 年为27.67%，1999 年则达到85.74%。

4. 卢布大幅贬值

1992 年 7 月 1 日，卢布兑美元的汇率为 125∶1，到 11 月卢布汇率贬

---

① 数据来源：世界银行发展指标数据库，http://ddp-ext. worldbank. org/ext/DDPQQ/showReport. do? method = showReport。

② 应注意的是，俄罗斯经济增长率的大幅下降也与苏联及东欧国家在中央计划经济体制时期所形成的经济分工及合作体系在这些国家向自由市场经济转轨时突然瓦解有关。

值为 470∶1，此后一直到 1995 年 7 月俄罗斯放弃浮动汇率制度而实行"汇率走廊制"时为止，① 卢布汇率的大幅度贬值就没有停止过。② 俄罗斯于 1998 年 9 月 1 日又重新实行自由浮动汇率制度，但结果又是卢布的大幅贬值，半年内卢布汇率的贬值幅度高达 75%。

5. 商业银行亏损严重，资产及资本金缩水

1998 年 8 月至 12 月，俄罗斯整个银行系统亏损近 400 亿卢布，资本总额减少 30%。1998 年 8 月 1 日，俄罗斯商业银行还有 1207.85 亿美元的总资产，但到 1999 年 1 月 1 日，总资产已不足 502 亿美元。金融危机导致 1/6 的银行被撤消经营许可。

6. 利率大幅上升

由于通货膨胀严重，因此导致利率随之上升。1998 年，莫斯科同业拆借市场上的平均加权隔夜拆借利率为 50.6%（年利率），而俄罗斯的贷款年利率也高达 17.05%。

7. 外汇储备减少

1997 年 7 月，俄罗斯中央银行的外汇储备为 238 亿美元，而到 1999 年 1 月 1 日则下降到只有 124 亿美元。

8. 股市大跌

在 1998 年的金融危机中，俄罗斯的股票市场市值由 1400 亿美元跌至 1999 年 1 月的 160 亿美元，大多数公司的股票价格跌到证券私有化初期阶段的水平。同时，俄罗斯的股票市场交易大幅减少，1998 年股票市场换手

---

① 俄罗斯是于 1995 年 7 月起开始放弃浮动汇率制而实行"汇率走廊制"的。具体规定是：放弃允许卢布兑美元的汇率自由浮动的做法，只允许卢布兑美元的汇率在一定的限度内浮动，如果超过这一限度，则中央银行将干预外汇市场，这一制度实际上相当于"汇率目标区制度"。俄罗斯之所以要实行"汇率走廊制"，是因为俄罗斯于 1992 年放开卢布汇率实行浮动汇率制度以后，由于卢布汇率存在高估问题且外汇供不应求，因此导致卢布汇率多次大幅贬值。第一次大规模的贬值发生在 1993 年 9 月 23 日，这一天卢布兑美元的汇率贬值了 25%。第二次发生在 1994 年 10 月 11 日，这一天卢布兑美元的汇率贬值幅度则达 30%。自此以后，卢布汇率一直下滑，并使俄罗斯陷入"卢布内部可兑换—经济美元化—卢布贬值—外汇流失—外汇短缺"的恶性膨胀。在这种情况下，为保证卢布汇率具有较强的可预见性和稳定性，进而降低人们的货币贬值预期及通货膨胀预期，俄罗斯不得不实行"汇率走廊制"（当时规定只允许卢布与美元的汇率在 4300—4900∶1 的区间内浮动，1996 年 1 月又调整为 4550—5150∶1）。

② 由于卢布存在着币值高估的问题，因此让卢布汇率由市场供求决定，必然出现卢布贬值的现象。

率仅为 0.02%。①

表 6 - 3　俄罗斯的宏观经济指标：1991—1998 年

	1991 年	1992 年	1993 年	1994 年	1995 年	1996 年	1997 年	1998 年
GDP 增长率（%）	-5.05	-14.53	-8.67	-12.57	-4.14	-3.60	1.40	-5.30
人均 GDP 增长率（%）	-5.26	-14.57	-8.56	-12.46	-4.02	-3.34	1.70	-5.04
人均 GDP（美元）	3427.32	3095.09	2929.30	2663.46	2669.95	2651.44	2748.92	1844.49
M2/GDP（%）	n. a.	n. a.	n. a.	13.98	14.19	15.77	17.45	20.80
通货膨胀率（基于 CPI，%）	n. a.	n. a.	874.62	307.63	197.47	47.74	14.77	27.67
现金盈余占 GDP 的比例（%）	n. a.	n. a.	n. a.	n. a.	n. a.	n. a.	n. a.	n. a.
商品和服务出口/GDP（%）	13.271	62.322	38.205	27.758	29.289	26.073	24.730	31.221
商品和服务进口/GDP（%）	12.985	48.255	30.494	23.195	25.894	21.850	22.527	24.551
经常账户平衡/GDP（%）	n. a.	n. a.	n. a.	1.985	1.760	2.769	-0.020	0.081
资本账户净值（十亿美元）	n. a.	n. a.	n. a.	2.410	-0.347	-0.463	-0.797	-0.382
总储备（不包括黄金储备，十亿美元）	n. a.	n. a.	5.835	3.980	14.383	11.276	12.895	7.801
实际利率（%）	n. a.	n. a.	n. a.	n. a.	72.255	69.276	14.760	19.616
存款年利率（%）	n. a.	n. a.	n. a.	n. a.	101.96	55.05	16.77	17.05
贷款年利率（%）	n. a.	n. a.	n. a.	n. a.	320.31	146.81	32.04	41.79
官方汇率（1 美元兑换）	n. a.	n. a.	0.992	2.191	4.559	5.121	5.785	9.705
外债总额/GNI（%）①	n. a.	17.163	26.000	30.967	30.957	32.715	32.198	68.605
政府收入①占 GDP 的比例（%）	n. a.	n. a.	n. a.	n. a.	n. a.	n. a.	n. a.	n. a.

---

① 数据来源：世界银行发展指标数据库，http://ddp-ext. worldbank. org/ext/DDPQQ/showReport. do? method = showReport。

续表

	1991 年	1992 年	1993 年	1994 年	1995 年	1996 年	1997 年	1998 年
政府支出占 GDP 的比例（%）	n. a.	n. a.	n. a.	n. a.	n. a.	n. a.	n. a.	n. a.

注：①这里的政府收入不包括援助收入。

资料来源：世界银行 WDI 数据库，http://ddp-ext. worldbank. org/ext/DDPQQ/member. do? method = getMembers&userid = 1&queryId = 6；世界银行 GEM 数据库，http://externalization. world- bank. org/external/default/main? theSitePK = 2880771&contentMDK = 21119307&menuPK = 2880787& PK = 64691875&pagePK = 64691887。

（二）俄罗斯爆发金融危机的原因

俄罗斯为什么会爆发金融危机？其根源是什么？目前，绝大多数学者都认为俄罗斯之所以爆发金融危机是由于实行了"休克疗法"及金融自由化改革。但问题是，如果说金融危机的根源是"休克疗法"及金融自由化改革，那波兰所进行的"休克疗法"及金融自由化改革为什么就没有导致金融危机呢？显然，将金融危机的根源归于"休克疗法"及金融自由化改革是过于简单了。

如果对俄罗斯的情况作深层次的分析就会发现，俄罗斯金融危机的根源在于，俄罗斯的商业银行过于集中在外汇市场和国债市场上进行投机活动，过于面向对政府部门提供融资支持，而对实体经济，特别是对企业家创新活动的金融支持不足，从而导致俄罗斯金融体系存在严重的脆弱性。这具体表现为：

由于俄罗斯在"休克疗法"及金融自由化的改革过程中，对新银行的准入设定了较低的门槛，市场准入条件极为宽松，因此随着私有化和金融自由化的推进，商业银行的数量急剧增加，从而产生了大量资本金规模很小因而抵御风险能力也很小的商业银行。1995 年，俄罗斯商业银行的数量达到 2500 家（1989 年苏联只有 5 家银行）。而且，俄罗斯也没有在金融自由化改革过程中建立完善的金融监管体系。银行数量的大量增加虽然有利于金融业的竞争，但由于俄罗斯的金融监管体制并不健全，因此银行（特别是资本金规模过小的小银行）数量的过快增长导致俄罗斯的金融体系十分脆弱。更重要的是，由于俄罗斯遵循经济自由化的原则，强调商业银行的自由经营，且放松对商业银行的监管，因此在商业银行可以不受限制的自由经营及俄罗斯通货膨胀较严重、企业利润率过低的情况下，为了追求盈利，俄罗斯商业银行不得不将资金主要投向投机性较强的外汇市场及国债市场，从而导致俄罗斯金融体系与实体经济愈益脱节。

1995 年以前，由于卢布不断贬值而外汇不断升值，因此持有外汇有利可图，在俄罗斯企业利润率过低的情况下，俄罗斯的商业银行自然会大量持有外汇。同时，由于俄罗斯实行贸易自由化，市场对外汇的需求很大，从事外汇投机的收益很高，因此俄罗斯的商业银行也愿意大量投资于外汇资产。

1995 年以后，俄罗斯为弥补中央财政赤字而大力培育国债市场。随着俄罗斯财政赤字的扩大，国债发行量不断增加，导致国债发行价格大幅下降，国债收益率大幅攀升。国债收益率的大幅攀升又拉动了整体利率水平的上升，这进而又抬高了实体经济部门的成本，从而进一步降低了企业的利润率。在企业利润率低而国债收益率大幅攀升的情况下，商业银行只得大量投资于国债市场。

由于俄罗斯商业银行将资金大量投向外汇市场及国债市场，因此俄罗斯商业银行对实体经济部门（特别是私人经济部门）的贷款比例过低，见表 6 – 3。

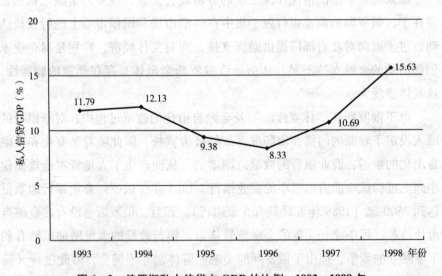

图 6 – 3　俄罗斯私人信贷占 GDP 的比例：1993—1998 年

资料来源：世界银行 WDI 数据库，http://ddp-ext. worldbank. org/ext/DDPQQ/member. do?method = getMembers&userid = 1&queryId = 6。

图 6-3 显示，从 1993 年到 1998 年，俄罗斯商业银行对实体经济（特别是私人经济部门）的贷款占 GDP 的比例很低，大多都低于 15%。

俄罗斯商业银行的这种经营行为导致金融体系与实体经济的脱节，同时也意味着俄罗斯的商业银行没有发挥"动员居民储蓄为经济提供投资"的功能，这既不利于实体经济部门的增长，不利于通过支持实体经济部门企业家的创新活动以刺激俄罗斯的经济增长，同时又加大了银行风险（因资产中价格波动较大的证券资产所占比重过高），结果导致许多银行破产倒闭。据统计，1990—1995 年，俄罗斯关闭的银行数目近 200 家。[1] 而据世界银行（1996）统计，1995 年俄罗斯有近 1/3 的商业银行报告亏损，这就为俄罗斯金融危机的爆发埋下了伏笔。

在俄罗斯的金融体系对实体经济，特别是对企业家创新活动的金融支持不足，从而导致俄罗斯金融体系存在严重脆弱性的情况下，俄罗斯又于 1998 年 1 月 1 日起取消对外资从事短期国债业务的一切限制，从而完全对外放开了国债市场，这意味着俄罗斯实际上开放了本国的资本账户。在这种情况下，俄罗斯国债收益率的大幅攀升及其带动的整体利率水平上升又导致外资的大量涌入。由于外资大量投资于俄罗斯的国债，到 1998 年俄罗斯金融危机爆发之前，俄罗斯的短期国债有 40% 掌握在外资手里，外资掌握的短期国债数额（200 亿美元）甚至超过了中央银行的外汇储备总额（180 亿美元）。在这样的情况下，俄罗斯的债券市场完全暴露在国际资本的冲击之下。同时，由于俄罗斯遵循经济自由化原则，既允许外资从事买空（预测价格上涨而买进）或卖空（预测价格下跌而卖出）交易，又允许外资自由进出，这就给外资大量购买和抛售证券或随时抽走资金创造了便利条件。还有，俄罗斯于 1998 年 1 月 1 日进行货币改革，这一改革的内容是采用新卢布（1 新卢布 = 1000 旧卢布），新卢布与美元的汇率被确定为 6.2∶1。在进行货币改革的同时，俄罗斯宣布全面放弃"汇率走廊制"，重新实行自由浮动汇率制度，[2] 结果引发了金融危机。

---

① 资料来源：Word Bank Staff Estimates，IMF，EBRD，Central Bank Peports。转引自杨金同、毛育新：《金融转轨国家银行业稳定性与效率关系分析》，《财经科学》1999 年第 6 期。

② 俄罗斯之所以要全面放弃"汇率走廊制"，与这种制度的内在缺陷有关。这是因为：俄罗斯要维持"汇率走廊制"，中央银行就必须拥有大量的外汇储备，但在实行"外汇走廊制"的三年时间里，俄罗斯中央银行为干预外汇市场消耗了大量的外汇储备。当市场大量抛售卢布抢购美元时，俄罗斯中央银行不得不被迫加大市场干预力度，使本来就有限的外汇储备更少，以致中央

可见，1998 年所爆发的俄罗斯金融危机的根源在于俄罗斯的金融体系对实体经济，特别是对企业家创新活动的金融支持不足，在于俄罗斯的金融体系将资金大量投向了投机性较强的外汇市场及国债市场，因而导致俄罗斯的金融体系存在严重的脆弱性，而根本不是重新实行了浮动汇率制度，也不是"休克疗法"及金融的自由化改革。或者说，俄罗斯的金融危机事实上在进行"休克疗法"及金融自由化改革之前就已存在，而且卢布汇率在"休克疗法"及金融自由化改革之前也存在着严重的高估现象，只不过在经济及金融自由化改革的助推之下使俄罗斯经济基本面所存在的问题及金融体系所存在的严重脆弱性得以充分暴露，使俄罗斯原来就存在的经济及金融危机提前爆发，并使卢布汇率回归其市场水平罢了。因此，俄罗斯的金融危机并不是"休克疗法"及金融自由化改革的产物。

当然，也要看到的是，俄罗斯在经济基本面存在的问题没有解决之前、在本国金融体系存在严重脆弱性的情况下，就过早地开放本国的资本账户，并实行自由浮动汇率制度，使俄罗斯经济不仅受到国内市场化改革的冲击，而且还受到国际市场的冲击，结果势必出现经济及金融的动荡，并最后演变成金融危机。从这个角度来说，实行自由浮动汇率制度只是点燃了金融危机的导火索，但不是导致俄罗斯金融危机的根源。

三、俄罗斯金融危机爆发以后的金融改革

（一）俄罗斯金融危机爆发以后的金融改革措施

事实上，1998 年的金融危机对俄罗斯也并非全无益处。由于放弃"汇率走廊制"，实行自由浮动汇率制度，使卢布大幅贬值，政府以本币计价的国内债务得到减轻，同时卢布的贬值有利于使卢布汇率回归到均衡点，并增加了俄罗斯出口产品的竞争力，从而使国内经济得以回升，这为俄罗斯经济从 1999 年开始恢复性增长奠定了基础。可见，俄罗斯的金融危机也是对俄罗斯经济的一种硬调节。从这个角度来看，俄罗斯爆发金融危机既

（接上页注②）银行再也无力通过出售外汇而对外汇市场进行调节。为此，俄罗斯先是于 1998 年 8 月 17 日试图通过放宽"汇率走廊"（即允许卢布对美元的汇率在 6.2：1—9.5：1 之间浮动，实际上等于宣布卢布贬值 50%）来解决这一问题，但没有奏效。在这种情况下，俄罗斯不得不很快宣布全面放弃"汇率走廊制"，而重新实行自由浮动汇率制度。

有一定的必然性，同时也对其消除经济中所存在的隐患并不断完善市场机制产生了有益的作用，因此可以说，俄罗斯金融危机的爆发并不是一件坏事。① 从这个意义上来说，实行浮动汇率制度也可以说是俄罗斯在金融危机爆发以后所不得不进行的改革。

除了不得不实行浮动汇率制度这一被动的改革措施以外，俄罗斯为摆脱金融危机，还采取了以下改革措施：

1. 进一步改革银行体系

由于金融体系的脆弱性是引发俄罗斯金融危机的导火索，因此，在金融危机爆发以后，俄罗斯开始对其金融体系进一步进行改革。

此次改革分为两个阶段：第一阶段是 1998 年 9 月—2000 年，主要任务是进行银行重组。1999 年 1 月，俄罗斯成立信贷机构重组公司，作为非银行信贷机构，它的主要职能是负责管理重组基金，参股或控股改组银行，并对其资产负债进行管理和经营，执行破产银行的清算监督等。为保证银行重组的顺利进行，俄罗斯还通过了《金融部门破产法》和《银行重组法》。第二阶段始于 2001 年，这一阶段的改革目标是加速银行业的复兴以及巩固和稳定银行体系。在这一阶段，俄罗斯为淘汰缺乏效率的金融机构，以改善金融机构的资产质量，并建立公平的市场竞争机制，从而强化银行体系与实体经济的相互促进作用而采取了一系列改革措施。其中，主要有：（1）提高对金融机构法定资本金的要求。（2）提高金融机构的资本充足率标准。1998 年俄罗斯银行资本充足率要求为 7%，1999 年提高到 8%，2005 年规定资本金低于 500 万欧元的银行最低资本充足率为 10%。（3）建立存款保险制度。2003 年 1 月，俄罗斯通过了《俄罗斯联邦银行自然人存款保险法》，正式构建了存款保险制度的框架。存款保险制度的建立有利于保障存款人利益和恢复存款人对银行的信心。（4）2004 年，俄罗斯通过了《俄罗斯银行部门改革战略》，强调俄罗斯银行改革的最终目的是保证和推动经济的发展，因此相应的改革措施应是着眼于提高银行部门的竞争力。

2. 进一步完善资本市场

2001 年，俄罗斯重新修订了《股份公司法》，并通过了《投资基金

---

① 必须强调的是，市场调节是一个长期的过程，因此市场化改革在短期带来经济的波动实际上是正常的。

法》，同时俄罗斯还不断取消对证券市场的限制，从而加快了俄罗斯证券市场的发展。2001 年，俄罗斯的股票市场成为全球表现最佳的股票市场之一。2002 年 3 月，俄罗斯修订《刑法》，规定对证券市场上的犯罪行为必须追究刑事责任，从而有利于保护投资者的利益，这一举措促进了俄罗斯股票市场的发展。俄罗斯股票市场的发展又推动了俄罗斯的经济增长。2003 年，俄罗斯 GDP 同比增长 7.3%；同年 10 月，标准普尔对俄罗斯主权的信誉等级一次性提高了两个级别。2003 年，俄罗斯股票市场的市值上升了 54%。到 2005 年，俄罗斯股票市场的市值占 GDP 的比重达到 71.9%，而欧盟 15 国平均水平则为 68%（2003 年），这说明俄罗斯的股票市场发展很快。

3. 外汇市场的进一步完善

卢布贬值不仅使卢布汇率趋向均衡点，而且也刺激了俄罗斯的出口。到 1999 年，俄罗斯的经常账户出现了 264.11 亿美元的顺差。在这种情况下，俄罗斯又重新实现了卢布在经常账户下的可兑换。2003 年末，俄罗斯取消了所有对资本交易的限制。

（二）俄罗斯金融危机爆发以后的金融改革绩效

总的来说，俄罗斯金融危机爆发以后所进行的金融改革取得了一定的成效，见表 6-4。

表 6-4　俄罗斯的金融发展指标：1999—2010 年

	1999 年	2000 年	2001 年	2002 年	2003 年	2004 年	2005 年	2006 年	2007 年	2008 年	2009 年	2010 年
金融深度（经济货币化程度）												
M2/GDP(%)	16.86	17.57	20.75	23.09	25.79	27.14	28.93	32.21	36.64	36.96	45.60	47.72
实际利率(%)	-18.95	-9.63	1.22	0.18	-0.71	-7.35	-7.23	-4.12	-3.31	-4.86	13.12	-0.50
流动性负债（M3）/GDP(%)	n.a.	n.a.	n.a.	n.a.	n.a.	n.a.	n.a.	36.54	42.61	n.a.	n.a.	n.a.
经济信用化程度												
净国内信贷（现值万亿卢布）	1.61	1.82	2.30	2.91	3.68	4.37	4.50	5.80	7.95	10.08	13.24	17.47

续表

	1999 年	2000 年	2001 年	2002 年	2003 年	2004 年	2005 年	2006 年	2007 年	2008 年	2009 年	2010 年
银行系统提供的国内信贷/GDP（%）	33.33	24.93	25.73	26.88	27.88	25.66	22.12	22.49	24.42	23.95	33.74	38.59
总国内储蓄/GDP（%）	31.88	38.72	34.63	30.84	32.23	33.16	33.77	33.90	32.79	34.73	26.30	31.04
经济证券化												
上市公司总市值/GDP（%）	36.86	14.99	24.85	35.99	53.63	45.34	71.80	106.79	115.64	23.91	70.49	67.88
国内上市公司数目（家）	207	249	236	196	214	215	296	309	328	314	279	345
股票交易总值/GDP（%）	1.45	7.82	7.47	10.47	18.82	22.14	20.85	51.96	58.05	33.85	55.85	54.04
换手率	6.12	36.56	39.80	36.06	45.64	52.47	39.03	64.06	58.94	59.18	108.46	85.71
金融资产价格												
官方汇率（本币/美元，时期平均）	24.62	28.13	29.17	31.35	30.69	28.81	28.28	27.19	25.58	24.85	31.74	30.37
存款年利率(%)	13.68	6.51	4.85	4.95	4.48	3.79	3.99	4.08	5.14	5.76	8.58	n. a.
贷款年利率(%)	39.72	24.43	17.91	15.7	12.98	11.44	10.68	10.43	10.03	12.23	15.31	10.82
银行体系效率和风险												
利差（%）	26.03	17.92	13.06	10.75	8.50	7.65	6.69	6.35	4.89	6.47	6.73	n. a.
银行不良资产占总贷款比率（%）	n. a.	7.70	6.20	5.60	5.00	3.80	3.20	2.6	2.4	2.5	3.8	9.7
银行流动性储备/资产（%）	n. a.	0.20	0.17	0.17	0.21	0.17	0.13	0.13	0.12	0.12	0.11	0.12

资料来源：世界银行 WDI 数据库，http://ddp-ext. worldbank. org/ext/DDPQQ/member. do? method = getMembers&userid = 1&queryId = 6。

表 6-4 显示：（1）俄罗斯经济的货币化程度有所增加。M2 占 GDP 的比重由 1994 年的 13.98% 上升到 2010 年的 47.72%。（2）俄罗斯的金融市

场得到了长足的发展。首先，金融市场（特别是股票市场）规模扩大，上市公司总市值占 GDP 的比例由 1991 年的 0.05% 上升到 2010 年的 67.88%，上市公司数目由 1991 年的 13 家增加到 2010 年的 345 家；其次，金融市场的流动性增强，股票市场交易总值由 1994 年的 0.07% 上升到 2010 年的 54.04%，同时换手率由 1996 年的 11.10% 上升到 2010 年的 85.71%。（3）俄罗斯的银行体系效率提高。银行利差大大降低，1999 年存贷款利差为 26.03%，2010 年为 6.73%，利差缩小说明俄罗斯的银行体系效率提高，等等。

同时，由于俄罗斯实现卢布的可兑换及实行自由浮动汇率制度，虽然使得俄罗斯经济易于遭受外部冲击，但却使市场机制在俄罗斯的所有（包括内外）经济活动中发挥更大的作用，并使俄罗斯经济更紧密地融入了世界经济体系，这就为俄罗斯在全球经济竞争中发挥自己的比较优势，从而推动本国经济的有效增长创造了条件。总的来看，俄罗斯 1998 年以后的金融改革取得了一定的成效，见表 6-5。

表 6-5　俄罗斯的宏观经济指标：1999—2010 年

	1999 年	2000 年	2001 年	2002 年	2003 年	2004 年
GDP 增长率（%）	6.40	10.00	5.09	4.74	7.30	7.18
人均 GDP 增长率（%）	6.83	10.00	5.35	5.21	7.82	7.73
人均 GDP（美元）	1338.99	1775.14	2100.74	2375.16	2976.14	4108.57
M2/GDP（%）	16.86	17.57	20.75	23.09	25.79	27.14
通货膨胀率（基于 CPI,%）	85.74	20.78	21.46	15.79	13.68	10.86
现金盈余占 GDP 的比例（%）	n.a.	n.a.	n.a.	7.030	2.208	5.281
商品和服务出口/GDP（%）	43.220	44.061	36.893	35.249	35.250	34.418
商品和服务进口/GDP（%）	26.173	24.034	24.217	24.458	23.878	22.164
经常账户平衡/GDP（%）	12.565	18.035	11.068	8.437	8.228	10.069
资本账户净值（十亿美元）	-0.328	10.955	-9.356	-12.388	-0.993	-1.624
总储备（不包括黄金储备，十亿美元）	8.457	24.264	32.542	44.054	73.175	120.809
实际利率（%）	-18.952	-9.633	1.218	0.179	-0.708	-7.350
官方汇率（1 美元兑换）	24.620	28.129	29.169	31.348	30.692	28.814

续表

	1999 年	2000 年	2001 年	2002 年	2003 年	2004 年
外债总额/GNI（%）	92.861	63.245	50.435	43.487	41.996	33.988
政府收入①占 GDP 的比例（%）	n.a.	n.a.	n.a.	31.756	27.584	26.850
政府支出占 GDP 的比例（%）	n.a.	n.a.	n.a.	22.559	23.046	21.574
	2005 年	2006 年	2007 年	2008 年	2009 年	2010 年
GDP 增长率（%）	6.38	8.15	8.54	5.25	−7.81	4.03
人均 GDP 增长率（%）	6.90	8.65	8.84	5.36	−7.75	4.11
人均 GDP（美元）	5337.07	6946.88	9146.42	11700.22	8614.67	10439.64
M2/GDP（%）	28.93	32.21	36.64	36.96	45.60	47.72
通货膨胀率（基于 CPI,%）	12.68	9.68	9.01	14.11	11.65	6.86
现金盈余占 GDP 的比例（%）	9.883	8.026	6.186	5.620	5.322	n.a.
商品和服务出口/GDP（%）	35.203	33.730	30.164	31.307	27.958	28.669
商品和服务进口/GDP（%）	21.510	21.003	21.542	22.073	20.533	20.463
经常账户平衡/GDP（%）	11.074	9.565	5.984	6.234	3.977	4.771
资本账户净值（十亿美元）	−12.764	0.191	−10.224	0.258	−12.114	0.073
总储备（不包括黄金储备，十亿美元）	175.891	295.568	466.750	411.750	416.649	443.586
实际利率（%）	−7.227	−4.120	−3.314	−4.862	13.123	−0.497
官方汇率（1 美元兑换）	28.284	27.191	25.581	24.853	31.740	30.368
外债总额/GNI（%）	30.838	26.126	29.143	24.862	31.914	n.a.
政府收入①占 GDP 的比例（%）	30.284	28.694	31.328	33.681	35.732	n.a.
政府支出占 GDP 的比例（%）	19.948	19.501	23.007	21.532	31.102	n.a.

注：①这里的政府收入不包括援助收入。

资料来源：世界银行 WDI 数据库，http://ddp-ext.worldbank.org/ext/DDPQQ/member.do?method=getMembers&userid=1&queryId=6；世界银行 GEM 数据库，http://externalization.worldbank.org/external/default/main? theSitePK=2880771&contentMDK=21119307&menuPK=2880787&PK=64691875&pagePK=64691887。

表 6-5 充分说明，俄罗斯在金融危机爆发以后所进行的改革取得了成效：

首先，俄罗斯经济在金融危机爆发以后开始逐步恢复了增长。从 1999年到 2008 年，俄罗斯的年均经济增长率基本上都保持在 7% 左右（虽然

2009 年由于全球金融风暴的影响，俄罗斯的经济再度出现负增长，但是
2010 年又迅速上升到 4.03%）；而俄罗斯的人均 GDP 增长更为迅速，由
1999 年的 1338.99 美元增长到 2010 年的 10439.64 美元，增长了近 8 倍。

其次，在经济增长的同时，俄罗斯的物价水平日趋稳定。从 2000 年至
2010 年间，以消费者物价指数衡量的通货膨胀率平均为 13.32%，而此前
的 1992 年的俄罗斯的通货膨胀率高达 1490.42%，1993—1999 年间也高达
222.23%。通货膨胀率的逐步下降有利于恢复市场价格机制的功能，同时
也为实现卢布的自由兑换提供了良好的货币环境。

再次，由于俄罗斯的比较优势开始发挥，俄罗斯的出口不断增加，由
此导致外汇储备也不断增加。统计显示，2004 年，俄罗斯中央银行的总储
备超过千亿美元，2008 年则上升到 4000 多亿美元。外汇储备的不断增长
为保证卢布汇率的稳定，以及应对卢布自由兑换时可能发生的投机风潮创
造了条件。在这种情况下，卢布于 2006 年 7 月 1 日开始成为可自由兑换的
货币。

最后，在经济增长、物价稳定及外汇储备不断增长的基础上，卢布开
始升值。从 2004 年开始，卢布开始对美元升值。卢布的升值说明俄罗斯经
济在实现经济及金融自由化改革以后开始好转，并步入经济增长的正常
轨道。

（三）俄罗斯金融体系越来越注重发挥支持企业家创新活动的功能是俄罗斯金融改革取得成效的重要原因

更重要的是，俄罗斯的银行体系更多地支持了企业家的创新活动。从
1998 年开始，俄罗斯的金融业不断注重对私营部门信贷资金的投放，特别
是 2001 年以后，俄罗斯私人部门的信贷占比以每年 17.8% 的速度递增。[①]
2010 年，银行对私营部门的信贷占 GDP 的比重为 45.14%，比 1998 年的
15.63% 翻了近 3 倍。

正是由于俄罗斯的金融业对企业家的支持力度不断增大，使资金流向
具有生产效率的项目，这就刺激了俄罗斯实体经济部门的发展，并进而刺激

---

① Berglof 和 Bolton（2002）的研究也发现，由于俄罗斯从 2001 年开始，私人部门信贷开始
持续迅速的扩张，因此这一年也是俄罗斯金融发展的转折点。

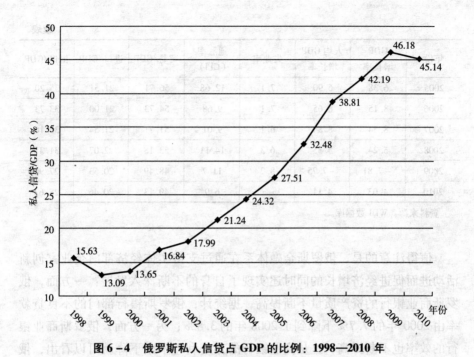

图 6 – 4 俄罗斯私人信贷占 GDP 的比例：1998—2010 年

资料来源：世界银行 WDI 数据库，http://ddp-ext. worldbank. org/ext/DDPQQ/member. do?
method = getMembers&userid = 1&queryId = 6。

俄罗斯经济的回升及增长。表 6 – 6 显示，自 1998 年俄罗斯爆发金融危机
以后，俄罗斯经济开始恢复增长，同时通货膨胀率及失业率开始逐步
下降。

表 6 – 6 俄罗斯宏观经济概况

单位:%

年份	GDP 增长率	人均 GDP 增长率	失业率	通胀率 (CPI)	贸易/GDP	进口/GDP	出口/GDP
1998	− 5. 30	− 5. 04	13. 2	27. 67	55. 77	24. 55	31. 22
1999	6. 40	6. 83	13	85. 74	69. 39	26. 17	43. 22
2000	10. 00	10. 00	10. 6	20. 78	68. 09	24. 03	44. 06
2001	5. 09	5. 35	8. 9	21. 46	61. 11	24. 22	36. 89
2002	4. 74	5. 21	7. 9	15. 79	59. 71	24. 46	35. 25
2003	7. 30	7. 82	8. 2	13. 68	59. 13	23. 88	35. 25
2004	7. 18	7. 73	7. 7	10. 86	56. 58	22. 16	34. 42

续表

年份	GDP 增长率	人均 GDP 增长率	失业率	通胀率（CPI）	贸易/GDP	进口/GDP	出口/GDP
2005	6.38	6.90	7.1	12.68	56.71	21.51	35.20
2006	8.15	8.65	7.1	9.68	54.73	21.00	33.73
2007	8.54	8.84	6.1	9.01	51.71	21.54	30.16
2008	5.24	5.35	6.3	14.11	53.18	22.07	31.31
2009	-7.81	-7.75	8.2	11.7	48.49	20.53	27.96
2010	4.03	4.11	n. a.	6.9	49.13	20.46	28.67

资料来源：WDI 数据库。

值得注意的是，俄罗斯金融体系在通过支持实体经济部门企业家创新活动进而促进经济增长的同时还实现了自身的不断深入发展：一方面，俄罗斯商业银行的资产质量不断提高，据统计，俄罗斯银行部门的不良贷款率由 2000 年的 7.7% 下降到了 2008 年的 3.8%；另一方面，俄罗斯商业银行的效率也不断提高，这从商业银行的存贷利差不断下降就可以看出，俄罗斯商业银行的存贷利差由 2000 年 17.93% 下降到了 2010 年的 6.73%%。

第五节　匈牙利的经济及金融改革

匈牙利是东欧国家中第一个（从 1968 年开始）进行经济体制改革的国家。1989 年东欧剧变后，匈牙利开始向自由化市场经济体制转轨，但与苏联和其他东欧转轨国家不同的是，匈牙利是唯一选择渐进式转轨模式的国家。[①]

---

① 匈牙利之所以采取渐进的改革方式，是因为匈牙利自 1968 年以来就一直进行在当时被认为是相当激进的改革，因而私人部门已在匈牙利占有相当比重，并逐渐形成了市场经济的基础，这就为匈牙利 20 世纪 90 年代以后向市场经济的渐进转轨奠定了基础。此外，匈牙利虽存在宏观经济的不平衡问题，但还没有达到严重失衡的程度，匈牙利的财政赤字和通货膨胀都不严重，因此匈牙利也没有必要采取激进的"休克疗法"。还有，匈牙利认为，在市场经济的基础已初步形成的情况下，采用渐进的方式实现转轨可以避免经济的大幅波动和社会的震荡，从而有利于宏观经济的稳定。但从转轨的目标来看，匈牙利渐进转轨的目标、内容与采取激进转轨方式的国家目标、内容是完全一致的。因此，匈牙利渐进转轨的模式实际上并没有否定激进的转轨模式。

一、匈牙利向自由市场经济的转轨

(一) 渐进的私有化

与波兰、俄罗斯等经济转轨国家不同，匈牙利在私有化的方式上没有采取无偿分配国有资产的做法，而是通过市场竞标等方式向匈牙利本国和外国的投资者出售国有企业的全部或部分产权（即"只卖不分"）。

1990年秋，匈牙利议会批准《国营零售、饮食和消费服务企业财产私有化法》（也称"小私有化法"），该法规定将1万多家小商店、小饭店、小旅馆等小型国有服务企业公开拍卖出售。到1997年底，匈牙利小企业的私有化基本完成，小企业的购买者多为匈牙利国内居民。

"大私有化"则是指对国有大中型企业进行私有化改革，这一改革由国家财产局负责具体实施。国家财产局于1990年选择了不同部门、不同规模的经济效益较好的20个国有大中型企业作为第一批私有化改革的试点企业。匈牙利在"大私有化"进程中特别强调吸引外资参与。匈牙利认为，让外资参与匈牙利的私有化进程既有利于使匈牙利经济与世界经济融为一体，同时又有利于匈牙利经济结构的调整。在这种政策导向下，许多大的跨国公司纷纷来匈牙利收购国有企业，这是匈牙利私有化改革的一个重要特点。到1998年，匈牙利历时8年的私有化改革基本完成，80%以上的资源或企业已成为私人（包括本国人和外国人）的财产，国家只拥有20%以下的资源或企业，这已与西欧市场经济国家的所有制结构基本类似，这意味着匈牙利的渐进私有化改革基本完成。

(二) 渐进的价格自由化

在价格的自由化改革上，匈牙利也采取了渐进的方式。匈牙利于1988年开始逐步放开价格，1990年放开了80%的价格，1992年则放开了90%的价格，从而使国家控制价格的品种逐步减少。在价格自由化改革过程中，匈牙利对涉及群众利益的价格调整，如食品和水电、交通等公共事业价格上涨，政府会在媒体上对公众进行解释，以争取公众的支持，并减少价格的自由化所引发的振荡。到1995年以后，匈牙利95%以上的商品实现了价格的自由化。

（三）渐进的贸易自由化

在由中央计划经济向自由市场经济转轨之前，匈牙利曾经是苏联东欧国家中对外开放程度最高的国家。匈牙利于 1973 年率先加入关贸总协定，并于 1982 年加入国际货币基金组织和世界银行，这也决定了匈牙利可以采取渐进的方式实现贸易的自由化。为实现贸易的自由化，匈牙利于 1990 年规定，匈牙利的每个法人、非法人公司、专业小组和个体经营者均可从事进出口活动，发明家、工艺师、工业生产者、摄影艺术家和农业生产者不需要个体经营质量证明便可以直接出口其产品，自然人也可直接出口其自行生产制作的产品和艺术品。从进口的自由化改革来看，到 1990 年，匈牙利 78% 的进口被放开，1991 年 90% 的进口不受任何限制，而到 1992 年匈牙利的进口被完全放开，从而实现了贸易的自由化。

此外，在渐进的转轨过程中，匈牙利也十分注重宏观经济的稳定化。尽管同样遭遇了高通货膨胀和经济下滑，但和同时期的其他转轨国家相比，匈牙利的宏观经济相对稳定。具体表现为：（1）匈牙利经济衰退的持续时间相对其他国家较短（1990—1993 年），而俄罗斯经济则经历了长达 7 年的连续衰退；（2）衰退幅度相对较小，匈牙利 1990—1993 年间的 GDP 年均变化率为 –4.76%，而同期俄罗斯为 –7.81%；（3）通货膨胀率虽然较高，但相比同期其他转轨国家而言相对温和，1990—1998 年，匈牙利的年均通货膨胀率为 23.54%，同期波兰为 91.36%，俄罗斯 1993—1998 年的年均通货膨胀率则高达 244.98%；（4）匈牙利的失业率也相对较低，到 1997 年匈牙利的失业率低于 10% 以下。

二、匈牙利的金融改革

从金融领域来看，匈牙利也是在苏联东欧经济转轨国家中最早进行金融改革的国家。匈牙利原来的单一银行体系包括匈牙利国民银行（NBH）、1 家国家储蓄银行（OTP）和 1 家外贸银行（MKB）。1987 年，匈牙利建立了二级银行体系，将中央银行与商业银行分离开来，匈牙利国家银行成为专门制定和执行货币政策的中央银行，同时新建或改建了 6 家商业银行。

此外，为加强对银行的监管，匈牙利还同时成立了国家银行监管局（SBS）。

匈牙利虽然于 20 世纪 80 年代就建立了二级银行体系，但由于匈牙利并没有对商业银行业进行真正彻底的市场化改革，匈牙利商业银行承接了原有的银行体系的大量坏账，因此导致匈牙利商业银行不良贷款问题严重，资本充足率较低，这就不利于匈牙利向自由市场经济体制的转轨。在这种情况下，匈牙利于 1990 年开始采取渐进的方式向自由市场经济体制转轨以后，也同样采取了渐进的方式进行金融改革，这主要表现为：

（一）渐进的银行改革

匈牙利银行改革的第一步，是政府出资帮助银行清理不良贷款。为此，匈牙利政府于 1991 年发行了 813 亿"福林"（匈牙利货币，约 9.75 亿美元）政府债券，以收购银行的不良贷款。这些债券的期限为 20 年，利率实行与三个月期国库券利率挂钩的市场利率。一部分坏账由政府贴现卖给专门负责清理不良资产的匈牙利发展银行（HDB），另一部分不良贷款暂时留在银行内部，由银行尽量清理。为了鼓励银行清理坏账，政府给予银行 2% 的提成。那些无法清理或出售的贷款最后移交给匈牙利发展银行（许多债务实际上被核销）。整个资产清理的成本相当于 GDP 的 3.7%。[①]

匈牙利银行改革的第二步，是匈牙利政府从 1993 年开始分三个阶段分别采取发行政府债券以及延长政府给银行附属贷款的期限等方式，对银行注入资本以逐步提高商业银行的资本充足率，从而改善银行的财务状况。这一阶段对银行进行重组的成本约占 GDP 的 4.8%。[②]

由于匈牙利银行改革的第一步和第二步主要是通过政府出资的方式帮助银行清理不良贷款及提高银行的资本充足率，因此改革的成本非常高，给政府财政带来很大的压力。同时，由政府出资帮助银行清理不良贷款也使银行和企业形成了未来政府将继续出资救助他们的预期，从而人为造成

---

① 数据来源：György Szapoáry，2001，"Banking Sector Reform in Hungary：Lessons Learned，Current Trends and Prospects"，National Bank of Hungary。

② 数据来源：György Szapoáry，2001，"Banking Sector Reform in Hungary：Lessons Learned，Current Trends and Prospects"，National Bank of Hungary。

了道德风险问题，不利于形成适应市场经济体制的金融秩序。在这种情况下，匈牙利从 1995 年开始进行第三个阶段的银行改革——银行的私有化改革阶段。

匈牙利对本国商业银行的私有化改革主要采取招标的方式向外国战略投资者出售股权。为吸引外资的参入，匈牙利允许外资自由进出。匈牙利之所以注重吸引外资参与匈牙利的银行私有化改革，也是因为匈牙利的经常账户赤字和外债规模是苏联东欧国家中最严重的，因此需要大量引进外资。同时，匈牙利认为，引进国外战略投资者有利于防止未来银行业危机的发生，因为通过公平竞争的招标机制选择的战略投资者必然是国际上有竞争力的跨国银行。而外国战略投资者之所以愿意参与匈牙利的银行私有化改革，主要是因为匈牙利在经济转轨之初就开放了本国市场，许多外国公司早就大量进入匈牙利。因此，外资银行参与匈牙利的银行私有化改革就能进入匈牙利的银行业，从而能为其本国的公司提供金融服务。同时，匈牙利的渐进转轨导致商业机会增多也吸引了外国战略投资者进入匈牙利银行业。

匈牙利对本国商业银行进行私有化改革的结果是：到 1997 年匈牙利的银行改革初步完成时，匈牙利商业银行的国家持股比例由 1993 年的 67.7%下降到 1997 年的 20.3%，国外投资者的持股比例则由 1993 年的 12.4%上升到 1997 年的 61.4%。同时，商业银行的私有化改革还促进了银行资产质量的提高。据统计，从 1993 年到 1997 年，匈牙利商业银行的广义不良贷款率（包括不良贷款和关注类贷款）由 28.5%下降到 7.2%。

匈牙利银行改革的第四步是从 1997 年开始进行金融监管体系的改革。1998 年，匈牙利将国家银行监管局（SBS）和国家证券与股票委员会合并成一个新的机构，即国家金融与资本市场监管委员会（APTF）。2000 年，匈牙利又将 APTF 和保险与共同基金监管局合并，成立国家金融监管局（HFSA）作为金融业的唯一监管机构，这标志着匈牙利金融监管体系由分立监管走向统一监管。国家金融监管局的职能是：促进金融市场的稳健运行，保护金融机构的客户和消费者及投资者的权益；保持和加强金融市场的信心；提高金融市场的透明度，引导市场公平竞争。

（二）稳步地发展金融市场

1990 年，匈牙利政府通过向个人或金融机构出售短期国库券，以推动货币市场的发展。1992 年，匈牙利政府又开始发行长期国债以推动资本市场的发展，1997 年以后又分别发行了五年期及十年期的中期国债及长期国债。同时，匈牙利于 1990 年就建立了证券交易所——布达佩斯股票交易所。匈牙利是经济转轨国家中第一个建立证券交易所的国家，布达佩斯股票交易所也是匈牙利唯一的股票交易所。布达佩斯股票交易所不仅进行证券交易，而且还进行政府债券的交易。与其他转轨国家相比，匈牙利上市公司的规模较大，证券市场的流动性较强，外国投资者的参与程度较高（这与外资参与匈牙利私有化改革的程度高有关）。

（三）逐步实现利率的市场化

匈牙利在利率的改革方面也是采取了渐进的市场化改革方式。1989 年 1 月起，匈牙利废除了居民三年期以上的银行存款利率的管制；从 1990 年 1 月起，匈牙利又取消了半年期以上银行存款利率的利率上限限制；到 1992 年，匈牙利政府则放开对利率的管制，从而实现了利率的市场化。总之，匈牙利的整个利率自由化进程几乎与价格自由化同步。

（四）逐步实现本国货币的自由兑换及逐步实现自由浮动汇率制度

从 1990 年开始，匈牙利就逐步放松对经常账户的管制。1996 年 1 月 1 日，匈牙利为加入经济与合作发展组织（OECD）实现了货币在经常账户下的可兑换。到 2001 年，匈牙利开放了本国的资本账户，取消了对外汇交易的所有限制，从而实现了本国货币的自由兑换。[1] 由于匈牙利实现了本国货币福林的自由兑换，因此大大促进了匈牙利外汇市场的发展。

在逐步实现本国货币自由兑换的过程中，匈牙利也逐步推进本国汇率制度的改革。自 1990 年以后，匈牙利的货币福林汇率经历了盯住一篮子（传统盯住）、爬行区间盯住、有干预的宽幅浮动汇率制度、自由浮动汇率制度等几个阶段。在 1995 年以前，为逐步实现福林的可兑换，匈牙利采取了盯住一篮子货币的办法使福林逐步贬值。1995 年开始实行爬行区间盯住

---

① 匈牙利在 2001 年实现本国货币自由兑换的同时，还遵循欧盟的统一标准制定并通过了新的《中央银行法》，该法案加强了匈牙利中央银行的自主权，并规定中央银行的首要目标是实现和保持物价的稳定。中央银行只有在不危及这一首要目标的情况下，才能运用货币政策工具支持政府的经济政策。这一法案为保证匈牙利货币福林的币值稳定提供了法律基础。

的汇率制度。

匈牙利在 2001 年实现"福林"自由兑换的同时，放弃了爬行区间盯住的汇率制度，代之有干预的宽幅浮动汇率制度。这一制度的特点是：在一定的浮动幅度（±15%）内，福林的汇率完全由市场供求决定；如果福林的汇率浮动超过了 ±15%，则中央银行可以干预外汇市场的供求。① 由于匈牙利实行的有干预的宽幅浮动汇率制度实际上也达到了国际上公认的较宽的浮动区间，从而为最终实现"福林"汇率的自由浮动奠定了基础，因此，为保证宏观经济的稳定，增强人们对市场的信心，匈牙利也以通货膨胀目标制作为货币政策的新框架，以事先确定的通货膨胀目标为新的稳定物价的名义锚来取代汇率稳定目标，从而为向自由浮动汇率制度的成功过渡创造了条件。到 2008 年 2 月，匈牙利明确宣布实行自由浮动汇率制度。至此，匈牙利实现了本国货币汇率的完全市场化，并实现了向自由市场经济的转轨，进而为其加入欧元区创造了条件。

（五）金融业对企业家的支持力度不断加大

匈牙利私人信贷占 GDP 的比例自 1996 年开始逐年提高，在 1996 年仅为 22.07%；到 2000 年升至 31.44%，2005 年达到 51.31%，2007 年达到 61.37%，至 2008 年则达到了 69.60%。这意味着，匈牙利的金融业对企业家的支持力度不断增大，这就促进匈牙利的经济发展。

表 6 - 7　匈牙利私人信贷占 GDP 的比例：1993—2010 年

年份	1993	1994	1995	1996	1997	1998	1999	2000	2001
私人信贷/GDP（%）	28.41	26.51	22.57	22.07	24.33	24.20	26.06	31.44	32.99
年份	2002	2003	2004	2005	2006	2007	2008	2009	2010
私人信贷/GDP（%）	34.93	42.31	45.87	51.31	55.48	61.75	69.26	71.45	71.60

资料来源：世界银行发展指标数据库，http://ddp-ext. worldbank. org/ext/DDPQQ/showReport. do? method = showReport。

---

① 匈牙利在 2001 年实现本国货币自由兑换的同时，还遵循欧盟的统一标准制定并通过了新的《中央银行法》，该法案加强了匈牙利中央银行的自主权，并规定中央银行的首要目标是实现和保持物价的稳定，中央银行只有在不危及这一首要目标的情况下，才能运用货币政策工具支持政府的经济政策。这一法案为保证匈牙利货币福林的币值稳定提供了法律基础。

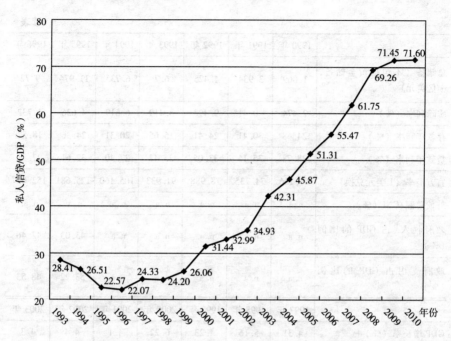

图6-5 匈牙利私人信贷占GDP的比例：1993—2010年

资料来源：世界银行发展指标数据库，http://ddp-ext. worldbank. org/ext/DDPQQ/showRe-port. do? method = showReport。

表6-8 匈牙利的宏观经济指标：1990—2010年

	1990年	1991年	1992年	1993年	1994年	1995年	1996年
GDP增长率（%）	-3.5	-11.89	-3.06	-0.58	2.95	1.49	1.02
人均GDP增长率（%）	-3.27	-11.89	-3.03	-0.46	3.09	1.63	1.19
人均GDP（美元）	3186.44	3222.57	3592.75	3726.34	4014.32	4323.41	4379.95
M2/GDP（%）	38.82	41.97	48.5	51.27	48.26	44.19	43.77
通货膨胀率（基于CPI,%）	28.97	34.23	22.95	22.45	18.87	28.3	23.43
现金盈余占GDP的比例（%）	n.a.	n.a.	n.a.	n.a.	n.a.	-9.083	-4.905
商品和服务出口/GDP（%）	31.144	32.758	31.445	26.409	28.924	46.074	49.741
商品和服务进口/GDP（%）	28.533	33.728	31.714	34.612	35.399	45.777	49.066
经常账户平衡/GDP（%）	1.145	1.206	0.945	-11.044	-9.763	-3.694	-3.91
资本账户净值（十亿美元）	n.a.	n.a.	n.a.	n.a.	n.a.	0.06	0.155

续表

	1990 年	1991 年	1992 年	1993 年	1994 年	1995 年	1996 年
总储备（不包括黄金储备，十亿美元）	1.069	3.934	4.425	6.7	6.735	11.974	9.72
实际利率（%）	2.474	-0.415	9.498	3.419	6.619	4.636	4.732
存款年利率（%）	24.68	30.41	24.41	15.65	20.31	24.36	18.57
贷款年利率（%）	28.78	35.15	33.05	25.42	27.40	32.61	27.31
官方汇率（1 美元兑换）	63.206	74.735	78.988	91.933	105.160	125.681	152.647
外债总额/GNI（%）	n.a.	n.a.	n.a.	n.a.	n.a.	n.a.	n.a.
政府收入①占 GDP 的比例（%）	n.a.	n.a.	n.a.	n.a.	n.a.	43.03	42.46
政府支出占 GDP 的比例（%）	n.a.	n.a.	n.a.	n.a.	n.a.	53.22	48.53

	1997 年	1998 年	1999 年	2000 年	2001 年	2002 年	2003 年
GDP 增长率（%）	4.31	5.16	4.23	6.22	4.1	4.4	4.3
人均 GDP 增长率（%）	4.52	5.41	4.53	6.50	4.34	4.70	4.60
人均 GDP（美元）	4443.28	4582.76	4692.96	4689.61	5221.10	6546.38	8324.78
M2/GDP（%）	42.69	42.47	43.48	41.8	42.48	43.40	46.24
通货膨胀率（基于 CPI,%）	18.31	14.18	10.03	9.78	9.15	5.53	4.39
现金盈余占 GDP 的比例（%）	-5.696	-7.413	-5.249	-2.725	-4.212	-8.106	-7.028
商品和服务出口/GDP（%）	56.240	62.833	64.801	72.157	71.242	63.099	60.781
商品和服务进口/GDP（%）	55.064	64.266	67.490	75.785	72.476	65.061	64.683
经常账户平衡/GDP（%）	-4.55	-7.208	-7.857	-8.361	-6.025	-7.057	-7.97
资本账户净值（十亿美元）	0.094	0.169	0.024	0.273	0.333	0.21	-0.106
总储备（不包括黄金储备，十亿美元）	8.408	9.319	10.954	11.19	10.727	10.348	12.751
实际利率（%）	2.527	6.201	7.365	0.851	3.493	2.205	3.640
存款年利率（%）	16.94	14.42	11.94	9.49	8.40	7.41	10.98
贷款年利率（%）	21.77	19.28	16.34	12.60	12.12	10.17	9.60
官方汇率（1 美元兑换）	186.789	214.402	237.146	282.179	286.49	257.88	224.307
外债总额/GNI（%）	n.a.	n.a.	n.a.	n.a.	n.a.	n.a.	n.a.

续表

	1997 年	1998 年	1999 年	2000 年	2001 年	2002 年	2003 年
政府收入①占 GDP 的比例（%）	39.56	38.63	38.14	37.34	37.05	36.29	35.71
政府支出占 GDP 的比例（%）	46.49	46.89	44.95	40.72	41.24	43.55	43.08
	2004 年	2005 年	2006 年	2007 年	2008 年	2009 年	2010 年
GDP 增长率（%）	4.7	3.9	0.76	0.77	0.83	−6.69	1.17
人均 GDP 增长率（%）	4.93	4.11	0.91	0.93	1.00	−6.55	1.31
人均 GDP（美元）	10099.41	10924.43	11199.14	13713.22	15485.22	12847.3	13030.54
M2/GDP（%）	47.71	49.28	51.59	54.07	56.14	61.02	60.82
通货膨胀率（基于 CPI，%）	6.78	3.55	3.88	7.93	6.07	4.21	4.88
现金盈余占 GDP 的比例（%）	−6.161	−7.391	−8.572	−4.898	−3.772	−3.988	n.a.
商品和服务出口/GDP（%）	63.204	65.980	77.243	80.865	81.044	n.a.	n.a.
商品和服务进口/GDP（%）	66.526	67.826	77.939	79.264	79.823	n.a.	n.a.
经常账户平衡/GDP（%）	−8.630	−7.571	−7.648	−6.946	−7.151	0.367	2.338
资本账户净值（十亿美元）	−0.015	0.757	0.769	0.657	2.044	0.624	1.912
总储备（不包括黄金储备，十亿美元）	15.922	18.552	21.527	23.97	33.788	44.074	44.849
实际利率（%）	7.964	6.121	0.926	3.020	5.145	6.387	4.572
存款年利率（%）	9.09	5.17	7.45	6.81	9.92	5.82	n.a.
贷款年利率（%）	12.82	8.54	8.08	9.09	10.18	11.04	7.59
官方汇率（1 美元兑换）	202.746	199.583	210.39	183.626	172.113	202.342	207.944
外债总额/GNI（%）	n.a.	n.a.	n.a.	n.a.	n.a.	n.a.	n.a.
政府收入①占 GDP 的比例（%）	35.76	35.57	35.87	38.17	40.39	40.57	n.a.
政府支出占 GDP 的比例（%）	42.33	42.73	44.14	43.13	44.75	45.41	n.a.

注：①这里的政府收入不包括援助收入。

资料来源：世界银行 WDI 数据库，http://ddp-ext.worldbank.org/ext/DDPQQ/member.do?method=getMembers&userid=1&queryId=6；世界银行 GEM 数据库，http://externalization.worldbank.org/external/default/main? theSitePK=2880771&contentMDK=21119307&menuPK=2880787&PK=64691875&pagePK=64691887。

第三篇

金融改革与金融发展
实践的进一步
理论探索

第 七 章

对金融自由化理论与实践的反思

第一节 对"金融深化论"的批评及 Mckinnon 对"金融深化论"的修改补充

一、对"金融深化论"的批评

Mckinnon 和 Shaw 于 20 世纪 70 年代所提出的"金融深化理论"虽然推动了发展中国家的金融改革,并使这些国家在一定程度上实现较快的经济增长,但也同时导致许多国家出现了金融动荡甚至经济动荡。特别是拉美发展中国家根据"金融深化论"所进行的金融自由化改革导致实际利率过高而相继发生了企业破产和银行倒闭事件,并演变成严重的债务危机和金融危机,从而导致拉美国家的经济从 1981 年到 1990 年期间陷入长达 10 年的经济停滞(拉美国家这一时期的年均经济增长率只有 1.3%,而拉美国家 1960 年至 1980 年的年均经济增长率则达到 6%),这一现实促使人们不得不对"金融深化理论"进行深刻的反思。从理论上来看,对"金融深化论"的反思及批评集中在以下方面:

第一,认为金融深化理论忽略了发展中国家经济结构的严重失衡及宏观经济的不稳定。Mckinnon 和 Shaw 认为只要大刀阔斧地实行金融改革,便可改变发展中国家的金融压制及经济呆滞现象。但是,他们却没有看到，在宏观经济不稳定的情况下，贸然实行利率自由化必然导致实际利率过高，并进而加剧宏观经济的波动。

第二，从方法论上看，Mckinnon 和 Shaw 的金融深化理论坚持的是新古典自由主义经济学，其实质是新古典自由主义经济学在发展中国家金融领域的一种推演，其基本假设是市场存在着完全竞争和完全信息，供求曲线富有弹性，市场与价格可以有效地发挥其各自的功能，从而各个经济主体都能达到帕累托最优。在这一假定下，Mckinnon 和 Shaw 认为，发展中国家只要放弃政府干预，让市场自动调节就能实现金融发展与经济增长的良性循环。但在发展中国家，这些假设条件并不存在，因此发展中国家完全依靠市场机制的自发调节并不能达到预期的目的。由于 Mckinnon 和 Shaw 的金融深化理论忽略了这一点，这就决定了其为发展中国家设计的改革及发展模式过于简单。

第三，认为金融深化理论过分强调了金融自由化对经济的有利作用，而没有充分阐述金融自由化改革可能带来的风险及其对经济的不利影响。事实上，进行金融自由化改革在提高配置效率的同时，也有可能带来金融风险，特别是，若以自由放任的方式来推进金融深化，就有可能引发金融危机。

第四，"金融深化论"强调利率对刺激储蓄的作用，认为利率提高会促使储蓄增加，显然，这只是从微观经济学的角度并根据发达国家的现实来观察问题。因为根据微观经济学的基本理论，储蓄主要受利率的影响。而根据宏观经济学的基本理论，储蓄则主要受收入的影响，只有收入增加才有可能使储蓄增加。这意味着，从宏观经济学的角度来看，在人们的收入水平没有提高的情况下，提高利率是否能刺激储蓄是有疑问的。从发展中国家的现实来看，许多发展中国家的人均收入水平很低，在这种情况下，即使利率上升，储蓄是否能大幅增加也是有疑问的。同时，根据凯恩斯主义的观点，不是储蓄决定投资，而是投资决定储蓄，在这种情况下，过高的利率会打击投资，从而降低国民收入，并进而减少储蓄（而不是金融深化理论所说的增加储蓄）。此外，"金融深化论"还忽略了利率对总需求的影响。因为，从宏观经济学的角度来看，利率上升会导致总需求的下降从而影响经济增长。

第五，从理论上来看，Mckinnon 和 Shaw 的"金融深化论"是一般均衡理论在金融理论中的运用。由于 Mckinnon 和 Shaw 的"金融深化论"只注意到金融发展中的外生约束（即政府对金融的管制或干预等），而没有注意到金融发展的内生约束（即决定金融发展的内在因素或制度基础），同时由于 Mckinnon 和 Shaw 的"金融深化论"并没有深入分析金融中介和金融市场产生与发展的内在基本规律，因此拉美和亚洲的许多发展中国家在本国的制度并不健全、在良好的微观经济基础还没有形成及市场机制还不完善的基础上所强行采取的一系列金融自由化政策并没有取得理想的效果。

第六，"金融深化论"极力主张取消政府对金融的管制及干预。当然，将不合理的、窒息性的政府管制或干预撤除，无疑是应该的。但是，要求金融实行完全的自由化，则是有问题的。即使是在市场机制完善的发达国家，政府仍对金融实行严格的监管以避免金融危机的爆发，更何况发展中国家。因此，为保证金融体系的稳健发展，政府的监管是十分必要的。而"金融深化论"对这一问题考虑不够。如 Alejandro（1985）就曾根据智利因实行金融自由化改革而爆发金融危机的事实，批评"金融深化论"对金融部门监管、存款保险及市场准入问题的忽视。

二、Mckinnon 等人对"金融深化论"的修改及补充

针对各种批评以及拉美发展中国家进行金融自由化改革所产生的问题，McKinnon（1989）承认"我们对如何最好实现金融自由化的知识目前仍是不完全的"，并开始对"金融深化论"进行反思。进入 20 世纪 90 年代以后，Mckinnon 等人根据反对派的某些批评，并实证考察发展中国家及苏联东欧各国进行金融自由化改革的经验教训，在继续强调金融自由化有利于实现稀缺资本的有效配置这一观点的基础上，对"金融深化论"进行了若干修正或补充，以完善"金融深化论"。这些修正或补充主要包括：

（一）进行金融自由化改革之前需要创造相应的前提条件

根据发展中国家进行金融自由化改革的实践，Mckinnon 认识到，发展中国家在进行金融自由化改革之前需要创造相应的前提条件。这些前提条件主要包括：（1）控制通货膨胀、保持物价的稳定。Mckinnon 认为，控制通货膨胀，保持物价的稳定是取消利率管制，从而实现利率的市场化，并

进而实现金融自由化的先决条件。这是因为：在通货膨胀的情况下取消利率管制必然导致利率水平大幅攀升，显然在这种情况下进行金融自由化改革必然会导致经济的衰退及波动。（2）控制财政赤字。Mckinnon 认为，发展中国家在进行金融自由化改革之前必须控制财政赤字，或者说，财政赤字控制必须先于金融自由化。这是因为：如果财政赤字没有得到控制甚至继续扩大，在这种情况下进行金融自由化改革必然会导致通货膨胀。（3）保持宏观经济政策的前后连贯和协调一致，特别是保持货币政策与汇率政策的协调一致，同时还必须保证政策的信誉，要使人们对政府的宏观经济政策有信心，等等。

事实上，Fry（1988）较早就提出了进行金融自由化改革需要具备相应的前提条件。他指出："经验证明，要使金融自由化获得成功，至少必须具备两个前提条件：宏观经济稳定和适当的银行监管。"后来，Fry 又根据一些发展中国家金融自由化改革的经验教训，将金融自由化的前提条件扩展为五个（Fry，1995）：（1）充分的谨慎的商业银行监管，包括一些最低限度的会计和法律基础；（2）较为稳定的物价水平；（3）维持可承受的政府借款水平；（4）以利润最大化为目标的竞争性商业银行体系；（5）不对金融中介征收明显的或隐性歧视性税收的税收体系。

世界银行（1993）也支持以上观点，将金融自由化改革的先决条件归纳为四点：（1）宏观经济稳定；（2）财政纪律良好；（3）法规、会计制度、管理体系完善；（4）取消对金融体系歧视性的税负（如利率限制、信贷管制、高准备金比率等）。

（二）在实行金融自由化改革的过程中需要加强金融监管

Mckinnon 认识到，由于发展中国家缺乏有效的金融监管体系，以及存款保险制度和中央银行的最后贷款人制度不健全等等，因此如果在这种情况下完全解除利率的管制，则商业银行可能会为追逐高利润而发放风险较大的贷款，显然这将导致金融危机的爆发。故 Mckinnon 认为，缺乏有效的金融监管体系及合理的金融监管政策可能是一些国家在金融自由化改革过程中出现金融危机的重要原因。因此，Mckinnon 提出，发展中国家在实行金融自由化改革的同时必须加强金融监管，金融自由化并不等于放弃政府对银行和其他金融机构的监督。世界银行（1993）也强调金融监管在金融自由化改革过程中的重要性。世界银行还具体提出了几个具体的监管措施，如加强对银行的审计监督、全面考核、检查其贷款结构与贷款质量等。

第二节　金融约束理论

由于发展中国家所进行的金融自由化改革结果并不令人满意，同时，由于东亚一些国家（如韩国、泰国、印尼和马来西亚等）在经济改革及发展过程中虽然存在不同程度的政府干预或金融压制，但这些国家或地区却取得了令人瞩目的经济成长，这一现实促使人们重新审视政府在经济发展中的作用。在这种情况下，一些主张政府干预经济的新凯恩斯主义经济学家开始对金融自由化理论进行抨击。① 正是在这种背景下，Hellman、Murdock 和 Stiglitz 等人于 1997 年《金融约束：一个新的分析框架》一文中提出了金融约束的理论分析框架。

一、金融约束理论的提出：新凯恩斯主义经济学对"金融深化论"的抨击

Hellman、Murdock 和 Stiglitz（1997）等人根据凯恩斯主义的有效需求

---

① 新凯恩斯主义经济学是在吸纳并融合各学派理论之长及有批判地继承和发展原凯恩斯主义的基础上，试图建立起一种有微观理论基础的新凯恩斯主义宏观经济学。新凯恩斯主义在坚持政府干预经济的政策取向上与原凯恩斯主义并无差异，其主要贡献在于力图为原凯恩斯主义的宏观经济学提供微观理论基础，以建立起一种有微观理论基础的新凯恩斯主义宏观经济学。新凯恩斯主义经济学以不完全竞争、不完善市场、不对称信息和相对价格黏性为基本理论，其中工资黏性和价格黏性（而非完全刚性）理论是新凯恩斯主义经济学理论体系的核心内容。新凯恩斯主义经济学认为，由于价格和工资的黏性，价格在遭受到总供求的冲击后，从一个非充分就业的均衡状态回复到充分就业的均衡状态是一个缓慢的过程，经济均衡的恢复不能等待或完全依靠市场机制作用下的工资和价格的缓慢调整，因为这将是一个长期的痛苦过程。总之，新凯恩斯主义经济学在为原凯恩斯主义提供微观经济基础的同时，坚持了原凯恩斯主义的中心论点：市场是非出清的，因此政府运用经济政策来调节总供求，不仅是必要的，而且也是有效的。但新凯恩斯主义与原凯恩斯主义相比，其所主张的宏观经济政策相对更全面，也更深入。新凯恩斯主义既考虑需求方面，也考虑供给方面，既考虑长期，又考虑短期，既注重微调政策在短期的作用，又重视结构性政策在长期的效果，因而较原凯恩斯主义进了一步。

理论指出：金融自由化及利率的提高对经济增长的作用并不像 Mckinnon 和 Shaw 所说的那样是确定的，而是不确定的。这是因为：根据"金融深化论"，利率提高以后会使储蓄增加并由此增加投资导致投资效率的提高，但是，根据凯恩斯主义的有效需求理论，利率提高以后也会使投资的成本上升，从而会压抑投资需求。同时，利率提高以后，人们的储蓄虽然会增加，但人们的消费却会相应减少，这样就会导致总需求的下降，从而抑制经济增长。这意味着，"金融深化论"所提出的通过提高利率以刺激经济增长的结论实际上是不确定的。

在此基础上，Hellman、Murdock 和 Stiglitz 基于信息不对称理论指出：①在金融市场上，贷方和借方的信息是不对称的，或者说，债务人对自己的财务现状和未来状况比债权人知道的更多。作为借方的企业比作为贷方的银行在还款概率方面有更多的信息。企业在向银行申请贷款时，知道所贷的款项将投资在哪些项目上，投资的风险和期望的收益有多高，拖欠贷款的可能性有多大。然而，银行在这方面的信息却比企业少，银行只能根据项目的平均收益来判断企业的投资收益，对企业投资的风险性知之甚少，更无法从众多申请贷款的企业中分辨出哪些企业有较高的还款概率，哪些企业想拖欠贷款。在这种情况下，如果实行完全的金融自由化改革，通过放开利率使利率大幅上升，则会降低银行的利润率，从而会促使银行为获得利润而从事高风险项目的贷款，结果将影响金融体系的稳定。

同时，Hellman、Murdock 和 Stiglitz 还指出，"金融深化论"没有考虑到"利率的激励效应"和"利率的反向选择效应"这两个问题。所谓"利率的激励效应"指的是利率的高低能改变借款者对待风险的态度。他们认为，一般而言，当利率水平较高时，借款者愿意投资风险较大因而收益较高的项目，以获得较多的预期收益；反之，当利率水平较低时，借款者则愿意投资于风险较小的项目，以获得比较稳定的预期收益。利率的这种激励效应使以利润最大化为经营目标的银行在确定贷款利率水平时，必

---

① 信息不对称理论认为，市场经济中存在大量的"信息不对称"（Asymmetric Information）现象（即市场买卖双方对交易对象的信息了解程度是不对称的，市场中的卖方往往比买方掌握更多的信息），提出信息不对称理论的学者们由此对新古典经济学有关"市场是完善的、信息是完全的"假定前提提出质疑，并进而对新古典经济学有关市场出清及市场均衡的理论产生了怀疑。该理论一方面指出了市场经济的缺陷，另一方面又主张政府应在市场经济中充分发挥作用。

然要考虑利率水平的高低对借款者行为的影响。因为：如果银行为了获得较高的利息收入而将贷款利率确定在比较高的水平上，必然会刺激借款者投资于高风险高收益的项目，而高风险高收益项目显然会增加借款者破产的可能性，降低其还款概率，银行贷款的风险也将随之增大，收益随之降低。所谓"利率的反向选择效应"指的是较高的贷款利率会使那些偏好低风险且具有良好资信的借款者退出信贷市场，不再申请贷款，而那些偏好高风险、资信较低的借款者仍愿意以高利率借款，这些借款者要么无力还款，要么就根本没有打算还款，因此贷款拖欠的概率提高，银行收益下降。利率反向选择效应的特点是：随着利率水平的提高，利率的反向选择效应递增。

基于以上分析，Hellman、Murdock 和 Stiglitz（1997）等人认为，在金融市场上，利率的市场化并不是万能的，在多数情况下，利率的变动并不能使金融市场上的供求自动达到均衡。[①] 因此，不能否定政府的干预或管制（包括对利率的管制，等等），或者说，政府适当的干预实际上有助于金融的深化和经济的发展。在此基础上，Hellman、Murdock 和 Stiglitz 等人提出，应以政府对金融进行适度管制的"金融约束"（Financial Restrain）取代金融自由化。

二、金融约束理论的基本思想

Hellman、Murdock 和 Stiglitz（1997）等人认为，所谓"金融约束"指的是政府通过实行一系列金融政策，对存贷款利率、市场准入以及资本市场的竞争加以适当的限制，从而为金融部门和生产部门创造"租金机会"，[②] 并通过租金机会的创造，刺激金融企业、生产企业等各部门生产和

---

① 根据新古典经济学理论，在完全竞争的市场条件下（信息完全对称和不存在交易成本），金融市场的供求均衡是通过市场利率的变动而自发实现的。当金融市场出现资本供给小于资本需求的情况时，市场利率会上升，而市场利率的上升会刺激资本供给增加，同时会导致资本的需求减少，从而实现资本供求的均衡。相反，当金融市场出现资本供给大于资本需求的情况时，市场利率会下降，而市场利率的下降会导致资本供给减少，同时会刺激资本的需求增加，同样也会实现资本供求的均衡。

② 这里的租金机会不是指供给无弹性的生产要素所获得的额外报酬，而是指超过竞争性市场所能产生的收益的机会。

投资的积极性，以达到既能防止金融压制的危害，同时又能促使银行通过发挥掌握企业内部信息的优势主动规避风险的目的，从而可以带来相对于自由放任政策和金融压抑政策下更有效率的信贷配置和金融深化，因而更有利于发展中国家维护金融的安全与稳定并更有效地推动金融的发展。具体地说，租金的创造能产生以下积极作用：

第一，租金为金融部门创造出特许权价值，有利于银行业积累资本金。在发展中国家，银行掌握着企业的内部信息，[①] 但是由于自身资本额太小，银行没有动力长期经营，因而往往热衷于投机或从事高风险项目的投资，这就会危及金融业的稳定，并损害社会利益。而特许权价值能为金融部门尤其是银行创造"长期股本"及一个持续稳定的利润流，使银行不至于因短期的风险而破产，从而有利于促使银行更好地生产信息并利用其信息优势，进行长期的持续经营。

第二，金融约束政策所创造的租金实际上是一种基于业绩的租金，业绩越好的银行所能获得的租金也越高。在这种情况下，为了竞争更多的租金，银行业会致力于提高金融服务的效率及资产的质量。在银行资产质量较高的情况下，银行就会获得因为存款利率被压低而形成的租金机会。一旦银行的资产风险增加，它就可能面临丧失未来租金收益流的风险。可见，金融约束会形成奖励充分利用信息优势以做出正确的融资决策，而惩罚投机性贷款行为的激励及约束机制。总之，政府通过控制存款利率、限制竞争等方式保护银行的特许权租金，可以激励银行提高金融服务的效率及资产质量。

第三，为银行创造"特许权价值"，还可以促使银行开展一些在完全竞争市场条件下利润不高的业务，从而扩大金融的覆盖面，诱导民间部门当事人增加在纯粹竞争市场中可能供给不足的商品和服务。

第四，由于市场准入等限制的存在，银行只要吸收到新增存款，就可获得租金，而率先开发新市场的银行会暂时享有垄断权力，从而可得到较高的租金。这样，银行就有动力不断寻求新的存款来源，并不断扩大金融服务，从而有利于使更多的客户能更方便地进入正式的金融体系，这在客

---

① 根据信息经济学的观点，金融中介主要业务的功能可以理解为"生产借款人的有关信息"。

观上就会起到促进金融深化的作用。

第五，政府通过限制贷款利率为生产部门设立租金，租金从居民部门转移到生产部门，这会增加企业的储蓄，进而会刺激企业投资，提高经济中的总投资水平及资本形成率。

第六，金融约束政策还可以有效地减少逆向选择（Adverse Selection）和道德风险（Moral Hazard）问题。[①] 银行业受到租金的激励，会加强对企业贷款的事前、事中和事后监督，使得逆向选择和道德风险问题得以缓解。如果政府同时规定了贷款利率，信誉良好的企业就可以得到一部分从银行业转移的租金，这同样可以鼓励企业行为的长期化。因为在长期经营能获得"租金"的情况下，企业为了短期利益而毁坏自己声誉的机会成本过大，这显然不划算。

第七，生产部门获得租金以后有利于增加其资本金，生产部门的偿债能力随之提高，银行的风险也随之降低。同时，贷款利率保持在较低的水平还可以弱化信贷市场上的逆向选择现象（因为在利率水平较低或较合理的情况下，不会出现偿债能力强因而风险小的借款人离开金融市场，而只有那些偿债能力弱因而风险大的借款人为获利而留在金融市场的现象）。可见，金融约束政策所创造的租金能够促进金融市场更好地为经济发展服务。

租金的积极作用可用图 7 - 1 加以表示。假定金融体系由三个部门构成：供给资金的居民部门、使用资金的企业部门以及作为金融中介的银行部门。在不对贷款利率进行管制的情况下，居民资金供给曲线 S 和企业资金需求曲线 D 的交点决定均衡利率 r_0 和贷款额 Q_0。假定政府只把存款利率限制在 r_d 上，贷款利率则为均衡利率 r_L。此时，银行分别从居民和企业那里得到了（$r_0 - r_d$）和（$r_L - r_d$）的租金。然而，当存款利率受到限制时，银行就会将租金耗费在与服务有关的竞争上，如提高存款的安全性、增加存款设施等等。也就是说，租金效应超过了利率效应，从而增加了金融体系中的资金供给。于是，银行服务的改善使资金供给曲线由 S 上升到

---

① 在金融市场上，逆向选择特指金融交易发生以前，那些风险最大者最为积极并最有可能成为借款人时的现象。道德风险发生在金融交易发生以后，它指借款人在借款后可能转向投资于其他潜在风险和收益都更高的业务的现象。

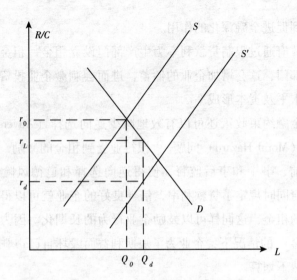

图 7 - 1　租金创造的机制和效应

S'，企业以更低的利率 r_L 获得了更多的贷款 Q_d。如果政府同时控制了存款利率和贷款利率，那么总的租金就会在企业与银行之间进行分配。随之而来的是，银行和企业部门之间的租金机会的存在会缓解信贷配给现象。这意味着，除了储蓄动员的效应以外，租金创造还具有改善信贷配给的效应。

　　总之，金融约束论认为，金融约束政策之所以能促进经济增长是因为它紧紧抓住了解决经济问题的两个基本点——信息问题和激励问题，也就是说，政府通过一系列政策激励掌握信息的民间机构更好地发挥其协调经济活动的功能。政府通过金融约束政策有意识地为银行业设立租金，使得掌握企业内部信息的银行有动力吸收存款和监督贷款，从而能充分发挥银行掌握企业内部信息的优势，以减少由信息不对称问题所引起的不利于市场机制发挥作用的一系列问题。

三、金融约束理论的主要政策建议

（一）控制存贷款利率

　　政府通过控制存款利率水平，使存款利率低于市场利率水平（但要保证实际存款利率为正值），以降低银行的经营成本，从而使银行部门能获得租金。这样，银行就会有动力吸收存款并对贷款企业进行严密的监督，同时调动银行部门的积极性，以银行部门的信息优势来克服由信息不完全或不对称所引起的金融市场失灵问题。而控制贷款利率则可以提高申请借款人的整体质量，降低企业破产的概率。Hellman 等人还指出，资本充足率的要求虽然有助于防范银行风险或金融危机的产生，但在发展中国家，存款利率控制比对银行资本充足率的要求更为有效。这是因为：在金融约束的环境下，银行只要吸收到新增存款，就可获得租金，这就促使银行寻求新的存款来源，从而有利于推动金融深化。因此，金融约束可以促进金融深化。

（二）限制银行业竞争

仅仅靠利率控制使银行部门获取租金在短期内是可行的，但在长期内却不能维持，因为如果没有市场准入的限制，银行得不到特许权的保护，会遇到激烈的市场竞争。例如，一家银行可能会挨着竞争对手的机构网点开设新的分支机构，如果该市场容量并不太大，可能造成的后果是没有动员任何新的社会储蓄而仅仅是争夺现有储户。这种无效竞争的结果会造成社会资源的浪费，并加大银行的成本，甚至有可能导致银行倒闭，从而危及金融体系的稳定。可见，过度的竞争会危及金融体系的稳定，因此金融约束还包括限制银行业的竞争。

限制竞争可提高金融体系的安全性，对整个社会经济也具有重要的外部效应。当然，金融约束限制竞争并不等于禁止一切的进入，但这种进入的前提是新的进入者不能侵占市场先进入者的租金机会，同时还要考虑该国的金融深化程度。在一国金融深化的初期，一家银行进入新市场后，该市场也许还有潜力容纳更多的几家银行。在这种情况下，禁止所有后来者的进入不能说是有效率的，解决的办法是使后来者付出一定的经济成本补偿先来者的租金损失。这样，先来者的特许权价值得到补偿，后来者也可获得部分租金，整个社会利益就增加了。

（三）限制资产替代

金融约束论还主张，应限制居民将正式金融部门的存款转化为证券、国外资产及非正式金融部门的存款。金融约束论认为，发展中国家的金融市场尚不规范，存在大量的欺诈行为和搭便车问题，因而发展中国家的金融市场难以发挥有效配置资金的作用。而且，由于只有信誉好的大企业才能利用证券市场融资，它们若不从银行部门融资而转向证券市场融资，将会使银行部门失去一部分收益高的业务，从而损失特许权价值。而发展中国家非正式银行部门的效率又大大低于正式银行部门的效率，因此，存款若从正式银行部门流向非正式银行部门则会减低资金使用效率，这不但不利于正式银行部门的发展，而且也不利于发展中国家金融体系的发展。而居民部门若将资金投资于国外，则会减少国内资本的供应，从而加剧国内的资金短缺，这就不利于推动国内经济的发展。因此，金融约束论主张，为促进发展中国家的金融发展，就要限制银行存款向证券、国外资本市场和非银行部门存款的转移，以便为发展中国家正规银行体系的发展创造条件，从而促进金融的深化。

四、金融约束与金融压制的区别

Hellman、Murdock 和 Stiglitz（1997）指出，虽然"金融约束"与"金融压制"运用的手段（即政府对存贷款利率进行控制）类似，但两者有本质的区别。在"金融压制"下，政府所采取的低利率及高通货膨胀政策使财富由民间部门转移到政府部门（即租金由民间向政府部门转移），其本质是政府从民间部门夺取资源，这种租金转移改变了政府与民间的收入分配，从而压抑了民间生产性活动。而在"金融约束"下，政府运用各种政策手段所创造的租金由私人金融机构或私人企业获得，这种租金转移并没有将财富从民间转移到政府部门，而只是民间内部的转移，是为私人部门创造租金机会，尤其是为金融中介创造租金机会，这种租金转移使得金融机构有动力去吸收更多的存款并发放更多的贷款，从而促进金融的深化。可以说，金融约束论所说的租金本质上是政府为金融中介人为地创造一种特权，进而通过加快金融业的发展来推动整体经济的发展。

Hellman、Murdock 和 Stiglitz 等人也注意到利率管制可能带来的福利损失。但他们强调，重要的是权衡损失与金融约束的好处。如果存在严重的市场失灵，则租金创造所产生的直接好处（通过减少中介成本）远大于福利损失。

金融约束理论实际上是 Hellman、Murdock 和 Stiglitz 等人对亚洲金融危机进行观察以后所进行的理论思考，他们认为亚洲金融危机从反面证明了他们的理论。Hellman、Murdock 和 Stiglitz 等人认为，由于金融体系及银行业存在较大的风险，因此对银行的监管始终是政府监管的重要方面。一般来说，在金融自由化改革以后，政府对银行监管的主要手段是资本充足率要求。虽然这一措施因增加了银行经营者的剩余索取权，从而有利于减少银行的风险行为，但同时也增大了银行的经营成本，减少了银行的利润，因而有可能反而会增大银行体系的风险。Hellman、Murdock 和 Stiglitz 等人还认为，在经济转轨时期，保持较低的存款利率是十分必要的。因为金融自由化对银行提高自有资本比率的要求不是在短期内就能达到的，而且银行资本积累的一个主要途径就是将获得的特许权价值资本化。如果在金融自由化之时既取消银行获取特许权价值的权利，又增加对银行资本充足率的要求，银行体系的风险必然会增大，出现银行危机的可能性就会大大增加。Hellman、Murdock 和 Stiglitz 等人由此强调了利率控制等政府干预行为在经济转轨和金融发展过程中的重要性。

金融约束论还从信息和激励的角度对政府在市场经济中的作用进行了探讨。Hellman、Murdock 和 Stiglitz 等人认为，在市场经济中，一方面，政府应创造条件使决策者掌握更多的信息，或让有信息能力的行为人成为决策者；另一方面，政府可利用自身掌握和拥有的信息，为金融中介机构创造持久有效经营的激励机制。同时，金融约束理论还强调，政府应秉承"市场增进论"的观点，其出发点是认为，政府并非是作为与民间部门争夺经济活动的控制权的竞争对手而存在，政府的作用是"完善"市场或"增进市场的功能"，以克服市场的信息失灵问题，并补充市场的协调能力，进而增进分散化市场活动的效率。Stiglitz 曾指出："问题不在于政府干预过多，而在于政府干预不足或干预不当。"此外，金融约束理论还主张，政府应通过提供有正式约束力的权威制度来保证市场机制的有效运作及市场作用的有效发挥。

Hellman、Murdock 和 Stiglitz（1997）也指出，金融约束与金融压制在某些方面确实有相同之处，金融约束政策在执行过程中可能会因为种种原因效果很差或受到扭曲，从而演变成金融压制。因此，要保证金融约束政策达到最佳效果，必须具备以下条件：（1）宏观经济环境稳定；（2）通货膨胀率低且可预测；（3）实际利率为正数；（4）银行是真正的商业银行；（5）政府对企业和银行的经营没有或很少进行干预，以保证银行和企业的行为符合市场要求。他们同时还指出，金融约束是动态的，一旦金融发展到一定水平，而此时的金融约束政策所带来的好处已低于因利率控制而造成的成本时，政府就应该放弃金融约束政策。

五、金融约束理论的缺陷

金融约束理论虽然根据一些发展中国家的现实并基于新凯恩斯主义的思想提出了一些新的观点，但金融约束论也存在着许多缺陷，这主要有：

第一，金融约束理论建立在一个并不现实的前提假定基础之上，这些假定主要包括：政府是完全理性的，政府掌握了完全的信息，政府比市场本身更了解市场，且政府是不偏不倚的，完全追求社会福利的最大化。显然，这些假定在现实中并不存在。事实上，由于信息是分散在成千上万个市场参与者的头脑之中的，完全取决于特定的时间、地点及环境，信息实际上属于每个人所有，政府根本不可能掌握所有的市场参与者在特定时间或地点所拥有的个人信息。而且，政府是由政府官员组成的，而政府官员个人往往知识和技能有限，更重要的是，作为官员个人他们也有着自己的利益，因而政府官员很容易被利益集团所俘获。因此，在政府不可能掌握完全信息且政府也会追求自身利益最大化的情况下，如何在制度上保证政府能将存贷款利率水平控制在最佳的水平上，并对经济进行"适当"的从而有利于"增进"市场效率的干预是有很大疑问的，也是非常不可靠的。事实上，政府失灵所带来的问题往往比市场失灵所带来的问题更严重，更复杂。东南亚金融危机的爆发在很大程度上正是政府干预经济的结果。这表明，金融约束理论在现实中并不可靠。

第二，金融约束理论强调要通过限制竞争，为银行部门创造租金或特许权价值，这在实际操作上却可能导致金融业缺乏竞争，容易形成金融业的垄断或寡头垄断，从而会使银行部门没有巨大的外在压力为降低成本以最大限度地获得利润及降低风险而不断地进行金融创新，并不断提高经营效率。而且，为银行部门创造租金或特许权价值也有可能使那些低效率的银行得到政府人为的保护，这反而不利于金融业的健康发展，并会导致潜在风险的不断积累。更重要的是，如果一个经济体中的经济部门热衷于获取租金，而不是创造利润，那么这个经济体就会衰退。此外，对市场准入的限制有可能导致寻租行为及腐败的产生，从而会对经济产生极为不利的影响。这意味着，金融约束政策的结果不但难以推动金融的深化，反而会限制金融的深化。因此，这种理论并不可取。事实上，韩国、泰国、印尼和马来西亚等国后来爆发金融危机的现实也充分证明，金融约束理论在实践中是说不通的。

第三，更重要的是，金融约束理论主张对存贷款利率进行管制，这显然会扭曲市场信号，从而不利于资源的合理配置。而且，对利率进行管制也不适应经济全球化的发展趋势。从金融约束理论的指导思想来看，金融约束理论强调的是政府对金融业的保护，注重银行部门的安全及金融体系的稳定，而不是追求效率及增长，这就使得金融约束理论对推动一国金融发展的指导意义并不大，并且也缺乏长远的理论价值。

第三节 货币危机理论

针对许多发展中国家及新兴市场国家进行金融自由化改革反而爆发了货币危机①或金融危机这一现实，一些经济学家还从不同的角度对这些国家爆发货币危机或金融危机的原因进行了理论反思，由此形成了几种不同的货币危机理论。

一、第一代货币危机理论

Krugman 于 1979 发表了 "A Model of Balance of Payments Crises" 一文。在这篇经典论文中，Krugman 以小国开放经济为分析框架，以钉住汇率制

---

① 根据 IMF 的定义，货币危机是指一年内货币贬值 25% 或更多，同时贬值幅度比前一年增加至少 10%。

度或其他形式的固定汇率制度为分析对象，分析了以放弃固定汇率为特征的货币危机是如何发生的，进而构建了货币危机最早的理论模型。1984年，Fload 和 Garber 等人又在 Krugman 的模型基础上进一步加以完善，从而形成了第一代货币危机理论。

第一代货币危机理论的基本观点是：货币危机产生的根源在于政府的宏观经济政策（特别是过度扩张的财政政策与货币政策）与致力于维持固定汇率或钉住汇率制度。其机理如下：如果一国财政赤字严重且该国同时还实行过度扩张的财政和货币政策，则会导致货币供应量的过度增加，进而导致国内物价上涨，使本国经济基本面（Economic Fundamentals）恶化。当国内通货膨胀率高于国外水平时，本币必然贬值。在这种情况下，精明的投资者为避免损失或从中牟利，必然会抛出该国货币并买进外币，而该国为了维持固定汇率制度，唯一的办法就是出售外汇并买进本国货币以阻止本币的贬值，但这将导致该国外汇储备不断减少。当该国的外汇储备耗尽时，固定汇率制度就自然崩溃，货币危机由此爆发。

第一代货币危机理论的结论是：（1）货币危机发生的直接原因是财政赤字货币化与固定汇率制度不相容的结果，尤其是宏观经济变量的恶化（如巨大的财政赤字、信用规模及货币供应量扩张过快、外汇储备严重流失等）。因此，第一代货币危机理论将经济基本面的恶化或宏观经济的失衡看成是爆发货币危机的基本原因。（2）第一代货币危机理论实际上初步意识到了"开放经济中的三元冲突"，即一国在资本自由流动、汇率稳定及货币政策的独立性这三者之间只能同时选择其中的两个作为政策组合，而不能同时将三者作为政策组合，也就是说资本自由流动、汇率稳定及货币政策的独立性这三者之间是不能共存的。（3）在资本自由流动的情况下，固定汇率制度是不可持续的。

从实践上来看，第一代货币危机理论在一定的程度上能够解释拉丁美洲一些国家爆发货币危机（如 1973—1982 年的墨西哥货币危机、1978—1981 年的阿根廷货币危机）的原因。而从理论上来看，第一代货币危机理论是从货币危机这一角度证实了"三元悖论"理论或"开放经济中的三元冲突"理论。

二、第二代货币危机理论

第一代货币危机模型认为，只有在一国的经济基本面出现问题时，投资者才会对该国的货币发起攻击从而引发货币危机。但 Obstfeld（1994；1996）、Drazen 和 Masson（1994）、Tornell 和 Velasco（1996）等人注意到，一些国家即使在经济基本面比较健康的情况下也爆发了货币危机（如1992—1993 年的欧洲货币危机）。显然，第一代货币危机理论难以解释这一现象。在 这 种 情 况 下，Obstfeld（1994，1996）、Drazen 和 Masson（1994）及 Tornell 和 Velasco（1996）等人提出了第二代货币危机理论。

第二代货币危机理论修正了第一代货币危机模型中对经济主体的线性化假设，提出了非线性行为假说，并认为货币危机不是由于经济基本面恶化所致，而是由于贬值预期的自促成机制或自我实现机制所致。该理论认为，即使宏观经济及经济基本面没有进一步恶化，但由于市场预期的突然改变，使人们普遍形成货币贬值预期，也可能引发货币危机。这是因为：当人们预期本国货币行将贬值而大量抛出该国货币并买进外币时，政府虽然可以采取抛出外汇储备或提高利率的方式以吸引外资流入来维持平价，从而捍卫固定汇率制度，但政府维持固定汇率制度的成本会随之上升（如提高利率会打击本国经济从而使本国经济进一步恶化，而且高利率也会使政府的债务负担加重，等等），直到政府维持固定汇率制度的成本超过收益，从而决定放弃固定汇率制度时，货币危机就完成了自我实现的过程。也就是说，货币危机的发生可能是预期贬值自我实现的结果（即贬值预期可以自发引起贬值）。第二代货币危机理论强调的是，政府和市场参与者行为之间的相互影响和相互作用会导致一国在经济基本面未有明显恶化的情况下以"自我实现"的方式爆发。正是投机者在货币贬值的预期下持续攻击固定汇率制度，使本不应该发生的货币危机爆发了。而且，在投资者的持续攻击下，小的冲击也有可能导致大的货币危机。

总之，第二代货币危机理论认为，在固定汇率制度下，当人们预期货币贬值时，货币危机的发生机制表现为一种货币贬值预期的恶性膨胀，即预期货币贬值—投机者大量抛出该国货币并买进外币——政府通过抛出外汇储备或提高利率来维持平价——政府维持固定汇率制度的成本上升——

强化人们的贬值预期——外汇储备大幅减少或利率进一步上升——维持固定汇率制度的成本超过收益——政府不得不放弃固定汇率制度——货币危机爆发。

第二代货币危机理论的贡献在于指出了一国即使在经济基本面没有恶化的情况下，货币贬值预期的自我实现也可能导致货币危机爆发，而这种货币贬值的预期导致政府被迫放弃固定汇率制的时间将早于政府主动放弃的时间。因此，第二代货币危机理论又被称为"自我实现的货币危机理论"。也就是说，货币危机的发生可能是预期贬值自我实现的结果。第二代货币危机理论还认为政府在固定汇率制度上始终存在动机冲突，如果公众因认识到政府的政策摇摆不定而失去信心，则市场投机以及羊群行为就会使固定汇率制崩溃，政府保卫固定汇率制的代价会随着时间的延长而增大。总之，根据第二代货币危机理论，导致货币危机的原因可能并不在于经济的基本面，而在于：（1）人们的货币贬值预期；（2）固定汇率制度；（3）政府的政策摇摆。

三、第三代货币危机理论

在 1997 年的亚洲金融危机爆发后，许多经济学家不只是局限于汇率制度和宏观经济政策等宏观经济的层面来分析货币危机产生的原因，而是从企业、银行、外国债权人等微观经济主体的行为这一角度来探讨金融危机的根源及其演绎机理与路径，从而建立了第三代货币危机理论。第三代货币危机理论从不同侧面分析了资本充足率低、缺乏谨慎监管的银行业及其信用的过度扩张，并由此产生过度风险投资，资产特别是股票和房地产的泡沫化，最终导致银行业的危机并诱发货币危机，而这两种危机的自我强化作用进一步导致严重的金融危机的爆发，由此形成了第三代货币危机理论。总之，与第一、第二代货币危机理论不同，第三代货币危机理论解释了由货币、银行危机共同构成的双重危机的发生。具体来说，第三代货币危机理论主要从以下几个角度分析货币危机及金融危机产生的原因。

（一）裙带关系、道德风险及货币危机

Mckinnon 和 Pill（1998），以及 Corsetti、Pesent 和 Roubini（1998）都

认为：在发展中国家或新兴市场经济国家中，普遍存在着道德风险问题，[①]这主要表现为：许多发展中国家或新兴市场经济国家的政府与企业和金融机构之间往往存在着裙带关系或亲缘政治问题，政府实际上对企业和金融机构提供了隐性的担保，即保证在企业或银行面临财务困境时对其进行财政上的救助，这种扭曲的激励机制必然产生企业和金融机构的道德风险。在这种情况下，企业会无所顾忌地敢于大量借款（包括大量举借外债），并愿意从事高风险的投资项目，甚至大量投资于股票和房地产市场，而金融机构也无所顾忌地大量提供贷款甚至是高风险的贷款，结果掀起巨大的经济泡沫。当投资者担心该国的经济泡沫有可能破裂时，就会出现大量的资本外逃，而大量的资本外逃就会引发货币危机和银行危机。

（二）金融过度导致的货币危机

Krugman（1998）在亚洲金融危机爆发以后发表的一系列文章中，提出了"金融过度"（Financial Excess）的概念，这一概念主要是针对金融中介机构而言的。他认为，在金融压制的情况下，由于金融机构无法进入国际市场，国内过度的投资需求并不导致大规模的过度投资，而是市场利率的升高。但在金融自由化的条件下，由于金融机构可以自由进出国际金融市场，金融中介机构的道德风险会转化成为大量的高风险贷款以及证券资产和房地产的过度积累，并由此产生金融泡沫，这就是"金融过度"。金融过度的危害不只是信用规模的过度扩张，而且也是信用扩张过程中所带来的过度风险，这种风险会加剧一国金融体系的脆弱性。在特定条件下，当金融机构由于过度的信贷及投资行为所形成的泡沫难以维持时，资产泡沫就会破灭，从而最终会爆发货币危机。

（三）恐慌冲击所造成的货币危机

Radelet 和 Sachs（1998）则认为，因裙带关系、亲缘政治及道德风险所引发的货币危机不能解释这一现象，即爆发货币危机的国家有相当部分的投资是外资，这些外资流入显然不能用裙带关系及道德风险来解释。因

---

① 道德风险是 20 世纪 80 年代西方经济学家提出的一个经济哲学范畴的概念，即"从事经济活动的人在最大限度地增进自身效用的同时做出不利于他人的行动"。或者说是，当签约一方不完全承担风险后果时所采取的自身效用最大化的自私行为。

此，Radelet 和 Sachs 认为，金融危机的原因应该归结为市场上恐慌性的冲击，而这种冲击的产生主要与一国脆弱的金融体系有关，特别是与银行的流动性不足有关。在一国银行流动性不足的情况下，投资者就会从该国抽逃资本，而这会进一步加剧该国的流动性不足，从而导致该国企业资金紧张及银行流动性不足，并使企业陷入资不抵债的境地。而一旦该国出现大量的恐慌性资本流出，则危机就会爆发。而造成这种金融恐慌的主要因素有：（1）政府政策的失误；（2）资产泡沫的破灭；（3）大量的企业资不抵债；（4）脆弱的金融体系及银行流动性的不足，等等。

金融恐慌论认为恐慌源于一国经济基本面的恶化，是由一系列突发性金融和经济事件引发的，并由于各国政府和国际组织对危机的处理不当而不断膨胀，最终导致危机。这一观点引进了市场情绪这一新变量，突出了国际资本流动逆转的触发作用，对货币危机的爆发做出了新的解释。

总之，根据三代货币危机理论的分析，一些发展中国家及经济转轨国家之所以在进行金融自由化改革过程中爆发货币危机或金融危机，原因大致有：（1）政府政策的失误（包括政府对经济的过度干预、政府对企业或银行的人为保护，以及扩张性的财政政策和货币政策，等等）；（2）裙带关系；（3）企业的过度投资或企业资不抵债；（4）金融机构的过度放贷及银行流动性的不足；（5）资产泡沫的破灭；（6）经济基本面的恶化；（7）在实行固定汇率制度或钉住汇率制度的情况下开放资本账户；（8）人们的货币贬值预期；（9）资本外逃；（10）金融市场上的恐慌性冲击，等等。货币危机理论的重大意义就在于为各国在金融自由改革过程中如何防范货币或金融危机的爆发提供了分析思路。

事实上，货币危机理论并没有推翻金融自由化理论的基本思想及政策主张，第一代货币危机理论实际上说明一国政府试图在维持固定汇率制度的前提下实行扩张性的财政与货币政策是导致货币危机的原因，第二代货币危机理论实际上说明的是在固定汇率制度条件下人们对货币贬值的预期是导致货币危机的原因，这恰恰与金融深化理论主张实行浮动汇率制度的观点不谋而合。第三代货币危机理论所提出的裙带关系或亲缘政治恰恰也是金融自由化理论所反对的。当然，货币危机理论也关注到金融自由化理论所没有注意到的问题（如金融过度、金融市场上的恐慌性冲击等），因此可以说货币危机理论实际上是对金融自由化理论的补充。或者说，货币危机理论实际上从另一个角度说明了这样一个问题，即金融的非市场化反而更容易导致货币及金融危机，因此要防范或消除货币或金融危机绝不能依靠政府管制或金融的非市场化。基于以上分析，我们可以得出两点结论：（1）货币危机或金融危机的责任可能并不在于金融的自由化；[①]
（2）金融的市场化改革仍然是促进金融发展及经济稳定增长的正确途径。

---

① Williamson 和 Mahar（1999）曾指出，金融危机的责任并不在于金融自由化本身，而在于草率的金融自由化。

第八章

第二代金融发展理论

——内生金融增长理论

第一节　内生增长理论及第二代
金融发展理论的产生

一、内生增长理论

"内生增长理论"（The Theory of Endogenous Growth）产生于 20 世纪 80 年代中期的一个西方宏观经济理论分支，其基本观点是：经济增长是经济体系内在因素作用的结果，而不是外部力量推动的结果；换言之，内生的技术变化是经济持续增长的决定因素。内生增长理论将新古典增长理论的外生技术进步纳入模型，以内生化的方式解释经济增长的动力，因为是从宏观模型内的变量来寻求增长的动力，因此更符合增长的特征。

依据假设条件的不同，可以把"内生增长模型"划分为完全竞争条件下的内生增长模型和垄断竞争条件下的内生增长模型两类。完全竞争条件下的内生增长模型产生于 20 世纪 80 年代中后期，而垄断竞争条件下的内生增长模型则产生于 20 世纪 90 年代。依据总量生产函数的不同，又可以把完全竞争条件下的内生增长模型划分为：外部性条件下的内生增长模型和凸性增长模型。在外部性条件下的内生增长模型中，总量生产函数具有规模收益递增的性质，而导致规模收益递增的是技术的外溢效应（Spillover Effect）。在凸性增长模型中，总量生产函数具有规模收益不变的性质，即生产技术是凸性的。但完全竞争条件下内生增长模型存在一定的缺陷：一是完全竞争假设条件过于严格，限制了模型的解释力和适用性；二是完全竞争假设无法较好地描述技术商品的特性（如非竞争性和部分排他性等），这使完全竞争条件下内生增长模型存在逻辑上的不一致。

为了克服完全竞争条件下内生增长模型存在的问题，从 20 世纪 90 年代开始，一些经济学家开始在垄断竞争假设下研究经济增长问题，从而提出了垄断竞争条件下的内生增长模型。依据技术变化的表现形式的不同，可以把垄断竞争条件下的内生增长模型划分为：产品种类增加型内生增长模型、产品质量升级型内生增长模型、专业化加深型内生增长模型。这三类模型的提出表明内生增长理论进入了一个新的发展阶段。在产品种类增加型内生增长模型中，技术变化表现为中间产品或消费品种类的增加。在产品质量升级型内生增长模型中，技术变化表现为产品质量的提高。也就是说，即使产品种类没有增加，在产品质量提高的情况下，内生的经济增长也可以实现。另外，产品质量升级型内生增长模型也考察了与技术变化相伴的旧产品的被淘汰现象——技术变化所具有的创造性破坏效应——以及由创造性破坏效应所带来的经济增长速度过快的可能性。

总的来说，"内生增长理论"的基本内容主要有以下几点：（1）技术进步内生化。"内生增长理论"认为，知识或技术如同资本和劳动一样都是一种生产要素，并且知识或技术是"内生"的，是由谋求利润最大化的厂商推动的。（2）一国经济增长主要取决于知识积累、技术进步及人力资本水平，并认为技术进步的速度是内生决定的。更重要的是，技术进步可以阻止资本的边际生产率下降，从而推动经济的长期持续增长。"内生增长理论"认为，由于资本、土地及劳动受边际收益递减规律的影响，不可能决定长期的增长，但知识或技术进步则不同，它决定着不断变化的要素组合方式，随着知识的积累及技术的不断进步，同样的投入要素可以异常多样的形式加以组合，从而形成边际生产力递增的无限空间。（3）规模收益递增。"内生增长理论"将知识、人力资本等因素引入增长模型之中，强调特殊的知识或专业化的人力资本可以产生递增的收益并使整个经济的规模收益递增。（4）对外开放是实现经济持续增长的重要途径。"内生增长理论"认为，对外开放和国际贸易可以产生一种"外溢效应"，即国与国之间进行贸易不仅可以使各国发挥比较优势，从而提高各国的产出量，而且可以加速技术、知识及人力资本在全球范围内的流动，使知识和人力资本在贸易伙伴国国内不断积累，从而刺激各国的经济增长。

二、第二代金融发展理论的产生

从 20 世纪 80 年代末至 90 年代初开始，由于受"内生增长理论"的影响，一些经济学家认为"金融深化论"对金融部门和实体部门之间的联系缺乏具体的论述。因此，这些经济学家不再满足于在 Mckinnon 和 Shaw 的理论框架内对"金融深化论"进行修修补补。同时，这些经济学家还认为，如果金融发展的理论研究仅仅停留在金融发展和经济增长的关系上，而丝毫未触及金融的内在因素（如金融中介和金融市场等），这样的研究是欠缺的，而由此建立起来的理论也是不完整的。此外，这些经济学家还认为，Mckinnon 和 Shaw 的理论忽略了市场信息的不完全性，等等。有鉴于此，受"内生增长理论"影响的金融学家们力求突破 Mckinnon 和 Shaw 的理论框架，利用"内生增长理论"的研究方法来研究内生的金融发展和内生的经济增长之间的关系，即研究金融体系是如何内生出来的，内生出来的金融体系又是如何持续发展的，以及内生的金融体系是如何通过作用于技术进步及生产率，并进而推动经济的长期可持续增长，从而将金融发展置于经济的内生增长过程，并建立了大量结构严谨、逻辑缜密和论证规范的理论模型。在此基础上，"内生金融增长理论"也提出了一些不同于第一代金融发展理论的政策主张，这被认为是第二代金融发展理论。"内生金融增长理论"同时也扩展了"内生增长理论"的研究内容。

从理论上来看，"内生金融增长理论"在第一代金融发展理论的基础上，从以下方面对金融发展理论进行了扩展：（1）不只是以发展中国家为研究对象，而是试图寻求建立一种既能解释发展中国家的金融发展规律，又能说明发达国家金融发展规律的具有普遍意义的金融发展理论。（2）突破 Mckinnon 和 Shaw 的宏观理论范式，转而注重研究金融发展的内在规律及金融促进经济增长的微观机制，并通过引入不确定性、信息不对称、交易成本等因素来探讨金融中介和金融市场的内生生成规律，及通过建立各种具有微观基础的模型，以深入分析金融中介和金融市场是如何"内生"形成的，以及金融发展和经济增长之间的内在关系。（3）与第一代金融发展理论强调资本积累在经济增长中的作用不同，"内生金融增长理论"强调技术进步或生产率的提高在刺激经济增长中的作用。这一转变是因为受到"内生增长理论"的影响。在"内生增长理论"的模型之中，技术进步或生产率取代了资本积累而被视为驱动经济长期增长的因素。在这一思想的影响下，内生金融增长理论开始探讨金融发展对技术进步及生产率，进而对经济增长的长期影响，这就为研究金融发展与经济增长的关系开辟了一个新的视角。（4）第一代金融发展理论强调了金融发展在经济增长过程中的作用，而"内生金融增长理论"则研究了金融发展与经济增长的相互作用。"内生金融增长"模型不再将金融视为决定经济增长的外生变量，而将金融活动内生化，金融中介和金融市场的形成由外生给定变为内生形成，从而将对金融发展的研究置于"内生增长理论"的框架内，并扩展了传统的"利率—储蓄—投资—经济增长"的传导机制。（5）第一代金融发展理论强调金融自由化提高储蓄率进而提高投资率的作用，而"内生金融增长理论"关注的是提高投资效率（而不是数量）的金融中介机构及金融市场的作用。（6）"内生金融增长理论"关注金融发展能否推动经济的持续增长问题，认为金融的发展有利于克服资本的边际收益递减问题。

第二节　金融中介和金融市场的内生形成

"金融深化论"将金融中介的存在视为既定前提，没有深入分析金融中介的微观基础，因而没有为"金融深化论"奠定微观基础。而"内生金融发展理论"则从效用函数入手，建立了各种各样的模型来解释金融市场和金融中介的内生形成（Greenwood 和 Jovanovic，1990；Saint-Paul，1992；Zilibotti，1994；Blackburn 和 Hung，1998）。这些模型主要从不确定性、不对称信息和交易成本等方面对金融中介和金融市场的形成做出了新的解释。

一、内生金融中介理论

金融中介为什么会形成，这是内生金融发展理论首先关注的问题，其原因在于：金融中介在许多国家（特别是发展中国家）的金融体系中占据着主导地位，金融发展在很大程度上归于金融中介的发展。因此，金融中介是如何产生的？它对经济发展到底能起什么样的作用？这些就成为"内生金融增长理论"首先要回答的问题。内生金融中介理论认为，金融中介的形成主要有以下原因：

（一）金融中介具有降低交易成本的功能

在著名的阿罗—德布鲁（Arrow-Debreu）模型中，Arrow 和 Debreu 假定，市场（包括金融市场）是完美的，信息是充分的，并且市场的交易成本为零，每一市场都处于均衡状态，即市场是完善的。在这一完善市场的假定前提下，从事经济活动的个体不需要通过金融体系就可以完成借贷活动，从而达到帕累托最优，不存在金融中介可以在借贷活动中改进福利的余地。这意味着，在 Arrow-Debreu 模型中，金融中介机构是多余的。

但 Gurley 和 Shaw（1960）以及 Benston 和 Smith（1976）则认为，经济现实与 Arrow-Debreu 世界相去甚远，即市场信息是不完全的，且市场存在着交易成本的问题，特别是金融市场的交易成本较高。在这种情况下，金融中介能够通过规模经济和专门技术来降低交易成本。总之，以交易成本为基础的金融中介理论强调，由于金融市场是不完善的，单个储蓄者或投资者之间直接进行借贷活动存在较大的交易成本。如果每一个市场主体都直接从事借贷活动，那么，交易的数目将非常巨大，交易成本将非常高昂。在这种情况下，就需要金融中介的存在。这是因为：金融机构作为若干个独立借贷主体的中介人从事借贷活动，可以大大减少借贷主体和借贷次数，从而大大降低市场的交易成本。George（1976）也指出："这一行业（指金融中介业）存在的原因在于交易成本。"Fama（1980）则指出，由于金融资产交易技术中存在不可分性和非凸性的特点，Arrow-Debreu 模型中无摩擦的完全信息的金融市场不复存在，因此就需要金融中介。Chan（1983）建立了一个模型，认为金融中介的优势是能将搜寻投资机会的成本分散于众多的投资者之间，因为在不存在金融中介的场合，每个投资者都要独立支付一笔搜寻成本，而金融中介则可以在不同的投资项目之间进行广泛的搜寻，一旦寻找到某个有效率的项目，就可与其他投资者一同分享。Pyle（1991）则认为，金融中介所具有的范围经济和规模经济也具有降低交易成本的功能，从而金融中介由于能降低经济活动的交易成本而内生形成。金融中介指出，如果存款业务和贷款业务的预期收益分别是负的和正的，它们之间的协方差为正，那么根据资产组合理论，若银行在吸收存款的同时也发放贷款，则金融中介可以利用范围经济来降低风险。Gurley 和 Shaw（1994）也认为，金融中介降低交易成本的主要方法就是利用金融中介在技术上的规模经济和范围经济的优势来实现的。Allen 和 Santomero（1998）进一步指出，信用评估的固定成本也意味着金融中介比个人具有规模经济优势，因为如果每个人都独立进行信用评估，则整个社会所花费的信用评估成本就会畸高。而由金融中介代替每个独立的个人进行信用评估，由于这种信用评估的成本是固定的，因此随着经济的发展及金融的规模不断增大，金融中介的发展可以大大减少整个社会花在信用评估上的成本。

（二）金融中介具有处理信息不对称问题的竞争优势

主流的经济学理论认为，在信息对称情况下，市场价格机制会使稀缺的资源得到合理的配置。但在现实中，信息可能是不对称的，这就必然会影响到资源的合理配置。对于金融交易而言，所谓信息不对称是指借款人或债务人对自己的财务现状和未来状况比贷款人和债权人知道的更多。而这种信息不对称以两种方式出现，即逆向选择和道德风险。所谓"逆向选择"特指金融交易发生以前，那些风险最大者最为积极并最有可能成为借款人时的现象。在信用交易过程中，所有的借款人都会尽力展现其绩效，掩饰其风险。由于缺乏对潜在借款人各种信息的准确掌握，贷款者容易按平均风险的利率，甚至较高的利率发放贷款。在这种情况下，好的借款人会感觉受到损失，坏的借款人则感觉从中获利。因此，风险低的借款人将会逐步离开金融市场，金融市场上仅留下风险高的借款人，最终导致金融市场萎缩。道德风险发生在金融交易发生以后，它指借款人在借款后可能转向投资于其他潜在风险和收益都更高的业务的现象。一部分借款人之所以倾向于从事更具风险的投资和业务，是因为贷款人与作为业主的借款人之间在项目成功后分享的权益不一致。无论项目获得多大的成功，贷款人只能获取契约规定的利息收益，但是项目的成功给作为借款人的业主带来的风险回报却可能是巨大的；而在发生损失时，无论损失结果差异如何，作为借款人的业主损失的上限是确定的，即股权投资部分，但是贷款人却可能连本金都无法收回。显然，信息不对称是导致金融市场失灵的重要原因，而金融中介的形成就在于金融中介具有处理信息不对称问题的竞争优势（Leland 和 Pyle，1977；Diamond，1984；Boyd 和 Prescott，1986；Greenwood 和 Jovanovic，1990）。[①]

Boyd 和 Prescott（1986）认为，金融中介的出现可以降低信息的获得及处理成本从而改善资源配置，否则，个体投资者将面临高昂的企业评估成本。因此，金融中介就是一系列个体的组合从而为其他投资者分担成本。Greenwood 和 Jovanovic（1990）把金融中介生产信息和提高资本产出率的作用联系了起来。他们认为，在资金供给有限的情况下，拥有大量资产组合的金融中介可以通过"生产"信息和传递信息将资金导向最有潜力的企业，从而提高资本的配置效率。总之，由于金融中介在处理信息不对称问题上具有竞争优势，并能通过广泛地搜集信息以有效地评估投资项目的未来收益，从而有利于将资金配置到效率最高的项目以提高投资效率。在 Bacchetta 和 Caminal（1996，2000）的两阶段模型中，金融中介就是为解决借贷双方之间的信息不对称问题而产生的。Leland 和 Pyle（1997）则将金融中介看成是一种"信息共享联盟"，他们认为，相对于单个贷款人，金融中介由于其规模和专业优势而能够更容易地了解和搜寻各种信息，金融中介可以低成本地搜寻和甄别"好"的投资项目，并在将"好"项目的信息让众多的贷款人共享时具有规模经济。L－P 模型的结论是，处理非对称信息问题应当是解释金融中介存在的主要原因。Grosfeld（1997）指出，在处理信息不对称问题上，银行具有"信息揭示"的优势。这是因为：企业或借款人会在银行开有账户，银行通过观察企业的存款和取款情况，就

---

① 在现实中，一般的债权人很难获取债务人有关经营和投资项目的信息，特别是那些中小企业借款人。但是，无论哪类企业都在银行开有账户，通过对存款账户发生支付的长期观察，银行可以掌握借款人的收入、财富、支出以及投资策略，从而使银行比个人能更有效地评估借款人的信用风险。

可以掌握借款人的收入、财富、支出以及投资策略及企业的经营状况及财务状况等信息，从而使银行可以比金融市场更有效地确定借款人的信用风险。

（三）金融中介能够降低由于投资收益的不确定而产生的风险

Allen 和 Gale（1994）认为，金融中介在纵向风险或跨期风险的分担机制方面具有优势。Chant（2001）认为，金融中介之所以能够内生形成，是因为它能够降低由于投资收益的不确定而产生的风险。Allen 和 Santomero（1998）提出了基于参与成本（Participation Cost）的理论解释。他们指出，风险管理是金融中介的原生功能，如信用风险、流动性风险、利率和汇率风险，一直是由各种金融中介机构在不同的阶段承担的。他们认为，可以把金融中介定义为"通过交易金融资产而经营金融风险的机构"。同时，他们还认为，现有的金融中介理论实际上都含有一个假定，即所有的投资者在投资中基本上是"全面参与"投资的全过程，所以金融中介无需提供风险管理的服务。然而，在现实中，绝大多数投资者只是"有限参与"（以间接融资方式为主），其原因在于在市场上直接投资的参与成本太高（包括信息了解、投资费用、监控成本、时间价值等）。究其原因，最重要的在于金融中介具有风险管理优势，由它所发行的各种金融工具和提供的金融服务，绝大部分风险已经被金融中介"过滤"了。另外，他们还认为，由于金融机构通过广泛吸收众多储蓄者的小额储蓄，并将这些储蓄分散投向众多的资产上，从而能够为储蓄者减少风险，以此鼓励储蓄和进行更有效的投资。还有，他们认为金融中介还可以通过专家的专业化经营来有效地降低风险。

Diamond 和 Dybvig（1983）、Bencivenga 和 Smith（1991）认为，金融中介可以通过提供流动性，从而从两个方面提高一个经济体的投资率及资本形成率。一方面，金融中介大量吸收了投资者（储蓄者）的存款，虽然有一部分投资者会遇到流动性冲击而会从银行提取存款，但根据大数法则，不可能所有的投资者都同时遇到流动性冲击，由于金融中介吸收了大量储蓄者的存款，因而金融中介面临的流动性风险总是小于单个投资者（储蓄者）所面临的流动性风险。结果，与单个投资者相比，金融中介总是能够在帮助单个投资者克服流动性冲击的同时，将一部分流动性强的存款用于投资，以增加更多的生产性资产。可见，金融中介的存在使得社会既能从整体上更有效地降低及管理流动性风险，又能为高收益项目提供更多的融资。另一方面，金融中介能防范由于流动性冲击而造成的不确定性。这里所说的不确定性是指投资者将资金投入长期的投资项目后，在投资项目未产生收入的期间，投资者可能遇到不可预料的流动性需要，因而需要一笔资金应付未预期到的支出。如果不存在金融中介，则投资者也许要变现其投资资本以满足流动性需要，这就会给投资者带来损失。而金融中介可以满足这种流动性需要，使投资者可以避免因不确定的流动性冲击而造成的损失，这就有利于使投资者大胆地进行投资活动。

（四）金融中介具有跨期（Intertemporal）平滑的作用

Diamond 和 Dybvig（1983）在他们的模型中，研究了金融中介在解决个人面临消费不确定性时的作用，他们认为金融中介（特别是银行）为家庭部门提供了平滑消费波动的机制及手段。Allen 和 Gale（1997）也提出，金融中介作为"流动性蓄水池"可以降低交易双方的流动性风险，因而他们将金融中介视为市场不完全条件下提供跨期平滑作用的制度机制。Dutta 和 Kapur（1998）等人则认为，由于不确定性的存在使得人们无法预料自己的未来消费，当不存在金融中介的情况下，人们可能会选择持有大量没有利息收益的货币以应对不确定的未来消费，但这会减少人们的收益；或者人们选择降低货币的持有以增加现在的消费而减少未来的消费，但这又会降低人们未来的福利水平。而当存在金融中介时，人们就可以持有金融中介有利息收益的存款以应对不确定的未来消费，这既能增加人们的收益，同时又能保证人们应对未来的消费，从而使人们的福利得到增进。

（六）金融中介是一个实现价值增值的市场主体

Scholtens 和 Wensveen（2000）则认为，金融中介并不是一个被动的代理人（即作为最终储蓄者和投资者之间的中介），而是一个实现价值增值的市场主体。银行通过将储蓄者的高流动性负债（存款）转换为投资者（借款者）的生产性资产（贷款），能够同时增加储蓄者与投资者（借款者）双方的价值，因此实现价值的增值是现代金融中介产生的一个重要原因。

（七）金融中介有利于促进要素的自由流动

Schreft 和 Smith（1998）等人还认为金融中介的发展有利于促进要素的自由流动。这是因为，由于金融中介的存在，当人们要从一个地方迁移到另一个地方时，只要将他们的资产通过银行转账就可以了。可见，金融中介通过促进要素的自由流动有利于发挥人们的比较优势，有利于扩大市场规模，有利于资源的合理配置。在 Beck、Lundberg 和 Majnoni（2006）的模型中，金融中介是为减轻代理成本和企业家的现金流限制而产生的。

Greenwood 和 Jovanovic（1990）开发了一个金融中介和经济增长互为内生的模型。他们假定金融发展和经济增长之间有着正向的双向因果关系：一方面，金融机构为了发现具有最高回报的投资机会而搜集、分析信息，他们将资金转移向最具生产率的用途，进而提升了投资效率并刺激了经济增长；另一方面，经济增长又刺激了金融中介的发展。Greenwood 和 Jovanovic（1990）的模型还表明，金融中介的存在有利于克服资本的边际收益递减问题，原因就在于金融中介更有能力辨认好的投资机会。

二、内生金融市场理论

（一）金融市场的内生形成规律

在经济及金融的发展过程中，一般的规律大多是先产生金融中介，然后再产生金融市场。各国的经验证明，当一个国家的经济发展到一定程度后，会内生地形成金融市场。Boot 和 Thakor（1997）、Greenwood 和 Smith（1997）等人都认为，金融市场的形成和运行是有成本的，在金融市场的形成上存在着"门槛效应"（Threshold Effect），也就是说，金融市场只能在经济发展到一定阶段以后才能产生。这是因为：只有随着经济的发展，人均 GDP 达到某个临界值之后，有能力支付金融市场参与成本的人数才会越来越多。在这种情况下，参与金融市场的人数越多，交易次数越多，每笔交易量越大，则每一单位交易量所承担的成本就越低，因而利用金融市场的收益就会越容易大于金融市场的参与成本，这样金融市场就会得以形成并发展起来。

同时，Boot 和 Thakor（1997）、Greenwood 和 Smith（1997）还指出，金融中介和金融市场都是进行资金融通活动的经济人的集合体。金融中介和金融市场各具优势，从而可以吸引不同类型的经济人。其中，监督上的优势导致了金融中介的形成，经济人通过金融中介对生产者进行监督，可以有效地解决诸如资产替代之类的道德风险。而金融市场在获取信息和汇总信息（Information Aggregation）上具有优势。这是因为：由金融市场所决定的证券价格波动能够反映证券发行者的行为和业绩，从而在信息搜寻和信息汇总上具有优势。此外，金融市场获取并传送信息的效率更高，特别是在情况多变、处于不确定和创新的环境中，传送信息的效率就更为重要，这也是导致金融市场的形成和不断发展的重要原因。

Boyd 和 Smith（1996）通过引入破产成本来说明股票市场是如何随着经济的发展而形成和发展的。破产成本是在企业家不能按合同约定的条件偿还债务时发生的。由于债务的偿还不依赖于企业的经营业绩（除非企业破产，而股利的发放依赖于企业的经营业绩），因此企业的融资结构会对破产的可能性产生影响，进而影响预期的破产成本。企业家在进行融资决策（选择什么样的融资方式——是发行债券还是发行股票）时，目标是使外部融资成本（包括破产成本）最小化。Boyd 和 Smith 指出，股票市场的出现乃至发展，正是源于企业家对破产成本的考虑。

Boyd 和 Smith 的模型是标准的有成本的状态证实（CSV）模型，他们对传统的 CSV 进行了重要的修正。在传统的 CSV 模型中，企业家只能获取一种具有收益不可观察特性的投资技术。而在 Boyd 和 Smith 模型中，企业家可以获取两种技术：（1）收益不可观察的技术，即只有企业的发起人才能无成本地观察到它可能产生的收益，从而存在"有成本的状态证实"问题，信息摩擦的存在导致这种技术是监督密集型的；（2）收益可观察的技术，即所有当事人都可以无成本地观察到它可能产生的收益。根据 Boyd 和 Smith 的假定，前一种技术所预期产生的资本数量（扣除状态证实成本）要多于后一种技术，这样，企业家在进行投资决策（投资于哪一种技术或每种技术在总投资中的份额各为多少）时就面临着一种选择或替代，这种选择决定了他的融资方式和融资结构。与收益可观察的技术相比，收益不可观察的技术更具生产性，但破产成本也更高。资本生产者在这两种技术中选择，其选择建立在两者的相对预期收益和觉察出来的状态证实成本上。当觉察出来的状态证实成本较低时，收益不可观察的技术就特别具有吸引力，其较高的预期收益意味着，当觉察出来的状态证实成本足够低时，资本生产者就会只使用这种技术，从而生产者所需的外部资金全都是通过借款得来的，股票市场因而是不存在的。

随着觉察出来的状态证实成本的上升，对资本生产者来说，采取适当的行动降低这种成本是划算的。他可以采取的行动是更多地使用收益可观察的投资技术。觉察出来的状态证实成本越高，收益可观察的技术的使用程度也越高。由于这种技术的收益可以被所有当事人观察到，发行股票（股票的收益取决于企业的经营业绩）的成本就不会很高，从而资本生产者会通过发行股票来筹措所需的资金。同时，只要收益不可观察的技术仍在使用，与这种技术有关的预期状态证实成本就必须被最小化。为此，生产者将会继续从信贷市场上筹资。实际上，状态证实成本的最小化意味着生产者同时从信贷市场和股票市场上筹资。而且，在股票市场上筹资会使借贷成本下降。从这个意义上讲，从股票市场上筹资和从信贷市场上筹资是相互补充的，而不是相互替代的。

据此，Boyd 和 Smith 断言，股票市场会随着经济的发展而发展。因为随着经济的发展，资本生产者更愿意使用收益可观察的技术，以降低预期的状态证实成本。具体来说，随着经济的发展，人们的财富不断增加，资本不断积累，资本的边际产品从而其相对价格下降。资本相对价格的下降具有三层密切相关的的含义：（1）企业家进行资本的生产，而状态证实技术需要使用一些资源，无论这些资源是最终商品还是劳动抑或是劳动和资本的某种组合，企业家生产出来的资本相对价格的下降都意味着状态证实或监督的相对成本的下降；（2）资本相对价格的下降促使企业家更多地投资于收益可观察的技术，以便节约不断上升的状态证实成本，这种投资构成的变化通常与更多地利用股票市场相联系；（3）随着投资构成的变化，监督减少，或用于状态证实的资源数量减少，从而金融市场摩擦减轻和金融中介成本下降。

（二）金融市场的作用

Hasan、Wachtel 和 Zhou（2009）等人则用了一句经典的语言来高度概括金融市场（主要指证券市场）的作用："证券市场通过帮助实现所有权交易和投资组合来促进经济增长。"具体来说，内生金融市场理论认为，金融市场从以下几个方面来促进经济增长：

1. 流动性创造

Diamond 和 Dybrig（1983）以及 Greenwood 和 Smith（1997）分析了金融市场流动性创造与长期资本形成的关系。在他们的模型中，投资者有两种投资项目可供选择：一种是流动性差但收益高的长期项目，另一种是流动性高但收益低的短期项目。如果投资者投资于流动性差的长期项目，他就可能会在项目到期之前发现自己受到流动性冲击，因而不得不将投资项目提前变现。如果他因此从项目中撤回资金，由于项目未到期，他将面临巨大的损失，而且项目可能因他撤回资金而不得不终止。出于这种考虑，投资者不愿投资于长期项目。这样，资金就会流向收益低的短期项目，而收益高的长期项目难以融到资金，造成资源配置的低效率，阻碍经济增长。股票市场可以解决这一问题，这是因为：项目所有人（企业）可以通过公开发行股票为项目融资，而投资者可以通过购买股票进行投资。由于所有投资者不会同时受到流动性冲击，因而一旦某个投资者受到流动性冲击，他可以方便地在股票市场将其持有的股票出售以满足提前消费的需要。而且，股票市场的流动性创造功能还使企业能够长期持有发行股票所融入的资金，实现持续经营。因此，金融市场流动性创造有利于长期资本形成和资源配置，有利于长期经济增长。

Levine（1991）分析了金融市场流动性创造功能与人力资本投资和内生增长的关系。内生增长理论认为，引起经济持续增长的决定因素是内生技术进步，而人力资本积累是引起内生技术进步的重要制度。Levine 认为，人力资本积累和物资资本规模存在正相关性。因为企业的物资资本对私人人力资本积累可能会通过外部性而产生正的影响：物资资本投资不仅可以提高企业的技术水平，而且可以激励人们的相互作用（如互相"干中学"）加快培训过程。因此，物资资本在未到期之前的过早偿还就会通过这种外部效应而影响人力资率的积累。由于金融市场的流动性创造功能有利于长期物资资本投资，因而也就有利于人力资本积累，促进内生经济增长。Mayer（1996）则认为，具有流动性特征的股票市场有利于促进工业化进程。

2. 风险分散

内生金融发展理论认为，金融市场在横向风险分担机制方面具有优势

（众多的投资者在众多的金融工具上分散投资），因而能够促进资本积累和提高资本的配置效率。

首先，风险分散功能促进资本积累和资本的有效配置。在资本积累和配置过程中存在着两种风险，即与单个投资项目相关的生产性风险以及流动性风险。上面已经分析了流动性创造功能在分散流动性风险中的作用，这里只分析生产性风险。在资本积累和配置过程中，由于投资项目的收益不确定，并且收益高的项目风险也高，投资者为规避风险就会将资本过多地配置到风险低但收益也低的项目中去。在不存在金融市场和金融中介的条件下，投资者如果想通过多元化投资来分散风险，只能投资于不同的行业或项目，这样他不得不进入本身不具有比较优势的行业和不熟悉的项目，其在每个项目上的投资规模也就会随着多元化而降低，难以实现规模经济。而在存在金融市场的情况下，投资者通过在金融市场上投资多种证券就可实现多元化，金融市场再将汇集的资金投入特定的项目中去，从而实现规模经济和分散风险，使资金向收益高的项目转移，提高资本配置效率和投资收益（Greewood 和 Jovanovic，1990）。

Levine（1991）也构建了一个内生增长模型，他认为股票市场通过减少流动性风险和生产率风险来刺激经济增长。Atje 和 Jovanovic（1993）则认为，股票市场能够保护投资者免于异质性风险，并创造更多关于投资项目的信息。Obstfild（1994）则指出，金融市场的国际一体化使得每一个国家的投资者可以在世界范围内分散风险，从而使资本在世界范围内得到有效配置。

其次，风险分散功能也影响技术进步。Saint 和 Paul（1992）分析了投资收益风险对技术选择的影响。一般来说，更加专业化的技术生产率较高，但收益的波动性也较大。当金融市场不存在时，为规避风险，投资者将选择风险小但缺乏专业化的技术，这样生产效率将较低，且经济增长会受阻。而金融市场的发展，可以通过多元化投资来分散这种风险，与此同时选择更适合生产和更专业化的技术。

King 和 Levine（1993）也认为金融市场的风险分散功能有助于技术创新。创新是经济增长的关键因素，但是创新伴随着风险。持有可以分散风险且具有创新意义的项目所发行的有价证券，不但可以减少风险，而且还能促进对创新活动的投资。这样，有利于风险分散的金融市场能促进技术进步和经济增长。

3. 信息搜寻

投资者进行投资，首先需要搜寻有价值的项目。在确定好项目后，投资者往往将项目委托给代理人（如企业）具体实施。由于信息不对称，投资者需要对企业进行监督。显然，如果单个投资者都独立地对企业进行监督，则监督成本十分高昂。如果投资者联合起来组成联盟，并由联盟派出代表对企业进行监督，则监督成本就会低得多。这个联盟可以是金融中介，也可以是金融市场。学术界一般来说，金融中介在监督企业等方面存在比较优势，而金融市场在信息获取和汇总方面存在比较优势。金融市场特别是股票市场的一个重要功能就是信息的及时快速传播。因为股票市场上的交易价格是快速变动而且公开的，而作为有效市场，股票价格包含着大量的公司信息，加上股票市场的信息披露制度，从而使得股票市场成为信息最完全、传播最快的市场。

4. 有助于所有者加强对企业的控制

金融市场（特别是股票市场）的发展有助于所有者加强对企业的控制，表现在两个方面：第一，有效的股票市场有助于消除股东与公司经营者之间所存在的委托—代理（Principal-Agent）问题，从而有利于形成合理的公司治理机制（Diamond 和 Verrecchia，1982；Jemen 和 Murply，1990）。这是因为，股票市场使经营者的绩效和公司股票在股市上的表现联系了起来，若股票市值上升，经营者和所有者均可获益。特别是，股票市场还可以提供诸如经营者持股和股票期权等激励方式，这样，经营者就具有使公司股票市值最大及股东财富最大化的激励。在这种情况下，经营者与所有者的利益就结为一体了。第二，股东可以通过接管来加强对企业的控制。Stein（1988）认为，发达的股票市场使接管更为方便，接管的威胁将促使经营者努力实现公司股票市值的最大及股东财富的最大化。如果经营者的目标不是实现公司股票市值的最大及股东财富的最大化，经营者的绩效低下，那么就会导致股价的低迷，在股份低迷的情况下，股东联合起来通过收购企业股票而接管企业，并最终解聘不合格经营者的成本会很低。股东的这种接管威胁也有利于消除公司经营者损害股东利益的行为，从而有利于保证公司经营者与公司股东利益的一致。

三、人均收入水平与金融体系

"内生金融发展理论"认为，一国的金融体系与一国的人均收入和人均财富的水平有关，而一国的金融发展水平则与一国的经济发展水平有关，其观点主要包括：

（一）金融体系是随着人均收入和人均财富的增加而发展起来的

Greenwood 和 Jovanovic（1990）、Boot 和 Thakor（1997）、Greenwood 和 Smith（1997）等人通过引入获得金融服务的固定的"进入费用"和固定的交易成本，说明金融中介和金融市场是如何随着人均收入和人均财富的增加而发展的。他们认为，金融中介和金融市场的形成是有成本的，而且这种成本的很大一部分属于固定成本。在经济发展的早期，人均收入和人均财富都很低，人们既无能力支付获得金融服务的固定的"进入费用"，或者即使有能力支付也因为交易量太小，每一笔交易所负担的单位交易成本过高，而没有激励去利用金融中介和金融市场。由于缺乏对金融服务的需求，金融服务的供给无从产生，金融中介机构和金融市场也就没有存在的基础。

当经济发展到一定的阶段以后，一部分先富起来的人由于其收入和财富达到了临界值，他们就有能力支付获得金融服务的固定的"进入费用"去利用金融中介和金融市场。这样，金融中介和金融市场就得以发展起来。随着经济的进一步发展，收入和财富达到临界值的人越来越多，利用金融中介机构和金融市场的人也越来越多，这就促进了金融中介和金融市场的蓬勃发展。最终，当所有的人都因收入提高而有能力支付获得金融服务的固定的"进入费用"去利用金融中介机构和金融市场，从而都能从金融服务中获益时，金融部门的增长速度就不再快于经济中的其他部门了。

Levine（1993）的模型则表明，固定的进入费用和固定的交易成本是金融服务复杂程度的增函数，即金融服务越复杂，进入费用和交易成本也越高。在这种框架中，简单的金融体系会随着人均收入和人均财富的增加而演变为复杂的金融体系。之所以如此，是因为复杂的金融体系能够对投资者、项目及生产过程进行调查，并将资源动员起来以充分利用有利的生产机会，以及进行金融创新从而满足人们的各种金融需求。但只有当人均收入达到一定程度时，复杂的金融体系才会形成。Levine（1993）写道："如果人均收入很高，当事人就会选购包括调查厂商、论证项目和调动资源等在内的金融服务以充分利用投资机会。如果人均收入不高，当事人就会发现这些金融服务所带来的额外收益不足以抵偿成本"，因而不会去购买这些金融服务。相反，他们会选择"简单"的金融中介形式，这种"简单"的金融中介的主要功能就只是动员储蓄、分散投资风险以及管理流动性风险。只有人均收入的不断提高，才会促使经济体发展更"复杂"的金融中介。由此可见，对金融服务的需求是收入水平的一个增函数，金融活动的数量和复杂性随着收入水平的提高而增加，金融中介和金融市场的发展都是"内生"于经济增长及发展之中的。

（二）金融中介的形成早于金融市场

内生金融发展理论认为，金融中介的固定参与成本通常要小于金融市场的固定参与成本。在经济发展的早期阶段，由于人均收入和人均财富不是很高，有能力支付金融市场的固定参与成本的人数很少，人们只有能力支付金融中介的固定参与成本。在这种情况下，人们们往往会选择金融中介以解决由信息成本和交易成本带来的问题。这样，金融中介就得以形成和发展，而金融市场则难以形成和发展起来。但随着经济的发展，人均收入和人均财富逐渐提高，当一个社会的人均收入和人均财富达到某个临界值之后，有能力支付金融市场的固定参与成本的人数越来越多，且达到建立金融市场的最低人数要求，加之金融市场在获取信息的效率、鼓励创新以及横向风险分担等方面具有比较优势，所以人们就有激励和能力去建立并利用金融市场，这样金融市场就得以形成并发展起来。随着人均收入和人均财富的进一步提高，进入金融市场的人数越来越多，金融市场也就不断发展壮大。

（三）人均收入水平越高，则金融发展水平也就越高

Levine（1993）认为，金融服务的需求与金融中介的发展内生于经济增长与发展中，金融结构的变迁取决于经济的发展和人均收入的增加，并非依赖于金融改革。其原因在于：在一国经济发展的不同阶段，人们对

金融服务的需求是不同的。在经济发展的初期，人均收入和人均财富较低，人们只有能力组建金融中介机构来降低信息成本和交易成本，而对复杂的金融服务及金融工具的需求较少。随着经济的发展和国民收入水平的提高，人均收入和人均财富达到一定程度以后，人们才会对金融服务产生越来越多的需求，较高的收入也可以转化为更高的储蓄水平，从而提高金融体系的融资能力，因此人均收入水平越高，金融发展水平也就越高。[①]

Demirgüç-Kunt 和 Levine（1996）等人对近 50 个国家在 1990—1993 年间国民收入、金融中介、金融市场与经济发展之间的关系进行了实证检验，他们发现：伴随着一国国民收入的提高，一国的金融发展水平也随之提高。其中，主要表现在：（1）以金融中介的总资产或总负债相对于 GDP 的比重衡量，金融中介规模扩大；（2）商业银行在信贷配置中的重要性相对于中央银行增强；（3）非银行金融机构（如保险公司、投资银行、金融公司以及私人养老基金）重要性上升；（4）股票市场的流动性增强。

Lin、Sun 和 Jiang（2009）则提出了一个最优金融结构的理论，他们认为，每个金融系统中的制度安排在金融交易的吸收存款、配置资本、分散风险和加工信息等方面都各有其优缺点。同时，一个经济体在其发展的各个阶段的要素禀赋决定了其实体经济部门的最佳工业结构，因而会构成在那个阶段金融服务的合理制度安排。因此，一个经济体在其发展的每个阶段都会有一个内生决定的最优金融结构。

总之，尽管第二代金融发展理论家在金融中介或金融市场的形成机制上的观点各不相同，但他们的研究大体上都是沿着相同的思路展开的：（1）认为市场的不完全内生出了金融中介机构和金融市场，而正是金融中介机构和金融市场的产生，才有效地弥补了市场不完全所带来的种种弊端，从而增加了经济运行的效率。（2）通过判断金融中介或金融市场的形成是否提高了当事人的最大期望效用或者判断当事人利用金融中介或金融市场的收益是否超过了相应的成本来论证金融中介或金融市场的形成和发展，从而解释了金融中介和金融市场的内生发展规律。

---

① 这意味着，金融服务需求的收入弹性很大。

第三节　金融体系的功能与经济增长

20 世纪 80 年代，拉丁美洲因实行金融自由化改革而导致金融危机，结果使得拉丁美洲国家陷入长达十年的经济停滞之中。1960—1980 年间，拉丁美洲国家的经济增长率年均为 6%，而 1981—1990 年则下降为只有 1.3%。许多经济学家将 20 世纪 80 年代称为拉丁美洲经济衰退的十年。拉丁美洲国家金融危机的爆发促使经济学家重新认识金融体系刺激经济增长的作用机制及金融体系的功能。

一、Menton 和 Bodie 的 "金融功能观"

Menton 和 Bodie（1993，1995）以金融的功能为基础，对金融改革提出了独到的见解。他们认为，金融的基本功能是在不确定的环境中在时间和空间上促进资源的再分配。围绕这一基本功能，他们首次提出了金融体系的 "功能观"。他们指出，传统理论从 "机构" 的角度分析金融问题，将金融机构与组织看成是既定的而不是变化的，认为所有的金融体系改革都只能在这个既定的前提下进行（Menton 和 Bodie 将这称之为 "基于机构的金融观点"），显然这是片面的。Menton 和 Bodie 强调，所有的金融机构都是为发挥金融的功能而存在的，金融机构的形式变化及金融工具的创新都是围绕着如何更好地发挥金融的功能而变动的，金融机构的形式源于金融功能。

Merton 和 Bodie 的金融功能观，建立在以下两个基本前提：一是金融功能比金融机构更稳定，即随着时间的推延和区域的变化，金融功能的变化要小于金融机构的变化；二是金融机构的功能比金融体系或金融机构的组织结构更重要，只有金融机构不断创新和竞争才能最终导致金融体系具有更强的功能和更高的效率。基于以上思路，Menton 和 Bodie 将金融的功能概括为：（1）提供跨时、跨地区、跨行业转移经济资源的服务；（2）提供转移或管理风险的服务；（3）为市场交易提供清算和支付结算服务；

（4）提供聚集资源的机制和分割企业股份的服务；（5）为经济部门的分散决策提供信息服务；（6）解决激励问题。Menton 和 Bodie 还指出，对金融体系的改善应该着眼于金融功能的改善，而不是着眼于对金融机构形式的改进。

Merton 和 Bodie 认为，金融体系的以上六大功能是相对稳定的，一般不会随时间、空间的变化而变化，而金融体系（包括金融中介组织形式或金融市场的形式等）或金融机构的构成及形式却是不断变化的。由此，Menton 和 Bodi 指出，分析金融问题应该从金融功能出发，而不应从机构或形式出发，从而形成了著名的"金融功能观"。这就是说，判断什么样的金融体系更有利，就看这种金融体系是否能更充分地发挥金融体系的功能。Merton 强调，"与既有的金融中介理论相比，功能观提供了一个更加稳定和持久的参照架构，特别是在一个日新月异的金融环境中更是如此。"

Merton 还指出，金融市场和金融中介在提供金融产品上具有各自不同的比较优势。对于金融市场而言，由于金融市场倾向于交易具有标准化条款，因而能够服务于大量客户并且在定价上能够被交易所充分理解的金融产品；对于金融中介而言，更适合提供那些为少量客户特别定制的金融产品。由金融中介提供的金融产品，一旦适应了市场，或者说信息不对称问题得到较好解决以后，就会从金融中介转向金融市场。因此，就单一产品的时间路径可以推断，标准化金融工具的交易市场会最终取代金融中介。但对于金融中介整体而言，这一观点并不成立。因为，金融中介除了"提供定制的产品和服务外，还具有重要的创新和检验新产品的功能，是整个创新过程中不可或缺的环节"。从这一点来看，金融市场和金融中介是履行不同金融产品"创造"与"打造"功能的制度安排。

Merton 还进一步指出了金融中介与金融市场的动态联系，他认为，金融中介和金融市场之间的竞争可以理解成一种"金融创新螺旋"（Financial Innovation Spiral）式的互动发展。金融中介机构相当于金融产品走向市场的推进装置，一旦原先小规模、特色的金融服务或产品克服了信息不对称，逐步为大多数人熟悉和接受后，交易规模会不断扩大。当由金融中介特别定制的金融产品标准化，适合大量交易后，就会从金融中介转向金融市场，意味着一个新的金融品种交易市场的形成。一方面，这些新型交易市场的激增为生产更新更适合投资者的金融产品提供了方便，进而提高了金融市场的完整性；另一方面，为了对冲这些新金融产品的风险，金融中介积极地参与新金融产品的市场交易，交易量的扩大使得边际交易成本不断下降，又使得金融中介能够进一步开发出更多的新产品和交易方式，反过来又导致更大的交易。金融市场交易的活跃和产品创新的成功会激励金融中介更积极地进行金融产品的创新，依此循环，螺旋前进，朝着理论上边际成本为零的极限情形靠近，最终达到动态的完全市场。总之，Merton认为静态地分析某一金融产品，金融中介和金融市场的确是两个相互竞争的机制，但如果动态地考察整个金融体系的演进，金融中介和金融市场又是相互补充的，在功能上彼此加强、相互促进。

总而言之，Merton 和 Bodie "金融功能观" 的核心内容可表述为：(1) 金融功能比金融机构更稳定；(2) 基于不同的信息不对称程度，金融中介与金融市场具有各自不同的比较优势；(3) 金融中介与金融市场的竞争表现为一种金融创新螺旋，是相互补充、相互促进的。不难看出，Merton 和 Bodie 所提出的金融功能观不像以往的理论习惯于从竞争性、替代性的角度来理解金融中介与金融市场的关系，而是把它们放在具有内在联系的逻辑链条上，视它们为履行金融产品 "创造" 与 "打造" 功能的制度安排。金融机构会随着经济的发展水平、市场化的程度以及制度和技术条件等的变化而不断发生变化，因而导致金融功能发挥作用的方式、绩效和行使基本功能的机构主体的性质和组织结构也随之发生变化。从体系层面看，为了使一国金融体系更好地履行其经济功能，必须具备与这一功能目标相适应的产品形态结构、机构形态结构和市场形态结构，即金融功能结构必须与经济结构相适应，推动金融功能螺旋式动态演进。

二、金融服务观

与 Menton 和 Bodie 的 "金融功能观" 相对应，Levene（1997）则提出了 "金融服务观"。"金融功能观" 强调金融体系的核心功能是合理配置资源，而 Levene 提出的 "金融服务观" 强调金融体系的核心功能是通过提供金融服务来促进资本积累和生产率的增长。为此，Levene 把金融体系的功能概括为促进交易、调动储蓄、确认投资机会、套期保值、多样化和分散风险、分配资源、监督经理及提升公司治理机制等等，即金融体系具有信息生产功能、公司治理功能、风险管理功能、动员和聚集储蓄功能以及便利商品和劳务交换功能这五种功能（Levine，1997，2004）。Allen 和 Gale（2000）则将金融的服务功能归纳为价值创造、流动性创造、风险分散、价格发现、信息生产和公司治理六个方面。总之，"金融服务观"的基本观点可用图 8 - 1 加以概括。

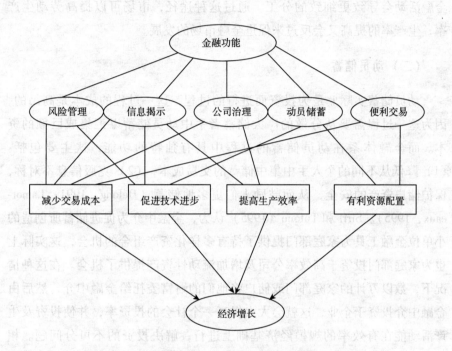

图 8 - 1　金融体系通过金融功能推动经济增长的机制

根据图 8 - 1，金融体系通过发挥以下功能来刺激经济增长：

（一）便利商品与服务的交换

现代经济是建立在专业分工和双赢交易的基础上的，正是通过专业分工和双赢交易，人们才能充分发挥各自的比较优势，并充分利用各人所掌握的知识或机会以创造更多的财富。Smith（1776）早就指出，专业化是提高生产率的基本因素，而要实现专业化就必须进行交易，同时更多的专业化会产生更多的交易。但进行交易是需要成本的，而金融体系所提供的交易媒介及金融工具能克服交易过程中所存在的"需求的双重巧合"和"时间的双重巧合"等难题，从而能大大降低交易成本，这就促进了专业分工和双赢交易，并导致更细致的分工。这样，就为每个人充分发挥各自的比较优势，进而大大促进生产率的提高及刺激经济的增长创造了前提条件（King 和 Plosster，1986；Williamson 和 Wright，1994）。Greenwood 和 Smith（1996）考察了交易、专业化、创新的关系。他们认为，降低交易成本的金融活动会导致更细致的分工。通过这种途径，市场可以提高劳动生产率，生产率的提高又会反过来促进金融市场的发展。

（二）动员储蓄

动员储蓄实际上是为投资而进行的过程，这一过程的成本是高昂的，因为这一过程需要从分散的广大储蓄者手中动员储蓄以汇集成巨额的资本。而金融体系在动员储蓄的过程中具有独特的功能，这主要包括：（1）降低从不同的个人手中集中储蓄的交易成本；（2）克服信息不对称，保护储户资产的安全，从而鼓励人们更多地储蓄（Delong，1991；Lamoreaux，1995）。Sirri 和 Tufono（1995）认为，金融中介为促进储蓄所创造的小单位金融工具为家庭部门提供了持有多样化资产组合的机会，这实际上也为家庭部门投资于高效率公司及增加流动性资产提供了机会。在这种情况下，数以万计的家庭部门或储户将他们的财富委托给金融中介，然后由金融中介投资于企业，这就会大大提高一个社会的投资率，并使投资及生产活动能在有效率的规模经济基础上进行，解决投资的不可分问题。相反，如果缺乏金融中介这种动员储蓄的功能，则许多投资及生产活动会被限制在缺乏效率的小规模基础上，这就不利于经济增长。

（三）配置资源

Boyd 和 Prescott（1986）等认为，降低信息成本是金融机构出现的原因。这是因为，搜集信息并评估企业、管理人员和市场条件需要耗费巨大的费用，个人储蓄者未必有能力进行这一工作或即使进行成本也极为巨大，这就不利于个人的储蓄流向最有价值的投资用途。Levine（1997）分析了金融体系的信息搜寻功能，金融体系的存在和发展能够有效地获取投资项目的信息，并能有效地评估投资项目的未来收益，从而有利于将资金配置到效率最高的项目中去。可见，金融体系通过提供更多的信息，可以帮助人们做出更有效率的资源配置决策。发达的金融市场能产生大量有价值的信息。在 Allen（1992）的理论框架中，金融市场被看成是综合不同观点的机制，因为金融市场可以通过多种机制（如市场价格、交易量等）来综合来自各方面的信息。因此，金融市场能够提供公司最优决策所需要的信息，从而有利于经济体合理地配置资源。①

（四）减少和分散风险

金融体系具有降低与个人、企业、行业以及国家有关的风险的金融体系的基本功能。Greenwood 和 Jovanovic（1990）、Levine（1991）以及 Paul（1992）都指出，高收益的投资同时伴随着高风险，而高收益项目所伴随的高风险往往可能使投资者丧失信心。因此，当金融体系不存在时，投资者往往会选择风险较小因而收益也较小的投资，这就不利于刺激经济更快的增长。而由于金融体系具有分散风险的功能，在金融体系的帮助下，投资者就可以选择风险较大同时收益较高的投资，这就有利于刺激经济更快的增长。

从金融中介来看，金融中介既能向储蓄者提供流动性存款，又能对高回报而流动性低的资产进行组合以分散风险，从而满足人们对存款及高回报投资的需求。通过这种方式，金融中介既满足了高回报的长期投资需求，又为储蓄者提供了防范流动性风险的保障。流动性风险的减小，又有利于金融中介增加高回报而低流动性的投资，从而加速经济增长（Bencivenga 和 Smith，1991）。

从金融市场尤其是股票市场来看，具有流动性的股票市场既能便利股东出售其股份，从而减少流动性风险，又能通过设计合适的金融产品组合来规避收益率风险，从而使公司更容易筹集资本进行创新活动。而创新是

---

① 金融市场要能传递真实的信息，并最终有利于实现资源的合理配置，金融市场就必须实行自由交易的原则。这是因为：金融市场的自由交易意味着允许持有不同信息、知识、观点或想法的投资者通过市场表达自己的判断，并通过这种判断获得收益。这种自由交易实际上能够汇集所有市场参与者所掌握的知识、信息及所有市场参与者的智慧来评估成千上万个大大小小的投资项目（金融工具的交易行为实际上反映了不同的市场参与者对投资项目的评估），并共同地精心计算不同投资机会的市场价值及回报率高低，以从这些项目中筛选出最有价值及盈利前景的投资项目。这意味着，金融市场能够发现和反映更有发展前途和回报的投资机会，这就有利于实现资源的合理配置。

经济增长的源泉，创新不仅能使公司获得有利的市场地位及利润，还会加速技术进步，但从事创新活动却存在着巨大的风险。在这种情况下，具有风险分散功能的金融体系能通过分散化的资产组合将风险在市场上广泛分散，并将风险转移到愿意承担风险以获得高回报或有能力承担风险的人身上，这既能分散创新的风险，又能将风险降低到社会可以承受的水平上，从而有利于推动技术进步和经济增长（King 和 Levine，1993）。而不发达的金融体系却没有这种分散风险的能力，因而投资人要求的风险收益很高，这就加大了融资成本，从而不利于推动技术进步和经济增长。

（五）改进公司治理

金融体系（包括金融合约、金融市场及金融中介）还能起到改进公司治理的作用，这主要是：

1. 金融合约能强化公司治理

金融合约的签订（这意味着金融工具的产生）使外部债权人——银行、债券持有人及股东不必对公司进行日常管理，而是可以通过创造若干条款（包括保证性条款，正向条款及负向条款等）迫使内部所有者及经理人按照外部债权人及股东的目标，并基于外部债权人及股东的利益进行经营活动。可见，借助金融合约可以强化公司治理。

2. 金融中介有助于改进公司治理

Doamond（1984）建立了一个模型，在这个模型中，金融中介将储蓄者的资源借给公司，并通过"受托监管"安排对公司进行监管，这避免了储蓄者的重复监管，从而节约了监督成本。此外，金融中介通过和公司建立长期关系，可以帮助公司进行合理的融资或投资决策，这又反过来有利于外部融资和资源有效配置。可见，金融中介可以通过改进公司治理来优化资源的配置进而刺激经济增长（Bencivenga 和 Smith，1993）。

3. 股票市场能改进公司治理

股票市场同样能促进公司治理。这是因为：在有效反映公司信息的股票市场上，公司股票价格的变化能使公司经营者的经营绩效与股票价格的变化联系起来，从而使股东能够有效地监督或约束经营者的行为以改进公司治理（Diamond 和 Verrecchia，1982；Jensen 和 Murphy，1990）。在发达的股票市场中，如果公司因经营不佳而被接管，其经理人会在接管后被解雇，这种接管的威胁有助于把经理人的激励与股东的利益联系起来，从而能够改进公司治理（Scharfstein，1988；Stein 1988）。Cho（1986）则认为，对于那些在证券市场发展不完善的条件下进行金融自由化的国家来讲，股票市场能较好地解决信息不对称问题，因而证券市场要比银行更利于避免道德风险和逆向选择。其他一些理论认为，如果把对经理人的补偿与股票价值挂钩，则股票市场能够缓解企业所有人和经理人之间的委托代理问题，从而可以提高企业效率。

三、Pagano 的"内生金融增长模型"

Pagano（1993）则根据"内生增长模型"给出了一个简单的 AK 模型来分析金融发展对经济增长的作用，从而建立了一个"内生金融增长模型"。在该模型中，他认为金融发展通过影响储蓄率、储蓄转化为投资的比例以及资本的边际社会生产率来影响经济增长率。

Pagano 以"内生增长模型"——AK 模型为基础，认为一国的收入水平是由技术水平和广义资本（即包括了物质资本和人力资本）决定的，即：

$$Y_t = AK_t \tag{8-1}$$

（8-1）式中，Y_t 表示 t 期国民收入水平，K_t 为 t 期的存量资本，A 是资本产出率，或称为技术系数。

为简单起见，Pagano 假设人口规模不变，并且假定整个经济体系中只生产一种商品，该商品既可用于消费又可用于投资，如果用于投资，每期的折旧率为 δ，则 t 期总投资水平 I_t 为：

$$I_t = K_{t+1} - (1 - \delta)K_t \tag{8-2}$$

在不考虑政府部门的情况下，资本市场的均衡条件是：社会总储蓄 S_t 等于社会总投资 I_t。由于金融中介存在着经营成本（或存在交易费用），假设 $(1 - \varphi)$ 比例的储蓄在通过金融中介进行融资的过程中漏失掉，则有：

$$\varphi S_t = I_t \tag{8-3}$$

根据（8-2）式，$t+1$ 期的经济增长率为：

$$g_{t+1} = \frac{Y_{t+1}}{Y_t} - 1 = \frac{K_{t+1}}{K_t} - 1 \qquad (8-4)$$

将（8-1）式、（8-3）式代入（8-4）式，并去掉时间下标 t，得到稳定状态的经济增长率：

$$g = A\frac{I}{Y} - \delta = A\varphi S - \delta \qquad (8-5)$$

（8-5）式中，φ 表示储蓄转化为投资的比例，s 表示平均储蓄率；其他符号含义同上。根据（8-5）式，Pagano 认为，金融发展对经济增长的影响途径大致表现为三个方面：（1）金融发展通过提高储蓄率 s 来推动经济增长；（2）金融发展通过提高储蓄向投资的转化效率 φ 来促进经济增长；（3）金融发展通过提高资本的产出率 A 来刺激经济增长。Pagano 的这一概括具有相当的代表性。

但 Pagano 又强调，金融发展促进经济增长最重要的途径是提高储蓄向投资的转化效率和资本的产出率。Pagano 认为，金融发展提高储蓄向投资的转化效率主要通过以下方面：（1）金融发展通过消除"金融压制"现象可以提高储蓄向投资的转化效率；（2）金融发展通过提高金融体系的效率并减少金融交易的成本，可以提高储蓄向投资的转化效率；（3）金融发展通过造就更多的金融机构及更大规模的金融市场，可以提高提高储蓄向投资的转化效率，等等。Pagano 同时还指出，金融中介在将储蓄转化为投资的过程中，其自身要消耗资源以维持运转并实现利润，从而使实际转化为投资的储蓄率总是小于 1，差额部分以存贷利差的形式流向银行中介，以佣金、手续费的形式流向非银行金融中介。而金融发展会强化金融中介之间的竞争并提高其经营效率，从而降低存贷利差，并进而提高储蓄转化为投资的比例 φ，最终刺激经济增长。

Pagano 认为，通过提高资本的产出率 A 来刺激经济增长是金融发展刺激经济增长的关键所在。他指出，在金融发展刺激经济增长的过程中，金融发展是通过以下途径来提高资本产出率 A 的：（1）金融发展有助于使金融体系能够更好地发挥获取信息及生产信息的功能，从而有助于改善资本的配置效率；（2）金融发展通过实现金融资产的多样化使金融体系能够更好地发挥分散或降低风险的功能，这就既可以大大提高整个社会的投资回报率，同时又能降低单个投资者所承担的投资风险，进而刺激人们对高回报的资产进行投资，从而有利于提高整个社会的投资效率。

总之，内生金融增长理论认为，金融发展能够通过提高社会的储蓄率和储蓄向投资的转化效率以及资本的产出率，从而刺激经济增长。

四、基于第二代金融发展理论对发展中国家及经济转轨国家金融改革的反思

如果根据第二代金融发展理论来反思发展中国家的金融改革，可以得出以下结论：（1）一些国家的金融改革之所以不成功，可能在于只注意金融规模的扩张，而没有注意充分发挥金融体系促进技术进步及提高生产率的功能；（2）一些发展中国家在进行金融自由化改革时，没有充分注重培育金融业的微观基础；（3）由于一些发展中国家金融体系的发展过程没有遵循"自然演进"的发展路径，因此金融发展出现波动或反复是必然的，等等。

总之，由于发展中国家的金融体系还没有很好地发挥其各项功能，对发展中国家来说，从第二代金融发展理论中可汲取以下几点有益的启示：（1）金融改革及金融发展要能有效地刺激经济增长，就不能只注重金融规模的扩张，而必须使金融改革及金融发展有利于推动技术的进步及生产率的提高，否则就可能给经济带来不利的影响；（2）金融改革不应只是注重放开利率或汇率，以及降低法定存款准备金等政策上，还应特别注重培育金融业的微观基础；（3）根据内生金融增长理论的"金融功能观"，一国在金融改革过程中，不能仅仅着眼于建立更多的金融机构或金融市场，而应着重于通过改革使金融体系能够充分发挥其各项功能；（4）一国应根据金融中介和金融市场产生与发展的内在规律进行金融改革；（5）既然金融中介的发展和金融市场的发展相互促进，它们之间具有互补的关系而不是此消彼长的关系，因此一国应同时推动金融中介及金融市场的发展，并让金融中介及金融市场的发展相互促进。

必须指出的是，内生金融发展理论虽然在第一代金融发展理论的基础上有所发展，但内生金融发展理论同样也存在着许多不足之处，这主要包括：（1）内生金融发展理论没有从宏观层面上系统分析金融与经济增长之间的关系；（2）过于强调金融发展对经济增长的积极作用，而对金融的负

面影响重视和分析不够；（3）尽管内生金融发展理论引入了交易成本、不确定性、信息不对称等因素，但是与第一代金融发展理论一样，内生金融发展理论仍然没有考虑诸如产权、法律等制度变量对金融发展的作用，没有触及金融发展的深层基础及要害问题。

第 九 章

第三代金融发展理论

第二代金融发展理论虽然在第一代金融发展理论的基础上有所深化和拓展，但金融自由化理论和内生金融发展理论所研究的都是金融发展与经济增长之间的相关关系，所注重的是金融本身的发展，对金融发展的制度基础重视不够，或只是将制度基础视为既定的前提（特别是由 Mckinnon 和 Shaw 创立的第一代金融发展理论，基本上没有考虑金融的制度基础问题），没有触及金融发展的要害问题。由于第一代金融发展理论的较大影响，许多发展中国家或经济转轨国家在金融改革中主要注重的是不断增加金融资产及金融机构的种类和数量，并不断扩大金融市场的规模，而对金融发展的制度基础较为忽视，结果导致一些发展中国家及经济转轨国家的金融自由化改革并不顺利，甚至带来经济的较大波动。根据这一情况，同时也受新制度经济学的影响，一些经济学家（La Porta、Lopez-de-Silanes、Shleifer 和 Vishny，1998，2002；Demirgüç-Kunt 和 Detragiache，1999；Johnson、McMillan 和 Woodruff，2002；Beck 和 Levine，2003；Laeven 和 Majnoni，2003）开始另辟蹊径，从制度（Institutional，包括法律制度、产权制度、政治制度，以及文化传统等非正式制度等）这一角度研究金融自由化改革过程中的问题及金融发展问题，[①] 由此形成了影响较大的第三代金融发展理论。

---

① Demirgüç-Kunt 和 Detragiache（1999，2005）认为，一些发展中国家在缺乏制度保障的形势下盲目进行自由化改革，结果导致金融系统暴露在系统性金融风险下。他们进一步指出，在一个缺少完善的契约制度和监管制度的国家中，金融的自由化会导致银行破产，因为这些银行以前在政府的庇护下生存而没有独立生存能力。阿根廷、智利、墨西哥、土耳其在 20 世纪八九十年代的银行危机正是出于这一原因。

第一节　法律制度与金融发展

　　第三代金融发展理论的研究始于美国哈佛大学、芝加哥大学的四位学者 La Porta、Lopez-de-Silanes、Shleifer 和 Vishny（以下简称 LLSV）于 1998 年在著名的 *Journal of Political Economy* 杂志上发表的《法律与金融》这篇著名的文献。[①] 在这篇文献中，LLSV 第一次系统性地研究了法律制度对金融发展及经济增长的影响，从而建立了对法律制度进行量化的可进行国际比较的衡量指标体系，并从法律起源和法系的角度提出了不同法律的起源或不同的法律制度对于投资者保护程度的差异决定了各国金融发展的差异这一基本思想，从而创立了法与金融理论（The Theory of Law and Finance）。这一理论之所以成为一种与众不同的理论，就在于其中的"法"不再是过去意义上的法律规则和法律执行本身，而是引入了法系（法律起源）这一概念，法与金融理论将法系作为一个外生变量对各国的法律做了分类，发现法系的不同及法系不同所带来的法律思想、法律倾向、法律内容等的不同导致了各国金融发展水平的不同。

　　在此之后，LLSV 及其他经济学家围绕法律制度和法律执行与宏观金融发展和微观公司金融之间的关系展开了系列研究，从而逐步形成了法与金融理论的研究体系。

一、法与金融理论的基本理论内容

（一）法律起源或法律体系

　　LLSV（1993）认为，一国的法律起源将影响该国股东的法律待遇、债权人的权利、合同的执行效率以及会计准则。同时，LLSV 还将金融视为

---

　　① La Porta，R.，Lopez-de-Silanes，F.，Shleifer，A.，Vishny，R. W.，1998，"Law and finance"，*Journal of Political Economy*，106，pp. 1113-1155.

一组合同。① LLSV 认为，只有在金融合同得到严格的履行，且违约行为会受到严厉制裁的情况下，金融活动才能发展起来。而要使合同得到严格的履行，并使违约行为受到严厉的制裁，就只有通过法律条文的明确规定及法律制度的有效实施来加以保证。或者说，法律制度是影响金融合同能否得到严格履行的最重要的"游戏规则"。这意味着，一个国家的法律（包括合同法、公司法、破产法、证券法）以及法律的实施机制会对一国的金融发展产生决定性的影响。

在提出"法与金融"这一理论命题以后，LLSV（1996，1997）依据比较法考察了 49 个国家（不包括社会主义国家或经济转型国家）的法律制度与金融发展情况。LLSV 按照法系的不同将这些国家分为四类不同法系的国家，即普通法系、法国大陆法法系、德国大陆法法系和斯堪的纳维亚大陆法法系。

所谓普通法系（Common Law）又称英美法系，是指以英国普通法为基础发展起来的法律的总称。普通法系的主要特点是注重法典的延续性，以判例法（即基于法院的判决而形成的具有法律效力的判定，这种判定对以后的判决具有法律规范效力，能够作为法院判案的法律依据）为主要形式。普通法系首先产生于英国，后扩大到曾经是英国殖民地、附属国的许多国家和地区（包括美国、加拿大、印度、巴基斯坦、孟加拉、马来西亚、新加坡、澳大利亚、新西兰以及非洲的个别国家和地区）。18 世纪至 19 世纪，随着英国殖民地的扩张及美国的逐步强大，英美法系终于发展成为世界的主要法系之一。

普通法系强调优先考虑私人财产所有权，重视对私有财产的保护，而不是国家的权力，这一点与大陆法系国家截然不同。同时，普通法系之所以实行判例法，是因为普通法承认法律本身是不可能完备的，立法者可能只注重于一部法律的原则性条款。因此，普通法主张，法官在遇到具体案情时，应根据具体情况和法律条款的实质，具体案例具体分析，以做出具体的解释和判定，法官在面临法律条文所没有涉及的新的问题时甚至有权制定新的法律。实行判例法，使得普通法能够随着时代的变化而变化。从

---

① 根据 Guiso、Sapienza 和 Zingales（2002）等人的观点，金融实际上是以今日的财富换取一个将来回报更多财富的承诺。由于这种承诺需要从事金融交易的双方通过签订合同的形式来进行，因此可以说金融是一组合同。

现实来看，普通法从两个方面提高了效率：第一，它直接为采取成本最低的方法来解决问题提供了动机；第二，它降低了交易成本，这使得诉讼双方可以采取成本较低的方法来解决问题，而这一方法是法律条文无法事先规定的。

大陆法（Continental Law）是对以成文法构成其法律传统和法律规范体系的各国法律的称谓。因"大陆法"国家最初主要集中在欧洲大陆（如法国、德国、西班牙、荷兰等），故名为"大陆法"。[①] 大陆法是世界上除英美法外具有重大影响的法系之一，被世界许多国家和地区采用。除欧洲大部分国家外，拉丁美洲、亚洲的许多国家以及埃塞俄比亚等非洲国家和中美、南美等国，甚至英美法国家的个别地区亦采用大陆法，如美国的路易斯安那州、加拿大的魁北克等。

从法国大陆法的形成过程来看，由于 14 世纪至 18 世纪，法国的特权阶级控制了法律的制定和执行，结果使社会底层的人们往往处于被鱼肉的地位。但 18 世纪以后，随着法国大革命的爆发，人们迫切地希望减小特权阶级以及法官制定和解释法律的权力。在这一背景下，拿破仑第一帝国编纂了《拿破仑法典》，该法典强调"国家高于法"，旨在建立一个统一的强权政府，以减少或消除特权阶级以及法官制定和解释法律的权力。为此，该法典减少了法官在法院进行判决时的特权，将其限制在一个很小的范围内，即法官只负责按照法律条文执行法律，这种国家为上的原则废除了判例的作用。拿破仑的目的在于寻求建立一套非常明确、完善和连贯的法律体系，这使得法官不需要再公开探讨在新的环境下应该使用哪种法律、遵循何种习惯和经验。不仅如此，这套法律体系还要求司法程序高度程式化，以此来减少法官在处理证据、证人、辩论以及申诉等问题时的自由裁量权。为了遏制腐败，加强法律的公平适用，法国不仅采用了非常程式化的法律程序，而且极大地限制了司法裁量权。总的来看，法国法系的影响深远，特别是为西欧国家提供了立法的范本。与法国同属法国大陆法系的国家还有意大利、波兰、哈普斯堡帝国、葡萄牙、西班牙，法国大陆法系

---

① 大陆法作为法系出现于 13 世纪，其完善和发展于近现代。大陆法源于古代罗马法，是在罗马法的原则、理念和形式的基础上逐渐形成的。最早将罗马法的原则、制度移植到法典的，是 1804 年的《法国民法典》。《法国民法典》是资本主义社会第一部较完备的民法典，该法典无论在内容或结构上均参照了罗马法。1900 年的《德国民法典》同样以罗马法为基础编纂而成。

还通过殖民战争输入到北部和南部撒哈拉非洲、印度支那、大洋洲、法属加勒比海地区等。另外，法国大陆法系还通过影响葡萄牙和西班牙而传播到中南美洲国家。

德国法系作为大陆法系的另外一支，是在反复的试验及仔细的历史研究中形成的法律，其形成处处体现出德国人的严谨作风。随着德国的统一，俾斯麦在 1873 年决定修订法典，统一德国内的民法，并于 1900 年正式实施。德国的法典与法国法系相同的是它强调国家权力，不同之处则表现在：（1）与《拿破仑法典》追求亘古不变相比，德国法典追求演进和完善，德国法系相对于法国法系而言更为灵活；（2）德国法系司法决策程序的公众参与程度比法国高得多。德国大陆法系出现以后，不但向周边地区扩散，如进入了奥地利、瑞士、匈牙利、捷克斯洛伐克、南斯拉夫和希腊等国，并对中国（包括中国台湾）产生了重大的影响。此外，德国民法法典对日本民法典也产生了重要的影响，后者又将德国法律传统传播到韩国。此外，法律学者们还将斯堪的纳维亚四国（包括瑞典、丹麦、芬兰和挪威）的法系单独出来归为斯堪的纳维亚法系，因为该法系既没有建立在一个主要的法典基础上，也没有建立在普通法系的判例基础上，因而被认为介于普通法系和大陆法系之间。

总之，大陆法与英美法存在以下差异：（1）英美法系注重私人财产所有权，而大陆法系（包括法国法系和德国法系）则强调国家权力；（2）在法律形式上，大陆法主要以成文法为主，[1] 强调法典，原则上不承认判例的约束力；（3）在法律的创设上，大陆法主要由专门的立法机关制定，法官只能适用法律；（4）在法律适用的方式上，大陆法处理民事、经济争议时，依据及出发点是法律，处理的结果必须符合法律的明文规定，法院的判决或裁定只对具体的案件有约束力，而无普遍约束力。[2]

---

　　① 成文法国家很少实行法官终身制或赋予法院处理与政府相关法律纠纷的权限。

　　② Glaeser 和 Shleifer（2002）从历史的角度对不同法律起源对法律制度的影响进行了解释。例如，法国法系成型于战争当中，国家法律的执行者如何避免被地方诸侯威胁是当时的主要矛盾。在这种情况下，只有由国家任命、雇用的审判官做出的判决才会独立和公正，抗衡诸侯威胁。但英国却没有这样的威胁，可以通过将判决纠纷的权力下放地方或法官来提高执法效率，并使法律更适应实际情况，这是两种不同的法律制度产生的历史根源。

（二） 法律体系与投资者保护

LLSV（1993）指出，不同的法律体系对投资者利益的保护程度是不同的。其中，大陆法对国家权力的重视大于对个人权利的重视，而普通法强调个人权利，强调对私人财产所有权的保护。随着时间的推移，普通法把对财产所有者的保护扩展到对个人投资者利益的保护上。因此，在对个人投资者利益的法律保护方面，普通法系远远超出了大陆法系。

为验证这一点，LLSV 分别对实行普通法系、法国大陆法法系、德国大陆法法系和斯堪的纳维亚大陆法法系的四类国家（包括 49 个国家）[①] 构建了股东权利指数，债权人权利指数，以及法律执行质量指数等，并设计了若干指标[②]以衡量这些指数；然后，LLSV（1998）对各个国家的相关指标分别打分（其中，股东权利指数为 0—6，债权人权利指数为 0—4，法律执行质量指数为 0—10）；在此基础上，再对这四类法系国家的平均得分（平均得分越高意味着对投资者保护程度越高）进行比较，以衡量不同法系对投资者保护程度的大小。

[①] 在 LLSV（1998）包括 49 个国家与地区的数据库中，澳大利亚、加拿大、中国香港、印度、爱尔兰、以色列、肯尼亚、马来西亚、新西兰、尼日利亚、巴基斯坦、新加坡、南非、斯里兰卡、泰国、英国、美国及津巴布韦（18 个国家与地区）是英国渊源的法律。阿根廷、比利时、巴西、智利、哥伦比亚、厄瓜多尔、埃及、法国、希腊、印度尼西亚、意大利、约旦、墨西哥、荷兰、秘鲁、菲律宾、葡萄牙、西班牙、土耳其、乌拉圭及委内瑞拉（21 个国家）是法国渊源的法律。奥地利、德国、日本、韩国、瑞士与中国台湾（6 个国家与地区）是德国渊源的法律。丹麦、芬兰、挪威与瑞典（4 国）是斯堪的纳维亚渊源的法律。

[②] 这些指标分别为：第一，对股东权利的评价集中表现在投票程序上，主要包括：一股一权制、防董事指数和一个补充指标——强制分红。一股一权制采纳与否，反映了现金流所有权与控制权是否对称。在采纳一股一权制国家的企业中，管理者只有在掌握了大量现金流所有权时，才能拥有对公司的控制权；防董事指数是对股东的权利，尤其是对小股东权利保护状况的综合测量值，它是六项权利指数得分的加总。第二，债权人权利主要体现在重组和清算中：有担保债权人是否可有优先受偿权，是否对资产实行自动止付以及企业是否可寻求更多片面的法律保护，即企业的重组和清算是否得到债权人的同意等指标。第三，关于法律的执法质量由以下指标衡量：司法系统的有效性、法治情况、腐败、征收风险——没收或强制国有化——以及由于政府原因导致的违约。鉴于"会计"在公司治理中的地位非常重要，还引用了一国所采纳的会计标准的质量。

表9-1　股东权利的国际比较

法系	一股一票	通信投票	无障碍出售	集合投票	受压少数股东机制	优先认购	召集特别股东会必需股本比例	反董事会权力	强制分红
普通法系	0.17	0.39	1	0.28	0.94	0.44	0.09	4	0
法国民法系	0.29	0.05	0.57	0.29	0.29	0.62	0.15	2.33	0.11
德国民法系	0.33	0	0.17	0.33	0.5	0.33	0.05	2.33	0
斯堪的纳维亚国家民法系	0	0.25	1	0	0	0.75	0.1	3	0
样本均值	0.22	0.18	0.71	0.27	0.53	0.53	0.11	3	0.05

资料来源：根据 LLSV（1998，2000）相关资料计算整理。

表9-2　债权人权利的国际比较

法系	资产非自动保全	担保财产撤出权	管理层的单方面要求重组的限制	清算时强制解雇管理层	债权人权利	法定准备金
普通法系	0.72	0.89	0.72	0.78	3.11	0.01
法国民法系	0.26	0.65	0.52	0.26	1.58	0.21
德国民法系	0.67	1	0.33	0.33	2.33	0.41
斯堪的纳维亚国家民法系	0.25	1	0.75	0	2	0.16
样本均值	0.49	0.81	0.55	0.45	2.3	0.15

资料来源：根据 LLSV（1998，2000）相关资料计算整理。

表9-3　法律执行质量的国际比较

法系	司法系统的有效性	法制情况	腐败	征收风险	政府原因导致的违约	会计标准的质量	人均GNP（美元）
普通法系	8.15	6.46	7.06	7.91	7.41	69.6	9353
法国民法系	6.56	6.05	5.84	7.46	6.84	51.2	7102
德国民法系	8.54	8.68	8.03	9.45	9.47	62.7	22067

续表

法系	司法系统的有效性	法制情况	腐败	征收风险	政府原因导致的违约	会计标准的质量	人均 GNP（美元）
斯堪的纳维亚国家民法系	10	10	10	9.66	9.44	74	24185
样本均值	7.67	6.85	6.9	8.05	7.58	60.9	11156

资料来源：根据 LLSV（1998，2000）相关资料计算整理。

表 9 - 4　不同法系对投资者保护程度的比较

	普通法系	法国法系	德国法系	斯堪的那维亚法系
股东权力保护	4.00	2.33	2.33	3.00
债权人权力保护	3.11	1.58	2.33	2.58
法律执行质量	4.15	3.28	4.27	5.00
总　分	11.26	7.19	8.93	10.58

资料来源：根据 LLSV（1998，2000）相关资料计算整理。

LLSV（1998）根据各国的得分情况发现：（1）普通法系国家对投资者（包括股东和债权人）的权利保护最强，法国民法系国家对投资者（包括股东和债权人）的保护最弱，[1] 德国民法系和斯堪的纳维亚民法系国家介于两者之间，而且这种情况和收入水平或经济发展程度无关。（2）就法律的执行质量而言，德国大陆法系和斯堪的纳维亚法系的国家法律执行效率最高，普通法系次之，最差的仍然是法国法系。但随着人均收入水平的提高，执法质量显著地改善，等等。总之，LLSV 通过这一分析得到了两个结论：（1）不同的法律体系和传统决定了不同的法律制度，而不同的法律制度下投资者保护程度也不同；（2）投资者保护程度的高低会直接影响一国金融市场的发展。[2]

---

① 庆幸的是，大陆法系为弥补对投资者利益保护不力的问题，后来发展了相应的替代机制（如强制分红和法定准备金制度等），这些替代机制在大陆法系，尤其法国民法系国家的分值较高。

② Allen、Qian 和 Meijun 等人（2005）的研究发现，中国的法律和制度（包括投资者保护体系、公司治理、会计准则以及政府质量）比 LLSV（1997，1998）和 Levine（2002）样本中的大部分国家都要差，但中国的金融发展及经济增长却很快。

（三）法律体系与金融发展水平

LLSV（1998）指出，正是由于不同的法系对投资者利益保护程度的不同，因而导致各国金融发展水平的不同。

由于普通法注重个人权利，强调优先考虑私人财产所有权，重视对私有财产的保护，这使得个人在社会经济生活中拥有更多的权利，并拥有更多的政治自由与经济自由，这就有利于使私有产权者放心大胆地从事市场交易活动，从而对市场活动及金融发展有巨大的推动作用。同时，普通法系实行判例法，而判例法是动态的，因为它是在实践过程中由法官根据法理，通过一个一个的案例不断更新积累起来的，所以普通法系能适应社会现实的变化，这比那种严格依赖于纯粹基于成文法判决的大陆法系更加灵活，更能适应不断变化着的现实及经济环境，更能满足日新月异的商业需求，因而也就更能促进金融创新及金融发展。[①]

而大陆法则更注重国家权力，对个人权利重视不够，因而往往对市场活动及金融发展有一定的负面影响。同时，与普通法相比，大陆法以成文法为主，强调法典，原则上不承认判例的约束力，法官只能根据成文的法律条文做出判决，这就使得法官难以根据变化了的现实做出新的判断以应对新的问题及适应新的现实，因而大陆法缺乏弹性，不够灵活，难以顺应不断变化着的现实及经济环境而调整。因此，与普通法系国家相比，大陆法系国家（特别是法国法系）往往较难形成灵活的金融体系。[②] 这意味着，能够迅速适应不断变化着的商业及市场环境的法律制度相比于那些僵硬的法律制度，更有助于金融发展，更有效地促进经济的增长。

Beck 和 Levine（2003）也认为，由于大陆法与普通法不同，前者往往强调政府权力，因此，实行大陆法系的国家往往会制定一系列政策和制度

---

① 原文出自 Posner，Richard A.，1973，*Economic Analysis of the Law*，Boston，MA：Little-Brown。转引自 Thorsten Beck，Asli Demirgüç-Kunt and Ross Levine，2002，"Law and Finance：Why Does Legal Origin Matter？" NBER Working Paper，No. 9379。

② La Porta 等人（1998）还指出，法国体系过于形式主义，且合约的执行更耗费成本，因而金融市场的发达程度及金融发展水平不如普通法的国家。LLSV（1999）则认为，成文法传统可被视为一种建立强化政府权力制度的工具。一个强有力的政府，加上一套相应的执行其决定的成文法，往往会使社会的资源流向那些特权群体，这与竞争性的金融市场是背道而驰的。不仅如此，强权政府很难不对金融市场进行干预，而这恰恰会阻碍金融的发展。

来干预金融市场从而阻碍金融发展。而普通法从一诞生起，就坚定地秉承保护私有财产不受政府侵犯的基本原则，而且普通法国家中的司法更独立，个人拥有更多的政治自由与经济自由，这就有利于市场的交易及金融的发展。他们还比较了英、法、德这三国的实例，如法国拿破仑时期和德国俾斯麦时期都建立了强有力的中央集权政治，导致了相应的成文法传统，结果阻碍了金融市场的发展；而英国的议会政治一直重视对私人投资者权利的保护，因而采用了普通法，结果刺激了金融的发展。

Beck、Demirgüç-Kunt 和 Levine（2003，2005）也认为，法律的适应性和灵活性也很重要，因为适应性强及灵活的法律体系能够适应金融发展的需要，因而也更能促进金融发展。Beck 等（2003）将法律起源影响金融发展的渠道归结为适应性渠道和政治性渠道。其中，政治渠道关注国家权力大小，它主要表现在一国法律是优先考虑个人权利及利益还是国家权力及利益以及一国法律合约保护程度的大小。政治渠道观点认为大陆法体系倾向于鼓励强化国家权力的制度，这对金融发展有不利影响。衡量政治渠道的指标有最高法院法官的任期和最高法院的权力两个指标。其中，法国法系最高法院法官的任期最短，最高法院的权力最小，而英美法系则截然相反，不但最高法院法官的任期最长，而且最高法院的权力也最大。德国法系和斯堪的纳维亚法系中衡量政治渠道的指标则介于前两者之间。适应性渠道则强调法律传统在其对不断变化的社会经济条件反应能力上的差异，适应性渠道认为法国法起源国家比英国普通法和德国大陆法国家更可能发展低效僵化的法律体系，从而对金融发展产生不良影响。Beck 通过对全球 38 个司法体系的实证研究发现，适应性渠道比政治性渠道对金融发展的影响更大。

（四）法律体系与公司融资

Demirgüç-Kunt 和 Maksimovic（1999）运用 29 个国家的样本数据检验了法律指标对企业外部融资的影响。他们的研究结果表明，法律对投资者利益保护较好的国家里，企业拥有更多的外部融资，且大公司会有更多的长期债务融资（因投资者或债权人的利益受到有效的保护而信心较强）；在股票市场较活跃的国家，大公司会有更多的长期债务融资和更长的债务期限结构。与此相反，在银行业规模比较大的国家里，小公司会有更长的债务融资期限。Giannetti（2003）考察了债权人的法律保护和金融发展对非公众公司长期债务融资的影响。他的研究结果表明，在法律对债权人保护较好的国家里，非公众公司能获得更多的长期债务融资，与此同时，经营风险较大的非公众公司也更容易获得长期债务融资。Diamond（2004）的研究表明，在法律制度对债权人的保护较差的情况下，企业一般较难获得长期融资。总之，这些研究都表明，如果一国法律制度对投资者的利益能给予更好的保护，则该国企业就会有更多的长期债务融资，且债务融资的期限也更长，这就有利于企业进行长期投资。相反，如果一国法律制度对投资者的利益保护力度越弱，则该国企业的长期债务融资就越困难，因而就不利于企业进行长期投资。Djankov、McLiesh 和 Shleifer（2005）也指出，良好的债权人保护有利于银行增加对私人部门的信贷。

Demirgüç-Kunt 和 Maksimovic（2000）的实证分析则表明，在投资者权利得到较好保护及法律执行质量较高的国家，更多的企业依赖于外部市场获得长期融资，其增长率就高于那些只依赖于内部融资和短期借贷的企业。Beck、Demirgüç-Kunt 和 Levine（2004）的研究发现，相对于普通法法系国家，法国法系国家的企业在外部融资中面临较多的融资障碍。因此，他们认为，法律制度会影响企业的融资能力。

Acemoglu 和 Johnson（2005），Dehesa、Druck 和 Plekhanov（2007），McDonald 和 Schumacher（2007），Tressel 和 Detragiache（2008）等人也都认为，维护债权人的权利有利于促进金融发展。

（五）法律体系与金融市场

LLSV（1997）的实证分析有几个有趣的发现：（1）在实行普通法的国家，由企业外部人持有的股票市值与 GNP 的比率是 60%。相比而言，在实行法国大陆法传统的国家，该比率则为 21%。在德国大陆法传统的国家，该比率为 46%。而在斯堪的纳维亚大陆法传统的国家，该比率则为 30%。（2）就一个国家的上市企业数与人口的比率而言，在普通法传统的国家里，平均每百万人口中，上市公司为 35 个，法国大陆法传统的国家平均为 10 个，德国大陆法传统的国家平均为 17 个，斯堪的纳维亚大陆法传统的国家为 27 个。（3）就一个国家的首次公开上市招股（Initial Public Offerings，简称 IPO）数量与其人口的比率而言，在 1995 年 7 月—1996 年 6 月间，普通法传统的国家中每百万人口的平均 IPO 为 2.2 个，法国大陆法传统的国家与地区则为 0.2 个，德国大陆法传统的国家与地区为 0.12，斯堪的纳维亚大陆法传统的国家与地区为 2.1 个。就总的指标而言，较之于大陆法传统的国家，特别是法国大陆法传统的国家，实行普通法系国家的企业能更方便地利用股票市场进行筹资活动。（4）就总债务占 GNP 的比率而言，普通法传统的国家与地区为 68%，法国大陆法传统的国家与地区为 45%，德国大陆法传统的国家与地区为 97%。

LLSV（1998）的实证研究发现，公司所有权的集中程度与法律对投资者权利的保护力度呈负相关关系。[1] 由于法国法系对投资者权利保护较弱，因此实行法国法系的国家公司所有权结构较为集中，而实行普通法的美国对投资者权利的保护力度较大，因此美国的公司所有权较分散。而公司的所有权越分散，则该国的金融市场就越发达。LLSV 等人（1998）还发现，投资者保护较好的国家，其资本市场在规模和广度方面也较为领先，经济增长也较为迅速。具体可参见表 9-5。

LLSV（2002）利用 27 个发达国家的 371 个大型企业的数据，分析了对小股东的法律保护和控股股东的现金流所有权对公司价值的影响，实证结果证实：（1）投资者保护越好，控股股东对小股东的侵占就越低；（2）控股股东的现金流所有权越高，[2] 对小股东的侵占就越小；（3）投资者利益保护得越好，控股股东的现金流所有权越高，企业的投资机会越多。这三种情况任居其一，托宾 q 值[3]都越大，从而企业将获得更大的市

---

[1] LLSV（1998）基于投票权而不是现金流所有权对 49 个国家调查了所有权集中的情况，发现法律对投资者权利保护越有力，企业的所有权将越分散，政府或家族控制的企业更少。他们通过对 10 家最大非金融公司的控制权集中情况进行考察发现，与对投资者利益保护弱的国家相比，投资者利益保护强的国家中公司控制权往往较为分散。10 家最大非金融公司的最大三个股东的持股情况分别是：普通法系国家平均为 42%，法国民法系国家为 55%。在投资者利益保护较弱的国家，即便最大的公司一般也是由建立或收购这些企业的政府或家族控制。因此，在投资者利益法律保护薄弱的国家，公司往往需要集中控制权。由此，LLSV 提出了所有权集中是法律制度对投资者利益缺乏保护的适应性机制的观点。

[2] 现金流所有权指的是公司最终控制人参与公司现金流分配的权力。一般情况下，如果现金流所有权超过 51% 出现绝对控股，则可能意味着控股股东对公司的控制权为 100%，但所能分配的利益仅 51%，控制权与现金流所有权是分离的。控股股东现金流所有权越高，则其与公司的利益一致性越强，控股股东损害公司价值即中小股东利益的动机就越弱。

[3] 托宾 q 值＝企业厂商的真实资本的市场价值/资本的重置成本。当 q 值大于 1，意味着企业的市场价值高于资本的重置成本，企业可以按照相对高的价格（相对于其所购买机器、设备的成本）发行股票，并且只需发行少量的股票就可购买到大量的新投资品。这样，投资支出就会增加。

场价值。这说明：对于投资者利益良好的法律保护有利于提高企业的市场价值，从而有利于推动金融市场的发展。

表9-5　不同法系国家投资者保护与资本市场和企业股权结构的关系

国家	公司股权集中度①	外部资本价值/GNP②	国内上市公司数/人口③	IPO/人口④	GDP 增长率⑤
普通法系	0.42	0.6	35.45	2.23	4.3
法国民法系	0.55	0.21	10	0.19	3.18
德国民法系	0.33	0.46	16.79	0.12	5.29
斯堪的纳维亚民法系	0.33	0.3	27.26	2.14	2.42
样本均值	0.45	0.4	21.59	1.02	3.79

注：①公司股权集中度是指一国10个最大的非金融企业最大的三家股东持股的百分比；
②外部资本价值是指1994年样本公司前三名以外的小股东普通股股权的市场价值；
③国内上市公司/人口为1994年数，人口单位为百万；
④IPO/人口为1995年7月—1996年6月期间IPO数目，人口单位为百万；
⑤GDP增长率为1970—1993年间人均数。
资料来源：LLSV，1998，"Law and Finance"．

Levine（2003）还进一步发现，与较低的股东权利保护水平相关的是较不发达的证券市场。比较而言，普通法系国家的证券市场更为发达，这与普通法系对投资者利益的保护力度较大有关。不仅如此，LLSV（2006）还发现，那些强化信息披露的法律，以及通过严格责任促进私人执行的法律往往会促进金融市场的发展。法国法系国家的责任追究往往较为宽松，对信息披露的要求较低，这使得法国法系国家的法律和监管环境不像普通法系国家那样能有效地促进私人合同的执行，因而也不利于金融市场的发展。

Brockman 和 Chung（2003）的研究表明，一国的法律制度越健全，对股东的保护越有力，信息不对称所造成的不利影响就越低，从而企业的流动性就越高。Leuz 等（2003）的研究表明，当投资者权利得到有效的法律保护，从而可以免受企业内部人的掠夺时，投资者会更愿意购买企业发行的证券，这使得企业能更多地对外发行证券，因而就会刺激金融市场的发展。LLSV（2000）也认为，公司治理的本质就在于实现对投资者权利的保护，防止企业内部人（主要是公司的经理和大股东）对他们权利的剥夺。

一国法律制度对投资者权利保护的越好，则该国的投资者就更愿意投资于企业，因而企业的市场价值将更大，流动性也更高。这样，该国的金融市场就会越发达。

Morck、Yeung 和 Yu（2000）分析了投资者利益的法律保护与股票市场效率之间的关系，他们认为股票价格变动越具有同步性，股价变动反映公司具体信息的有效性就越低，从而股票市场价格的效率就越低。他们的经验研究表明，在对投资者权利的法律保护较好的情况下，股价变动的同步性比较低，从而股票市场的效率就高。Wurgler（2000）进一步指出，对投资者权利的法律保护程度越高，不仅有利于金融市场的健康发展，而且还能使金融市场中的资本得到更有效率的配置。

（六）法律制度与金融中介

Levine（1999）使用 27 个国家 1960 年至 1989 年间的样本数据，考察了一国的法律制度与金融中介之间的关系。其研究表明，如果一个国家的法律制度给予债权人对企业具有充分的要求权、合同的执行效率高、企业的信息披露准确充分，那么该国金融中介机构就越能得到良好的发展。Caprio、Laeven 和 Levine（2004）则详细分析了法律制度对银行价值的影响，他们的研究发现，对股东权利保护得越好，则该国银行金融机构的市场价值就越高。Levine（1998，1999）的跨国实证研究表明，如果一个国家的法律制度具有如下特征：（1）债权人对企业的要求权更充分且更具优先性；（2）合同的执行效率高；（3）能够保证企业准确、充分、及时地披露信息，则该国的金融中介机构就越能得到更好的发展。

Laeven 和 Majnoni（2003）根据许多国家的截面数据考查了法律执行质量与银行效率之间的关系。他们用银行的事前和事后的存贷利差来衡量银行的效率。事前存贷利差是通过对于贷款收取的利率和对存款支付的利率来计算的。事后存贷利差是利用银行实际利息收入和实际利息费用计算得到的。Laeven 和 Majnoni 认为，事后存贷利差最能够反映银行的效率。显然，经济运行效率的提高要求银行降低存贷利差。从法律执行质量的角度来看，如果合同不能有效地执行，则银行对其贷款就有更高的利率要求以弥补额外的风险，因而存贷利差就会较大。Laeven 和 Majnoni（2003）根据许多国家的截面数据估算了 106 个国家在总量层面上的银行存贷利差，以及 32 个国家在个体银行层面上的存贷利差。他们发现，法律执行质量每提高 1 个标准误差，银行存贷利差将平均提高 2.3—2.6 个百分点。据此，他们认为，法律制度对于银行存贷利差有显著的影响，因为高效的法律执行质量有助于降低银行贷款所需的风险贴水，从而有利于降低银行存贷利差，降低企业和家庭的融资成本，这也意味着银行效率的提高。

Qian、Strahan（2007）以 43 个国家（不包括美国在内）的大借款人作为样本，分析法律制度在全球范围内对银行贷款合同的影响，结果发现：法律制度是促成金融合同达成和实施的重要因素，对债权人法律保护较好的国家，借款者更容易获得贷款，且贷款期限也更长、利率更低。

（七）法律体系与金融服务

针对是银行主导型金融结构或市场主导型金融结构更好的争论，[①] Levine（1997）、Levine 和 Zervos（1998）、Beck、Levine 和 Loayza（2000）、Demirgüç-Kunt 和 Levine（2001）等人都提出了一个新的观点，[②] 这些学者分别利用公司、行业以及国家层面的面板和截面数据对金融结构与经济增长的关系进行跨国实证检验。他们主要采取相关分析和横截面线性回归模型，并运用最小二乘法来估计金融结构与经济增长之间的相关关系，结果得出结论：金融结构（无论是市场主导型还是银行主导型）与经济增长并不相关，而法律体系的服务质量和效率（法律与金融论）及金融体系的服务水平（金融服务论）才对经济增长至关重要。[③]

---

① 关于金融结构孰优孰劣目前存在着广泛的争论，经典的争论是关于德国金融结构和英国金融结构的比较。

② LLSV（1997，1998）认为，不同的法律体系对投资者的保护程度不同，不但导致金融发展水平的不同，而且也造成金融体系或金融结构的差异。LLSV（1997，1998）通过比较 49 个国家的法律规则，发现在保护投资者利益免受内部人剥夺方面，普通法国家对于股东和债权人提供了最好的法律保护，法国法系的保护最差，而德国法和斯堪的纳维亚法系的保护居中。由于普通法国家中的股东权利得到了较好的法律保护，因而这些国家资本市场较发达，结果形成了市场主导型金融结构。Levine（1998，1999）的研究还发现，如果一个国家法律和监管体系能够给予债权人优先权，使其得到对公司权益全部现金值、有效地执行合同，公司能够提供完整准确的财务报告，那么这个国家的金融中介将得到较好的发展。在债权人权利得到较好保护的大陆法国家，银行都得到了较好的发展，结果形成了银行主导型的金融结构。

③ 但 Demirgüç-Kunt 和 Levine 等人的分析实际上暗示，不存在一种适合于所有国家和所有时期的最优金融结构。

　　Beck、Levine 和 Loayza（2000），以及 Demirgüç-Kunt 和 Levine（2001）等人都注意到，德国银行体系发达得益于对债权人强的法律保护，英国同样发达的银行体系和证券市场则来自于英国对投资者和债权人同样强的法律保护。而意大利和比利时无论是资本市场还是银行体系发展都相对缓慢，原因就在于意大利和比利时对外部投资者利益的法律保护相对于德国和英国较弱。据此，他们认为，金融结构是金融市场主导还是银行主导并不重要，重要的是这种金融结构是否提供了足够的金融服务（如动员储蓄、搜集信息、评估项目、实施公司治理、管理风险等）而非金融结构的具体形式，金融促进经济增长的背后的机制实际上在于金融服务质量的不断提高，在于金融体系能否为市场主体创造良好的金融服务环境。至于金融结构的形式，即究竟是银行主导型融资结构或市场主导型融资结构只是一个次要问题，真正影响经济增长的并不是金融结构，而是金融服务的质量、效率及水平。因此，Beck、Levine 和 Loayza（2000），以及 Demirgüç-Kunt 和 Levine（2001）等人认为，讨论银行主导型或市场主导型的金融结构孰优孰劣并没有决定性的意义。[①] Levine（2002）则指出，金融服务论将我们关注的重点转为如何使金融市场和银行更好地发挥作用，而不是过多的关注银行主导型和市场主导型哪个更优。

　　Levine（1997）、Levine 和 Zervos（1998），以及 Beck、Levine 和 Loayza（2000）等人还认为，金融是通过合同进行的，金融的效率取决于合同的有效性，而合同的有效性又取决于一国法律制度的质量，因此只有良好的法律制度才有利于金融中介和金融市场功能的充分发挥，区分银行主导型或市场主导型金融结构并不能真正反映金融体系效率的差异，而用投资者权利的法律保护程度不同来划分金融体系能够更好地解释国别金融效率的差异。由此，LLSV 等人（2000）提出了以法律制度为基础来划分金融结构的观点。他们认为，一国通过推动金融发展来有效地刺激经济增长，就应该将注意力放在完善法律、规则及其他能够鼓励银行和市场积极发挥各自功能的政策改革上，而不应将注意力主要放在金融结构是银行主导还是金融市场主导上。

　　Beck 和 Levine（2000）从产业、新企业的产生以及动态的角度得出的

---

　　① Goldsmith（1969）在开创"金融结构"这一研究领域时忽视了对金融服务效率的分析。

实证研究结果表明：（1）融资依存度高的产业在一个单纯的银行主导型或市场主导型的经济体中的发展不会快于在整体金融发展水平更高及对外部投资者利益保护更好的国家中的发展；（2）金融结构不但与新建企业之间没有直接的关系，而且也与研发型或劳动密集型产业的运作也没有关系。换言之，融资依存度高的产业及新生企业的成长速度，与某种特定的金融结构无关。因此，他们认为，各国金融结构的差异不能解释跨国间不同的产业发展模式。但是，他们又指出，各国金融发展水平的差异，包括银行和证券市场的整体发育水平以及债权人和股东权益受法律保护程度的差异，才能解释各国产业增长模式的差异。这意味着，是整体金融发展的水平而不是特定的金融结构影响一国的产业增长及企业的发展。

Levine（2002）利用48个国家1980—1995年的数据进行跨国分析发现，金融结构与实际GDP、资本配置效率以及增长的源泉（包括全要素生产率、实物资本积累和私人储蓄）等没有显著关系，一国的经济增长只与一国金融发展的整体水平（Overall Financial Development）相关，因此很难确定到底是银行主导型还是市场主导型的金融结构更有利于经济增长。也就是说，金融结构的差别在促进一国经济发展上的差别并不是很大，[1] 但一国金融服务效率的高低及质量的好坏却与一国的经济发展水平高低有着十分密切的联系。他们在利用工具变量法解决了影响因果关系的内生性问题以后，这个结论依然成立。Levine（2002）的这一研究支持了LLSV等人（2000）的研究结论：整体金融发展水平能够解释长期经济增长的国际差异，而金融结构的差异并没有解释力。由此，Levine在LLSV的研究基础上将金融结构划分为四种，即以银行主导为基础、以金融市场主导为基础、以金融服务为基础、以法律制度安排为基础。Levine（2002）还提出，用法律传统和法律规则来界定的金融发展水平比金融结构指标更能预测经济增长的效果，等等。最后，Levine得出结论，实现金融发展与经济增长的关键在于构建一个高质量的法律体系。只要一国的法律体系及相关制度设计能够促进信息的公开透明，保证合同的有效履行及切实保护投资者的利益，则该国的金融体系就能合理地配置资源以刺激经

---

① 如 Levine（1997）曾引述 Goldsmith（1969）的研究成果来说明这一观点。Goldsmith（1969）发现，虽然德国和英国金融结构不同，但在1850—1913年间，两国的经济增长率差异并不大，德国的人均GNP增长率为1.55%，而英国为1.35%。

济增长。

类似地，Beck 和 levine（2002）运用 42 个国家 36 个行业的面板数据对他们的假设进行检验：金融结构是否导致严重依赖外源融资行业的发展不平衡。实证结果并没有支持这一假设。金融结构在解释工业增长、新企业形成和资本配置效率上几乎是不显著的。金融结构也不能解释不同行业的增长，如劳动密集型和 R&D 密集型行业的增长以及新企业的诞生速度。相比之下，金融的总体发展水平和法律体系确实与工业增长、新企业形成和资本配置效率高度相关。

Beck 和 Levine（2002）的实证分析认为，到底是以市场为基础的金融体系还是以银行为基础的金融体系更有利于工业的扩张，在很大程度上取决于外部融资是否有助于新企业的成立和改善资本在工业配置上的效率。Beck 和 Levine 没有发现以银行为基础或是以市场为基础更有利于工业增长和资本配置效率改善的有力证据。因此，Beck 和 Levine 认为，无论是以银行为基础还是以市场为基础的金融体系本身对促进工业增长无足轻重。Beck 和 Levine 的研究表明，较高的金融发展水平和有效率的合约执行机制才会加快新企业的设立和改善资本配置效率，因此区分国家间的金融发展水平和法律体系效率，比区分国家间的金融体系是以市场为基础还是以银行为基础更有意义。

Ndikumana（2005）则通过对 99 个国家（包括发达和发展中国家）1965—1997 年的样本数据进行分析，以探讨金融发展及金融结构对投资的影响。他将这 99 个国家分为四类：发达的以银行为主导的金融体系、发达的以股票市场为主导的金融体系、欠发达的以银行为主导的金融体系和欠发达的为主导的金融体系。Ndikumana 的研究发现，在给定的金融发展水平下，金融结构的差异对投资并没有独立的影响，因此一国要刺激投资，与其致力于推动金融结构的创新，还不如加强对债权人和投资者权利的保护，减少政策的不确定性，以便为银行和金融市场充分发挥功能创造良好的环境，进而刺激国内投资。

（八）法律体系与金融危机

金融危机以其强大的破坏力影响一国经济金融的发展，尤其是对一些外向性行业及企业的生存和发展会造成不必要的破坏，因而受到人们越来越多的关注。但引起金融危机的关键因素是什么呢？Johnson、Boone、Breach 和 Friedman（2000）创造性地把法律对投资者的保护程度以及法律的执行情况与金融危机联系起来，他们认为，不完善的法律制度（主要表现为对投资者利益的法律保护不力）会导致一国金融体系的不稳定，从而易于爆发金融危机。[①] 他们的实证分析发现：用法律对中小投资者权利的法律保护水平以及法律的执行质量高低状况能够更好地解释金融危机的原因。他们通过实证分析考察了 1997—1998 年亚洲金融危机期间 25 个国家的表现，结果表明：与宏观经济变量相比，公司治理指标如法律对投资者权利的保护以及法律的执行质量能够更好地解释金融危机期间股市的下跌及该国汇率制度的崩溃。这是因为：在一国对投资者的法律保护程度较低的情况下，投资者的信心往往是不足的。一旦未来经济前景趋于恶化，人们的投资信心丧失，这时，无论是国外投资者还是国内投资者都将力图放弃本币资产，从而会导致汇率贬值和股市下跌，进而引发金融危机。由此，他们认为，加强对投资者权利的法律保护对于防范金融危机的发生具有特别重要的意义。

Michael（2003）也研究了公司治理与金融危机之间的关系，与 Johnson 等（2000）不同的是，Michael 利用投资的波动性和银行业的危机而不是货币和股票价格来衡量金融危机。Michael 建立了一个简单的一般均衡模型，该模型说明了金融危机源于借款者和贷款者之间的利益冲突而产生的代理问题。特别是在公司治理较差而且交易成本较高的情况下，债权人拥有的抵押资产对于外部冲击具有较强的敏感性，因此投资者的投资意愿对于外部冲击也会产生较强的敏感性。他采用了 90 多个发达国家和发展中国家 1984—2001 年间的数据来检验公司治理机制的好坏对金融危机的产生是否具有重要的影响。研究结果表明：影响一国金融发展的法律、制度、规则及公司治理机制对于金融危机是否发生起着关键的作用，其中法律制度的作用更为重要。

Demirgüç-Kunt 和 Detragiache（2005）发现，在缺少完善的法律制度和监管制度的国家中进行金融自由化改革往往会导致许多商业银行破产。他

---

① Demirgüç-Kunt 和 Detragiache（1999）曾指出，如果一国在制度并不健全的基础上进行自由化改革，则有可能导致金融系统暴露在系统性金融风险之下。

们认为，阿根廷、智利、墨西哥等国于 1980—1990 年代爆发的银行危机正
是由于这一原因。

（九）法律制度与金融监管

有效的金融监管无疑对于防范金融危机的发生、维持宏观经济环境的
稳定以及促进金融的良性发展都具有重要的意义。亚洲金融危机的爆发也
促使人们开始反思原有的金融监管体制与金融危机之间的关系。

LLSV（1999）曾通过大量的考察发现一国的金融监管与该国的法律制
度有很大的关系。他们发现：在大陆法系的国家，特别是法国法系的国
家，政府质量一般都比较差，而且相对于普通法国家来说，实行法国法系
的国家政府对经济活动有更多的干预，结果实行法国法系的国家金融监管
的质量和效率也较差。这样，LLSV（1999）创造性地将法律制度与金融监
管联系了起来。LLSV（2003）进一步基于法与金融学的思想论述了法律制
度对金融监管体制及监管效率的影响。他们认为，如果一国的法律制度能
够促使金融机构必须充分和准确地披露相关信息，并提高私人监督银行的
积极性以及简化对投资者权利保护的法律程序，则该国的金融监管效率就
会得到提高。

Beck、Demirgüç-Kunt 和 Levine（2003）则通过对 49 个国家 5000 多个
企业的实证研究表明：（1）在对银行的监管中，如果存在着过多的政府干
预，不仅会导致企业融资面临更大的障碍，而且还会增加在企业外部融资
中对"关系"和腐败的依赖，从而不利于金融的发展；（2）政府对经济活
动的干预程度与法律制度有着密切的联系；（3）如果对投资者利益的法律
保护越强，则监管部门就越能够有效地进行金融监管；（4）对投资者利益
的法律保护越强，则越有利于提高银行等金融机构的信息披露质量，从而
越有利于控制金融风险。

（十）法律制度的适应性

一些研究法与金融学的学者认为，只有法律制度与本国的社会环境及
文化传统相适应，法律制度才能真正有效地促进一国金融的发展。
Berkowitz、Pistor 和 Richard（2001）专门研究了法律制度与本国的社会环
境以及文化传统的适应程度对一国经济及金融发展的影响。他们将 LLSV

所考察的 49 个国家中的法律移植国家分为以下两类：一类是接受性移植的国家，即移植过来的法律制度与本国的社会环境相适应（如日本等国）；另一类则是非接受性移植国家，即移植过来的法律制度不能与本国的国情以及文化传统相适应。接着，他们检验了法律制度的起源与法律制度移植的过程对于法律制度的效率哪一个更重要。经验结果表明：移植法国法系的国家和非接受性移植的国家都对合法性指标（Legality）产生了负面影响，① 但在影响程度上，法律的移植效应影响更大，这说明在一国的金融与经济发展中，法律制度是否与本国的社会环境及文化相适应比法律渊源更加重要。

此外，许多学者还探讨了法律制度与金融创新之间的关系。Beck、Demirgüç-Kunt 和 Levine（2003，2005），以及 Gennaioli 和 Shleifer（2007）等人指出，依赖于案例的普通法系比其他法系（对案例依赖较少的法律）更有利于金融创新的发展，而金融创新又对经济增长起着十分重要的作用。Michalopoulos、Laeven 和 Levine（2009）甚至指出，若经济体没有金融创新，则该经济体的技术创新和经济增长都会停止，因此阻碍金融创新的制度、法律、规定及政策等都会阻碍技术的变革和经济的增长。②

二、法律制度与金融发展的国别研究

（一）发展中国家的法律制度与金融发展

法与金融学理论十分关注发展中国家的法律制度与金融发展之间的关

---

① 合法性指标主要包括 LLSV（1998）中衡量法律执行质量的一些指数，如司法效率、法治与腐败程度等。

② Michalopoulos、Laeven 和 Levine（2009）指出，几千年来，金融创新一直是经济活动的一个组成部分。数千年前，依靠专业化、创新和经济增长的可转让债务合同的出现，便利了不同种类的跨期交易。在古罗马，私人投资者已经开展了一些有限责任公司的活动，包括自由交易的股票、活跃的股票交换、收购企业财产以及个人股东独立签订合同，这类企业的产生减轻了创新和采用技术的资本压力，从而刺激了增长（Malmendier，2009）。在 19 世纪和 20 世纪，为了给铁路建设筹资，金融机构创造了专业的投资银行、新的金融工具，并且改进会计制度来甄别直接投资者（Neal，1990；Baskin 和 Miranti，1997）。20 世纪 40 年代以后，金融企业家还创建了风险投资公司来甄别高科技发明（Schweitzer，2006）。

系。法与金融学理论认为，相对于发达国家，法律制度对发展中国家的影响要更深远一些，主要原因在于众多发展中国家普遍存在法律空缺、法律制度不完善。

法与金融学理论认为，发展中国家金融发展中面临的最大法律缺陷就是相关的法律法规不完善，法律的执行质量低下，监管体系不健全。许多发展中国家之所以频频爆发金融危机，原因之一在于这些国家的法律制度不健全，因而导致银行体系非常脆弱，对金融部门的监管不力。在这种情况下，一旦银行体系出现问题，发展中国家的立法者、管理者以及监管者都没有能力去应对。此外，法律执行质量的高低也是影响发展中国家金融发展的变量。一般来说，软弱的执法机构不利于金融体系的稳定，更重要的是，在执法质量低下的情况下进行金融自由化改革存在很大的风险。因此，发展中国家要成功地进行金融发展并促进金融发展，就必须建立有效的法律制度，并组建有效的执法机构以及不断提高执法质量。

Rathinam（2007）通过对印度的法律、产权制度及金融管制进行时间序列分析，数量化了法律、产权制度及金融管制等因素对金融发展和经济增长的影响。在多元 VAR 的分析框架下，使用格兰杰因果检验和向量误差修正模型（VECM）研究了印度的法律、产权制度及金融管制等因素与金融发展之间的长期因果关系。实证分析结果表明：法律与制度的完善在长期对金融发展有正面的积极作用，而金融管制对金融发展有负面影响。由此，Rathinam 得出结论：印度金融业的显著增长应该归因于法律制度的不断完善、产权保护和合同实施的逐步改进以及金融管制的逐步放松。Rathinam 的这一研究验证了法与金融理论的基本观点。

（二）经济转轨国家的法律制度与金融发展

法与金融学理论对经济转轨国家的法律制度与金融发展之间的关系也进行了深入的研究。Pistor、Raiser 和 Greffer（2000）第一次全面地分析了26 个转轨国家的法律制度对企业外部融资的影响。他们采用 LLSV 的方法实证检验了法律条文及法律的执行质量与这些国家的金融发展之间的关系。结果表明，法律的执行质量对企业外部融资的影响大于法律条文的影响。

总体而言，法与金融学理论认为，经济转轨国家的法律制度与金融发展存在以下问题：① （1） 由于受地缘的影响，苏联及东欧等国家在经济转轨过程中大多采用了大陆法系，导致这些国家在转轨初期对投资者的保护不力，因而带来内部人控制问题严重等一系列问题，从而对金融发展带来了不利的影响。（2） 转轨国家在经济转轨的初期建立真正法治的动力不足。正如 Hoff 和 Stigliz （2001） 所分析的那样，即使实行法治能够改善社会福利，但在经济转轨的初期，缺乏真正的法治正好为私有化的得益者提供了侵夺财产的机会，因此这些私有化的得益者并没有动力追求真正的法治。（3） 转轨国家的法律改革往往受到政治因素及利益集团的阻碍，因为这种改革有可能损害既得利益集团的利益。因此，即使转轨国家的法律制度改革使大多数人收益，但由于政治上的原因及利益集团的影响，真正的法律变革也难以进行。同时，法律变革的阻碍也可能来自控制大公司的家族，因为从这些家族的角度看，外部投资者权利的改善，往往使家族控制企业的价值随着外部投资者权利的改善而减少。（4） 转轨国家即使在立法上对投资者权利的保护状况有了很大的提高，但它面临的主要问题在于法律执行上的困难。Pistor、Raiser 和 Geifer （2000） 的研究证实了这一点，他们发现，转轨国家在法律条文上对股东权利的保护一般都有很大的改善，甚至在某些方面还超过了一些发达国家，但经济转轨国家（尤其是苏联）的法律执行质量却非常低。而法律执行质量相对于法律条文规定来说对金融发展却更为重要，这是因为：即使法律条文规定得再好，但如果得不到有效的实施，则这些法律条文就有可能变成一纸空文。

根据转轨国家的现实，LLSV （2000） 提出，经济转轨国家的法律改革必须坚持两个原则：（1） 制定法律法规十分重要，明确的法律法规不仅有利于人们形成对未来良好的预期，而且还有利于促进资源的有效配置。（2） 好的法律法规是那些能够得到有效实施的法律法规。改革的策略不是创造一系列理想的规则，而是要制定一些能在现有条件下实施的规则，然后观察它们能怎样很好地实施，否则法律的效力将无从谈起。

Glaeser、Johnson 和 Shleifer （2001） 认为，经济转轨国家在转轨初期法治水平还不高的情况下，适当的政府管制是有利于金融发展的。Glaeser、

① 法与金融学理论认为，经济转轨国家在转轨之前（即实行中央计划经济体制时期）之所以存在过度的政府干预及经济的低效率，是与这些国家所实行的法律制度相关的。

Johnson 和 Shleifer（2001）通过对 20 世纪 90 年代波兰与捷克金融市场发展所作的比较研究发现：虽然这两个国家的司法系统都不是很发达，但在波兰，由于政府对金融市场实施了强有力的金融监管，从而带来了股票市场快速的发展；而在捷克，自由放任的监管制度几乎导致了股票市场的崩溃。这是因为：在转轨国家，由于法律制度不完善，私人所签订的合同往往得不到法律的有效保护，私人执行合同的机会受到了严格的限制，并且在这种情况下，政府监管的成本往往低于执行法律的成本。因此，在经济转轨的初期，政府适当的监管对于金融的发展仍然起着重要的作用。同样，许成钢和皮斯托（2003）通过对中俄金融市场的比较分析也认为，在转轨国家金融市场发展的初期，由于法律的高度不完备，法庭在执法方面只能起很小的作用。在这种情况下，政府的管制在一定程度上能弥补法治的不足。

（三）有益于金融体系稳健运作的法律制度的基本原则

Walker（2000）[①] 列举了有益于金融自由化顺利进行和金融体系稳健运作的法律体系的十个指导性原则（这实际上也是建立一个完善的市场经济体制所必须遵循的原则）：（1）市场经济的法律体系是建立在这样的假定之上：公共利益来自于市场中的个人决策，这些个人决策在供求约束之下对有限的资源进行有效配置。（2）法律规则应该认识到私人产权的重要性，并能对界定清晰的私人产权进行有效的保护。（3）法律规则应该在人类对于自由和秩序这两种基本欲望之间进行平衡，在维护交易自由的同时保证市场秩序。（4）法律、规则、行为规范应该基于透明性和开放性，应该鼓励和有益于经济交易。（5）法律规则应该考虑到，在一个自由市场经济中，需要某种程度的政府干预，过度的政府干预和法律约束会阻碍创新，但过于薄弱的政府管制和法律约束则会使私人产权受到损害。政府对市场的干预要求以必要的可信任度为基础，防止专断和不公平行为，政府干预应完全基于法律规则。（6）应该在社会中培育支持法律规则和反对腐

---

① Walker,J.,2000,"Building the Legal and Regulatory Framework",In:Rosengren, E. and Jordan eds.,2000,*Building an Infrastructure for Financial Stability*,Federal Reserve Bank of Boston,Conference Series No.44,June,pp.312-336。转引自王曙光：《金融自由化与经济发展》，北京大学出版社 2003 年版。

败的法律文化，法律的执行应该激发民众对于法律的信心，并激发他们尊重法律的基本要旨。（7）法律规则应该反映一个社会独特的文化、历史和人口状况，法律规则改革的意愿应该来自于一个社会的内部。（8）法律规范应该培育一种"奖贤任能"的社会氛围，支持在保持距离的市场交易中基于市场价格的分散决策，而不是基于裙带主义和腐败。金融工具也应以法律规则为基础，法律规则应该鼓励和有益于及时和准确的信息的提供，以使得公众可以随着市场价格的调整而调整自己的交易行为。（9）市场经济中的交易行为应该有复杂的法律框架作为支撑，这些法律框架有助于为市场参与者提供稳定的交易媒介、可信任的金融机构、公平诚实的资本市场和有效的支付体系及清算结算体系。（10）法律规则应该支持市场参与者之间的产权转移，法律规则应该支持和鼓励创新及竞争，法律规则同时应该为市场经济带来合作和信心。

为此，Walker 指出，支撑市场经济体制的法律应包括以下内容：（1）清晰界定产权和保护产权的法律规则；（2）行政法，以防止政府当局专断和不公平的行为；（3）公司法，以设定公司治理标准，保护股东的权益，在公司法中应明确所有者、经理人和股东的作用、权利和责任；（4）合同法，以保护合同各方的权益，保证各方义务的履行，而抵押法通过获得实际资产的请求权而保护贷款人的权益；（5）反垄断法，以防止经济力量的过分集中以及垄断性的价格设定，反垄断法必须有助于鼓励和培育竞争精神及创新精神；（6）破产法，以保证淘汰那些严重拖欠的企业和金融机构，并有利于企业的重组和再建。此外，市场经济体制还需要防止舞弊、欺骗以及其他不公平行为的法律，以保护正当交易不受这些行为的损害，等等。Walker 还指出，从金融的角度来看，则必须包含一套复杂的有关金融机构的法律规则，在这些法律规则中应规定金融机构最低安全与效率标准，并规定对金融机构监管的手段和方式，这些监管手段允许监管者设定审慎的规则来控制风险（包括资本充足率、贷款损失准备金、资产集中度、流动性、风险管理以及内部控制）。同时，还必须为资本市场建立一个透明、公平、有效的法律和监管环境，包括保护投资者和监管证券的发行、对交易商和经纪人的监管以及对股票交易的监管等，法律还必须通过足够的信息披露以及会计和审计工作来保证透明性，而对于那些集体性的投资工具（如投资公司），必须有特别的监管措施，等等。

第二节　产权制度与金融发展

LLSV（1997）在开创"法与金融"这一研究领域时就深刻地指出：对私有产权的法律保护是金融合同和金融发展的基础。他们认为，在法律制度强调对私人产权及投资者利益的保护，并保障私人之间所签订的合同能得到有效履行的国家，储蓄者更愿意储蓄，贷款人将更愿意给公司融资，且金融市场更活跃。Mahoney（2001）的跨国实证分析也表明，由于普通法对私人产权和合同的保护程度较高，因而普通法有利于促进金融发展。这些研究实际上说明：金融发展的基础是受到法律保护的私人产权。Holden 和 Prokopenko（2001）则指出，产权代表了所有关于已获得的或者在法律上建立所有权的资产，定义明确的产权不仅是财富创造的基础，而且也是金融机构发放贷款的基础。La Porta、Claessens 和 Laeven（2002）的实证结果也表明，对私有产权保护程度越高的法律制度，越能促进金融发展水平的提高。沿着这一思路，Johnson、McMillan 和 Woodruff 于 2002年在《美国经济评论》杂志发表了著名的《产权与金融》一文，第一次提出了"产权与金融"这一理论命题。

一、明晰、安全的产权制度是金融发展的前提或必要条件

Johnson、McMillan 和 Woodruff 在《产权与金融》一文中采用问卷调查法，对波兰、罗马尼亚、斯洛伐克、乌克兰及俄罗斯这五个转轨国家的中小型制造企业 1997 年的调查数据进行了实证分析。他们研究的目的是想证明，可靠的产权保护是否是企业家投资的（1）充分条件，（2）必要条件，（3）充要条件。[①] 由于他们认为基于国家总量数据的跨国分析难以解决衡

[①] Johnson、McMillan 和 Woodruff 在对企业家的问卷调查中，设置了以下问题来衡量一国的产权保护程度大小：（1）有多少比例的被调查者认为企业对政府服务需要支付不经法律允许的费用；（2）有多少比例的被调查者认为企业需要对许可证支付不经法律允许的费用；（3）有多少比例的被调查者认为企业要对所受到的保护支付额外费用等等。如果这些问题得到的值越大，则表明产权的保护越差。

量产权的数据问题，因此他们采用了对企业家的问卷调查方法来衡量产权的数据问题。

他们的结论是：（1）安全的产权是企业家投资的必要条件。当企业家认为他们的产权不安全时，无论他们是否拥有获取信贷所需的抵押，他们的投资率都会小于其留存的收益，并且这种影响是巨大的。Johnson、McMillan 和 Woodruff 发现，在产权最不安全的情况下，企业家只投资其利润的 32%；而在产权安全的情况下，企业家则投资其利润的 56%。在他们研究样本的五个转轨国家中，乌克兰和俄罗斯的产权最不安全，企业家最不愿意对公司利润再投资。而波兰和罗马尼亚的产权最安全，因而再投资率也比较高。因此，他们认为，安全的产权（即产权得到有效的法律保护）是企业进行投资的必要条件。（2）安全的产权也是企业家投资的充分条件。在他们的研究样本中，缺乏银行融资并不是阻碍企业家投资的因素，同时也没有证据表明容易获得银行信贷会使得公司愿意进行更多的投资。相反，在产权容易受到侵犯的条件下，由于企业家预期到投资的收益不能得到保证，不仅企业的投资比例比较低，而且企业家也不愿进行外源融资（即使容易获得银行的贷款）。可见，如果产权不安全，公司也不愿借款，更不愿投资，结果就会严重阻碍金融业的发展。这意味着，确保产权的安全是企业家再投资的充分必要条件，这也说明，只有确保产权的安全才能促进金融发展，并进而刺激经济增长。Johnson、McMillan 和 Woodruff（2002）甚至还指出，如果产权不安全，则金融是否存在实际上并不重要。只要产权是明确、安全的，则融资形式如何是无关紧要的。（3）对于企业来说，产权的保护比外部融资的可获得性更重要，等等。Johnson、McMillan 和 Woodruff 由此提出：明晰、安全的产权制度是金融发展的前提或充分必要条件。

事实上，Holden 和 Prokopenko 早在 2001 年就提出，定义明确的产权不仅是财富创造的基础，而且是金融机构发行贷款的基础。在发达国家，有效和安全的产权是大额借贷发生的基础。

Acemoglu 和 Johnson（2003）则使用多工具变量方法，对前欧洲殖民地国家进行了实证分析，他们发现产权制度对信贷、投资及宏观经济的影响比其他制度因素更大。如果一国对权力集团或利益集团有更多的限制，并更多地保护私人财产免受这些权力集团或利益集团的侵犯，那么该国私人部门信贷占国内生产总值的比例将更高，股票市场更发达，投资率及人均收入也更高。Acemoglu 和 Johnson 甚至认为，对私人产权的保护较之法律制度对金融发展的影响更大。

Gwartney、Holcombe 和 Lawson（2005）等人也认为，当对私人产权的保护很弱时，投资者显然不会去冒风险进行投资活动。因此，在产权不受保护、交易费用非常高的环境下，人们长期投资的欲望会遭到削弱。在这种情况下，企业往往倾向于小规模生产，并采用较少的资本及水平较低的技术，其经营目标往往着眼于短期收益。这样，企业的规模就不可能做大，因而也就难以实现规模经济。

Abiad、Detragiache 和 Tressel（2008）建立了一个新的包括 91 个国家从 1973 年到 2005 年的金融改革数据库，该数据库从七个方面分析一国的金融自由化改革进程：（1）信贷控制和法定存款准备金；（2）利率控制；（3）进入壁垒；（4）银行的国家化；（5）证券市场；（6）金融监管；（7）对资本账户的限制。Abiad、Detragiache 和 Tressel 分别从这七个方面对各国的金融自由化程度打分，然后进行加总，最后标准化为 [0，1] 区间的得分。Abiad、Detragiache 和 Tressel 在这一新的数据库基础上进行实证分析后发现：在产权保护薄弱的经济体中，银行部门的自由化改革并不能导致一国私人信贷的持续扩张。这是因为：在这些国家，没有政治势力的私有部门经常遭受强势利益集团侵占资产的威胁。这就往往导致出现以下的奇怪现象：即使这些企业选择的项目在经济上可行，但这些经济上可行的企业仍然无法获得银行融资。同样，在对私人产权保护很弱的经济体中，私有化的银行为了生存，也往往会贷款给强势利益集团或与政府有关的部门。

二、居民缺乏合法的财产所有权阻碍了金融发展

法与金融学认为，许多发展中国家的金融体系之所以落后，关键就在于居民往往缺乏合法的财产所有权。Binswanger、Deininger 和 Feder（1995）的研究认为，许多发展中国家的土地所有者为了维护自己的权利而利用其政治权力阻碍金融改革或限制向农业劳动者提供信贷，结果阻碍了该国的金融发展。Haber（1997）指出，墨西哥和巴西的土地所有者利

用手中集中的政治权力妨碍设立有限责任公司的法律实施，结果阻滞了金融发展。

Soto（2000）发现，在许多发展中国家，穷人要使他们所拥有的财产所有权合法化非常昂贵且费时。如在菲律宾，要获得对城市住宅土地的合法所有权必须要通过168个官僚程序，53个公共和私人机构，耗时13—25年；在埃及，要获得沙漠地的合法所有权也要通过77步骤，31个公共和私人机构，耗时5—14年；在海地，要合法购买政府所有地，一个普通公民不得不通过176个程序，耗时19年以上。根据De Soto（2000）的计算，"第三世界和前共产主义国家的穷人持有但不合法拥有的房地产总价值至少达9.3万亿美元"。Soto（2000）认为，如果发展中国家、前中央计划经济国家像发达国家那样建立正规的所有权制度，以明确地界定和登记穷人的财产所有权，则会导致很大的财富效应，使大量的资产转化为资本，从而会大大地促进金融市场的发展。Soto（2000）曾形象地描述道，资产（包括货币、存单、股票等金融资产）"好像一块冰，所有权制度可以让其溶解成水，或加热成蒸汽，使其成为能够带动涡轮发动机的叶片旋转或者为轮船提供动力"。

Holden和Prokopenko（2001）发现，在很多发展中国家，对固定资产（房地产）和流动资产（如机器、存货、应收账款等）产权的保护力度不够，结果，或者这些固定资产或流动资产难以作为抵押品，或者抵押这些资产的成本过高以至于其用途对很多借款者来说意义并不大。这样，大量的资产就不能成为资本，这就会阻碍金融市场发展。

Mishkin（2006）指出，在许多发展中国家，由于缺乏合法的财产所有权，发展中国家的许多财产都不能用来作为借款的抵押，因而发展中国家的许多居民即使有好的商业想法或投资机会也很难通过财产的抵押获得银行贷款。这是因为：银行担心即使借贷合同规定贷款人在借款人违约时有权获得相应财产，但在借款人缺乏财产所有权的情况下实际上也很难做到。在这种情况下，银行就不愿意向这些缺乏财产所有权的借款人发放贷款，结果就使得好的商业想法或投资机会难以实现，并使这些缺乏财产所有权的人难以摆脱贫困，从而阻碍了金融发展和经济增长。这就可以解释为什么在西方国家常见的白手起家的故事在发展中国家却非常罕见。如在秘鲁，按揭贷款额占经济总规模的比例还不到美国同一比例的1/20。可见，居民缺乏合法的财产所有权会阻碍金融发展。[1]

Vollrath 和 Erickson（2006）专门研究了土地分配制度与金融发展之间的关系。他们发现，从发展中国家的情况来看，土地分配的不平等使得金融体系的规模较小，同时也使得金融体系倾向于以银行为基础，因而发展中国家土地分配的不平等影响了金融的发展。他们认为，原因可能在于：在发展中国家，大土地所有者能够为其投资自我融资，而无土地的人无法提供担保根本就借不到款，土地分配的高度不平等带来整体的信用不足。同时，土地分配的不平等还会对制度（特别是法律制度）产生不良影响，并进而对金融发展产生不良影响。因此，Vollrath 和 Erickson 认为，对土地分配制度及其农场制度的更广泛改革将会对金融的发展产生正面效果。[2]

三、政府对银行所有权的比重越高，则该国的经济增长率就越低

Laporta、Lopez-de-Silanes 和 Shleifer（2000）等人对 92 个国家的样本数据进行实证研究，以检验一国产权制度与该国金融及经济发展水平之间的关系。

为此，Laporta、Lopez-de-Silanes 和 Shleifer 等人利用三类指数构建了产权指标及政府干预指标、政府效率指标等制度指标：（1）Freedom House 的产权指数，[3] 这一指数包括以下指标：法律对私有产权的保护程度、政府对私有产权的保护程度以及法律执行程度、政府对私有产权剥夺的概率、国家对产权的法律保护；（2）国际国家风险指南数据库（ICRG）的

---

① Mishkin（2006）强调，在大多数欠发达的国家，即使人们对其财产享有合法所有权，但其法律体系是如此低效以至于使抵押品丧失了价值。通常情况下，债权人必须先起诉违约的债务人要求其偿还贷款，这一程序将耗费几年的时间；然后，一旦起诉成功，债权人又需再次起诉以获得抵押品的所有权，这一过程将超过5年；而当债权人获得所有权后，抵押品很可能已经被忘记（或抢夺）了，因而失去了价值。此外，政府还常常限制贷款人接管借款人涉及在政治上十分重要的部门如农业部门的抵押品。在那些金融体系不能有效运用抵押品的国家，逆向选择问题会更加严重，结果是贷款人不再愿意发放贷款。

② Tomich、Kilbry 和 Johnston（1995）曾提出，单峰（也就是相对公平）的土地分布有利于金融发展，因为其会创造更大的金融中介。

③ 每年由美国 Freedom House 编制的产权指数介于 0 到 100 之间，用来衡量一国个人积累私人财产能力的指数。

法律法规指数、政府违约指数；（3）La Porta、Lopez-de-Silanes 和 Shleifer（1996）的防董事权利指数和债权人权利指数。

La Porta、Lopez-de-Silanes 和 Shleifer 运用其构建的产权指标及政府干预和政府效率等指标，对 1970—1995 年间 92 个国家最大的 10 个商业银行或发展银行的相关数据进行了实证研究，结果表明：对私人产权的保护越不力，或政府在商业银行中拥有的产权比重越大，国有银行的比例越高、政府对商业银行干预越强的国家，该国商业银行的效率及金融发展水平就越低，且该国的生产率也越低，因而经济增长水平和收入水平也越低，金融的脆弱性也更大。La Porta、Lopez-de-Silanes 和 Shleife 还搜集了 90 个国家 1960—1995 年人均 GDP 数据和 1970—1995 年人均 GBBP（该指标表示政府对银行所有权的控制程度）数据，并以人均 GDP 作为因变量进行了回归分析，研究结果表明：政府对银行所有权的比重每提高 10%，该国的经济增长率就降低 0.23%。[①]

Classens 和 Laeven（2003）使用源自不同特定行业和特定国家层面的数据实证研究了产权、金融发展和经济增长之间的关系。Classens 和 Laeven 对产权的界定最广泛，他们使用了六个产权指标：第一个产权指标是来自于美国传统基金会（Heritage Foundation）所构建的经济自由度指标；第二个产权指标是对知识产权保护的产权指标，数据来源于美国贸易委员会（U. S. Trade Representative）；第三个产权指标是商标权；第四个产权指标来源于世界经济论坛（World Economic Forum）的产权指标，度量法律对于私有产权的保护；第五个产权指标来自世界经济论坛的知识产权指标；第六个产权指标是国际国家风险指南数据库（ICRG）所运用的产权指标，包括五个分指标，分别是：官僚质量、政府腐败、法律法规、剥夺风险以及政府违约率。

然后，Classens 和 Laeven 运用这些指标分析了产权、金融发展与经济增长之间的关系，实证结果表明：不完全的产权和不完善的金融体系会给

[①] 世界银行（2001）认为，从世界各国的情况来看，国有银行也有成功的案例，但这种为数不多的较成功的国有银行的案例是与较强的制度条件、企业部门的私有化程度低以及分散的政治权力联系在一起的。Laporta、Lopez-de-Silanes 和 Shleifer（2000）等人证明，人均收入水平越高，银行国有制的负面效应递减，且越不显著。Stglitz 较早（1981）曾认为，规模经济所导致的自然垄断和银行挤兑所带来的外部性等原因会导致金融市场失灵，因此政府拥有银行的所有权在金融体系中会有正面作用。

企业带来两种后果：（1）企业获得外部融资的可能性减少；（2）企业往往以次优的方式配置资源。在产权保护弱的经济体中，企业往往更多地投资于固定资产，而不愿投资于无形资产或知识产权，因为无形资产或知识产权如专利、商标，需要强有力的产权保护以免被他人侵犯，否则容易为他人所剽窃。

总之，法与金融学对一国产权制度与该国金融及经济发展水平之间的关系所做的实证研究表明，如果一国金融业中的国有产权比重越大，则该国的金融业就越容易出现以下问题：

一是不利于竞争（Barth、Caprio 和 Levine，2001）。Barth、Caprio 和 Levine 通过使用不同的数据来源发现，一国金融业的国有产权比重越大，则越会降低金融业的竞争程度，从而会导致更高的存贷利差、更少的私营部门信贷、证券交易活动不足和非银行金融机构的信贷较少。因此，一国金融业的国有产权比重越大，就越有可能降低来自其他银行和非银行机构的竞争。Mishkin（2007）也认为，一国金融业的国有化程度越高，则越不利于竞争。

二是市场准入会受到较大的限制（Barth、Caprio 和 Levine，2001）。Barth、Caprio 和 Levine 还发现，一国金融业中的国有产权比重越大，则银行经营许可证越难申请，外资银行也更少。

三是逆向选择问题严重。在一国金融业的国有产权比重过大的情况下，当政府官员能够要求国有银行大量贷款给政绩工程或者商业上不能独立生存的项目时，政治家的机会主义行为就会产生。在极端情形下，有些腐败的政治家甚至会侵吞国有金融机构的资金（Holden 和 Prokopenko，2001）。

四是激励及监管的动力不足或公司治理的失败（Barth、Caprio 和 Levine，2001；Holden 和 Prokopenko，2001）。Barth、Caprio 和 Levine 的研究还证明，国有制会扭曲激励机制。在国有银行占主导地位的经济中，对良好的信息结构和其他金融基础设施需求不足，且通过市场力量进行监管的动力显著弱化。当政府对商业银行拥有较大的所有权时，往往存在金融监管的冲突问题，因为政府监管国有银行意味着是用左手监管右手，这必然会出现监管不力甚至并不是进行真正的监管的现象。

五是没有证据表明国有银行会扶助弱小企业的发展。事实上，国有银行占主导的金融体系不会真正有效地刺激私人部门的发展，特别是中小企业的发展，他们更可能将贷款发放给政绩工程，或者商业上不能独立生存的项目（Sapienza，2004；Cole，2005；Dinc，2005；Khwaja 和 Mian，2005；Beck、Demirgüç-Kunt 和 Levine，2006）。

六是国有金融中介不可能成为一个有效率的金融服务提供者，银行客户在享有国有银行金融服务的时候面临更高的门槛（Beck、Demirgüç-Kunt 和 Martinez Peria，2007）。此外，Holden 和 Prokopenko（2001）还认为，国有银行可能没有巨大的内在压力及时尽力催还已到期和逾期的贷款，因而国有银行通常有大量的不良贷款。因此，从长远来看，这将导致金融机构的严重脆弱性。世界银行（2001）也指出："无论其原来的目标是什么，国有银行往往会阻碍金融部门的发展，从而使经济增长放缓。"Megginson（2005）则指出，国有银行绩效差的主要原因在于过度的政府干预、公司治理机制不完善及缺乏市场竞争。

四、金融危机与产权制度也存在相关关系

Jefferson（2000）创造性地研究了产权制度与金融危机之间的关系，[1]特别是转轨国家中的产权制度对金融危机的影响。他认为在产权没有完全界定清楚及产权保护不力的经济体中，很容易产生寻租行为。Jefferson 指出，在转轨经济体中，如果在经济的底层，产权实际上已经界定清晰，而在经济的上层，产权并没有明确地界定因而还很模糊时，那么底层经济机构就会过度地消耗上层经济机构的资源，从而造成资源空洞化，进而有可能引起金融危机。此外，Caprio 和 Martinez-Peria（2000）的研究也发现，在 1980—1997 期间，一国银行的国有产权比重越大，则发生银行危机的可能性也越大，[2] 财政成本越高。Caprio 和 Levine（2001）以 59 个发达国家和发展中国家为样本，以银行和非银行金融中介向私人部门提供的信贷量占 GDP 的比重来衡量金融发展，结果发现：政府对银行的所有权与金融发

---

① 金融危机会加剧收入的不平等，因为富人比穷人更容易利用金融危机中的机会。

② 试图以国有产权主导金融体系来保证金融的稳定是不可靠的，因为这种稳定是以牺牲效率为代价的，是一个低效率的均衡。事实上，国有金融机构的亏损及坏账积累隐藏着长期的、系统的金融风险，因而这种金融体系更不稳定。

展是一种负相关关系。即使在控制了经济发展水平等指标后结论依然成立。LLSV（2002），以及 Barth、Caprio 和 Levine（2002）等人也都认为，越来越多的证据表明，银行的国有化程度越高越不利于金融发展，银行的国有化程度过高往往导致更高的金融脆弱性，且更容易趋向金融动荡和银行危机。世界银行（2001）则认为如果会计制度健全、法律和监管体制完善，私有化从长期来看对经济增长有利，但世界银行同时也提醒：过早的私有化可能增加银行危机发生的可能性。[1]

Abied 和 Modw（2003）发现，银行的国有化和政府主导的银行业稳定计划往往伴随着市场扭曲，出现寻租机会。此外，Barth、Caprio 和 Levine（2006）通过对 150 个国家从 1997 年到 2001 年的数据研究了政府权力与金融稳定之间的关系。他们指出，认为给政府官员更多的权力就能保证金融体系的安全、稳定和有效运行的观点实际上是似是而非的。Beck、Demirgüç-Kunt 和 Levine（2006）使用同样的数据发现，给予政府官员的权力越大，就越容易导致腐败，这反而不利于金融体系的安全。Safavian（2001）通过调查俄罗斯小型企业的数据发现，被腐败困扰的企业往往缺乏资金。Johnson、McMillan 和 Woodruff（2002）也发现，面临更高的腐败的企业以一种明显较低的比率进行利润的再投资。

五、对国有银行进行产权改革将会提高银行的绩效

Boehmer 等（2005）利用 101 个国家的数据实证分析得出以下结论：（1）在发展中国家，政府的财政收支状况不影响民营化的概率，但发达国家的财政赤字对国有银行的私有化有显著的影响；（2）在发展中国家，如果一国曾经历过银行危机，那么银行私有化的概率就会显著提高；（3）在发展中国家，公众对政府的监督能力越强，则私有化的概率越大，但在发达国家则不存在这些关系；（4）不管在发展中国家还是在发达国家，银行部门的质量与私有化的概率都有显著的负影响；（5）私人银行部门的规模

---

[1] Andrianova、Demetriades 和 Shortland（2006）指出，在制度质量较差、对私人产权保护不力的情况下，国有银行能够促进金融发展，这是因为存款人更偏好国有银行而对私人银行缺乏信心。因此，Andrianova、Demetriades 和 Shortland 提出了一个很有意思的观点：在对私人产权保护不力的情况下对国有银行进行私有化改革是有害的。

与国有银行私有化的概率之间不存在相关性，资本市场的发育程度与国有银行的民营化概率之间也没有显著关系。

Clarke、Cull 和 Shirley（2005）还总结了国有商业银行私有化以后对银行绩效的影响，所得出的结论主要有：（1）国有商业银行私有化后，银行的绩效一般都会改善，原因是私有化后政府对银行的不当干预受到了限制。（2）继续保留国有股份会对银行绩效产生负面影响。（3）对转轨国家的研究表明，国有股权退出的同时，股权集中于战略投资者手中要比股权分散更有利于银行效率的改进。因此，向战略投资者出售股权（股权仍然相对集中）要比向私人公开发售股份（股权分散）更有利于提高银行的效率。（4）允许外资银行参与国有商业银行的私有化改革会促进效率的改进。因为外资银行的进入能够促进竞争、改进效率，并推动东道国当局对银行体系进行改革。（5）国有商业银行私有化改革在竞争的市场环境下更容易成功，而且会促进竞争性的银行体系的形成，而对竞争的限制会对银行部门的稳定和发展产生负面影响。这意味着，合理的市场竞争环境有利于银行产权改革的成功。[①]

值得指出的是，Tressel 和 Detragiache（2008）提出了很有启发意义的观点，即在良好的产权制度基础上进行金融改革才能取得显著效果。Tressel 和 Detragiache 通过建立一个新的包括 91 个国家从 1973 年到 2005 年的金融改革数据库，并在此基础上进行实证分析后深刻地指出，只有在拥有良好产权制度的国家进行金融改革才会对金融发展产生显著长效的影响。而且，产权制度的改善比仅仅提高金融监管水平对于金融自由化的成功更为重要。他们认为，在存在政府过度的干预时，提高金融监管水平并不能保证金融自由化改革的成功。同时，金融改革给金融发展及经济增长所带来的好处只能在制度（特别是产权制度）良好的环境中才能实现。其中，最关键的制度因素是保护公民个人财产不受侵犯的产权制度和公民利益不受精英侵犯的政治制度。

---

① Demirg-Kunt 和 Levine（2008）也指出，私有化并非万能的，私有化也会造成风险。如果在一个缺乏激励机制和有效市场结构的环境下进行私有化，未必能够使金融系统更加有效和更为深化。因此，进行私有化改革需要谨慎的制度设计。

第三节　政治制度与金融发展：金融
发展的政治经济学

以 LLSV 为代表的法与金融理论强调一国的法律渊源是影响各国金融发展水平的重要变量。同时，他们认为，以普通法为渊源的国家对投资者的保护最强，金融发展水平最高；大陆法渊源的国家对投资者的保护没有普通法好，因而金融发展水平要低于普通法的国家。但是，Rajan 和 Zingales（2001）却发现，在 1913 年，尽管法国的民法典对投资者的保护不充分，但当时法国股票市场的资本化率（即国内股票市价总值占国内生产总值的比率）是以对投资者保护充分著称的美国同期的 2 倍。而到 20 世纪 80 年代，法国的这一比率不足美国的 1/4，但到 1999 年，两国的比率又变得相差无几。也就是说，在法律制度没有显著变化的情况下，各国金融发展水平的位次发生了显著变化或逆转，参见表 9 - 6。

表 9 - 6　各法系代表国 20 世纪的金融发展水平变化

年份	法国		德国		瑞典		英国		美国	
------	存款占GDP之比	股票市场的资本化率	存款占GDP之比	股票市场的资本化率	存款占GDP之比	股票市场的资本化率	存款占GDP之比	股票市场的资本化率	存款占GDP之比	股票市场的资本化率
1913	0.42	0.78	0.53	0.44	0.69	0.47	0.10	1.09	0.33	0.39
1929	0.44		0.27	0.35	0.69	0.41	2.88	1.38	0.33	0.75
1938	0.36	0.19	0.25	0.18	0.73	0.30	1.34	1.14	0.44	0.56
1950	0.24	0.08	0.15	0.15	0.59	0.18	0.67	0.77	0.40	0.33
1960	0.30	0.28	0.23	0.35	0.54	0.24	0.32	1.06	0.30	0.61
1970	0.33	0.16	0.29	0.16	0.50	0.14	0.22	1.63	0.25	0.66
1980	0.45	0.09	0.30	0.09	0.48	0.11	0.14	0.38	0.18	0.46
1990	0.42	0.24	0.32	0.20	0.40	0.39	0.33	0.81	0.19	0.54

续表

年份	法国		德国		瑞典		英国		美国	
	存款占GDP之比	股票市场的资本化率	存款占GDP之比	股票市场的资本化率	存款占GDP之比	股票市场的资本化率	存款占GDP之比	股票市场的资本化率	存款占GDP之比	股票市场的资本化率
1999	0.47	1.17	0.35	0.67	0.39	1.77	0.39	2.25	0.17	1.52

资料来源：Rajan，Zingales，2003，"The Great Reversals：The Politics of Financial Development in the 20th Century"，*Journal of Financial Economics*，Table 2，Table 3。

以上现象显示，从以上国家的情况来看，虽然各国的法律体系或法律起源不同，但这些国家的金融发展水平相差并不大，法与金融学理论并不能对这一现象给出令人信服的解释。同时，Rajan 和 Zingales（2003）还发现，在各国法律制度变化不大的情况下，20 世纪各国的金融发展呈现一个V 型的轨迹，即世界金融发展水平总的趋势是在 1913 年至大萧条前比较高，在大萧条后就开始下降，直到 20 世纪 80 年代后期才开始恢复到大萧条前的水平并慢慢上升。对于这种法律制度变化不大情况下的全球性金融发展的 V 型逆转，法与金融学理论也不能给予很好的解释。以上种种现象说明，法律制度并不是决定一国金融发展水平的唯一因素，一定还有其他制度因素在影响着一国的金融发展。

另外，按照法与金融学理论所认为的普通法传统优于大陆法传统的观点，会产生这样的问题：为什么大陆法传统的国家或地区不能通过学习或制度移植来吸收普通法的优点？为什么许多已经移植普通法精神的国家或地区的经济及金融发展并不理想？为什么有的国家法律可以得到有效的尊重和执行，甚至可以制约政府的权力，而在有的国家却不行？[①] 显然，法与金融学理论无法对上述现象和问题做出合理的解释。

Bordo 和 Rousseau（2006）则采用 17 个分别实行普通法系（英国、美国、澳大利亚及加拿大）、法国大陆法法系（法国、意大利、葡萄牙、西班牙、葡萄牙、阿根廷、巴西等）、德国大陆法法系（德国及日本）和斯堪的纳维亚大陆法法系（丹麦、芬兰、挪威与瑞典）国家 1880—1997 年的历史截面数据，考察了法律制度、金融发展及经济增长的关系，结果证

---

① 周业安：《金融市场的制度与结构》，中国人民大学出版社 2003 年版，第 25 页。

实了第三代金融发展理论的观点，即法律制度与金融发展之间存在确实相关关系，且法治健全国家的金融发展更有利于促进经济增长。但是，Bordo和Rousseau（2006）又认为，这种关系并不是持久稳定的。同时，他们认为，代表制的选举制度、选举次数、女性参政率和罕见的革命或政变等政治变量似乎更影响一国金融部门的规模及经济增长率。最后，Bordo和Rousseau（2006）指出，金融发展是否能有效地促进经济增长仍有待进一步的解释。

为弥补法与金融理论的以上缺陷，Verdier（1999），Fohlin、Weber和Davis（2000），Beck、Demirgüç-Kunt和Levine（2000），Pagano和Volpin（2001），Glaser、Johnson和Shleifer（2001），Pagano和Volpin（2001），Bordo和Rousseau（2006），Keefer（2008），Roe和Siegel（2008），TD（2008），Haber、North和Weingast（2008）等人从政治制度的角度来探讨金融发展问题，并纷纷提出一国的政治制度是影响金融发展十分重要的因素。[①] Tressel和Detragiache（2008）甚至认为，在所有影响金融发展的制度因素中，最关键的制度因素应该是权力得到制衡，因而公民利益不会受政府和精英侵占的政治制度，由此形成了金融发展的政治经济学。Mishkin（2009）认为，由于金融改革与金融开放会限制既得利益者的利益，因此要推动金融改革与金融开放，就要建立能限制政府及既得利益集团权力的政治制度。Quintyn和Verdier（2010）也指出，对产权的有效保护取决于

---

① 近来，已有越来越多的学者关注政治制度对一国经济发展的影响。如Aron（2000）较早从权力的角度来研究政治制度与经济增长，他认为经济上的繁荣与否的问题可转化为政治权力的形成与运用是否得当的问题。凡是协调好政府权力和个人权利关系的国家，便会走向繁荣，反之则衰弱。Zack-Williams（2001）则认为，政治体制决定着经济政策，一个国家或地区的经济自由化程度与其政治多元化程度是正相关的。Siegle、Weinstein和Halperin（2004）则指出，民主意味着公民的优先权、公开以及一种自我纠正机制，它能带来政治上的平衡，并促进经济的增长。Rodrik和Wacziarg（2006）的实证分析则证明，民主化对一国政治经济的发展有着重要的促进作用。由此，他们反驳了一些学者认为发展中国家的民主化给社会稳定和经济增长带来一定负面影响的观点。他们认为，政治多元化是一种允许不同原则、信仰和生活方式共存的指导原则，多元社会承认不同的兴趣爱好，认为社会成员具有不同的观点或立场是合法的，人们可以对话甚至争执的方式表达自己的想法，这有利于让各种各样的想法相互竞争。可见，市场经济的竞争机制与政治上的多元化有着潜在的联系。Haber（2002）则指出，"如果不创造鼓励有效的政治竞争的政治制度，那就不可能产生竞争性的市场。"Aghion、Alesina和FTrebbi（2007）认为，民主意味着自由进入市场的可能性提高，而这有利于创造发明及技术进步。Rodrik和Wacziarg（2006）认为，市场经济的竞争机制中隐含的政治权力的分散与政治上的多元化有着潜在的联系。腐败作为政治体制欠缺的标志，给经济体的运行带来了额外的成本，尤其是在那些欠发达的发展中国家。

对行政权力的有效约束。因此，只有建立良好的政治体制才能确保形成良好的法律制度及产权制度，并确保这些制度得到有效的运行。据此，Quintyn 和 Verdier（2010）认为，一个政府权力得到有效约束的良好的政治体制是推动金融深化及金融发展的最终决定因素。[①]

一、政治制度对金融发展的间接影响

（一）政治制度通过影响法律制度而影响金融发展

LLSV（2000）认为，政府在社会经济中的作用是影响法律制度形成的关键因素。在欧洲各国历史上，国王和公民的相对力量大小是不同的。在英国，国王从 17 世纪以来一直试图维持其封建特权并通过特权来增加税收，而议会（大部分由地主和富有的商人组成）站在私人财产所有者这一边，法庭同样站在私人财产所有者这一边来反对君主（Mahoney，2001）。最终，国王部分丧失了对法院的控制，法律向保护私人财产和抵制王权的方向发展了，由此形成了普通法系。而随着时间的发展，法院又把对财产所有者的保护扩展到了投资者身上。相比之下，德国和法国没有强大的议会，政府的权力较大（尤其是在拿破仑和俾斯麦的统治下）。因此，法国和德国通过的法律往往注重巩固政府的权力。而不是私人所有权的利益。可见，大陆法国家和普通法系国家对投资者法律保护程度的差异可能是由于政治制度的差异造成的。

Glaeser 和 Shleifer（2002）则试图从历史的角度进行分析。他们认为，法律制度起源成型于 12 世纪和 13 世纪。当时法国的地方诸侯势力强大，地方诸侯对法官或地方审判官的"威胁"相当严重，而法官或地方审判官往往屈服于地方诸侯的"威胁"。在这种情况下，法律制度体系设计的一个重要问题就是国家法律的执行者如何避免被地方诸侯威胁、贿赂以至影响到国王的权力，而只有由国家任命、雇用的审判官做出的判决才不会受地方诸侯的"威胁"，从而保证法律的独立和公正，这样就产生了基于成文法判决的大陆法系。而在英国，诸侯的势力并不强大，对法官的"威

[①] Quintyn 和 Verdier（2010）用以下三个指标代表政治制度的质量：对行政当局的约束、获得政治权力的竞争性及开放性、政党和选举过程的竞争性。

胁"并不严重，为了提高法律执行质量，国家将判决纠纷的权力下放给法官及陪审员等地方上的独立决策者。①

Rajan 和 Zingales（2003）则指出，之所以在有些国家法律可以得到有效的尊重和执行，而在有的国家却不行，原因在于这些国家的政府有不同的性质，或者说在于这些国家的政治制度不同，也就是说，政治制度通过影响法律的执行质量从而影响到金融的发展。Haber（2004）认为，封闭的政治体系更容易阻碍竞争，维持利益集团的利益，从而不利于金融发展。因为集权的国家更倾向于采取措施保护精英阶层的利益，而分权的政体更倾向于权利的制约与平衡。

Maurer 和 Haber（2003）则指出，在社会精英统治的国家，金融发展与深化并没有使金融服务向穷人和新企业延伸。金融服务，尤其是信贷服务，依然只是针对富人和具有某种政治关系的企业，并使他们的相对收入进一步上升。因此，在这样的政治体制中，金融发展扩大了收入分配的差距。

（二）政治制度通过决定产权制度而影响金融发展

Clarke、Cull 和 Shirley（2005）在实证分析发展中国家和经济转轨国家国有商业银行的私有化改革对银行绩效的影响时，还对发展中国家和经济转轨国家进行国有商业银行产权改革的原因进行了分析。他们指出，国有银行的私有化改革受一国政治制度的影响，如选举法影响政治家考虑问题的时间跨度，政党力量的大小影响政治家对于全国利益和地方利益的偏好，宪法关于对私有化决策否决权归属的规定影响政权更迭后私有化能够继续下去的概率，维持银行公有制所造成的财政负担、反私有化力量的大小，以及意识形态等也都影响私有化的概率。这些政治因素不仅影响私有化决策，还影响私有化的方式以及私有化后银行的绩效等。这实际上意味着，一国的产权制度受一国的政治制度制约，或者说，政治制度通过决定产权制度从而对金融发展产生影响。

Claessens 和 Perotti（2007）认为，扭曲的政治体制允许既得利益集团

---

① 法与金融理论认为，与司法独立的国家相比，政府对司法部门进行控制往往会使法律体系更多地关注政府权力而非私人投资者的私人签约权。

限制金融准入来保护他们的寻租利益，从而抑制了市场的进入与竞争。同时，他们还发现，不平等的金融市场准入导致不公平的经济机会，并降低了人们的创业活动水平。Perotti 和 Volpin（2007）则证明，薄弱的投资保护更容易出现在政治体制薄弱和经济不平等程度较大的国家。

二、政治制度对金融发展的直接影响

（一）政治制度与公司金融

在政治与金融发展的理论文献中，有一部分文献研究了政治因素与公司金融之间的关系。Pagano 和 Volpin（2001）认为："政治能影响公司的内部人（经理和控制性股东）和外部人即非控制性股东之间的权力平衡"，"国家甚至可以通过直接参与公司的所有权结构来影响公司的寿命"。金融发展的政治论将政府看成是反映各团体之间经济利益冲突的政治力量代理人。政府通过影响法律法规的设计和执行、调和各团体之间的权力，来影响公司利益相关者——股东、经理、工人和潜在客户之间控制权的分配，进而形成了公司的目标函数，从而影响公司的融资行为及融资结构。Beck、Demirguc-Künt 和 Ross（2003）则认为，政府的权力越大，则公司所面临的外部融资障碍越大。

Acemoglu 和 Johnson（2005）发现，对权力的更严格约束对投资、金融发展及经济增长有着显著的积极作用。这是因为，政治制衡保护公民不被政治权力精英压榨，从而能有效地保护产权，而良好的产权保护能确保经济中每个潜在的合格市场主体取得金融中介的贷款。

（二）政治制度与金融中介

从金融中介角度看，政治因素对金融中介的影响体现在政府通过对金融机构的控制以实现政治利益的最大化，而政府的政策和立法又往往在很大程度上受到政府官员或既得利益者的影响。最典型的例子就是美国放松银行设立分支机构管制的演变过程以及美国对分业经营和混业经营所做出的规定。20 世纪 70 年代前，美国禁止银行跨州设立分支机构，也不允许银行从事证券业务，实行分业经营。金融发展的政治论认为，美国之所以放松银行的管制，无非就是要增加那些有强大特殊利益集团支持的大银行的实力，因为放松银行跨州设立分行的管制往往会减少当地银行的市场实力而使得那些小银行因经受不起竞争而被大银行吞并。

（三）政治制度与金融监管

Beck、Demirgüç-Kunt 和 Ross（2003）认为，现实中的利益集团为了自己的利益往往会迫使立法者和监管者执行增进利益集团利益而不是最大化社会福利的政策。一方面，政治家往往诱导银行把信贷投向与政府或政府官员有关系的企业中去；另一方面，政府官员也可能被商业银行"俘获"，使政府依照商业银行的最大利益行事而不是从社会利益出发。在这种情况下，政府对金融体系的监管在很多情况都归于失效。Rosenbluth 和 Schaap（2001）则认为，选举制度的不同是导致各国金融监管不同的重要因素。

Roe（1994）、Pagano 和 VolPin（2001）、Rajan 和 Zingales（2003）等人认为，在影响一国金融发展的因素中，法律制度是第二位的，政治制度才是第一位的，从根本上来说，是政治制度决定了金融发展水平。例如，中央集权的政治制度实施金融压制的可能性较大，从而会妨碍金融发展。又如，利益较为多元化、对政府权力进行有效的约束且政府行为具有较高透明度的政治体系更有利于金融发展。

（四）政治制度与金融发展水平

Haber（2004）、Pagano 和 Volpin（2001）、Rajan 和 Zingales（2003）研究了政治制度与金融发展水平之间的关系。他们认为，封闭的政治体系更容易阻碍竞争，维持利益集团的利益，从而不利于金融发展。因为集权的国家更倾向于采取措施保护精英阶层的利益，而分权的政体更倾向于行政权力的制约与平衡。Haber（2005）通过分析墨西哥的情况后认为，墨西哥非竞争性的政治环境是导致墨西哥金融压制的重要原因。

金融发展的政治经济学将政府看成是反映或协调各团体经济利益冲突的代理人，而这个代理人既可以弥补市场失灵所引发的问题，也可能阻碍经济与金融发展（Kuo，2000；Rajan 和 Zingales，2001），关键是政府的权力是否能得到有效的制约或充分的制衡。BDL（2001）认为，只有分权型的政治体制才可以为金融发展提供一个有利的制度环境。从现实来看，实行分权、开放、并对司法和行政权力实行有效制约的国家，金融往往发展得更好。如英国，正是由于势力强大的议会对个人投资者权利的保护才促成英国伦敦成为世界金融中心。而很少面临竞争的集权式的封闭的政治体制，且对统治集团的决策没有任何制约的国家，其金融的发展往往受到很大的阻碍。Acemoglu 和 Johnson（2005）的研究也发现，对政治权力更加严格的约束和制衡更有利于经济增长，原因在于对政治权力的制衡可以保护居民的财产不被政治势力强大的精英分子所侵犯，因此能使居民的财产权利得到有效的保护，因而就有利于刺激投资和金融发展。Bordo 和 Rousseau（2006）发现，实行比例代表制的选举制度、经常性选举及普选权的国家一般都有较发达的金融部门。

Huang（2006）分两步研究了政治自由化对金融发展的影响。第一步，使用 90 个发达国家和发展中国家 1960—1999 年间的数据进行实证分析，研究证明：至少在短期内政治自由化对金融发展有正向影响，特别是对低收入国家而言就更是如此。第二步，使用事前—事后分析法研究民主转轨对金融发展的影响，结果表明，总体而言，发展中国家及经济转轨国家在民主化转轨以前都伴随着金融的低速发展，而在进行民主化转轨后都伴随着金融的较快发展，但同时也表现出更大的波动性。

Perotti 和 Volpin（2007）在对法律起源和经济发展等变量进行控制之后进行理论分析发现，更公平的国家和政治问责程度更大的国家，金融准入及金融发展状况都更好。Hodler（2007）建立了一个政治经济模型，他的分析表明，利益集团能够压制金融体系。而只有建立良好的产权制度并实现更大的贸易开放，才会减弱金融压制给利益集团的吸引力，并因此而促进金融发展。Kaufmann、Kraay 和 Mastruzzi（2007）则强调，政府公共服务的质量、政府制定和执行政策的质量及政府的承诺或信誉等因素会对一国金融发展产生直接影响。

Roe 和 Siegel（2008）认为，政治不稳定是影响金融发展的核心因素之一。他们的实证研究结果显示，政治不稳定的差异对金融体系有着显著的、持续的、重大的影响，政治不稳定与金融水平的落后之间具有持续而显著的相关性，这个结果在控制了国家经济发展水平后仍然如此。

（五）政治改革和金融改革互为补充

Tressel 和 Detragiache（2008）在最近进行的影响较大的跨国实证分析发现：一些国家的金融改革只在形式上减少了政府对金融部门的干预，而事实上，政治精英或强势利益集团仍然在左右着一国金融体系的运作，这就破坏了公平竞争的市场机制的有效性。Tressel 和 Detragiache 的研究表明，当权力不受制约且政府的权力过大时，商业银行往往会将资金贷给与政府部门有关系的企业或利益集团，而不一定是那些有潜力的项目，这不但不公平，而且往往导致效率低下。同时，Tressel 和 Detragiache 还发现：从全球的角度来看，金融自由化改革在政治制度较完善的发展中国家是成功的。由此，他们得出结论：政治改革和金融改革互为补充。

Acemoglu 和 Johnson（2005）则指出，对权力的严格约束对投资、金融发展及经济增长有着显著的积极作用。Braun 和 Raddatz（2008）使用事件研究方法，对 1970—2000 年间 41 个实行贸易自由化的国家进行检验，结果表明：金融发展不会自动产生，金融发展依赖于政治经济条件的成熟，因此金融改革及金融发展需要得到政治上的支持。由此，Braun 和 Raddatz 指出，为了更好地推动金融发展，有必要选择好政治改革与金融改革的次序。

Huang（2005）使用 90 个国家（包括发达国家及发展中国家）在1960—1999 年之间的面板数据进行实证分析。结果表明，政治自由化至少在短期内对金融发展有正面的促进作用，特别是在低收入国家、按人种划分社会结构的国家以及法语国家中更是特别适用，在低收入国家，这种正面的效应能够持续相当长的时间。同时，Huang（2005）还采用了事前事后比较的方法检验了民主改革对于金融发展的影响。结果表明，民主改革显著地提高了金融发展的水平。Huang 的研究结果还显示，政治自由化和贸易开放对于金融发展的作用十分显著。其原因在于：经济开放条件下的政治自由化能够刺激投资和经济增长，进而刺激金融发展。

（六）民主的政治制度有利于金融发展

BDL（2001）认为，只有分权型的政治体制才可以为金融发展提供一个有利的制度环境。从现实来看，实行分权、开放、并对司法和行政权力实行有效制约的政治制度的国家，金融往往发展得更好。Tressel 和 Detragi-ache（2008）的实证分析发现，政治权力得到充分制衡的政治制度是金融自由化改革产生显著效果的必要条件。

Huang（2006）认为，一个国家的经济环境是由体制、政治、地理、收入水平、文化特征共同决定的，而企业家们就是根据经济环境的状况做出投资或者外部融资的决策，消费者也是以此决定储蓄和消费，金融中介也依靠经济环境来构建借贷双方资金流动的渠道。本质上看，好的制度规则带来高效的外部融资。好的经济政策、较高的工业化水平和经济增长刺激了人们对信贷的需求。与此类似，地理禀赋的优势对于对外贸易质量和制造业水平有积极的影响。相反，宏观经济治理中的失误会抑制外部融资的需求，而地理禀赋的不足同样会抑制这种需求。总之，体制因素、政策因素、地理因素，都通过供给方和需求方这两方面对金融发展产生影响。为此，Huang（2006）使用了 39 个变量，并运用 Bayesian 模型和 Generalto 方法来探讨决定一国金融发展的因素，其结论是：一国的金融发展水平决定于该国的制度特征（如法律体系）、政治因素（如政府管理指数、政治约束指数、公民的权利与自由等）、宏观经济政策（如贸易政策是否更开放）、地理特征、收入水平以及文化特征。根据这一结论，Huang（2006）认为，一国对制度的改进，以及实行更加开放的贸易政策和更加合理的宏观经济政策，甚至于改善地理条件的努力，都会在长期内起到促进金融发展的作用。Huang（2006）由此指出，更加开放的贸易政策、更好的制度体系、更高水平的公民自由和政治权利往往伴随着更好的金融发展。

Girma 和 Shortland（2008）通过分析 1975—2000 年发达国家和发展中国家的面板数据来考察制度的改变对一国金融发展的影响，结果发现，专制的制度将不可能首先建立起金融市场，即使建立了金融市场，该市场也不能繁荣发展起来。相反，政治制度向更民主的结构转变对于金融发展将是有利的，并且完全民主的制度将会带来额外的收益。同时，他们的分析还发现，制度的稳定也有利于金融的稳定发展。总之，Girma 和 Shortland（2008）认为，民主转换以及稳定的民主制度对随后的金融发展具有积极的影响。

三、不利的政治环境会阻碍金融发展

Rajan 和 Zingales（2003）认为，影响金融发展的最重要的因素是政治环境。这是因为：市场经济及金融市场的发展需要良好的政治环境。而从现实来看，良好的政治环境往往面临两个方面的威胁，第一个威胁来自已经在市场上占据了强势地位的既得利益集团，第二个威胁则来自贫困人群。

（一）存在强势既得利益集团的政治环境不利于金融发展

Rajan 和 Zingales（2003）深刻指出，公平的自由市场及金融发展会为新的竞争者提供机会和资金，从而形成市场的激烈竞争，但这却会动摇已在市场上占据强势地位的既得利益集团的地位，因此既得利益集团往往会反对能推动自由竞争的金融发展。① Rajan 和 Zingales 将利益集团区分为非金融业的产业既得利益集团和金融业既得利益集团。其中，非金融产业既得利益集团可以从现存的产业收入中获得所需的资金投资到新项目，无需高度依赖外部的金融市场。即便他们现有的产业不能为投资提供足够的现金流，他们也可以利用自己雄厚的资产和商誉作为抵押而从银行取得贷款。所以，即便金融体系不发达，但只要有足够的抵押和声誉，银行也会成为他们有效的融资渠道。在这种情况下，产业既得利益集团不会陷入资金匮乏的困境，因而金融体系不发达不会影响既得利益集团的利益。

但是，金融发展会降低产业的进入门槛，从而有利于新的竞争者加入到某些产业，加剧产业的竞争。如美国某些州对银行业的管制放松导致其金融环境改善，从而使得新企业的创建速度显著加快（Sandra 和 Strahan，2002）。这意味着，在金融体系发达的国家，新企业的创立更容易，而且这些新企业的创建更多地是发生在对外部融资依赖程度更高的产业部门。在衰落的行业里，金融发展在扶持新兴企业的同时加速了对老企业的变革

---

① Rajan 和 Zingales（2003）还指出，阻碍人们以最有效率的方式使用资源的障碍并不是不完全信息的存在，而是来自于因创新而受到威胁的利益集团的抵抗。

与淘汰过程，由此提高整个产业的生产效率，促进现有产业内部的动态调整。而且，金融发展帮助个人扩展了成功的机会，如提高人们选择自主创业的可能性，提高人们的经济活力；也因为金融发展带来的竞争增加了雇员的重要性，从而有利于改变企业内部劳资力量的对比。此外，金融发展尤其是金融市场体系的发展，对于企业财务透明度提出了更为严格的要求，这直接瓦解了既得利益集团通过"关系"来维持经营的传统方式。还有，金融发展还会使资本流向可与其竞争的企业家，从而增大既得利益集团的竞争压力，削弱既得利益集团在市场上的垄断地位，等等。总之，金融发展带来的竞争以及由竞争所衍生的一系列结果，将销蚀非金融产业既得利益集团所享有的高额利润。

对于金融业的既得利益集团而言，金融发展虽然可以为其带来更多的业务机会，但同时也会削弱他们的比较优势。在信息披露和法律执行不力的环境中，融资活动一般建立在抵押或者关系贷款的基础上。拥有既得利益的金融机构主要通过独享的渠道来获取信息，这些金融机构收回贷款的途径有时是利用其长期积累形成的"关系"或社会影响力。因此，在金融不发达的环境中，金融业既得利益集团的比较优势来自他们与企业经理、其他贷款人、供应商和政客等之间所形成的"关系"，以及它们在金融业的垄断地位。相反，如果金融得到充分的发展，金融业的进入门槛大大降低、市场透明度提高，对信息披露和法律执行有了更高的要求，因而市场趋于公平竞争，则在这种情况下，金融业既得利益集团所掌握的信息和客户资源的重要性相对减小，市场透明度的提高将使既得利益团体难以利用其先前的各种关系，其原有的比较优势也会被削弱。此外，在市场竞争日益激烈的情况下，最好的客户可能投向新进入市场的其他金融中介机构，或是直接发行证券在市场上直接融资，等等。因此，金融发展将使金融业既得利益集团承受市场公平竞争所带来的垄断利润的损失。还有，法治的健全不仅不会给金融业的既得利益集团带来多少帮助，反而会便利其竞争者侵入其原有的金融业务并抢走他们的客户。

总之，由于金融发展会加剧市场的竞争，从而会打破产业既得利益集团和金融既得利益集团对市场的垄断，并导致其垄断利润的损失，因此无论金融业还是其他产业的既得利益集团为了自己的利益都会通过施加手中的政治影响力来阻挠有助于新企业进入和创造公平竞争环境的金融发展。[1] Rajan 和 Zingales 的结论是，来自金融业和其他产业的既得利益集团出于维护既得利益的考虑所采取的阻挠金融发展的措施成为各国金融发展呈现显著差异的内在原因。[2] 在 Rajan 和 Zingales 的基础上，Braun 和 Raddatz (2007)，以及 Baltagi、Demetriades 和 Law (2007) 等人也纷纷通过实证检验证明了这一观点。

Claessens 和 Klapper (2002) 发现，在既得利益集团势力过大的情况下，司法机关可能不愿或难以为那些政治势力较小的人执行限制性合约。在这种情况下，债权人可能会由于在约束借款人冒险行为的能力上受到极大的限制而不愿贷款，显然这不利于金融的发展。Claessens 和 Klapper (2002) 还声称，有确凿证据显示，在破产程序不够完善、债权人权利薄弱的国家，企业获得的贷款要少于法制完善国家的企业所获得的贷款。结果，这些国家的生产性投资将减少，并进一步拖累经济增长率。Beck、Demirguc-Künt 和 Ross (2003) 也发现，现实中利益集团会迫使立法者和监管者执行增进其个人利益而不是最大化社会福利的政策，因而不利于促进金融发展。

（二）存在庞大贫困人群的政治环境不但不利于金融发展，而且也对市场机制不利

同时，Rajan 和 Zingales (2003) 也深刻地指出,，庞大的贫困人群也是阻碍金融发展的重要因素。这是因为，在"优胜劣汰"的市场竞争中，总会有输有赢，总会有失败者，而这种有输有赢或失败实际上是"创造性破坏"（Creative Destruction）或市场淘汰机制的结果，是资源从低效率用途转移到高效用途所必然产生的，[3] 是市场机制发挥作用所必须付出的代

---

[1] Fernandez 和 Rodrik (1991) 曾指出，如果改革的结果不确定，个人或利益集团在事前不知道他们中的哪一个人将从改革中受益，他们就会维持现状而反对改革，即使这种改革能使绝大多数人受益因而会使社会福利最大化也如此。

[2] Rajan 和 Zingales (2003) 就此指出，金融产业的落后是另一种形式的产业进入壁垒。

[3] "创造性破坏"是创新理论的大师熊彼特（Schumpeter, 1912）提出的概念。所谓的"创造性破坏"是指在市场不断趋向均衡的过程，在摧毁一种行业的同时又创造出另一种新的行业，而这种"创造性破坏"是通过创新的竞争实现的，每一次大规模的创新都淘汰旧的技术和生产体系，并建立起新的生产体系。

价。但问题是，贫困人群往往会认为是"优胜劣汰"的自由市场制度造成了他们的失败和贫困，在市场竞争中失败的人一般会反对自由的"优胜劣汰"的市场竞争机制，并由此而反对自由的市场经济体制，因此这些人必然希望改变给他们带来困境的制度规则。在这种情况下，既得利益集团为保持自己的垄断地位往往有可能利用贫困人群的心理，要求限制由于金融市场发展所形成的"优胜劣汰"的自由竞争。特别是在发生经济衰退或金融危机的时候，他们表面上打着改进市场缺陷、避免未来经济衰退的旗号来限制市场的作用，但实际目的是维护他们的垄断地位及既得利益，结果受害的是自由市场经济和所有可以从中获得机会的人。① 总之，在存在庞大的贫困人群情况下，反市场的力量会大大增强，这就会阻碍一国金融的发展。

（三）权力不受制约的政治体制不利于金融发展

Tressel 和 Detragiache（2008）则认为，如果一国对行政部门的制约力很少，财产被剥夺的风险就可能很高，这大大增大了私人投资及私营部门的风险。在这种情况下，一个追求利润最大化及风险最小化的私人银行除了向有政府背景的部门或者权势集团提供贷款以外，一般不愿向私营部门发放更多的信贷。因此，在那些财产权利保护弱小的国家，目的在于促使银行业自由化的改革可能并不会刺激对私人部门的信贷，因而就不利于刺激金融的发展。据此，他们认为，只是在那些政治制度健全、政治权力或行政部门的权利得到充分制衡的国家，金融自由化改革才会显著地促进金融的持续发展及经济的持续增长，而在政治权力没有得到充分制衡的国家则没有发现这种显著的持续影响。Tressel 和 Detragiache（2008）提醒道，如果不建立起保护公民权利及利益不受政府和精英集团侵占的政治制度，则金融改革至多只能是在形式上减少政府对金融的干预，而难以真正实现能给更多的人提供金融服务的金融自由化。这表明，政治权力得到充分制衡的政治制度是金融自由化改革产生显著效果的充分必要条件。

---

① Rajan 和 Zingales（2003）还深刻地指出，帮助贫困阶层也是防止民主政治走向市场对立面的重要措施。

（四）腐败不利于金融发展

Blackburn 和 Forgues-Puccio（2010）专门研究了腐败对金融发展的影响。他们发现：（1）腐败阻碍经济发展，但其不利作用在金融市场自由化的情况下更严重；（2）腐败的程度在金融开放的情况下比金融封闭的情况下更严重，在欠发达国家比在发达国家更严重；（3）金融自由化在制度合理的情况下有利于经济发展，但在制度不合理的情况下反而对经济发展有害；（4）除非进行根本的改革，否则腐败与贫困将长期共存。

而 Ahlin 和 Pang 早在 2008 年就专门研究了控制腐败与加快金融发展在经济增长中的作用。他们认为，控制腐败与加快金融发展这两个因素是经济增长的重要决定因素。为此，他们试图研究金融发展与腐败的减少怎样在促进经济增长中相互作用。他们通过研究证明：腐败控制与金融发展这两个因素表现为替代品。当金融发展水平较低时，降低腐败水平对经济增长的刺激作用更大。相反，当腐败程度很高时，改善金融体系、加快金融发展就对经济增长的刺激作用更大。当一个因素较弱时，对另一个因素进行改进所带来的边际效应更大。在究竟是腐败控制还是金融发展对经济增长有更强的刺激作用这一问题上，他们的实证分析认为，加快金融发展似乎比控制腐败对经济增长的刺激作用略大。

四、通过开放来逐步消除既得利益集团的影响，并进而推动改革及创造良好的政治环境

目前，既得利益集团对经济的负面影响已为越来越多的人所关注。Pagano 和 Volpin（2001）认为，如果既得利益集团的势力过大，则越容易形成封闭的政治体制，这就既难以实现效率，同时又不可能带来公平。问题的关键在于，如何才能有效地解决既得利益集团对经济的负面影响？可以直接剥夺其利益吗？显然，这样做会导致社会对立，并有可能引起社会动荡，因而并不是最佳的方式。

进入 21 世纪以后，Rajan 和 Zingales（2003）巧妙地将金融开放与既得利益集团问题联系起来，从而为解决这一问题提供了一个新的思路。他们认为，要消除既得利益集团的不利影响，并进而推动改革及创造良好的

政治环境，最佳的方式是对外开放本国市场，尤其是开放本国的金融市场。① 这是因为：（1）对外开放以后，国内既得利益集团也很难用国内的政治力量来反对外来竞争。（2）允许外国产品和资本的自由进入会创造一个更公平的竞争环境，② 这会削弱国内既得利益集团的垄断地位，③ 并减少其盈利，这将迫使国内既得利益集团为了自己的生存而不得不要求建立一个有效率的金融体系，以有利于扩大自己融资或进行重组，从而提高竞争力。在这种情况下，国内既得利益集团就会有动力支持改革，以使金融体系更有效率地运转，以便降低其融资成本，并进而提高其竞争能力。同时，随着国内金融机构的市场份额逐步被外资金融机构夺去，国内金融机构也必然会要求进一步进行改革，以给金融发展创造更大的空间。（3）在开放的条件下，限制国内竞争所能产生的利益也有限（当面临外国的竞争冲击时，限制国内竞争就没有意义了）。这样，限制竞争的动力和能够影响政客出台限制竞争的政策的能力都会萎缩。（4）自由的国际资本流动也会约束政府对既得利益集团的人为保护行为。这是因为：在资本自由流动的情况下，如果政府向国内既得利益集团提供各种人为的保护或优惠（如信贷补贴等），则会打击投资者对本国经济的信心，从而会导致资本外逃。同时，在资本能够自由流动的情况下，政府的直接干预也会减少，因此这就有利于刺激一国金融的发展，等等。Rajan 和 Zingales（2003）还强调，一国经济开放的程度越高，则越能够削弱既得利益者对金融发展的抵制，因而就越有利于本国的金融发展。④ Rajan 和 Zingales（2003）同时指出，一国要对外开放本国市场（尤其是金融市场），就必须在政治上得到人们的支持。⑤ 这意味着，政治因素是决定一国金融发展的关键因素。⑥

---

① 这意味着，Rajan 和 Zingales 实际上认为，金融自由化改革应与贸易的自由化、经常账户及资本账户的开放同时进行，贸易自由化和资本账户的同时开放是成功推动金融发展的关键。

② Rajan 和 Zingales 还指出，国家之间的竞争正是国内市场能够更好运行的重要原因。

③ 如果没有竞争性的市场机制，则贸易自由化和金融自由化的收益将在市场垄断的情况下被寻租行为所瓜分。

④ Rajan 和 Zingales（2003）以及 Svalaeryd 和 Vlachos（2002）都发现，更大规模的贸易开放确实是与更大规模的金融部门相联系的。

⑤ Rajan 后来（2006）在一篇文献中又提出，改革应该能够为既得利益者带来足够的利益来吸引他们参与改革，如果开放产生的新机会能给在任者带来足够多的新利润，使新增的利润超过竞争增加所导致的负面效应（如租金的减少），就更有利于改革及金融发展的顺利进行。

⑥ 这同时还说明，对外开放也是一个政治问题。

在提出对外开放是逐步消除既得利益集团的影响，并进而推动改革及创造良好的政治环境，及最终促进金融发展的良好方式基础上，Rajan 和 Zingales 运用 20 多个国家从 1913 年到 1999 年的经济开放度的数据和金融发展指标进行实证检验，结果发现两者之间具有强烈的正相关关系。而且，他们还发现，全面的开放（贸易的开放加上资本流动的自由化）比单纯的贸易开放能够更好地促进金融的发展。[①]

此外，Rajan 和 Zingales 还认为，进行政治改革、创造新的商业机会以及加快技术进步等都会削弱既得利益集团对金融发展的阻碍作用。例如，进行政治改革以构建新的权力结构，就能形成对抗既得利益集团的政治力量；再如，通过创造新的商业机会及开拓新的市场等，会导致融资需求的规模超过既得利益集团的既有融资能力，这时金融发展的速度也会加快；又如，技术的进步（如计算机及互联网在金融业中的广泛应用）也会削弱既得利益集团对金融发展的地域性金融垄断权，从而也会加快金融发展。

总之，Rajan 和 Zingales（2003）巧妙地将金融开放与既得利益集团的负面影响问题联系了起来，从而为解决既得利益集团问题提供了一条新的思路。Rajan 和 Zingales（2003）认为，实现金融的对外开放之所以是解决既得利益集团问题的最佳方式，是因为：通过金融的对外开放，会创造一个更公平的竞争环境，并减少其过高的盈利，从而逐步通过市场化过程打破既得利益集团对经济的垄断地位。这实际上是通过引进国际市场的竞争机制来渐进地而不是人为硬性但又是不可抗拒地地削弱国内既得利益集团对经济的负面影响，这就不会引起社会的动荡。而且，实现对外开放以后，国内既得利益集团也很难用国内的政治力量来反对外来竞争。

Rajan 和 Zingales 还就此指出，有一种观点认为，经济开放及经济的全球化会使人成为跨国公司的奴隶，因而对经济的全球化进行抨击。他们认为，这一观点完全混淆了是非，事实上，经济开放及经济的全球化反而会使人从既得利益集团的控制中解放出来。

针对阻碍金融发展的庞大贫困人群这一问题，Rajan 和 Zingales 指出，

---

① Rajan 和 Zingales 认为，单独的贸易开放并不足以使既得利益集团支持金融的发展。其原因在于：本国的既得利益集团可以通过请求政府的补贴来应对外国企业的竞争，而不是从根本上提高本国金融体系的效率。与此同时，如果只是单独实现金融的开放而不实现贸易的开放，则会由于产品市场缺乏竞争，因而既得利益集团同样缺乏激励推动金融发展。

为了防止失败者成为既得利益集团的人体盾牌，并使市场经济和对外开放得到人们政治上的支持，就必须帮助那些在市场竞争中遭受失败的人。但Rajan 和 Zingales 同时又强调，政府应帮助或保护的是在市场竞争中失败的人而不是在市场竞争中失败的企业，因为政府保护市场竞争中失败的企业往往会演变成政府对既得利益集团的补贴，这不但会形成新的既得利益集团格局，而且会限制具有创新精神的新的企业家进入市场，从而导致低效率及造成新的不公平。而帮助那些在市场竞争中遭受失败而陷入贫困的人的最好的方式是加快金融发展以强化市场竞争机制，从而打破既得利益集团的垄断地位，并降低市场进入门槛，从而为贫困人群创造更多的机会。

Mishkin（2006）也认为，对外国资本和外国金融机构开放本国金融市场，是推动制度改革的强大动力，而体制改革的覆盖面只要足够广泛，它就能有效地刺激金融发展。而且，外国资本和外国金融机构的进入也会增加国内金融市场的竞争压力。当国内业务也可以从国外或从国内的外国金融机构获得时，国内金融机构将开始流失许多老客户。在这种情况下，国内金融机构为了维持生意，不得不寻找新的客户并以优惠利率贷款给他们。为实现这一目标，他们将需要足够的信息来筛选出信用良好的客户，并对借款人加以监控，以确保他们不会承担过度的风险。这样，国内金融机构就会要求进行改革，要求更完善的会计准则和信息披露要求，因为这会帮助它们更容易地获得信息，从而避免风险。同时，国内金融机构也将看到完善法治的必要，因为这能帮助它们执行限制性契约或能获取抵押物的所有权以约束借款人的违约行为。可见，随着金融的开放，国内金融机构将转向支持保护产权及健全法治，因为这有利于帮助它们获得利润。Mishkin 后来（2009）又提出，实现贸易的开放有利于推动一国的金融改革及开放。这是因为，在本国贸易开放的条件下，对资本流动的控制会越来越难，越来越无效，因而就会促使一国不得不实现金融的开放。

五、政治制度与金融发展的国别研究

（一）发展中国家的政治制度与金融发展

第一代金融发展理论认为，政府干预是发展中国家产生金融压制的根源，但金融发展的政治经济学却认为，发展中国家出现金融压制的深层次原因则在于发展中国家的政治制度不合理。发展中国家的政治局面复杂、党派之间的竞争等政治因素往往成为金融压制的重要原因。如南亚的斯里兰卡，尽管是个小国，但国内战争连绵，政局动荡不安，政党内部也不团结，结果严重阻碍了斯里兰卡的经济和金融发展。拉美的阿根廷也与之类似，政权更替过于频繁，使原本就比较脆弱的金融体系愈加变化不定，最后出现金融动荡。

Shleifer 和 Vishny（1993）认为，腐败、政治制度的低质量导致欠发达国家的经济运行成本过高，从而不利于金融发展与经济增长。Detragiache、Gupta 和 Tressel（2005）的研究表明，低收入国家的政府腐败对金融发展造成很大的危害。Ayyagari、Demirgüç-Kunt 和 Maksimovic（2005）在对80多个国家的公司数据及商业环境进行分析的基础上，发现政局不稳定及犯罪比率过高是公司成长及金融发展的障碍。Demirg-Kunt 和 Levine（2008）认为，腐败和犯罪会导致产权不稳并增大企业成本，政治动荡会导致宏观经济的不稳定并恶化企业环境，战争和社会冲突会摧毁资本及基础设施，这些都会严重影响金融发展。

总之，Beck、Clarke、Keerfer 和 Walsh（2000），Beck、Demirgüç-Kunt 和 Levine（2001），Pagano 和 Volpin（2001）、Ranjan 和 Zingales（2001）等人都认为，政治因素相比于法律制度能更好地解释各国历史上金融发展的差异。这一结论不但适用于发达国家，而且对发展中国家而言更是如此。相比于发达国家，发展中国家的政治民主机制相当不完善，政局的更替非常频繁，每届政府所采取的政策不仅没有连贯性，政治制度存在较大缺陷，由此导致发展中国家的金融发展无法在一个长期稳定的政治环境中持续进行，因而往往出现动荡局面。

（二）转轨国家的政治制度与金融发展

Denizer，M. Desai 和 Gueorguiev（1998）开创性地从政治经济学的角度考察了导致转轨国家金融压抑的原因。他们利用25个经济转轨国家的数据，实证分析了转轨国家的政治结构对金融政策、金融自由化及金融发展的影响。

他们首先利用25个转轨国家的数据构建了衡量转轨国家立法机构制度

特征的三个指标：转轨前的执政党或其直接后裔在议会中所占的席位比例（COMMP）、议会（党派）分散程度（FRACTION）、议会对执政党的支持程度（GOVSTR），并检验了其与金融压抑或金融自由化的关系。实证结果发现：（1）转轨前的执政党在议会中所拥有的席位比例越大、党派竞争越少以及对执政党的支持越高的国家往往更倾向于采取金融压制的方式从金融市场上抽取租金；（2）转轨国家是否实行金融自由化，取决于对转轨前的执政党席位的控制程度和政党多元化的程度，并且这两个指标与金融自由化呈现出显著的相关性，即转轨前的执政党在议会中所占比例越少和政党越分散化，实行金融自由化的可能性越大。

Siegle（2004）则指出，民主会带来政治制衡、公众反应、优先性、公开性、自我修正机制，所有这些都会导致增长。Rodrik 和 Wacziarg（2006）的研究结论是：对于转轨经济而言，一个不断改善的民主制度具有重要的作用。Campos 和 Coricelli（2009））则运用东欧的实践证明，由于东欧在民主进程的早期政治不稳定，因此东欧的金融发展较慢。由此他们证明：政治稳定与金融发展之间存在相关关系。

第四节 非正式制度与金融发展

研究金融发展问题的学者们除了从法律制度、产权制度及政治制度等正式制度的角度研究金融发展的决定因素以外，还有一些学者另辟蹊径，从文化、宗教、社会资本等非正式的制度角度来研究金融发展的决定因素。

一、文化与金融发展

（一）文化与经济发展

"文化"一词，西文源于拉丁文字"cultura"，本意为土地耕耘和作物培育，后来则指人类自身的心灵、智慧、情操和德行的培养教育等一切精神活动乃至全部社会生活内容。Fukuyama（1995）认为，文化是指继承而来的伦理习俗或伦理习惯。文化的范围很广泛，包括价值、偏好、宗教信仰等。一般来说，在经济学文献中，"文化"是指一个个社会世代传承下来的具有持久生命力的宗教、习俗、价值、道德伦理等。

近来，一些学者开始关注文化因素对经济增长及金融发展的影响。著名经济学家 North（1990）曾认为，文化被认为是影响个体行为，进而影响经济绩效的重要因素。事实上，在很早以前，一些著名的经济学家们就曾提及文化因素在经济发展中的作用。如经济学的奠基人亚当·斯密（Adam Sminth）在《道德情操论》（1759）和《国富论》（1776）中，就分别强调了价值、宗教等文化因素在人们经济金融活动中的作用，他认为教派之间的竞争有利于经济发展。穆勒（John Stuart Mill）（1848）在《政治经济学原理》一书中也指出，道德、心理和习俗会影响人们的经济行为，人们的信仰对经济活动有很大的作用。他还强调，对于劳动效率来说，劳动者的道德品质与智力具有同等重要的地位，知识水平和人们之间的相互信任程度对社会生产有很大的决定作用，特别是人们之间是否相互"信任"对社会的影响是深远而多方面的。马歇尔（Marshall）（1890）在其经典著作《经济学原理》的开篇就指出："经济学既是一门研究财富的学问，也是一门研究人的学问"，而要研究人的经济行为，就不仅要考虑其经济动机，也要考虑到个人的道德、理想及宗教动机。马歇尔认为，宗教对人的性格或行为的影响是巨大的，他指出，"塑造世界历史的两大力量就是宗教和经济。"[1]马歇尔特别强调了宗教在经济活动中的作用，他认为英国人所具有的庄重精神使他们容易接受宗教改革，从而容易诱发工业革命。可见，宗教会影响人们对市场制度的态度，从而会对经济发展产生重要影响。

明确强调文化是经济增长重要决定因素的学者是马克斯·韦伯（Weber, 1930）。他在《新教伦理与资本主义精神》中明确指出，文化是经济增长的重要决定因素。他认为，文化变革在资本主义及其制度形成和发展过程中扮演了十分关键的角色。由宗教改革而衍生出来的以禁欲苦行为特征的新教，使西欧社会克服了传统资本主义，并且它所传播的理性文化价值有利于市场机制的健全和完善，使清教徒更易于接受专门技术的学习和

---

[1] 马歇尔：《经济学原理》，廉运杰译，商务印书馆 2005 年版，第 3 页。

从事工业与商业活动，"在构成近代资本主义精神乃至整个近代文化精神的诸基本要素之中，以职业概念为基础的理性行为这一要素，正是从基督教禁欲主义中产生出来的"。同时，新教所提倡的"天职"观念中的勤勉、纪律、克己、节俭等品质与资本主义市场经济发展所要求的储蓄、投资、人力资本、企业活动是相容的，而这些因素不仅是资本主义经济发展所必须的，而且这些因素还能够以一种价值合理的行动"创造"出资本主义。

North（1994）指出，文化因素可以通过制度环节影响经济绩效。他认为，一个社会的历史传统、价值观念及行为习惯等作为非正式制度约束的文化因素影响着经济制度的选择与变迁过程。一次正式制度的变迁能否取得预期的效果在很大程度上取决于正式制度的变迁方向和非正式制度的演变在方向上的一致性和相容程度。只有正式制度约束与文化等非正式制度具有相容性，才能实现制度均衡，从而推动制度的变革，否则就容易导致"制度畸形"，出现社会摩擦、动荡。因此，作为社会所共同具有的价值观和意识体系，文化的演进直接影响到正式制度变迁的成功与否，从而影响一国的经济金融绩效。

沿着以上研究思路，近年来，一些经济学家开始关注文化作为一种非正式制度安排在金融发展中的作用，并提出了许多有新意的观点。①

---

①　对于儒家文化在经济发展中的作用，在学术界一直有争议。如韦伯认为，中国的儒家文化阻碍了企业家精神的传播，从而不利于经济的发展。但随着亚洲经济的崛起，特别亚洲"四小龙"经济奇迹的出现，人们开始强调儒家文化在亚洲经济崛起中的作用，并认为这些作用表现在以下方面：一是儒家文化具有强烈的现实主义倾向，鼓励人们在经济活动中积极开拓，有所作为；二是儒家文化中注重"礼治"的作用，用礼来节制人的欲望、规范人的行为以及协调社会关系，它所倡导的忠诚、责任感和集体主义精神，有利于实现社会和经济的协调发展；三是儒家文化中提倡节俭储财，反对恣意挥霍奢侈，这有利于增加社会储蓄，而高储蓄率是东亚经济腾飞的重要因素；四是儒家文化中倡导学习，重视教育，提倡勤勉，有利于增加社会的人力资本，为经济发展提供丰富的劳动力资源。但是，20 世纪 90 年代爆发的亚洲金融危机又使人们开始重新反思儒家文化在经济中的作用。顾肃（1999）认为，东亚的金融危机根源就在于以儒家文化为代表的东亚文化。这是因为：在儒家文化的经济中，往往缺乏普遍权利意识和公正透明的经济秩序，并且容易带来一元化的思维模式与缺乏制约的权力结构相结合，从而产生了特殊的政治文化及政治裙带关系，如政府官僚对经济的主观随意干涉，滋长严重的政治腐败、泡沫经济和金融无序，政治上的家族统治、虚假民主和官商结合，裙带关系的资本主义，这些都容易带来风险意识淡薄、不遵守信贷规则，等等，这些都是导致 20 世纪 90 年代东亚金融危机的深层次因素。然而，近年来随着中国经济的崛起，人们又开始重新审视儒家文化与中国金融发展与经济增长的关系。Allen、Qian 和 Qian（2002）研究发现，中国文化对关系特别是家庭关系的重视，不仅有利于消除人们之间的不信任，而且有利于降低人们之间的交易成本，特别重要的是，中国文化对家庭关系的重视对于减轻企业的融资障碍有着重要的作用。

（二）宗教与金融发展

宗教历来被视为是文化的重要组成部分，Stulz 和 Williamson 于 2003 年发表了一篇经典文献，他们开创性地将宗教因素引入到金融发展理论之中，从而在文化与金融发展这一领域做出了重要贡献。Stulz 和 Williamson（2003）认为：世界三大宗教基督教、伊斯兰教和佛教①由于各自的教义所蕴涵的内容不同，从而对金融发展产生了不同作用。

从金融的角度来看，伊斯兰教自始至终严禁高利贷，伊斯兰教的经典《古兰经》禁止收息和投机行为。② Kuran（2009）曾将相对落后的伊斯兰世界与停滞的金融制度联系起来，他认为，禁止利息的规定导致了伊斯兰世界银行业的萧条，也不利于促使资金流入本国银行。虽然伊斯兰教学者也试图提出一些变通方法来解决这一难题，③ 但这些变通之法只是权宜之计，不能从根本上解决问题。这些办法把本来便利的融资、投资活动变得十分复杂，给客户带来了诸多不便和麻烦。而且，由于伊斯兰银行拒付利息、不接受支票、不采用国际通用信用卡等惯例，因此伊斯兰银行难以同西方银行建立横向业务联系。此外，在诸如短期贷款与盈亏分摊的矛盾、贵金属和外汇的买卖、外债利息、发行债券等问题上，伊斯兰银行至今还找不到什么好的变通办法来避免与伊斯兰教法发生冲突，结果阻碍了金融的发展。总之，伊斯兰世界的金融系统阻碍了金融创新，从而阻碍了技术创新与增长。正因为如此，信奉伊斯兰教的国家银行和金融业的发展比较缓慢。④ 从天主教的情况来看，由于天主教的传统是厌恶债权和收息行为，

---

① 基督教又分为新教、天主教、东正教，其中新教是最主要的教派；伊斯兰教包括逊尼派和什叶派；佛教分为大乘佛教、小乘佛教、藏传佛教；其他的教派还有犹太教、印度教、道教等。

② 根据《古兰经》，"安拉允许贸易但禁止利息"，因此伊斯兰金融严格遵循"禁止利息，禁止投机行为，禁止投资于伊斯兰教义不允许的产业"等原则，并有专门的机构对金融机构恪守教义情况进行监督。

③ 如伊斯兰学者认为，对于伊斯兰教而言，承担风险而赚取回报是合理的，因此提供贷款的回报可以通过加价或利润分成的形式来实现，但这却导致贷款的回报（利率）很不稳定。在现实中，伊斯兰银行的突出特点是存款和贷款都没有固定的利率。

④ 还有一点需要指出的是，在《古兰经》中几乎没有提及商业组织方法。伊斯兰教的合伙人通常包括投资人和商人，前者承担资金风险，后者作为前者的代理人从事业务。这和犹太法律中双方均分风险收益的规定不同，伊斯兰教合伙人的利润份额是可变的。但随着经济活动日益复杂，这种合伙关系的局限性十分明显。其中，一个问题是这种关系要求所有的支付必须是现金形式

因此信奉天主教传统的国家信贷市场较不发达。

而佛教不仅允许放贷取利，且对交易方式和利率做出了明确规定，因而信仰佛教的地区金融发展未受太多的约束。基督教早期禁止放贷获息，在中世纪时，基督教反对高利贷的思想达到顶峰，但 16 世纪开始的新教改革使新教对待金融的态度发生了转变，认为支付利息是正常的商业行为，这样在信奉新教的国家债权人权利得到了有效的保护。[①]

Stulz 和 Williamson（2003）在其开创性的文献中，从理论上归纳出宗教影响金融发展的途径，主要包括以下方面：[②]

第一，宗教会影响人们价值标准的形成和发展，从而影响到一国的金融发展。这一观点显然是 Weber（1930）所谓的宗教是资本主义增长的主要决定因素的另一种表述。他们在实证分析的基础上指出，在股东权利保护方面，一国法律制度的起源比宗教对股东权利影响更大，但在债权人的权利保护方面，一国的宗教信仰则比法律起源及经济的开放程度等因素影响更大。

第二，宗教会影响制度（特别是法律制度）的形成和发展。如在天主教为主要宗教信仰的国家里（大部分拉丁美洲国家的主要宗教信仰是天主教），天主教会是共同价值标准的制定者，天主教教会通过所形成的庞大的教会科层组织将其制定的共同价值标准传达给每一个教会成员，教徒的行为要服从教会所制定的"共同的价值标准"，个人不能向教会和政府发起挑战。这样，天主教为主要宗教信仰的国家往往会实行大陆法系，对个人的权利保护较弱。与天主教相对照，新教则强调对私人产权的尊重和签约自由。基于个体应该对自己的行为负责（每个个体独自决定什么是正确

（接上页注④）的同一种货币，不能用交易的商品来冲抵账户。另一个问题是，相关规定要求，当一方合伙人去世后，合伙关系即行终止。与此相关的是伊斯兰教的继承制度，它要求死者2/3的财产必须被死者的亲戚平分，虽然这保证了伊斯兰社会的平等，但它不利于建立和维持大型的商业合伙关系。它意味着只要有一个合伙人去世，合伙关系就不复存在，所有死者的继承人都有权索要他们的那份财产。这个制度使得伊斯兰社会的合伙人关系无法在长期过程中实现专业化和达到规模经济。众多投资人中只要有一个去世，整个买卖就会崩溃，没有人乐意投资这样的项目。所以，合作关系都是小型的，寿命也不长。当经济变得更加复杂、贸易的范围更大之后，伊斯兰教的劣势就出现了。此时，欧洲则出现了合股公司，合伙人间可以专卖所持有的份额。后来由此发展出了在法律上独立于自然人的商业公司，而在伊斯兰法律下是不会有这种东西的。

① 魏悦：《三大宗教的信用思想》，《江西财经大学学报》2004 年第 1 期。
② 郑志刚：《金融发展的决定因素》，《管理世界》2007 年第 3 期。

的）的一致性认同，教会仅仅被看成是认识一致的个体的协会。这样，以新教为主要宗教信仰的国家往往会实行以保护个人权利为主要特点的普通法系。还有一点要指出的是，新教往往基于个人的信念，天主教则基于知识。而基于知识的宗教必将形成中央集权的科层结构，以便于知识多的人来指导知识少的人进行决策，而不是让每个人自由地做出决策。

第三，宗教会影响人们的经济行为，如不同宗教国家对待合同的态度不同。对于天主教（实行大陆法）国家，基于道德准则和伟人的倡导，不履行合同将被视为罪孽。而对于新教（实行普通法）国家，合同的履行只是一个交易，重要的不是合同是否应该在道义上履行，而是违约可能导致另一方的利益受到损害。再如，新教徒与天主教徒相比，更愿意在信任和自由意志的基础上进行合作。

第四，宗教会影响资源配置。天主教强调（抽象的）社会福祉，根据天主教的看法，企业家的责任被认为是应考虑人类的福祉，而不是利润的增加。同时，天主教对与金融有关的活动并不信任，因而在天主教国家，最优秀的人才很少愿意从事金融活动，这在一定程度上影响了金融发展。

为验证宗教（还有文化因素中的语言）对一国金融发展的影响，Stulz和Williamson（2003）运用计量经济学的方法对49个样本国家进行了实证分析。① 他们把主要宗教（及语言）定义为被一个国家最大比例的人口所信奉的宗教（所使用的语言），采用与LLSV（1998）相同的均值检验方法，并根据一个国家的主要语言是否是英语，主要宗教是否是基督教、新教或天主教等与一国对投资者权利保护程度之间的关系联系起来进行研究，以深入探讨一国的主要宗教（及语言）与该国对投资者权利保护程度大小之间的关系，并试图进而分析一国的主要家教（及语言）与该国金融发展之间的关系。其中，对投资者权利的衡量采用LLSV（1998）所建立的股东权利、债权人权利、法定资本储备、法治（法律实施质量）、司法系统的效率、法制、腐败、掠夺的风险、毁约的风险和会计标准排名等指标。在均值检验的基础上，Stulz和Williamson进一步进行多元回归分析。他们选择投资者权利、债权人权利、法律实施质量等作为被解释变量，而

---

① 在这里，Stulz和Willamson（2003）实际上是以宗教和语言作为文化的替代变量检验了它对金融发展的影响。

以是否信奉新教、天主教、佛教、伊斯兰教和主要语言是否为英语、西班牙语作为解释变量，在控制人均 GNP 水平以后所得到的主要结论为：（1）主要宗教为天主教国家的债权人权利保护较差，而且主要语言为西班牙语的天主教国家比使用其他语言的天主教国家具有更低的债权人权利；（2）新教国家与非新教国家相比腐败现象更少；（3）对于投资者权利而言，英语国家和新教国家的投资者投票和起诉更为容易，即这些国家的投资者权利得到了更好的保护；（4）天主教国家的投资者更可能推行累计投票权；（5）对于权利实施和会计标准而言，基督教国家通常具有更好的实施，新教国家的法律实施质量强于天主教国家；（6）英语国家比非英语国家具有更好的会计标准；（7）宗教和语言同法律的执行质量也存在着密切的相关性，相对于主要信仰基督教或新教的国家，天主教国家的法律执行质量一般比较差，特别是在讲西班牙语的天主教国家中。

为了回应文化因素影响显著仅仅是因为与法律渊源相关的可能质疑，Stulz 和 Williamson 通过对不同国家投资者保护的差异，分别对法律渊源的解释和文化因素的解释进行稳健性检验。他们采取的检验策略是，将实行大陆法国家中的英语与非英语国家进行比较，将主要宗教为新教的国家中实行大陆法与实行普通法的国家进行比较，同时考察文化变量与法律渊源的交叉项对投资者权利变量的效应。他们的检验发现：（1）就股东权利而言，如果考虑到法律渊源，宗教似乎并不重要（主要宗教为新教的国家中实行普通法的国家比实行大陆法的国家股东权利更高）；（2）对于普通法国家，英语国家的债权人权利要低于非英语国家；（3）对于实行大陆法的国家，信仰其他宗教的国家比信仰天主教和新教国家的腐败率更高。

Stulz 和 Williamson（2003）的研究还发现：（1）当一国经济变得更开放时，主要宗教是天主教的因素对于债权人权利影响的重要性减弱，这意味着经济的开放有利于对债权人权利的保护；（2）法律的执行质量也随着开放程度的增加而提高；（3）腐败随着开放程度的增加而减少。因此，Stulz 和 Williamson 提出，要减缓宗教对债权人权利保护的负面影响，一国就必须提高经济的开放度。

Kanatas 和 Stefanadis（2005）更是明确强调了文化、金融发展和经济增长之间的关系。他们认为文化既是影响经济增长的一个重要因素，同时又是影响金融发展的一个重要因素。他们的研究发现：（1）主要宗教为新教的国家更容易建立有效保护私人产权的法律体系，人均收入水平和经济增长率相应更高，金融体系也相对更发达。（2）产权保护不强、腐败水平比较高的国家相比于那些产权保护水平高和腐败水平低的国家更容易实行银行主导的金融体系；与此同时，宗教信仰越强的国家越不会选择银行主导的金融体系。（3）一国居民的道德感越强，就越有利于形成保护私人产权的法律制度，且越有利于创新，从而经济增长率及人均收入水平越高，金融体系也更发达。

二、社会资本与金融发展

20世纪90年代以后，社会资本这一概念①逐渐得到了人们的重视，并成为继物资资本和人力资本以后的一个重要的资本概念，且逐渐被应用到各个学科。目前，学术界主要从以下方面来定义社会资本这一概念：（1）将社会资本定义为规则或相互信任，并认为社会资本是个人从社会关系中获取的资源，因此社会资本的来源有赖于个人的人际关系（Coleman，1990）；（2）将社会资本等同于社会信任的程度（Fukuyama，1995）；（3）将社会资本定义为大家共同熟悉的、得到公认的，而且是一种体制化的关系网络，或者说是人们通过一定社区中的成员关系而获取的优势和机遇的积累（Bourdieu，1985）；（4）把社会资本描述为个人从社会联系中能获得的资源的关系和结构（Burt，1992；Lin，2001）。综合以上观点，可以将社会资本大致定义为规则、规范、信任和网络，社会资本存在于人与人之间的关系中。社会资本的作用就在于它可以创造交易和关系、形成团队和组织、缓和争执、激发创新和变化、吸引商人和市民加入某种组织，并进入新的市场。Fukuyama（1995）认为，一国的社会资本越丰富（即社会信任度越高），则该国就越容易发展交易和合作，因而就越有利于市场经济的发展，反之则有碍于市场经济的发展。②

---

① 社会资本这一概念是20世纪初由美国学者Hanifen（1913）和David（1915）分别提出的。他们认为，社会资本不是通常所说的资本、实物资产、个人财产或者现金，而是人们在日常生活中的名誉、关系及信任等。

② Grootaert（1999）认为，社会资本对穷人来讲更加重要。

（一）社会资本通过增强人们之间的合作关系促进金融发展

由于"金融的实质就在于以今日的财富换取一个将来获得更多财富的承诺"（Guiso、Sapienza 和 Zingales，2002），因此金融交易发生与否不仅取决于合同的法律执行力，而且依赖于贷款者对借款者的信任，或者说金融活动是建立在人们相互信任的基础之上的。既然金融合同建立在人们相互信任的基础之上，而社会资本又是影响人们相互信任度的重要因素，因此社会资本必然会对金融发展产生直接的影响。基于这一思路，一些学者开始将社会资本与金融发展联系起来进行探讨，以为国家间金融发展水平的差异提供新的解释。

Guiso、Sapienza 和 Zingales（2002）根据意大利不同地区人们之间的信任差别非常大的特点，利用家庭和企业的微观数据进行实证分析，研究结果表明，在市场主体之间存在高信任度的地区，个人家庭部门更多地投资于股票而不是大量地持有现金，且人们更容易得到金融中介机构的正规信贷，因而人们对非正式信贷使用的更少。同时，高信任度地区的企业的股东更为分散化，且企业更容易获得银行信贷，从而金融发展水平较高。特别是在法律执行效率比较弱和教育不发达的地区，人们相互之间信任度的高低对金融的影响较大。此外，他们还认为，人们之间的相互信任在缺乏教育的人群中更为重要，因为这些人群被认为更不可能参与复杂的金融合同，而且必须更多地依赖于委托。一个最终重要的结果是：在人们相互之间的信任度低的地区，家庭更多地依赖于与朋友和亲戚之间进行借贷活动，这显然对金融的持续发展不利。Guiso、Sapienza 和 Zingales（2002）最后提出，当一国教育水平较低或司法体系不健全、法律执行力较弱的时候，社会资本就变得十分重要（在发展中国家尤其如此）。

Fergusson（2006）指出，在人们相互之间的信任度高的地区，企业更容易获得更多的贷款并且更可能拥有多个股东。因此，Fergusson 认为，对外部投资者更严格的保护和公民之间更高的信任度都会增加资本市场的深度和广度。Guiso、Sapienza 和 Zingales 后来（2006）还考察了"信任"与股票市场的关系，他们认为，对股票风险的认识不仅与股票的客观特点有关，也与投资者的主观因素相联系。他们利用荷兰和意大利的微观数据和跨国数据研究发现，在缺乏"信任"的环境下人们将不参与股票市场，并且个人之间和各个国家的信任程度的差异也能够解释为什么有的人或国家乐于投资股票，而有的人或国家很少参与股票市场。同时，他们还认为，基于"信任"这一视角还可以解释现实中很多的"股票市场参与之谜"，如种族因素对股票市场参与度的影响、美国富人中不投资股票市场比例的决定。Detragiache、Gupta 和 Tressel（2005）认为，与高收入国家对比，低收入国的"信任"或"信用"状况显然比法治的完善更为重要。也就是说，在低收入的发展中国家，社会资本比法律条文可能对金融的影响更大。

（二）社会资本通过降低交易成本来促进金融发展

Fukuyama（1995）的研究发现，在发达国家信任度高的社会，如美国、日本和德国，往往拥有更多的大型私人企业，经济更发达。在发达国家中信任度较低的社会，如法国，其私人企业主要是小型家族企业。而在全面缺乏信任文化的社会，如南部意大利和美国黑人社区，则往往会形成贫穷状况。La Porta、Lopez-de-Silanes、Shleifer 和 Vishny（1997）的研究发现，一个社会的信任程度越高，则法律执行质量越高，公民参与公共活动的积极性越大，公司的经营绩效越高，基础实施的质量以及充足性越好，通货膨胀率更低，经济增长率也更高。

Greif（1997）认为，信用有利于合同的实施，并有利于促进市场交易，从而也有利于促进金融交易。他还指出，过去所形成的行为、文化信仰、社会结构和组织都影响着人们的价值观念和法律的实施机制，从而使制度结构表现出路径依赖的特征。

Karlan（2001）研究了社会资本对秘鲁的集团银行业的影响。他的研究发现，社会资本越高的地方，贷款偿还率和储蓄率都比较高，储蓄所产生的收益也越高。而且，社会资本能够区分违约是因为道德风险造成的还是因为个人所面临的真实不良冲击所造成的。同时，他还发现，文化异质性和地理扩散性也可以解释借贷行为。一般地，那些拥有相似的文化、居住得也比较近的群体之间所发生的借贷效率要高一些。

Zak 和 Knack（2001）通过一般均衡增长模型来分析信任、投资与经济增长的关系，他们认为，人们在进行经济交易时往往会面临道德风险，在这种情况下，人们往往只信任与他曾经交易过的人，因此一个社会的信任水平更低，投资率也更低，结果经济增长率也较差。

Calderón、Chong 和 Galindo（2001）利用 48 个国家 1980—1994 年间的数据考察了信任与金融结构、金融发展之间的关系。研究结果表明，即使在固定了经济发展水平、人力资本、宏观经济稳定，特别是法律制度等因素后，信任都与金融深化、金融效率以及股票市场相关。信任水平越高，金融深化程度越高，股票市场和信贷市场越发达，利差和管理费用越小，金融效率越高。而且，在法律法规不完善的情况下，信任可以起到一些弥补作用。[①]

另外，还有一些学者认为，信息的可得性对于促进金融发展也十分重要。实证证据表明，银行信贷在信息流通发达的国家更容易获得（Jappelli 和 Pagano，2002；Djankov、McLeish 和 Shleifer，2007）。Love 和 Mylenko（2004）等人发现，在信息更完善的国家，融资障碍更少。Detragiache、Gupta 和 Tressel（2005）的研究表明，在信息更容易获得和合同制度更严格的国家，金融会更加深化（即使是在低收入国家）。

Allen、Qian 和 Qian（2002）曾以中国作为研究对象，利用中国的相关数据将中国的企业划分为正式部门（国有企业和公开上市的企业）和非正式部门（所有其他企业）。他们的研究发现，在中国的非正式部门中，无论是合同的实施还是融资的便利都没有正式部门好，但中国非正式部门却比正式部门发展得快。在他们看来，其原因在于非正式部门中存在着非正式的融资通道和声誉及关系等社会资本在支撑该部门的增长。

Grretsen、Lensink 和 Sterben（2004）考察了社会规范与金融发展的关系，将 42 个国家划分为盎格鲁亚克逊模式、欧洲大陆模式、亚洲模式以及其他模式四种类型，他们的实证研究结果表明，社会规范等非正式制度与法律等正式制度一样能够解释上述四类国家的金融发展及经济增长。

此外，Guiso、Sapienza 和 Zingales（2000），以及 Dyck 和 Zingales（2002）等人还指出，媒体对于金融发展也有不容忽视的作用。

三、金融发展的禀赋理论

Acemoglu、Johnson 和 Robinson（2001）提出了金融发展的禀赋理论

[①] Mishkin（2006）指出，欠发达国家由于法治效率低下，因此一些非正式制度安排（如信任、荣誉或者"熟人"关系）往往代替正式制度发挥作用。

（Endowment Theory），后来经 Beck、Demirguc-Künt 和 Ross（2001），以及 Ross Levine（2005）等人对此进一步发展，从而形成了一套系统的学术观点。其主要思想就是认为一国的禀赋（包括地理、气候、疾病、矿产、本土人口及移民者的死亡率等因素）会影响各国的统治者采取不同的政策，结果就会影响到一国的金融发展。金融发展的禀赋理论的基本内容主要包括：

（一）不同的殖民策略会形成不同的制度

Acemoglu、Johnson 和 Robinson（2001）等人认为，如果殖民者采取定居方式成为定居殖民者（其原因可能在于殖民地的禀赋良好），殖民者会建立一种有效保护私人产权的制度以促进经济的长期发展，[1] 这就有利于促进该殖民地的金融发展。相反，如果殖民的目的仅是为获得殖民地的资源的话，则殖民者就没有兴趣建立有效保护私人产权的制度。这样，殖民地往往成为资源榨取型国家。[2] 而为了以最小的成本最大限度地榨取殖民地资源，殖民主义者就会建立集权专制主义政体。

（二）殖民地的环境条件影响殖民政策

如果殖民地的环境恶劣（如恶劣的气候条件等），导致疾病和移民者死亡率比较高，则殖民者倾向于建立资源榨取型的制度。在这些殖民地，法律制度是为满足殖民者统治殖民地的需要及殖民者的利益而确立的，以便殖民者能榨取当地资源和剥削当地人民。因此，法律制度在这些国家不会有效地保障每个公民的私人产权，这就严重阻碍了当地金融发展及经济增长。相反，适宜的环境条件会使殖民者居住下来，为保护自己的利益，他们会建立保护私人产权的制度以促进长期的经济发展，从而会推动殖民地的金融发展及经济增长。这意味着，一国初始的资源禀赋会影响一国的金融发展及经济增长。

（三）殖民地金融制度的选择在相当程度上受殖民者所属法系的影响

当殖民者来自于普通法系时，殖民者建立的制度就倾向于保护投资

---

[1] 如美国、加拿大、澳大利亚和新西兰。
[2] 如加勒比海、非洲和印度次大陆的殖民地。

者，因而易于形成以市场为主导的金融体系。当殖民者来自于大陆法系时，保护投资者的倾向性就比较弱，因而易于形成以银行为主导的金融体系。

Mishkin（2007）用殖民者定居模式的差异来解释殖民地的金融发展及经济增长。他发现，凡是有着大量欧洲人定居的前殖民地国家（如美国、加拿大、澳大利亚和新西兰等），其法律制度日趋高效，经济也日趋发达，人民日趋富裕。但凡是很少欧洲人定居的前殖民地国家（如牙买加、巴基斯坦、尼日利亚等），其法律制度相对低效，金融及经济也较为落后。

也有学者着力分析地理自然禀赋对不同制度形成的影响。Engerman 和 Sokoloff（1997）研究了地理禀赋对北美制度差异的影响。他们认为，北美的地理环境适合种植小麦和玉米，从而形成了一大批崇尚自由、平等的中产阶级，但南方适合水稻和甘蔗的生长，因而导致权力精英的形成。Herger、Hodler 和 Lobsiger（2008）则发现，金融较落后的国家一般处于热带或亚热带，而金融发达的国家一般位于温带。[①]

第五节 制度的量化问题及第三代金融发展理论的意义

总之，第三代金融发展理论认为，只有当金融体系建立在良好的制度框架基础之上，金融发展才会对经济增长产生巨大的有利影响。这里发达的金融体系所需要的合理的制度框架包括对产权的尊重、分权制衡的政治制度、透明的会计制度和信息披露体系，以较低成本实施合同的法律制度以及保护消费者利益、鼓励竞争的监管体系等（Demetriades、Arestis 和 Luintel，2004）。Mishkin（2009）则根据第三代金融发展理论的基本思想，指出了发展中国家促进本国金融发展的路径：（1）建立有效的产权制度；

[①] 应注意的是，Berglof 和 Bolton（2002）对俄罗斯的金融发展及经济增长情况进行分析后指出，俄罗斯对自然资源的依赖反而阻碍了企业家阶层和公民社会的发展。这一观点说明，不应过高估计一国的禀赋对金融发展及经济增长的影响。

（2）健全法律制度；（3）减少及消除腐败；（4）改善金融信息的质量；（5）完善公司治理；（6）消除政府对经济及金融的直接干预。应该说，第三代金融发展理论强调制度因素对金融发展的作用，抓住了影响一国金融活动及金融发展的要害所在。

一些学者甚至指出，如果没有建立合理的制度，则发展中国家就不应简单照搬发达国家的金融发展模式。这一观点也非常有意义。

Demirg-Kunt 和 Levine（2008）指出，一些适用于发达国家的制度或金融政策应用到制度体系落后发展中国家时效果往往不理想，甚至还有适得其反的效果。许多学者以金融监管为例说明这一点。他们认为，强有力的金融监管在发达国家是有效的，且不会产生腐败，原因在于发达国家具有良好的制度（特别是分权的政治制度等）。但在制度落后的发展中国家，推行强有力的金融监管措施不但会导致效率低下，而且往往有可能滋生腐败。还有些学者认为，发展中国家在制度不合理的条件下建立存款保险制度有可能大大提高成本，并带来更低的市场纪律性和更高的金融脆弱性，从而不利于金融发展（Demirgüç-Kunt 和 Kane，2002；Demirgüç-Kunt 和 Detragiache，2002；Demirgüç-Kunt 和 Huizinga，2004；Cull，Senbet 和 Sorge，2005）。Detragiache、Gupta 和 Tressel（2005）认为，存款保险制度并不能有效增加低收入国的储蓄。Cecchetti 和 Krause（2004）运用发展中国家和发达国家的样本数据表明，在发展中国家，存款保险制度的建立导致流向私有部门的信贷资金减少。Cull、Senbet 和 Sorge（2005）以 58 个国家为研究样本，分析了存款保险制度对金融体系的影响。他们发现：在过于宽松的金融监管环境中，存款保险会导致金融不稳定；但在完善的金融监管环境中，存款保险对金融发展与经济增长有预期的积极影响。因此，他们认为，实行存款保险制度的国家需要先建立一个有效的金融监管体系，否则存款保险制度将有可能引起金融不稳定。而在弱式金融监管的环境中，政策制定者应当限制存款保险的覆盖面。

Demirgüç-Kunt、Detragiache 和 Tressel（2006）则认为，在法治健全的情况下，实行《巴塞尔协议》有利于银行系统的稳定。但《巴塞尔协议》是建立在一定的公司治理条件下的，而这些条件在制度不健全的发展中国家并不具备。因此，在制度不健全的发展中国家可能不一定会带来理想的效果。

如果根据第三代金融发展理论的基本思想去分析一些国家金融自由化不成功或带来许多问题的根源，则可以将这种失败的根源归结为没有在进行金融自由化改革之前建立良好的制度。可见，第三代金融发展理论为一国成功地进行金融自由化改革，并避免金融危机的爆发，进而有效地刺激经济增长提供了一条新的思路。

但问题在于，"制度"因素是一个含义广泛且难以量化的指标，因此如何衡量制度这一抽象的概念也是第三代金融发展理论所要解决的问题。许多学者试图从不同角度，根据各自需要并运用多种方法来衡量制度这一指标，详见表8-7。

表8-7　制度变量的衡量指标

作者	文献出处	时间	制度变量
Laporta 等	*Law and Finance*	1996 年	司法系统的效率、法治、腐败、征用风险、合同否认风险、会计准则
Demirgüç-Kunt 等	*Law，Finance and Firm Growth*	1998 年	法律和秩序
Demirgüç-Kunt 等	*Financial Liberalization and Financial Fragility*	1998 年	法律规则被尊重的程度、官僚主义拖延、合同实施的质量、行政部门的效率、腐败
Geeert Bekaert 等	*Does Financial Liberalization Spur Growth*	2001 年	腐败、法律与秩序、官僚质量
Kaufmann 等	*Governance II*	2002 年	交待制、政局稳定、政府效率、管制质量、法规、腐败
Menzie D. Chinn	*Capital Account Liberalization，Institutions and Financial Development*	2002 年	法律指数、债权人保护指数、法律执行程度指数、会计准则、腐败
Demirgüç-Kunt 等	*Regulations，Market Structure，Institutions and the Cost of Financial Intermediation*	2003 年	经济自由、产权、KKZ 制度指数

续表

作者	文献出处	时间	制度变量
Adsera 等	*Are You Being Served? Political Accountability and Quality of Government*	2003 年	腐败、官僚质量、法规、财产被剥夺的风险、民主水平、经济结构
Bekaert 等	*Growth Volatility and Financial Liberalization*	2004 年	腐败、法律秩序、官僚质量
Qian 和 Strahan	*How Law and Institutions Shape Financial Ccontracts：The Case of Bank Loan*	2005 年	法律正规主义、产权指数、腐败
Hale 等	*Institutional Weakness and Stock Price Volatility*	2006 年	债权人权利指数、股东权利指数、法律和秩序

目前，国际上有关制度的实证研究多数使用"总制度指数"（Aggregate Governance Index）。该指数是六个分制度指标的平均数，这些分制度指标是由 Kaufmann、Kraay 和 Zoido（1999a）建立的，[①] 这六个分制度指标是：言论自由和责任制（Voice and Accountability）、政治不稳定和暴力（Political Instability and Violence）、政府有效性（Government Effectiveness）、管制负担（Regulatory Burden）、法律条款（Rule of Law）、贪污（Graft）。"言论自由和责任制"是衡量市民选择其政府的权力、政治权利、公民自由和独立出版的程度；"政治不稳定和暴力"是衡量政府以非宪法方式被推翻的可能性；"政府有效性"是衡量公共服务传递的质量和为公民服务的能力，包括政治化程度；"管制负担"是衡量政府对产品市场、银行体系以及国际贸易控制的相对程度；"法律条款"是衡量保护个人权利免受暴力和偷盗，保护司法独立和有效合同的实施的程度；"贪污"是衡量是否有使用公共权利获取个人收益或有无腐败的情况。

总之，第三代金融发展理论给人们所提供的启示是：一国要实现金融发展，要建立完善的金融体系，最根本的并不只是开发更多的金融产品，也不是创建更多的金融机构或开放更多的市场，而是要建立合理的制度（Institution or System）。只有建立良好的制度（包括政治制度、产权制度及

---

① *World Economic Outlook*（2001）：*Focus Transition Economy*，p. 119.

法律制度，等等），才会为真正意义上的金融发展奠定坚实的基石。只有当金融体系建立在健全的制度框架内，金融发展才会对经济增长产生巨大的有利影响（Demetriades，2004）。①

---

①　在第三代金融发展理论的基础上，目前学术界又有人从新的角度进一步探讨金融发展的原因。其中主要有：第一，从经济结构这一角度探讨金融结构的形成。Allen、Bartiloro 和 Kowalewski（2006）等人认为，经济结构决定了金融结构，如果一个经济体的产业主要是知识密集型或以无形资产为主，则该经济体更易形成以市场为主导的金融体系。相反，如果一个经济体的产业主要以有形资产为主且更依赖外部融资，则该经济体更易形成银行为主导的金融结构。如果制造业比服务业更占主导地位，则该经济体部门易形成银行为主导的金融结构。Ramcharan（2010）则认为，金融体系与实体经济是紧密相连的，产业结构的多样化有利于金融发展。不相关的产业或项目越多，则越有利于金融发展。实体经济的机会越多，就越有利于金融发展。Ramcha-ran 还发现，制造业部门越集中，则金融发展水平越低。第二，从收入分配的角度探讨金融发展的原因。Perotti 和 Thadden（2006）最近提出，在民主社会，收入及财富的分配会影响一国的金融体系。如果财富过于集中，则该经济体的银行及大投资者就会占主导地位。如果财富足够的分散，则该经济体的金融市场及分散的投资者就会占主导地位。同时，他们还指出，中产阶级的比率越高，则越有利于以市场为主导的金融体系的发展。同时，由于依靠工资收入的劳动者更注重分散风险，因此，一国的国民收入份额中工资份额的比重越大，则能够提供风险管理功能的金融机构就越占主导地位。人力资本的风险无法分散，而金融财富的风险可以分散。Perotti 和 Thadden（2006）还认为，公司治理会随着财富分配的变化而变化。Roe 和 Siegel 最近（2011）则认为，一国收入分配的不平等会导致政治的不稳定，并进而会影响到该国的金融发展。Roe 和 Siegel 还指出，在一国收入分配严重不平等因而导致政治不稳定的情况下，第三代金融发展理论所强调的制度因素实际上也没有意义了。在政治不稳定的情况下，对投资者的保护将是非常困难的，这就会严重地影响到金融的发展。因此，Roe 和 Siege 实际上认为，收入分配状况可能比制度因素对金融发展及经济增长的影响更大。第三，公司融资需求的增长是推动金融发展的重要因素。Philippon（2007）在《为什么美国的金融部门发展如此之快》一文指出，金融业在美国 GDP 中的份额第二次世界大战以后增加了 3 倍，而美国金融部门发展快的重要原因是公司融资需求的不断增长，公司融资需求的增长可以解释美国金融部门增长的一半以上。第四，与其他国家组成货币同盟（Monetary Union）或实现本国货币的国际化有利于刺激本国的金融发展。Masten、Coricell 和 Masten（2008）分别通过使用宏观层面和产业层面的数据，来分析欧元区的形成对欧元区金融一体化的影响及对加入国经济增长的潜在影响。结果发现，欧洲的货币一体化使得欧元区的金融一体化达到了更高的水平，同时多数新的欧盟成员国通过加入欧元区加快了本国金融市场的发展，并进而推动了加入国的经济发展。第五，世界银行的贷款对一国的金融发展及经济增长有积极的促进作用。Cull 和 Effron（2008）通过使用世界银行的相关数据进行分析，发现接受过世界银行贷款援助的国家比非借款国的金融发展（以 M2/GDP 增长率、私人信贷增长率等指标来衡量）状况更好。因此，Cull 和 Effron 认为，世界银行的贷款对一国的金融发展及经济增长有积极的促进作用。第六，来自国外的汇款也有利于本国的金融发展。Aggarwal、Demirgüç-Kunt 和 Peria（2006）认为，除了债权和股权的流动，国外务工人员的收入也成为除了外商直接投资外的另一重要外汇收入来源。相对于其他种类的资本流动，外来汇款在经济危机期间相对稳定。最新的一些研究表明，来自国外的汇款也有利于本国的金融发展（Aggarwal、Demirgüç-Kunt 和 Peria，2006）。Gupta、Pattillo 和 Wagh（2007）在评估稳定增长的汇款流入撒哈拉以南非洲地区（SSA）的影响后认为，发展中国家如能获得稳定增长的汇款且这些汇款能得到有效的利用，则有利于这些国家的金融发展及贫困减缓。

第 十 章

有关资本账户开放的进一步理论探讨

第一节　资本账户开放的利弊之争

实现经济的对外开放（包括开放本国的资本账户并实现本国金融的对外开放）是发展中国家及经济转轨国家进行经济自由化改革的一项重要内容。根据 Wacziarg 和 Welch（2003）的研究，从 1960 年到 2000 年，全球实现经济开放的国家由 16% 增加到 73%。从现实来看，开放本国资本账户及实现本国金融的对外开放①一方面刺激了本国的经济及金融发展，但另一方面又往往导致本国经济的波动甚至爆发金融危机。因此，这就在学术界引发了有关资本账户开放利弊得失的理论争论。②

一、开放资本账户不利论

在许多国家（发展中国家和经济转轨国家）开放资本账户结果却导致本国经济波动甚至爆发金融危机以后，有不少学者开始对资本账户的开放

---

① 目前，国内外学者仍习惯沿用"资本账户"表示"资本与金融账户"，但严格地讲，应该是包括资本账户（包括资本转移和非生产、非金融资产的交易）的开放和金融账户（包括直接投资、证券投资和其他投资）的开放。

② Eichengreen（2001）认为，"资本账户的自由化，公正的说，仍是当今最具争论和最少被理解的政策。"

持否定的态度，甚至是一些曾经大力支持全球化的经济学家，如 Bhagwati 等人也开始对金融的全球化持怀疑态度。Bhagwati（2004）指出："一些经济学家所声称的资本自由流动能带来巨大利益看来是缺乏说服力的。"总之，认为开放资本账户不利的基本观点主要有以下几个方面：

（一）冲击国内金融稳定

一些学者指出，由于金融市场对价格的调整比产品市场的价格调整更快，波动更大，同时开放资本账户意味着拆除了外汇管制这堵抵御国际金融投机的"防火墙"，因此 20 世纪 90 年代以来全球爆发金融危机（如 1994 年的墨西哥金融危机、1997 年的亚洲金融危机、1999 年的俄罗斯金融危机、2001 年的阿根廷金融危机，等等）频率的加快，都可能与资本账户的开放有关（Ishii 和 Habermeier，2002）。还有学者指出，发展中国家金融自由化改革的经验表明，资本的过度流入不仅导致一国宏观经济的过热，造成通货膨胀率上升和实际汇率升值，进而引起经常账户恶化和货币动荡，而且往往导致金融部门流动性的急剧扩大并最终加剧整个金融体系的脆弱性。

Stiglitz（2000，2002）则指出，开放资本账户对发展中国家并不一定有利，其原因主要有：（1）国际金融市场存在大量的信息不对称问题，因而资本的自由流动不一定导致资源的最优配置，特别是对国内经济存在严重扭曲的国家就更是如此。（2）国际资本市场的震荡及其传染效应将会加剧国内金融体系的不完善和脆弱性。据此，Stiglitz 认为，开放资本账户对于发展中国家而言是"没有回报的风险"，资本市场开放没有给发展中国家带来增长，反而是更大的危机。在金融的全球化过程中，穷国承担了更多的风险，特别是缺乏安全保障的发展中国家。（3）Stiglitz（2002）还驳斥了"资本账户不开放就不可以吸引外国直接投资"的观点。他指出：高资本流入带来了经济的不稳定性，这反而降低了对投资的吸引力；资金大量流入会导致货币汇率升值，从而打击出口并恶化国际收支，等等。总之，Stiglitz 认为，资本账户开放增加了发展中国家的风险。

（二）不利于推进改革

Stiglitz（2002）还驳斥了"资本账户开放可以引致国内改革"这一观

点。他认为，在国内条件不具备、监管体系不完善的情况下开放本国金融，大量的资本流入会超过国内金融体系的吸收能力，从而会冲击国内金融体系，并导致本国金融的脆弱性。在这种情况下，发展中国家显然无法进行改革。可见，资本账户的开放反而不利于推进发展中国家的国内改革。

（三）加剧宏观经济的失衡

Stiglitz（2000，2002）指出，如果资本流动的变化独立于一国的政策和经济周期，那么开放资本账户将增加该国发生货币危机的风险。Moel（2001）也认为，资本账户开放会导致一国宏观经济的不稳定，因为过多的资本流入会加大本国宏观经济政策的难度。一些学者认为，中国与印度这两个大国之所以避免了金融危机的冲击，关键就在于这两个国家实行资本管制的政策切断了国内外金融市场的联系，从而避免了金融危机的国际传递。[①]

从实证分析的情况来看，尽管大量的研究表明，发展中国家金融危机的根源在于国内宏观经济政策的失误，但是也有一些研究证据确实表明，开放资本账户在其中起了推动作用。Luna（1997）的研究发现，当一国资本账户开放以后，伴随着大量的资本流入，证券和房地产等资产价格会发生大幅波动，银行不良贷款的比例也随即上升，继而就会发生金融动荡。Goldfajin 和 Valdes（1997）认为，资本流动的负面影响主要不在于其规模，而在于资本流动方向的突然改变。Williamson（1998）研究了 1980—1997年间 35 个发生系统性金融危机的案例，发现有 24 个金融危机案例与金融的对外开放有关。Calvo（1998）的研究认为，资本账户的过快开放往往会引起短期资本的过度流入并产生逆转风险，继而引发国内的经济金融动荡。Lee（2004）的研究也发现，对于新兴市场国家来说，资本账户开放导致的国际收支不平衡是引发金融危机的重要原因。Honohan 和 Beck（2007）则基于非洲的经验证明，在缺少信息披露制度和法律约束的情况下，外资银行的进入未必能够促进金融发展。Daniel 和 Jones（2007）利用一个动态模型研究了资本账户开放与一国发生金融危机之间的关系，结果

---

① 以上分析说明，在金融自由化改革中，资本账户的开放是风险最大的一项改革措施。

发现，即使是金融体系非常发达、金融监管机制非常完善的国家，在金融的对外开放初期也会经历一个金融不稳定程度突然上升的阶段。

二、开放资本账户中性论

一些学者则认为，开放资本账户对经济的影响是中性的，即开放资本账户既对会经济产生有利的作用，同时也会带来不利的影响。甚至有学者认为，开放资本账户对经济的长期影响很小。如 Razin 和 Yuen（1994）的计量分析结果表明，资本账户的自由化对经济增长的长期影响是很小的，也就是说，开放资本账户对经济的影响是中性的。Grilli 和 Milesi-Ferretti（1995）的实证研究也不支持资本账户开放和经济增长之间存在相关关系。Willett（1995）则指出，实现资本的自由流动既有助于促进一国的经济增长，但同时也可能造成一国经济的波动。Rodrik（1998）运用两组国家的时间序列数据考察了开放资本账户与经济增长之间的关系。第一组为 20 个发展中国家，时间跨度为 1973—1996 年。研究结果发现，就经济增长而言，这些实行开放资本账户的发展中国家既有成功的，也有失败的，且成功或失败的原因都不能归因于开放资本账户。第二组为 100 个发达国家和发展中国家，时间跨度为 1975—1989 年。研究结果并没有表明实行开放资本账户的国家可以获得更高的经济增长率或更低的通货膨胀率，也就是说，在其他因素既定的情况下，开放资本账户与一国长期经济增长并没有相关性。[1] Carrsquilla（1998）研究了 19 个拉丁美洲国家 1985 年至 1995 年间资本账户开放的情况，也得出了资本账户的开放与经济增长相关性很小的结论。

世界银行（2001）也认为，资本账户的开放对于一国经济增长是积极的还是消极的，目前并没有形成共识。另外，以强调自由贸易而著名的自由学派经济学家 Bhagwati（1998）也指出，"没有证据表明资本自由流动会解决任何问题。"Prasad 等人（2003）的研究结果也表明，金融的对外开放与一国的经济增长速度之间没有必然联系。Henry（2007）甚至认为，

---

① Rodrik, D., 1998, "Who Needs Capital-Account Convertibility?" Symposium Paper to Appear in Princeton Essays in International Finance.

金融开放对投资及经济增长的刺激作用实际上是暂时的。

三、开放资本账户有利论

针对开放资本账户不利论的实证分析结果，目前也有大量的实证分析证明一国开放资本账户对该国是有利的。Quinn（1997）根据他设计的度量资本账户开放的较为可行的方法，使用1960—1989年66个国家的数据，得出了资本账户开放与经济增长率呈正相关的结论。Laban 和 Larrain（1997）的实证分析表明，放松资本管制有利于鼓励资本流入，并减少资本外逃。Santis 和 Imrohoroglu（1997）及 Bekaert 和 Harvey（1997）的实证研究表明，证券市场开放后，股票市场的波动性并没有加剧，反而减小了。IMF（2001）对1979—1999年部分发展中国家相关经验研究表明，与资本账户管制的国家相比，资本账户开放国家的私人信贷成交额占GDP的比重相对更高，且私人投资率也更高。同时，IMF（2001）还通过进行大量的实证分析发现，资本账户的开放与一国经济增长之间存在弱的正相关关系。一般来说，在资本账户开放后，一国的经济增长率每年可以提高大约0.5%或更多。而且，Levine 等（1999）的研究证明，在取消对证券投资流入的限制后，资本的自由流动将促进一国全要素生产率的提高。

四、开放资本账户是否有利取决于一国的经济及金融发展水平

近来，越来越多的研究显示，开放资本账户对一国是否有利不能一概而论，关键取决于一国的经济及金融发展水平，其主要观点有：

1. 一国的人均收入水平越高，开放资本账户就越有利

Klein 和 Olivei（1999）、Bailliu（2000）及 Edwards（2001）的研究都发现：在工业化国家，资本账户的开放促进了经济的增长。而在低收入国家，资本账户的开放却抑制了经济的增长。Arteta、Eichengreen 和 Wyplosz（2001）的研究也证明，资本账户的开放对高收入国家的有利影响比低收入国家大得多。

2. 一国的金融发展水平越高，开放资本账户就越有利

Mukerjit 和 Tallon（2003）研究了不同类型经济体的资本账户开放对经济增长的影响，结果显示：对于金融发展水平较高的国家，资本账户开放没有放大经济增长的波动；而对于金融发展程度较低的国家，资本账户的开放确实会引发和加剧经济增长的波动。

3. 市场制度越成熟，开放资本账户就越有利

Edward（2000）运用包含不同国家的资本账户开放变量的经济增长模型证明，开放资本账户与经济增长之间的正相关仅限于市场制度较成熟的西方发达国家。Michael、Klein、Gievanni 和 Olivei（2001）曾选取涵盖发达国家和发展中国家的时间序列和截面数据，以分析资本账户开放同经济发展之间的关系，结果发现：OECD 工业化国家的资本账户的开放和金融深化之间存在比较明显的相关关系，但这种关系在发展中国家并不明显。

4. 法治水平越高，宏观经济越稳定，开放资本账户就越有利

Arteta、Eichengreen 和 Wyplosz（2001）选用 60 个国家 1973—1992 年的数据进行分析发现，开放资本账户促进经济增长的效应随着时间的变化而变化，并且与如何度量开放程度以及与国别有关的先决条件紧密联系。在法治健全，在资本账户开放之前已经有较高的开放程度，且宏观经济的不平衡已经在自由化前被消除的国家，资本账户的开放与经济增长之间表现出强烈的正相关。Demirg 和 Detragiache（2002）对 53 个国家的实证研究表明，实施金融自由化的国家，如果其金融体系越健全，法律法规越完善，政府官员寻租行为越少，合同的执行率越高，则开放资本账户后发生金融危机的可能性就越小，否则就越大。

五、更全面地认识金融自由化的总体效应

近年来，大量的文献开始改变对金融自由化利弊的单方面分析，而更全面客观地认识金融自由化的总体效应。Kaminsky 和 Schmukler（2002）认为：金融自由化及金融开放在短期会带来痛苦，但在长期则是有利的

(Short-Run Pain，Long-Run Gain)。① 具体来说，在短期内，金融自由化会产生更明显的"繁荣—破裂"周期。但在长期内，金融自由化会带来更稳定的金融市场，因而伴随金融自由化的金融脆弱性只是短期效应，长期看金融自由化有利于经济发展和金融稳定。Arthur 和 Wilmarth（2003）认为：金融自由化产生了许多利益，这包括更快的贸易增长、金融发展及经济增长，但同时金融自由化也会导致企业和消费者对外部融资的过度依赖，从而有可能加剧金融体系的脆弱性。Tornell、Westermann 和 Martinez（2004）的研究发现，发展中国家在贸易自由化后进行的金融自由化，的确加大了金融危机的可能性。但是，金融的自由化同时也导致了更高的经济增长，经济快速增长的国家通常是那些曾经历"繁荣—破裂"周期的国家，偶然的金融危机是经济快速增长的副产品。

六、资本账户的开放与经济的全球化有利于各国推进改革及挖掘各国的经济潜力

从目前的情况来看，虽然许多国家在开放本国的资本账户以后爆发了金融危机，从而使许多人对资本账户的开放及金融的全球化产生了怀疑，但认为开放本国资本账户有利于本国经济发展的观点目前仍然占主流地位。Rajan 和 Zingales（2003）指出，从现象来看，金融危机与金融开放之间确实有一定的相关关系，但相关关系并不代表因果关系，而因果关系才是科学的基础，因此不能简单地将金融危机的原因归结为金融的开放。

（一）开放资本账户有利于推动改革

Ju 和 Wei（2007）提出了一个很有意思的观点。他们认为：资本账户

---

① 根据 Kiminsky and Schmukler（2003）的权威界定，"金融自由化"指一国解除对国内金融体系、证券市场和资本账户的各种管制措施，实现以上三个方面的全部或部分自由化。由于国外文献的"金融自由化"包括了"金融开放"的含义，因此国外学者一般很少使用"金融开放"这一概念。而"金融开放"一词在国内文献用得比较多。国内文献所说的"金融开放"是指放松或取消国际间的金融管制，实现金融要素的跨境自由流动，具体来讲包括以下方面：一是金融服务业的开放（WTO 规则要求的，如外资银行）；二是金融市场的开放（与 WTO 规则无关，如 QFII）；三是资本与金融账户的开放（也与 WTO 规则无关）。本书认为，金融开放包括资本账户的开放，或者说，资本账户的开放是金融开放的一个组成部分，同时也是金融自由化的一部分。

的开放及金融全球化可以代替国内的金融改革。这是因为，发展中国家可以通过开放资本账户及金融全球化来进口外商直接投资和出口金融资本，以避开不利于实现资本合理配置的公司治理较弱及国内金融体系效率较低等问题。因此，Ju 和 Wei（2007）认为，资本账户的开放有利于弥补国内金融体系和公司治理方面所存在的缺陷。

（二）开放资本账户有利于市场机制的形成，并减少政府对经济的干预

Abiad、Oomes 和 Ueda（2008）认为，金融开放或金融全球化的作用在于能够减少政府的作用，而扩大市场的作用。Gourinchas 和 Jeanne（2002）的研究强调，金融开放或金融全球化所产生的市场纪律效应会促使一国采取更有诚信、更符合市场纪律的宏观经济政策。Kose（2006）的研究则强调，金融全球化对经济增长的好处更多地在于其带来大量的间接效应，如完善一国的金融制度与金融监管水平、刺激一国金融部门的发展、促使一国实行更好的宏观经济政策，等等。Dobson（2007）认为，金融开放有利于促使本国形成透明的制度规则，并消除歧视性的政策。Obstfeld（2009）认为，金融开放能够校正国内经济的扭曲，从而有利于市场机制的形成与完善。

（三）资本账户的开放有利于推动一国的金融深化及金融发展

Klein 和 Olivei（2000，2008）认为，一国可以通过开放资本账户以吸引资本流入，从而"进口"金融体系。同时，他们的研究还表明，资本账户开放的国家比那些资本账户受限制的国家明显具有更好的金融深度。这是因为：资本账户自由化使一国的金融体系暴露在国际竞争中，这就有利于促进一国金融效率的提高。同时，国外银行的子公司或分支机构的进入还会为以前被忽视的领域提供金融服务，并通过引入金融创新拓宽金融服务的范围，从而促进一国的金融深化。此外，国外金融机构的进入还有利于促进国内储蓄及资本流入，从而有利于增加一国的总储蓄。①

---

① 近年来，大部分的实证分析都表明，外国金融机构进入国内市场对促进该国的金融发展有直接的促进作用（Claessens、Demirgüç-Kunt 和 Huizinga，2001；Clarke、Cull 和 Martinez Peria，2001）。这是因为：一是外国金融机构的进入促进了银行体系的竞争。当外资金融机构进入一个国家时，国内金融机构为了生存下来必须变得更有效率（Levine，1996；Claessens 和 Jansen 2000；

Chinn 和 Ito（2006）也指出，资本账户开放有利于提高一国金融体系的效率，改善该国的金融服务，从而推动该国的金融深化。Bekaert 和 Harvey（2000）、Henry（2000），以及 Bekaert、Harvey 和 Lundblad（2002）都发现，股票市场的开放刺激了投资，进而促进了经济增长。Nicolo 和 Ivaschenko（2008）也认为，一国实现与全球金融的一体化有利于加快本国的金融发展及提高资本市场的流动性。Nicolo 和 Ivaschenko 还指出，如果一国在实现金融一体化的同时能够实现更有效率的资源配置，则会对一国经济增长产生更有利的效果。Jenkinson 和 Manning（2007）认为，快速变革的全球金融市场为金融服务的使用者提供了巨大的好处，金融中介的成本更低了，管理和限制金融风险的能力提高了，同时金融产品的交易也带来了巨大的利润。因此，Jenkinson 和 Manning 认为，金融开放有利于提高金融业的效率。

（四）资本账户的开放有利于一国生产率的提高

Eichengreen（2003）及 Bekaert 等人（2005）认为，金融开放有利于那些效率较高的企业越过国内金融体系而直接到国内金融市场融资，这就有利于那些效率较高的企业不断扩大规模，从而有利于一国生产率的提高。Vlachos 和 Waldenstrom（2005）发现，开放其资本账户及国内股票市场，

（接上页注①） Claessens、Demiriguc-Kunt 和 Huizinga,2000,2001；Barajas、Steiner 和 Salazar,2000；Clarke 等,2000；Unite 和 Sullivan,2003）。二是外国金融机构的进入不仅提高了本国金融服务的可得性，而且带来了良好的操作规则、更先进的新银行产品和技术以及成功的风险管理方法等，从而会推动国内金融市场的技术改进（Levine, 1996；Caprio 和 Honohan, 1999）。三是外国金融机构的进入还有助于提高国内金融监管质量，因为国内监管机构通过对跨国经营的外国金融机构的监管实践可以大大提高金融监管水平（Mishkin, 2003）。四是外国金融机构的进入会促使国内进行旨在改善金融市场信息质量的制度改革，因为外国金融机构不可能同国内金融机构享有同样的内幕信息，在这种情况下，外国金融机构的进入就势必要求本国进行提高信息质量的制度改革。同时，外国金融机构的进入还会刺激会计、审计及评级机构的逐步完善。五是扩大金融服务的履盖面。传统的观点认为外资银行只为大企业提供融资，但随着银行业竞争的加剧，市场的竞争会迫使外资银行也向中小企业提供有利润的服务。因此，外国金融机构进入有利于扩大金融服务的覆盖面。Clarke、Cull 和 Martinez Peria（2006）的实证分析就已发现，外资银行的进入使大企业和小企业都有机会获得金融服务。总之，大部分的证据都表明，外资的进入会带来竞争，提高金融基础设施的质量，扩大金融服务的覆盖面，并刺激效率的不断提高（Claessens、Demirgüç-Kunt 和 Huizinga, 2001；Clarke、Cull 和 Martinez Peria,2001）。Demirgüç-Kunt、Bourguignon 和 Klein 等人（2008）认为，外资银行的积极效应一般会在长期表现出来。Wachtel（2001）则指出，外资进入在三个方面是有益的。首先，它会导致产品引进和服务创新，促进金融市场的快速发展。其次，外资银行会导致规模经济和范围经济。最后，外资银行的存在会吸引外国直接投资。

对创造新的企业和刺激生产增长有着显著的正面影响。Mitton（2006）的研究表明，资本市场的开放给企业提供了新的融资渠道及的投资机会从而提高了增长率。而且，外国投资者会要求更好的监管，这将有利于改善公司的治理机制并提高企业的效率及利润率。他同时也发现，那些股票对外国投资者开放的企业在销售业绩、投资及效率方面都表现得更好。Braun和Raddatz（2007）认为，实现金融的开放会产生新的投资机会，并促使资源重新配置。

Bustos（2007）发现，阿根廷在20世纪90年代初实现贸易和资本账户自由化之后，新进入的出口厂商比其他企业的技术升级速度更快。Kose、Prasad和Terrones（2008）认为，金融开放使市场竞争更加激烈，并导致资源的重新配置以及促使企业做出更好的进入或退出决策，从而使国内资源从生产率较低的部门流动到生产率较高的部门，这就会促进一国全要素生产率的提高。Kose、Prasad和Terrones（2008）发现，资本账户越开放的经济体，其全要素生产率也越高。Gorodnichenko、Svejnar和Terrell（2009）通过分析27个转型国家的企业数据发现，全球化对新兴市场国家的企业进行创新活动以改善其竞争地位创造了压力并提供了机会。Bekaert、Harvey和Lundblad（2009）则认为，金融开放能够促进一国改进公司治理从而有利于刺激一国生产率的提高。

（五）资本账户的开放有利于一国挖掘潜力并消除贫困

一些学者还指出，资本账户的开放有利于一国挖掘潜力并消除贫困。Agénor（2002）在这方面提出了一个独到的见解。他认为，对于发展中国家而言，经济及金融的全球化是否对穷人有利取决于该国经济及金融开放的程度。在开放程度较低（这也意味着改革不彻底，因为开放本身就是改革）的情况下，全球化对穷人不利；而在开放程度较高的情况下，全球化对穷人有利。或者说，开放对穷人不利并不是因为发展中国家在开放的道路上走得过远，而恰恰是走得不够。这是因为：在开放程度较低、因而改革不彻底的情况下，非熟练劳动力（穷人）一方面受到国外的冲击，另一方面又因国内存在不利于穷人的机会不公平、劳动力市场不完善及金融约束等问题而收入相对下降，这样穷人就会受到伤害。相反，如果全面地实现对外开放并在更大的程度上参与全球化，就能刺激一国进行全面的制度改革，以促使一国创造公平的竞争环境并完善金融体系，这就有利于刺激经济增长并减少贫困，从而真正对穷人有利。

Mishkin（2006，2009）指出，即使在经济及金融的全球化的过程中出现了金融危机，世界各国也不应在经济及金融的全球化面前退却，这是因为：经济及金融的全球化有利于各国的经济发展。他指出，经济及金融的全球化并非敌人，反对全球化肯定会损害穷人的利益，除非实行全球化，否则欠发达国家不可能走向富有。[①] 从现实来看，经济及金融的全球化确实对发达国家有利，但对发达国家有利实际上对欠发达国家也有利。这是因为，发达国家经济增长的结果将会扩大从欠发达国家的进口，而这就有利于欠发达国家扩大出口，从而有利于刺激欠发达国家的经济增长。同时，Mishkin还强调，对消除世界贫困来说，发达国家向欠发达国家开放商品或服务市场远比金融援助重要（因为对欠发达国家的援助不利于刺激欠发达国家进行改革）。总之，全球化对欠发达国家是机遇而非威胁。如果不能成功地实现金融全球化，欠发达国家将难以挖掘它们的增长潜力而会导致持续的贫困，而持续的贫困必然会导致不稳定。

第二节　开放资本账户的前提条件

以上的分析说明，开放资本账户是否有利取决于相应的条件，这实际上意味着，只有在具备了一定的前提条件以后，开放本国的资本账户才能对本国经济带来有利的推动作用。事实上，开放资本账户的先决条件也是学者们十分关注并进行过大量研究的问题。

一、开放资本账户的微观及宏观经济条件

在21世纪之前，学者们大都从微观经济及宏观经济的角度探讨开放资本账户的前提条件，而在这一问题上，学者们的观点大致相同，其要点可

---

① Mishkin（2009）发现，发展中国家虽然工人十分努力，但工资水平却不高。

归纳为：（1）合适的汇率水平；（2）充足的国际清偿手段；（3）健全的市场价格机制；（4）国内微观经济主体对国内外市场价格变化做出灵敏反应的能力；（5）完善的国内金融体系；（6）稳定的宏观经济环境（包括实现财政平衡及消除供给过多的货币）和有效的宏观调节体系；（7）公众的信心（IMF，1992；Mathieston 和 Rojas-Suarez，1993；Quirk，1994；Hanson 和 Guitian，1995；Nsouli，1996）。

（一）财政平衡及宏观经济的稳定

IMF（1995）在总结拉丁美洲等国资本账户开放的经验教训后，将控制财政赤字，保持财政平衡，从而实现宏观经济的稳定，作为一国开放资本账户的首要条件。如果一国在存在严重财政赤字的情况下开放本国的资本账户，则有可能导致本国爆发货币危机。这是因为：在本国存在严重的财政赤字情况下，无论采取什么方式弥补财政赤字，都会导致通货膨胀，从而不利于宏观经济的稳定，并最终会导致本国的货币贬值。如果政府是通过向中央银行借款的方式来弥补财政赤字，则会引起货币供应增加，从而造成通货膨胀，而通货膨胀导致实际利率水平的下降。[①] 如果在这种情况下开放资本账户则会引起短期资本的大规模外逃，并引起货币贬值。当市场产生强烈的贬值预期时，资本的外逃就会加剧，并引起货币的进一步贬值，从而最终导致严重的货币危机。如果政府通过发行债券的方式来弥补财政赤字，将会引起利率的上升。而利率的上升一方面会引起大规模的短期资本流入，进而造成汇率升值，并导致本国出口品竞争力的下降和经常账户的恶化，[②] 另一方面又会挤出私人投资，引发企业破产和银行危机，从而导致本国经济衰退。显然，在这种情况下开放资本账户不但会导致本国国际收支的逆差，从而同样也会引起本国货币的贬值并进而导致本国的货币危机，而且会造成本国经济衰退。Mishkin（2006）则认为，当政府预算赤字达到失控的程度时，投资者（包括国外和国内的投资者）将开始怀

---

① 这意味着，通货膨胀也是一种金融压制。

② 一般来说，商业银行的负债（存款）较短，而资产（贷款）的期限较长。在这种资产负债结构下，商业银行存款利率的调整一般快于贷款利率的调整。因此，在利率上升的情况下，商业银行的存款利率在短期内会大幅上升，而贷款利率的调整因慢于存款利率的调整，就会导致商业银行财务状况的恶化，从而有可能引发银行危机。

疑该国可能无法偿还其债务而从该国撤离资金，并进而引发货币危机。

事实上，由于资本管制实际上是政府的一种隐形收入来源，因此放弃资本管制意味着政府要放弃这种隐形的收入来源。① 可见，开放本国的资本账户及金融开放本身就会增加政府的财政压力，这更要求政府在开放本国的资本账户之前必须实现财政的平衡。

（二）国内金融的自由化及完善的国内金融体系

由于开放本国的资本账户实际上是实现本国金融的对外开放，或者说是一国在开放的条件下实现金融的自由化，是国内金融自由化的对外延伸，因此一国在开放本国的资本账户以在开放的条件下实现金融自由化之前，先要实现国内金融的自由化。这意味着，国内金融的自由化也是开放本国资本账户的一个先决条件。

而实现国内金融自由化的一个重要标志是利率的市场化。这是因为：利率的市场化，可以在本国开放资本账户从而实现资本自由流动的情况下，提供一个自动抵御资本流动及国际经济冲击的屏障。具体来说就是：在本国利率完全市场化的情况下，当因开放资本账户而导致资本大量流入，造成国内资金供给增加时，利率就会随之下降以降低本币资产的收益率，从而抑制短期资本的流入，并缓解本币升值的压力，保证本国货币汇率的稳定，避免引起本国经济的衰退。相反，当因开放资本账户而出现资本大量流出，导致国内资金供给减少时，利率会随之上升，以提高本币资产的收益率，从而抑制短期资本的流出，并吸引资本流入，从而缓解本币贬值的压力，避免本国爆发货币危机。可见，在开放本国资本账户，从而实现资本自由流动的情况下，利率的市场化可以提供一个自动抵御资本流动及国际经济冲击的屏障。

相反，如果利率仍然受到管制，则一方面不利于促使资本流向效率最好的项目，从而不利于实现资本的合理配置，另一方面还会加剧资本的外逃（当本国利率因受管制而低于国外利率时）或引起短期资本的过度流

---

① Giovannini 和 Melo（1993）根据国外利率和国内利率的差额与政府债务规模的乘积，估计出了金融管制所带来的政府收入规模，发现这一规模非常可观。在他们研究的国家中，金融管制所带来的政府收入占整个财政收入的比重，墨西哥为 39.7%（1984—1987 年），印度为 22.4%（1980—1985 年）。

入，从而造成国内经济的波动。可见，如果利率不能实现市场化，资本账户开放带给该国的不是利益，而是动荡不安的风险。这意味着，实现本国利率的市场化也是开放本国资本账户的一个先决条件。

同时，由于开放资本账户意味着拆除了外汇管制这堵抵御国际金融投机的"防火墙"，因此一国资本账户开放后，国内将随时接受来自全球各地的短期逐利者。在这种情况下，如果国内金融体系不完善，国内银行体系严重脆弱，本国金融市场缺乏应对资本流动冲击的能力，则开放资本账户会放大来自国外的冲击，这一冲击将会严重影响到国内经济的稳定，并有可能引发金融危机。可见，在国内金融体系不完善的情况下开放资本账户，有可能使本国经济陷入危机。

（四）合理的市场价格机制及健全的微观经济基础

从微观层面来看，一国开放资本账户之后，大量流入的外国资本必须得到合理有效的配置，只有这样，资本账户的开放才有意义。显然，资本要得到有效的配置就要求一国具备合理的市场价格机制及健全的微观经济基础。合理的市场价格机制意味着一国的市场价格不但能够准确地反映该国产品或资源的效用（需求）、真实成本、相对稀缺程度及市场供求状况，而且能够反映国际市场上的供求状况。而健全的微观经济基础意味着国内微观经济主体能够对市场价格的变化做出灵敏的反应，并能及时地根据市场价格的变化在生产及进出口贸易活动中力求做出最佳的生产经营或进出口决策，以便根据国内外市场状况和自己的比较优势出口机会成本最低的产品，而进口机会成本最高的产品。即为发挥本国的比较优势而出口，为利用别国的比较优势而进口，从而在全球范围内最大限度地实现成本最小化和利润最大化。只有这样，才能形成一种自发而稳定的均衡，也只有这样，一国才会获得开放资本账户所带来的利益。

（五）有效的宏观调节体系

有效的宏观调节体系也是开放本国资本账户的先决条件之一。这是因为：如果一国的宏观调节机制不完善，中央银行在缺乏有效的冲销干预手段来抵消资本流动冲击的情况下开放本国的资本账户，则资本的频繁流动就会时而导致国内的通货膨胀，时而又导致国内的通货紧缩，从而对国内宏观经济造成经常性的冲击，结果会导致或加剧国内的经济波动，这就反而不利于市场机制充分发挥其各项功能，从而有悖于开放资本账户的初衷。因此，只有一国建立起有效的宏观调节体系，以便能通过各种宏观经济政策的灵活调节或有效的冲销干预措施来抵消资本的频繁流出入对国内经济冲击的情况下，才能减少甚至避免开放资本账户给本国经济带来的负面影响。

（六）健全的金融监管体系

在资本账户开放的情况下，面对资本大量流入而引起的银行体系可贷资金迅速膨胀，如果一国没有建立有效的金融监管体系，那么结果将是灾难性的，1997年东南亚金融危机爆发就是如此。因为，在这种情况下，商业银行很可能会放松风险约束，大举涉足高风险部门或行业，如将贷款直接投向房地产和有价证券等具有高回报率的领域，或是通过参股、控股房地产公司和证券公司变相将资金投入进去，并使这些部门的资产价格迅速膨胀。而这一切，将不可避免地把整个社会经济推向泡沫化，并以累积大量的不良资产而告终。因此，为了防范银行系统的风险，在资本账户开放之前，应该建立起健全的银行监管体系。对证券市场来说，资本账户开放对其影响与冲击更是无与伦比。当资本账户开放后，外国证券资本将会大量地流入，特别是那些短期逐利者闻风而动。如果不能有效地控制过度投机，那么不仅无法实现利用证券市场来进行长期融资的目的，而且将面临灾难性的金融动荡。总之，一国只能在金融监管体系较完善、信息披露机制健全的情况下才能开放资本账户，否则不仅整个金融市场的资源不能有效配置，而且会造成金融市场的激烈震荡。

二、制度质量与资本账户的开放

进入21世纪以后，越来越多的学者在大量实证分析的基础上开始深刻认识到金融开放（包括资本账户开放）所带来的好处并不是无条件的，金融开放是否对一国有益或者说是否会导致金融危机最重要的条件可能是该国的制度质量。这也可以说是第三代金融发展理论在资本账户开放问题上的理论探索，这一理论探索实际上在资本账户开放的前提条件上取得了新的理论突破。

（一）　制度因素是影响资本流动的最重要因素

Alfaro、Ozcan 和 Volosovych（2003）通过搜集 50 个国家自 1971 年至 1998 的数据进行实证分析后认为，制度因素是影响资本流动最重要的因素，这不仅对"卢卡斯之迷"（Lucas's Paradox）提供了有启示意义的解释，[①] 而且为将制度因素引入到金融开放、资本流动等问题的研究开创了道路。

（二）　在制度质量低下的情况下开放资本账户难以取得预期的效果

Ito（2005）以及 Chinn 和 Ito（2006）对 108 个国家 1980—2000 年间的数据进行实证分析后得到的结论是：（1）只有当制度质量达到一定程度（即其临界值）时，资本账户的开放才能促进该国的金融发展；（2）正是因为欠发达国家的制度质量没有达到临界值，因此在这些国家资本账户的开放不是促进而是阻碍了金融发展；（3）Chinn 和 Ito（2006）同时还发现，只有在那些行政体系的质量及法治水平较高，且腐败程度水平较低的国家，资本账户的开放才会促进资本市场（其中特别是股票市场）的发展。而且，与金融发展相关的法律制度的总体发展水平将增加股票市场的交易量和资本账户开放的效应。

Law 和 Demetriades（2006）对来自 43 个发展中国家 1981—2001 年的数据使用动态面板数据技术进行分析后发现，贸易和资本流动对于促进制度质量较高的中等收入国家的金融发展有效，而对制度质量较低的低收入国家作用则要弱得多。

Honohan 和 Beck（2007）的研究认为，非洲的经验表明，在缺少信息披露制度和契约约束的情况下，外资银行的进入未必能够促进金融发展。

Klein 和 Olivei（2008）的研究也表明，资本账户的自由化可能无法为

---

① "卢卡斯之迷"即诺贝尔经济学奖获得者、芝加哥大学 Lucas 教授在 1990 年发表的一篇题为"资本为什么不从富国流向穷国"的经典论文中指出的一个观点。按照主流的新古典经济学理论，由于穷国的资本具有较高的边际产出，而富国的资本边际产出较低，因此资本应该从资本边际产出较低的富国流向穷国。但 Lucas 却发现，大量的国际资本并不是从富国流向穷国，而是从穷国流向富国。这一著名的发现被称为"卢卡斯之迷"。

所有国家都提供同样的福利。资本账户自由化和金融深度之间的正相关关系似乎集中在经济发达的经济合作与发展组织（OECD）的成员国中，[①] 几乎没有其他国家的证据证明资本账户自由化能够推动金融深化。因此，他们认为，只有在适当的体制和健全的宏观经济政策下，资本账户自由化政策的好处才能充分发挥。

（三）只有在制度较完善的情况下开放资本账户才能避免金融危机的爆发

Demirgüç-Kunt 和 Detragiache（1998）的研究证实，在金融开放（包括资本账户开放）进程中，提高制度质量在降低金融脆弱性方面具有重要意义。他们采用了人均 GDP、法律与秩序、官僚主义推延的程度、合约实施的质量、行政部门的效率以及腐败程度等六个指标来衡量一国的制度质量。结果表明，制度质量与金融脆弱性的相关性非常显著，而且不同制度质量的效果差别非常大。如当一个经济体中的"法律与秩序"的指标数值为 0（最差状态）时，则金融开放对金融危机概率的影响为 1.770；这一数值为 3（中间状态）时，则影响为负数，也就是说，金融开放不会导致金融危机。同样，当将"合约实施"这个指标数值由最低移到最高时，则金融开放对金融危机概率的影响也将由 4.732 降低到 0.980。

Johnson、Boone、Breach 和 Friedman（2000）则从法律制度这一角度分析了一国开放资本账户的效果。他们认为，如果一国在其法律制度不完善（主要表现为对投资者的利益保护不力）的情况下开放资本账户，往往会爆发金融危机。

Shimpalee 和 Breuer（2006）的分析则富有逻辑性。他们指出，由于货币危机一般是由资本的大量流出引发的，接下来的问题就是"是什么原因引发了大量的资本流出"，回答应为"风险和不确定性"。那么，风险和不确定性又是由什么原因造成的呢？他们认为，最新的回答应是"制度"。

---

① OECD 国家是世界上公认的发达国家，是由 30 个市场经济国家组成的政府间国际经济组织，旨在共同应对全球化带来的经济、社会和政府治理等方面的挑战，并把握全球化带来的机遇。该组织包括 30 个成员国：澳大利亚、奥地利、比利时、加拿大、捷克共和国、丹麦、芬兰、法国、德国、希腊、匈牙利、冰岛、爱尔兰、意大利、日本、韩国、卢森堡、墨西哥、荷兰、新西兰、挪威、波兰、葡萄牙、斯洛伐克共和国、西班牙、瑞典、瑞士、土耳其、英国、美国。

Shimpalee 和 Breuer 分别从经济、金融、政治、法律及社会安排等方面列出了 13 个制度变量（包括政府机构的质量、政治稳定性、腐败、法律、宗教、内部冲突、外部冲突、汇率制度、资本管制、中央银行的独立性、存款保险、金融自由化、法律起源），并搜集了 30 个国家从 1984 年到 2002 年的相关数据，然后在此基础上实证分析这些制度变量与货币危机之间的关系。结果发现，政治不稳定、法律制度存在缺陷、广泛的腐败、事实上的固定汇率制度及中央银行缺乏独立性等制度因素都会增大爆发货币危机的可能性。而且，在货币危机期间，制度方面的缺陷还会降低产出。Shimpalee 和 Breuer（2006）还发现，实行大陆法系的国家更易于爆发货币危机。而良好的制度则有利于稳定市场预期，降低市场的不确定性，从而降低货币危机爆发的可能性。

Mishkin（2009）认为，经济增长最关键的制度是保证资本能配置到最有生产力的用途上。一些发展中国家开放资本账户之所以没有带来相关的效果，是因为这些国家没有好的制度使其比较优势得到发挥，没有好的制度能促使资本配置到最有生产力的用途上，在这种情况下，实行金融开放就会带来负作用。可见，这些国家所爆发的金融危机并不是金融开放造成的，而是由该国的制度不完善导致的。

（四）开放资本账户对经济增长的影响好坏取决于该国制度质量的高低

Menzie 和 Ito（2002）使用 1977—1997 年间大量样本国家的总体数据，经过实证研究发现：从总体上来说，制度质量更高的金融体系比那些制度质量较低的经济体在金融自由化或资本账户的开放中获益更多。Aizenman 和 Noy（2004）的实证研究也表明，只有在一国的法治水平达到一定的程度之后，较高的金融开放水平才有利于该国的经济发展。

Klein（2005）运用了 71 个国家从 1976 年到 1995 年的数据进行了实证分析。他发现，一国开放资本账户对该国经济增长的影响好坏取决于该国制度质量的高低，制度质量高的国家享受了资本账户的开放对经济增长带来的最大好处。因此，他认为，要使资本账户的开放对经济增长产生最大的好处，开放资本账户的国家就应为这种开放创造良好的制度基础。这是因为：制度质量的高低影响到金融体系在不同产业部门配置资本的效率，也影响到国内储蓄能在多大程度上转换为有效的投资和国外放贷者投资于国内时所要求的溢价。Schularick 和 Steger（2006）通过搜集大量的相关数据，并对自 1880 年以来的国际资本流动历史进行实证分析后得出结论认为，在良好的产权保护基础上实行金融开放（资本自由流动）才能有效地刺激经济增长。Klein 和 Olivei（2007）认为，只有建立良好的制度才能使资本账户的自由化转化为更大的金融深化。Prasad（2003）及 Kose 等人（2006）都持同样的观点。

Wei（2006）研究了产权保护和金融发展对资本流动类型的影响。他发现，在产权保护力度一定的情况下，更高的金融发展会降低 FDI 的流入，同时吸引更多金融资本的流入。Ju 和 Wei（2007）认为，在一定的程度上，金融的全球化实际上也是国内金融体制改革的一种替代品。他们通过建立模型研究了国内制度、金融体系、公司治理、产权保护之间的关系，以及国际资本流动的模式。他们的研究显示，拥有高效的金融体系、合理的公司治理及有效的产权保护的发达国家通常是 FDI 的净出口国，但同时是金融资本的净进口国。而金融体系效率较低、公司治理机制较不完善且产权保护较弱的发展中国家，倾向于出现相反的模式：净出口金融资本，同时净进口 FDI。也就是说，在金融全球化背景下，一个金融不发达、公司治理不完善的国家会表现为 FDI 的流入和金融资本的流出；而在产权保护力度一定的情况下，更高的金融发展会降低 FDI 的流入，同时吸引更多金融资本的流入。因此，Ju 和 Wei 指出，一国的产权保护程度将决定其受益于金融全球化的程度，制度健全的国家将会在金融的全球化中收益，而制度不完善的国家则会在金融的全球化中受到损害。Ju 和 Wei（2007）还认为，一国的产权保护越严格，则资本自由流动的好处就越大。这也是为什么像美国这样的发达国家如此热衷于资本自由化，而发展中国家则相反。Ju 和 Wei 甚至还提出了这样一个有意思的观点：如果能够建立有效的产权保护制度，则金融体制不健全的国家也可以从资本账户的开放及金融的全球化中获利。他们还特别指出，对于那些劳动力富余的国家，产权保护越有效，则该国越有可能从资本的自由流动中获利。

Mishkin（2009）通过对新兴市场经济国家金融开放的实践进行深入分析后指出，一国只有在良好的制度（特别是能够高效配置资源的良好产权制度）的基础上实行金融开放才会使该国充分享有开放所带来的利益。相反，如果没有建立良好的制度，则实行金融开放就有可能带来负作用。Huang（2010）也指出，在金融开放的同时进行制度改革则会对一国经济及金融发展产生更有利的影响。Brone 和 Ventura（2010）也认为，只有建立良好的制度，金融开放才能给本国经济带来好处，因为这一方面会吸收大量的资本流入，另一方面又能使流入的资本得到合理的配置，从而刺激本国的经济增长。

第三节　资本账户开放的"次序理论"

自从一些国家因实行金融自由化改革并开放本国资本账户而爆发金融危机，经济学家们开始研究这样的问题：发展中国家在进行金融自由化改革的过程中，面对着国际资本流动的波动与易变性，如何才能减少开放资本账户对本国经济所带来的冲击，以最大限度降低爆发金融危机的风险？由此，形成了金融自由化改革及资本账户开放的"次序理论"。

一、Mckinnon 的"次序理论"

Mckinnon（1991，1993）在对"金融深化论"进行修改补充的过程中，也开始探讨金融自由化改革的次序问题。[①] Mckinnon 在探讨金融自由化改革的次序问题过程中，曾对拉丁美洲一些国家金融自由化改革的次序进行了剖析，特别是对拉丁美洲一些国家在对经常账户进行管制的同时，却先通过开放资本账户吸引大量外国投资的做法进行了批评。[②] 他指出，

---

　　① 由于苏联及东欧国家在剧变后纷纷实行市场经济体制，Mckinnon 意识到需要对"金融深化论"进一步加以补充和完善，这主要体现在提出了金融自由化改革的"次序理论"。为此，他于 1991 年出版了《经济自由化的顺序——向市场经济过渡中的金融控制》一书，并于 1993 年修订后再版。

　　② 在这一问题上，Mckinnon 的前期观点与后期观点正好相反。在 20 世纪 80 年代，Mckinnon 曾主张，应该先开放资本账户，然后再进行经常账户的自由化。这是因为，当时 Mckinnon 认为，通过实现资本账户的自由化可以引进大量国外资本来扩大国内投资，从而可以提高本国的竞争力，而当国内产品竞争力提高之后再通过降低关税等措施以实现贸易的自由化并开放经常账户，就可把贸易自由化的冲击降到最低。

阿根廷和乌拉圭在进行金融自由化改革初期就开放了资本账户，而智利只是到了金融自由化改革的后期才开放资本账户。结果，智利的经济表现较优，而阿根廷和乌拉圭采取了相反的次序，其相对表现也较差。因而，他将智利同阿根廷和乌拉圭之间经济表现的差异，归因于它们改革次序的不同，等等。由此，Mckinnon 提出了金融自由化改革（包括资本账户的开放）的"次序理论"，该理论认为金融自由化改革（包括资本账户的开放）应按照一个合理的次序进行，而且金融自由化的绩效也取决于经济市场化及金融自由化的次序。

Mckinnon 指出："财政政策、货币政策和外汇政策如何安排次序的问题是至关重要的。政府不能，也许不该同时实行所有自由化措施。相反，经济自由化有一个最优次序，这种最优次序也许会因自由化国家初始条件的不同而不同。"由此他提出，发展中国家在进行经济市场化改革及金融自由化改革时，必须根据改革的初始条件选择改革的先后次序，这应该包括以下步骤：

第一步，平衡政府的财政收支，财政收支的平衡优先于金融的自由化改革。Mckinnon 认为，为实现财政平衡，要限制政府支出，同时要广开税源，扩大税基并降低税率，建立合理的税收制度，以消除财政赤字，从而避免通货膨胀。

第二步，在宏观经济稳定的前提下开放国内的资本市场，放松对金融机构的管制，使借贷活动不受限制与政府稳定宏观经济的成效相适应。然后，再在此基础上放开利率，使国内利率真实反映资金供求，并使国内借贷在均衡的利率水平上进行，使储蓄者按实际利率获得收益，借款者按实际利率支付利息。Mckinnon 指出，"保持国内价格水平稳定而不依靠直接价格控制，将实际利率（从而将贷款利率）保持为可持续的正值，而同时又限制实际利率的波动，这对经济发展的成功具有决定性的意义。"

第三步，统一汇率，取消进出口的配额限制和其他行政管制，实现贸易的自由化及经常项目的自由兑换。

Mckinnon 指出，在本国通货膨胀得到有效控制，因而本国货币不会持续贬值的情况下，最后一步是实现资本项目的兑换，允许国际资本的自由流动，并实现汇率的自由化。在这里，Mckinnon 对放开资本账户实行货币自由兑换开始持谨慎的态度。他认为："除非金融稳定和国内市场利率已经形成，否则不宜开放资本账户，实行货币自由兑换，过早开放资本账户会助长资金流动，扰乱经济与金融秩序。"Mckinnon 进而指出："实现资本项目的外汇可兑换应该是经济自由化最终次序中的最后一步。"Mckinnon 在这里实际上认识到，次序不当的金融发展和过快的金融自由化不仅不会促进经济增长，反而会导致经济的波动，甚至引发经济危机。可见，Mckinnon 有关经济市场化及金融自由化次序的新见解进一步补充和完善了"金融深化论"的基本思想。

总之，以 Mckinnon 等人为代表的一些经济学家认为，合理的金融自由化改革顺序应该是：（1）财政改革及宏观经济的稳定先于实体经济部门的自由化改革；（2）实体经济部门的自由化改革先于金融部门的自由化改革；（3）国内金融部门的自由化改革先于金融部门的对外开放；（4）经常账户开放先于资本账户的开放；（5）资本流入的开放先于资本流出的开放；（6）直接投资的开放先于间接投资的开放。

二、金融自由化改革的"正向次序"——经常账户的开放先于资本账户的开放

在金融自由化改革及资本账户开放的次序问题上，大多数经济学家（Callvo，1993；Kumar，1993；Leite，1990；Fry，1993；Sagari，1987；Blejer，1987；Frenkel，1982；Mirakhor，1990；Ries 和 Sweeney，1997）都持与 Mckinnon 相同的观点：先开放经常账户，然后再开放资本账户，这一主张可称为金融自由化改革的"正向次序"。[①] 之所以大多数经济学家主张"正向次序"，是因为：

（一）在国内存在金融管制的情况下先开放资本账户往往会导致金融危机

Bruno（1988）也同样对智利、阿根廷和乌拉圭三国的金融自由化改革进行了实证分析。他认为，由于这三国金融自由化改革的次序不同，因

----

① 根据 Braun 和 Raddatz（2007）的研究，从 1970 年到 2000 年，在 73 个实行贸易或资本账户开放的国家中，有 68 个国家的贸易开放先于资本账户的开放。

此这三国金融自由化改革的效果不一样。阿根廷和乌拉圭首先实行金融自由化改革，然后才减税实现贸易自由化，而智利是首先实行贸易自由化，然后才允许资本自由流动，结果阿根廷和乌拉圭出现危机，而智利的改革却较为成功。Hanson（1995）认为，一国只有在实现了宏观经济稳定、国内的金融管制被取消，以及经过重组的本国银行具有比较健全的资产组合情况下，才可以考虑放开资本账户。相反，如果一国在国内仍然存在金融管制（如利率受到管制等）的情况下，先开放资本账户，允许资本自由流入，则会因引起短期投机资本的大量流出入而爆发金融危机。

Williamson（1997）也强调，将资本账户的开放安排在改革的后期进行是正确的。他承认，在一国经济不存在扭曲的情况下，一下子同时开放资本账户是第一最优的做法。但如一国经济存在扭曲，且在其他方面的经济自由化改革没有完成之前就开放资本账户会有多种危险，这是因为：（1）在确立财政纪律、控制财政赤字以前开放资本账户，只会对最终来说不可维持的财政赤字提供暂时的融资，结果会使未来的财政赤字规模放大，这将加大未来金融危机的概率和危害；（2）在贸易自由化改革之前开放资本账户，会使资本流入到错误的方向（如进口替代产业）；（3）在改革本国金融体系之前就开放资本账户，会导致投资的无效率配置，甚至导致房地产、股票投资泡沫和金融危机；（4）在本国经济存在扭曲的情况下开放本国资本账户以后，如果出现资本内流则会使汇率升值，从而压抑本国的出口，如果出现资本外流则减少本国的储蓄及税基。而大量的资本内流或外流，会使本国金融市场不稳定，从而扰乱本国商品市场及实际部门。

Eichengreen 等人（1998）也认为，金融开放应遵循以下次序：（1）金融市场存在重大扭曲的国家，应该逐渐实行金融开放，同时应积极消除金融市场的扭曲。一般而论，在未解决本国金融体系的扭曲之前就取消对资本账户交易的限制是很危险的。而在本国金融体系存在严重问题的情况下突然开放资本账户，有可能陷入金融危机。（2）应当先清除那些不可维持的金融机构，并使余下的银行有健全的管理和财务基础，然后再考虑开放本国的银行体系。（3）先实现长期资本流动特别是外国直接投资的自由化，然后才放开短期资本流动。（4）如果要对国际投资者开放国内股票和债券市场，应当首先发展有关的国内市场基本的制度和技术设施。（5）应该在宏观经济失衡或金融扭曲减少到可管理的程度之后，再考虑资本流出的自由化。

IMF（2001）也建议实行资本账户可兑换的国家必须首先调整国内经济和金融结构，以承受资产价格多变所带来的影响。

Law（2008）运用边界检验方法检验了贸易和资本账户开放在影响马来西亚金融发展中的作用，结果表明：（1）在马来西亚金融市场发展的决定因素中，贸易开放、金融开放和经济发展在统计上都是显著的。但是，没有充分证据表明，同时开放贸易和资本账户对促进金融发展是必须的。（2）相较于促进马来西亚股票市场的发展，贸易开放和金融开放对促进银行部门的发展更有效。（3）相较于资本账户的开放，贸易账户开放能为促进金融发展提供更多的机会。

（二）资本账户的开放应是金融自由化改革的最后一步

Fischer 和 Helmut（1993）则从微观角度界定了金融对内开放和对外开放的关系，他们建议，应当以促进国内竞争、加强谨慎监管、健全法律和会计系统、增强国内银行体系的稳定性、抵抗系统性风险等为条件，首先实现国内的金融自由化，然后再考虑金融的对外开放或对外自由化。他们认为，在实现金融的对外开放或对外自由化以后，国内银行和新进入者是否能在同一水平上公平竞争取决于国内银行的坏账能否及时处理，外国银行的进入条件应是能帮助国内银行稳健经营，在具体做法上可以考虑让外国银行与国内有问题的银行进行合并，或者通过拍卖程序发给新进入者执照，以限制其进入国内银行业。他们认为，这样做有利于国内银行业的发展。只有当国内的金融体系已经建成并得到强化后，才可以考虑资本市场的对外开放。

Bhattaxcharya 和 Linn（1998）考察了东亚国家或地区的经验，认为理想的金融自由化改革次序应当是，首先改革实体经济部门，然后是金融部门，最后才是资本账户的开放。Johnston（1998）将资本账户的开放看成是国内金融自由化的外部延伸。他认为，实现资本账户开放的经济体，必须完善其金融体系来保证该经济体能在市场导向的制度中稳健运行，并在自由和开放的环境中实现其货币政策目标和维持宏观经济的稳定。也就是说，国内金融的自由化应该放在资本账户的开放之前实施，而资本账户的开放应是金融自由化改革的最后一步。

Toy（1999）认为，发展中国家创造金融开放的先决条件，应该遵循以下原则：（1）当宏观经济失衡时，改革应该首先从争取宏观经济稳定开始。（2）先进行有利于宏观经济稳定的改革措施，以实现改革与稳定的良性循环（如对国有企业进行私有化改革以增加财政收入及消除财政赤字），后实施那些会给宏观经济稳定带来冲击的改革措施。（3）在稳定宏观经济的政策中，减少财政赤字、实现财政收支平衡应先于汇率贬值。因为如果财政赤字问题不解决，则该国的通货膨胀率就会高于贸易伙伴的平均水平，在这种情况下，汇率贬值也不会有效果。（4）一旦实现宏观经济的稳定以后，在国内产品市场、金融市场、外贸及资本账户的开放方面，资本账户的开放应放在最后阶段进行。

（三）"正向次序"的基本内容

从理论上来看，国际上大多数经济学家之所以主张"正向次序"，还基于以下理由：

第一，实体经济部门的对外开放之所以要先于金融部门的对外开放，是因为：金融部门的调整速度大大快于实体经济部门的调整速度，或者说实体经济部门实现均衡的时间远比金融部门实现均衡的时间要长。因此，从微观来看，首先实现贸易自由化和实体经济部门的自由化有助于消除国内价格的扭曲，从而为资本账户开放后的外国资本流入创造一个资源合理配置的微观经济环境。也只有在此基础上，放松管制的金融部门才能将储蓄通过合理的市场价格机制配置到生产率最高的实体经济部门，并能为外资流入后的合理使用创造一个有利的微观经济环境。

第二，国内金融部门的自由化改革之所以要先于金融部门的对外开放，一个重要的原因是金融部门的对外开放通常会带来国外强有力的竞争和资本的自由流动，而资本自由流动的速度远较产品流动的速度快。而且，资本流动的规模往往难以预测和控制，特别是短期资本的投机性和流动性更大。因此，如果一国在没有建立成熟的金融体系的情况下实现本国金融的对外开放，取消资本流出和流入的限制，则国内不成熟的金融体系就会因为难以应对资本账户开放后来自全球资本流动的冲击，从而导致本国经济的波动。可见，以不成熟的金融体系去迎接资本账户的开放需要付出巨大的代价。同时，在本国货币市场不发达、中央银行缺乏有效的冲销手段情况下，资本的大量流入会引起本国货币供应量的扩张，这在本国金融体系不能将储蓄转化为有效的投资，从而不能合理配置资源的情况下，就有可能导致本国发生通货膨胀。

第三，经常账户的开放之所以要先于资本账户的开放，是因为：资本账户的开放通常会引起资本的大量流入，资本大量流入会造成国际收支顺差的迅速积累，进而推动实际汇率的升值，实际汇率的升值最终会导致出口竞争力的下降和经常账户持续巨额逆差。因此，为了增强贸易部门的对外竞争力，应该先期对经常账户和贸易部门进行自由化改革。

第四，资本流入的开放之所以要先于资本流出的开放，是因为这样做既有利于吸引外资，又有利于最大限度地避免资本外逃。资本流出的开放之所以要放在最后还因为：如果一国对资本流出的管制是为了保证利率或汇率的稳定，则一国在取消对资本流出的管制之前还必须完成利率的市场化改革及汇率制度的改革，否则就会影响到本国的国际收支及宏观经济的稳定。

第五，直接投资的开放之所以要先于间接投资的开放，是因为直接投资往往是以实际经济活动为背景的资本交易，而间接投资是以价格易变的金融性资本交易为背景，且直接投资的逆转性远远低于间接投资。因此，直接投资引起金融震荡的可能性也小于间接投资。而且，直接投资的逆转性也远远低于证券投资，因而在发生金融动荡时，大规模撤资的情况也不易出现。而在间接投资的开放中，应先允许外国投资者投资于本国债券，然后才允许其投资于本国股票，最后才可以考虑开放金融衍生产品市场。此外，根据经合组织（OECD）的资本流动自由化的经验，与真实经济部门联系相对紧密的资本市场应先于货币市场的开放。

（四）开放资本账户的时间安排

在资本账户开放的时间安排上，Mckinnon（1993）认为，根据发展中国家的经验，资本账户下的自由化一般在经常账户自由化后 20—30 年的时间不等。此外，Bernhard Fischer、Helmut Reisen 及 Willianson 等人认为，短期资本流入自由化的条件包括：（1）消除资本控制之前至少前两年进行贸易自由化；（2）消除资本控制前三年平均财政赤字低于 GDP 的 5%；

（3）放松管制之前至少前两年国内金融实现自由化；（4）放松管制之前至少前两年消除银行部门的准入限制；（5）放松管制之前至少前两年将政府对银行部门所有权的份额下降至40%以下；（6）建立面向市场的审慎监管体系。资本流出自由化的前提条件则更为苛刻，除以上条件以外，还包括：（1）国内利率自由化；（2）稳定的政策机制（以放松管制之前四年不出现政策反复来界定），等等。

三、金融自由化改革的"逆向次序"——资本账户的开放可以先于经常账户的开放

另一种观点则认为，资本账户的开放可以或应当先于（或同时）经常账户的开放，这一主张可称为金融自由化改革的"逆向次序"。

持这种主张的主要有 Lal（1987）、Bhandari（1989）以及 H. Pill 和 Pradhan（1995）等人。主张资本账户的自由兑换先于经常账户自由兑换的理由主要是：对于发展中国家来说，无论何时开放资本账户都会导致本币实际升值，而首先或同时开放资本账户将有利于形成本币均衡的实际或名义汇率，从而缩短经济调整的时间或成本。若先行放弃资本管制，套利压力将促使国内利率水平与国际市场水平相一致。这样，当国内储蓄不足时，由于已及时取消了资本管制，这时国内金融机构和企业就可以到国际金融市场上去融资，结果当大量外资流入国内后，不会引起国内金融市场上利率的飙升，这对稳定国内利率有好处。随着资本流入的增加，资本在国内的报酬率会下降，从而会减少对资本流入的刺激，不会形成资本流动的大起大落。

同时，由于开放了资本账户，一国的财政与货币政策有了更多的约束，这反而有利于宏观经济的稳定。因此，从金融的角度来看，经常账户的自由化并不是必须的。资本账户自由兑换所带来的大量外资流入可以减少经济调整的成本，并通过利率、汇率的市场化解决国内的价格扭曲问题，从而可以改善一国的经济结构。这种次序尽管在短期内可能会使该国承受较大的痛苦，但从长期看则成本较低。使长期的投资决策完全根据世界市场的相对价格，而不是根据扭曲的国内市场价格来做出，有利于提高本国的投资效率及资源配置效率。因此，资本账户的开放优先于其他改革

是有利的。[①]

Braun 和 Raddatz（2008）认为，如果一国试图先于国内金融自由化开放其资本账户，那么该国非贸易部门的规模要足够的大才能产生效果。或者说，如果一国要按照"逆向次序"来进行金融自由化改革，则该国就必须要有规模相对较大的非贸易部门。

此外，Krueger（1981，1984）和 Corden（1987）等人也曾分别指出，宏观经济的稳定和对外部门的自由化改革之间并无多大的联系，在某些情况下，特别是当国内通货膨胀率较低时，有可能在实行宏观经济稳定计划的同时，先进行对外部门的自由化改革。

四、资本账户的开放应与整体的改革、结构调整及宏观经济政策相配合

在对 20 世纪 90 年代以来发展中国家开放资本账户的经验进行广泛研究的基础上，一些学者认识到，资本账户的开放应与整体的改革、结构调整及宏观经济政策相配合。

Johnston（1999）等人指出，传统的金融自由化改革的"正向次序"或"逆向次序"（即经常账户或资本账户开放孰先孰后）只是一种公式化的概念，这对各国开放资本账户的实际运作并没有裨益。Johnston 等人认为，"正向次序"强调开放资本账户的先决条件，以及条件不足时贸然自由化的风险，而忽视了推迟资本账户的开放及金融开放的成本和效率损失。"逆向次序"注重先开放资本账户能对自由化改革提供广泛的刺激，以尽快减少经济扭曲所造成的损失，但却忽略了在条件不成熟时贸然开放资本账户可能带来的风险。

[①]　Visser 和 Herpt（1996）将印度尼西亚的反例解释为，如果一个国家没有遭受严重的宏观经济不稳定，只要当局能够防止货币发生大幅度的实际升值，在经常项目自由化之前，对资本项目实行自由化应当是可行的。但印度尼西亚的案例能否作为典型范例？他们的答案是：否。原因是印尼的金融自由化并不像经济学家认为的解除金融抑制首先要解除政府管制，印尼政府在金融自由化实施过程中经常进行干预。在其放开资本项目之时，却对外资金融机构准入予以禁止。另外，印尼的特殊情况是基于其石油出口带来的高收益，从而使经常项目经常出现盈余。还有印尼距离新加坡近，而新加坡的金融中心优势使得印尼很难进行有效的资本控制，某种程度上带有不得不开放资本市场的性质。

由此，Johnston（1999）等人主张，应该将开放资本账户纳入到统一的结构调整和宏观经济政策的设计之中，具体来说就是：

第一，取消对直接投资流入的限制应该与增强出口潜力和实际部门的改革同时实施，包括对贸易和投资体制的改革、调整汇率以提高竞争力和取消对经常账户的外汇管制等；

第二，取消对证券投资流动的管制必须与国内金融体系的自由化改革相配套（如利率的自由化、完善金融机构及金融市场的功能、加强金融监管、改进货币调控机制等）；

第三，开放资本账户应该与国内宏观经济政策相协调，包括货币和汇率政策的重新定位，以便在应对资本流动时中央银行的货币政策具有独立性及自主性等。

最后他们指出，经过良好设计和分阶段实施的资本账户的开放方案，既不是一种渐进主义的方法，更不是一种激进主义的方法，一项有效的资本账户的开放方案需要有协调的和同时进行的改革，而不管改革的次序和速度如何。

Ishii 和 Habermeier（2002）也指出，金融开放应该与其他政策，尤其是与本国金融制度的结构性政策之间相协调、相配合。开放资本账户，需要考虑国内现有的制度结构、金融和非金融机构的初始条件，以及它们衡量和处理国际资本流动风险的能力。

Edwards（2002）则提出以下观点：（1）在资本账户的开放之前，应该首先处理财政上的重大失衡以消除财政赤字；（2）在改革初期必须实现宏观经济的稳定；（3）在贸易自由化实现之后要尽快实现资本账户的开放；（4）在有效的银行监管框架建立以后，要进行金融自由化改革；（5）在金融自由化改革过程中应尽早放松对劳动力市场的管制，以有利于形成市场的自动调节机制。

第十一章

金融发展、国际贸易与外商直接投资

第一节　金融发展与国际贸易

由于受传统经济学"两分法"（Dichotomy）研究范式影响，金融发展与国际贸易的研究大多是分开平行进行的。但由于发展中国家及经济转轨国家所进行的经济自由化改革往往是同时进行贸易自由化改革与金融自由化改革，因此，在这种情况下，一些学者开始关注金融改革与贸易改革、金融发展与贸易发展之间的关系，并开始将金融发展理论与国际贸易理论这两者联系起来进行研究。[1] 20 世纪 90 年代以来，有关金融发展与国际贸易关系的研究开始成为一个热点问题，[2] 这一问题也可视为"金融与增长的联系"（Finance-Growth Nexus）的延伸和深化。

一、金融发展与比较优势

从理论上来看，金融发展理论与国际贸易理论的突破口是国际贸易理论中的比较优势理论，这一突破包括以下观点：

---

[1] 主流的国际贸易理论忽略了金融市场的存在，没有考虑不同的企业和不同的产品在生产和国际贸易活动中的外部金融依赖和融资需求。

[2] 参见林玲、李江冰：《金融发展与国际贸易关系研究评述》，《经济学动态》2008 年第 10 期；吴宏、张萍：《金融对贸易发展差异影响机制研究进展》，《经济学动态》2009 年第 11 期。

（一）较高的金融发展水平也是一种资源禀赋，或者说是比较优势的又一来源

国际贸易理论中的一个经典理论是 H-O 模型，[①] 该模型从要素禀赋（劳动力、土地、物质资本）和技术差异来解释国际贸易的原因。该理论认为，在某种产品上具有比较优势的国家应该出口或优先发展本国资源禀赋较丰裕，因而在这一领域具有比较优势的产品。

Rajan 和 Zingales（1998）则创造性地在 H-O 模型的基础上，通过借鉴 Kletzer 和 Bardhan（1987）的研究思路，[②] 进一步将金融发展与国际贸易理论结合了起来，将"金融发展"作为一种"软要素"引入国际贸易理论，从而将金融发展与国际贸易及经济开放联系起来，从各国金融发展水平的差异，而不是从各国要素禀赋（劳动力、土地及资本等）及技术差异等来解释国际贸易的原因，并由此创立了金融发展的比较优势理论。

[①] 由瑞典经济学家 Heckscher（1919）和其学生 Ohlin（1933）所提出的资源禀赋理论（Factor Endowments Theory），又称为 H-O 理论或新古典贸易理论，该理论是现代国际贸易理论的基础。该理论认为：设 A、B 两国所拥有的生产要素（包括劳动、土地及自然资源、资本及企业家才能）禀赋程度或构成状况不同；如 A 国家土地资源和资本丰裕，而劳动资源稀缺，B 国则劳动资源较丰富，而土地资源及资本稀缺，因此导致 A、B 国要素价格的比率不同。同时，由于不同的产品在其生产过程中所使用的生产要素的比例或组合状况也不同，即不同产品的生产要素密集度不同，因此可根据产品生产过程中投入比例最大的生产要素的种类不同，将产品分为不同的种类。如果某种生产要素在这种产品生产中所占的比例最大，则将这种产品称为该生产要素密集型产品。如生产粮食投入的土地所占比例最大，则将粮食称为土地密集型产品。生产机器投入的资本所占比例最大，因此机器就称为资本密集型产品。

由于 A、B 国所拥有的生产要素禀赋程度或构成状况不同，及不同产品的生产要素密集度不同，因此在市场机制的调节下，各国生产者为了力求以最小的要素投入而创造最大的产出，从而获得最大的利润，就必然会集中生产那种密集地使用本国相对丰裕的生产要素所生产的产品。因为该种生产要素在本国相对丰裕，故该生产要素的价格就较低，从而该要素密集度产品的生产成本就低，这意味着本国在该种产品上具有比较优势（即相对成本较低），并为获得最大收益而将这种产品出口到国外。同时，为降低生产成本，本国应进口本国稀缺生产要素所生产的产品。在以上两国模式中，A 国会专业化于本国具有比较优势的资本或土地密集型产品的生产，并将这种产品出口到 B 国，由此形成 B 国的进口，而 B 国则专业化于本国具有比较优势的劳动密集型产品的生产，并将这种产品出口到 A 国（由此形成 A 国的进口）。由于 A、B 两国都专业化于生产自己相对成本低的产品，并通过国际贸易获得别国相对成本低的产品，因此这种贸易不但降低了产品的生产成本，而且降低了产品的市场价格，结果无论是生产者还是消费者都得到了利益。正是各国生产者、消费者及要素所有者对自身利益的追求导致国际贸易活动的产生和发展。

[②] Kletzer 和 Bardhan（1987）曾开创性地将金融部门引入到 H-O 模型，并提出金融发展水平高的国家在风险品及制成品部门（该部门对信贷资金需求较大）具有比较优势的观点，但他们未进行严格的模型证明和实证检验。

Rajan 和 Zingales 指出，传统的观点认为金融仅仅是实体经济活动的"面纱"，因此传统的观点不可能认识到金融发展也是决定一国比较优势的重要因素。实际上，发达的金融体系也是一种要素禀赋（或者说是一种"软"要素禀赋）。这是因为，金融发展对各产业的影响是不均衡的，或者说，不同行业对外源融资的需求（即不同行业的外源融资依存度）是不同的，因而各国金融发展水平的不同会导致各国在不同的产业具有不同的比较优势。[①]

Svaleryd 和 Vlachos（2002，2005）通过对 OECD 国家专业分工模式进行实证分析以后认为，传统贸易理论强调物质资本、人力资本等要素的相对丰裕程度会影响一国的专业分工，而一国金融的发展水平同样也会影响一国的专业分工，传统的贸易理论没有考虑到这一点。因此，Svaleryd 和 Vlachos 指出，一国的金融发展水平高低也是一种要素禀赋，这是因为：各国金融发展程度的差异导致各国在融资依赖性强的产业上具有不同的比较优势，从而导致同样的金融改革或创新对不同国家的贸易模式及出口结构具有不同的影响。为此，Svaleryd 和 Vlachos 将金融发展水平作为一个指标纳入了标准 HOV 模型中，[②] 考察金融发展是否可以与其他要素禀赋一样，具有比较优势。他们通过对 14 个 OECD 国家 1970—1994 年间的相关数据进行回归分析发现，在金融发展上具有比较优势的国家在外部金融依存度高的产品出口上比金融欠发达国家的同类产品更具有比较优势，而且金融发展程度比物质资本和人力资本对专业化的影响更重要。因此，金融发展水平高的国家倾向于专业化生产外部金融依存度高的产品，并在这些方面

---

① 在金融发展创造比较优势及影响贸易模式的实证文献中，Rajan 和 Zingelas（1998）使用的研究方法和结果受到广泛的借鉴和引用。这两位学者以标准普尔 Compustat 数据库（1994）美国上市企业的数据计算出工业内部各行业的外部融资依赖度 =（资本支出 - 经营现金流）/资本支出，如制药行业为 1.49，机械电子行业为 0.77 等；同时，在回归估计中引入交互项（行业外部融资依赖度×国家金融发展水平）作为一个解释变量以改善变量遗漏和模型设定偏差等问题。

② HOV 模型是由 Vanek（1968）提出的，该模型换了一个角度对 H-O 模型重新进行了表述。HOV 模型认为：某一要素禀赋相对丰裕的国家会成为该种要素服务的净出口国和另一种要素服务的净进口国。这样，在 H-O 模型中，一国会出口密集使用其相对丰裕的要素生产的产品，而出口密集使用其相对稀缺的要素生产的产品；其关注的中心问题是哪个产业是净出口产业，哪个产业又是净进口产业。而在 HOV 模型中强调的则是，在自由贸易条件下，一国会成为其相对丰裕的要素的净出口国；贸易成为要素禀赋的线型函数。Vanek 的贡献在于：把商品贸易看成是国际间的要素交换，并强调贸易对于要素市场具有重要影响。

的产品出口中占有比较优势。这意味着，金融发展是一国比较优势及竞争力的重要来源。

Romalis（2004）等学者则通过实证分析，验证了具有金融比较优势的国家或地区在出口资本依赖性强的产品上比较优势。因此他们认为，金融发展可以通过促进比较优势的形成或推动比较优势的动态化，进而刺激一国的出口及经济增长。

（二）金融体系发达及人均收入水平高的国家在劳动密集型行业具有比较优势

Wynne（2005）认为：与钢铁石化等企业规模较大的资本密集型行业相比，小企业居多的劳动密集型行业受制于监督成本和代理问题而面临更严重的金融约束，因此，金融发展有利于劳动密集型行业及小企业的发展。同时，Wynne 还认为，如果一国的人均收入水平高，则人们拥有较高的个人财富水平（实质是部分替代金融发展）时，人们也往往更容易进入小企业居多的劳动密集型行业创办企业。在这一基础上，Wynne（2005）指出，金融体系发达及人均收入水平高的国家在劳动密集型行业具有比较优势。Wynne 的这一观点为"里昂惕夫悖论"（Leontief Paradox）提供了新的解释。①

（三）一国金融发展水平越高，则一国制成品出口在出口总额中所占的比重就越高，且贸易开放度也更大

Beck（2002）将金融契约理论引入 H-O 模型，假设国内存在规模收益不变的食物部门和规模收益递增的制造业部门（外部融资依赖度较高）；金融发展通过降低搜寻成本（Search Cost）提高社会中的可融资规模，影响企业家的生产决策和技术选择。当要素、产品、信贷三个市场达到均衡时：（1）封闭状态下，金融发展导致制成品部门利润上升，吸引更多的企

---

① 根据主流的 H-O 模型或要素禀赋理论，战后美国出口的应是资本密集型产品，进口劳动密集型产品；但美国经济学家里昂惕夫 1953 年采用投入产出法对第二次世界大战以后美国对外贸易发展状况进行分析后，却发现，美国进口的是资本密集型产品，出口的是劳动密集型产品。这与 H-O 模型的观点刚好相反。由于 H-O 模型已经被西方经济学界广泛接受，因此里昂惕夫的结论被称为"里昂惕夫悖论"或"里昂惕夫之迷"。

业家进入该行业，食物部门产出下降；（2）开放条件下，两国技术、禀赋、偏好一致，仅在金融发展水平上存在差异（以搜寻成本来衡量），金融较发达的一方在制成品上具有比较优势，成为制成品的净出口方和食物的净进口方。在此基础上，Beck 利用 65 个国家 36 个产业 1966—1995 年间的数据进行面板回归分析，结论表明：（1）那些金融发展水平较高的国家，其制造业出口总值占 GDP 及制成品出口在出口总额中所占的比重都高于其他金融发展水平较低的国家（或地区）；（2）金融发展与贸易结构的比率之间呈现显著的正相关关系，而且其相关系数远远高于其他自变量与贸易结构的比率。因此，那些外部融资依存度大的产业在金融体系较为发达的国家成长的更快，并具有更多的出口份额，等等。由此，Beck（2002）指出，一个国家，尤其是金融发展水平较低的国家，除了进行产业结构调整外，还可以通过推动金融发展来提升本国的出口商品结构。

Svaleryd 和 Vlachos（2002；2005）则指出，更大的且运行更好的金融部门往往与更大的贸易开放度相联系，这是因为：更大的且运行更好的金融部门能够更好地处理不确定性问题。

（四）金融发展水平越高，则在外源融资依存度高的资本或技术密集型行业越具有比较优势

Rajan 和 Zingales（1998）利用美国 20 世纪 80 年代的行业数据，计算得出了美国各行业的外源融资依存度。他们发现：外源融资依存度高的行业通常也是资本、技术密集型或研发密集型的行业。由于与劳动密集型行业相比，资本或技术密集型行业的投资规模较大、风险也较高，因而资本或技术密集型行业对外源融资的需求较大。而且，资本或技术密集型行业还须依赖金融体系提供风险分担的功能，因而资本或技术密集型行业比其他行业具有更大的外源融资依存度。

同时，Rajan 和 Zingales 还采用 40 个国家 20 世纪 80 年代的数据进行了实证研究，他们发现：发达的金融体系通过降低外源融资成本（即获得外部融资的难易程度及利率和收费等）、提高融资可获性，能够缓解这些行业所面临的融资约束，从而显著地促进这类行业的增长。因此，Rajan 和 Zingales（1998）指出："如果高外部金融依赖的行业可以从较高水平的金融发展中获利更多，这将影响贸易结构，一些国家发展完善的金融市场可以构成一国外部金融依存度高的产业比较优势的来源。"也就是说，在金融体系发达的国家，那些高度依存外源融资的产业，如资本、技术或知识密集型产业以及新兴产业将具有比较优势，并具有较高的增长率。

Tadesse（2002）也认为，一国的金融发展水平将影响该国的产业结构。在金融欠发达的国家，以银行为主的外部融资支持产业的发展快于以市场为外部融资支持的产业。而在金融发达国家，以市场为外部融资支持的产业快于以银行为主的外部融资支持产业的发展。

Rajan 和 Zingales（2003）认为，实行银行主导型金融体系的国家在资本密集型（Fixed-Asset-Intensive）的行业拥有比较优势。这是因为，商业银行发放贷款时一般要求借款者提供有形资产作为融资的抵押，而资本密集型的行业一般拥有较多的资本用做抵押资产。这样，在银行主导型的金融体系中，资本密集型行业往往发展较快。而技术密集型或知识密集型行业拥有的主要是技术或无形资产，因而较难提供更多的有形资产作为抵押向银行融资，而只能在金融市场上融资，所以在以金融市场为主导的金融体系中，技术密集型或知识密集型的行业发展较快并具有比较优势。

从现实来看，银行主导型的国家，如德国和日本，尽管其金融发展水平很高，但制造业产品占据了出口产品的绝大部分；美国和英国是典型的市场主导型国家，他们以出口技术和资本密集型产品为主。这是因为，银行在提供贷款时，更多依靠固定资产做抵押，所以银行主导型的国家在出口资产密集型的产品上具有比较优势；而知识技术密集型企业更多的是拥有技术，无法提供更多的抵押质押品向银行融资，所以在市场主导型的国家中，知识技术等无形资产密集型企业可以通过发达的金融市场发行债券等方式进行融资，实现外部资金的供给。Bin（2001）则指出，金融市场的不完善将减少资本技术密集型产品的出口。

（五）金融发展水平越高，则在知识密集型行业上越具有比较优势

Teraji（2002）分析了金融市场的全球化通过对国家间人力资本投资的影响，最终影响一国比较优势的模式。那些金融发展水平高的国家，通过影响该国的人力资本投资，从而会在知识密集型行业上具有比较优势。Svaleryd 和 Vlachos（2005）甚至认为，金融发展较人力资本对国家间的专业化分工模式和贸易结构有着更大的影响。

（六）金融发展水平越高，则在规模收益递增的行业越具有比较优势

Beck（2002）、Carlin 和 Mayer（2003）及 Braun（2003）等人也都证明了金融发展是比较优势的又一来源。Beck（2002）所建立的模型表明：金融发展水平较高而导致金融搜寻成本较低的国家将具有较高的投资水平及资本存量，且它可以使一国能更容易地通过企业规模的扩大而形成规模经济优势。同时，金融发展也能帮助更有效率的私人部门不断扩大规模，从而利用规模经济从事专业化生产。因此，在其他条件不变的前提下，具有更发达金融部门的国家（或地区）在规模经济效应显著的产业具有比较优势。或者说，在一个金融发展水平较高的经济体内，企业的规模往往较大，因而利润会高于其他部门。这说明，一国的金融发展水平越高，则一国在规模收益递增的行业越具有比较优势。为此，Beck（2002）采用 65 个国家 1966—1995 年的数据，利用私人信贷占 GDP 的比率作为衡量金融发展的指标，使用法律起源作为工具变量控制金融发展的内生性问题，并采用广义矩估计进行面板检验进行实证分析来证明他的观点，结果发现：金融发展水平高（以私人信贷占 GDP 比重衡量）的国家确实在规模收益递增的制成品部门具有较高的出口份额和净出口水平。

Wynne（2005）也通过使用 65 个国家 30 年的面板数据进行分析后发现，规模收益递增的行业能够从金融发展中获益更高，因此金融较发达的国家在这类产品上具有比较优势。

（七）金融发展水平越高，则在诸如 R&D、专利等无形资产比重较高的行业越具有比较优势

Hur、Raj 和 Riyanto（2006）及 Manavo（2008）都分别提出，金融发达的国家在无形资产比重高的行业具有比较优势。Braun（2003）认为，诸如 R&D、专利等无形资产比重较高的行业由于缺乏必要的抵押品而获取融资的能力较低，金融摩擦程度较高，因此金融发展对于这些行业的发展十分重要。Hur、Raj 和 Riyanto（2006）也将金融发展、有形资产和知识产权保护结合起来分析这些变量对一国比较优势的影响，并分别利用 107 个国家的数据进行了实证检验。他们发现，金融发达的国家在无形资产比重高的行业具有比较优势，这进一步拓展了金融影响贸易模式的理论。

（八）金融业发达的国家在创新型（包括风险投资）企业或新兴企业上具有比较优势

Sharma（2007）认为，金融发展有利于刺激创新型（包括风险投资）或新兴企业的发展（因创新型或新兴企业一方面由于信用历史缺乏使得其较难获得外部融资，另一方面它们积累内部资金的时间也有限，因此必须依靠外部融资）。Do 和 Levchenko（2007）认为，金融发展是一个内生变量。Rajan 和 Zingales（2003）也指出，企业在利用外源融资时也存在着生命周期的规律，即企业在早期阶段会比后期阶段更依赖于外源融资。因此，新兴企业的外源融资依存度通常都高于成熟企业的外源融资依存度。这意味着，金融发展有利于刺激新兴产业的发展。

（九）金融业发达的国家在服务业上具有比较优势

Gorodnichenko 和 Schnitzer（2010）则认为，金融业发达的国家在服务业上具有比较优势。这是因为，制造业企业较易通过设备抵押而获得融资，而服务业因较难通过设备抵押而获得融资，因此服务业的发展更需要金融的创新。Jaud、Madina 和 Martin（2011）则认为，金融发展能够通过校正资源的错误配置而创造一国的比较优势。

二、金融发展创造比较优势的机制

将金融发展与国际贸易联系起来进行研究的学者还研究了金融发展影响比较优势的机制，归纳起来主要有以下观点：

（一）金融发展创造比较优势的关键在于金融功能的充分发挥

Rajan 和 Zingales（1998）认为，金融机构根据所掌握的信息能更好地发现有利可图的投资机会，并且通过对新企业的融资可以提高其创新能力，从而创造该国的比较优势。Beck（2002）认为，金融发展存在多种影响比较优势的渠道，金融发展创造比较优势的机制首先是从金融市场在分散风险、降低交易成本、克服信息不对称方面入手的。

Wynne（2005）具体提出了金融发展影响比较优势的机制：金融发

展——影响企业家的生产决策和技术选择——改变国内产业结构——形成比较优势——影响贸易结构。Wynne 还指出，一国的财富分布状况也会影响一国的比较优势。他认为，在人均收入水平相同的情况下，财富分布更平均的国家将在小企业部门具有比较优势，但前提是生产不存在固定成本。较富裕的国家在那些金融摩擦程度较高的部门（往往也是小企业密集型和劳动密集型的部门）具有比较优势（区别于传统的比较优势来源）。Wynne 指出，原因在于：较富裕的国家里，富裕的企业家能够更好地克服借贷关系中的激励问题，从而减少了对外部融资的需求，缓解了信贷契约中的代理问题。企业家个人财富的上升意味着更好的激励以及较低的坏账率和利率，这有利于促使小企业的生产扩大，进而转化为一国的比较优势。当生产过程中不考虑固定成本，人均收入相同的两个国家里，财富分布较平均的国家在金融摩擦程度较高的部门具有比较优势。

Ju 和 Wei（2005）也研究了金融发展创造比较优势的条件。他们认为，当一个经济体的金融体系十分发达时，决定该国比较优势的是该国的实际要素禀赋（如劳动力、土地、物质资本等），这可称为要素约束型经济。所谓"要素约束型经济"是指产出由一国的资源禀赋决定，制度改革也不会导致产出改变的经济体，在这一经济体中，金融并不是比较优势的源泉，改善金融体系的质量也不会改革生产及贸易的结构。这时，主流的贸易理论就适用了。而当一个国家的金融体系欠发达时，金融发展状况就在很大的程度上影响该国的比较优势，这种经济体可称为"金融约束型经济"。在这种情况下，通过加快金融发展有利于创造该国的比较优势。

（二）只有建立良好的制度，金融发展才能有效地创造一国的比较优势

Ju 和 Wei 后来（2008）则将金融发展与制度因素结合起来，他们在"要素约束型经济"的基础上，又提出了"制度约束型经济"的概念。所谓"制度约束型经济"则是指在这种经济体中，资源禀赋在边际上并不能决定均衡的产出及价格，在制度不变的情况下，资本的流入也不会影响该经济体的均衡产出及贸易结构。这种制度约束型经济体的特征是：决定其比较优势的不是要素禀赋，而是制度质量。

Ju 和 Wei（2008）指出，在制度约束型的经济体中，由于金融体系效率低下及公司治理不完善，因而储蓄的利率将非常低（即使该经济体的资本—劳动比率很低）。只要制度质量低到其临界值以下，则利率就会处于零。在这种情况下，制度的质量高低而不是资本禀赋的多少决定均衡的产出和价格。在这种经济体中，金融是比较优势的源泉。在此基础上，他们探讨了金融发展影响比较优势的条件及路径。他们认为，只有建立良好的制度，金融发展才能有效地创造一国的比较优势。[①]

Ju 和 Wei（2008）还在一个更广泛的一般均衡框架下，探讨了内生的金融发展水平在何种条件下将成为比较优势的来源。Ju 和 Wei 的研究结果显示：当南方制度质量较低、北方制度质量较高时，同时假设南方的资本禀赋存量和金融体系发展程度均低于北方，那么南方将专业化生产并出口劳动密集型产品（外部融资需求低）而进口资本密集型产品（外部融资需求高），但其总产出和福利将受损，而北方不仅总能从贸易中获益且金融发展水平也随之改善。同时，金融资本将从南方流向北方，再以 FDI 的形式从北方流回南方，从而避开（Bypass）本国低效率的金融体系难以合理配置金融资本的问题。这意味着，如果一国金融体系发达则在吸引金融资本方面具有比较优势，而金融体系落后则往往会大量引进 FDI。

三、金融发展影响国际贸易流量

（一）金融发展会影响企业的出口决策

由于具有金融发展比较优势的国家在国际贸易中占据着一定的比较优势，出口贸易的比较优势不仅表现在国家间的比较优势，也表现在行业间的比较优势，同样也延伸到企业层面。因此，在这种情况下，金融发展与国际贸易之间相关关系的研究也从宏观层面进展到微观层面。Rajan 和 Zingales（2003）、Svalaeryd 和 Vlachos（2002）发现：更大规模的贸易开放确实是与更大规模的金融部门相联系的。Bellone、Musso、Nesta 及 Schiavo 等

---

① 根据 Ju 和 Wei 的分析，实际上可以将经济体分为三种情况：一是当一个经济体的金融体系十分发达时，决定该国比较优势的是该国的实际要素禀赋（如劳动力、土地、物质资本等），这可称为要素约束型经济，在这一经济体中，金融并不是比较优势的源泉；二是在一国金融体系效率低下的情况下，金融是比较优势的源泉；三是在公司治理不完善、制度质量较低的情况下，制度质量的高低就是比较优势的源泉，在这种情况下，是制度的质量高低而不是资本禀赋的多少决定产出。

人（2008）发现，企业更愿意在金融环境良好的情况下扩大出口。而
Greenaway、Guariglia 及 Kneller 等人（2007）则认为，企业更愿意在财务
状况良好时出口。

国际贸易理论的新发展体现在使用混合初始沉淀成本和企业生产率的
异质性来解释为什么不是所有的企业参与国际贸易（Melitz，2003；Help-
man、Melitz 和 Yeaple，2003）。Greenaway、Guariglia 和 Kneller（2007）等
人在此基础上增加了一个新的变量——金融维度（Financial Dimension），
以分析金融发展在企业出口决策中的作用。他们运用英国 9292 家制造企业
1993—2003 年间的面板数据进行研究，发现（1）企业的金融健康（Fi-
nancial Health，用来衡量流动性和杠杆效应）程度与参与出口市场的决策
有关；（2）出口商比非出口商拥有更好的金融状况。

Manavo（2007）在一个多行业的模型中将信贷约束的异质性企业、金
融摩擦程度异质性行业以及金融发展水平异质性国家综合在一起，系统全
面地证明了金融发展对出口贸易的影响。Manavo（2007）假设：企业仅仅
在出口时面临融资约束；贸易成本细分为固定成本和可变成本（运输成
本、关税成本等）；行业金融摩擦差异体现在出口固定成本中需要外部融
资解决的比例不同和与拥有可抵押的厂房、设备等有形资产比重相关的获
取外部融资能力不同。在信贷约束条件下，追求利润最大化的出口者面临
着三重约束：一是消费者效用函数决定的某类产品上的总支出；二是当金
融契约得到执行时，企业家预期净收入不小于承诺给投资者的回报；三是
投资者预期的净收益不小于零。当信贷市场是竞争性的（完美的），所有
投资者预期利润为零，均衡情况下企业的生产、出口及定价与 Melitz
（2003）模型中一样。存在信贷约束时，一个行业内部假定融资需求和抵
押能力相同，生产率高的企业由于能够给投资者更高的收益回报而较易获
取融资，信贷约束因此提高了出口所需的临界生产率；行业金融摩擦越强
或者国家金融契约完备程度越低，出口临界生产率就越高。信贷约束导致
出口在行业间和行业内的重新配置：一是偏向于有形资产比重高以及外部
融资依赖程度低的行业，二是偏向于行业内生产率高的企业。当只有出口
固定成本的融资存在约束时，比较静态分析表明：国家金融发展水平越
高，出口临界生产率越低，出口企业的数目越多；由于企业层面的出口数
量和价格不变，因此能够从广度边际上（Extensive Margins）增加贸易流

量, 结论与 Chaney (2005) 一致。Manavo (2007) 进一步放松假设为企业在固定和可变贸易成本上均面临融资约束, 证明了金融约束也会影响企业层面出口额。在放松后的假设条件下, 可以得到两个出口生产率临界值 A_L 和 A_H: A_L 代表成为出口商所需的生产率, A_H 代表的是按照不存在信贷约束情况下的价格和数量出口的企业所需的生产率。生产率位于 A_L 和 A_H 之间的企业虽然仍然出口, 但是保持在次优的水平上, 出口规模 (收入、利润) 减少, 否则将无法偿还投资者债务。国家金融发展水平越高、出口企业数目越多, 且单个企业出口额也增加, 从而从广度 (Extensive) 和深度 (Intensive) 两个方面扩大贸易流量; 行业金融摩擦越强, 这种效应就越显著。

Bugamelli 和 Schivardi (2008) 等人则在 Guiso、Sapienza 和 Zingales (2002) 理论的基础上, 把金融发展外生化, 并引入 Melitz (2003) 异质性企业贸易模型。他们利用意大利 1982—1998 年的 30000—40000 家企业的年度平均数据, 讨论了国际贸易边界的深化和广化问题, 结果发现: (1) 金融发展是企业发展水平和出口增长的显著正的诱因; (2) 金融发展能促进企业的出口参与 (Participation); (3) 流动性约束会限制企业的出口水平; (4) 金融发展只是在企业做出进入外国市场的决策时起作用, 在进入外国市场后的作用不明显; (5) 如果本国的金融发展与出口是高度金融相关, 如意大利, 那么就有理由相信跨国的金融发展差异将会随着国际化的发展持续快速地向资本市场一体化收敛。Suwantaradon (2008) 研究了金融市场的不完全性对厂商经营和出口决策的影响。

Berman 和 Hericourt (2008, 2010) 利用孟加拉国、中国、印度、印度尼西亚、摩洛哥、菲律宾、南非、中国台湾和越南等 9 个发展中国家和地区、5000 个企业层面的数据, 研究了金融约束、金融发展和生产率三个要素对贸易深化 (如出口决策) 和广化 (如出口数量) 的边界的影响。他们在 Chaney (2005) 关于企业生产率和获取外部金融差异性的基础上, 研究了企业层面上的金融发展对贸易决策和出口数量的影响, 结果发现: (1) 在企业做出进入出口市场决策时, 金融的支持具有决定性的作用; (2) 金融约束与企业的生产率和出口地位没有关联, 而只有在企业能够获取足够的外部融资时, 生产率才能对出口决策产生显著的影响; (3) 金融发展会增强金融约束与生产率及出口地位的关联性; (4) 如果金融约束和生产率是不完全相关的，那么贸易自由化的正效应不会完全表现出来。一个直接的推论就是贸易自由的影响将依赖于该国信贷约束的水平。总之，Berman 和 Hericourt 认为，当企业进入国际市场所面临的沉没成本成为企业出口决策的主要影响时，企业融资成本的难易程度无疑是沉没成本的函数。金融发展水平较高的国家（地区），因融资成本较低，从而使企业出口时面临的沉没成本也降低，这样就使更多的企业进入国际市场变得有利可图，从而有利于刺激进出口贸易的发展。

（二）金融发展有利于刺激对外贸易的扩张

Gatti 和 Love（2006），以及 Aghion、Fally 和 Scarpetta（2007）等人认为，分析金融发展与企业出口决策的局部均衡模型忽略了金融发展对市场进入和研发投资的影响，因而低估了金融发展对整体贸易的影响。

由于从事国际贸易存在较大的成本，尤其是信息获取、目标市场识别、营销渠道建立、产品适应性调整等出口沉没性成本，因此这些成本影响着贸易的发展（Dixit，1989；Anderson 和 Wincoop，2004）。鉴于出口成本难以观测且投入期长、风险和不确定性较大，因此只有生产率较高的企业才能克服贸易成本壁垒并进入国外市场获取高利润（Clerides，1998；Bernard 和 Jensen，1999、2004）。在这种情况下，如果金融市场不完善，存在较大的金融约束，则会影响企业生产、研发、市场进入等投资行为（Stiglitz 和 Weiss，1981）。这意味着，只有建立发达的金融体系才有利于企业通过获取外部融资以支付这一特定支出，从而增加其出口的可能性，这在宏观层面上就体现为金融发展能够刺激国际贸易规模的扩展（Fazzari、Hubbard 和 Peterson，1988；Holmstrom 和 Tirole，1997）。

Chaney（2005）通过引入流动性约束概念修正了 Melitz（2003）的模型，证明了流动性约束的存在提高了企业出口的临界值，从而不利于贸易的发展。而加快金融发展（包括金融市场深度和宽度的改善），就能够减少或消除流动性约束的影响，并降低企业出口的临界值，从而对出口贸易产生积极作用。总之，Chaney 的研究表明：金融体系越发达的国家越倾向出口。Feeney 和 Hillman（2001）则认为，一国的金融发展主要体现在金融市场的多样性上，国内金融市场等风险分散机制的发展将会减少贸易障碍。他们建立了一个关于本国金融市场功能和国内风险分散的两部门模型——出口部门和遭遇进口竞争的部门，后者选择游说政府采取贸易保护主义政策、征收关税提高进口商品的价格而导致消费扭曲，这将降低总体福利。资产组合多样化的程度决定了贸易保护主义者实施游说的努力程度，如果风险能被充分分散，贸易保护主义者就没有寻求保护的游说动机，这自然从整体上有利于对外贸易量的扩大。

Tse 和 Leung（2002）从另一个角度进行了分析。他们认为从国际市场上借款的成本相对较高，由于进入固定成本的存在，一个国家只有收入水平达到一定程度后才具备进入国际金融市场进行借贷的条件，因此只有GDP 水平较高的国家才有足够的信用保证从国际金融市场借到资金。如果以上假说成立的话，金融发展导致了经济增长，使这些国家能够更容易地进入国际借贷市场借入更多资金，出口商因而也能获得必要的贸易融资完成出口订单。在这种情况下，金融发展促进了整个出口部门的总量增加。

Becker 和 David Greenberg（2007）利用 1970—1998 年 100 多个国家、SITC 四分位双边贸易数据识别和检验了金融发展通过出口固定成本渠道对贸易的特定影响。他们首先构建了两组衡量出口固定成本的变量：（1）国家层面上的固定成本（包括国家间距离的对数、是否使用共同语言等）；（2）产业层面上的固定成本（包括产品差异化程度以及企业销售额中用来支付研发和广告费用的比率等），将金融发展变量（以国家的会计标准、私人信贷与 GDP 的比率、股票市场资本化与 GDP 的比率来衡量）纳入到国家和产业两个层面的双边贸易引力方程。检验结果表明：除了国家规模、地理位置以及国民收入等贸易规模传统决定因素外，金融发展程度的差异能够解释诸如澳大利亚、埃及、希腊、芬兰、挪威以及马来西亚之间不同的出口绩效。产品研发密度越高、广告支出越大或者出口目的地越远，出口初始成本就越高，因此出口对金融的敏感度就越强，金融发展的改善效应就越显著。

（三）信贷约束不利于刺激出口

Prasad 和 wei（2005）认为，信贷约束会对一国的国际贸易水平和结构产生影响，这是因为，一国对信贷控制的松紧程度会严重影响企业的经营规模、日常经营和融资成本，尤其是对初始资本净值低的企业而言，在外部资金紧缺的条件下，资金将成为限制企业出口发展的瓶颈。如果放松某些产业的信贷约束，有助于降低该类企业外部融资成本，提高产业竞争力和增加出口。

Chaney（2005）把金融约束引入了 Melitz（2003）模型，并且预测受到金融约束影响的公司更不愿意支付固定的出口成本，从而出口的可能性大大降低。按照 Chaney 的预测，双边贸易数据表明：金融越发达的国家越倾向出口，并且这种倾向在易受金融影响的行业更为明显。

Manavo（2007）探讨了金融发展通过影响贸易成本融资，从广度边际和深度边际这两个方面作用于总出口流量。Manavo 指出：在一般均衡框架下，金融约束影响出口还存在第三种途径，即金融约束提高了国内市场进入的临界值（与出口类似），而加快金融发展可以增加行业中企业的数目。Manavo 借助产业层面的双边贸易引力方程，使用 1985—1995 年 107 个国家、27 个产业的贸易数据进行了检验，并借鉴 Helpman、Melitz 和 Rubinstein（2008）的两阶段法，分离出金融发展不同作用渠道的效应。结果表明：信贷约束对出口贸易流量影响显著，而且金融发展对出口额的总体影响中约有 75%—80% 是发生在贸易成本环节。Manavo（2007）还进一步研究了金融发展程度对一国出口产品种类数、产品调整更新频率、出口目的地分布的影响。

Suwantaradon（2008）进一步把金融摩擦引入 Melitz（2003）开创的异质性企业贸易模型，分析金融摩擦对企业出口的影响。这里的金融摩擦，主要是指信贷约束不仅不利于一国出口，而且还能促进低效产业的出口增长。Suwantaradon 利用世界银行对巴西（2003）和智利（2004）的调查数据，对包括商业环境、基础设施、金融、劳动力、腐败和制度、合约执行水平、法律和秩序、创新和技术及企业生产率九个要素进行的实证研究表明：垄断竞争企业在因生产和出口融资固定成本而上升的资本需求中面临着信贷市场的约束，金融摩擦通过限制企业初始积累净值大小，进而影响融资规模，最后传递到生产规模上。所以，一组相同生产水平的企业，在金融约束机制下，较高的金融约束导致较低的生产规模，使这些企业无法持续经营或通过出口获利。与 Melitz（2003）相比，具有较高生产率的企业对金融资源具有优先使用权，他们在经营和出口时可能会产生扭曲金融约束现象。此外，金融约束能持续影响企业的生产动力。尽管高效企业的初始净值很低，但是他不可能永远通过积累克服信贷约束问题以达成出口目标。而发达的金融市场则能更好地提供金融帮助，减少因金融依赖产生的国际贸易支付成本。

（四）放松金融管制，实现资本市场的自由化有利于刺激出口

Manova（2006）也认为信贷约束是国际贸易流量的主要决定因素，在剔除了样本期间的资本控制后，运用面板数据对 91 个国家 27 个行业在 1980—1997 年间资本市场自由化对出口的影响进行检验发现：实现资本市场的自由化更有利于需要外源性融资的部门出口增长。这是因为：（1）在外部资本（External Finance）和软资本（Softer Assets）密集的部门，开放资本市场能够获得更高的出口；（2）通过对样本国家不同要素禀赋的独立比较，资本市场的自由化对刺激出口具有非常显著的效果；（3）资本市场自由化的直接后果就是外部金融脆弱部门的出口增长呈非比例增长。如在实现资本市场自由化后的 3 年里，一国的纺织品出口（高度依赖外部金融部门）增长了 13 个百分点，高于矿产出口（对内部融资敏感部门）；（4）在证券市场欠发达的国家里，资本市场自由化的效果更加明显，这表明外国投资可能会弥补国内欠发达的金融体系，因此在贸易政策约束导致贸易成本过高的情况下，通过开放资本市场将会显著地促进出口的增加；（5）剔除资本控制的效应后，实现资本市场的自由化会导致出口额上升；（6）实现资本市场的自由化在有贸易政策约束的国家实行，会有更加明显的刺激出口的作用。这暗示在贸易成本较高、信贷约束问题较严重时，加快金融发展是刺激出口的极为有效的途径。

2008 年，Manavo 在另一篇文献中将股票市场自由化视为国内外部融资可获性的外部冲击，并利用 1980—1997 年 91 个国家的面板数据和事件研究（Event Study）进行检验，结果显示：股票市场自由化能够显著促进金融摩擦强的行业出口；股票市场初始发展水平越低，这种效应就越明显，从而说明外国股权资本流入能够替代国内欠发达的金融体系。

Carluccio 和 Fally（2008）研究了出口企业在垂直分工中的金融约束和合约不完全性。他们简化了 Antras 和 Helpman（2008）模型中的全球供货行为，对供应方的资本市场摩擦进行具体化。并且，运用法国的数据验证了两个假设：（1）复杂性和资产专用性投入更可能被来自金融发达国家的企业所外包；（2）涉及复杂产品的贸易时，跨国公司更喜欢对金融体系不

发达的国家供应商采取当地一体化策略。结果表明：（1）金融发展在复杂产品上产生了比较优势。（2）来自较低金融发展水平国家的复杂投入品在公司内进口贸易中所占份额更高。使用不同复杂度和专用性指标都显示这个发现是稳健的，并且不是由产业固定成本差异或是外部金融依赖的传统测度差异所造成的。在程度上，金融发展与合约执行力同等重要。（3）虽然以牺牲产量和生产率为代价，但是在垂直一体化下却减轻了金融约束。（4）在跨国公司生产链中的生产厂商，如果是处在金融发展欠发达国家，那么它就不愿意采用新技术生产复合型产品。因此，高技术产业在金融体系较完善、金融发展水平较高的国家拥有更高的增长率。

此外，Bekaert 和 Harvey（2000）、Martell 和 Stulz（2003）等人都认为，资本市场的自由化有利于刺激出口。[①]

第二节 金融发展与外商直接投资

大量引进外商直接投资（以下简称 FDI）[②]，是发展中国家及经济转轨

---

① 在许多学者认为金融发展能够创造一国的比较优势并刺激国际贸易发展的同时，另一些学者则从另一角度展开研究，并认为：一国的金融结构及发展水平在很大程度上由该国的比较优势和贸易结构决定。Rodrik（1998）指出：贸易开放导致经济个体收入多变程度增加，借助于金融市场和金融工具实现资产组合多样化可以有效分散贸易开放带来的不确定性风险。因此，贸易开放引发经济个体对保险和风险规避的需求上升，从而拉动金融发展。此外，贸易开放还往往伴随着投资扩大、技术革新加快等（Giavazzi 和 Tabellini，2004），这也将增加融资需求，促进金融发展。Do 和 Levchenko（2007）将金融体系的规模和质量视为一国比较优势的函数，认为金融发展水平是由该国的生产结构所决定，一国资本密集度高的产业越发达，该国金融发展水平就越高。他们通过构造两国两部门的理论模型论证：随着贸易开放，在外部融资依赖度高的产品上具有比较优势的国家将会增加这类产品的生产，进而增加对外部融资的需求，促进本国金融发展。Do 和 Levchenko（2007）利用 96 个国家 1970—1999 年间的面板数据进行的实证结果支持他们所提出的假说：一国的金融结构及金融发展水平在很大程度上由该国的比较优势和贸易结构决定。

② FDI 是指跨国公司或外国私人投资者，在一个或数个国家，通过直接投资建厂、建立原材料生产基地或产品销售市场等实物性资产投资手段，获得一定收益的行为。国际货币基金组织对 FDI 的定义为："投资者在本国以外的其他国家经营企业，并进行获取持续利益的投资，投资的目的是为了对该企业的经营管理占有有效的发言权。"而经济合作与发展组织（OECD）对 FDI 的定义则为："一个经济体中的常住实体（直接投资者）以在投资者母国之外建立企业形式的永久性利益为目标的国际投资活动。永久性利益意味着在直接投资者与企业之间存在着一种长期关系，而且直接投资者对于直接投资企业的管理有着很大程度的影响。"

国家经济及金融自由化改革的一个重要内容。而且，随着经济全球化的发展，FDI 对一国经济增长的强大推动作用已逐渐成为各国的共识。在这一背景下，研究金融发展问题的经济学家也开始将金融发展与 FDI 联系起来进行研究，这又进一步拓展了金融发展理论的研究领域。

一、FDI 的技术溢出效应

各国之所以重视大量引进 FDI，是因为各国引进 FDI 不仅能够为东道国带来资本，而且会在东道国产生技术溢出效应（Technology Spillover Effect）。FDI 的这种技术溢出效应可分为以下几种：

第一，示范效应（Demonstration Effects）或传染效应（Contagion Effects），即当地企业通过观察和学习外国企业，进而提高自己的生产效率（Koizumi 等，1977；Findlay，1978；Das，1987；Kokko，1996）。Kokko（1996）认为，这种效应具体表现在：跨国公司在东道国设立子公司，因而引起当地生产力提高或技术进步，然而跨国公司的子公司却无法获得全部收益，这种情形就意味着 FDI 在东道国产生了技术溢出效应。[1] Blomström（1998）则将这种效应分为两种形式：一种叫做"生产力溢出"（Productivity Spillovers），是指东道国通过引进 FDI 因而得到先进的技术，进而提高劳动生产率；还有一种被称为"市场渠道溢出"（Market Access Spillovers），指东道国企业通过引进 FDI，借助强大的跨国公司力量拓展了产品销售渠道，将国内的产品销往国际市场。[2]

第二，竞争效应（Competition Effects），即跨国公司进入后可以在一定程度上消除垄断，使市场竞争程度加强，这将迫使当地企业更有效率地利用资源，进而推动其技术效率的提升（Caves，1971；Kokko，1996）。

第三，培训效应（Training Effects）或人力资本效应，即跨国公司对当地企业员工的培训会通过劳动力的流动促进东道国的技术进步（Fosfuri，2001）。

---

① Kokko, A. ,1996,"Productivity Spillovers from Competition between Local Firms and Foreign Affiliates", *Journal of International Development*, Vol. 8, pp. 517-530.

② Blomström, M. and Kokko, A. ,1998,"Multinational Corporations and Spillovers", *Journal of Economic Surveys*, Vol. 8, pp. 247-277.

第四，联系效应（Linkage Effects），跨国公司与当地供应商有后向联系（Backward Linkage），与销售商有前向联系（Forward Linkage）。跨国公司通过设定技术标准、提供技术指导和进行研发（R&D）合作等形式，提高了上游企业的技术水平。对于下游企业来说，跨国公司进入后将使它们有机会以低廉的价格获得技术含量高、质量好的中间品，为后续生产环节的技术升级创造了条件。

Chen（1996）指出，FDI 的这四种技术溢出效应并不是在同一个层面发生作用的，其中示范效应、竞争效应和培训效应主要发生在产业内，属于水平效应（Horizontal Effects），其具体途径包括：跨国公司通过示范效应加速当地企业采用新技术的速度，跨国公司进入迫使当地企业采用更有效率的生产和管理手段，跨国公司培养的工人和管理者流向当地企业而产生的人力资本积累。联系效应则主要发生在产业间，属于垂直效应（Vertical Effects），其具体途径包括：当地供应商为更好地对跨国公司提供配套产品和服务进行主动学习而带来的效率提高，当地供应商从跨国公司直接得到的技术支持而带来的效率提高，下游企业利用由跨国公司制造的质量优异的中间品进行进一步加工和制造时从中获得的效率提高。

总之，FDI 的技术溢出效应是指：跨国公司在东道国特别是在发展中国家进行直接投资，其先进的生产技术、经营理念、管理经验、营销渠道等通过某些自愿或者非自愿的溢出途径，渗透到东道国的其他企业，从而能够促进东道国企业的技术水平及生产效率不断提高，进而会刺激东道国的经济增长。

二、金融发展与 FDI 的技术溢出效应：理论分析

然而，FDI 在东道国的技术溢出效应并不是凭空产生的，它依赖于一定的前提条件。Borensztein（1998）强调了东道国的吸收能力（Absorptive Capability）对 FDI 技术溢出效应的决定性作用，即认为只有在东道国具有一定的吸收能力时，FDI 才能在东道国产生技术溢出效应。总之，在 21 世纪以前，学者主要强调技术（Lapan 和 Bardhan, 1973；Findlay, 1978；Wang, 1992；Kokko, 1994、1996；Perez, 1997；Girma, 2000；）、市场（Ozawa, 1992；Balasubramanyam, 1996）、人力资本（Borensztein 等, 1998）、基础设施

（Stern，1991）、行业特征（Blomström，1986；Harrison，1999；Fredrik Sjo-holm，1999）以及产权特别是知识产权（Smarzynska，1999）对东道国吸收能力的影响，并进而分析对 FDI 技术溢出效应的影响。也就是说，在 21 世纪之前，学术界并没有将 FDI 与金融发展联系起来。

进入 21 世纪以后，一些学者开始关注金融因素对一国吸收能力的影响，并进而分析金融因素（特别是金融市场）在 FDI 技术溢出效应中的作用。在金融市场对 FDI 溢出效应的影响问题上，国外学者从不同的角度构建了各自的理论模型并进行了实证检验。[①]

Bailliu（2000）专门研究了东道国金融体系的发展状况对 FDI 和经济增长的影响。Bailliu 建立了一个包含金融部门变量和私人资本流动的简单内生经济增长模型，他认为，国外私人资本大多是通过国内金融中介流入东道国的，而东道国发达的金融体系能够实现私人资本流入向投资的有效转化并提高投资效率。在两个金融发展水平不同的国家中，金融体系发达的国家能将国外流入的资本有效地转化为投资并将其分配到边际产出高的投资项目上，因而该国经济增长率较高。

Alfaro、Chanda、Kalemli-Ozcan 和 Sayek 等人（2003）关于东道国金融市场在 FDI 和经济增长中所起作用的研究影响较大并具有一定的代表性。Alfaro 等人（2003）建立了一个简单的经济增长模型[②]，将东道国企业分为本国私人企业和 FDI 企业两个部分，假设每个本国私人企业的产出依赖于固定资本投入和企业家能力的大小，并认为东道国金融市场的效率通过影响私人企业外部融资的可获得性，进而影响私人企业固定资本投入的大小。在此基础上，他们证明，如果东道国金融市场富有效率，则国内企业

---

① 参见胡立法：《外商直接投资和经济增长：国内金融市场作用》，上海财经大学出版社 2008 年版。

② 该模型为 $Y_t^{FDI} = AL_t^{\beta}(K_t^{FDI})^{1-\beta}$，其中，$0 < \beta < 1$，$Y_t^{FDI}$ 表示 FDI 企业的产出，A 为生产率参数，L_t 表示国内劳动力数量，K_t^{FDI} 表示 FDI 企业的资本存量。

经推导，得：$\dfrac{\partial^2 Y_T}{\partial K_t^{FDI} \partial \delta} = -B\theta(K_t^{FDI})^{\theta-1}s^{\gamma}\dfrac{\partial \varepsilon_t^*}{\partial \delta}\left[1 + \dfrac{(1-\varepsilon_t^*)(1-\theta)}{\varepsilon_t^*}\right]$

其中，$0 < \theta < 1$，$0 < \gamma < 1$，$\dfrac{\partial \varepsilon_t^*}{\partial \delta} > 0$；$Y_T$ 表示总产出，δ 为金融市场效率水平（该值越大，说明金融市场越缺乏效率），B 为生产率系数（$B > 0$），s 表示固定资本投入，ε_t^* 表示企业家能力价值。

家能够有效地从本国金融市场借入固定资本投入所需要的资金,这将提高国内企业家创业的可能性,导致东道国企业家及企业数量的增多。这些国内企业将通过学习、借鉴、模仿 FDI 企业的先进技术和管理经验等而降低成本并提高产量,进而促进东道国的经济增长。

随后,Alfaro、Chanda、Kalemli-Ozcan 和 Sayek 等人(2003)还建立了一个以金融市场为渠道的作用机制模型[1]。他们将金融市场对 FDI 溢出效应产生影响的机制概括为:

首先,FDI 企业的进入可以提高东道国劳动力技能,当这些雇员跳槽到国内企业可以减小人力资本的投资,同时会产生技术转移提升国内企业的技术水平。当东道国国内企业需要通过整合企业业务结构、招聘经验丰富的管理人员和技能精湛的员工、购买技术先进的设备等方式来提高自身竞争力时,需要充足的资金来支持,而发达的国内金融市场能为上述活动的融资提供较大的便利。

其次,假如企业现有技术和 FDI 企业的薪金技术差距不大,东道国国内企业内部的自有资金就可以为购置技术先进的设备提供资金支持;当两类企业技术差距过大,国内企业可能需要进行更大的技术升级,进而产生大量的融资需求。如果东道国国内金融市场效率较低,则会使对经济增长具有积极作用的这类融资需求得不到满足,在这种情况下,国内企业家的创业活动就会受到金融市场的限制,从而不利于刺激经济增长。

最后,发达的金融体系能促进 FDI 企业与东道国国内企业建立产业链上的前后向关系,即所谓的产业关联效应,进而能使东道国的国内企业实现规模经济效应。Alfaro、Chanda、Kalemli-Ozcan 和 Sayek 等人采用 71 个国家 1975—1995 年期间样本数据,并选择商业银行总资产、银行贷款总额、金融部门贷款余额、金融市场的流动性负债比例、M2 与 GDP 之比、股票成交额与 GDP 之比五个指标来反映东道国金融市场的发展状况,然后分别对每一个指标与 FDI 和经济增长之间的关系进行回归分析。结果发现:金融市场发达的国家能够有效吸收 FDI 的溢出效应促进本国经济增

---

[1] 模型为 $GROWTH_i = \beta_0 + \beta_1 FDI_i + \beta_2 (FDI_i * FINANCE_i) + \beta_3 FINANCE_i + \beta_4 CONTROLS_i + \nu_i$,式中 $GROWTH$ 为东道国经济增长,$FINANCE$ 为东道国金融市场发展水平,$CONTROLS$ 代表控制变量。

长；相反，那些金融市场缺乏效率的东道国，不仅不能利用 FDI 应有的积极因素，反而会使 FDI 拖累本国经济增长。

Hermes 和 Lensink（2003）则通过建立一个包含金融部门变量的内生经济增长模型证明：（1）发达的金融体系不仅能够动员国内储蓄，增加金融投资资源和促进消费，而且能有效地监管所投资的技术革新项目，进而提高投资效率，这两点都刺激经济增长。（2）国内企业提高现有技术或吸收新技术的投资往往比其他投资的风险大，而金融体系能够减少这类投资的风险。（3）由于流入东道国的 FDI 是通过股票市场流入的，因此东道国的金融市场（特别是股票市场）越发达，则 FDI 就越容易在东道国进行投资活动。可见，东道国的金融市场发达程度也将影响 FDI 的流入规模，等等。总之，Hermes 和 Lensink（2003）认为东道国发达的金融体系能够提高资源的分配效率、降低国内企业投资新技术的风险并提高其获得贷款的可能性，这些都会增强东道国吸收 FDI 先进技术的能力，从而有利于 FDI 的技术溢出，进而促进东道国的经济增长。

Omrna 和 Bolbol（2003）认为，在东道国诸多的吸收能力中，起主要作用的是一国完善的宏观经济管理、健全的基础设施、人力资本和金融发展。Choong、Yusop 和 Choo（2004）认为，东道国发达的金融体系不仅能够引导资金短缺和盈余部门之间的资金流动、加快资本积累、提高资源分配效率，而且能够提高东道国对 FDI 的先进技术及管理经验等的吸收能力，从而有效地促进东道国的经济增长。他们以"贷款额/GDP"指标衡量金融部门发展水平，利用协整分析和误差修正模型，比较分析了部分发达国家和发展中国家的国内金融体系在 FDI 促进经济增长中的作用。结果表明，FDI 对东道国经济增长的贡献取决于东道国吸收 FDI 先进技术、管理经验的能力的大小，而这一吸收能力主要取决于东道国金融体系的发达程度。他们指出，要使 FDI 起到促进经济增长的作用，东道国金融体系的发展至少应达到一个最低水平，在此基础上，金融体系越发达，东道国对 FDI 先进技术的吸收能力就越强，从而 FDI 的先进技术、管理经验等的扩散效应就越大，FDI 就越能促进东道国的经济增长。

Choong、Yuso 和 Soo 等人（2004）认为，发达完善的金融市场不仅能起到加快资本形成、优化资源配置等作用，而且可以对东道国关于 FDI 先进的技术、优秀的管理理念等影响 FDI 吸收能力的因素起到积极作用，这些因素都将大力推动东道国的经济增长。他们在模型中采用金融机构的贷款余额与 GDP 之比这一指标来反映金融市场的发展状况，并采用协整分析技术及误差修正模型，对以美国、英国、日本为代表的发达国家和以韩国、印尼、新加坡等为代表的新兴市场国家的金融市场在促进 FDI 推动经济增长的作用进行了比较分析。实证研究的结果表明：东道国的金融市场的效率需要迈过一个"门槛值"才能发挥 FDI 对经济增长的推动作用。在"门槛值"以上时，金融市场效率越高，则东道国对 FDI 的吸收能力就越强，从而使 FDI 的溢出效应在东道国内能得到更大程度的发挥，因而就能更好地推动东道国的经济增长。

Bandyopadhyay（2006）则指出，由于国有金融机构的大量存在会降低全要素生产率的增长，而以 FDI 为主的跨国信贷的增长则会提高全要素生产率的增长，因此如果一国为保护国内金融机构的利益而限制 FDI 流入本国金融行业，这将是一个愚蠢的错误政策，因为这样的政策会降低一国的资源配置效率并阻碍该国生产率的增长。

三、金融发展影响 FDI 技术溢出效应的实证研究

Bailliu（2000）较早运用实证分析方法研究了国内金融市场发展水平与 FDI 溢出效应之间的关系，他以"商业银行资产/（商业银行资产 + 中央银行资产）"指标衡量东道国金融部门发展水平，采用 GMM（Generalized Method of Moments）估计方法，运用最小二乘法，对 1975—1995 年间 40 个发展中国家的面板数据进行了跨国回归分析。结果表明，银行部门发达的国家，净私人资本流入（含 FDI）促进了东道国经济增长；反之，银行部门欠发达的国家，净私人资本流入阻碍了东道国经济增长。

Alfaro、Chanda、Kalemli-Ozcan 和 Sayek 等人（2003）选择了衡量国内金融市场发展水平的六个指标，即金融系统的流动性负债（$LYL = M_2/GDP$）、商业银行资产（$BTOT =$ 商业银行资产/商业银行资产与中央银行资产之和）、私人部门信贷（$PRVCR =$ 金融中介对私人部门的信贷/GDP）、银行信贷（$BANKCR =$ 储蓄存款货币银行对私人部门的信贷/GDP）、股票市场流动性（$SVALT =$ 股票交易额/GDP）和股票市场规模（$SCAPT =$ 股票市值/GDP），并利用 1975—1995 年 71 个国家的面板数据进行回归分析。

他们把样本国家划分为两组，一组是只有信贷市场的 71 个国家，一组是既有信贷市场又有证券市场的 49 个国家，通过对两组面板回归的对比研究发现，不考虑金融市场的差异，FDI 对经济增长的作用是不明确的（Ambiguous）。考虑了金融市场的差异后发现，金融市场发达的国家能够从 FDI 中获得显著的正效应；反之，金融市场不发达的国家，FDI 对其经济增长贡献率小甚至为负。

Hermes 和 Lensink（2003）在实证研究中，以"银行贷款额/GDP"指标衡量金融发展水平，运用最小二乘法，并选取了 1970—1995 年间亚洲、拉美和非洲共计 67 个国家的数据，对金融发展与 FDI 和经济增长之间的关系进行实证检验。结果表明，FDI 对东道国经济增长的贡献强烈地依赖于东道国金融体系的效率，东道国金融体系富有效率的国家（共计 37 个国家），FDI 对经济增长有着正的贡献率，这些国家多为亚洲和拉丁美洲的国家；东道国金融体系缺乏效率而且非常脆弱的国家（共计 30 个国家，多为非洲国家），FDI 对经济增长的贡献率甚至是负数。

Omrna 和 Bolbol（2003）则选取 1975—1999 年间 11 个阿拉伯国家的有关数据，运用最小二乘法对东道国金融体系在 FDI 促进经济增长中的作用进行了实证研究。Omrna 和 Bolbol（2003）选择了四个指标来衡量一国金融市场的发展水平，即商业银行资产/（商业银行资产 + 中央银行资产）、商业银行对私人部门信贷/GDP、股市交易额/GDP 和股市交易额比率，并分析每一个指标与 FDI 相互作用对经济增长的影响。结果表明，发达的金融市场能使 FDI 对经济增长产生正的积极效应，反之，金融市场不发达将可能使 FDI 对经济增长产生负的效应。对于金融体系是以银行部门为主导的阿拉伯国家来说，当该国的"商业银行资产/（商业银行资产 + 央行资产）"、"商业银行对私人部门信贷/GDP"分别达到 13.8% 和 47% 这一水平之上时，金融发展才能对经济增长产生正效应。Niels 和 Robert（2003）的研究也表明，完善的金融市场能使资源配置的效率得以提高，这对提高东道国的吸收能力有很大的积极作用，同时东道国完善的金融市场对促进 FDI 的技术外溢也极为重要，以上两点都将直接或间接地促进东道国的经济增长。

关于金融市场影响 FDI 溢出效应的实证研究可归纳如表 11 - 1 所示。

表 11 –1 国外学者关于金融市场影响 FDI 溢出效应的实证研究

学者、 年份	衡量金融市场 发展水平的指标	数据	方法	主要观点和结论
Bailliu （2000）	商业银行资产/（商业 银行资产＋中央银行 资产）	1975—1995 年间 40 个 发展中国家 的面板数据	GMM 估计 法	具有发达金融市场的国家，私人资本流 入（含 FDI）促进了东道国的经济增长； 反之，金融市场不发达的国家，私人资 本流入阻碍了东道国的经济增长
Alfaro 等 （2003）	①金融系统的流动性 负债（ $LLY = M_2/$ GDP ）；②商业银行资 产（ $BTOT=$ 商业银行 资产/商业银行资产＋ 中央银行资产）；③私 人部门信贷（ $PRVCR$ ＝金融中介对私人部 门的信贷/GDP ）； ④银行信贷（ $BANKCR$ ＝储蓄存款货币银行 信贷/GDP ）；⑤股票 市场规模（ $SCAPT =$ 股票总市值/GDP ）； ⑥股票市场流动性 （ $SVALT =$ 股票交易额/ GDP ）	1975—1995 年间 71 个 国家的面板 数据	最小 二乘 法	①FDI 单独对经济增长的贡献作用并不 明确。②那些具有健全和发达的金融市 场的国家会从 FDI 中获得更多的好处， 能从 FDI 中获得显著正效应；对于那些 金融市场不发达的国家而言，FDI 对经 济增长贡献率很小甚至为负值
Hermes 和 Lensink （2003）	银行贷款额/GDP	1970—1995 年间亚洲、 非洲和拉丁 美洲总共 67 个国家 的时间序列 数据	最小 二乘 法	①单独的 FDI 变量对人均 GDP 的增长率 并不具有显著的正效应，而是强烈地依 赖于东道国金融市场的效率。②如果东 道国金融市场富有效率，则 FDI 对经济 增长的贡献率为正；若东道国金融市场 缺乏效率并且非常脆弱，FDI 对经济增 长的贡献率较小甚至为负值
Omran 和 Bbolbol （2003）	①商业银行资产/（商 业银行资产＋中央银 行资产）；②私人部门 信贷/GDP；③股票总 市值/GDP；④股票交 易额/GDP	1975—1999 年间 11 个 阿拉伯国家 的时间序列 数据	最小 二乘 法	①发达的金融市场作用于 FDI，能够促 进东道国经济增长；②金融市场不发达 将使 FDI 对经济增长产生负效应

续表

学者、年份	衡量金融市场发展水平的指标	数据	方法	主要观点和结论
Choong、Yusop和Soo（2004）	银行贷款额/GDP	部分发展中国家和发达国家数据	协整检验和误差修正模型	①FDI 对东道国经济增长的贡献大小取决于东道国吸收 FDI 先进技术溢出的能力，东道国金融市场的发达程度是吸收能力的主要决定因素；②要使 FDI 起到促进经济增长的作用，东道国金融市场的发展至少应达到一个最低水平，在此基础上，金融市场越发达，东道国吸收 FDI 技术溢出的能力就越强，FDI 的先进技术、管理经验等的扩散效应就越大，FDI 就越能够促进东道国的经济增长

四、金融市场影响 FDI 技术溢出的作用机制

以上分析充分说明，一国金融市场的发展水平是一国能否充分发挥 FDI 促进该国经济增长的重要影响因素，这种影响主要体现在对 FDI 的技术溢出效应上，这种效应主要包括以下方面：

（一）技术创新效应

FDI 技术溢出效应在很大程度上是指推动东道国技术进步和技术创新。FDI 企业进入东道国，为国内企业带来了竞争效应和示范效应，促进东道国技术进步，是发展中国家进行技术革新的一个重要途径。外资企业运用先进的技术进行生产，其先进的生产与管理技术和现代化的商业模式为外资企业创造了高额利润，对同一行业的本土企业产生了示范效应。同时，跨国公司子公司的进入，在东道国市场上形成了竞争效应。国内同类企业为了不被市场所淘汰，不得不采取更有效率的生产和管理手段，进行技术改造和技术革新。这种由于 FDI 的进入而带来的竞争压力，将会成为国内企业加大创新和研发力度的动力。FDI 企业的示范效应和竞争效应可以促进国内企业加大研发和创新力度，但研发和创新的风险较大，且需要投入大量资金。技术创新需要金融市场这个渠道才能发挥作用，东道国的金融

市场越发达，则东道国的企业就能更好地通过扩大投资来模仿或吸收 FDI 所带来的先进技术，也就是说，金融市场的发展水平关系到 FDI 的技术溢出效应能否实现。这意味着，东道国的金融发展水平在一定程度上决定了该国的吸收能力。

技术落后国家为了赶上技术先进国家，吸收 FDI 的技术溢出，需要一部分掌握先进技术的国内企业带动当地的技术进步。而技术创新通常伴随着高风险，东道国发达的金融市场能够对风险进行有效管理，帮助企业减少创新风险，为内资企业的技术创新提供完善的风险分摊机制。因此，东道国金融市场通过风险管理可以促进 FDI 技术溢出效应的实现。

同时，FDI 溢出的先进技术在东道国充分施行和大规模使用需要大量的资金支持，而金融市场为国内企业提供了融资渠道，使得国内企业能够筹集到采用新技术或进行创新活动的资金。尤其是当一项技术对于东道国而言是全新时，金融市场就显得至关重要。发达的金融市场能够促成这种转化，从而有利于促进新技术的应用和传播，并进而有效地推动东道国的技术进步和经济增长。总之，东道国的金融体系越发达，就越能够放大 FDI 的技术溢出效应；反之，如果东道国的金融体系较落后，则 FDI 的技术溢出效应就会相应降低，从而不利于充分发挥 FDI 对东道国经济增长的刺激作用。

（二）竞争效应

一个发展良好并且富有效率的金融市场，能够为那些勇于捕捉投资机会的企业和准备自主创业的企业家提供资金支持，并分散其投资或创新的风险，从而鼓励更多的企业进入市场，以打破垄断，并进而创造竞争性的市场。同时，如果金融市场具有效率，那么企业家的融资成本就会更低，因而企业家的创业门槛就更低，这就能大大提振企业家建立新企业的信心和动力，从而有利于形成竞争性的市场机制。而市场竞争程度的加强将迫使东道国的企业不得不采取先进的技术（包括 FDI 溢出的先进技术），并更有效率地利用资源。可见，一个高效率的金融市场能够通过创造竞争性的市场，从而促进 FDI 的技术溢出效应，进而推动东道国的技术进步和经济增长。

(三) 人力资本效应

许多研究表明，国内金融市场对本国的人力资本水平有很大的影响，从而间接地影响到 FDI 的溢出效应的发挥。Keller（1996）的研究认为，各东道国引入 FDI 以后出现技术吸收效果和经济增长率差异的原因是人力资本积累的不同；Xu（2000）将 40 个国家分为两组，发达国家 20 个、欠发达国家 20 个，Xu 将这两组国家对 FDI 的吸收效果进行了对比研究，其实证结果表明：在发达国家 FDI 存在明显的技术转移，而欠发达国家效果相反。Xu 通过分析其原因认为，这可能是由于欠发达国家的人力资本水平较低，与外商直接投资企业的技术要求存在较大的差距，因而导致欠发达国家不能充分吸收 FDI 企业的技术转移。

总之，东道国在吸收 FDI 技术外溢的过程中，人力资本发挥了极其重要的作用。人力资本转移在 FDI 技术溢出中发挥着重要作用，这是人力资本影响 FDI 技术溢出的重要途径。在外资企业中，东道国的本地雇工能够接受外资企业的培训，并通过自身的学习等方式积累一定的技术和管理经验等知识之后，进而转向国内生产部门，结果导致 FDI 的技术溢出。这些员工转向国内生产部门主要有两种方式：一种是由外资企业"跳槽"到现有国内企业；另一种则是自主创业，通过建立新企业将先进技术转化为现实生产力。

当掌握了先进技术的外企雇员打算"跳槽"到国内企业时，本地企业要吸引外资企业培养的技术人员和管理人才，往往要支付更高的薪酬；同时，随着人力资本的转移，FDI 的先进技术、管理经验溢出到内资企业，内资企业若要吸收这些先进技术，一般需要购置新设备、转变经营方式、进行结构重组、加强人员学习培训、聘用高级管理者以及高级技术工人等，这些活动需要大量的资金支持。虽然有些企业可以倚靠内源融资筹得所需资金，但对于大多数企业尤其是中小企业来说，不得不借助金融市场进行外源融资。当原有技术与新技术之间的差距较大时，所需资金就较多，企业对外源融资的依赖就较强。对于国内企业来说，借助资本市场进行融资的门槛较高。对绝大多数企业来说，外源融资需要依赖于国内的金融体系，在国内金融市场上筹集资金。这样，国内金融市场的发达程度就关系到企业融资的成本和资金的可获得性，就影响了这些企业能否进行技术改造，也就是说，由 FDI 带来的技术溢出会受到东道国金融市场的影响。

人力资本转移的另一种途径是外资企业雇工离开外企自主创业，将先进技术转化为现实生产力。这些掌握先进技术并具备良好个人素质的员工可称为企业家。企业家创业的必要条件是他们必须花费大笔初始的固定创业成本，包括购置厂房设备、购买关键技术、雇佣技工和管理人员、支付培训学习费用等，这就需要企业家能够十分便利地在国内金融市场进行融资活动。这意味着，东道国金融市场的运作效率决定了企业家能否在有效时期内获得所需数额的资金，从而能否有效地吸收 FDI 的技术外溢。尤其是对那些具有较高技术含量的创新型中小企业来讲，国内金融市场的发展状况及运作效率就更为重要。

一般来说，国内金融市场越发达，企业融资成本越低，劳动力从外资企业转向国内企业或自主创业的门槛值也就越低，从 FDI 企业跳出来成为一名企业家的可能性就越大，这将使东道国的企业数量大大增加，进而能更有效地吸收 FDI 的技术外溢以刺激东道国的经济增长。与此相反的是，那些金融市场欠发达的东道国引进的 FDI 由于缺乏金融市场的支持，因而产生的技术溢出效应较小，这无疑会对东道国的经济增长产生不利影响。所以，效率较高的金融市场通过人力资本这条途径会使 FDI 的溢出效应得以放大，从而能有效地推动东道国的经济增长。

金融市场虽然既不能使人口总数增加也不能使劳动力比率提高，却能通过提高就业率来促进劳动就业。因此，从在长期来看，东道国的金融市场越发达，则越有利于促进东道国的就业。这是因为：由于金融市场可以促进资本形成，并有利于企业家进行创业活动，从而有利于使企业数目变多，这样就能大大增加对劳动力的需求，从而创造更多的就业机会。

当更多的就业机会出现时，会使更多的东道国劳动者得到提升自己技能的机会，包括企业职业培训等，因而劳动者的知识和经验会更加丰富，从而能提升东道国的人力资本水平并逐步缩小与 FDI 企业人力资本水平的差距，这样就能大大促进 FDI 的技术溢出效应。假如东道国的人力资本水平本身比较高，意味着其国内劳动者的学习能力较强，能更快地学习掌握 FDI 企业的先进技术，则 FDI 的技术溢出效应会更明显。假如东道国原先受雇于 FDI 企业的员工在 FDI 企业累积了足够多的先进技术及管理经验后跳槽到国内其他企业或直接创办企业，则 FDI 的技术溢出效应就会更大。

（四）产业关联的技术外溢效应

FDI 还可以通过产业的关联效应对那些与它所在行业相关联的其他行业产生技术外溢。这一技术外溢效应分为"前向关联技术外溢效应"与"后向关联技术外溢效应"。"后向关联技术外溢效应"是指由于东道国的当地企业为跨国子公司提供中间产品或服务，而造成的外资企业的技术向东道国企业的溢出。"前向关联技术外溢效应"是指由跨国子公司为东道国当地厂商提供产品或服务，而造成的外资企业技术向东道国厂商的溢出。由于 FDI 在东道国进行生产投资活动必然会与国内企业形成投入和产出关系，这就需要同国内企业建立业务联系网络，一般是供应商、顾客以及合作伙伴等身份。而 FDI 通过与国内企业的投入产出关系，一方面会通过前向关联带动上游产业的辅助性投资，另一方面又会通过后向关联带动下游产业的辅助性投资，从而形成 FDI 的产业关联的技术外溢效应，这就极大地刺激了东道国的资本形成、技术进步及经济增长。

其中，东道国产品供应商与跨国公司客户之间的后向关联效应是 FDI 技术溢出的一个重要机制。在这一机制中，为了使得国内企业所提供的中间产品或服务达到跨国公司要求的产品质量标准，并且能够及时交货，跨国公司有时会为相关国内产品供应商提供技术指导和管理咨询，这将会提高国内企业的技术水平。虽然跨国企业在子公司技术转移内部化过程中通常会采取一定措施防止信息泄露给东道国的竞争者，但由于业务需要，他们不得不和东道国当地的供货企业产生关联。在这一过程中，跨国公司的生产和管理等技术会潜移默化地被内资企业学习和模仿。这样，跨国公司的先进技术和管理经验，就通过和东道国产业形成关联效应转移到东道国，从而导致 FDI 技术溢出效应的发生。

但是，东道国的上游产品供应商要能满足跨国公司产品质量和标准要求，就必须改进或采用新的技术，而要改进或采用新的技术，就必须要筹集到足够的资金改进或采用新的技术。在这种情况下，如果一国金融市场不完善，将会导致企业融资难度增大以及成本过高，这就会阻碍国内企业技术革新的进程，从而使国内企业难以捕捉 FDI 产业关联效应所带来的技术外溢机会。可见，东道国的金融发展状况会对 FDI 的技术溢出效应产生重大影响。东道国的金融市场越发达，FDI 的技术溢出效应就会越大。

　　总之，有关金融发展与 FDI 的理论研究认为：一国金融市场的发展水平影响了东道国企业吸收 FDI 技术溢出的能力，影响外资对东道国技术进步和资本形成作用的充分发挥，进而影响了外资对东道国经济增长的贡献。因此，加快金融发展，特别是加快金融市场的发展，有利于使 FDI 的技术外溢得以充分吸收和利用，使 FDI 能更有效地刺激一国的经济增长。[①]特别是，由于金融发展水平越高，该国的企业家数量就越多，在这种情况下，再大量引进外商直接投资（FDI），则会进一步地大大地增加一国的企业家数量，这不但会极大地提高该国的吸收能力及创新能力，而且能够通过国内外企业家之间的激烈竞争从而有效地促进该国的经济发展。

---

　　① Moshirian（2004）则指出，FDI 的大量进入会在东道国形成一个更有效率和更具竞争性的金融业，从而会促进东道国的金融发展。

第十二章

金融发展与收入分配

第一代、第二代及第三代金融发展理论所关注的是金融与经济增长的作用。而很少将金融发展与收入分配联系起来进行系统的研究，① 很少关注金融在减缓贫穷或改善收入分配方面的作用。直到20世纪90年代以后，国外学术界才开始有人正式研究金融在改善收入分配及减缓贫困方面的作用，② 进入21世纪以后，由于贫困及公平问题日益成为世界各国普遍关心的话题，因此有关金融发展改善收入分配及减缓贫困的研究就变得越来越重要。目前，这一研究已成为国外金融发展理论的一个前沿。

---

① 尽管Galbis（1977）曾早在一个两部门模型中涉及金融发展对收入分配的影响，但他并没有将金融发展改善收入分配当做主题进行研究。

② 在20世纪90年代以前，流行于发展中国家和社会主义国家的主导观点是认为国有银行（包括专门的发展银行和信贷津贴）有利于解决贫困问题。这种观点认为，私人银行为获得更多的利润往往不愿意为盈利率低的企业发放贷款或低收入者提供金融服务，因而不利于解决贫困问题。但到了20世纪90年代以后，学者们通过实证分析发现，大量国有银行的存在会降低市场竞争程度，且国有银行往往会在政府的干预下贷款给与政府有关系的大企业或商业上不能独立生存的政绩工程。而且，从国际经验来看，没有证据表明国有银行会注重扶助中小企业的发展。这意味着，大量发展国有银行恰恰不利于解决贫困问题。然而，有趣的是，从许多国家的现实来看，私营银行取代了国有银行以后，增加对穷人金融供给的预期结果也没有出现。正是这一现实，促使学者开始关注金融在改善收入分配及减缓贫困方面的作用。

第一节 金融发展与收入分配理论：
理论模型及基本观点

有关金融发展改善收入分配及减缓贫困的研究是从 Greenwood 和 Jovanovic（1990）提出的 G-J 模型开始的。在这一问题上，Greenwood 和 Jovanovic 及以后从事这一问题研究的学者都深受 Kuznets（1955）所提出的倒 U 型假说的影响。倒 U 型假说的基本观点是：在一国经济发展的初期，经济增长将会扩大人们之间的收入差距，但从长期来看，随着经济的持续增长，人们之间的收入差距会逐渐缩小，即经济增长与收入分配之间存在着倒 U 型的关系。Kuznets 的这一倒 U 型假说虽然并不是通过对具体数据的实证分析得出的，但仍被很多发展经济学家所接受。

一、金融发展通过降低金融业的进入门槛，从而使金融发展与收入不平等呈倒 U 型关系

在 Kuznets 倒 U 型假说的启发下，Greenwood 和 Jovanovic 首先于 1990 年建立了一个动态理论模型讨论了金融发展、经济增长和收入分配之间的非线性关系。在他们的模型中，金融中介随着经济的增长而内生形成，并进而影响收入分配。他们假定，经济主体是无限期生存的，并面临两种可供选择的生产技术，第一种技术可以获得稳定但相对较低的投资收益，而第二种技术可以获得更高的收益但风险也相对较高。经济主体在每期只能选择投资一种技术。投资收益由两部分构成：整体经济的平均收益和项目的具体收益，这两种收益都是随机的。Greenwood 和 Jovanovic 同时假定信息具有公共物品的特征，金融机构收集并且分析信息，克服了信息不对称所产生的摩擦，便利了资金向收益最大的方向流动。而个人参与金融市场则可以规避风险，并能获得较高的收入。但是，参与金融市场要付出成本，个人在首次进入金融市场时要支付固定成本，且在每期进入时要支付边际费用。Greenwood 和 Jovanovic 在其所建立的模型中，假定存在两个门

槛财富水平 $k1$ 和 $k2$，当个人的初始财富大于 $k2$ 时，加入金融中介是最优选择，从而其投资收益率较高、储蓄率较低；初始财富介于 $k1$ 和 $k2$ 之间的个人，虽然暂时不能加入金融中介从而投资收益率较低，但他们将来会支付加入金融中介的固定费用，因而其储蓄率相对较高。初始财富小于 $k1$ 的个人被排斥在金融中介之外，其投资收益率较低，在当前也看不到加入金融中介的可能性，其最优储蓄率较低，从而财富积累速度低于其他人。

Greenwood 和 Jovanovic 认为，在经济和金融发展的初期，由于存在进入金融市场的财富门槛，穷人没有能力支付成本而被阻挡在金融市场之外。只有高收入的人群才能进入金融市场享受金融服务，从而获得更多的效用及收入。这样，贫穷的个人因收入少、储蓄低而难以进入金融市场，从而无法获得相应的收益。穷人和富人由于财富水平的不同而导致投资收益的不同，这将进一步拉大穷人和富人的收入差距。但随着经济的发展，在经济发展的成熟期，人均收入逐步提高，金融中介机构也得到充分发展，而由于金融市场的参与成本是固定的，在这种情况下，穷人通过长时间的积累最终也能进入金融市场，从而收入差距最终也会缩小。因此，随着金融发展，收入分配呈倒 U 型变化。从 Greenwood 和 Jovanovic 的研究结论来看，G-J 模型实际上可以看做是 kuznets 假说的一种扩展形式。

二、金融发展通过支持人力资本的投资来改善收入分配，从而使金融发展与收入不平等呈倒 U 型关系

Galor 和 Zeira（1993）则建立了一个两部门且代际间存在遗赠的跨期模型。他们主要从人力资本投资的角度来研究金融发展和收入分配之间的关系。他们假定经济为跨期的开放经济，个人生存两个时期，技术是非凸的，可以采用技术简单的劳动或技术密集的劳动生产一种产品。个人或者作为不熟练劳动力在两期都工作，或者在第一期进行人力资本投资然后在第二期作为熟练劳动力工作。由于从事简单劳动的传统部门工资低，从事复杂劳动的现代部门工资高，因此个人的财富水平决定了他是否投资于人力资本。人力资本投资存在投资成本，由于初始财富少的穷人达不到这个财富水平，因此难以进行人力资本投资，而富人可以投资于人力资本。资本市场的不完善性导致初始财富高的人更容易通过金融市场进行融资，而

穷人在金融市场上很难融资。① 这样，在第二个时期初始财富高的人就会更富有，初始财富低的人收入更低。个人的初始财富完全决定了人力资本的投资决策，决定了其收入及消费水平，也决定了其留给后代的遗产。因此，初始财富分配对产出和投资水平在短期和长期均有重要影响。由于资本市场的不完善，初始财富的分配不均和初始财富的均等分配都会永久化。

然而，Galor 和 Zeira 指出，随着经济及金融的发展，金融业的进入门槛将会逐步降低，而且一个经济体中产阶级的人口比例会随着经济的发展而逐步增大，这时更多的人（包括初始财富少的穷人）将有可能进入金融市场获得融资以进行人力资本的投资，这样初始财富少的穷人将能通过成为熟练劳动力从而获得较高的收入，这就会逐步减少该经济体的收入分配差距。可见，在 Galor 和 Zeira 的模型中，金融发展与收入不平等也同样呈倒 U 型关系。

三、金融发展通过使更多的人获得金融服务来改善收入分配，从而使金融发展与收入不平等呈倒 U 型关系

Banerjee 和 Newman（1993）通过对全球各国的观察发现这样一个现象：各国的职业结构非常不同，有些国家仍然有大量的农民、手工艺人和小企业主，而另外一些国家却拥有大量的企业家和工业工人。两类国家在一些宏观经济指标方面非常相似，但他们的发展路径完全不同，职业结构和经济增长也显著不同。为此，Banerjee 和 Newman（1993）在金融市场不完善的假定下，分析了收入分配如何通过影响人们的职业选择而对经济增长产生影响。

Banerjee 和 Newman（1993）建立了一个三部门的经济增长动态模型来研究个人的职业选择（即个人在以下几种职业中进行选择：成为被雇佣的普通工薪阶层、自我雇佣、成为企业家）和人们财富分配之间的相互作用。他们认为，个人的职业选择在许多情况下受其初始财富禀赋的限制，而个人的职业选择反过来又决定了他们一生的储蓄及可以承受的风险，这

---

① 这意味着，金融压制会导致收入分配差距的扩大。

在长期又将演变为个人财富积累和收入分配的差距。Banerjee 和 Newman 通过建立静态模型证明：如果每个人的财富水平都高于 $W1$ [1]，每个人都将自我雇佣。只有当一些穷人的财富水平低于 $W1$，而富人的财富水平大于 $W2$ 时，雇佣合同才会产生。同时，他们还通过动态模型得出结论：财富水平在 0 和 $W1$ 之间的穷人将选择工作，财富水平在 $W1$ 和 $W2$ 之间的人将选择自我雇佣，财富大于 $W2$ 将选择成为企业家或者自我雇佣。因此，人们初始财富的不同决定了个人的职业选择，这样劳动的供给和需求以及均衡工资水平也都被确定了。Banerjee 和 Newman 由此认为，收入分配通过影响储蓄、投资、风险、人口出生率以及产品和生产的结构，进而影响一国的职业选择、工资水平及金融发展，从而最终影响一国的经济增长。

在金融发展水平较低的情况下，由于金融市场不完善，个人仅能借到有限的资金，那些要求较高水平投资的职业超过了穷人的融资能力，穷人只能选择为富人工作（即受人雇佣），[2] 结果劳动的供给大于需求，因此工资水平较低；而初始财富较多的富人仍可以获得融资创办或经营企业，从而获得较大利润。这时该经济体的收入分配差距较大。但是，随着经济及金融的发展，金融市场逐步完善，许多收入低或财富积累少的人也可以获得融资以自我雇佣或选择成为企业家，这时劳动的需求就会增大，这就会促使工资水平逐步上升，并进而逐步缩小该经济体的收入分配差距。可见，在 Banerjee 和 Newman 的模型中，金融发展与收入不平等同样也呈倒 U 型关系。

四、金融发展会通过降低贷款利率而提高存款利率有利于穷人，从而最终使金融发展与收入不平等呈倒 U 型关系

Aghion 和 Bolton（1997）从金融市场的均衡和利率变动的角度研究了金融发展与收入分配之间的动态演化，并由此建立了一个金融发展和收入分配相互关系的理论模型。在 Aghion 和 Bolton（1997）的模型中，随着金融的发展富人的投资不断增加，但由于资本的边际生产率不断下降，富人的投资需求将不断下降，因而富人们最终会成为贷款人。由于富人的财富

---

[1] $W1$ 表示投资者为实现自我雇佣而向资本市场融资所必须具有的最低初始财富，$W2$ 表示投资者为成为企业家向资本市场融资必须具有的最低初始财富，显然 $W1$ 小于 $W2$。

[2] 在这种情况下，工资合同可以视为金融合同的替代。

不断积累及越来越多的富人成为贷款人，利率水平就会下降，这就有利于穷人以较低的利率获得贷款，从而有利于使穷人逐步走出贫困陷阱，并进而缩小收入分配的差距。可见，金融发展与收入分配确实呈倒 U 型关系。这一过程也称为资本积累的涓滴效应。（Trickle-down Effect）。

Matsuyama（2000）也通过建立一个内生模型，从利率变动的角度研究了金融发展与收入分配之间的关系。他指出，在金融发展水平较低的经济体中，收入分配不平等的现象将长期存在；而生产率或金融发展水平较高的经济体，收入分配的差距则会逐步缩小，并收敛于一个稳定的均衡状态。这是因为：当金融发展及生产率提高时，富人的投资及借款需求会增加，这会使利率上升，这样收入较低的人就能以较高的利率把钱贷出从而获得较多的利息所得。可见，富人的投资最终会把穷人拉出贫困陷阱，从而实现缩小收入分配差距，进而形成 Kuznets 倒 U 型的收入分配。

五、金融发展通过给穷人提供机会来改善收入分配，从而使金融发展与收入不平等呈倒 U 型关系

Ghatak 和 Jiang（2002）对 Banerjee 和 Newman 的模型进行了简化。在他们的简化模型中，金融发展表现为市场实施合同能力的提高，因而能降低投资或创办企业的门槛，使更多的人能够成为企业家。这不但会刺激经济增长，同时还会增加对劳动力的需求，从而推动工资上升，并缩小企业家和工人之间的收入差距。如果工资足够高，甚至可以使企业家和工人在收入上没有差别。可见，金融发展有利于降低收入分配的不平等。

Matin 和 Hulme（1999）等也考察了向穷人提供金融服务能减少贫困，并缩小收入分配差距的问题。他们通过回顾世界各国的金融机构向穷人提供金融服务的经验后认为：（1）穷人需要金融服务，金融服务有利于帮助穷人克服信贷约束，从而平滑他们的消费并使得他们有能力进行人力资本投资；（2）掌握穷人的信贷偏好有利于刺激金融服务或金融产品的创新；（3）设计良好的金融产品在减少贫困的过程中能够起到杠杆作用。

总之，Galor 和 Zeira（1993）、Banerjee 和 Newman（1993）、Aghion 和 Bolton（1997）、Matin 和 Hulme（1999）、Matsuyama（2000）以及 Ghatak 和 Jiang（2002）等人的模型都说明，金融市场的不完善是导致持续的收入

分配不均等、贫困陷阱以及低增长的主要因素，但随着金融的发展，特别是随着金融市场的不断完善，收入分配不均的状况将会随着经济的增长及金融的发展而逐步改善，金融发展与收入不平等呈倒 U 型关系。

六、融资权利的不平等是导致收入分配不平等的原因

在许多学者认为金融发展与收入不平等呈倒 U 型关系的同时，也有一些学者从金融方面探讨了导致收入分配差距扩大的原因。

Lynin（2003）曾指出："金融发展中的一个重要问题是如何将信贷扩展到大部分人口。" Maurer 和 Haber（2003）认为，如果金融改革没有使金融服务向穷人和新企业延伸，金融服务尤其是信贷服务依然只是针对富人和具有某种政治联系的企业，则只会使高收入者的相对收入进一步上升，从而进一步加剧收入分配的不平等。在这种情况下，虽然金融中介可以动员储蓄和促进资本形成，但是不能保证资源的有效配置。他们进一步指出，在一个由社会精英统治、利益集团势力过大的国家，金融市场的竞争不是增强而是减弱了，金融政策的选择往往是增进高收入者的福利而牺牲低收入者及中产阶级的利益，结果导致收入分配状况趋于恶化。

Beck、Demirgüç-Kunt 和 Peria 等人（2007）通过实证分析发现，在大多数发展中国家，大致有 40%—80% 的人口缺乏正规的银行部门服务。Demirgüç-Kunt、Beck 和 Honohan（2008）则认为，在许多欧洲大陆国家中，几乎所有的家庭都使用金融服务，但是在大多数发展中国家中，却平均只有不到 1/3 的家庭使用金融服务，特别是在非洲，大约 80% 的家庭没有任何金融账户。在这样的金融背景下，很多贫困家庭和小企业不得不依靠自己有限的储蓄和收入来进行投资或者获得教育机会来成长为企业家，这就导致经济增长的缓慢。Demirgüç-Kunt、Beck 和 Honohan 还指出，在许多发展中国家，不只是穷人被排除在金融服务之外，甚至一些中产阶级及中小企业也被排除在外。大量的研究表明，公众缺乏享有金融服务的权利是导致持续的收入分配不均等、贫困陷阱以及低增长的主要因素。

Jacoby（1994）、Jacoby 和 Skoufias（1997）等人则从家庭层面进行分析，他们发现，缺少金融服务往往产生贫困。Dehejia 和 Gatti（2005）则发现童工的使用率在金融落后的发展中国家更高。

第二节 金融发展改善收入分配：实证分析

在构建理论模型的基础上，研究金融发展与收入分配关系的学者们还进一步对金融发展与收入分配之间的关系进行了大量的实证分析。

Townsend 和 Ueda（2001）一方面在 Greenwood 和 Jovanovic 的理论模型基础上进行简化和改进，在一个动态模型中讨论金融深化对收入分配的影响及金融深化与收入分配之间的动态演化路径；另一方面，他们又根据泰国 1976—1996 年的相关数据进行数量模拟，校正了不同的市场参数对该理论模型的影响，由此证明了无限期随机动态规划增长模型的解的存在性和唯一性。他们认为，泰国严格限制人们自由进入金融体系的政策导致了福利的损失及收入分配差距的扩大。这是因为，在严格限制人们自由进入金融体系的情况下，金融越发展，就越是仅仅只有利于少数人，因而会加剧收入分配的不平等。因此，Townsend 和 Ueda（2003）认为，只有实现以"金融自由化"为特征的金融发展，才有利于缩小收入分配的差距。

Jalilian 和 Kirkpatrick（2001）则使用了 26 个国家（其中包括 18 个发展中国家）的相关数据来检验金融发展与贫困减缓之间的关系。他们采用两次回归的方法分别检验了金融发展与经济增长的关系，以及在此基础上的金融发展对贫困减缓的影响。为此，他们选取 GNP 的增长率和穷人收入增长率分别作为两个方程的因变量，以滞后 GNP 的增长率、金融发展、小学入学率、贸易开放度、通货膨胀变化率、进出口总量与 GDP 的比值作为第一个回归方程的自变量，以 GDP 增长率、基尼系数变化率、通货膨胀率、政府消费支出、初始的每单位资本实际收入的对数值为第二个回归方程的自变量。他们的实证结果表明，在发展中国家，金融发展（以银行存款占 GDP 的比率以及净国外资产占 GDP 的比率来衡量）每增长 1%，穷人的收入将增长 0.4%。

Holden 和 Prokopenko（2001）的实证分析也认为，金融发展能够减缓贫困并改善收入分配状况。他们指出，保持宏观经济的稳定是金融发展减缓贫困的一个必要条件。同时，他们还强调了制度因素对金融发展与收入分配的影响。Honohan（2004）则使用了中国、韩国、俄罗斯、英国的相关数据检验了金融发展、经济增长和贫困的关系。他们的结论是：金融深化不但可以刺激人均收入的提高，而且可以降低贫困比例，并缩小收入分配的不平等。

Clarke、Xu 和 Zou（2003）使用 91 个国家 1960—1995 年的面板数据检验了金融中介的发展和收入分配之间的关系。其实证结果是：随着金融中介的发展，收入分配的差距会显著缩小。他们的回归模型如下：

$$\ln GiniCoef_{it} = \alpha_0 + f(Finance_{it}) + \alpha_2 CV_{it} + \varepsilon_{it}$$

其中，$\ln GiniCoef_{it}$ 为基尼系数的对数，$Finance_{it}$ 为度量金融发展的变量指标（用私人信贷/GDP 来衡量），假定 $f(Finance_{it})$ 的形式如下：

$$\alpha_{11} Finance_{it} + \alpha_{12} Finance_{it}^2 + \alpha_{13} Finance_{it} Modern_{it}$$

$Modern_{it}$ 为除农业之外的工业和服务业增加值与 GDP 的比率，CV_{it} 为控制变量，ε_{it} 为误差项。Clarke、Xu 和 Zou（2003）的实证结果表明，金融发展和收入不平等之间存在着显著的负相关关系，金融发展会显著降低一国的收入分配差距。

Burgess 和 Pande（2003）则运用印度从 1977 年到 1990 年的农村相关数据，检验了农村金融发展对农业经济及农村贫困率的影响。他们发现，银行机构在农村设立的数量每增加 1%，农业产出将增加 0.55%，同时农村的贫困率下降约 0.34%。这充分说明，金融发展能够有效地减缓贫困。

Giné 和 Townsend（2004）利用泰国 1976 年到 1996 年的家庭数据，包括财富、工资水平、金融交易额以及职业选择等来模拟如果一个人能获得金融服务，那么其企业家精神、就业状况及工资水平等将如何变化，而这种变化又将导致经济增长如何变化以及收入分配状况如何变化等等。Giné 和 Townsend 通过比较实际数据并进行数据模拟发现，泰国的金融自由化促进了泰国 GDP 的增长，但同时也导致了收入分配的不平等。但是，随着经济的发展，绝大多数居民的收入和福利都得到了提高。此外，他们还发现，从短期来看，随着经济及金融的发展，收入分配不平等的现象会加剧，但从长期来看，收入分配不平等的现象将逐步缩小。

Beck、Demirgüç-Kunt 和 Levine（2004）则使用跨国数据，并采用最小二乘法（OLS）和工具变量法（IV）检验了金融发展和收入分配以及金融发展与贫穷减缓之间的关系。他们使用 99 个国家从 1960 年到 1999 年的相关数据分析了这些国家的金融发展与贫困减缓之间的关系，结果发现：金融发展确实促进了一国的经济增长并显著降低了该国的贫困率。他们的实证分析还证明，在金融发展的过程中，穷人的收入增长快于每单位资本的平均 GDP 的增长。金融发达的国家比金融相对落后的国家收入分配不平等和贫困率的下降更快。在控制了国家的特性和反向因果关系后，这些结果仍具有稳定性。

Jeanneney 和 Kpodar（2005）则通过搜集样本发展中国家自 1966 年至 2000 年的数据，并建立如下的回归模型来研究金融发展、金融不稳定性和收入分配的关系：

$$Pv_{i,t} = \alpha_0 + \alpha_1 \log(y_{i,t}) + \alpha_2 Fd_{i,t} + \alpha_3 Fi_{i,T}$$
$$+ \alpha_4 \log(1 + Infl_{i,T}) + u_i + \varepsilon_{i,t}$$

其中，$Pv_{i,t}$ 是贫困指标，$y_{i,t}$ 是人均 GDP，$Fd_{i,t}$ 是金融发展指标，$Fi_{i,T}$ 是金融不稳定性指标，$Infl_{i,T}$ 是通货膨胀率，u_i 是未观察到的个别效应，$\varepsilon_{i,t}$ 是误差项。他们得出的主要结论是：（1）金融发展可以减少贫困。金融发展一方面可以直接通过 Mckinnon 的渠道效应（即提高利率一方面刺激储蓄并提高投资效率，另一方面又增加穷人的收益）以减少贫困，另一方面又可以间接地通过促进经济发展以减少贫困。因此，McKinnon 的渠道效应是金融发展增加穷人的收入并减缓贫困的主要渠道。（2）金融发展往往伴随着金融的不稳定，而金融的不稳定对穷人的危害很大（因为穷人较富人更缺乏分散风险及抵御金融动荡的手段，而且，在经济波动过程中最先被解雇的也往往是缺乏技能的穷人），这部分抵消了金融发展的好处。为此，他们提出了在保持宏观经济稳定的前提下深化金融发展的政策建议，包括鼓励金融创新和发展微观金融。同时，必须防范金融危机，以避免金融危机对穷人造成伤害。

Caskey、Duran 和 Solo（2006）、Dupas 和 Robinson（2009）等人运用有关国家的家户数据进行实证分析后发现，基本金融服务（如储蓄、支付和信贷）的可获得性对于改善穷人的生活状况具有显著作用。

Beck、Demirgüç-Kunt 和 Levine（2007）专门研究了金融服务的可获得性对一国绝对贫困人口的影响。他们发现，金融发展提高了处于收入最低水平的 20% 人口的平均收入水平，从而降低了收入分配的差距。这种收入分配差距的降低大约 40% 是由于金融发展对人们收入增长的长期影响造成的，60% 是由于金融发展对整体经济增长的促进作用造成的。另外，金融发展还降低了每天消费水平在 1 美元以下的人口的比例。由此他们得出结论：一国金融发展的程度越高，其消除绝对贫困人口的速度就越快。

此外，Beck、Demirgüç-Kunt 和 Levine（2007）的研究还发现，增加金融机构以及扩大金融机构的覆盖面也有利于降低收入分配的差距。一个实例就是印度政府关于银行分支机构设立的条例对于收入分配的影响。在 20世纪 90 年代以后，印度在进行金融自由化的改革过程中曾规定，商业银行如果要在有银行存在的地方设立新的分支机构，就必须首先在一个没有银行分支机构的地方设立四家分支机构后才能得到政府的批准。这一规定导致 30000 家新的村镇银行分支机构的设立，结果导致以前没有银行分支机构的地方存款量和信贷量大幅上升，并使该地区的基尼系数显著下降，同时富人家庭的收入也没有减少。Burgess 和 Pande（2005）也曾研究过这一案例，他们发现，印度增加金融机构以及扩大金融机构覆盖面的做法导致产出及工资上升，从而有效地降低了贫困率并改善了收入分配。

一些学者发现，在金融发展较好的国家，最贫穷的 1/5 人口的收入增长率比人均 GDP 的增长率更高（Hongyi、Squire 和 Zou，2001；Honohan，2004）。还有学者发现，金融发展不仅能减少贫困，而且还能减少童工的使用（Dehejia 和 Gatti 2002）。Clarke（2006）等人的实证分析表明，金融体系不发达的国家较之金融体系发达的国家收入分配更不平等。Claessens 和 Feijen（2007）运用最新的证据表明，就个人福利而言，金融发展和金融准入能改善一国的不平等指数（如饥饿、健康不良、教育水平低和性别不平等）。

第三节　金融发展改善收入分配的作用机制

既然金融发展能够减缓贫困，并降低收入分配的差距，[①] 那么其具体

[①] 中国的学者是从 21 世纪以后才开始系统研究中国的金融发展对中国收入分配的影响这一问题的（章奇、刘明兴、陶然，2004；温涛、冉光和、熊德平，2005；姚耀军，2005；杨俊、李晓羽、张宗益，2006；方文全，2006；郑新广，2006；王虎、范从来，2006；郑长德，2007；江春、许立成，2007；叶志强、陈习定、张顺明，2011）。但有趣的是，与国外研究结果截然不同，国内绝大部分研究成果的结论却是：中国的金融发展不但没有缩小收入分配差距，反而扩大了收入分配的差距。

的途径及机制如何呢？从国外金融发展与收入分配的理论研究成果来看，金融发展改善收入分配的具体途径及作用机制可以分为以下几个方面：

一、通过发展小额信贷（Microcredit）来改善收入分配

直接帮助穷人摆脱贫困状态的金融创新是小额信贷。按照国际通行定义，小额信贷是指向低收入群体和微型企业提供的额度较小的持续信贷服务，其基本特征是额度较小、服务于贫困人口、无担保、无抵押。世界银行扶贫协商小组（CGAP）将小额信贷定义为：为低收入家庭提供金融服务，包括贷款、储蓄、保险和汇款等多方面的金融服务。尽管小额信贷本身不能直接创造产出，但它能够使穷人更好地利用自己的人力资本和生产资本来创造产出及增加财富。除了信贷以外，穷人也可以利用储蓄和保险服务以应付突然的资金需求并平滑收入变化和意外开支的影响（CGAP，2001），从而改善贫困状况。总之，小额信贷是一种以低收入阶层为服务对象，以减缓贫困为目的的小规模的金融服务方式。它既是金融服务的一种创新，又是扶贫方式的一种创新。

在 20 世纪 70 年代，亚洲以及拉丁美洲的一些发展中国家就已经开始有了小额贷款项目的实验，但真正被世界公认的"小额信贷"的代表人物及项目是孟加拉国的 Yunus 教授及其于 1976 年在孟加拉创办的专门向农村低收入者或穷人提供贷款的孟加拉格莱珉银行（Grameen Bank，格莱珉在孟加拉语中意指"乡村的"）。Yunus 曾认为，为穷人提供金融服务不仅仅是改变穷人的生存状态，而且会改善穷人的精神状况，从而促进个人发展。Yunus 于 2006 年因致力于为低收入者提供金融服务以消除穷困并改善收入分配而荣获诺贝尔和平奖。[①] 据 Cull、Demirgüç-Kunt 和 Morduch

---

① 目前，国际上主要有四类比较有影响的小额信贷模式，即小组贷款模式（Group Model 或孟加拉乡村银行模式）、村银行模式（Village Banking）、个人贷款模式（Individual Model）和混合型模式。小组贷款模式是以小组联保的形式发放小额贷款，其代表性的模式就是孟加拉的格莱珉银行。村银行模式指的是小额信贷机构以一个村的整体信用为支撑，在村范围内发放小额贷款，其代表性的模式是乌干达国际社会资助基金会（FINCA）。个人贷款模式指的是直接对自然人发放小额贷款，其代表性的模式是印度尼西亚人民银行（BRI），该行是印尼第四大国有商业银行。BRI 从1996 年开始在全国建立 3600 个村行（UNIT），这些村行对自然人发放小额贷款。混合型模式则同时兼顾上述三种形式，其代表性的模式是玻利维亚阳光银行（BancoSol），其前身是成立于 1987 年的非政府组织 PRODEM，1992 年该组织改制为商业银行，其服务对象主要分布在小城镇及城市郊区。

（2008）估计，小额金融在全球大约帮助了超过 5 亿的贫困和低收入人口。

Jonathan（1996）认为，小额信贷最大的成功在于开发了新的资源——贫困人口的生产潜力和社会资本，它证明贫困家庭也能成为可靠的银行客户，① 从而创造了与传统金融完全不同的一种新的信贷机制。Gulli（1998）系统分析了微型金融减缓贫困及改善收入分配的作用机制。她认为，微型金融服务对减缓贫困的主要贡献在于帮助穷人克服金融约束。微型金融服务大致可分为消费和家庭的风险管理及生产和投资两大类。这些金融服务对穷人可以起到双重的帮助作用，即既在贫困家庭面临收入波动时平滑其消费，又能增强其经济能力或创造收入的能力。Pischke（2002）认为：小额信贷的创新在于以现金流为基础，并提供了改善收入分配的一种新途径。他指出，在以资产为基础的传统借贷中，贷款额度与担保物的价值相关。这意味着，有产者才能得到信贷，而没有资产者得不到信贷。这就限制了没有资产者的收入增长。而在以现金流为基础的借贷中，贷款额度以借款者借款周期中预期经营可得到的现金流为基础。这一方式能够使那些收入水平较低，没有什么实物资产或很少实物资产，但有良好经营观念及可靠的未来现金流的借款者获得信贷支持，这就有利于增加低收入者的收入，从而有利于改善收入分配。

但是，值得关注的是，目前越来越多的学者（Navajas，2000；Robinson，2001；White 和 Campion，2001；Wisniwski，2004）却认为，小额信贷的可持续性存在问题，因而需要转型。许多学者主张，小额信贷的下一个目标应该是探索出一种在商业上可持续发展的方式——盈利性的小额信贷。也就是说，金融发展如果要真正帮助穷人，就应该大力发展基于利润驱动，按市场原则运作，且不需要外部补贴的商业化小额信贷机构，而不只是大量发展需要持续的外部补贴的福利性小额信贷机构。② 其理由在于：（1）由于贷款额度小，借款人居住分散且收入较低，因此小额贷款的信用评估及管理成本非常高。一些小额信贷机构甚至不能根据成本来为其服务定价，结

---

① 传统的观点认为穷人是没有信誉的，是还不起钱的，因此金融机构不应该给穷人提供信贷。在这种观点的影响下，穷人曾经被排除在正规金融部门之外，结果使得贫困人口变得更加脆弱，也更加难以摆脱贫困。

② 商业性小额信贷组织和福利性小额信贷组织也分别被称为制度主义小额信贷组织和福利主义小额信贷组织。

果许多小额信贷机构只能依靠补贴来维持经营活动。（2）如果对小额信贷机构给予补贴，则会使小额信贷机构失去动员储蓄、创新和降低成本的动力，因此高度依赖外部补贴的小额信贷是不可持续的。① 小额信贷的目标是要不断推广，持续扩大金融服务的覆盖面，而补贴无法持续支撑其不断发展。（3）如果试图对贫困农户进行补贴以使其获得金融服务，则会扭曲价格，并会发出错误的市场信号，这就不利于实现资源的合理配置（补贴只能用来调节收入分配而不能用来指导资源配置）。这样，对贫困农户提供金融服务，反而会因造成资源配置的不合理而最终难以为穷人带来正的净效益。Martin（2003）指出，小额信贷机构在追求可持续发展的目标时，存在贫困瞄准偏差的可能性。Martin 同时指出，尽管绝大多数小额信贷项目承诺为贫困人群服务的目标，但是他们面临着不断增大的盈利压力。首先，他们需要扩大覆盖面规模；其次，他们需要实现规模经济，以实现金融自负盈亏的目标；最后，小额信贷机构只有不断提高业绩才能得到人们的支持，等等。

Ahlin 和 Jiang（2007）从一个更全面、更长期的视角对被称为"二十年来发展政策方面最重大的创新之一"的小额信贷问题进行了深入的研究和反思，从而提出了一系列引人深思的观点。Ahlin 和 Jiang（2007）首先承认小额信贷的积极效应，认为小额信贷能够减少贫困，即能够减少仅仅赚取维持生存水平收入的人的数量。因为小额信贷可以消除融资障碍，使一些维生者（Subsistence）② 进入自我雇佣者（Self-employment）的行列。小额信贷也可以通过影响工资水平在更广泛的范围内减少贫困。具体来说，如果有足够多的家庭可以自我雇佣的话，企业家必须支付与自我雇佣相当的更高工资以吸引工人，从而可以潜在地提高人们的收入。

但是，Ahlin 和 Jiang（2007）指出，小额信贷的大量发展有可能在长期降低人均产出。这是因为：小额信贷主要支持那些能力较低因而收入较低或资本较少的借款人，进而为那些本来只能为工资或者维持生存（Sub-

---

① 根据 Cull、Demirgüç-Kunt 和 Morduch（2008）的估计，许多小额信贷机构依赖补贴和社会投资者的捐赠来从事经营活动。据统计，2007 年，包括世界银行的国际金融公司 IFC、美国教师退休基金会 TIAA - CREF 等机构在内的各类机构总共向小额信贷机构投入了 40 亿美元的补贴。

② 即通过出租自己的劳动给雇主来获取工资以维持生存的人。

sist）而工作的人打开了自雇的选择机会，[①] 而没有支持能经营更大规模企业的企业家，而且，大多数小额信贷所资助的借款者使用不那么先进的技术，因此如果小额信贷长期持续地倾向于以低收入者为贷款对象，那么，在资源有限的情况下，它只是增加了低收入者自雇的机会，而不能为具有充分规模的、更有效率的企业提供资源，这就不利于资源的合理配置，并有可能减少最有效率的技术的使用，从而不能实现经济效率的不断提高。这意味着，大量的小额信贷在初期虽然可以暂时提高贫困者的收入，但在长期却可能会产生更多维持生存者、更少的企业家，从而导致更低的总收入和更大的贫困。因此，小额信贷并不是实现经济持续发展的有效方式。这意味着，小额信贷存在着公平—效率的两难抉择问题。Ahlin 和 Jiang（2007）还指出，对于小额信贷机构来说，通过扩大客户的数量来实现规模经济并没有多大的成效。他们举出了 Gonzalez（2007）对 1000 家机构所做的一个回归研究。该研究发现，当客户数量超过 2000 家以后，规模经济就不复存在。自此之后，收益的提高就只能从向现有客户提供更大规模的贷款额和更广泛的金融服务来获得。

那么，小额信贷的出路如何呢？ Ahlin 和 Jiang（2007）认为，出路在于小额信贷机构通过提供良好的金融服务，并充分发挥金融的功能，使小额信贷的借款者能够不断扩大经营规模，发展更大的事业，并由此而能采用更先进的技术，创造更多的利润，从而使更多的自我雇佣者通过利润及人力资本的积累而"升级"（Graduation）[②] 为足以经营具有相当规模企业的企业家。[③] 在此基础上，提供小额信贷的机构应逐步发展成为商业性的金融机构。

总之，在小额信贷的问题上，越来越多的学者认为，向穷人提供持续金融服务的根本出路在于探索出一种在商业上可持续发展的小额信贷方

---

① 自雇是一个定义宽泛的概念，从字面上理解，与拿工资受雇于人相对应，包括在非农产业部门为自己工作的所有工作，正如 Steinmetz 和 Wright（1989）所说："自雇业者是指那些通过自己的劳动获取部分或全部的收入，而非出卖自己的劳动给雇主以获取工资的人"。从概念上讲，"自雇业者"并不等同于"私营企业主"，一个自雇者既可以雇用工人，也可以不雇。

② 这里的所谓的"升级"是指自我雇佣者依靠积累的财富成为足以经营一家充分规模企业的企业家。

③ Ahlin 和 Jiang（2007）认为，经济充分发展的一个关键条件是有足够大规模的企业家阶层，即有能力使用最有效率的技术和大量劳动力需求的企业家阶层。

式。具体来说，小额信贷在商业上可持续发展的含义包括以下几个方面：
（1）财务上的持续性。从市场的角度来看，小额信贷是一种借贷关系，而
不应被视为一种单纯的扶贫机构。因此，小额信贷机构从事经营活动所获
得的利润必须超过其经营成本，因而能够不靠补贴和捐助生存下去。
（2）金融创新能力。金融创新能力是小额信贷机构持续发展的重要途径。
金融创新包括多种金融工具的使用或配合使用，在金融产品方面则要求能
够提供充分满足借款人的需要并符合其特点的金融产品，以及能有效地降
低操作成本和信贷风险，等等。成功的小额信贷机构能通过一系列的金融
创新，持续地为穷人提供金融服务，并拓展市场。（3）目标群体的持续选
择。为保证小额信贷财务上的可持续性，小额信贷机构应该审慎地选择发
放信贷的目标群体，应将还款能力较强的贫困人口纳入目标群体，把有能
力创造收入的与没有能力创造收入的穷人分开；小额信贷机构应该用小额
信贷持续地支持还款能力较强的贫困人口，使其能首先脱贫致富，这样就
可以通过刺激整体的经济增长而间接地帮助最贫困的、暂时还没有还款能
力的贫困人口。在这一基础上，学者们认为，小额信贷的含义应该包括两
个方面：（1）为大量低收入者（包括贫困人口）提供金融服务；（2）小
额信贷机构不但能够长期生存，而且能够持续发展。

近来，一些学者认识到社会资本对于缺乏物质资本及人力资本的穷人
来讲可能更加重要，因此 Feigenberg、Field 和 Pande（2010）创造性地将
小额信贷与社会资本联系了起来。Feigenberg、Field 和 Pande 提出，可以考
虑充分发挥小额信贷在促进社会资本形成（（如培育人们的信誉观念、加
强人们之间的联系或增加人们之间的信任等）中的作用，这样一方面可以
帮助穷人（如社会资本可以起到为穷人创造"抵押品"的作用等），另一
方面又可以通过促进人们的经济合作以刺激金融及经济的发展。

二、通过利率的市场化来改善收入分配并降低贫困率

目前，学术界的主流观点认为，利率的市场化有利于改善收入分配并
降低贫困率。Cull、Demirgüç-Kunt 和 Morduch（2008）指出，利率的市场
化也同样适用于为低收入者提供贷款的金融机构。这是因为：这些信贷机
构主要面向低收入阶层和以家庭为基础的微型企业提供金融服务，而低收

入阶层和以家庭为基础的微型企业规模小、收益不确定且风险大，因而为这些客户提供贷款需要承担较高的交易成本和风险成本。在这种情况下，只有贷款利率提高到足以弥补业务成本和风险成本，才能使小额信贷机构具有相应的资本盈利率以吸引逐利资本，而不仅仅是依靠慈善捐助的不断加入而维持生存。只有这样，小额信贷机构才能持续地向对低收入阶层提供金融服务。① 而对力求摆脱贫困的穷人而言，"金融服务的可持续获得比金融服务的价格更重要"，这意味着，实现利率的市场化实际上对穷人是有利的。

相反，如果金融的价格（利率）过低，则为低收入阶层或穷人提供金融服务的金融机构就会因为无法覆盖运作成本而最终不得不退出市场。此外，低利率也降低了储蓄的收益，这也使得为低收入阶层或穷人提供金融服务的金融机构难以获得资金来源，"为穷人提供融资服务"就只能是一句空话。而且，低利率因降低了储蓄的收益也减少了人们（特别是穷人）的财产性收入，从而不利于人们摆脱贫困。从这个意义上来说，限制利率的市场化实际上最终对穷人是不利的。② 因此，Cull、Demirgüç-Kunt 和 Morduch（2008）指出，为低收入者提供贷款的金融机构也应该追求利润，因为只有金融机构能获得更多的利润才能为更多的穷人服务。这一点充分说明，只有市场化才真正是有利于穷人的。

总之，根据 Cull、Demirgüç-Kunt 和 Morduch 等人的研究，实际上可以提出这样的结论：实现利率的市场化实际上有利于改善收入分配并降低贫困率。还有一点需要指出的是，在利率水平过低的情况下，谁获得贷款往往是凭关系或权力（这其实同样要花费用，而且这种费用不透明，难以预期，甚至有可能比透明的费用更高），最贫困、最需要贷款的往往并不一定得到贷款（因最贫困的人往往是最没有关系的人）。这意味着，低利率可能只对利益集团有利，而对真正的穷人并不利。

---

① 2004 年，MIX（Microfinance Information Exchange 的缩写，微观金融信息交换中心）分析了小额信贷为贫困客户提供服务的情况。该组织发现，在这个低端市场，收取可持续利率的小额信贷机构的客户数量是收取不可持续利率的小额信贷机构客户数量的 6 倍。

② Shleife 和 Wolfenzon（2002）提出了一个很有意思的观点：良好的投资者保护将产生较高的利率。

三、通过实现"金融宽化"及建立普惠金融体系来改善收入 分配状况

为解决贫困及收入分配的不平等问题，Demirgüç-Kunt、Beck 和 Hono-han 等人（2008）实际上代表世界银行（Bourguignon 和 Klein，2008）在 "金融深化"的概念基础上提出了"金融宽化"及"普惠金融"（Finance to All）等新的概念。[①] Demirgüç-Kunt、Beck 和 Honohan 试图用这一概念取 代小额信贷或微观金融（Microfinance）的思想，并以此促进经济体形成既 能更好地解决贫困问题以改善收入分配状况，同时又能提高效率以提高社 会的福利水平的金融体系。此外，Demirgüç-Kunt、Beck 和 Honohan 等人提 出"金融宽化"及"普惠金融"这一命题，实际上也试图不再将小额信贷 或微观金融看成是金融体系之中一个特殊的或甚至可能被边缘化的部分， 而将小额信贷或微观金融视为金融体系的一个正式组成部分，从而力图将 正规金融与非正规金融融为一体。

Demirgüç-Kunt、Beck 和 Honohan 等人（2008）指出，金融不但影响资 源配置的效率而且影响穷人和富人的各种机会，因此如果不存在为全民广 泛提供金融服务的金融体系，那些没有机会获得金融服务的企业和家庭， 则在很多情况下陷入贫困的陷阱中。据此，他们提出，降低金融的进入门 槛以及建立为全民化提供服务的金融体系应是一国金融发展的目标。

Demirgüç-Kunt、Beck 和 Honohan（2008）还专门对"金融宽化"的概 念进行了解释：（1）"金融宽化"或"普惠金融"并不意味着直接给穷人

[①]　事实上，联合国早在 2005 国际小信贷年的宣传中，就提出了"Inclusive Financial System" 这一概念，其基本含义是：一个能有效地、全方位地为社会所有阶层和群体——尤其是贫困、低 收入人口——提供服务的金融体系。Rahman（2009）认为，普惠式增长（Inclusive Growth）强调 的是成功机会的平等而不是收入的平等，而"普惠式金融"（Financial Inclusion）是实现普惠式增 长的重要途径，因此"普惠式金融"的含义是金融发展应该通过降低金融的进入门槛以创造平等 的经济机会，特别是要降低金融的进入门槛以有利于人们凭借才能而不是父母的财富或关系获得 融资机会，从而帮助那些缺乏财富因而只能依靠自己的才智和努力的穷人去创造财富。Kendall、 Mylenko 和 Ponce（2010）等人则认为，所谓"Financial Inclusion"，是指以可接受的成本为社会的 贫困阶层提供金融服务。"Inclusive Financial System"这一概念目前在国内被翻译为"普惠金融体 系"。可以说，"Inclusive Financial System"或"Financial Inclusion"实际上与"Finance to All"这 一概念的含义是基本相同的。

提供融资或补贴，而是要对中小企业和具有企业家精神的人提供融资，[①]以便利于新企业的创立、创新和成长，并促进企业之间的竞争；（2）对穷人直接提供信用贷款可能不是解决贫困问题的有效途径，而通过金融发展改善要素市场（包括劳动力市场）和产品市场的运行，以促进市场效率的提高比直接提供信贷给穷人更有效；（3）金融发展真正该做的是提高所有人享有金融服务的水平；（4）将金融服务扩展到包括中产阶级在内的人群，可以获得更多的政治支持来推动改革，但要注意的是对中产阶级提供金融服务时一定要重视资信评估；（5）外资银行的进入有利于扩大金融服务的覆盖面，因而从长期来看，引进外资银行对于减少本国的贫困是有积极作用的；（6）"金融宽化"或"普惠金融"也意味着利率的市场化。

此外，Demirgüç-Kunt、Beck 和 Honohan 还提出了两个很好的值得进一步深入研究的问题：（1）对于减少贫困来说，是通过金融深化还是通过降低金融服务准入的门槛更好？（2）是通过银行贷款途径还是通过竞争开放的资本市场来提供金融服务的效率更高？Demirgüç-Kunt、Beck 和 Honohan 指出，这两个问题在不同的国家可能有不同的结论。他们的观点是：开放的资本市场能给所有企业的融资都提供机会，因而更有利于改善收入分配状况。

Levine（2008）指出，由于人们的福利水平不仅取决于绝对收入，而且也取决于与别人相比较的相对收入，因此建立为全民化提供服务的金融体系能够起到增加社会福利的作用。Rahman（2009）则认为，普惠式增长强调的是成功机会的平等而不是收入的平等，而"普惠式金融"是实现普惠式增长的重要途径。因此，"普惠式金融"的含义也应该是通过金融发展创造较平等的经济机会，特别是要让人们凭借才能而不是父母的财富或关系获得经济机会以创造收入，从而帮助那些缺乏财富因而只能依靠自己的才智和努力的穷人分享经济增长的果实。

Hannig 和 Jansen（2010）指出，普惠金融还有利于促进金融的稳定。这是因为，普惠式金融能提供更多的机会，并帮助穷人减缓贫困，从而有利于保证金融的稳定。而且，低收入的借款者在金融危机过程中一般会保

---

① Demirgüç-Kunt、Bourguignon 和 Klein（2008）指出，从某种程度上来说，中小企业是一个国家潜在活力的体现，如果一国的中小企业被不完善的金融体系所困，那么该国的经济增长就会受到影响。

持稳定的金融行为，这也有利于保持金融稳定。此外，金融机构往往在地理上集中，距离也是一个重要因素，因为银行一般不会在贫困地区开设网点（Beck 和 Torre，2006）。因此，Honohan 和 Beck（2007）提出，"普惠式"的金融体系应该是"分布式的体系结构"或"伞式体系结构"。

总之，越来越多的国外学者认为，通过不断降低金融服务的进入门槛，以实现"金融宽化"及建立"普惠金融"体系，从而使更多的人享有金融服务，将能逐步缩小收入分配差距。

四、通过对中小企业和具有企业家精神的人提供金融服务来改善收入分配

Demirgüç-Kunt、Beck 和 Honohan 等人（2008）又指出，"金融宽化"或"普惠金融"并不是说所有的家庭和企业可以以一定的利率借入无限多的资金，也不是说要对没有偿债能力的最穷的人也提供金融服务。"金融宽化"或"普惠金融"的含义是要降低金融服务的准入门槛，不断扩大金融服务面，以合理的价格为更多的人提供金融服务，以使更多的人能够发挥其聪明才智，以促进经济增长和摆脱贫困。如果金融服务完全注重最穷的群体，那么金融机构就可能成为发放补贴的机构或慈善机构，这样做的结果将既损害效率，又损害公平。因为对没有偿债能力且没有归还贷款意识的最穷的人提供贷款，可能会破坏信用文化。同时，如果试图对最穷的人进行补贴以使其获得金融服务，也会扭曲市场的运行，从而降低市场的效率。[1] 可见，对最穷的人提供金融服务，由于难以实现经济有效率的增长，结果反而不能对穷人造成正的净效益。因此，Demirgüç-Kunt、Beck 和 Honohan（2008）认为，要真正帮助穷人摆脱贫困，对中小企业和具有企业家精神的人提供融资可能比直接给穷人提供信贷更有效。[2]

Demirgüç-Kunt、Beck 和 Honohan 还强调，中小企业既是一个国家潜在活力的表现，也是提高中低收入群体收入水平的重要组织。这是因为：中

---

[1] 从效率的角度来看，补贴应该被用来克服提供金融服务中的障碍而不是用来扭曲价格（如补贴利息）。

[2] 根据这一思想以及金融功能观的基本观点可得出这样的结论："获得金融服务"比"由谁提供金融服务"更为重要。

小企业的发展有利于创造更多的就业机会以增加对劳动力的需求，因而有利于刺激工资水平的提高。如果中小企业受到金融体系的信贷歧视，那么该经济体的经济增长就会受到影响，收入的分配也会失衡。事实上，小企业对金融发展更为敏感，在企业成立之初，小企业更加需要创业资本，而且当金融体系脆弱或资金紧张时，小企业获得银行融资的难度远远大于大企业。因此，金融体系对中小企业的支持，无论是对刺激经济增长，还是对改善收入分配，都至关重要。

Demirgüç-Kunt、Beck 和 Honohan（2008）特别指出，对中小企业和具有企业家精神的人提供金融服务，以扩大金融服务的覆盖面，将起到以下作用：（1）有助于公司通过寻找投资机会成长到最优规模；（2）不仅可以帮助企业为其产品融资，还可以为其生产过程中的创新活动融资；（3）可以使企业选择更加有效的组织形式（如公司），以及选择更加有效的资产组合，等等。总之，Demirgüç-Kunt、Beck 和 Honohan 认为，对中产阶级和中小企业家提供金融服务将使金融体系能更有效地为穷人服务，而且这一过程将使正规金融和非正规金融联系更加紧密，并给穷人致富的机会。

Demirgüç-Kunt 和 Levine（2008）也指出，金融发展要真正降低全社会的贫困率，从而真正帮助穷人，则金融发展不应将目光仅仅集中于穷人，金融发展真正应该着眼的是建立完善的金融市场，提高所有人享有金融服务的水平。世界银行（2007）及 Cull、Demirgüç-Kunt 和 Morduch（2008）都纷纷强调，发展主流金融或许是让金融贴近穷人、缓解贫困的更好途径。

五、金融发展帮助穷人的最好方式是提高金融效率

那么，对最贫困的人怎么办？什么样的金融发展才能更好地帮助最贫困的人群？学者们认为，从金融的角度来看，可以通过以下途径：（1）通过降低金融进入门槛、减少业务限制以鼓励金融业的竞争。因为只有通过金融机构之间的市场竞争才有利于压低贷款利率，从而最终才有可能帮助穷人。Demirgüç-Kunt 和 Levine（2008）还认为，当金融机构发现传统业务竞争激烈，以致无利可图的时候，就会谋求新的利润点（如对贫困者贷款）。（2）不断提高金融体系的效率。Rajan 和 Zingales（2003）认为，金

融体系越有效率，其融资成本或利差就会越低，这样金融机构就能承受对最贫困的人提供融资的成本，从而提高金融体系为最穷的人群提供金融服务的能力，并缩小收入分配差距。（3）由于贫困的一个重要原因在于经济机会的缺乏，因此加快金融发展以促进市场的公平竞争，就能为穷人提供更多的选择或创造更多的经济机会，以帮助其摆脱贫困（Levine，2008）。（4）加快新兴技术在金融领域中的应用。Cull、Demirgüç-Kunt 和 Morduch（2008）指出，要使金融服务惠及穷人，同时又能保证金融机构的持续经营，就必须加快新兴技术在金融领域中的应用，以降低金融体系提供金融服务的成本，等等。

六、通过为人们提供经济机会来改善收入分配

Demirgüç-Kunt 和 Levine（2008）研究了金融发展与经济机会之间的关系，他们认为，金融不但影响资源配置的效率，而且影响人们（包括穷人和富人）的经济机会。如果一国的金融体系不完善，则拥有好创意的穷人可能无法获得项目资金，而一个拥有普通想法的富人可能更容易获得信贷，这不但难以为那些有能力或有创新精神的人创造经济机会，从而增加贫穷的跨代（Cross-dynasty）持续性，而且导致资源的错误配置。因此，通过为较有能力、特别是具有创新精神的中低收入者提供融资，并为其中的一部分人成为企业家创造机会，不但有利于刺激经济增长，而且有利于缩小收入分配差距。

Demirgüç-Kunt 和 Levine（2008）认为，只有建立完善的金融体系才能创造较平等的经济机会，从而有利于那些缺乏财富因而只能依靠自己的才智和努力的穷人。Demirgüç-Kunt 和 Levine（2008）指出，完善的金融市场意味着个人仅仅依靠自己的才智和主动性就能够获得资本去接受教育、培训、或者做生意，而不是依靠父母。因此，减少金融市场的不完善性将为个人提供更多的机会。具体来说，金融发展可以通过以下途径为更多的人提供经济机会：（1）通过拓展宏观经济环境来帮助穷人；（2）为聪明的穷孩子提供贷款以帮助其接受教育以积累人力资本，提高其创造财富的能力；（3）通过增加市场竞争程度来为处于不利地位的人扩展经济机会。Demirgüç-Kunt 和 Levine（2008）还深刻地指出，建立过于强大的监管机构

对穷人是不利的，最好的监管是强化市场竞争的功能，而不是强化可能产生腐败的监管者的权力。

此外，Cooley 和 Smith（1998）、Gregorio 和 Kim（2000）以及 Krebs（2003）等人还提出，金融发展要有利于为穷人创造经济机会，并最终改善改善收入分配，则金融业还应对那些虽然贫困但有能力接受教育的穷人提供融资以帮助其进行人力资本投资，从而提高其将来创造财富的能力及偿债能力。

Demirgüç-Kunt 和 Levine（2008）指出，只有建立完善的金融体系才能创造较平等的经济机会，从而有利于那些缺乏财富因而只能依靠自己的才智和努力的穷人，这从长期来看就会缩小收入分配差距。

七、通过取消金融管制来改善收入分配状况

Banerjee 和 Newman（1993）提出了一个有意思的观点，即取消金融管制有利于改善收入分配状况。他们认为，由于穷人缺乏抵押品，同时，相对于银行贷款的固定成本来说，穷人因收入水平低而难以利用银行所提供的金融服务。在这种情况下，加强金融管制实际上将进一步限制穷人的融资机会，从而会导致收入分配差距的扩大。因而，通过放松金融管制（如降低抵押品要求及融资限制等）将扩大人们获得银行贷款的可能性，从而有利于帮助穷人创造机会。

Jayartne 和 Strahan（1996）研究了 1970 年到 1995 年间美国各州放松对银行设置州内分支机构的限制对各州经济增长率的影响。结果发现，由于美国大多数州放松了银行设立分支机构的限制，结果银行的贷款质量得以提升，金融中介的平均成本也得以减少，因而银行的效率也得以大大提高，但对各州当地的储蓄和投资却没有带来不利影响，因而促成了更高的增长率。Jayartne 和 Strahan 的计量结果显示：相对于 1.6% 的各州平均年度增长率来说，对银行分支限制的放松能够解释至少 0.5 个百分点的年度增长差异。

Beck、Levine 和 Levkov（2007）等人在设定了各州和年度固定效应以及众多因时间而变的州特性后，对美国各州于 20 世纪 80 年代以后取消对银行开设分支机构管制的影响进行了实证分析。他们的研究也发现：取消

对银行开设分支机构的管制降低了收入分配的不平等。他们认为，原因主要在于通过放松管制提高了银行的效率、降低了银行借贷成本并改善了劳动市场的运行状况。[1] 而且，他们还发现，取消银行跨州设置分支机构的限制也没有伤害到富人。因此，Beck、Levine 和 Levkov 等人认为，降低金融管制能起到降低收入分配不平等的作用。这意味着，放松管制，促进竞争，有利于降低收入分配的不平等，而限制竞争则不利于改善收入分配状况。Demirgüç-Kunt 和 Levine（2008）发现，美国各州开始取消对银行开设分支机构管制以后，出现了三个情况：（1）由于银行合并，结果增加了银行的平均规模；（2）由于银行规模效率的提高导致存贷利差减少；（3）提高了个人收入的平均增长幅度。可见，取消金融管制既有利于提高效率，同时又有利于改善收入分配。

八、通过刺激经济增长并减缓贫困来改善收入分配

由于减缓贫困并改善收入分配的根本途径是整体经济的持续增长，因此研究金融发展与收入分配相关关系的学者还指出，金融发展要起到减缓贫困，从而改善收入分配的作用，就必须要有效地刺激整体的经济增长。也就是说，金融发展除了可以直接起到减缓贫困并改善收入分配的作用以外，还可以通过有效地刺激整体的经济增长来间接地改善收入分配。

金融发展通过刺激整体的经济增长来间接地改善收入分配分为两个阶段：首先是金融发展刺激经济增长，其次是经济增长通过消除贫困从而最终改善收入分配。Matsuyama（2000）认为，随着经济的增长，高收入者的投资需求会增加，而这就会使利率上升，这样收入较低的人能以较高的利率把钱贷出从而获得较多的利息所得。可见，高收入者的投资最终会把

---

[1]　在美国历史上，许多人（特别是一些政治家）认为大型银行只会给富人提供机会，从而会加剧收入分配不平等的状况。在这种观点的影响下，美国各州采取了限制银行跨州以及在州内开设分行的做法，以防止垄断大银行的产生。但后来有不少学者对这一观点提出了质疑（Galorand Zeira，1993；Galor 和 Moav，2004）。事实上，由于美国州内的分行开设限制使许多银行不能参与竞争，从而产生了小型银行（Flannery，1984）。而且，银行竞争的缺乏通过阻碍更多高效率企业的形成和发展来保护与当地银行有紧密联系的企业。White（1982）指出，限制开设分行的真正动机是希望保护当地银行的垄断性以及保护与这些垄断银行相关的具有政治影响力的团体。总之，这些学者认为，限制开设分行实际上限制了人们的经济机会，从而不利于改善收入分配。

低收入者拉出贫困陷阱，从而缩小收入分配的差距，Dollar 和 Kraay（2000）认为，金融发展通过促进经济增长会给包括低收入者在内的绝大多数人都带来好处，使绝大多数人的收入都会增长（虽然各人收入增长的幅度可能不一样）。[①] 此外，Zhuang、Gunatilake、Niimi、Khan、Jiang（2009）等人认为，经济增长将使得政府能有更多的资源用于增加对穷人的投资，这也有利于减缓贫困，等等。总之，金融发展会通过经济增长的"涓滴效应"而间接地逐步减缓贫穷，并改善收入分配状况。[②]

九、保证金融的稳定可以起到保护穷人的作用

Jeanneney 和 Kpodar（2008）通过研究 1966—2000 年发展中国家的样本数据得到以下结论：金融发展有利于减缓贫困，即使金融机构不为贫困者提供贷款，金融机构的发展也有利于减缓贫困，因为金融机构会为人们提供盈利性的金融机会或投资机会。但金融发展过程中出现的不稳定却会阻碍贫困的减缓，因为贫困者比富有者更脆弱，因此金融的不稳定会抵消金融发展减缓贫困的好处。在这一基础上，Jeanneney 和 Kpodar 认为，任何会破坏金融稳定的（如会引发通货膨胀的过多货币供给等）的政策都对减缓贫困不利。

Bittencourt（2006）检验了巴西 1980—1990 年金融发展对收入不平等的影响，结果显示金融发展对改善收入差距有明显作用。但是，金融发展改善收入分配的机制并不是由于穷人能通过金融系统获得更多的信贷，而是由于在极其不稳定的宏观经济环境下，金融市场起到了避风港的作用，可以用来抵御高通胀和其他混乱的经济状况带来的损失。

---

① 这意味着，经济增长的结果虽然会出现收入高的人（因能力强）收入更高的现象，但却不会出现收入低的人（因能力弱）收入普遍更低的现象（因为鼓励那些能力更强、更有聪明才智的人有积极性为社会做出更大的贡献，会使绝大多数人甚至所有人的收入都提高，只不过是各人收入的提高幅度有可能不同而已）。

② Fields（2001）则强调，经济增长是减缓贫困的必要条件，但不是充分条件。经济增长是否能减缓贫困取决于经济增长的质量。Fields（2001）还指出，经济增长要能减缓贫困，还必须达到以下条件：一是穷人能够积累资产以便参与经济增长过程，二是经济增长要惠及经济体的所有部分，三是需要政府不断增加公共支出以支持经济体中的弱势群体（Vulnerable Groups）。

十、建立过于强大的国有金融机构及监管机构不利于解决贫困问题

值得注意的是，许多学者还对政府或政治因素在金融发展与收入分配中的作用进行了深入的探讨。Maurer 和 Haber（2003）特别指出，在利益集团势力过大的国家，由于金融政策的选择往往是增进高收入者的福利而牺牲低收入者及中产阶级的利益，收入分配状况将趋于恶化。因此，他们认为，金融发展要有效地改善收入分配及减缓贫困，则金融发展还需要与政治改革结合起来。

需要特别指出的是，一些学者（Barth、Caprio 和 Levine，2001；Holden 和 Prokopenko，2001；Beck、Demirgüç-Kunt 和 Martinez Peria，2007）认为，由于大量国有银行的存在会降低市场竞争程度，且国有银行往往会在政府的干预下贷款给政绩工程或商业上不能独立生存的项目，因此国有银行并不能长期有效地给穷人提供持续的金融服务，这意味着大量发展国有银行不是解决贫困问题的有效方式。[①]

此外，Demirgüç-Kunt 和 Levine 等人（2008）强调，建立过于强大的监管机构对穷人是不利的，因为这往往导致较高的准入壁垒，因而不利于为人们创造更多的经济机会以摆脱贫困。而且，建立过于强大的监管机构还往往导致腐败，这恰恰对穷人不利。因此，最好的监管是强化市场竞争的功能，而不是强化可能产生腐败的监管者的权力。Zhuang、Gunatilake、Niimi、Khan 和 Jiang 等人（2009）认为，政府建立有效的金融风险防范及稳定机制也是帮助穷人的重要方式。

[①] 由于中国长期以来一直强调金融部门对国有经济部门的支持，且中国传统的观点认为让私营部门自由融资会扰乱"金融秩序"，因此中国金融业的进入门槛过高，且银行业过度集中（如银行业形成以四大国有商业银行为主的寡头结构），金融业的"深化"及"宽化"都不够，这就不利于支持中小企业及农民企业家的发展。显然，这样的金融体系不利于创造平等的经济机会，也不利于扩大就业并改善收入分配。此外，中国金融业在如何帮助低收入者的思路上也存在一定的问题，这就是较注重如何向低收入者提供信贷，但在如何通过加快金融的"深化"及"宽化"来改善市场运行或完善市场机制以使低收入者能更好地从事经营活动致富以使其偿债能力不断上升，并通过强化市场的自由进出及公平竞争（特别是企业之间的竞争）为低收入者创造更多的机会不断降低经济运行的成本，从而全面解决贫困问题等方面较为缺乏，这是中国金融发展在解决贫困方面效果不显著的重要原因。

第四节　金融发展、人力资本积累与经济增长

　　20 世纪 90 年代以后，国外学术界还研究了金融发展与人力资本积累之间的关系。Gregorio（1996）通过将金融市场纳入到"内在经济增长"的框架中，建立了一个"金融的内生增长模型"，在这一模型中，他分析了金融约束对人力资本投资和经济增长的影响。他认为，由于个人通过接受教育（即进行人力资本的投资）可以使人掌握知识并由此提高人的技能及表现出来的能力，因而可以创造或获得更多的收入。也就是说，人们在年轻时通过接受教育以增加人力资本的积累，就能在中年时创造并获得更多的收入（这表现在宏观上，就是创造更多的产出）。当然，人们接受教育需要相应的支出，而且还存在着机会成本（即接受教育而不工作所放弃的收入）。但是，只要人们现在进行人力资本的投资能在未来获得更多的收入，则在年轻时承担相应的支出及机会成本进行人力资本积累是合算的。因此，在存在金融市场的情况下，人们为在年轻时接受教育以使将来获得更多的收入，就可以通过现在获得贷款，以平滑其现在收入与现在支出的不平衡，从而使其现在能顺利地进行人力资本投资。

　　显然，如果一国金融发展水平落后，金融市场不完善，存在着较严重的金融约束，使人们难以获得贷款，这就既不利人们进行人力资本投资，也不利于人们在未来获得更多的收入，因而不利于本国经济的长期有效增长。所以，金融发展水平的落后会对人力资本积累和经济增长产生负面影响。金融发展能够克服这种金融约束，从而促进人力资本的积累，并进而刺激经济的增长及改善收入的分配。而且，在金融体系完善的情况下，人们可以根据自己的能力或比较优势选择是工作还是进行人力资本的投资，从而会促进专业分工，这就使人们能够充分发挥自己的比较优势来促进经济增长。从宏观来看，如果每个人都能够充分发挥自己的比较优势，则一国就会在全球化过程中发挥自己的比较优势。

Cooley 和 Smith（1998）从劳动分工的角度，分析金融市场发展对劳动分工、"边干边学"和企业家才能形成的作用。他们假设，经济主体可存活三期，年轻时劳动或接受学校教育，中年时劳动或经营企业，老年时退休或经营企业。由于只有接受教育的人才有可能经营企业，并成为企业家，因此接受教育或"边干边学"对企业家才能的形成至关重要。由于各个经济主体的能力大小及收支状况不同，有些人在年轻时选择劳动，这些人因在目前收入大于支出因而成为储蓄者，而那些年轻时选择接受教育的人或为进行投资活动而寻求外部资金的人（企业家）因支出大于收入而成为借款者。这时，储蓄者和借款者各自为了获得利益，他们相互之间就会进行借贷活动，在这种情况下，金融市场的存在就十分重要。在存在金融市场的情况下，一部分人可在年轻时通过获得信贷支持而接受教育以进行人力资本的投资活动，一部分人则可以通过获得信贷进行投资而成为企业家，而另一部分人选择劳动并进行储蓄活动。这样，就不但会产生刺激经济增长的分工局面，而且会促进企业家才能的形成，进而有效地推动经济增长。而当金融市场不存在时，这种分工局面就难以出现，而且金融市场不完善也不利于企业家才能的形成，因而就不利于刺激经济增长。

Gregorio 和 Kim（2000）指出，发达的金融市场有利于人们根据自身的比较优势从事对自己最有利从而能给自己带来最大利益的经济活动。从促进人力资本的投资以刺激经济增长的角度来看，金融市场的出现为经济主体进行教育以进行人力资本的积累和经济主体发挥各自的比较优势实现专业化分工创造了条件。为此，他们从人的生命周期及人们受教育的能力差异等方面进行了分析。Gregorio 和 Kim（2000）认为，由于金融市场允许单个经济主体通过借贷活动来平滑其消费流，并可以使其根据自身的教育能力来选择是接受教育以进行人力资本投资活动还是直接从事劳动。受教育能力较强的人可通过借款的方式来为年轻时的消费融资，并将全部时间投资于教育。而受教育能力较弱的人则将全部时间用于劳动，并通过购买金融资产的方式为未来消费储蓄。由于高能力人群接受教育促进增长的正效应会超过低能力人群没有接受教育从而降低增长的负效应，因此金融市场对人力资本投资的支持将产生一个正的促进增长的总效应。这也意味着，金融市场对人力资本投资的支持会增加当代人和下一代人的福利。可见，金融市场的出现，有利于实现教育和劳动的专业化分工，进而促进教育效率的提高及人力资本积累，从而最终有效地刺激经济增长。相反，当金融市场不完善时，年轻的经济主体因不能借到合意的金额来为消费融资，教育能力较强的人也不能将全部时间投入于教育，为维持年轻时的生存，他们需要工作以平滑其消费流，结果就会减少人力资本的积累。显然，这不利于经济体的长期经济增长。

Skura（2005）对南欧一些国家的调查研究表明，教育年限对于创业意愿及创业成功概率的影响是显著的，完成了基础教育的人比没有完成基础教育的人具有更大的创业意愿和创业成功的概率。

Krebs（2003）则从风险的角度，分析了保险市场发展对人力资本投资和物质资本投资及经济增长的影响。Krebs 认为，人力资本投资具有不可予以保险的特殊性质，人力资本在投资过程中可能遭受某种特殊冲击（如失业），并产生人力资本存量的损失。这意味着，人力资本的投资风险大于物资资本的投资风险。但是，人力资本投资的预期回报率却高于物质资本投资的预期回报率。因此，通过大力发展保险市场以降低人力资本投资的风险，将有利于刺激经济体增加对人力资本的投资，从而提高投资的预期整体回报率，进而刺激经济增长。

总之，以上学者们都认为，功能完善的金融市场能为那些较贫穷但较有能力的人接受教育提供支持，并能给这些人中的一部分成为企业家创造机会，这就既能促进经济增长，同时又能改善收入分配状况。

为全面总结金融发展减缓贫困的机制，Zhuang、Gunatilake、Niimi、Khan 及 Jiang 等人（2009）曾给出如下框架：

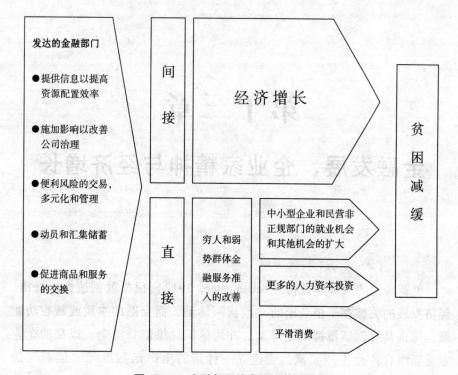

图 12 - 1　金融部门的发展和贫困减缓

第十三章

金融发展、企业家精神与经济增长

创新理论的大师熊彼特（Schumpeter，1912）很早就创造性地提出，经济发展的关键在于企业家的"创新"活动，而金融的本质或核心功能就是筛选具有创新精神的企业家，并为他们提供信贷资金，以帮助企业家重新组合各种生产要素，或建立一种新的生产函数进行"创新"活动，① 从而实现"革命性的变化"，进而促成经济增长。因此，熊彼特认为，金融业只有通过支持企业家的创新活动才能实现经济增长，金融的本质或核心就是为企业家的"创新"活动提供信贷支持。但自熊彼特首次提出金融的功能就在于通过识别、评估并向最有动力和能力进行"创新"活动的企业家提供信贷支持以实现经济增长的观点以后，关于"金融发展与企业家精神"的理论研究中断了相当一段时间（近80年）。

直到20世纪90年代以来，特别是最近以来，一些学者才又开始在"金融发展、企业家精神与经济增长"这一领域进行大量的研究，并形成了许多有影响的研究成果。之所以出现这种情况，可能的原因有两个：一是自从20世纪80年代内生经济增长模型被提出以后，人们越来越认识到企业家在增加就业、推动技术进步、提升一国竞争力进而促进经济增长方

---

① 在熊彼特提出的"创新"概念基础上，美国著名的管理学家 Drucker（1985）将创新看成是"赋予资源以创造财富的新能力"，Robbins 和 Coultar（1996）则将创新看成是"采用一种新的思想并将其转化为有用的产品、服务或运作方法的过程"。

面的核心作用。大量的事实也证明，一个国家的企业家数量①越多，则经济增长就越快。② 二是随着经济及金融的全球化，国家之间的竞争越来越激烈，而在国际竞争中处于领先地位的国家都是企业家数量众多的国家。这意味着，一国只有不断地激发企业家的创新潜能，才能使一国在激烈的国际竞争中处于领先地位。"全球战略之父"Porter（1990）在《国家竞争优势》一书中指出："在经济全球化的今天，来源于劳动力、自然资源、金融资本等物质禀赋投入的比较优势将会逐渐减弱，一个国家的竞争力最终将由生产率来决定，而企业家精神是国家优势的核心。"③ 总之，经济全球化的发展使得企业家在一国经济增长中的作用变得越来越重要，由于企业家一般会受到财富的约束且需要获得外部融资，这又使得金融对企业家

① 企业家这个词最初源于法语 entrepreneur，意思是"敢于承担一切风险和责任而开创并领导一项事业的人"，带有冒险家的意思。著名的法国经济学家 Say（1803）最早赋予企业家作为生产的协调指挥者的角色。Say 在其代表作《政治经济学概论》中第一次明确指出：企业家是将一切生产要素——劳动、各种形态的资本和土地等组合起来的经济行为者。Say 强调企业家的职能在于将各个生产要素结合成一个进行生产的有机体。企业家在这个过程中，具体承担生产协调、决策制定和风险承担的职能。目前在美国，企业家往往被定义为创办自己的全新小型企业的人（Drucker，1985）。Baumol、Litan 和 Schramm（2007）等人认为，企业家应该是指"提供一种新的产品或服务、开发和使用新的生产方式或以更低的成本提供现有产品和服务的任何新的或已有的实体"。

② 目前，已经有大量的实证研究证明了企业家精神在增加就业、促进创新、提高生产率进而促进经济增长方面的重要作用。Audretcsh 和 Keilbach（2004）在其综述性文献中指出，企业家精神通过三种效应促进经济增长：一是企业家精神的活跃能够提升经济体中竞争的激烈程度，而这种竞争程度的提升对经济效率的提高有很大的促进作用；二是企业家精神的活跃能够使得一国或地区的经济发展更具多样性；三是知识外溢的渠道。Galor 和 Michalopoulos（2006）认为，发达国家和不发达国家之间的增长差距会因为企业家活动的增加而减小。Yu（1998）认为，中国香港的经济奇迹在很大程度上可以归功于香港拥有的适应型的企业家，他们对机会保持相当的敏感，在生产中反映灵活并且调整迅速，企业家精神帮助香港实现了经济的结构调整，创造了香港的经济奇迹。Audretsch 和 Thurik（2001）通过考察 23 个 OECD 国家 1974 年至 1978 年间的样本数据发现，当用"中小企业在经济中的相对份额"和"自我雇佣率"来分别衡量企业家精神，用"经济的增长率"以及"失业率"来分别表示经济增长时，都可以得到这样的结论：更加注重企业家精神的国家或地区享有更快的经济增长，因为企业家活动的增加降低了失业率并且提高了经济增长率。Acs 和 Armington（2002）利用 1989 年到 1996 年间全美国非农私营部门的调查数据发现，地区之间更高水平的企业家活动和当地经济增长率之间表现出很强的正向关系。Klapper、Amit、Guillén 和 Quesada（2007）运用世界银行创业调查数据（The World Bank Group Entrepreneurship Survey）（包括亚洲、拉丁美洲、非洲、中东、东欧和中亚及工业化国家等 84 个国家在内的从 2003 年到 2005 年的相关数据）进行实证分析后发现：从全球来看，各国的企业平均密度（每一千个职业人口中的企业个数）是 29 家，工业化国家的企业密度是 64 家，而许多低收入的非洲国家还不到1 家。

③ Porter, M. E., 1990, *The Competitive Advantage of Nations*, New York：Free Press.

的成长变得极为重要。正是在这种背景下，King 和 Levine 最先开始（1993）在 Schumpeter 创新理论的基础上进行了系统的探索。以后，Rajan 和 Zingales（1998，2003）、Beck 等（2000）以及 Demirgüç-Kunt 和 Levine（2008）等人又在其基础上进行了深入的研究，并提出了许多新的观点，从而使"金融发展、企业家精神与经济增长"成为目前金融发展理论的一个新的前沿。

第一节　金融发展和企业家精神：理论观点

一、金融的核心功能是支持企业家的"创新"活动

1993 年，King 和 Levine 发表了一篇《金融、企业家和增长》的著名论文。在这篇论文中，King 和 Levine 使用了全球 80 个国家从 1960 年至 1989 年期间的相关数据进行跨国分析，以研究金融发展水平和长期产出增长的关系。结果发现，金融发展和长期经济增长之间的关系与 Schumpeter 在 80 年前所指出的如出一辙，即金融发展是通过支持企业家的创新活动而刺激长期经济增长的。也就是说，企业家精神是联接金融发展和经济增长的桥梁。[①] 在此基础上，King 和 Levine 得出 Schumpeter 有关金融发展、企业家精神与经济增长之间关系的观点"也许是对的"这一结论。

[①] 目前，对企业家的定义可划分为三个相互联系但又各有侧重的流派：一是以 Schumpeter（1912）为代表的德国学派，强调企业家的创新精神；二是以 Knight（1921）和 Schulz（1980）为代表的新古典学派，注重于企业家的风险承担能力和冒险精神以及应对市场失衡的能力；三是以 Mises（1951）和 Krizner（1973）为代表的奥地利学派，重视企业家对市场机会的识别能力，认为企业家的作用就在于能迅速地发现对买卖双方都有利的交易机会，或从市场过程中发现别人难以发现的获利机会，并作为中间人促使这种机会的实现。Baumol、Litan 和 Schramm（2007）则指出，企业家就是认识到并且抓住新的想法或生产要素的重新组织所提供的商业机会的人。经济合作与发展组织则认为，企业家精神是指"勇于承担风险和创新。创新意味着创造新的产品和服务，承担风险涉及对新的市场机会的甄别"。而国际上公认的对企业家精神的权威定义来自于 Wennekers 和 Thurik（1999）的以下表述："企业家精神是个人卓越的能力和意愿，不论是对于他们自己，还是在团队中，或者是在现有组织的内外，他们都能够认识且创造新的经济机会（新产品、新的生产工艺、新的组织计划以及新产品的市场组合）；并且，在存在不确定性和其他障碍的情况下，通过对地点、资源和机构的用途和形式做出决策，将他们的观点市场化。"

　　此后，King 和 Levine（1993，1997）又连续发表相关论文，进一步补充他们的理论分析。他们认为：一个运作良好的金融体系应该是围绕企业家的创新活动提供一系列的金融服务。他们指出，完善的金融体系应该提供以下四种金融服务：（1）评估潜在企业家（Evaluating Entrepreneurs），即评估并筛选最有可能成功进行"创新"活动的企业家，或对投资项目进行评估以甄别出最有前途的项目，① 以保证资金流向最具生产率的领域。（2）积聚资源（Pooling Resources），即筹集资金并降低筹资成本。创新需要大量的资金支持，而金融中介比个人更有优势为企业家筹集所需的大量资金，并降低筹资成本。（3）分散风险（Diversifying Risk），即为创新提供风险分担机制。② 生产率的提高要求人们从事有风险的创新活动而不是因循守旧（用现有的方法来生产现有的产品），但从事创新活动往往比其他的经济活动具有更大的不确定性和风险，③ 因而就需要金融机构来为企业家分散这些风险。金融机构通过提供多样化的金融产品并进行金融创新能帮助企业家分担巨大的创业风险，从而将风险降低到一个合理的水平上，并提高企业家承担风险的能力。（4）对预期收益进行估值（Valuing the Expected Profits）。他们认为，生产率的提高不是来自于用传统方法生产已有的商品，而是来自那些有风险的创新活动，因为创新的预期收益是利润的现金流。这就要求金融市场能够对预期收益进行正确的估值，并准确地揭示预期利润的现值，从而为创新活动提供准的信息。而金融市场可以将未来的收入资本化，对预期收益的现值进行估值，这意味着，金融市场能够准确地披露预期利润（King 和 Levine 称之为"创新租金"）的现值，即能够揭示创新活动的潜在回报。金融的这种功能实际上能起到为创新活动提供准确的信息，从而有利于激励企业家进行创新活动的作用。④

---

　　① 在市场经济中，一个企业是否具有成长性的关键，在于它是否拥有具有市场前景的创新项目和具有创新能力的企业家，而哪些项目具有市场前景以及谁是真正的企业家也不是预先确知的。从这一意义上说，金融机构对成长性企业的筛选实际上就是对创新项目和企业家的筛选。

　　② 为创新活动提供融资比为现有企业的生产性活动提供融资更具风险。

　　③ 根据 Knight（1921）及 Bertocco（2008）等人的观点，一个充满创新的世界就是一个与不确定性相关的世界，而不确定性的存在导致人们对创新的未来收益有不同的看法，正是人们对未来的判断不一样，或者说正是由于人们对创新的未来收益有不同的看法，才产生了利润。

　　④ 陈志武（2009）认为，金融通过将企业家创业的未来收入提前变现，使企业家能获得更多的发展机会，并可以扩大企业家的创业空间。

总之，King 和 Levine 认为，金融体系的功能就在于通过识别或选择企业家和高质量的投资项目，并更多地动员资金以满足企业家进行创新活动的需要，以及提供能更有效地分散创新风险的金融工具和更为准确地披露创新活动的潜在收益等机制，从而刺激创新和经济增长。这样，King 和 Levine（1993）就在 Schumpeter 创新理论的基础上更加全面地概括了金融的功能，并在 Schumpeter 理论的基础上通过引入"内生增长"模型，从而进一步复兴或发展了 Schumpeter 的创新理论。[①]

King 和 Levine 在 Schumpeter（1912）的两个基本观点，即"创新是为了寻找暂时性的垄断利润"和"金融机构之所以重要是因为它们评估企业家并且在企业家开始创新活动以及把新产品推向市场时为他们提供融资"，以及 Knight（1951）认为承担风险是企业家的基本职能等理论观点的基础上，构造了一个内生的增长模型，以说明金融体系、企业家精神和经济增长之间的联系。其分析步骤如下：

（一）评估潜在的企业家

King 和 Levine 首先界定了这个评估过程所涉及的变量。他们假定，α 为社会上有能力经营管理一个项目的潜在企业家的概率，被评估的企业家的市场价值是 q，但是管理企业的能力对于金融机构和企业家都是未知的。假定金融机构可以通过 f 个单位的劳动力投入来确定这种经营管理的企业家才能，w 代表劳动力的平均工资，只有投入了这个成本，金融中介才可能通过评估而识别或筛选潜在的企业家（假设企业家不能进行自我评估）。根据以上假定，King 和 Levine 认为，评估企业家的条件是：被评级的潜在企业家的预期收益大于或等于评级的成本，即 $\alpha q \geq wf$。这意味着，只有当 $\alpha q = wf$ 时，对潜在企业家的评估才会发生。

（二）积聚资源

对企业家进行了评估以后，金融体系需要为企业家所选择的项目聚集足够的资源。假设每个被评估的企业家需要在 t 时期投入 x 单位的劳动力，

---

① King 和 Levine（1993）认为，金融抑制就在于阻碍了金融机构根据市场原则支持企业家的创新活动，从而必然降低一国的经济增长率。

则企业家创新的成本可以 wx 表示。再假设创新市场化的概率为 π，$\rho_{t+\Delta t}$ 表示现金流在 $t+\Delta t$ 时期折现到 t 时期的折现因子（简写为 ρ），$v_{t+\Delta t}$ 表示创新企业在 $t+\Delta t$ 时期的市场价值（简写为 v'），τ 表示金融中介前期为企业家提供外源融资的回报。因此，企业家预期的创新租金为：$q=(1-\tau)\pi\rho v'-wx$。

依据 $\alpha q=wf$ 和 $q=(1-\tau)\pi\rho v'-wx$ 两式，可以得到金融中介的均衡条件为：$\pi\rho v'=w\alpha(\tau)$，其中 $\alpha(\tau)=(f+\alpha x)/a(1-\tau)$。

（三）分散风险

因为从事创新活动的结果具有不确定性，所以需要金融机构为个人以及企业家分散这些风险。在 $q=(1-\tau)\pi\rho v'-wx$ 中，外源融资 τ 是关键变量，因为一方面企业家的个人财富不足以支付公司所有员工的工资，另一方面依靠任何数量的内源融资都无法完全分散创新活动的风险。

（四）预期收益的估值

假定 v_t 代表 t 时期公司分红之前的市场价值，δ_t 是红利，则有：$(1-\beta)\rho v'=v_t-\delta_t$，其中 β 是资本损失的概率，等式左边是考虑了资本损失概率的未来股票市值的贴现值，右边是 t 时期公司分红之前的市场价值。$(1-\beta)\rho v'=v-\delta$ 也可以说是对预期收益进行估值的模型。

进入 21 世纪以后，金融发展理论对"创新"理论的复兴趋势更加明显。Beck、Demirgüç-Kunt、Levine 和 Maksimovic（2000，2005）、Guiso（2004）、Hurst 和 Lusardi（2004）、Sharma（2007）、Nykvist（2008）、Quadrini（2009），以及 Buera、Kaboski 和 Shin（2009）、Bianchi（2009）等人纷纷在 Schumpeter 的"创新"理论基础上围绕"金融发展、企业家精神与经济增长"这一主题进行了大量的理论探索及实证分析，并形成了大量的研究成果。

Bjørnskov 和 Foss（2008）指出，一个没有大量企业家的社会不会繁荣发展。Buera、Kaboski 和 Shin 等人（2009）认为，落后国家之所以落后，根源就在于这些国家缺乏大量从事创新活动的企业家，在于这些国家的金融体系不利于企业家精神的培育及企业家的成长。而发达国家之所以发达、之所以具有竞争优势，其根源就在于这些国家拥有大量从事创新活动的企业家。Antunes、Cavalcanti 和 Villamil 等人（2008）根据美国的有关数据进行分析后认为：美国之所以发达是因为约有 9% 的美国人是企业家。此外，Gentry 和 Hubbard（2004）也发现，美国有大约略低于 9% 的家庭都有企业家。可见，拥有大量的企业家正是美国经济具有竞争优势的根源所在。

世界银行在 2002 年的世界发展报告《建立市场体制》中也指出：（1）运作良好的银行能够甄别出那些最有可能成功开发新产品，从而进行创新活动的企业家，并通过向他们提供融资从而促进经济发展。（2）金融发展能够产生改善收入分配的效果。（3）金融合约既能够将风险合理组合在一起以进行风险管理，同时又能将风险分散开来。可见，金融发展通过将风险转移到那些愿意承担它的人身上，从而能够减缓整体经济的波动，进而为经济的发展提供良好的环境（Wolrd Bank，2002）。Beck（2002）也认为，金融发展能帮助更有效率的私人部门利用规模经济从事专业化生产。

正是在这种理论思潮的影响下，目前国际学术界愈来愈多的学者将"私人信贷（即提供给非金融私人生产部门的信贷）占 GDP 的比率"，[①] 而不是金融资产与 GDP 的比率（由 Goldsmith 提出）或 M_2 占 GDP 的比率（由 Mckinnon 提出）作为衡量一国金融发展水平的指标，从而将如何衡量金融发展水平这一问题向前推进了一步。Chinn 和 Ito（2007）则提出，可用一国私人信贷占 GDP 的比率与世界平均水平的偏差来衡量该国的金融发展水平。Rajan 和 Zingales（2003）则在此基础上指出了一个很有新意的观点：衡量金融发展的最重要的标准应该是"任何一个"具有创新精神或拥有合理项目的企业家获得融资的难易程度。

二、金融体系不发达会限制企业家的成长及企业家精神的培育

Blanchflower 和 Oswald（1998）曾采取直接对企业家进行调查访问的

---

① 由于企业家精神的本质在于创新（Schumpeter，1912）、对风险的承担能力（Knight，1921）、敏锐而深刻的市场洞察力（kirzner，1973），以及在不确定条件下就稀缺资源的协调做出判断性决策的能力（Casson，1982），而在公平竞争且充满风险的市场经济条件下，要成功地创办并经营私人企业，就必须具备企业家精神，因此"私人信贷占 GDP 的比率"这一指标实际上就反映了一国金融体系对企业家创新活动的支持。

方式进行研究发现，那些潜在的企业家都认为融资难是他们所面临的主要难题。也就是说，在现实中，是否能获得足够的资金是企业家能否创业或进行"创新"活动的重要前提。[①]为此，一些学者提出了"流动性约束"这一概念。所谓流动性约束（Liquidity Constraints，又称信贷约束或金融约束），指的是当潜在的企业家不能获得新建企业所需的足够启动资金时，有企业家才能的人就会因为缺乏足够的资金而无法成为现实的企业家，从而无法进行创新活动。Evans 和 Jovanovic 在其于 1989 年发表的《流动性约束下对创业选择模型的估计》经典文献中，首次用一个静态职业选择的理论模型和来自美国"国家青年人口长期调查（全国青年纵向调查）"（National Longitudinal Survey of Young Men）的面板数据证明了流动性约束的存在。他们认为，因为创业需要资本，很多具有创新潜力的企业家往往由于缺乏足够的资本而被排除在创业大门之外，这就使得自有财富或能否获得资本在创业过程中至关重要。因此，如果企业家没有足够的资本，且由于流动性约束的存在，企业家从事创新活动所需的资本又不能通过外部融资来获得，则有企业家才能的人就会因为缺乏资本而无法成为现实的企业家以进行创新活动。在这种情况下，自有财富在创业过程中至关重要。Del Mel、McKenzie 和 Woodruff（2006）也发现，在斯里兰卡随机抽取的企业家样本，信贷的限制是企业家无法扩大业务的主要原因。

在 Evans 和 Jovanovic（1989）的分析基础上，Quadrini（2009）又进一步加以发展。他们的模型可简化如下：

假设成为雇员的工资为 w；成为企业家的收入则为 $y = \theta k^{\alpha}$，其中 θ 是企业家的个人能力，k 是总的资本投入额，$\alpha \in (0,1)$。考虑到企业家从事创新活动需要融资，则其净收益为 $\pi = y + r(z - k)$，z 为个人期初的自有财富，r 为 1 加上利息率，当 $z < k$ 时，企业家是净借入者，$r(z - k)$ 是期末企业家需要偿付的本息和。而成为雇员的净收益为 $w + rz$。显然，个人只有在成为企业家所获得的收益大于雇员的收益时才会选择成为企业家，即只有在 $\max[\theta k^{\alpha} + r(z - k)] > w + rz$ 时，人们选择成为企业家。因此，

---

① Drucker（1985）认为，创新是否成功不在于它是否新颖、巧妙或具有科学内涵，而在于它是否能为客户创造出新的价值、是否能够赢得市场，是否能开创新市场和新顾客群（而不是分割别人已经创造出来的顾客群）。

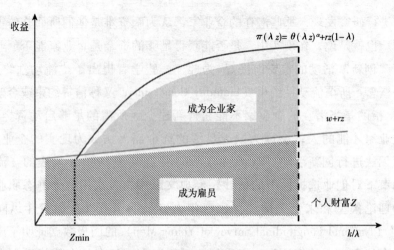

图 13 – 1　流动性约束下的职业选择模型

（1）当不存在流动性约束时，人们没有融资约束，创业资金可以自由获得，这时有企业家才能的人都能变成现实的企业家以进行创新活动，因为只要个人能力 θ 超过一定水平使得成为企业家的收益更大时，即满足上述不等式时，个人就会选择成为企业家。也就是说，所有具备企业家才能的人都能变成现实的企业家来进行创新活动。（2）当存在流动性约束时，假设每个人最多只能获得其自有财富 z 一定比例的贷款，该比例为（$\lambda - 1$），其中 $\lambda \geqslant 1$，则新企业的最高投资额为自有资金 z 加上外源融资的资金（$\lambda - 1$）z，即（$\lambda - 1$）$z + z = \lambda z$，总投资额 k 不能高于这个限度，这就是企业家面临的流动性约束：$0 \leqslant k \leqslant \lambda z$。当总投资额 k 超过 λz 时，最多也只能投入 λz 数量的资金，此时企业家净收益为：$\pi(\lambda z) = \theta(\lambda z)^{\alpha} + rz(1 - \lambda)$，这种次优投资会减少企业家的收益（最优资本投资额应满足净收益最大化，即 $\pi' = 0$，解得 $k_{opt} = \left(\dfrac{\theta\alpha}{r}\right)^{1/(1-\alpha)}$）。只有当 $\pi(\lambda z)$ 大于成为雇员的收益 $w + rz$ 时，人们才会选择成为企业家，反映在图 13 – 1 中，就是人们要想成为企业家，必须拥有最低限额为 z_{min} 的自有财富，个人初始财富 z 在信贷约束存在的情况下对能否创业至关重要。

该模型说明：金融体系的不发达会产生流动性约束或融资约束问题，而融资约束的存在将会把那些没有足够自有财富但却具有企业家才能的人挡在创业大门之外，长此以往就会使企业家的创新活力受到严重打击，经济持续增长的源头活水将逐渐枯竭。可见，在不发达甚至扭曲的金融体系中，大量具有企业家才能的人有可能被埋没，富有市场前景的创新机会得不到资金支持，结果有可能导致创新源泉枯竭。

Aidis、Estrin 和 Mickiewicz（2007）有研究也证明，在新兴市场国家，信贷可得性和知识产权的保护是影响创业决策或企业家精神培育的最关键的两大制度因素。McMillan 和 Woodruff（2002）发现，信贷的可得性是影响经济转轨国家创新活动的重要因素。他们还指出，较低的市场利率有利于新公司的产生和企业家进行创新活动。

Bianchi（2009）通过构建一个理论模型以分析企业家才能、生产技术和信贷约束在决定经济发展中的相互作用。他指出，金融发展水平越低，则贷款需要的抵押品就越多，在这种情况下，就只有更少的具有企业家精神的人会考虑创办企业。可见，加快金融发展以消除融资约束，使所有具有企业家精神和才能的人都成为能进行"创新"活动的现实企业家，是推动一国经济持续增长的关键。[①]

Dabla-Norris、Kersting 和 Verdier（2010）则运用世界银行所进行的包括 63 个国家的 14000 家企业的调查数据进行实证分析发现，金融体系支持企业家的创新活动是迅速提高一国全要素生产率的重要途径。这是因为：金融通过支持企业家的创新活动能够使新技术或新工艺更快地运用于生产过程。

三、金融发展不但有利于使更多的人成为企业家并推动创新，而且金融发展通过支持企业家的"创新"活动，将使人们不再受限于资本或关系，而可以依靠知识、技术、努力及创新精神来创造财富

Guiso、Sapienza 和 Zingales（2002）指出，一个发达的金融市场将更

---

① William 和 Ramana（2009）认为，鉴于企业家精神对于经济增长的重要作用，缓解企业家面临的流动性约束问题已经成为世界范围内政策制定者的重要目标。如美国小企业管理局在 2007 财政年度以每笔 1000 美元的行政成本提供了 20000 笔贷款资金（2008 年的核算数据）以支持人们创办企业。对企业家的金融支持也是欧盟和 OECD 的重要议题，这些组织都鼓励成员国满足企业家的风险融资要求。

容易帮助个人创业，甚至帮助人们在更小的年龄就开始创业，因而他们认为，金融发展有利于使更多的人成为企业家。Guiso、Sapienza 和 Zingales（2002）还以意大利为例说明了这一问题，他们发现：即使排除地区差异的影响，条件基本相同的两个人选择自我创业的概率，处在金融最发达地区的要比处于最不发达地区的高出 33%。而且，在金融最发达的地区，企业主的平均年龄比不发达地区企业主的平均年龄年轻约 5.5 岁。这意味着，发达的金融市场能够迅速拓展人们的融资渠道，并使人们的商业才能更早地得到发挥，使人们的商业敏锐和经营天才充分实现其价值。因此，发达的金融体系使得为最成功的人（如那些最能够满足消费者需求的人）进行融资变成可能。[1]

Rajan 和 Zingales（2003）强调指出，发达的金融市场是哺育新的经营理念，不断地推动"创造性的破坏"（即淘汰旧东西的"创新"）的机制，这种机制将会不断地用新的、更好的经营理念和经营组织来挑战和淘汰旧的经营理念和经营组织。这意味着，金融市场是推动"创新"的重要机制。同时，Rajan 和 Zingales（2003）还指出，发达的金融市场通过为具有创新精神的新的竞争者提供资金，能够降低产业进入的门槛，这将大大提高市场的竞争程度。而在公平激烈的市场竞争条件下，企业也只有通过"创新"才能得以生存。因此，金融发展不但有利于造就更多的企业家，而且有利于刺激"创新"活动。

在此基础上，Rajan 和 Zingales（2003）进一步指出，金融发展通过支持企业家的"创新"活动，将使人们不再受限于资本或关系，而可以依靠知识、技术、努力及创新精神来创造财富。这是因为，如果有了发达的金融市场，从而使人们能够方便地融资，则一个人能否在经济上取得成功就不再取决于其所拥有的资本或关系，而主要取决于他的知识、技术、创新思想及聪明才智。可见，金融发展将打破现有的依靠资本或关系获得财富的格局。[2] 在发达的金融体系中，很少财富甚至没有财富，但却有才华、

---

① King 和 Levine（1993）较早指出，完善的金融体系能够克服个人创办企业所面临的财富约束问题。

② Evans 和 Jovanovic（1989）用美国的全国青年纵向调查（NLSY）数据进行研究以后认为，个人财富和企业家精神的正相关可以视为市场失灵的证据，那些有才华但不富裕的个人从创业人群中被排除，因为他们缺乏足够的财富来为他们的新企业融资。这一发现在学术界和政府部门极具影响力。

有能力或富有创新精神的人，也能够取得经济上的成功。这意味着，金融体系越发达，则亿万富翁中自我奋斗出身的比例更高，或者说，一国或地区的股票市场规模与该国或地区的自我成功的富翁的比例之间存在着很强的相关关系。Rajan 和 Zingales 以美国和法国 1996 年的数据进行了比较，他们发现：美国亿万富翁中自我奋斗出身的比例为 0.30，而法国则为 0.07；相应的，美国的股票市值占 GDP 的比率为 140%，而法国则为 50%。

Rajan 和 Zingales 认为，大量的事实已证明，如果一个经济体中的亿万富翁中自我奋斗出身的比例越高，则该经济体中的企业业绩就越好。这是因为，在依靠自我奋斗的情况下，由于竞争更加公平，因此要想在经济上取得成功，就只能依靠"创新"，这就能大大提高该经济体的效率。而如果一个经济体中的亿万富翁中的继承性富翁比例越高，继承性富翁所拥有的财富占 GDP 的比例越大，则该经济体在创新方面的投资更少，因而要比其他处于同一发展阶段的国家经济增长更慢。因此，Rajan 和 Zingales（2003）深刻地指出，在一个金融不发达的社会里，大量的继承财富对国家的繁荣尤其有害。此外，Rajan 和 Zingales 还发现，在金融更开放的国家，继承性富翁的财富占 GDP 的比例更低，而自我奋斗型富翁的财富占 GDP 的比例更高。可见，Rajan 和 Zingales（2003）实际上指出，金融的开放也有利于促使人们依靠创新精神来创造财富。总之，Rajan 和 Zingales 通过以上分析得出了以下结论：金融通过支持企业家的"创新"活动，以及通过金融的开放，将有利于使人们不再受限于资本或关系，而可以主要依靠知识、思想、技能及创新精神来创造财富，这将使一国经济走上持续增长的轨道。

Rajan 和 Zingales（2003）就此写道："原来仅仅是有钱人是贵族，现在我们正转向一个有能力的人和富有的人的贵族。金融革新正在把贵族俱乐部的大门向每个人敞开。在这个意义上，金融关系是精神上彻底的解放。它取代资本，将人类推到了经济活动的中心，因为，当资本可以自由获取时，是技术、观点、勤奋以及逃不掉的好运气创造了财富。"由此，Rajan 和 Zingales 认为，金融支持具有创新精神的企业家将会使对经济活动起决定性作用的不再是"资本"而是"人"，或者说是"人"的创造性头脑。从公司的角度来看，人力资本将取代实物资本成为公司的核心能力及价值。从这个意义上讲，金融发展也是人的解放、人的价值的提高。

此外，也有越来越多的学者认为，金融只有支持企业家的创新活动才能实现金融自身的发展。①Michalopoulos、Laeven 和 Levine（2009）指出，一方面，实体经济部门的创新及技术进步会增加金融创新的收益；另一方面，金融业也可以通过改善甄别企业家及投资项目的技术来提高预期的利润。在极端的情况下，当缺少金融创新的时候，现有的甄别技术会随着技术创新的进步而退化，识别成功企业的概率会降至接近零，从而会阻碍经济增长。但如果追求利润的金融机构通过创造新的、更有效的甄别企业家及投资项目的技术，就能避免经济停滞，刺激经济增长，并使金融机构能够获得更多的利润。这意味着，通过金融创新和技术创新相互之间的良性互动，可以维持经济的长期增长。

第二节　金融发展与企业家精神：实证分析

一、现实中确实存在不利于企业家精神的流动性约束

由于流动性约束或金融约束是影响企业家精神的重要因素，因此许多学者都对现实中是否存在流动性约束或金融约束问题进行了实证分析。目前，大量的实证分析文献证明了流动性约束的存在。

Evans 和 Jovanovic（1989）用美国青年纵向调查的数据，考察了近1500 个白人男性的创业情况，结果发现他们不能用高于其初始资产 1.5 倍的资金来创办新企业。这一实证分析说明：大多数准备自我雇佣的人都面临金融约束，从而使他们不能用最优的资本投入数量来进行创业活动。Evans 和 Leighton（1989）的研究则发现，40 岁以下的人是否成为企业家与年龄或工作经验都无关，这与通常的年轻人更愿意冒险的认识相悖。一个可能的解释就是年轻人没有足够的时间来积累创业所必需的财富。Holtz-Eakin 等人（1994）也认为，在存在流动性约束的情况下，往往只有那些

---

① Schumpeter 很早就认识到一国的金融业只有通过支持企业家的创新活动才能发展起来。

拥有更多遗产或自有财富的人才能成为企业家。Rajan 和 Zingales（2003）指出，"对于成千上万的人而言，缺乏资本为其创新思想融资是他们致富的最大障碍。"

Blanchflower 和 Oswald（1998）通过直接调查访问的方式进行研究发现：那些潜在的企业家都认为融资是他们所面临的主要难题。Holtz-Eakin 等人（1994）也认为，在存在流动性约束的情况下，往往只有那些拥有更多遗产或自有财富的人（但这些人不一定最有创新精神）才能成为企业家，而那些富有创新精神和企业家才能但没有更多遗产或自有财富的人就很难成为企业家。

有意思的是，Hurst 和 Lusardi（2004）曾对流动性约束或金融约束的观点提出了挑战。他们通过实证分析证明：在美国，自有财富和企业家精神之间的这种正向关系并非大规模存在，而是仅仅存在于美国最富有的阶层。因此，他们认为，财富对于最富有阶层的重要性不能看成是信贷约束存在的证据，这就对流动性约束的观点形成了挑战。但是，Nykvist（2008）应用 Hurst 和 Lusardi 相同的方法分析瑞典的情况时，却发现流动性约束确实存在于瑞典的各个阶层。除此以外，Nykvist（2008）还指出，流动性约束也不利于增强社会的流动性（Social Mobility），由于成为企业主（Business Owner）是累积财富的重要渠道之一，因此如果因为外部融资约束的存在，只有富有的人才能创办新企业的话，则低收入的家庭将会永远被阻挡在创业大门之外，从而降低社会的流动性（特别是向上的流动性）。Bohacek（2006）也通过实证分析认为，美国企业的高储蓄率正是为了缓解金融约束对企业融资的不利影响，这就说明确实存在着金融约束的问题。

Asli Demirgüç-Kunt 和 Panos（2009）利用世界银行生活标准衡量调查（World Bank Living Standard Measurement Survey）2001—2004 年的家庭调查数据，对流动性约束与企业家精神之间的关系进行分析，结果表明融资约束确实对企业家精神有重要影响。他们得出的结论是：富有的家庭更有可能成为企业家并在自我雇佣中存活下来。同时，在控制家庭财富之后，他们还发现，与银行之间的关系也影响到人们成为企业家的可能和作为企业家存活下来的概率。

Cagetti（2006）发现，如果一个经济体对创业者的信贷约束越严，则该经济体的企业规模会越小。Fisman 和 Love（2003）发现，新建企业在金融市场不发达的地区面临的融资问题特别严重。Comin 和 Nanda（2009）的分析则揭示，新建企业面临的融资难题不利于新技术的商业化。他们还根据有关国家的银行发展和技术扩散的历史数据进行了实证分析，结果发现，一国的银行业越发达，则对资本密集型的技术吸收更快，反之则越慢。Kerr 和 Nanda（2009）也认为，融资约束是世界上影响潜在企业家的最大问题之一，融资约束阻碍了有创新想法的企业家进入市场，因为他们不能获得足够的资本创办新企业。

Buera、Kaboski 和 Shin（2009）通过进行跨国数据的实证分析后认为，金融发展水平的差异能够解释跨国人均收入的差异。针对发达国家和落后国家金融发展水平的差异，他们创立了一个基于两部门的金融与经济增长模型。该模型表明：在一个金融市场完善的经济体中，各生产要素将根据各自的比较优势得以合理配置，最有创新精神及企业家才能的人成为企业家，资本的配置使得各部门和企业中单位资本的边际产出相等，从而使该经济体的全要素生产率得以大大提高，总产出达到最大。但是，由于落后国家的金融体系不完善，存在着较严重的金融摩擦（Financial Frictions），因而不利于企业家精神的培育及企业家的成长，结果导致落后国家出现以下现象：（1）金融摩擦严重，新企业的成立较难，企业的数量较少。（2）大规模企业的产品相对价格随着金融摩擦加剧而上升，而大规模企业的均衡工资却随着金融摩擦加剧而下降。（3）金融摩擦严重的国家，小规模的企业过多。可见，金融摩擦会导致企业规模的不经济，同时造成经营小企业的企业家太多，而经营大企业的企业家太少。（4）资本在各部门和企业中的边际产出不相等，这意味着，现在的资本不能最大限度地创造产出（从宏观来看，只有资本在各部门和企业中的边际产出都相等的情况下，总产出才会达到最大），因而资本在部门和企业之间存在着错误的配置。（5）扭曲企业家才能的配置。由于金融摩擦的存在，那些生产率高（其生产率大大高于利率）但缺乏财产的人因融资约束而难以进入市场或行业成为企业家，而富有但生产率低的人却继续滞留在行业里，这将导致资源利用效率的下降，从而大大降低该经济体的全要素生产率。

二、金融发展可以通过打破流动性约束而造就更多的企业家

从事"金融发展、企业家精神及经济增长"理论研究的学者们大都认为，金融发展水平的提高有助于打破流动性约束，从而有利于造就更多的企业家及新企业。Rajan 和 Zingales（1998）证明了那些前期需要大量外部融资（相对于产生的现金流）的行业，例如药物和药品（可能是因为研发成本），在金融市场更发达的国家成长更快，金融发展在增加新企业的数量方面发挥着重要作用。

Paulson 和 Townsend（2004）对泰国 1976 年到 1996 年的家庭数据，包括财富、工资水平、金融交易额以及职业选择等，来模拟如果一个人能获得金融服务，那么其企业家精神、就业、工资等将如何变化，这种变化将导致经济增长如何变化，收入分配如何变化等。通过比较实际数据和模拟数据，他们发现，金融约束确实不利于培育企业家，从而不利于经济增长。相反，进行金融自由化改革以后，由于更多人能够获得金融服务，结果显著地促进了泰国的经济增长。

Beck、Demirgüç-Kunt、Levine 和 Maksimovic（2000，2005），以及Beck、Demirgüç-Kunt、Laeven 和 Levine（2006）、Demirgüç-Kunt 和 Levine（2008）分别运用跨国数据进行实证分析后发现：（1）在金融发展水平更高的国家，新企业的产生率更高，这是因为：运行良好的金融体系能够帮助企业家打破融资约束，并克服市场准入限制而进行创业和创新活动。（2）平均来说，对大企业的金融约束可能降低其 6% 的产出增长，但对中小企业来说，金融约束则可能降低其 10% 的产出增长。在金融体系不发达的国家，这一问题就更为突出。这意味着，小公司的成长更多地受到了流动性约束或融资障碍的影响。因此，Beck、Demirgüç-Kunt 和 Maksimovic 认为，加快金融发展对小企业更有利，因为金融发展能显著地缓解小企业所面临的流动性约束或融资障碍。Aghion（2007）等人的研究也发现，一国的金融体系越发达，则该国的企业进入率就越高。他们还指出，通过放松金融管制以促进竞争有利于提高新企业的产生率。

Beck、Demirgüç-Kunt、Laeven 和 Levine（2006）使用 44 个国家 36 个行业的行业水平数据和针对面板数据的自然试验评估方法（Difference-indifference Approach），发现金融发展更大程度地促进了小企业的增长。Beck、Demirgüç-Kunt 和 Maksimovic（2005）通过调查 54 个国家的企业发现，小公司的成长更多的受到了融资障碍的影响，特别是在金融系统不发达的国家。Del Mel、McKenzie 和 Woodruff（2006）通过对在斯里兰卡随机抽取的企业家样本进行分析发现：信贷的限制是企业家无法扩大业务的主要原因。

Bohacek（2007）则认为，金融中介的发展通过打破流动性约束，能够提高总产出和社会的平均消费水平。他们发现：如果不存在金融中介，因而企业家只能完全依靠自己的储蓄进行融资时，则资金的配置效率将十分低下，这时社会的总产出将会减少 7.25%，企业家和雇员的总体福利损失（以社会平均消费水平来衡量）将高达 11.1%。

Bianchi（2009）通过一个理论模型证明，金融发展水平的提高通过缓解信贷约束增加了企业家的数量，并促进了社会流动性，从而使企业家才能更有效地配置到生产性活动及技术创新上。Bianchi（2009）认为，经济发展需要大量具有生产性的企业家精神，而这又需要企业家才能与生产技术的精确匹配。他分析了金融发展在配置企业家才能从而提高生产效率、创造工作和提高社会流动性过程中的作用。他认为，通过放松信贷约束或金融管制，使贫穷但有创新精神和企业家才能的人能得到贷款并创办企业，金融发展将有利于改变社会结构，使富有但没有才能的人成为雇员，贫穷但有创新精神和企业家才能的人成为企业家。更重要的是，金融发展通过改变社会结构将会使社会资源流向社会中最有创新精神和企业家才能的人手中得到有效的利用，从而创造更高水平的产出。

三、放松银行的管制有助于培育"企业家精神"

从事"金融发展与企业家精神"研究的许多学者特别强调：加快金融发展以消除流动性约束的一个重要方式是放松银行的管制。这是因为：对银行管制的放松将加剧银行业的竞争，这样就会为企业家提供更多的融资选择，进而缓解信贷约束，这有利于使更多具有创新精神和企业家才能的人成为现实的企业家。

目前，国外许多学者在衡量"企业家精神"这一指标时，大多运用新组建企业的数量或者是小企业在市场中的相对份额（Carree 和 Thurik，2002；Sternberg 和 Wennekers，2005）等指标来加以表示，这些指标强调的是"新的进入"，即企业家的创业精神（Hebert 和 Link，1989）。企业家的创业精神强调的是任何建立新企业的行为，[①] 包括自我雇佣、建立新企业等。现有文献关于企业家创业精神的衡量，一般选用自我雇佣比率、[②] 小企业在市场中的相对份额、企业的进入比率和退出比率、所有权比率等[③]（Georgellis 和 Wall，2000；Audretsch 和 Fritsch，2003；Glaear，2007）。事实上，根据 Schumpeter 的创新理论，只有新企业的不断产生才能"创造性地破坏"现有的旧的结构，并创造新的结构，从而推动产业突变及经济发生革命性的变化（Carree 和 Thurik，2002），所以更高的新企业产生率也意味着更多具有企业家才能的人成为了现实的企业家。

Rajan 和 Zingales（1998）认为，产业的增长可以分解为新成立的公司数目的增长和现有公司规模的增加。因为新建立的公司比以前成立的公司更加依赖外部融资，所以新成立企业的数目增加会对金融发展的程度更加敏感。这个推论也得到了事实的支持。Rajan 和 Zingales（1998）通过实证检验发现，金融发展对新建立公司的影响是现有公司的两倍，因此金融发展影响经济增长的一个渠道就是通过提高新企业的产生率来促进经济发展。Guiso、Sapienza 和 Zingales（2002）对意大利的实证分析还发现，金融发达地区每年新企业设立的数量与当地人口的比例比不发达地区的同一比例高 3 个百分点。金融发达地区的企业数量要比金融不发达地区的企业数量多 50%。

Black 和 Strahan（2002）发现，从 20 世纪 70 年代开始，由于美国放松对银行分支机构设置的管制，导致市场竞争的增加以及银行合并浪潮的出现，结果美国各州新企业的产生率都明显提高，这说明放松以至取消金

---

① 一般来说，新企业较现有企业更有开发新产品和新技术的可能，即新企业更有可能进行"创新"活动。这是因为：现有企业往往主要关注现有客户的需求或注重改进现有的技术，而往往容易忽视新客户的需求或现有客户的新需求以及未来的新技术，而只有新的企业为了在现有企业的"夹缝"中发展起来，会不得不大量采用新的技术或通过提供能够满足人们新的需求的产品，而这些都是真正的"创新"。

② 自我雇佣率 $= \dfrac{\text{个体从业人数（没有成立公司的自我雇佣者）}}{\text{总劳动力人数}}$。

③ 所有权比率 $= \dfrac{\text{没有成立公司的自我雇佣者} + \text{拥有公司的自我雇佣者}}{\text{总劳动力人数}}$。

融管制有利于培育企业家精神，从而能使更多具有企业家精神或企业家才能的人成为现实的企业家。通过分析，他们得出了两个不同于传统观点的结论：（1）当放松对分支机构的管制限制以后，企业的新建率上升，放松管制反而减少了银行业集中化（Concentration）对新公司的负面影响，因为管制的放松意味着竞争者的增加；（2）当银行经历合并浪潮，小银行的份额减少时，新企业的成立率也同时上升。因此，银行规模扩大所带来的多样化收益超过了小银行在培养关系时可能拥有的比较优势。这意味着，银行合并以及由此造成的小银行份额的减小似乎对企业家更加有利，而不是传统观点所认为的有害。

Rajan 和 Zingales（2003）的研究发现，在放松银行管制、扩大市场竞争的过程中，除了少数未能改进效率而失败的银行以外，绝大多数银行都在更灵活的竞争中获得了更多的利益。Rajan 和 Zingales（2003）还发现，在开设企业的审批程序比较多的国家，资本市场通常很不发达，股票市场价值占 GDP 的比例也很低。Bertrand、Schoar 和 Thesmar（2004）的实证研究发现，法国在 1985 年消除信贷配给的政府干预，提高信贷市场的竞争，导致资金在企业间配给效率的提高。

Aghion（2007）等人的研究也发现，一国的金融体系越发达，则一国的新企业产生率就越高，因而经济就越有活力。为此，他们主张，通过放松金融管制来促进竞争有利于提高新企业的产生率，特别是新中小企业的产生率。Blanchflower 和 Shadforth（2007）研究了英国企业家精神的变化，发现 20 世纪 80 年代英国自我雇佣率的急剧上升在很大程度上是由于英国于 20 世纪 80 年代开始放松了银行管制，并进行了金融自由化改革。这意味着，放松银行管制的金融自由化改革确实有利于培育企业家精神。Magri（2009）发现，当意大利于 20 世纪 90 年代放松金融管制，从而造成金融市场更大的竞争，以及实行金融创新（如引进小企业的信贷评级）以后，意大利企业家的信贷约束也显著的减少了。

Kerr 和 Nanda（2009）的研究证明，美国对银行分支机构管制的放松提供了一个尤其有用的自然实验来研究银行业竞争对企业家精神的影响。在银行分支机构管制的放松之前，美国的银行面临州内和州外地理扩张的许多限制。这些限制中最严厉的一条，被称为单一银行制，即限制每个银行只能有一个分支。但由于美国对银行分支机构管制的放松，银行业的竞争加剧，企业面临更大更多的选择及更大的金融市场，这导致了资金更自由的流向最高回报率的项目，从而改善了资金的配置效率，并促成了一批较大规模的新企业的产生。而在对银行分支机构管制的放松之前，这些企业要么难以成立，要么只能以较小的次优规模成立。同时，虽然银行的数量在放松管制的过程中有所下跌，但是银行分支的数目大幅增加，这反而加剧了市场的竞争，并使企业有了更多的融资选择。① Levine（1997）早就指出，金融中介之间的竞争程度会影响新创企业的贷款条件以及资金可以分配到高质量项目中的程度。金融中介间的竞争程度越强，就越有利于新企业的创办，并越有利于促使资金配置到高质量的项目之中。

也有的学者从另一个角度强调，放松金融管制同时也会带来大量的企业失败率。Kerr 和 Nanda（2009）首先肯定了美国 20 世纪 70 年代开始的放松金融管制显著提高了新企业的产生率，银行之间竞争的加强使资本流向收益率最高的项目，从而提高了资本的配置效率。但是，他们同时也指出，大量新产生的小企业都在 3 年以内倒闭了。可见，放松金融管制导致了更频繁的企业进入率和退出率。他们认为，小企业的高失败率，一方面源于激烈的市场竞争，另一方面可能是缓解后的金融约束导致了企业家更轻率的创业决策，以及银行组织结构的改变弱化了银行评估小型企业项目的能力。尽管如此，他们仍然认为，大量新产生的小企业倒闭并不意味着整个经济的失败，因为企业的失败或成功都是"创造性破坏"的组成部分，企业的新建或失败既是促进创新的一个重要源泉，也是创新的结果。因此，放松银行管制，实现金融的自由化恰恰有利于刺激"创新"，从而有利于促进经济增长的结论仍然是正确的。

总之，许多研究都表明，当对银行的管制放松，进而导致银行之间的

---

① 关于竞争（银行集中度）与企业家精神的关系，也有学者认为银行业更加激烈的竞争导致的银行集中度的下降反而不利于企业家精神的发挥，这个观点的代表学者是 Petersen（1995）等。他们用局部均衡模型考察了银行与借款人之间的长期关系，发现垄断的银行结构反而有利于中小企业获得贷款，并且在集中度高的银行体系下刚成立的新企业会面临较低的贷款成本。究其原因，他们认为是在垄断的银行结构下，由于银行具备相应的垄断能力，他们愿意在新企业成立初期向企业提供低利率的贷款，因为这样银行可以分享企业长期增长的利润。但是，在高度竞争的银行体系中，银行缺乏向新企业提供低利率贷款的动力。因为在市场激烈竞争的情况下，新成立的企业在获得初始资本发展起来之后还会寻求利率更低的银行信贷。这样，在激烈竞争的条件下，银行没有动力与企业维持长期的信贷关系，反而会在激烈竞争的条件下在企业成立后要求更高的贷款利率，这就会增加中小企业的融资约束。

竞争加剧时，就会激励发展和传播新的甄别技术，并且会对企业发展和经济增长产生积极地影响（Hubbard 和 Palia，1995；Jayaratne 和 Strahan，1996；Black 和 Strahan，2002；Kerr 和 Nanda，2009；Beck、Levine 和 Levkov，2009）。Michalopoulos、Laeven 和 Levine（2009）也指出，对金融创新的法律、管理和政策障碍会在长期内阻碍技术变革和经济增长。

四、金融结构与企业家精神

从现实来看，目前各国的金融结构主要分为市场主导型（保持距离型，Arm's-length System）以及银行主导型（关系型，Relationship-based Systems），那么，哪种金融结构更有利于培育企业家精神呢？

Rajan 和 Zingales（2003）认为这两种体系各有优劣，选择哪种金融体系在很大程度上取决于环境。市场主导型的金融体系（即保持一定距离的融资）在很大程度上依赖于法律保护和司法执行力，而银行主导型的金融体系（即关系型融资）很大程度上是依靠市场主体自我执行法律（当然前提是最基本的产权得到法律的保护）。当市场和公司规模都比较小，法律保护较弱，创新是渐进的而不是革命性的时，银行主导的金融体系可能对企业家更有利；而当市场和公司规模都比较大，法律执行度高并且透明度强，创新往往更多是革命性的，则市场主导型的金融体系会显示其优越性。Rajan 和 Zingales（2003）强调说，从"创新"的角度来看，"保持一定距离的融资"也即市场主导型的金融体系会更有利于刺激"创新"活动。他们认为，在银行主导型的体系下，由于缺乏信息准确、全面、及时的充分披露，因此银行是否发放贷款取决于借款者通过和债务人以及其经营环境的直接接触获取的信息（Bertocco，2008）。在这种情况下，银行更倾向于贷款给他们所熟悉的企业或者那些能够提供担保及有关系的企业，而不是通过在公开的市场上去获取信息，这往往会导致信息的不全面、不准确、不及时，从而不利于正确地评估并筛选最有可能成功进行"创新"活动的企业家。而且，银行与现有企业的长期关系使得他们一般不愿意为创新活动提供融资，因为具有很大不确定性的"创新"活动很可能会威胁到银行现有债务人的盈利能力。可见，在关系型金融体系中，具有创新精神的人们可能因为拥有的资源较少而无法实现他们的创意。相反地，这些缺陷在以市场为主导的金融体系——保持一定距离的金融体系中将被克服。市场主导型的金融体系拥有更可靠的信息收集和披露渠道、更完善的产权保护制度、更好的创新风险分担机制，并且市场主导型体系的显著特征就是风险资本家的存在，他们使资金的供给者增加，从而使潜在的企业家能获得更好的金融服务。

但是，目前有越来越多的研究认为，对于培育具有创新精神的企业家而言，起关键作用的并不是金融体系或金融结构的不同，而是金融服务效率的高低及质量的好坏，是对投资者的保护程度高低。许多学者指出，只要一国的金融体系真正对具有创新精神的企业家提供良好的金融服务且效率较高，则该国新企业的产生率就会很高，该国的"创新"活动就会十分活跃。Beck、Demirgüç-Kunt、Levine 和 Maksimovic（2000）从国家和企业这两个层面深入地分别分析了银行主导型和市场主导型的金融体系对企业、行业及经济增长的影响。结果发现：（1）银行主导型和市场主导型的金融体系对经济发展的影响并没有差异，但金融体系的整体发展情况或金融发展水平的高低却对经济增长有显著影响。[①]（2）对外部依赖性较强的行业在金融发展水平较高和对投资者保护更为完善的国家中发展更为迅速，但在金融发展水平相同及对投资者的保护相同的情况下，对外部依赖性较强的行业在不同的金融体系中并没有表现出不同的增长速度。也就是说，对企业或行业发展起决定性作用的并不在于金融体系是市场主导型的还是银行主导型的，而在于整体金融发展水平的高低及对投资者的保护程度高低。（3）金融结构的差异不能解释各国新企业产生率的差异，新企业产生率的高低与整体金融发展水平的高低相关。在金融发展水平更高的国家，新企业的产生率才更高，等等。Beck、Demirgüç-Kunt、Levine 和 Maksimovic（2000）由此认为，金融体系的差异并不足以解释企业家精神的差异，而金融发展的总体水平和对投资者的保护程度才能解释企业家精神的差异。这是因为：较高的金融发展水平及更完善的法律环境能够帮助企业家打破融资约束，并克服市场摩擦，造就更多的企业家以促进"创新"从而刺激经济增长。基于以上分析，Beck、Demirgüç-Kunt、Levine 和 Maksi-

---

① 从现实来看，以美国为代表的市场主导型金融体系确实表现出巨大的活力，但以德国为代表的银行主导型金融体系也具有效率及稳定性。

movic 提出以下政策建议：为造就更多的企业家以刺激经济增长，政策制定者应该着眼于不断完善法律制度、切实保护投资者权益以及提高合同的执行效率，而不是着眼于考虑采取哪种金融体系或金融结构，一国形成什么样的金融体系或金融结构应该由市场机制决定。

Luintel、Khan、Arestis 和 Heodoridis（2008）则运用时间序列和动态异质性面板的研究方法考察了处于中低收入水平的 14 个国家的相关数据，结果表明：大多数国家的经济增长、实物资本存量与其金融发展水平之间存在着长期的协整关系。但是，没有证据表明一国的金融体系（即是银行主导或是市场主导型）与其经济增长存在长期的协整关系，同时也没有证据表明当一国的金融体系由银行主导型向市场主导型转变时，其对经济增长的刺激作用会增强。

总之，以上分析说明，金融结构是银行主导或市场主导并不重要，关键在于一国金融服务效率的高低及质量的好坏，即金融体系是否能成功地遴选和支持所有具有企业家精神及才能的有潜力的企业家，使他们能够进行"创新"活动以成功地开发新产品和开辟新市场。这意味着，"获得金融服务"比"由谁提供金融服务"更为重要。①

五、风险投资与企业家

风险投资（Venture Capital，也称风险资本或创业投资）是由职业金融专家投入到新兴的、迅速发展的、有巨大竞争潜力的企业中去的一种权益资本。风险投资以一定方式吸收机构和个人的资金，投向于那些不具备上市资格的中小企业和新兴企业，尤其是高新技术企业。风险投资的过程中无需风险企业的资产抵押担保。风险投资基金的回报不是来源于所投资企业的经营性利润，而是存活下来的那些企业成功上市后所带来的巨额回报。这种风险投资对于企业家的创新活动起到了极大的推动作用。

---

① 基于以上分析，可以得出这样的观点，即一国在金融发展过程中，着眼点不是如何不断增加金融机构及如何不断扩大金融市场，而是应着眼于如何建立一个能有效地支持企业家创新活动的金融体系。或者说，金融发展的关键并不在于金融体系的形式或结构如何，也不在于金融机构数量的多少和融资规模的大小，不在于金融市场的规模大小，而在于该国的金融体系是否能挑选出真正具有创新精神的企业家及真正有盈利前景的投资项目，是否能刺激创业和创新活动。

Michalopoulos、Laeven 和 Levine（2009）的研究指出，在 20 世纪下半叶，高新技术产业发现想要获取融资变得越来越困难，因为高新技术的商业化存在相当大的不确定性或风险，企业很难确保有固定的现金流偿付借款，这使得商业银行不愿意从事这类风险过大的贷款。同时，新兴的高新技术产业在公开市场发行证券也十分困难，因为这需要复杂的技术，并且不易进行价值评估。此外，高新技术产业的最终回报的风险也很高，很多高技术企业是由科学家们经营的，而这些科学家在经营盈利性企业方面是缺乏经验的。在这种情况下，风险投资公司便产生了，风险投资者往往集技术专家、管理者、金融家于一身。他们对企业进行甄别，并且为企业提供技术、经营和融资建议，为企业解决管理和财务问题。因此，这一新型金融安排的出现，便利了对技术创新的融资，从而既培育了大量的具有创新精神的企业家及高科技企业，同时又极大地推动了技术的进步。

六、外资银行的进入与金融一体化对企业家精神的影响

Demirgüç-Kunt、Beck 和 Honohan（2008）在世界银行的《全民金融》这份研究报告中指出，外资银行的进入可以强化一国银行业的竞争程度。虽然传统的观点认为外资银行只为大企业提供融资，但随着银行业竞争的加剧，外资银行也会向中小企业提供有利润的服务。外资银行的进入从长期看是可以克服流动性约束，从而帮助更多的企业获得金融服务的。然而，Giannetti 和 Ongena（2005）利用转轨国家 1993 年到 2002 年的数据进行分析后认为：在转轨国家，外资银行在进入初期虽然对大企业的影响是正面的，但对中小企业的融资却带来了负面影响。因此，外资银行的进入是一把双刃剑，一方面能强化市场竞争，但另一方面由于外资银行规模很大，它们可能会排挤其他银行。金融业的竞争将使企业能更便利地获得金融服务，但排挤其他银行甚至对金融市场进行垄断将减少企业所获得的金融服务。[①] Alfaro 和 Chanda（2006）通过对 1999 年至 2004 年间 98 个国家的私人企业数据进行实证分析后发现：（1）一国的金融越开放，则该国的企业家活动（包括企业进入及企业规模等）水平也越高；（2）对国际资本

---

① 外资银行进入经济转轨国家初期的某些负面影响可能与经济转轨国家的制度不完善有关。

流动的限制越少，则小企业的比例就越大，从而市场竞争程度也越高。

第三节 金融发展、企业家精神与 经济增长：路径分析

从事"金融发展、企业家精神与经济增长"理论研究的学者们认为，金融发展主要通过以下几个路径影响企业家精神进而刺激经济增长：

一、金融发展通过缓解信贷约束可以创造更多的就业机会

众多的学者（Beck，2000；Beck、Demirgüç-Kunt、Levine 和 Maksimov-ic，2000；2005；Demirgüç-Kunt 和 Levine，2008；Bianchi，2009）都认为，更高的金融发展水平能够克服流动性约束和市场摩擦，打破原有的依靠关系和自有财产创造财富的局面，充分激发企业家创业和创新的潜能，从而提高新企业的产生率和自我雇佣率，并促进经济增长。Audretsch 和 Thurik（2001）考察了 1974 年到 1978 年间 23 个 OECD 国家的样本数据后发现，企业家活动的增加显著降低了失业率并且提高了经济增长率，更加重视培育企业家精神的经济体就业率也更高。

Klapper、Amit、Guillén 和 Quesada（2007）用世界银行创业调查数据（包括亚洲、拉丁美洲、非洲、中东、东欧和中亚及工业化国家等 84 个国家在内的从 2003 年到 2005 年的相关数据）进行实证分析后发现：一国私人信贷占 GDP 的比例越高，则该国的企业密度（每一千个职业人口中的企业个数）也越高（如工业化国家的企业密度为 64 家，而许多低收入的非洲国家还不到 1 家）。Lowrey（2007）的实证研究指出，企业密度每提高 1%，平均每个家庭的收入将提高 2.3%，而政府的税收将提高 1.7%。

Beck（2000）、Demirgüç-Kunt 和 Levine（2008）认为，金融只有通过支持企业家的创新活动，才能提高新企业的产生率和自我雇佣率，而新企业产生率的提高会创造大量新的就业机会，从而缓解劳动力市场的就业压力，并使劳动力市场更有弹性。Mirjam van Praag 和 Versloot（2007）研究

了企业家精神的价值问题，他们发现，企业家对就业机会的创造贡献最大。Buera、Kaboski 和 Shin（2009）则通过对一些中低收入国家的实证分析发现，如果一国的金融体系不完善，则会不利于企业家精神的培育及企业的成长。因为金融体系不完善会使那些有创新精神但缺乏财产的人因融资约束而难以进入市场或行业成为企业家，这将导致该国新企业的产生较难，因而企业的数量会较少，特别是经营大企业的企业家会较少。而且，企业及企业家的数量少不利于创造更多的就业机会以增大对劳动力的需求，因而该国的工资水平也会较低。Bianchi（2010）通过一个理论模型证明，金融发展水平的提高通过缓解对私人企业的信贷约束，从而会增加一国企业家的数量，而企业家之间的竞争又有利于促使工资水平的不断提高。

二、金融体系通过提供风险分担机制激发了创新活力

由于创新是一项高风险性的活动，而金融体系通过金融产品和服务的不断创新，能为企业家分散巨大的创新风险，从而能最大限度地降低企业家的创新风险。同时，由金融机构代替储蓄者来对企业家的创新活动进行监督也具有个人所无法比拟的信息优势；而且，金融中介可以通过与企业签订合同能将对企业家的激励和监督有机地结合起来。可见，金融体系能够为创新活动提供有效的风险分担机制、监督及激励约束机制，以降低企业家从事创新活动的风险，并降低社会监督创新活动的成本，这就有利于激发创新活力，进而有效地刺激经济的增长（Fuente 和 Marin，1996；Sylla，2003）。Tadesse（2005）研究了 1980 年到 1995 年间 38 个国家 10 多个行业的面板数据，他们发现，各国经济增长率差异的 60% 能被生产率的差异解释，而金融发展促进的技术创新是生产率提高的主要来源。

三、金融发展通过支持企业家的创新活动可以提高生产率

完善的金融体系会通过筛选机制来识别拥有新技术或新创意的企业家，引导资金流向最有希望提高生产率的企业家手中（King 和 Levine，1993）；而内生经济增长模型已经证明了创新和技术进步是经济持续繁荣增长的源泉，是提高人们生活水平的驱动力（Romer，1986；Lucas，1988；

Aghion 和 Howitt，1992）。因此，金融发展通过支持企业家的创新促进了经济的长期增长。King 和 Levine（1993）考察了 1960 年到 1989 年间 77 个国家的相关数据，证明了发达的金融体系通过支持创新活动提高了生产率进而刺激了经济增长。Tadesse（2005）研究了 1980 年到 1995 年间 38 个国家 10 多个行业的面板数据，发现各国经济增长差异的 60% 能用生产率的差异解释，而金融发展促进的技术创新是生产率提高的主要源泉。在金融体系更加发达的国家，由技术创新引起的生产率提高会更显著，更加完善的金融制度提供了企业家创新所必需的资金和风险分担机制。Sharma（2007）考察了 2003 年至 2006 年间 57 个国家 21000 家制造企业的创新行为，结果表明，小企业相比于大企业对金融发展水平更加敏感，在金融发展水平较高的国家，小企业更倾向于进行研发活动。[①]

Guiso 等人（2004）发现，企业的规模越小，那么该企业的增长与金融发展的关系就更为密切，地区性的金融发展有利于小企业的成长。Alfaro 和 Chanda（2006）认为，小企业代表了"创新"，以及新生（Regeneration）、变化和就业。Sharma（2007）利用来自 57 个国家的公司数据进行了跨国实证研究，研究结果表明，在一个金融发展水平较高的国家，小企业会更倾向于进行研发活动。同时，Sharma 还发现在那些对外部融资依赖性较强的行业中，小企业的研发活动，相比大企业而言，与金融发展的联系更为紧密。而且，这种联系更多的是与银行的发展相关，而不是股票市场的发展相关。

Ayyagari、Demirgüç-Kunt 和 Maksimovic（2007）专门研究了新兴市场国家的创新行为，样本覆盖了 47 个新兴国家。他们的结论显示：金融的可得性会显著影响企业的创新能力。有趣的是，他们发现，更加宽松的融资环境只会改善私有企业的创新能力，而没有使国有企业更具创新能力。Maksimovic（2007）通过对 47 个国家 17000 家企业的调查发现，如果企业能够使用外部融资，则其将加大创新力度。Ilyina 和 Samaniego（2008）检验了在金融体系更加发达的国家，那些得益于技术创新而发展起来的行业会有更高的增长率，这再次说明了完善的金融体系为创新和技术进步提供

---

① Alfaro 和 Charlton（2006）认为，小企业在经济发展中之所以十分重要，是因为它们通常被认为是创新、资源重组、变革和就业的源动力。

了良好的制度环境，进而促进了经济的增长。

四、金融发展通过支持企业家的创新活动强化了市场竞争

金融发展通过支持企业家的创新活动，增加了公司的数量。同时，运作良好的金融市场能帮助企业把握市场机会，这会带来更加激烈的行业竞争和更多样化的产品和服务。这些都会有效地刺激经济增长及人均收入的提高。Rajan 和 Zingales（2003）的研究表明，发达的金融市场通过为具有创新精神的企业家或新的市场进入者提供资金，将大大提高市场的竞争程度。而在市场竞争日趋激烈的情况下，企业也只能通过不断地进行"创新"活动才能得以生存，这就会提高整个社会的创新能力并刺激经济的不断增长。Black 和 Strahan（2002）的研究显示，取消金融管制能够激发企业家精神，并减少自由职业者之间的不平等竞争，从而有利于形成竞争性的市场。Acs 和 Armington（2003）的研究发现，如果一个地区或者行业企业家活动水平更高，则意味着该地区或行业的进入壁垒更低，且市场竞争水平更高，这都将优化资源配置及提高经济效率，从而促进经济更快的增长。因此，金融发展促进经济增长的一个重要路径就是通过支持企业家的创新活动，从而强化市场竞争并提高效率。

Lanchflower 和 Shadforth（2007）发现，20 世纪 80 年代英国自我雇佣率（即个人自己创办企业）的急剧上升及市场竞争程度的提高在很大程度上是由于英国于 20 世纪 80 年代开始放松了银行管制，并进行了金融自由化改革。这意味着，放松银行管制的金融自由化改革有利于培育企业家精神及提高市场竞争程度。总之，金融发展通过支持企业家的创新活动能够帮助企业及时地把握市场机会，并进而形成竞争性的市场。

五、金融发展通过支持企业家的创新活动有利于加快技术进步及知识的溢出

Audretsch 和 Keilbach（2004）认为，知识溢出并不会自发产生，知识溢出是企业家通过对各种新思想或新知识进行筛选组合使其商业化以后进入生产环节从而促进了知识的溢出。因此，企业家精神或者新企业的成立

实际上是知识溢出的重要渠道之一，金融支持潜在企业家的创新活动实际上就是促进知识的溢出效应，这进而就会极大地提高生产率。Rajan 和 Zingales（2003）也指出，发达的金融市场也是哺育新的经营理念，不断地推动"创造性的破坏"（即淘汰旧东西的"创新"）的机制，这种机制将会不断地用新的、更好的经营理念和经营组织来挑战和淘汰旧的经营理念和经营组织，从而有利于推动技术的不断进步及知识的溢出。

Sharma（2007）考察了 2003 年至 2006 年间 57 个国家 21000 家制造企业的创新行为，结果表明，在私人信贷占 GDP 的比率较高且存贷利差较低（存贷利差越低，意味着金融中介的效率越高）的国家，小企业更倾向于进行研发活动。这意味着，着眼于支持企业创新活动的金融发展有利于加快技术进步及知识的溢出。Ilyina 和 Samaniego（2008）的实证检验发现，在金融体系更加发达的国家，那些得益于技术创新而发展起来的行业会有更高的增长率。这再次说明了完善的金融体系为创新和技术进步提供了良好的条件，并进而促进了经济的增长。另外，因为企业家精神或者新企业的成立是知识溢出的重要渠道之一，所以金融发展对潜在企业家创新活动的支持实际上也促进了知识的溢出效应，进而提高了生产率。

Muravyv、Oleksandr 和 Dorotheafer（2009）等人运用跨国数据进行实证分析以后发现，如果一国的金融业对企业家的创新活动支持不足，则该国会有更多的人倾向于积累职业型人力资本而不是创业型人力资本。这样，社会将出现"过度教育"，即更多的人在学习知识而不是进行创新活动，不是为经济体系提供新思想、新技术及新产品，这就不利于技术进步及经济的持续增长。Dabla-Norris、Kersting 和 Verdier（2010）则运用世界银行所进行的包括 63 个国家的 14000 家企业的调查数据进行实证分析发现，金融体系支持企业家的创新活动是迅速提高一国全要素生产率的重要途径。这是因为：金融通过支持企业家的创新活动能够使新技术或新工艺更快地运用于生产过程。

六、着眼于支持企业家创新活动的金融体系有助于改变社会结构，并创造公平的机会

Demirgüç-Kunt 和 Levine（2008）也认为，如果一国的金融体系不完

善，拥有好创意的穷人可能无法获得项目资金，而一个拥有普通想法的富人可能更容易的获得信贷，这不但难以为那些有能力或有创新精神的人创造公平的机会，从而导致贫穷的"代际世袭"，而且导致资源的错误配置。Bianchi（2010）通过分析金融体系支持企业家创新活动在提供就业机会、创造更多的产出以及促进社会流动性方面的作用后认为，通过放松或取消信贷约束或金融管制，能够打破财富约束对企业家才能的限制，使贫穷但有创新精神和企业家才能的人能得到贷款并创办企业，这不但会增加竞争和对劳动力的需求，从而有利于抬高工资水平，而且有利于改变社会结构，使富有但没有才能的人成为雇员，贫穷但有创新精神和企业家才能的人成为企业家，从而有利于解决贫困阶层的后代永远处于贫困阶层的"贫困代际传递"或"贫穷的世袭"问题，并大大增强一个社会的收入流动性（特别是向上的收入流动），进而改变社会结构。这意味着，金融发展通过改变社会结构不但有利于使社会资源流向一个社会中最有创新精神和企业家才能的人手中得到有效的利用，以创造更高水平的产出，而且有利于保证社会长久的动态稳定。

此外，Michalopoulos、Laeven 和 Levine（2009）指出，金融机构通过甄别有创新想法的个人，或发明更好的甄别企业家创新活动的技术，不但能够有效地推动经济增长，而且还可以与创新企业分享收益，获取甄别创新活动的垄断利润，[①] 从而使金融机构不断发展壮大。

还有一点需要特别指出的是，Thornton（2009）通过对 107 个国家（包括发达国家及发展中国家）的数据进行实证分析后得出结论，大量对私人部门提供贷款以支持企业家的创新活动，而不是大量向公共部门提供贷款，有利于减少政府官员利用公共权力谋取私人利益的腐败行为。

总之，目前越来越多的学者达成了一个共识，即认为金融通过支持拥有新思想或新技术并具有创新精神的企业家，既是实现金融内生发展的根本所在，同时也是刺激生产力不断上升及经济持续增长的关键。根据以上论述，可将金融发展、企业家精神及经济增长之间的传导路径表示如图13-2 所示。

_____

① 依靠技术发明或产品创新所形成的垄断也是经济发展的动力，因这种垄断而获得的利润实际上是社会发给创新者的奖金。

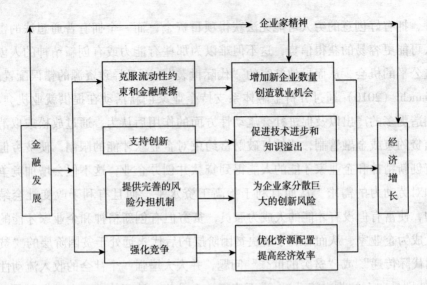

图 13-2 金融发展、企业家精神与经济增长的传导路径

需要特别指出的是，针对全球金融危机频繁爆发的现实，Ang（2010）运用 44 个国家从 1973 年到 2005 年的数据，使用面板协整方法深入分析这些国家的金融发展及金融自由化对知识积累的影响。他通过实证分析提出了一个新观点：如果一国的金融自由化改革将大量的人才从创新生产部门转移到金融部门（而不是大量支持创新生产部门的企业家），这虽然会使一国的金融部门不成比例地扩张并获得利润，但却不利于一国的"创新"或技术进步，并会导致一国金融的不稳定甚至引发金融危机。Ang 的这一观点实际上对频繁爆发的全球金融危机提供了新的解释：金融危机频繁爆发的原因可能在于金融体系偏离了其核心功能（支持生产部门的企业家从事创新活动），而过度地从事金融部门本身的"创新"（特别是金融衍生产品的开发）活动。相信 Ang 的这一研究结论将会促使人们从更深的层次来思考全球各国频繁爆发的金融危机问题，并将会越来越深刻地认识金融的核心功能应是支持生产型企业家的创新活动。

七、对中国金融体制与企业家精神的分析

目前，国外也有一些学者对中国的金融发展与企业家精神进行了研究。

一般认为，中国私有、民营企业对经济和就业的贡献率远远超过了国有部门（Allen、Qian 和 Qian，2005；Dollar 和 Wei，2007），但中国的金融体制是否为私有及民营企业家提供了良好的融资环境并支持了企业家的创新活动呢？这一问题引起了国外学者的兴趣，并对这一问题进行了研究，得出了两点结论：

（一） 中国存在着不利于培育企业家精神的流动性约束或正规金融的歧视

Huang（2003）通过大量的调查发现，中国的私有部门面临着较高的信贷门槛，而中国的国有经济部门的信贷门槛则低得多。Allen、Qian 和 Qian（2005）分别对中国与其他国家的相关数据进行了比较，结果发现，中国的银行信贷占 GDP 的比例较高，为 1.11，甚至高于银行主导型金融体系的德国法系国家（加权平均为 0.99）。但是，中国对私营部门提供的银行信贷占 GDP 的比例却只有 0.24，远远低于其他国家。这表明：中国大多数的银行信贷都贷给了国有部门和上市公司。同时，Allen、Qian 和 Qian（2005）还通过对浙江和江苏的 17 个私有企业的调查发现，自我融资（各种形式的内部融资：从家庭和朋友处或者通过股权私募和私人贷款获得资金）是私有部门最重要的资金来源，占到企业融资总额的近 60%。这意味着，中国存在着不利于培育企业家精神的流动性约束。[①] Djankov、Qian、Roland 和 Zhuravskaya 等人（2006）的调查研究表明，中国仅有 4% 的创业者从银行获得了初始资金，仅有 13% 的人从银行获得创业扩张资金。Dollar 和 Wei（2007）调查了中国 2002—2004 年间 12400 家不同所有

---

① 根据国际上对"企业家精神"的定义，并结合中国的实际情况，本书认为中国的民营企业家较之国有企业的经营者更具有企业家精神，原因是：其一，企业家精神的本质在于创新精神（Schumpeter，1912）、对风险的承担能力（Knight，1921）、敏锐而深刻的市场洞察力（kirzner，1973），以及在不确定条件下就稀缺资源的协调做出判断性决策的能力（Casson，1982）。在中国，民营企业家比国有企业的经营者面临着更大的风险和更艰难的市场环境（因民营企业不可能像国有企业那样有政府的特殊保护，民营企业也不可能像许多国有企业一样可以对市场进行垄断），他们必须通过自身对市场的独立判断并进行创新从而寻求企业的突破和发展，而且他们必须独立承担经营失败的风险或财产责任（国有企业的经营者实际上并不真正承担国有企业经营失败的财产责任），所以中国民营企业家的创业活动及经营行为更接近企业家精神的内涵。其二，目前国际上通行的衡量企业家精神的指标大多更加侧重于"新建立企业"或者"小企业"（比如自我雇佣比率、小企业在市场中的相对份额、企业的进入比率和退出比率、所有权比率等等），由于中国的民营企业绝大多数是中小企业或新建立的企业，因此从国际通行的衡量标准来看，中国的民营企业家较之国有企业的经营者更能代表企业家精神。

制的企业,发现中国的私营企业只能从银行获得 22% 的营运资本,而国有企业则可以获得 36%—38% 的营运资本。这再次证明:中国的私有企业受到正规金融的歧视,这种歧视严重压抑了中国的企业家精神。

Aziz(2006)则认为,中国的低消费、高储蓄源于中国政府对银行信贷的干预及对民营经济的信贷约束。由于这种信贷约束使得中国的民营企业面临较高的信贷门槛,因而难以获得银行信贷以创造产出和就业机会。如果中国能消除这种信贷约束,中国的高储蓄率就会下降,消费占 GNP 的比率就会由目前的 40% 提高到 55%,而投资占 GNP 的比率会由现在的 45% 下降到 30%。根据 Aziz(2006)的观点,可得出这样的结论:中国只有加快金融发展,消除对民营经济的信贷约束,以支持真正能从事"创新"活动的企业家,才有利于使中国的经济增长主要依靠内需(其中主要是消费需求,而不是投资和出口)来推动,从而形成可持续的大国经济增长模式。

Dollar 和 Wei(2007)调查了中国 120 个城市 12400 家不同所有权的企业(国有企业、混合企业、外资企业、合资企业以及国内私有企业)2002—2004 年间的相关数据,他们发现:(1)国有企业即使已经历了 20 多年的改革,其平均资本收益率仍然显著低于国内私有企业和外资企业,私人企业的平均资本收益率要高于国有全资企业的 50%;(2)中国的国有企业大概有 50% 的资金来源于当地银行,其中营运资本有 36%—38% 来源于当地银行,而中国的私营企业只能从银行获得 22% 的营运资本,即使私营企业能从银行获得贷款,也更多的是基于和政府有某种关系,而不是基于企业本身的商业表现或经营绩效(Firth、Lin、Liu 和 Wong,2009)。这再次证明了中国的国有企业相对更加容易进入正式金融体系,而私有企业往往受到正规金融的歧视,这种歧视严重压抑了中国的企业家精神。

Buera、Kaboski 及 Shin 等人(2009)则认为,如果金融业不能大力支持企业家的创新活动,则会造成整个社会的资本错配和才能错配(Buera、Kaboski 和 Shin,2009)。资本错配指的是资本在企业之间的配置扭曲,才能错配指的是企业家才能在各企业和各部门间的配置扭曲。

(二)中国现有金融体系没有有效地支持创新和推动技术进步

中国的金融体系由于没有真正对企业家提供支持,因而也就没有有效地促进创新和技术进步，这是导致中国经济效率不高的一个重要原因。

Jeanneney、Hua 和 Liang（2006）用 Malmquist 指数衡量了中国全要素生产率及其两个组成部分（效率改变和技术进步），他们发现，从 1993 年到 2001 年，中国的全要素生产率及经济的增长主要来自于技术进步，而不是效率的改进（即资源配置效率的提高）。随后，他们从金融方面，通过对中国 29 个省进行分省的面板数据考察发现，中国的金融部门在这一期间在支持创新和推动技术进步方面作用甚微，但却对提高资源配置效率起到了一定的作用（这是因为随着市场化改革的逐步深入，中国的金融部门逐步增加了民营部门的信贷），特别是银行对私人部门的信贷显著地提高了生产率。据此他们主张：为了更好的提高资源配置效率，中国未来需要大力发展服务私营部门的金融中介机构，并放宽对私人和外资金融机构的市场准入，以充分发挥金融支持企业家创新活动的功能。这样，中国的经济效率就会大大提高，并进而更有效地推动中国经济的长期持续增长。

第十四章

金融发展与经济增长：理论分析及实证研究

　　金融发展理论（包括第一、第二、第三代金融发展理论以及金融发展与金融开放、金融发展与国际贸易、金融发展与 FDI、金融发展与收入分配、金融发展与企业家等研究领域）所要解决的核心主题是：金融发展与经济增长之间存在什么样的关系？金融体系是否具有促进实体经济增长的功能以及金融发展通过何种渠道或机制影响经济增长？这是因为，只有明确了金融发展与经济增长之间的关系，人们才能构建更有效的金融体系，并制订及实施更好的金融政策以促进经济的可持续发展。

　　目前，国外已有许多学者在金融发展与经济增长的关系问题上进行了深入的研究，积累了大量的实证研究结果，[①] 并提出了许多富有现实指导意义的观点，从而使金融发展理论不断取得新的进展或突破。Honohan（2004）曾指出，"金融与经济增长之间的因果关系是过去十年里最突出的宏观经济关系的实证发现。"从实践来看，这一研究无疑具有重大的指导意义或参考价值。

---

　　① 参见谈儒勇：《金融发展与经济增长研究的新进展》，载于施东晖主编《现代金融学前沿》，上海交通大学出版社 2006 年版，第 275—299 页；陈雨露、汪昌云：《金融学通论》，中国人民大学出版社 2006 年版，第 463—469 页。

第一节　金融发展促进经济
增长的渠道及机制

要明确金融发展与经济增长之间的关系，实证研究至关重要。从金融发展与经济增长的实证研究来看，Goldsmith（1969）的研究可以说具有开创性，Goldsmith 是最早运用跨国数据来实证研究金融发展与经济增长关系的经济学家。Goldsmith 通过检验 35 个国家 1860—1963 年的数据发现：金融发展与经济增长一般是同时发生的。但 Goldsmith 并没有对金融发展与经济增长之间是否存在因果关系这一问题提供答案（Beck，2008），而仅仅只是说明金融发展和经济增长之间可能存在微弱的相关关系（Levine，1997；Eschenbach，2004）。因此，Goldsmith 的这一研究没有全面地揭示出金融发展理论的基本思想，因而也不利于为建立有效的金融体系并充分发挥金融体系的功能以及制订合理的金融政策，从而最大限度地促进经济增长提供直接的指导。自 Goldsmith 以后，经济学家们主要是对金融发展与经济增长的关系进行理论上的研究，有关金融发展与经济增长关系的实证研究却基本上沉寂下来一直没有进展。在这一背景下，对金融发展与经济增长的关系（特别是因果关系）进行深入的实证研究就显得极为必要。①

一、金融发展通过提高资本形成率并促进全要素生产率的提高进而刺激经济增长

1993 年，为深化金融发展理论的研究，并使金融发展理论能更好地指导现实，King 和 Levine 开创性地在 Goldsmith 的基础上重新对金融发展与

---

① 金融发展理论的更深入的实证研究与"内生增长理论"的兴起与传播有关。这是因为，由于受"内生增长理论"研究思路及研究方法的影响，许多经济学家开始对金融发展与经济增长之间的关系进行实证研究。

经济增长之间的关系进行了深入的实证研究。[①] King 和 Levine （1993） 的研究思路有两个重要突破：（1） 放弃既有金融发展理论以发展中国家为研究对象的传统，转而寻求建立一种包括发展中国家和发达国家在内的一般金融发展理论；（2） 从金融功能的角度入手研究金融发展对经济增长的影响，尤其是对全要素生产率的影响。在此之前，尽管曾有许多金融学家都表示金融功能对全要素生产率具有重要的促进作用，但是都一直未能找到计量金融功能的指标，而 King 和 Levine （1993） 的一个重要贡献就是在金融功能的计量上取得了突破性的进展，并具体分析了金融功能对经济增长的作用。[②]

为对金融功能进行计量分析，King 和 Levine （1993） 在 Goldsmith （1969） 的基础上设计了四个用于测度金融中介的服务质量指标，以此来衡量金融的功能，并以此代表金融的发展水平。这四个指标分别是：（1） LLY （全部金融中介的流动负债与 GDP 的比率），它反映金融中介的总体规模。（2） Bank 指标 （商业银行的国内信贷/（商业银行的国内信贷 + 中央银行的国内资产）），它反映商业银行在配置国内信贷中的重要性。这一指标的原理在于，与中央银行相比，商业银行能够更好地行使风险管理、资源配置等金融功能。（3） Private 指标 （商业银行对私有部门的信贷/国内信贷总量减去银行间贷款）。（4） Privy 指标 （商业银行对私人部门的信贷/GDP）[③]。值得关注的是，King 和 Levine 是用 Private 和 Privy 这两个指标来衡量金融中介的功能的。此外，King 和 Levine （1993） 又构造了四个反映经济增长的指标，分别为：（1） GDP （人均实际 GDP 增长率）；（2） GK （资本积累率）；（3） INV （国内总投资与 GDP 的比率，即投资率）；（4） TFP （全要素生产率）。[④] 这些数值都是 1960—1989 年间的

---

① 为深入分析金融发展和经济增长之间的因果关系，后续的实证研究有两个重要特点：一是大量运用较新的计量分析方法，并对更全面的大容量数据进行实证分析以探索金融发展与经济增长之间的因果关系；二是从不同的层面 （如分别从金融中介、金融市场和企业等多个层面） 或不同的角度对金融发展和经济增长之间的因果关系进行实证分析。

② 在金融发展与经济增长问题的实证研究上，有两篇实证研究文献具有划时代的意义：Goldsmith （1969） 的著作和 King 及 Levine （1993） 的这篇经典文献。

③ King 和 Levine 之所以强调对私营部门的信贷是因为对政府部门的信贷不能充分反映商业银行在资源配置、监控及风险管理方面的功能。

④ 全要素生产率 （Total Factor Productivity，也称总和要素生产率，简写为 TFP） 又称为"索罗余值"，最早是由美国经济学家索罗 （Solow，1957） 提出的，这实际上是衡量单位投入产出率的生产率指标，或者说是总产量与全部要素投入量之比。全要素生产率的增长率常常被视为技术进步的指标。全要素生产率的来源包括技术进步、组织创新、专业化和生产创新等。产出增长率超出要素投入增长率的部分为全要素生产率的增长率。

平均数。

在此基础上，King 和 Levine 以金融功能代表金融发展的水平，并对其与经济增长之间的关系进行实证检验。King 和 Levine 检验金融发展与经济增长因果关系的逻辑是：如果前期的金融发展水平决定了后期的经济增长水平，那么金融发展就是因，经济增长就是果。为此，他们用普通最小二乘法对 80 个国家 1960—1989 年间的数据进行回归分析，以检验金融发展的初始水平（以 1960 年的数据表示初始水平）与未来的经济增长（1960—1989 年）之间的关系。结果发现，这 80 个样本国家中，如果一个国家在 1960 年时金融深化越成功，那么该国在随后的 30 年里经济增长也越迅速。这意味着，金融部门的发展是影响未来 10—30 年经济增长的一个重要指标。由此，他们认为，金融中介的规模和功能的发展不仅促进了资本的形成（数量渠道），而且刺激了全要素生产率的增长（质量渠道），从而促进长期的经济增长。金融发展的初始水平值对后续的经济增长率、资本积累率和全要素生产率的增长具有很强的预示功能，即便是控制了人均收入、教育水平、政治稳定、贸易和财政货币政策等变量后亦是如此。King 和 Levine 的研究还进一步发现，金融发展不足会导致"贫困陷阱"，即使一个国家已经具备了经济增长的其他条件，比如宏观经济的稳定、贸易开放、教育的可获得性，但在金融没有得到良好发展的情况下，其经济也无法获得有效的增长。由此 King 和 Levine（1993）认为：金融发展是因，经济增长是果，从而明确了金融发展与经济增长之间的因果关系。

King 和 Levine（1993）的研究实际上成为一个标志性的研究成果。King 和 Levine（1993）的这篇经典文献与 Goldsmith（1969）的著作一样，在金融发展与经济增长关系的实证研究这一领域具有划时代的意义。King 和 Levine 与 Goldsmith 的相同点在于：由于在他们所研究的时期，金融中介在世界各国的金融体系中居于主导地位，因此他们所强调的金融发展更多的是表现为金融中介的发展。①

---

① Demirgüç-Kunt 和 Levine（1996）后来曾指出，学者们之所以往往用金融中介的发展来表示金融发展，原因有以下两点：一是中央银行和商业银行构成了发展中国家金融体系的主要部分；二是发展中国家的中央银行和商业银行的数据比较容易获得，而股票市场的数据就比较少。而且，他们认为，一般来说，拥有发育完善的股票市场的国家一般也拥有较好的银行和非银行金融中介机构，因此用金融中介的发展来表示金融发展是有说服力的。

但是，King 和 Levine 与 Goldsmith 的研究也有很大的不同。这些不同主要体现在以下方面：（1）King 和 Levine（1993）大量采用了第二次世界大战以后的跨国数据，这与 Goldsmith 主要研究第二次世界大战以前的跨国数据不同。而且，King 和 Levine 的样本量（80 个样本国家）是 Goldsmith 的两倍多。（2）Goldsmith 只选取了一个金融发展指标，而 King 和 Levine 选取了四个指标用于衡量金融发展。（3）Goldsmith 在考察金融发展与经济增长的关系时，没有考虑其他影响经济增长的因素，而 King 和 Levine 对可能影响经济增长的各种因素都加以考虑，并控制了这些因素对经济增长的影响。（4）King 和 Levine 不仅研究了金融发展与经济增长的关系，而且还研究了这种关系的渠道。（5）King 和 Levine 不仅考察了金融发展与经济增长的因果关系，而且发现金融发展具有预测未来经济增长的能力。这是因为：King 和 Levine 不仅研究了同时期的金融发展与经济增长之间的关系，而且还研究了初始金融发展（1960）与其后 30 年平均经济增长率之间的关系，等等。

总之，King 和 Levine 解决了 Goldsmith（1969）研究中的很多问题（Khan，2000），并开辟了金融发展与经济增长实证研究的新局面，其研究方法和思想对后来经济学家的研究产生了深刻的影响。Zingales（2003）曾这样评价 King 和 Levine 的研究："10 年前，King 和 Levine（1993）的经典文献的发表，开辟了有关金融与增长关系研究的新时代。"King 和 Levine（1993）的这篇经典文献发表以后，有关金融发展与经济增长关系的实证研究文献如雨后春笋般涌现了出来，许多学者分别采用跨国分析、时间序列分析及面板数据等方法来从事这一问题的研究。[①]

Becivenga 和 Smith（1991）、Rousseau（1999）、Xu（2000）、Bell 和

---

① Beck（2008）在《金融与增长的计量经济学》这篇经典文献中较全面地回顾了金融发展与经济增长的实证研究成果，并对估计金融发展和经济增长相关关系的各种经济计量方法进行了概括、分析及比较。这主要包括以下几个方面：一是使用 OLS 估计的例子阐述了金融与增长文献所关注的核心问题——识别问题（Identification Problem）；二是讨论解决识别问题的横截面数据和面板数据的工具变量方法；三是介绍如何运用时间序列方法来研究金融发展对将来经济增长的预测能力；四是介绍估计金融发展的两种不同方式的效果差异的双重差分方法以试图解决识别问题；五是论述了使研究者能够更深入地探索金融发展促进经济增长和福利的具体渠道和机制的企业层面数据和家庭层面数据方法（Firm-level and Household Approaches），等等。Beck（2008）的这一研究为深入研究金融发展与经济增长之间的关系提供了极为重要的计量分析基础。

Rosseau（2001）及 Baier 等人（2004）认为，金融发展促进经济增长的渠道是促使更多的储蓄转化为投资。Ndikumana（2001）兼用截面数据和面板数据回归来考察金融发展是否会对国内投资产生影响。他的分析基于一个包含金融发展指标和一组控制变量的动态投资方程。其衡量金融发展水平的指标包括：流动负债、对私人部门的信贷、净国内信贷、银行信贷，以及银行资产占金融中介总资产的份额。在此基础上，Ndikumana 探讨了金融发展与国内投资之间的关系。其实证结果显示，金融发展对国内投资存在显著正的影响，金融发展的总水平使国内投资对产出增长的反应更大，即金融发展对投资具有"加速器—增长效应"。Levine（1997）及 Beck 等人的研究则表明，一国的金融发展水平，而不是金融体系的结构，会通过刺激一国的投资从而促进一国的经济增长。

De Gregorio 和 Guidotti（1995）考察了金融发展与长期经济增长之间的关系。他们检验了 100 个国家 1960—1985 年期间的样本数据，结果发现：（1）金融发展和经济增长绩效的提升相关，且金融发展的影响从高收入国家到低收入国家逐渐增加；（2）金融发展影响经济增长的渠道是投资效率的提高而不是投资数量的增加。

Jayartne 和 Strahan（1996）的实证研究显示，金融发展对经济增长的作用是通过改进借贷及投资的效率而不是提供了更多的借贷和刺激了更多的投资。Levine（1997）发现，在 18 世纪中期，由于英国的金融体系似乎比同期的其他国家更善于找到好的投资机会并为其提供资金，这使得英国的经济相比其他国家增长得更快。Rajan 和 Zingales（1998）认为，金融发展会改变一个国家投资机会的集合，并能够让人们更好地确认及利用投资机会，进而促进长期的经济增长。Neusser 和 Kugler（1998）则通过向量自回归模型和协整检验对 OECD 国家金融部门对经济增长具有促进作用的假设进行了实证研究。他们通过分析发现，在绝大多数 OECD 国家，金融部门创造的 GDP 并不与工业部门创造的 GDP 构成长期的协整关系，相反却与工业部门的全要素生产率构成长期的协整关系。由此，他们认为，金融部门有助于提高一国的经济效率。

Beck、Loayza 和 Levine 等人（2000）不仅对金融发展（以金融中介的发展代表）与经济增长之间的因果关系进行了实证研究，而且还研究了金融发展和经济增长源泉之间的关系，或者说研究了金融发展影响经济增长的具体渠道。他们认为，经济增长的源泉包括私人储蓄率、实物资本积累率和全要素生产率。为此，Beck、Levine 和 Loayza（2000）采用 GMM 动态面板估计和跨截面工具变量估计方法，并依据 71 个国家 1960—1995 年间的数据，对金融发展（以金融中介的发展代表）与经济增长之间的因果关系进行了实证研究。结果发现：（1）金融中介的发展与资本积累和私人储蓄率之间的关系在长期看是很模糊的；[①]（2）金融中介的发展在很大程度上能够促进全要素生产率的提高，因而对经济增长产生有利的影响；（3）金融发展促进经济增长的方式更多的是通过将资本配置给最有效率和创新能力的企业，从而改善资本配置以提高全要素生产率，并进而刺激经济的增长，而不是通过增加投资或扩大资本积累；（4）金融发展促进经济增长的另一重要方式是通过促进技术的变革。

Aghion（2004）认为，发育不良的金融市场所产生的金融压制很可能会阻碍穷国采用先进的技术，结果导致其与世界发达国家的差距加大。

Huang（2006）采用了面板数据的分析方法对 43 个发展中国家 1970 年至 1998 年的数据进行分析，以探讨私人投资总和与金融发展之间的关系，结果显示：私人投资和金融发展存在双向因果关系。Huang（2006）认为，这一结果说明：（1）私人投资既是金融发展的发动机，同时也是金融发展的受益者；（2）金融发展可以导致私人投资的繁荣，并进而促进经济的增长。Huang（2006）认为，这一研究结果既对"金融深化论"提供了支持，同时也对发展中国家宏观经济政策的实施有重要的指导意义。

Kim（2007）通过对 27 个新兴市场国家 1970—2000 的相关数据进行实证分析的结果显示，相对更发达的金融部门是这些国家专利增长率的一个重要决定因素。因此，Kim（2007）认为，金融发展影响经济增长的渠

---

① 金融发展能否刺激储蓄在学术上是有争议的。传统的观点认为金融发展对储蓄有积极作用，金融深化能够刺激储蓄。然而，目前也有不少学者认为，发达的金融市场会使人们减少对审慎储蓄的需求，从而减少储蓄率。Bernanke（2005）认为，在长期，金融发展导致亚洲新兴国家储蓄率的降低。Chinn 和 Ito（2007）对 19 个工业国家和 70 个发展中国家 1971—2004 年的年度数据进行了分析，他们的研究发现：第一，对于制度不完善且受到金融管制的国家，金融深化及金融发展对储蓄有显著的积极影响；第二，在法治水平及金融发展水平高的工业国家，或法治水平和金融开放程度较高的新兴市场国家，金融市场越发达，则储蓄越少。Cook（2003）则基于一个广义的生命周期回归模型，并运用 122 个国家的数据进行实证研究发现：虽然金融深化对储蓄有正向影响，但其影响力度的大小还有待进一步研究。

道是资本积累或技术创新。

Buera、Kaboski 和 Shin（2009）则从另一个角度研究了金融发展与全要素生产率及经济增长之间的关系。他们认为，各国人均收入的差异主要是由各国全要素生产率（TFP）的不同造成的。大量的微观数据表明，穷国的全要素生产率大大低于富国。而穷国的全要素生产率之所以低下，在很大的程度上是因为金融不发达或存在金融摩擦所致。因为金融摩擦导致了三个方面的扭曲：（1）扭曲了资本在企业之间的配置（资本错配）；（2）扭曲了企业家的进入及退出决策，进而扭曲了企业家才能在各企业和各部门间的配置，使得更有创新精神及才能但缺乏资本的企业家被拒之门外，而缺乏创新精神但有钱的企业家却得以继续生存（才能错配）；[①]（3）使得创办企业十分困难，因而减少了企业的数量，等等。结果就必然会降低一国的全要素生产率。Buera、Kaboski 和 Shin（2009）还对由金融摩擦引起的扭曲效应进行了具体的实证分析。此外，Buera、Kaboski 和 Shin（2009）还使用 OECD 国家（尤其是美国）的部门层面的数据进行分析认为，企业的平均规模在各部门间有显著差异。例如，生产贸易品的部门，其企业平均规模是生产非贸易品部门的三倍。

二、金融市场的发展有利于推动经济增长

随着金融发展理论的不断深化以及股票市场在各国不断的发展，一些学者不再只是研究金融中介与经济增长之间的关系，而开始对金融市场（其中主要是股票市场）与经济增长之间的关系进行大量地实证研究。

Herring 和 Chatusripitak（2000）曾指出："债券市场的缺失可能导致经济明显缺乏效率而且更容易遭受金融危机"，由此说明债券市场对于经济增长及经济稳定的重要性。

Atje 和 Jovanovic（1993）对 40 个发展中国家和发达国家的样本进行了检验，其实证研究结果发现：股票市场发展对人均实际 GDP 增长率有显著的影响：股票市场交易率每增加 1 个百分点，经济增长率将上升 0.083 个

---

① Buera、Kaboski 和 Shin 还指出，金融摩擦越大，则个人财富在人们进行职业选择决策时就越重要。这意味着，只有在金融体系完善的条件下，个人的才能才会在人们的职业选择决策中起主要作用。

百分点。他们的实证研究还说明，股票市场的发展具有双重效应，即增长效应（股票市场发展对经济增长率的影响）和水平效应（股票市场发展对经济规模的影响）。

Demirgüç-Kunt 和 Levine（1996）在这方面的研究则有相当的代表性。为全面反映股票市场的发展与经济增长之间的关系，他们提出了一组包括六个指标的体系，用以反映股票市场的发展状况。这六个指标分别为：（1）股市规模指标，这包括两个指标，一是市价总值（市价×发行数量）与 GDP 的比率，二是上市公司的数量。（2）股市流动性指标，这也包括两个指标，一是总成交额与 GDP 的比率，二是周转率（总成交额/市价总值）。（3）股市集中度指标——总市值最高的 10 种股票在市价总值中的比重。（4）股票收益易变性指标——基于市场收益率的 12 个月滚动标准差估计。（5）本国股市与全球资本市场一体化程度指标——用各种股票的定价误差的绝对值的平均值来反映股票市场与世界资本市场的一体化程度。定价误差有两种，即 APT（资产定价理论）定价误差和 ICAPM（跨期资本定价模型）定价误差，APT 和 ICAPM 的定价误差越大，一体化程度越低，从而股票市场发展程度越低。（6）制度发展的指标。Kunt 和 Levine 利用国际金融公司（IFC）提供的信息，提出了七个规章制度方面的指标（即反映上市公司是否公布市盈率方面的信息、反映会计准则的质量、反映 IFC 所评定的投资者保护方面的法律的质量、反映该国有无证券主管机关、反映外国投资者的股利撤出或资本撤出及外国人的国内投资方面的限制情况等）。然后，Demirgüç-Kunt 和 Levine 对上述指标分别赋值，取七个规章制度方面的指标值的的算术平均值，如表 14-1 所示。

表 14-1 反映股票市场发展状况的指标体系

指标类型	指标分解	指标计算	备注
市场规模	总市值与 GDP 比率		
	上市公司数量		
平均流动性	周转率	总成交额/总市值	较高的流动性代表平均交易成本低
市场集中度	市值最高的 10 种股票在总市值中的比重	市值最高的 10 种股票/总市值	较高的集中度会影响市场流动性

续表

指标类型	指标分解	指标计算	备注
收益易变性	基于市值收益率的 12 个月滚动标准差估计		反映市场的风险与收益
股票市场国际一体化程度	APT（资产定价理论）定价误差	根据国际套利定价模型计算	APT 和 ICAPM 定价误差越大，一体化程度越低
	国际资本资产定价模型（ICAPM）定价误差	根据国际资本资产定价模型计算	
有关股票市场制度建设的指标	上市公司是否公布市盈率信息	0 表示否，1 表示是	
	会计质量	0、1、2 分别表示差、一般、好	
	投资者保护的法律质量	0、1、2 分别表示差、一般、好	以 IFC 评定的标准衡量
	有无证券主管机关	0 表示无，1 表示有	
	对外国投资者是否有限制	0、1、2 分别表示很多限制、有些限制、基本无限制	以对国外投资者投资和撤资等限制衡量

资料来源：根据 Kunt 和 Levine（1996）整理。

　　在上述指标体系的基础上，Demirgüç-Kunt 和 Levine 又提出了四个总体指标，以便将上述指标所包含的信息综合起来。这四个总体指标分别是：INDEX1、INDEX2、INDEX3 和 INDEX4。其中，INDEX1 是总市值与 GDP 比率、总成交额与 GDP 比率和周转率三个指标的移动平均值；INDEX2 是上述三指标再加上 APT 定价误差，即这四个指标的移动平均值的平均值；INDEX3 是在 INDEX1 三指标的基础上再加上 ICAPM，即这四个指标的移动平均值的平均值；INDEX4 是在 INDEX2 中再加入市值集中度，并取这五个指标移动平均值的平均值。

　　在建立起上述完整的指标体系以后，Demirgüç-Kunt 和 Levine 以 41 个人均 GDP 水平不同的国家作为样本，并通过对这些国家 1976—1993 年的数据进行实证分析发现：人均 GDP 与股票市场的发展之间存在着相关关系。一般来说，股票市场发展程度较高的国家，其人均的实际 GDP 水平也较高；而且，股票市场流动性每增加 1 个百分点，样本国的人均产出就增加 0.8 个百分点。由此，他们得到结论：股票市场的总体发展和长期经济增长率之间具有很强的相关关系。

Leveine（1996）对 50 个不同金融结构的国家进行了比较分析，他发现：从中央银行资产占 GDP 的比重来看，低收入国家比高收入国家要高；而从商业银行资产占 GDP 的比重来看，则高收入国家比低收入国家要高；在非银行金融机构资产和股票市值占 GDP 的比重方面，高收入国家比低收入国家要高得多。这说明，非银行金融机构和股票市场对经济增长的促进作用随着经济发展水平的提高而越来越大。

Shen 和 Lee（2006）研究了 48 个国家的金融增长和实际人均 GDP 增长的关系，其发现十分有趣：（1）只有股票市场发展对增长有正面影响，而银行的发展对经济增长的影响则说不上有利（即使不是负面的）；（2）较高的腐败率可能使银行业的发展对经济增长产生负面影响；（3）在金融自由度高、人均收入水平高及股东保护情况较好时，银行业的发展才对经济增长有利；（4）金融发展和经济增长之间的关系可能是一个非线性的形式。

Gorodnichenko 和 Schnitzer（2010）指出，按照主流的经济学理论，随着经济的全球化，各国之间的收入差距应该逐步缩小，但现实却是：尽管全球化日益加剧，各国间的收入差距和发展不平等仍然长期存在。一般的解释是，各国收入的差距是由各国生产率的差距造成的。但 Gorodnichenko 和 Schnitzer 却认为，不同国家收入水平及生产率的差异在很大程度上是由各国金融市场的差异造成的。他们通过采用由欧洲开发银行和世界银行发起的包括 27 个转型国家 2002 年至 2005 年商业环境与企业绩效调查的数据（该数据包括 2002 年 6500 家企业和 2005 年 7900 家企业）进行实证分析后证明，金融约束制约了低收入国家企业的创新能力和出口竞争力，从而影响了该国生产率及收入的增长，并制约了其赶上科技发达的国家。因此，Gorodnichenko 和 Schnitzer（2010）实际上认为，是金融的落后导致了低收入国家的经济落后。为此，Gorodnichenko 和 Schnitzer 提出，为了提高微观经济的生产率及刺激经济增长，一国应该重点发展和不断完善金融市场，确保绝大多数企业都能方便地获得外部融资，并不断降低外部融资成本，这将有利于使该国企业更好地进行技术创新和扩大出口，从而实现经济的有效增长。

四、金融中介、金融市场与经济增长之间的关系

在实证研究中，还有一些学者将金融中介与金融市场结合在一起研究整个金融体系与经济增长之间的关系。

（一）在促进经济增长的过程中，股票市场和银行具有不同的却又是互补的作用

Levine 和 Zervos（1998）在 King 和 Levine（1993）主要研究金融中介的发展与经济增长的关系基础上，通过引入度量股票市场发展程度的指标来全面地分析金融体系与经济增长之间的关系。他们利用 47 个国家1976—1993 年的有关数据得出以下结论：（1）银行发展和股票市场流动性不仅和同时期的经济增长率、资本积累率及生产率增长率有很强的正相关关系，而且都是未来经济增长率、资本积累率和生产率增长率很好的预测指标，这说明银行所提供的金融服务不同于股票市场，二者在经济增长中各自发挥不同的作用，金融中介和金融市场这两者都能从不同的角度促进经济的增长；（2）股市的流动性（以股票交易额与 GDP 之比或转手率衡量）与经济增长之间有显著的正向关系，而股市规模与经济增长没有稳定的关系；（3）股票市场和银行之间具有互补或相互促进的作用，股票市场发达的国家通常金融中介也十分发达。这是因为，对发展中的股票市场而言，其运行状况的改善使企业的杠杆比率提高（这在很大程度上归因于股票市场的发展给企业带来更多的风险分担和信息汇总的机会），从而会使银行的营业额上升。因此，在促进经济增长的过程中，股票市场和银行具有不同的作用，而且它们之间还具有相互促进的作用。据此，他们认为，那些旨在发展股票市场的政策未必不利于现行的银行体系。

Rousseau 和 Wachtel（2000）也使用 47 个国家 1980—1995 年期间的年度数据的差分估计量，发现银行和股票市场发展指标都与经济增长之间存在正向的因果关系。

Tadesse（2000）对 36 个国家（1980—1995 年）数据的分析则表明，银行导向型金融体系和市场导向型金融体系在促进经济增长方面所起的作

用是不同的。在金融体系不发达时，银行导向型的金融体系对经济增长所起的促进作用要大于市场导向型金融体系所起的作用；而在金融体系发达时，市场导向型的金融体系对经济增长所起的作用则大于银行导向型的金融体系。这一研究结论在一定程度上解释了金融发展与经济增长之间的因果关系为什么在有些国家显著而在另一些国家却很模糊的计量分析结果。

由于在实证分析中，不管是对跨国横截面数据还是对时间序列数据进行计量分析，不可避免地存在着因遗漏一些变量而产生的偏误，以及应用联立方程组去描述变量之间的相互关系可能存在的联立性偏误。Rousseau 和 Wachte（2004）采用了一个差分面板估计量去消除由尚未观察到的国家特定因素所引起的偏误，并力图消除由联立性偏误所引致的潜在的参数的非一致性。在此基础上，他们利用面板分析技术对 47 个国家 1980—1995 年间的年度数据所进行的计量分析表明，银行和股票市场的发展都能在一定程度上解释经济增长。

（二）金融中介对经济增长的促进作用较金融市场更显著

Arestis、Demetriade 和 Luintel（2001）以银行体系与股票市场的波动性作为控制变量，并利用时间序列数据及分析方法对 5 个发达经济体的股票市场与经济增长之间的关系进行了实证分析，结果得出了银行和股票市场都能够有效促进经济增长的结论。但他们又认为，相比之下，银行对经济增长的促进作用可能更加显著。

（三）金融市场对经济增长的促进作用比金融中介更显著

Deidda 和 Fattouh（2008）则从银行与金融市场的运行机制出发，寻找银行与金融市场在融资过程中的信息披露机制上的差异，从而建立银行、金融市场及经济增长之间关系的模型。然后，他们又通过实证检验发现，银行和股票市场都对经济增长具有正向的促进作用，但银行对增长的促进作用不如股票市场那么显著。

总之，许多学者通过实证分析都一致认为，金融发达的国家经济增长更快，尤其是拥有大量私营银行以及高流动股市的国家经济发展更快，银行及股票市场都对经济增长有显著的正向促进作用。

五、金融发展有利于刺激外源融资依赖程度大的产业及新兴产业的发展，并有利于促进一国的工业化

除了从国家层面研究金融发展与经济增长之间的关系以外，还有一些学者开始从产业层面对金融发展与产业发展之间的关系进行实证分析，以此探索金融发展促进经济增长的渠道或机制。[1] 在这方面，Rajan 和 Zingales（1998）的研究具有代表性。

Rajan 和 Zingales（1998）以金融业发达的美国为例，分析了该国 36 个有代表性的产业对外部资金依赖的程度。他们发现，药品与制药业对外部资金的需求最大，烟草行业对外部资金的依赖程度最小。Rajan 和 Zingales 以此假设其他国家的行业情况与美国类似，从而分析金融发展与产业发展之间的关系。据此，他们利用了 41 个国家 36 个行业 1980—1990 年间的面板数据，对金融发展和产业成长之间的关系进行了检验，结果发现：（1）更加需要外部融资的制药业在金融发达的国家比不需要太多外部融资的烟草业发展得更好。他们通过具体分析马来西亚和智利的情况来说明这一问题。由于马来西亚的金融更发达，因而马来西亚的制药业在 20 世纪 80 年代比烟草的年增长率高出 4%。在智利，由于金融部门较落后，因而其制药业的发展速度比烟草业低 2.5%。（2）金融发展降低了企业实施外源融资的成本。金融市场越发达，那些依赖外源融资的产业（或企业）比那些很少依赖外源融资的产业（或企业）发展得更快，特别是那些一开始规模就较小且较依赖外源融资的产业（或企业）发展得更快，而这些依赖外源融资的产业（或企业）往往是技术密集型的行业（或企业）。因此，

---

[1]　对金融发展与行业发展的关系进行研究，也与实证分析研究方法的不断进步有关。Mankiw（1995）认为，传统的以国家为单位的总量数据所进行的实证分析存在一些缺陷：一是难以对回归分析所确认的相关关系给出因果解释；二是解释变量之间可能存在的多重共线性和统计误差会影响到计量分析结果的稳健性；三是相对较少的样本量会导致有限自由度问题的产生。由此，Mankiw（1995）认为，以产业层次的数据为分析对象所进行的实证分析则可以将这方面的研究向前推进一步。事实上，由于计量分析方法的不断改进，当跨国分析的文献发展出更加复杂的模型去纠正由于测量误差、逆向因果和遗漏变量而产生的偏误时，企业和家庭层面数据的进步不仅可以另辟蹊径以纠正这些偏误，而且能够深入探索金融发展促进经济增长的具体渠道。同时，随着更多的分类数据可能得到，金融与增长方面的文献也可以从使用国家层面的数据发展到使用产业和企业层面（甚至是家庭层面）的微观数据。

Rajan 和 Zingales 提出，加快金融发展有利于促进依赖外源融资的产业（或企业）及技术密集型产业的发展。(3) 一个行业在成长过程中，对外部融资的依赖程度越大，金融发展对其影响就越大，因此，Rajan 和 Zingales 认为，金融发展水平也是决定产业规模及产业集中度的因素之一。(4) 金融市场的不完善性会对企业的投资决策产生重要影响。①

Rajan 和 Zingales (1998) 的开创性工作激起了人们运用微观层面数据研究金融发展和经济增长之间关系的潮流。Neusser 和 Kugler (1998) 通过设定一个包含所有金融中介的金融深化指标来衡量金融发展，并运用多元时间序列分析方法对经合组织中 13 个国家近 30 年的制造业发展与金融发展之间的关系进行研究。结果表明，金融发展不仅与制造业的产出相关，而且与制造业的全要素生产率相关。更重要的是，Neusser 和 Kugler (1998) 的研究还发现，在美国、日本、德国和澳大利亚这四个发达的市场经济国家，这种相关关系表现为一种因果关系，即金融发展是制造业发展的原因。

Rousseau 和 Wachtel (1998) 则通过运用 5 个工业化国家的历史证据进行分析发现，在 1870—1929 年期间，美国、英国、加拿大、挪威及瑞士五国都经历了由金融发展驱动的迅速工业化。这就说明，金融发展有利于促进一国的工业化。Rousseau 和 Sylla (1999) 对美国 1790—1850 年的史料研究，发现美国金融体系的建立使运河、铁路和蒸汽机的广泛使用提早了大约 30 年的时间。而运河、铁路和蒸汽机被公认为是引发美国经济现代化的直接动力。可见，金融发展通过刺激主导产业的发展及技术的扩散和创新，从而有效地推动了美国的经济增长。

Wurgler (2000) 对 65 个国家的 28 个产业在 1963—1995 年间的总投资及产业增加值的数据进行的回归分析表明：(1) 与金融市场不发达的国家相比，金融市场发达的国家投资于成长性产业的资金较多，而投资于衰退性产业的资金较少；(2) 发达国家的资本配置效率明显高于发展中国家，而这其中的一个重要原因就在于发达国家拥有完善的金融体系。

Fisman 和 Love (2003，2004) 在金融发展与产业发展的关系方面进行

---

① Rajan 和 Zingales 是首次运用产业数据对金融发展与经济增长之间的关系进行实证研究的经济学家。

了一系列有影响的深入研究。他们分别考察了金融发展在短期和长期对资源在行业间配置的影响，并系统分析了金融市场对整个社会的资源在部门间配置中所起的作用。他们的研究发现：（1）只有当一个国家处在足够高的金融发展水平之上，企业才能有效利用增长机遇或市场机会。（2）大量的证据表明私人金融机构能够更好地对增长机会做出反应。（3）在短期，金融发展有利于资源投向那些有着较好增长机会的行业，而不管它们对外部金融的依赖程度如何。但在长期，有着较高金融发展水平的国家会专注于那些对外部融资有较大依赖的行业，而较低金融发展水平的国家则专注于有着较低外部融资依赖性的行业。因此，在金融高度发展的国家，有相对较大的产出来自于有着高度外部融资依赖性的行业；相反，在金融发展水平较低的国家，有相对较大的产出来自于外部融资依赖性较低的行业。（4）金融市场发展水平越高的国家，各产业之间有着越高的相互关联的增长率。也就是说，发达的金融市场为企业获得全球性的增长机会提供了重要帮助。同样，当两个国家都具有发展良好的金融市场时，这两国之间也会有相关的行业增长率。这实际上说明：金融发展有利于将资源转移至最具生产率的用途，等等。

Vlachos 和 Waldenstrom（2005）采用 Rajan 和 Zingales（1998）的方法和数据重新进行了研究，从而得出以下结论：（1）金融自由化及金融发展有利于刺激外部融资程度高的企业的创新活动；（2）金融自由化激励了新公司的创立，而新企业的建立会刺激竞争及产量的增长；（3）小公司比大公司更受益于金融自由化改革。

六、金融发展有利于刺激新建企业的发展，并使企业更容易融资，从而使企业能更充分地利用市场进而刺激经济增长

除了对金融发展与行业发展的因果关系进行实证研究以外，还有一些学者对金融发展与企业发展之间的因果关系进行实证研究。如 Rajan 和 Zingales（1998）认为，产业的增长可以分解为新成立的公司数目的增长和现有公司规模的扩大。因为新建立的公司比以前成立的公司更加依赖外部融资，所以新成立企业的数目的增加就会对金融发展的程度更加敏感。因

此，在金融市场完善、外源融资成本较低时，新企业更容易产生。Rajan
和 Zingales（1998）的实证检验还显示，金融发展对新建立公司的影响是
现有公司的两倍。新建立公司的产生不仅表明产业的发展壮大，而且也意
味着"创新"活动得到了支持。由于"创新"是经济增长的重要源泉，因
此金融发展促进经济增长的一个重要方式就是促使新企业的产生与发展。

Demirgüç-Kunt 和 Maksimovic（1998）也使用企业层面的数据来检验金
融发展对企业融资便利程度的影响。为此，Demirgüç-Kunt 和 Maksimovic 以
企业财务预算模型为基础，利用回归分析方法对 30 个国家 8500 个企业
1984—1991 年间的样本数据进行了计量分析，结果发现：（1）法律体系越
完善及金融体系越发达的国家，实行长期股权融资和长期债权融资的企业
就越多；（2）在金融发展水平较高的工业化国家，企业的长期负债比率比
金融发展水平较低的发展中国家的企业长期负债比率要高；（3）一国的银
行系统越发达或股市越富流动性，增长率高于 $IG(t)$（指仅使用内部融资所
能达到的最大增长率）的企业所占比例越高；（4）有更高融资障碍的企业
往往会经历更低的销售额增长率。总之，Demirgüç-Kunt 和 Maksimovic 的研
究证明，金融发展确实使企业更容易融资，从而使企业能获得更多的投资
机会，并更有效地利用市场机会进而刺激经济增长。

Beck、Levine 和 Loayza（2000）等人认为，由于中小企业的发展对经
济增长及消除贫困起着重要的作用，因此中小企业的发展对于推动一国的
经济发展起着极为重要的作用。为此，他们深入考察了金融发展对中小企
业的影响。Beck（2000）等人对世界商业环境调查（WBES）有关 54 个国
家共 4000 家企业（其中 80% 是中小企业）1995—1999 年的调查数据进行
回归分析后发现，金融发展水平的高低显著影响到中小企业的发展。一国
的金融发展水平越低，则该国的企业发展速度也越慢，而且越是小企业，
所受到的融资限制也越大，因而发展更慢。因此，他们认为：一国要促进
中小企业的发展，从而刺激本国经济的增长，就必须不断完善法治以提高
金融发展的水平。

Love（2003）通过研究 36 个国家 5000 个企业的数据指出，金融发展
有利于降低企业投资对现金持有量的依赖性，这意味着金融发展有利于促
进企业的投资活动。而 Laeven（2003）通过分析 13 个国家 400 个企业的
样本数据指出，金融的自由化有利于降低小企业对内部融资的依赖性，并

能使小企业所面临的外部融资约束降低80%，从而有利于加快小企业的发展。

Love（2003）指出，金融发展水平较低的国家与金融发展处于平均水平的国家相比，企业的融资约束（根据资本的成本计算）要高出一倍。Fisman 和 Love（2003）认为，对于金融市场发展滞后的国家来说，商业信用形式的隐性借款也许能为企业提供另一种资金来源。对商业信用融资有着更高依赖性的企业在金融机构较为薄弱的国家表现出更高的增长率。

Bena 和 Jurajda（2007）在 Rajan 和 Zingales（1998）企业层面数据的基础上，比较分析了金融发展对不同类型企业的影响，结果发现：（1）金融发展对小企业有显著影响。小企业通过金融发展获得的收益主要体现在所有者权益占总资产的份额变化，这也直接反映了小企业的外部融资能力。（2）中等规模的企业比老企业在金融发展中的获益更大。（3）金融发展水平低下的国家，企业的所有者权益占总资产的份额也高，这是由于企业很难获得外部融资。Hall 和 Lerner（2009）指出，金融摩擦影响企业微观层面的投资、研究和发展所需的支出。

Greenwood、Sanchez 和 Wang（2010）的研究发现，一国的金融发展与企业规模之间存在着正向关系，在金融体系更发达的国家，企业的规模也往往更大。他们还根据跨国模型预测，如果世界上所有国家的金融发展都达到最好的状态，那么全世界的产出将大约会上升65%—68%。

七、金融发展有利于一国扩大出口

Odedokun（1996）使用时间序列回归分析方法，对71个国家从20世纪60年代一直到80年代各个不同时期的样本数据进行了实证分析，从而得出结论认为：几乎85%的国家的金融中介都促进了该国的经济增长，这一研究结果支持了"金融促进增长"假说。同时，Odedokun 还发现，金融中介的发展在促进经济增长上比增加劳动投入更重要，金融中介的发展对促进经济增长的作用与出口扩展、资本形成率的提高等因素基本相同。

Chang、Hung 和 Lu（2005）在回顾1969年 Goldsmith 后的金融发展影响经济增长的理论文献基础上，运用计量检验的方法来探索金融发展和研发支出对出口及国际贸易的作用。结果发现：（1）一国的金融发展水平与该国的研发支出以及与该国制造业产品占产品总出口的比例之间的关系都是正相关的；（2）金融发展将增强其工业制成品在国际市场上的比较优势并提高产品的市场份额。在研发过程中投入更多资源的国家，将会提高其工业制成品在产品总出口中的比率，因而会变成工业制成品的净出口国和农产品的净进口国。因此，Chang、Hung 和 Lu 提出，一国要扩大出口，就必须在研发活动上增加投入，并且优先进行金融改革以加快金融发展。最后，Chang、Hung 和 Lu 认为，更完善的金融市场和更多的研发投入将有效地推动一国的经济增长。

Wagner（2007）则从微观层面渠道探讨了金融发展如何影响一国的创新、出口及经济增长。Wagner 采用特定的公司调查数据，结合对创新和金融约束的衡量，实证分析了金融约束对公司创新和出口活动的影响。结果发现：金融约束制约了国内企业的创新能力和出口，从而制约了其赶上发达的科技国家。因此，Wagner 认为，加快金融发展有利于刺激一国企业的创新能力，并扩大一国的出口，从而有助于其经济增长。Ammissah、Bougheas 和 Falvey（2010）认为，当一国的制度质量低下时，金融就成为决定该国比较优势的重要因素。

八、金融发展可以提高货币政策的效果，并有利于降低经济的波动

由于金融体系是货币政策传导机制的关键组成部分，因此 Krasa 和 Villamil（2006）专门研究了金融发展对货币政策效果的影响。他们通过分析 37 个国家（包括 17 个发达国家和 20 个发展中国家）1985—1998 年的相关数据发现：更高的金融发展水平与更高的货币政策效果相一致，也就是说，更发达的金融体系有利于货币政策扩大实施的范围并能提高货币政策的实施效果，因而一国的金融市场越发达，中央银行的稳定货币政策就越容易成功。而且，更大、更发达、更有效的金融市场也有利于熨平经济的短期波动，从而有助于经济的稳定。Krasa 和 Villamil 指出，这样的结果是在控制了许多其他因素之后得到的，而且无论是在工业化国家还是在发展中国家都没有差别。此外，他们还有一个重要发现：私人部门信贷每提高 10%，货币政策的效果就提高 9.3%。

还有一些文献也研究了金融发展和宏观经济波动之间的关系。如Hausmann 和 Gavin（1996）、Easterly（2000）、Denizer（2002），及 Raddatz（2006）等人的研究都发现，金融发展可以降低宏观经济的波动性。Beck、Lundberg 和 Majnoni（2006）则运用 63 个国家 1960—1997 年间的面板数据实证表明：金融中介的发展不会导致经济增长的波动。

Bose 和 Murshid（2008）则通过建立一个包含货币的"内生增长模型"证明：较高的金融发展水平会部分抵消"通货膨胀税"的损失，因而在一定程度上有利于宏观经济的稳定。Bose 和 Murshid 还通过跨国面板数据的实证分析证实了这一观点。

Larrain（2004）认为，使用微观数据有利于研究工业产出波动的构成，因此他利用微观数据（行业层次和公司层次）研究了金融发展与产出波动之间的关系。结果表明，金融发展水平更高的国家表现出更低的工业产出波动。这意味着，金融发展水平越高的国家，经济的波动越小。

Aghion、Bacchetta、Ranciere 和 Rogoff（2006）通过对 83 个国家在1960—2000 年间的面板数据进行经验分析证明：实际汇率波动能显著地影响产出的长期增长率，但其影响程度取决于该国的金融发展水平。对那些金融发展水平相对较低的国家来说，实际汇率波动一般会减少产出；而对那些金融发展水平较为先进的国家，实际汇率波动不会显著地减少其产出。由此，Aghion、Bacchetta、Ranciere 和 Rogoff（2006）提出，有利于降低汇率波动的金融发展对产出增长具有促进作用。

九、金融发展有利于促进经济的均衡

Clarida（2005）认为，由于美国成熟的金融市场吸引了全球超额的储蓄，结果导致美国经常账户的逆差。Bernanke（2005）则指出，在长期，亚洲新兴市场国家只有加快金融发展，才会逐步减少这些国家的超额储蓄问题，并进而有利于解决全球储蓄过剩问题。[1] 这实际上提出了这样一个观点，即只有各国金融发展水平逐步趋于均衡，才能最终消除全球经济的不平衡。

---

[1] Bernanke 断定，不论金融市场开放程度如何，在法治水平高的工业国家或法治水平较高的新兴市场国家，金融市场越发达，则储蓄越少。

  Chinn 和 Ito（2007）对 19 个工业国家和 70 个发展中国家 1971—2004 年的年度数据进行了分析，并研究了金融发展对债务国和债权国的影响。他们发现，（1）金融发展和经常账户或储蓄之间存在着负相关关系，这是因为：金融市场欠发达的国家向金融市场欠发达的国家超额出口资本，结果产生经常账户的顺差，[①] 而金融市场发达的国家向金融市场发达的国家超额进口资本，结果形成经常账户的逆差；（2）金融发展与储蓄之间也存在着负相关关系，即金融市场欠发达的国家会因储蓄过剩而成为债权国，而金融市场发达的国家则成为债务国。Chinn 和 Ito 所要说明的观点是：（1）金融市场越发达、法律制度越完善、金融市场越开放的国家，经常项目账户的余额越小（即经济的外部失衡状况越轻）。（2）对于法治水平面和金融开放程度都比较高的新兴市场国家，较高的金融发展水平有利于解决其储蓄的过剩问题。总之，根据 Chinn 和 Ito（2007）的研究，实际上可得出这样的结论：金融发展有利于促进经济的平衡。

  此外，Chou（2007）试图通过研究一国各地区区域内的金融中介和经济增长之间的关系，来对现有的金融发展理论文献进行补充。他的研究表明，金融中介的创新活动及金融发展对各地区的储蓄、投资及 GDP 的增长都有积极的促进作用。

十、金融发展促进经济增长的其他实证结果

  Levine、Loayza 和 Beck 等人（2000）一项有关金融发展与经济增长的

---

  ① 根据国民收入恒等式：Y（国民收入）$= C$（消费）$+ I$（投资）$+ X$（出口）$- M$（进口）及国民收入减去消费$(Y - C)$等于储蓄S，可得下式：$X - M = S - I$。由于进出口是经常项目最大、最重要的内容，因此 X 大于 M 相当于经常账户出现顺差（这意味着出口当前的消费，而进口未来的消费），而 X 小于 M 则相当于经常账户出现逆差（这意味着进口当前的消费，而出口未来的消费）。而根据等式 $X - M = S - I$，一国经常账户出现顺差意味着本国的储蓄大于投资。将 $X - M = S - I$ 移项得，$S = I + (X - M)$。该式表明，一国经常账户出现顺差表明该国储蓄增加（或表明该国存在超额储蓄）。可见，经常账户反映了一国的储蓄和投资行为。在开放的条件下，如果本国出口收入大于进口支出，则本国实际上是对贸易伙伴国提供融资，无论这种融资采取何种形式（银行信贷、购买外国金融资产等），都表明该国对外净资产增加，故经常账户顺差也被称为对外净投资（或国外净储蓄额），存在对外净投资的国家就是债权国。在开放的条件下，国内投资和对外投资是一国用当前储蓄来增加未来收入的两种不同方法。相反，当一国进口支出大于出口收入时，该国必须举借外债或动用以前积累的国外资产为经常账户融资，这时该国国外净资产减少或对外负债增加，故经常账户出现逆差的国家往往因需借入外债而成为债务国。

研究发现，在欠发达的国家，对私人部门的信贷规模每扩大一倍，则该国的年经济增长量将提高 2 个百分点。

Christopoulos 和 Tsionas（2004）的研究与其他传统的时间序列研究不同，他们运用动态面板回归技术，使用滞后值作为面板形式的工具变量，对 10 个发展中国家 1970—2000 年间的数据进行分析发现：金融发展与人均 GDP 之间的关系是协整的且具有长期的格兰杰因果关系。

Aghion 等人（2005）则采用了 71 个发展中国家 1960—1995 年的数据，在标准的跨国经济增长回归方程中纳入了金融发展和相对初始产出水平（相对于美国）的交互项，分析了金融发展对经济增长的影响。结果表明，一国的金融发展水平越低，则该国经济增长率趋同于美国经济增长率的可能性越小，而且该结论不受教育水平、地理因素及制度因素的影响。由此，Aghion 等人也证明了金融发展对于经济增长的重要性。

Yang 和 Yi（2008）运用超外生性（Superexogeneit）测试方法对韩国在 1971—2002 年（因为韩国在此期间不断进行金融改革，并经历了显著的经济增长）的年度数据进行了实证分析，他们的实证分析结果支持"金融发展导致经济增长"的观点，而拒绝"经济增长导致金融发展"的观点。因此，Yang 和 Yi 认为，金融发展对经济增长有着单向的因果关系。在此基础上，Yang 和 Yi 提出，韩国只有果断地和不断地加速金融改革，才能确保经济的持续增长。

Greenwood、Sanchez 和 Wang（2010）等人运用一个复杂的跨国验证模型量化研究了金融发展对经济增长的作用。他们的研究结论显示：金融发展（以金融中介的发展为代表）对于经济增长非常重要。如美国经济增长中有 30% 可以归功于金融中介的技术进步，而中国台湾从 1974 年到 2004 年间每年 5.1% 的经济增长率中，大概有 50% 可以归功于金融的发展。

Demirgüç-Kunt 和 Levine（2008）在系统地综述金融发展理论的相关研究成果基础上，进行了四种不同角度及方法的研究：（1）简单的跨国数据回归；（2）跨国的面板数据研究；（3）金融对经济增长机制的微观经济学分析；（4）单一国家的案例分析等。在此基础上，他们得出结论认为，金融发展与经济增长之间具有正的因果关系。他们还指出，金融发展就是金融功能（如减少信息成本和交易成本、便利交易、动员储蓄、配置资源、改善公司治理、分散风险等）的充分发挥，因此金融发展对经济增长的促进作用就是通过金融功能的充分发挥实现的。Demirgüç-Kunt 和 Levine 还指出，改善公司治理对于理解金融发展对经济增长的促进作用具有核心意义。

一些学者则从另一个角度探讨了金融发展与经济增长之间的关系，即认为：金融业的落后会抑制经济的增长。Aghion（2005）指出，发育不良的金融市场所产生的金融压制很可能会阻碍穷国采用先进的技术，结果会导致其与世界发达国家的差距加大。这实际上也是认为，只有加快金融发展才有利于促进经济增长。

Ansari（2002）分析了马来西亚的金融发展、货币供应量及政府支出与经济增长之间的关系，他发现：货币政策和财政政策对马来西亚 GDP 的影响微不足道，但金融自由化对 GDP 的影响却十分显著。

Zhuang、Gunatilake、Niimi、Khan 及 Jiang 等人（2009）将金融发展促进经济增长（用人均 GDP 的增长代表）的作用机制作如图 14 – 1 所概括。

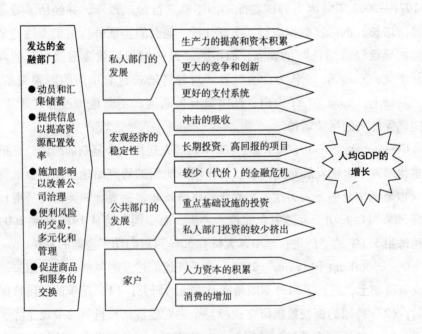

图 14 – 1 金融发展与经济增长

第二节　金融发展与经济增长因果
关系的不同观点

　　虽然目前大部分的研究结果认为金融发展和经济增长之间存在着正向的因果关系，但由于不同学者所采用的研究方法、统计指标、样本性质及计量模型等不同，因此在金融发展与经济增长的因果关系问题上，除了认为"金融发展导致经济增长"这一主流观点以外，还存在经济增长促进了金融发展、金融发展与经济增长互为因果关系以及金融发展与经济增长之间的关系并不确定，甚至还有认为金融发展可能会对经济增长带来不利影响等各种不同的观点。① 从实践的角度来看，这些观点也具有某种重大的启示意义。

一、经济增长促进金融发展

　　一些学者认为，金融发展与经济增长之间的因果关系可能并不是金融发展促进经济增长，而是经济增长促进了金融发展。

　　Demirgüç-Kunt（1996）曾通过实证检验近 50 个国家在 1990—1993 年间金融中介、金融市场与经济发展之间的关系发现：伴随着一国的经济发

---

　　① 金融发展与经济增长之间是否存在着因果关系或存在什么样的因果关系（即是"金融发展促进经济增长"，还是"经济增长刺激金融发展"，抑或是"金融发展与经济增长相互推动"）这一问题也是经济增长理论或发展经济学的一个重要课题，然而这一问题在理论上却一直存在着争议。Patrick（1966）曾指出，金融发展和经济增长之间的因果关系在经济发展的过程中是不断变化的。Wachtel（2003）曾指出，金融发展影响对经济主体行为变化的机制"仍然是个谜"。Arestis 和 Demetriades（1996）曾对金融发展与经济增长的因果关系在不同国家不同的原因进行了分析。他们认为，金融发展与经济增长的因果关系在不同国家不同的原因可能在于：其一，虽然各国的金融发展水平相同，但各国金融体系的机构或组织可能不同，而某些特定的机构组织可能对经济增长更有利；其二，虽然各国的金融发展水平相同，但各国所实行的金融政策可能不同；其三，即使两国金融发展水平及金融政策都相同，但两国执行金融政策的效率可能不同。McCaig 和 Stengos（2005）则认为，用不同的指标、变量或方式衡量金融发展往往会得出金融发展和经济增长之间因果关系的不同结论。

展和国民收入的提高，一国的金融发展水平也随之提高。这主要表现在：
（1）以金融中介总资产或总负债/GDP 衡量，金融中介规模扩大；（2）商
业银行在信贷配置中的重要性相对于中央银行增强；（3）非银行金融机构
的重要性上升；（4）股票市场的流动性增强。他们的研究实际表明：一国
的金融发展水平也受一国经济发展水平的影响，经济增长或经济发展会促
进金融发展。Demetriades 和 Hussein（1996）利用时间序列技术对 16 个欠
发达国家的金融发展和实际 GDP 之间因果关系进行了检验，他们的发现几
乎没有为金融因素在经济发展中起主要作用的假说提供支持，相反，他们
的经验研究更多地支持"经济增长引起了金融发展"的因果关系。

Morris（2002）曾对 19 个经合组织国家和中国的季度数据进行了实证
分析，Boulila 和 Trabelsi（2004）则对中东和北非地区 1960—2002 年的数
据进行实证检验，他们都认为，对这些相关数据进行实证分析的结果都明
确支持"金融发展能引导长期的经济增长"的观点，这显然不同于 Levine
（2004）坚持的"金融发展是经济增长的原因"这种单向关系的观点。

针对 Levine、Loayza 和 Beck（2000）的研究，Zang 和 Kim（2007）采
用他们所提供的数据并运用 Sims-Geweke 因果检验法进行实证检验，却得
出了与 Levine、Loayza 和 Beck 不同的观点。Zang 和 Kim（2007）认为，没
有发现任何证据表明金融发展对于经济增长有单向的因果性的促进作用。
相反，数据分析的结果倾向于经济增长对于金融发展具有显著的推动作
用。这意味着，金融发展极有可能是追随经济增长的。Zang 和 Kim
（2007）甚至还提出，金融发展对于经济增长的促进作用可能被过分强调
与夸大了。

Chakraborty（2008）对印度自 1996 年以来的金融发展与经济增长状况
进行了检验。他发现，从总体上看，在印度是经济增长导致了金融发展。
Odhiambo（2010）通过对南非金融发展和经济增长因果关系的分析，也得
出结论，在南非是经济增长促进了金融业的发展。

二、金融发展与经济增长存在双向因果关系

还有相当一批学者认为，金融发展与经济增长之间可能并不只是单向
的因果关系，而可能是双向的因果关系（即一方面金融发展会促进经济增

长，另一方面经济增长也会刺激金融发展，即两者相互推动）。[1] Harrison、Sussman 和 Zeira（1999）使用 1965—1995 年期间美国的州一级的数据，发现金融发展和经济增长之间存在相互的反馈效应。

Shan、Morris 和 Sun（2001）对 9 个 OECD 国家以及中国的研究则表明，样本中约有一半的国家，金融发展与经济增长之间存在着双向的因果关系，而小部分国家仅存在"经济增长引致金融发展"的单向关系，中国就是其中的一例。

Calderon 和 Liu（2003）的研究与众不同，与之前的其他文献一般只关注于从金融发展到经济增长或者从经济增长到金融发展的单方向因果关系不同，Calderon 和 Liu 的研究同时考虑到了金融发展和经济增长之间可能存在的双向因果关系。而且，Calderon 和 Liu 使用了较新的计量技术和范围更广的数据来进行实证分析。他们采用 109 个工业国家和发展中国家从 1960 年到 1994 年间的数据来组成面板数据，并采用 Geweke 分解检验方法来考察金融发展和经济增长之间的因果关系。结果发现：（1）金融发展一般都会导致经济增长；（2）从金融发展到经济增长的格兰杰因果关系，和从经济增长到金融发展的格兰杰因果关系是同时存在的；（3）金融发展对经济增长的促进作用在发展中国家比发达国家更大，因而发展中国家一般表现为"金融发展促进经济增长"的因果关系；（4）样本的区间越长，金融发展对经济增长的刺激效果越大；（5）金融深化通过加快资本积累和提高生产率这两种渠道刺激了经济增长，而第二种渠道的效果最显著。

三、金融发展与经济增长之间的关系并不确定或金融发展与经济增长无关[2]

也有一些学者认为，金融发展与经济增长之间的关系并不确定。Manning（2003）曾对金融发展影响经济增长的理论文献进行了较系统的综述，在此基础上，Manning 对金融发展推动经济增长的结论提出了质疑。他认为，一些国家（如亚洲一些国家）卓越的经济增长并不是一个"金融驱

---

[1] 这一观点实际上与 Patrick 于 1966 年提出的金融发展与经济增长之间的关系存在"需求追随型（Demand-following）"与"供给引导型（Supply-leading）"这两种模式的观点相似。

[2] Lucas（1988）认为，经济学家们过分强调了金融因素在经济增长过程中的作用。

动"的发展现象，而是一系列因素（包括制度、文化、政治、组织和环境等）驱动的结果。同时，Manning 还指出，金融发展和经济增长之间的因果关系几乎仅在一国高速的工业化时期是显著的，而在其他情况下并不显著。此外，Manning 还试图探索能够更好地分析并解释金融发展与经济增长关系的研究方法。

Beck、Lundberg 和 Majnoni（2001）通过理论模型预测，发展成熟的金融中介通过减少企业家的代理成本和现金流限制，会削弱实际部门的冲击对经济增长所带来的不利影响，从而有利于熨平经济的波动，但却会放大货币冲击对经济增长所带来的不利影响，从而有可能加大经济的波动。Beck、Lundberg 和 Majnoni 根据 1960—1997 年间的 63 个国家的面板数据，用贸易条件波动性和通货膨胀分别作为实际冲击和货币冲击的代理变量，最终发现：（1）金融中介发展和经济增长波动之间没有稳健的关系；（2）较弱的证据表明金融中介发展会削弱贸易条件的冲击对经济增长波动性的影响；（3）较强的证据表明金融中介的过度发展会放大通货膨胀对经济的冲击，从而会导致经济出现较大的波动（尤其在中低收入国家）。

Berglof 和 Bolton（2002）的研究发现，20 世纪 90 年代在绝大多数中东欧和苏联转型国家中，经济增长与金融发展之间没有很强的联系。一些国家经历了高速的经济增长，但金融却未得到有效的发展；而另一些国家经历了金融的扩张，然而经济增长却十分缓慢。即便在那些同时经历金融发展与经济增长的国家，也没有证据表明金融部门有效地支持了经济增长。Berglof 和 Bolton（2002）指出，东欧转型的前十年，金融发展与经济增长之间并没有因果关系，两者是平行发展的，金融发展与经济增长都是由市场化改革所驱动的。Driffill（2003）则强调，虽然一些关于金融发展对经济增长有正向促进作用的实证结果看起来令人信服，但解释起来必须要小心，因为金融发展对经济增长的正向促进作用可能更受其他因素（例如法律、制度、地理等因素）的影响。

Loayza 和 Ranciere（2006）则试图在理论上调和"金融发展能够促进经济增长"及"金融发展不利于经济增长"这两类明显矛盾的观点。他们通过构建一个包含短期和长期影响的理论模型认为：在长期，金融发展支持且促进经济增长。这一过程包括引导储蓄到有效率的投资项目并提供广泛的金融服务且通过分散风险，从而带来了长期更高的经济增长。但是，金融自由化及金融发展在短期内却可能造成经济的不稳定，这是因为：由于金融体系存在着内在的脆弱性（由于金融机构的高负债经营及金融资产价格的高度波动性），经济在增长过程中会受到金融脆弱性的影响，而金融脆弱性所造成的波动会在一定程度上影响经济的增长。因此，从短期来看，金融自由化或金融发展也有可能对经济增长带来一定的负作用。但是，Loayza 和 Ranciere 又指出，一个经济体经过经济的波动以后会变得成熟起来。因此，Loayza 和 Ranciere 的结论是，虽然金融自由化及金融发展在短期内会造成金融不稳定，但是在长期，金融发展确实会促进经济增长。Loayza 和 Ranciere（2006）还通过运用 75 个国家 1960—2000 年的数据说明了这一点。当然，Loayza 和 Ranciere 也认为，金融深化和金融脆弱性对经济增长的影响可能还与每个国家的金融发展阶段相关。

Shan（2005）曾系统地回顾了有关金融发展"导致"经济增长的相关研究成果。他搜集了 10 个经合组织国家（包括美、英、澳大利亚、加拿大、意大利及日本和韩国等）的数据并加上中国的季度时间序列数据，在此基础上，使用向量自回归（VAR）估计方法以及方差分解和脉冲响应函数分析等方法，重新检验了金融发展与投资、生产率及经济增长之间的相互关系，结果 Shan 的实证研究并不支持"金融发展导致经济增长"的假设。Shan 认为：除了少数几个国家之外，大多数国家的金融发展并没有"导致"经济增长。Shan 指出，退一万步讲，即使有人发现了可以支持金融发展"导致"经济增长这一假设的证据，金融发展也只不过是一个经济增长的促进因素而不是决定因素。

四、金融发展甚至有可能或有时会对真实经济活动带来不利影响

需要指出的是，在金融发展与经济增长关系的问题上，除了认为金融发展能够促进经济增长、经济增长刺激金融发展、金融发展与经济增长相互促进以及金融发展与经济增长无关等几种观点以外，还有一种观点认为金融发展甚至有可能或有时会对真实经济活动带来不利影响。如 Bose 和 Cothen（1996）曾提出："一国金融部门的发展不能脱离现实的金融发展水平和经济发展水平，否则，金融部门过度发展或过度膨胀，不仅不能促

进经济增长，反而对经济增长有负面影响。"Singh（1997）就认为，股票市场在发展中国家的扩张可能会阻碍经济的长期增长。因为大多数发展中国家的股票市场不成熟、信息不对称、缺乏透明度和信息揭露使得这些市场非常脆弱，在这种情况下，股票市场的发展可能会损害经济增长，而非促进经济增长。Ram（1999）通过95个国家的数据进行实证研究表明，这些国家的金融发展和经济增长之间的关系被认为是弱负相关甚至是可以忽略的。Menkhoff（2000）指出，规模过大的金融部门易于导致经济危机。Cetorelli 和 Gambera（2001）考察了银行的集中程度对依赖于外部融资的产业的影响，结果发现：一方面银行的集中程度与依赖于外部融资的产业增长高度相关，另一方面银行的高集中度对经济增长有抑制作用。

Graff 和 Karmann（2006）认为，金融的过度交易以及金融系统固有的不稳定性将会造成严重的不稳定效应。Demirgüç-Kunt、Bourguignon 和 Klein（2008）则指出，如果金融体系扩张过快，在繁荣的背后就是泡沫。Rousseau 和 Wachtel（2005）通过实证分析发现，经济增长与金融体系深化之间呈现一种减弱的关系，尤其是在1997—1998年东南亚金融危机之后。金融发展与经济增长似乎存在一个临界值。超过这个临界值，金融发展似乎不能持续地促进经济的发展，在这样的国家中，金融的发展可以短期提高收入但在长期这样的效应逐渐消失。

五、应该选择更广泛及更有质量的金融发展指标和更好的分析估计方法来深入研究金融发展与经济增长之间的关系

一些学者则指出，之所以在金融发展与经济增长关系问题的研究上得出不同的观点，原因在于不同学者所采用的金融发展指标、计量模型、估计方法、样本性质、数据的时间不同或者是由于所研究的国家不同，因此未来应该选择更广泛及更有质量的金融发展指标和更好的分析估计方法来更深入地研究金融发展与经济增长之间的关系。

Khan 和 Senhadji（2003）在回顾金融发展与经济增长已有研究文献的基础上指出，实证结果表明金融发展对经济增长的影响是正的，但影响程度的大小因不同的金融发展指标、估计方法、数据频率和关系的函数形式不同而有所不同。因此，Khan 和 Senhadji（2003）提出了未来的研究方向

是选取更广泛及更有质量的金融发展指标,[①] 同时采用更好的估计方法。

Andres、Hernando 和 Salido (2004) 抽取 OECD 国家 1961—1993 年间的截面数据和时间序列数据进行了实证分析, 结果并没有发现金融发展与经济增长之间存在显著的正向相关性。对这一结果, Andres、Hernando 和 Salido 提供了三点解释：(1) 在已经拥有较高金融发展水平的工业化国家, 其金融发展和经济增长之间的相关性趋于弱化；(2) 有关金融发展和经济增长相关性的标准分析范式并没有纠正模型的设定偏差, 尤其是在一些应当考虑的因素 (如国家异质性等因素) 没有考虑到的时候；(3) 目前衡量金融发展的标准变量主要是金融机构或金融市场的规模, 而不是金融体系的效率。因此, 如何构建金融体系的效率指数, 并更深入地分析金融发展与经济增长之间的关系还需要进一步的深入探讨。

Ang (2008) 也指出, 由于各国差异巨大, 许多结构性和制度性特征都会对金融发展对经济增长过程中的作用产生影响, 这就需要更多的对特定国家进行深入的研究, 并采用更合适的计量方法来深入研究金融发展与经济增长之间的关系。

第三节　金融发展与经济增长关系的理论反思

进入 21 世纪以后, 许多学者开始在金融发展与经济增长的关系问题上进行更深入的理论反思。这些学者指出, 金融发展是一个复杂的过程, 理论研究不应只是限于简单地说明 "金融促进增长" 或检验金融发展与经济增长之间的因果关系。因此, 这些学者主张, 应从多个角度更全面深入地分析金融与增长之间的关系, 并探讨在什么情况下金融发展才能真正有效地促进经济增长以及如何避免金融发展所可能带来的问题 (如金融危机), 结果产生了许多具有重大启示意义的新观点。

[①] Beck、Feyen、Ize 及 Moizeszowicz 等人 (2008) 提出了一个关于金融发展基准化的标准方法, 他们试图建立一个包含十个核心指标的衡量金融发展的指标集 (Financial Development Index), 并认为这一 "指标集" 应该反映规模 (金融深度)、效率 (金融服务传递到市场的效率)、普及度 (金融体系对全体居民提供服务可以达到的范围)。

一、金融发展促进经济增长是有条件的

进入 21 世纪以后，一些学者一方面仍然坚持金融发展能够促进经济增长这一基本观点，但另一方面又提出金融发展促进经济增长并不是无条件的，金融发展促进经济增长需要具备相应的前提条件。显然，这一研究将金融发展理论向前推进了一步。

（一）只有建立在健全的法治基础上的金融发展才能有效地促进一国全要素生产率的提高

Erosa 和 Cabriliana（2008）所建立的模型用金融合约实施的难易程度来表示金融发展程度，研究表明，当金融发展程度很高时，投资者容易对撒谎的企业家进行惩罚（因金融合约能够有效实施）。在这种情况下，先进的能产生更高生产力的技术才会被企业家所采用，也只有在这种情况下，金融发展才能有效地促进一国全要素生产率的提高。这一观点实际上意味着：只有在健全的法治基础上，加快金融发展才能有效地促进一国全要素生产率的提高。

Galindo、Schiantarelli 和 Weiss（2007）采用 12 个发展中国家及地区（包括巴西、阿根廷、墨西哥、韩国、印度、印度尼西亚、马来西亚、菲律宾、巴基斯坦、泰国及中国台湾等）的上市公司的面板数据，考察了投资效率与金融自由化改革之间的关系。结果发现，虽然并没有迹象表明金融自由化改革是否会提高一国的私人储蓄率，但金融自由化确实有利于提高一国的投资效率。这是因为：金融自由化将促成资本向边际回报率更高的公司集聚（当然，Galindo、Schiantarelli 和 Weiss 也指出，这些国家或地区投资效率的提升并不是一帆风顺的，尤其是在金融危机或货币危机期间）。但 Galindo、Schiantarelli 和 Weiss 又同时指出，金融自由化对投资效率的促进作用受到一国法治水平及金融监管制度的影响。在法治不健全或金融监管制度不尽完善的国家，金融自由促进投资效率提高的效果常常不理想。他们的实证研究还表明，英美法系国家的金融自由化往往比大陆法系国家的金融自由化更有利于促进投资效率的提高。

（二）不合理的制度及结构性问题会限制金融发展对经济增长的促进作用

Dehejia 和 Muney（2003）研究了美国 1900—1940 年间的金融发展对经济增长的影响。他们的结论是：金融发展对经济增长有重要作用，但这种作用并不总是积极的，有时甚至会带来消极的影响（如信贷的过度扩张就对经济增长有负面冲击）。因此，尽管金融发展能够促进经济增长，但选择什么样的制度、机制或政策十分关键（如银行分支机构的增加就对制造业，进而对经济增长会产生积极影响，等等）。

Ang（2008）在对金融发展和经济增长的相关研究进行文献综述的基础上指出，尽管金融发展对经济增长的积极作用已经成为一个共识，但许多人还没有深刻认识到金融发展促进经济增长是需要前提条件的。例如，某些国家不合理的制度及结构性问题会限制金融发展对经济增长的促进作用。这实际上意味着，只有在制度合理及不存在深层次结构性问题的前提条件下，金融发展才能有效地促进经济增长。

（三）金融发展促进经济增长的作用仅在通货膨胀较低或宏观经济稳定的前提下才能实现

Lee 和 Wong（2005）运用一个门限回归模型分析了通货膨胀、金融发展和经济增长这三个变量之间的关系。其实证结果表明，金融发展促进经济增长的作用仅在通货膨胀较低或适中时才能实现。他们具体分析了中国台湾和日本的情况，结果发现：当通货膨胀的门限值低于 7.25% 时，台湾的金融发展会促进经济增长。但是，当通胀率高于 7.25% 时，金融发展不会对经济增长产生任何显著影响。对日本，实证结果表明，当通胀门限值低于 9.66% 时，金融发展对经济增长有显著并持续的影响。但是，当通胀率高于 9.66% 的门限值时，金融发展会破坏经济增长。总之，Lee 和 Wong 的估计结果表明：（1）通货膨胀率的变化是导致金融发展和经济增长关系改变的因素之一；（2）只有通货膨胀较低或适中时，金融发展才会促进经济增长。这个结论与 Huybens 和 Smith（1999）、Bose（2002）、Rousseau 和 Wachtel（2002）的发现一致。[①] 为此，Lee 和 Wong 提出，决策者在采用促

[①] De Gregorior 和 Guidotti（1995）曾发现，拉美国家在 20 世纪七八十年代经历高通胀时，金融发展阻碍了经济增长。

进或加速金融发展的任何政策时，都不应该忽略通货膨胀在金融发展和经济增长关系中的作用。Lee 和 Wong 的观点实际上证明：如果一国在通货膨胀的情况下过度加快金融发展，则反而会破坏经济增长。

Huybens 和 Smith（1999）认为，通货膨胀会加剧信贷市场的信息不对称，并减少存款的实际收益率，从而不利于金融发展。同样，Boyd、Levine 和 Smith（2001），Detragiache、Detragiache、Gupta 和 Tressel（2005），以及 Dehesa、Druck 和 Pleckhanov（2007）也都找到了通货膨胀与金融深化负相关的证据。

Boyd、Levine 和 Smith（2001）的实证研究表明，低通胀或通胀率稳定的国家有利于促进银行和股票市场的发展。Demirgüç-Kunt 和 Detragiache（2005）则认为，高通胀和高实际利率会提高一国出现银行危机的概率。Hauner（2009）的回归分析表明，汇率水平的不稳定性会阻碍国内债券市场的发展。同时，他还发现，一国的私人银行比例越大，且通货膨胀率越低，则该国的债券市场就越发达。

Huang（2006）从政治经济学的角度研究了影响一国金融改革的因素。与 Abiad 和 Mody（2005）的观点不同的是，他认为：金融危机和高通胀对于金融改革有负面影响。也即是说，在金融危机或高通货膨胀时期，政府往往不会推进金融改革。

Ibrahim（2007）在对马来西亚的财政部门在其经济增长中的作用进行分析后认为，马来西亚的财政收支状况的改善对稳定该国的金融体系起到了重要的作用。

（四）金融发展对经济增长的促进作用受政治因素的影响

Galindo、Schiantarelli 和 Weiss（2007）用通货膨胀率来反映一国宏观经济的不稳定性。他们的研究发现，当一国宏观经济出现不稳定时，人们很难发现好的投资机会。在这种情况下，金融发展对经济增长的促进作用就会受到严重影响。Berglof 和 Lehmann（2009）通过研究俄罗斯 1998 年爆发金融危机及货币危机以后的金融发展与经济增长状况发现，真实经济部门的增长和金融发展都受益于宏观经济及广义经营环境的改善。而宏观经济及广义经营环境的改善最终依赖于支撑宏观经济及广义经营环境的政治因素。

（五）金融发展促进经济增长的关键是金融的效率而不是金融的规模

Wachtel（2001）认为，金融的效率比融资规模或投资规模的大小对于经济的增长更为重要。为此，Wachtel 举出苏联的例子，他认为，虽然苏联的资本积累率很高，但长期的经济增长却不理想，原因在于苏联的金融及投资效率很低。因此，Wachtel 指出，金融业能否有效地分配投资对于经济增长至关重要。而且，金融业有效率还有利于减少或避免金融危机的发生。此外，Wachtel 还估计，美国国内生产总值约有 8% 是由金融服务行业（包括存款性金融机构及非存款的合约式金融机构、金融经纪公司及保险公司等）提供的。

Chan、Jorge 和 Zhaohui（2001）指出，为了避免金融危机的发生，通过提高金融部门效率的方式来将金融发展和金融自由化组合起来是非常重要的。特别是对于快速增长的国家来说，旨在提高金融部门效率的金融发展变得十分迫切和必要。这意味着，提高金融部门的效率不仅有利于促进经济增长，而且还有利于避免金融危机。

Koetter 和 Wedow（2006）也认为，金融发展与经济增长的研究文献大都使用金融体系的规模而不是金融体系的效率（或金融中介的质量）作为衡量金融发展的变量，因而得出的结论并不可靠或往往会得出不同的结论。而 Koetter 和 Wedow 则使用通过随机前沿分析得到的成本效益估计量将金融体系的效率（金融中介的质量）作为衡量金融发展的指标，然后进行理论分析之后认为，促进经济增长的是金融中介的质量或效率，而不是信贷规模的扩张。这一分析实际上意味着，如果金融发展只注重规模则有可能对经济增长带来不利的影响，而只有注重金融发展的效率才会对经济增长带来有利的促进作用。

（六）最优金融结构

第三代金融发展理论曾认为，金融结构的差别（即到底是银行主导型还是市场主导型的金融结构）在促进一国经济发展上的差别并不是很大，但一国金融服务效率的高低及质量的好坏却与一国的经济发展水平有十分密切的联系（Levine，1997；Levine 和 Zervos，1998；Beck、Levine 和

Loayza, 2000；Demirgüç-Kunt 和 Levine, 2001；Beck 和 Levine, 2002）。①

但目前，也有一些学者强调金融结构的重要性。② Arestis、Demetriades 和 Luintel（2001）的研究发现，银行在推动经济增长中的作用更强大，而股票市场的作用被跨国分析过度强调了。他们的结果表明：在 5 个被研究的发达国家中，有 2 个国家的数据表明股票市场对经济增长似乎有负效应。

Tadesse（2002）的研究认为：（1）对于金融发展水平高的国家，市场主导型的金融结构更有利，而对金融发展水平较低的国家，银行主导型的金融结构则较好；（2）那些以小企业为主体的国家，如果这些国家的金融体系是银行主导型的，则这种金融体系更有利于经济增长；（3）那些以大企业为主体的国家，如果这些国家的金融体系是市场主导型，则这种金融体系有利。由此，Tadesse 认为，对于发展中国家及经济转轨国家来说，不应不加区别地发展市场主导型的金融结构，而应该参考本国的产业结构或企业状况来确定。Carlin 和 Mayer（2003）采用 27 个 OECD 国家 1970—1995 年的数据，通过对金融结构与产业活动的关系进行实证研究后发现：在金融发展及人均收入水平较高的国家，比起依靠股权融资的行业，依靠银行进行融资的行业的增长通常较慢，且对研发的投入也较少；相反，在那些人均收入水平较低的国家，依赖银行融资的行业通常随着银行的发展而得到较快的发展。因此，他们建议：在早期，应注意建立有效的银行体系，但随着经济的发展，应着力于建设透明、高效的股票市场。

Booth、Junttila、Kallunki、Rahiala 及 Sahlstrom 等人（2006）对 10 个

---

① 认为金融结构的差异对经济增长的影响差别并不大的观点可能存在以下的前提假设，即金融市场中的信息不对称、道德风险和逆向选择问题并不严重，金融体系有效率。在这种情况下，不管金融结构是银行主导型还是市场主导型都能为经济增长提供相同的金融服务，因而一国采用哪种金融结构也就不重要了。

② Singh（1997）曾认为，对于发展中国家而言，在经济发展的初期阶段，如果该国的金融结构以金融市场为主导则可能对经济增长并不十分有利，这是因为：其一，发展中国家股票市场价格的形成过程具有内在的波动性和随意性，这就不利于实现合理的投资分配；其二，发展中国家货币市场与资本市场易于波动，因此当出现不利的经济冲击时，股票和货币市场之间的交互作用会加剧宏观经济的不稳定，进而损害长期的经济增长；其三，股票市场的发展可能会破坏发展中国家现有的银行体系，从而不利于经济增长，等等。Boyd 和 Smith（1998）也认为，一国处于经济发展初期时，银行主导型金融体系更能促进经济增长。然而，随着经济的发展，收入不断增加，市场主导型的金融体系对于刺激经济增长更有效。

金融体系发达的国家（英国、美国、澳大利亚、加拿大、法国、德国、日本、芬兰、瑞典及瑞士）的企业层面面板数据进行实证分析后发现：市场导向型的金融结构更能促进企业的 R&D 动机及研发支出，且这些企业也相应拥有更高的股票市值，而金融发展水平的高低对于促进企业的 R&D 动机及研发支出并不十分重要。

Lin、Sun 和 Jiang（2009）则提出了一个最优金融结构的理论，他们认为，一个经济体在其经济发展各个阶段的要素禀赋决定了其实体经济部门的最佳工业结构，而且在其经济发展的不同阶段，企业的规模大小也不同，因而一个经济体在经济发展的每个阶段都有一个内生决定的最优金融结构。Reid（2011）则认为，一国不应根据其他国家的情况来寻求最优的金融结构，而应着眼于本国储蓄者和投资者的需求来确定本国最优的金融结构。

二、金融发展刺激经济增长的作用随着金融发展水平或经济发展阶段的不同而不同

目前，越来越多的学者倾向于认为，金融对增长的促进作用存在阶段性，分歧只是在于金融对增长的促进作用主要是体现在低收入国家还是体现在中等收入国家。[①]

（一）低收入国家的金融发展能对经济增长产生更大的促进作用

Wang（2000）所构建的模型认为，在大多数最不发达国家经济发展的初级阶段，金融发展与经济增长之间的因果关系主要表现为金融发展促进经济增长。但 Wang 又认为，金融发展与经济增长之间的因果关系在经济发展的过程中会发生变化。Calderon 和 Liu（2003）认为，发展中国家金融发展促进经济增长的因果关系比发达国家金融发展促进经济增长的因果关系更显著。

Jeong（2005）通过分析 42 个国家（包括 26 个发展中国家和 16 个发

---

① King 和 Levine（1993）曾认为，处于中低收入水平的国家，金融发展对经济增长的促进作用要远远大于高收入水平国家。

达国家）的相关数据，研究了金融发展和贫困减缓之间的因果联系，其实证结果表明：（1）在经济发展达到一定的门槛水平之前，金融发展往往是通过促进经济增长而间接地减缓贫困；（2）金融发展对经济增长的促进作用在低收入水平时期最明显，更贫困的发展中国家能够从金融部门的增长和发展中获益更多；（3）当金融发展处于低水平时，金融发展与不平等是正相关的，但是一旦金融发展达到了门槛水平，二者就变成负相关了，即金融发展与不平等的关系呈倒 U 形。Alilian 和 Kirkpatrick（2005）也检验了金融发展、经济增长、收入不平等和贫困减缓之间的联系，其实证结果显示：金融发展能够减少贫困，且金融发展对经济增长的促进作用在低收入国家更为显著。

Fung（2009）的实证研究也显示：金融发展和经济增长之间的相互促进作用在经济发展的早期效果最强，因此金融部门发育相对较好的低收入国家更容易赶超中等收入和高收入国家。而金融部门发育不良的国家往往会因经济增长缓慢而陷入贫困，这种现象可以被用来解释为什么那些最穷的国家总是陷入一个恶性循环——一方面是糟糕的金融部门阻碍了穷国利用金融服务来促进经济增长，另一方面缓慢的经济增长又不能创造金融发展所需的足够的金融服务需求。由这种恶性循环引起的"贫困陷阱"可以解释穷国与富国之间"巨大的发散"（即穷国与富国之间的差距不断扩大）。

Huang 和 Lin（2009）则使用工具变量门槛回归（Threshold Regression）方法，并采用 Levine 等人 2000 年的数据集（其中包含 71 个国家从 1960 年到 1995 年间的跨部门数据）研究了金融发展与经济增长之间的关系。他们的研究结论是：（1）金融发展和经济增长之间确实存在正向因果联系，并且这种正向因果作用在低收入国家中比高收入国家中更显著；（2）相比高收入国家来说，低收入国家的金融发展对于促进资本积累和生产率的提高有更强烈的作用；（3）金融发展促进生产率提高和资本积累的作用在一国经济发展到一定程度以后会逐渐减弱并变得不显著。

（二）只有当金融发展达到中等水平或超过一定的门槛以后，金融发展才对经济增长有强烈的正面促进作用

Harris（1997）曾通过使用 1991 年具有官方股票市场的 60 个国家中

49 个国家 1980—1991 年的数据进行实证分析，结果发现：股票市场在发展中国家似乎并不能促进长期的经济增长，而在发达国家却有一定的解释力。

Deidda 和 Fattou（2002）以人均收入作为阀值变量，并运用阀值回归模型进行分析后发现：在人均收入的临界值低于 800 美元的时候，金融对经济增长没有显著的促进作用。因此，Deidda 和 Fatouh 认为，当金融发展低于一定的水准时，它对经济增长可能毫无作用，而只有当金融发展到了一定的门槛以后，金融发展对经济增长的促进作用才会很大。Rioja 和 Valev（2004）运用 GMM 动态面板技术检验了 74 个国家的面板数据，结果发现：金融发展和经济增长的关系在不同的国家是不同的，这种关系随一国金融发展水平的不同而不同。其中，在金融发展水平较低的国家，金融发展对经济增长的作用不确定；在金融发展水平中等的国家，金融发展对经济增长有强烈的正向促进作用；在金融高度发展的国家，金融发展对经济增长有正面的促进作用但这种作用很小。这个研究结果实际上也表明，应当谨慎地预测金融部门的扩张对于刺激经济增长的作用。

Demetriades 和 Law（2006）通过使用 72 个国家 1978—2000 年的数据进行实证分析后发现：（1）当金融体系在一个合理的体制框架内运作时，金融发展会对经济增长产生较大的有利影响，这一情况对低收入的国家更适用。（2）由于低收入国家的金融体系缺乏合理的制度基础，因此这些国家的金融发展很难促进经济增长。对于这些国家而言，制度的改进比金融发展对经济增长的促进作用更大。（3）金融发展在中等收入的国家能够提供更大幅度的经济增长，特别是如果中等收入的国家制度质量较高，则金融发展对经济增长的促进作用将更大。（4）高收入国家的金融发展对经济增长的促进作用小于中等收入国家的金融发展，即使这些高收入的国家制度质量比中等收入国家更高也是如此。最后，Demetriades 和 Law 提出，"更好的金融、更快的增长"模式比"更多的金融、更快的增长"模式更好。

Valverde、del-Paso 和 Fernandez（2007）认为，金融发展和经济增长之间的关系依赖于金融发展自身的水平。

（三）金融发展只有处于最优的"平衡"发展水平才能有效地促进一国的经济发展

Graff 和 Karmann（2006）通过分析 90 个国家 1960—2000 年的年度数据，提出了金融最优的"平衡"（Balanced）发展水平这一概念，并为这一概念提供了经验支持。Graff 和 Karmann 认为，如果一国的金融发展水平低于最优的"平衡"发展水平（即金融发展不足）或高于最优的"平衡"发展水平（即金融发展过度），[①] 则该国的金融发展对经济增长的促进作用都将十分有限，也就是说，不发达或过度发达的金融部门均对经济增长不利。值得注意的是，Graff 和 Karmann 强调指出，金融的"过度发展"比金融的"不发达"对经济增长可能具有更不利的影响。这是因为：金融的过度交易以及金融系统固有的不稳定性将会造成严重的不稳定效应，因此一国的金融发展只有处于最优的"平衡"发展水平才能有效地促进一国的经济发展。Graff 和 Karmann 还为此提出了金融活动最优的发展水平以及金融活动低于发展水平和超过发展水平的无效的临界值。

（四）在发达国家，金融发展对经济增长的促进作用主要是通过提高全要素生产率实现的，而在发展中国家，金融发展对经济增长的促进作用则主要是通过扩大资本积累实现的

Rioja 和 Valev（2003）选择 74 个国家 1961—1995 年的面板数据，并采用广义距的动态面板技术进行实证分析，他们的结论是：金融发展促进经济增长的主要渠道是提高一国的资本积累率和全要素生产率，而金融发展对资本积累和全要素生产率的影响在工业化国家和发展中国家是不同的。在低收入国家，金融对产出增长的影响主要体现在资本积累上。在发达国家，金融发展对经济增长的作用主要是通过提高全要素生产率实现的。因此，他们认为，金融发展刺激经济增长的机制或渠道在经济发展水平不同的情况下可能是不同的。

Benhabib 和 Spiegel（2000）研究了金融发展促进经济增长的渠道，他

---

① 当然，Graff 和 Karmann 也指出，金融活动的最优"平衡"发展水平根据不同国家的总体发展水平的不同而有所不同。

们所要解决的问题是：金融发展对经济增长的促进作用是仅仅通过促进资本的积累这一传统增长理论所强调的原始渠道，还是主要通过"内生增长理论"所揭示的由于知识创新和技术创造所造成的全要素生产率改进这一现代渠道？他们的结论显示：金融发展无论是对全要素生产率的增长还是对资本积累都有促进作用，但是，由于全要素生产率是长期持续经济增长的唯一可靠的引擎，因此从促进经济增长的角度来看，金融发展对提高全要素生产率的贡献比对要素积累的贡献更重要。

（五）金融发展促进经济增长的效果在短期和长期是不同的

Christopoulos 和 Tsionas（2004）运用 10 个发展中国家的截面数据和时间序列数据考察了金融发展和经济增长之间的短期和长期关系，他们的结论是：金融深化程度和产出在短期内可能并不存在因果关系，但金融深化程度对产出的促进作用从长期来看却是有效的。也就是说，金融发展和产出之间可能存在着一个"门限效应"。即在一定的水平之下，金融发展对经济增长可能只有很小的或者根本没有作用；而到达了一定的门限之后，金融发展就有很大的作用。他们还发现，旨在改善金融市场的政策有时可能在短期对经济增长有延迟效应，但从长期来看，金融发展促进经济增长的作用却是显著的，因此他们认为，一国政府应力图从长期的角度考虑政策（包括推动金融发展的政策）的制订。

Loayza 和 Ranciere（2006）对 75 个国家 1960—2000 年间的数据使用混合组均值（PMG）估计量进行实证分析，结果发现：金融发展与经济增长之间在长期确实存在正向的因果关系，但金融发展与经济增长的短期系数则为负数。

三、应正确地估计金融发展对经济增长的促进作用

还有许多学者认为，对金融发展的作用不应过高估计，同时金融发展过程中存在着不容忽视的风险。

（一）对金融发展促进经济增长的作用不应过高估计

Edison、Levine、Ricci 及 Slok（2002）使用 57 个国家 20—25 年的数

据分析国际金融一体化对经济增长的影响。他们的研究发现，尽管金融开放及国际金融一体化和发展良好的经济（如人均 GDP 水平较高，而且制度较完善）相关，但这并不能证明金融开放及国际金融一体化能自动地促进经济增长，因为经济发展良好的国家通常都是经济开放的国家。

Aghion、Howitt 和 Foulkes（2005）认为，金融发展只要达到一个最低门槛，所有国家的金融发展都会趋同（类似于技术进步导致各国经济增长率最后趋同一样，差别只在绝对水平的高低）。这实际上是认为，从长期来看，一国不可能长期依赖金融发展来刺激经济增长，因此对金融发展促进经济增长的作用不应过高估计。Greenwood、Sanchez 和 Wang（2010）等人认为，金融发展是推动经济增长的重要因素，但并不是唯一的决定因素。

（二）从长期来看，金融发展促进经济增长的作用将逐步减弱

Rioja 和 Valev（2004）曾运用 GMM 动态面板技术检验了 74 个国家的面板数据进行实证分析后指出，在金融发达的国家，虽然金融发展对经济增长有积极作用，但这种作用较小。Aghion（2004）也提出了类似的观点，他认为金融发展确实有正向作用，但是从长期来看，当一国的人均 GDP 较高且处于稳态状况时，金融发展对人均 GDP 的增长作用并不大。

Fung（2009）的实证研究还发现，在一国的经济增长达到一定的水平并趋于平稳以后，金融发展和经济增长之间的相互促进作用会逐渐减弱。因此，对于中等收入和高收入国家来说，经济增长和金融发展都是收敛（Convergence）的。换句话说，当实际部门和金融部门互相强化时，经济会收敛到一个经济增长和金融发展的稳定平行发展状态。这时，金融发展对经济增长的促进作用并不大。Fung 还指出，在经济发展的早期，人力资本对于经济增长较为重要，但到了经济发展的后期，经济自由化则变得更加重要。经济自由化对于稳态路径下高收入国家的人均 GDP 和金融发展有着显著的正向促进作用，但是这种作用对于低收入国家并不显著。而人力资本对于低收入国家金融发展的稳态路径有正向促进作用，但对于高收入国家而言，这种作用不明显。

对于为什么在经济处于发达水平或一国的人均 GDP 较高且处于稳态状况的情况下，金融对增长的促进作用很小，Deidda（2006）提供了一个解

释。他认为，在经济发展的初级阶段，金融体系的专业化及规模经济效应较大，因而金融会对增长产生较大的影响。然而，在经济发展的高级阶段，金融体系的规模收益会递减，因而金融对于增长的促进作用就会变小。

（三）应关注金融发展过程中的风险

Chan、Jorge 和 Zhaohui（2001）通过构建一个模型，提供了关于经济增长、金融发展、金融自由化和金融危机之间相互关系的有趣视角。他们认为，简单地将金融发展和经济自由化改革整合在一起有很大的风险，因为这可能导致金融危机。

Aghion、Bacchetta 和 Banerjee（2004）的研究发现，相比金融发展水平很成熟和很不成熟的经济体而言，金融发展处于中等水平的经济体的稳定性更差。因而那些正在经历金融发展过程的中等收入的经济体，在短期内经济会较为不稳定，特别是这些经济体的资本账户开放会加剧经济的不稳定。

在这一理论分析的基础上，Aghion、Bacchetta 和 Banerjee 提出了以下有启发意义的观点：（1）一个不受束缚的金融自由化过程或许会加速经济的不稳定，且会造成衰退。（2）引进外商直接投资不会加剧经济的不稳定。即使在金融发展水平很低的情况下，大量引进 FDI 也不会有太大的不稳定成本。（3）本国所拥有的特定生产要素的相对价格上升可能是导致新兴市场国家金融危机的重要因素。（4）经济衰退应被视为经济体正常发展过程中的一部分，因此一国在面临金融危机爆发时不应采取过度矫正的政策。特别是对于新兴市场经济体而言，草率而激进的矫正政策弊大于利。（5）低利率政策并不是刺激经济复苏的最佳选择。

Arestis 和 Caner（2004）在分析金融自由化与贫困减缓之间的关系时指出，若一国未将宏观经济稳定作为首要目标以及在配套性的制度或机构（如金融监管制度等）尚未建立的情况下贸然推动金融的自由化，即便它可以带来经济扩张，但最终却往往会以危机的爆发和贫富分化的加剧为代价。可见，如果一国在宏观经济不稳定且配套性的制度或机构（如金融监管制度等）尚未建立的情况下加快金融的自由化将存在很大的风险。Arestis 和 Caner（2004）还指出，一旦发生金融危机，穷困人群将会比富裕人群付出更高的代价，这将导致社会的动荡。因此，如果金融自由化改革不能惠及穷人则有很大的风险。

Wagner（2007）认为，金融发展是值得欢迎的，它使得银行的经营成本降低。但是，它也可能带来不利影响或冲击。因此，在金融发展过程中，应实行提高银行资产透明度的监管制度。Abied 和 Mody（2003）则发现，银行部门的危机往往会导致改革的倒退。

（四）不能过度地依赖金融的发展来刺激经济增长

Kirkpatrick 和 Green（2002）认为，仓促的金融自由化及弱化的金融监管往往与经济不稳定和经济衰退有直接关系。Andersen 和 Tarp（2003）回顾了在理论和实证方面对金融发展和经济增长关系的研究，主张发展中国家在进行金融改革时应该采取更加审慎的方式。Fung（2009）甚至提出，不能过度地依赖金融的发展来刺激经济增长。

Clarida（2005）认为，美国成熟的金融市场吸引了全球超额的储蓄，结果导致美国经常账户的逆差。这意味着，金融发展也会产生相应的问题。

四、金融发展如何更好地促进经济增长

一些学者则思考金融发展如何更好地促进经济增长这一问题，并提出了有启发意义的观点。

（一）金融发展模式或金融结构应与经济发展的阶段相联系

Berglof 和 Bolton（2002）的实证研究认为，从经济转轨国家的情况来看，银行导向的金融结构体系并不能有效地推动经济增长，转轨国家的某些金融深化措施由于与其经济发展阶段不适应结果反而伤害了实体经济部门的增长。Terr（2002）认为，在金融不发达的国家，强调大力发展金融中介的间接融资有利于经济增长，而在发达国家，金融市场的发展更有利于经济增长。Terr 实际上主张，金融发展模式或金融结构应与经济发展的阶段相联系。Berglof 和 Patrick（2002）认为，只有金融发展能影响实体经济部门朝着有效的方向发展，才可能导致经济增长。

（二）如果要推动经济的持续增长，金融体系就需要变革演化，并能够帮助经济体有效地利用新技术

Levine（2005）回顾了有关金融发展和经济增长关系的理论和实证研究工作。他认为，大量的实证分析（包括企业层面及行业层面研究、个体国家研究、时间序列研究、面板数据调查以及广泛的跨国比较等）都论证了金融发展与长期经济增长之间存在显著的正向因果关系。但是，Levine指出，在经济发展的不同阶段，金融体系可能提供不同的服务。由此，Levine认为，如果要推动经济的持续增长，金融体系就需要变革。因为只有这样，金融体系才能适应新的情况并不断推动经济的增长。此外，Levine还特别强调，只有金融体系能够不断演化并能够帮助经济体更有效地利用新技术时，金融发展才能有效地促进经济的持续增长。

（三）低收入国家在进行金融改革时要全面权衡金融改革的成本和收益，并应稳步地进行改革

Lee（2006）认为，从经济学的角度来看，"天下没有免费的午餐"，即人们必须为获得的东西付出代价。金融改革也是一样的道理，进行金融改革虽然可能获得实质收益，但却需要付出实质成本。因此，一国在进行金融改革时，应比较金融改革的成本和收益。Lee（2006）还认为，金融改革的一个重要特点是它的收益是在长期内逐渐产生的，但是它的成本却发生在短期，因此一国在进行金融改革之前应度量改革的当前成本和改革收益的预期贴现现值。此外，由于金融改革具有一定的风险和不确定性，这就使得对金融改革的成本和收益进行比较变得十分复杂。

Lee指出，对于人均收入低于1000美元的国家来说，采用人均收入超过30000美元的国家的金融体系是不明智的。这是因为：不同的金融体系或技术会有高低不同的成本，更先进的金融体系或技术意味着更高昂的成本。同样，金融改革在提高金融中介效率的同时也会增加中介的成本。贫困国家很可能负担不起高效率金融技术的高昂固定成本，因此采用成本过高的金融体系或金融技术反而会让贫困国家变得更加贫穷。但对于富裕的国家来说，由于富裕的发达国家能够较轻松地承担改革的成本，因此发达国家进行金融改革比较容易，且能更轻松地采用更好的但成本也更高的金融技术。Lee 主张，贫穷国家在改革的初期应该采用成本和收益都较低的金融技术（如互助储蓄贷款协会、出口融资机制、贸易信贷、微型融资、家庭融资和乡镇企业融资机制，等等），扶持小型企业发展和逐步积累人力资本、消除贫困以及促进技术进步。随着经济的发展，贫困国家可以再去逐步采用更高效的金融技术。

为此，Lee（2006）主张低收入国家应该采取渐进务实的金融改革方法。在改革的初期，一国不应该采用成本高昂的激进式改革，而应先采取收益较少但成本也较低的改革措施，以获得稳定的增长。随着经济的发展及财富的增加，再采取成本较高但收益较大的改革措施。总之，Lee（2006）认为，低收益高成本的改革往往会失败，而温和的改革措施往往能得到更好的效果。Demirgüç-Kunt、Bourguignon 和 Klein（2008）也强调，金融改革应稳步进行。

第四篇

金融改革与金融发展的理论反思及展望

第十五章

发展中国家及经济转轨国家
金融改革实践的理论反思

为推动金融发展理论的进一步发展，同时为了使各国（特别是中国）能更顺利地实现本国的金融发展及经济增长，极有必要对发展中国家及经济转轨国家根据金融自由化理论所进行的金融改革的绩效或成败得失进行更全面、深入、客观的分析，以力求在此基础上对现有的金融发展理论（包括第一、第二及第三代）进行修改、补充或完善，甚或为在第一、第二及第三代金融发展理论的基础上提出第四代金融发展理论提供启示或思路。

第一节　发展中国家及经济转轨国家在金融
改革的过程中爆发金融危机的反思

要深刻地认识及准确地评价现有的金融发展理论，并全面、客观地分析发展中国家及经济转轨国家的金融自由化改革绩效或成败得失，有一个十分重要的问题是必须面对并加以回答的，那就是为什么几乎所有进行金融自由化改革的国家在金融自由化改革过程中都曾经在某种程度上爆发过货币危机或金融危机（有些国家如韩国甚至是在宏观经济状况良好的情况下爆发了金融危机）？这一现象是否证明金融自由化理论及市场化改革是错误的？澄清这一问题具有重大的理论价值及现实意义，关系到能否深刻地认识及准确地评价现有的金融发展理论，关系到能否全面、客观地分析发展中国家及经济转轨国家的金融自由化改革绩效或成败得失，从而也关系到金融发展理论的走向，更关系到金融改革及金融发展实践的走向。

一、对货币危机及金融危机的现有解释

从理论上来说，国际学术界（Krugman，1979，1998；Fload 和 Garber，1984；Obstfeld，1994；Drazen 和 Masson；1994；Tornell 和 Velasco，1996；Mckinnon 和 Pill，1998；Corsetti、Pesent 和 Roubini，1998；Radelet 和 Sachs，1998）已经对发展中国家及经济转轨国家（甚至发达国家）爆发金融危机的原因进行了研究，并相应形成了第一、第二及第三代货币危机理论。根据这些理论分析，发展中国家及经济转轨国家之所以在金融改革的过程中爆发货币危机或金融危机，其原因主要可归纳为：（1）政府一方面力求维持固定汇率或钉住汇率制度，另一方面又实行了过度扩张的财政及货币政策；（2）政府对经济的过度干预（如对企业或银行的人为保护）；（3）裙带关系；（4）企业的过度投资；（5）金融机构的过度放贷；（6）经济基本面的恶化；（7）在实行固定汇率制度或钉住汇率制度的情况下开放资本账户；（8）资产泡沫的破灭；（9）人们对本国货币产生贬值预期；（10）资本外逃；（11）金融市场上的恐慌性冲击，等等。具体参见表 15 - 1。

二、对发展中国家及经济转轨国家金融危机的重新解释

本书认为，学术界对发展中国家及经济转轨国家金融危机的现有解释还不充分，通过对发展中国家及经济转轨国家金融改革的全面回顾和客观分析，并结合第一、第二及第三代金融发展理论及货币危机理论的基本观点，本书将发展中国家及经济转轨国家爆发金融危机的机理重新解释如下：

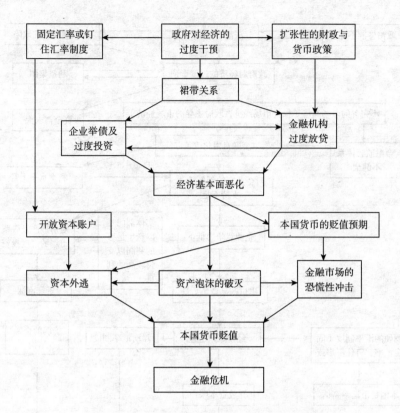

图 15-1 对货币危机及金融危机的现有解释

（一）发展中国家及经济转轨国家所爆发的金融危机是政府干预经济的结果，而不是市场化改革的结果，发展中国家及经济转轨国家产生金融危机的根源在于制度的缺陷[①]

从一些爆发金融危机的发展中国家及经济转轨国家的实践来看，这些国家之所以在金融自由化改革过程中爆发了金融危机，其根源在于这些国家在制度（特别是政治体制、产权制度及法律制度等）的改革与完善上严重滞后于金融改革的进展，一些国家（特别是发展中国家）甚至在本国的制度（特别是政治体制、产权制度及法律制度等）建设还十分落后，因而本国市场机制还不健全的情况下就开始大规模地进行金融自由化改革，结

---

① 在这一方面，第三代金融发展理论进行了深入的实证分析与理论研究，并得出了大量有意义的结论。

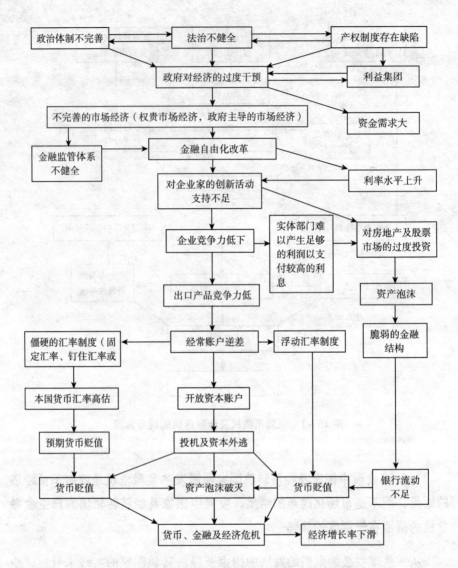

图 15－2 对发展中国家及经济转轨国家金融危机的重新解释

果往往难以真正实现金融的市场化，① 并往往导致本国金融发展的不稳定，这就必然埋下爆发金融危机的隐患。

　　这是因为：由于这些国家的政治体制及产权制度存在缺陷，且法治不

---

　　① Tressel 和 Detragiache（2008）的跨国实证分析发现：一些国家的金融改革只在形式上减少了政府对金融部门的干预，而事实上政治精英或强势利益集团仍然在左右着一国金融体系的运作，这就破坏了市场机制的有效性。

健全，政治权力没有得到充分的制衡，政府的行为难以受到政治制度、产权制度及法律制度的合理规范及有效约束，结果导致政府能够对经济及金融进行干预甚至人为的管制（如韩国政府甚至直接任命商业银行的行长和其他高级经理）。同时，在缺乏合理的政治制度、产权制度及法律制度的规范或约束下，一些利益集团或权贵阶层凭借其强势地位或关系往往能够左右政府的决策，并在经济活动中拥有较大的影响，进而形成"政府主导"的市场经济或利益集团控制的市场经济或"权贵市场经济"（如印度尼西亚的苏哈托家族几乎控制了印尼经济的绝大部分）等，而不是建立在法治和公平竞争基础上的"企业家主导"的市场经济。显然，在这种体制下进行金融自由化改革很难保证使资源流向最具创新精神的企业家手中，从而极大地压抑了企业家的创新精神。在存在政府干预及庞大的权贵集团或利益集团的情况下，也很难建立真正强调公平竞争、效率及安全的金融监管体系及有效的宏观经济调节机制，以促使金融机构将资金贷给最有效率、因而风险较低的企业或投资项目上。

在这种"政府主导"的市场经济或利益集团控制的市场经济或"权贵市场经济"中，由于政府对经济及金融的干预甚至人为的管制以及利益集团或权贵集团对经济及金融活动的强大影响，公平的市场竞争机制被严重扭曲。在政府的干预及利益集团或权贵集团的影响下，资源并不能真正通过市场机制根据效率或创新能力来配置，而往往可能流向那些缺乏市场竞争力，而不一定是最有市场竞争力的行业或企业，甚至流向投机性较强的用途，这就往往导致资源配置效率和金融效率的低下，这正是造成这些国家金融脆弱性并最终爆发金融危机的最重要的原因。可见，发展中国家及经济转轨国家产生金融危机的根源并不在于金融的自由化，而在于制度上的缺陷，[1] 在于政府对经济的过度干预。[2] 因此，将金融危机说成是市场化

---

① 从"华盛顿共识"及"休克疗法"的基本内容来看，"华盛顿共识"及"休克疗法"都没有将政治体制的改革及完善与市场机制的形成及完善联系起来（也许"华盛顿共识"及"休克疗法"将分权的政治制度作为既定的前提），都没有在制度（特别是政治体制）的改革与完善上提出相应的切实可行的建议，这也许是一些国家按照"华盛顿共识"或"休克疗法"进行改革并没有带来理想结果的重要原因。这说明，没有合理制度（特别是政治体制）支撑的市场化改革是难以成功的。

② 第三代金融发展理论曾指出，政府官员的权力越大及政府对经济的干预越强，则金融体系的安全性就越有问题。

改革（包括"休克疗法"等）造成的，并由此证明市场是失败的观点是错误的。

还需指出的是，一些发展中国家或经济转轨国家在本国还没有建立合理的制度基础上，金融体系是由政府通过采取各种政策措施大力推动发展起来的，而并不是随着经济的自然发展"内生"的或自然发展起来的。显然，在这种基础上发展出来的金融体系必然存在着"内生"的脆弱性。这也许是一些发展中国家在金融改革过程中爆发金融危机的原因之一。[1]

还有一点必须指出的是，政局不稳以及收入分配差距的扩大也是触发一国金融危机的重要因素。从拉丁美洲的情况来看，1994年墨西哥爆发金融危机之前，萨利纳斯政府的经济改革导致贫富差距不断扩大、城市居民生活水平下降、社会治安恶化等一系列社会问题，增大了政治前景的不确定性；而当年发生的恰帕斯州农民暴动以及此后的两起政治谋杀事件更是严重损害了墨西哥在投资者心目中的形象，打击了投资者对墨西哥经济的信心，并造成对墨西哥货币贬值的预期，致使金融危机的爆发不可避免。同样，2001年底爆发的阿根廷金融危机也与本国严重的政治危机及社会问题密不可分，如阿根廷政治上的腐败、统治集团的两面派做法、悬殊的贫富差距及中产阶段陷入贫困、失业的加剧等一系列问题，导致阿根廷政局不稳，从而加剧了经济的动荡及金融的动荡。而从亚洲的情况来看，亚洲发生金融危机的1997年，亚洲各国也面临着不同形式的政治动荡：韩国的总统大选和由此产生的政策不确定性以及劳动纠纷的威胁导致大量本国与外国资本外逃；泰国1998年的政局动荡加剧了经济及金融的动荡；印度尼西亚苏哈托政权崩溃所导致的政局不稳严重影响了投资者的信心，并打击了印度尼西亚的经济，从而导致金融危机的爆发，等等。现在看来，政局不稳以及收入分配差距扩大也是导致金融危机的重要原因。

---

[1] Demirguc-Kunt 和 Detragiache（2005）曾指出：在一个缺少完善的契约制度和监管制度的国家中，金融的自由化会导致银行破产，因为这些银行以前或多或少地在政府的庇护下生存而没有独立生存能力。阿根廷、智利、墨西哥、土耳其等国在20世纪80年代至90年代所爆发的银行危机正是由于这一原因。

（二）一些发展中国家或经济转轨国家爆发金融危机的根源还在于该国的金融体系对具有创新精神的企业家支持不足

发展中国家及经济转轨国家在金融自由化改革过程中，都无一例外地进行了私有化改革（包括企业和银行的私有化改革），但一些国家的私有化改革并不成功，其原因在于这些国家在进行私有化改革时将私有化当成了改革的目的，这显然是有问题的。

现在看来，私有化改革并不是目的，私有化改革的目的是要培育企业家精神，是要创造具有创新精神的企业家，只有成功地培育出大量具有创新精神的企业家才能奠定一国金融发展与经济增长的微观基础。[①] 但是，由于这些国家（如俄罗斯、阿根廷等国）并没有通过改革成功地培育出大批具有创新精神的企业家，因此导致私有化改革的不成功。同时，金融的自由化也不是目的，金融自由化改革的目的应该是创造出能够为具有创新精神的企业家提供资金支持及其他金融服务的金融体系，以帮助企业家重新组合各种生产要素，或建立一种新的生产函数进行"创新"活动，从而实现"革命性的变化"，进而促成经济增长。

但由于一些发展中国家或经济转轨国家将金融的自由化当成了目的，[②] 过于注重不断增加金融机构的种类及数量、开放金融市场并不断扩张金融市场的规模以及实现利率的自由化甚至取消对金融衍生产品的限制等方面，而没有在如何充分发挥金融支持企业家进行创新活动的功能上下功夫，结果造成该国的金融体系虽然发展很快，但真实经济部门因缺乏企业家的创新活动而发展滞后，缺乏持续的创新必然导致竞争力低下，[③] 这就必然酿成该国金融的脆弱性并埋下爆发金融危机的隐患。

---

① 第三代金融发展理论认为，对国有银行进行私有化改革将会提高银行的绩效，国有银行的数量越少或商业银行中政府所拥有的所有权比率越低，就越有利于金融发展及经济增长。现在看来，对这一分析有必要进行扩展。

② 这意味着，金融机构的私有化改革也不是最终目的。如果一国在金融自由化改革过程中只是将金融机构的私有化改革作为目的，而没有在如何建立能够大力支持企业家进行创新活动的金融体系上做文章，则这种改革也很难取得成功。

③ 如苏联东欧转轨国家的私人信贷在银行总贷款中的比例偏低，私营部门严重缺乏金融支持。1990—1998年，苏联东欧转轨国家，除捷克共和国以外，银行对私有部门的信贷都不到其国内生产总值（GDP）的一半，远远低于经济合作与发展组织（OECD）"对私有部门信贷占GDP的比率"70%—80%的平均水平。

一方面，由于金融体系对具有创新精神的企业家支持不足（具体表现为该国私人信贷占 GDP 的比率过低），因此导致该国企业家资源的短缺（如 Paulson 和 Townsend 等人发现，泰国的金融约束大大影响了泰国企业家的经济活动），并进而导致该国企业竞争力及出口产品竞争力的低下，这就必然导致本国经常账户的逆差。在本国经常账户存在逆差的情况下，如果该国实行的是固定汇率制度或钉住汇率制度，则必然会对该国货币汇率产生贬值的预期，[1] 并进而必然引发资本外逃和国际游资的投机性攻击。在这种情况下，实行固定汇率制度（或货币局制度及钉住汇率制度等）的国家只有两个选择：要么出售外汇储备或通过提高利率（在外汇储备不足的情况下）来维持本币汇率，要么本币贬值。出售外汇必然导致该国外汇储备不断减少，当该国的外汇储备耗尽时，固定或钉住汇率制度就自然崩溃，货币危机由此爆发。[2] 而在本国货币汇率存在贬值预期的情况下提高利率则会导致资产泡沫破灭，并打击国内经济增长，从而同样也会导致货币及金融危机。

在本国经常账户存在逆差的情况下，如果该国进行汇率制度改革而实行浮动汇率制度，则会直接导致该国货币贬值，从而最终同样引发该国的货币危机或金融危机。这意味着，导致一国爆发货币危机或金融危机的根源并不是该国实行了某种汇率制度（如固定汇率制度或浮动汇率制度等），而是因该国金融体系对企业家的创新活动支持不足所导致的实体经济部门竞争力低下所造成的经常账户的严重逆差。[3] 同时，这也说明，发展中国家及经济转轨国家出现经常账户逆差的根源在于这些国家的企业家才能没有得到有效的发挥，企业家的"创新"活动缺乏。

---

① 从国际收支平衡表来看，一国的经常账户包括货物（贸易）、服务（无形贸易）、收益和单方面转移（经常转移）四个项目，它反映的是一国与外国之间实际资源的转移。这说明，经常账户反映的实际上是一国的真实经济活动及真实资源的配置状况。因此，经常账户是否平衡是分析均衡汇率的基石。目前，国际上比较认可的指标是经常账户差额与 GDP 之比。例如，国际货币基金组织评估成员国汇率最主要的宏观经济均衡法（Macroeconomic Balance, MB），核心概念就是经常项目差额与 GDP 之比的均衡值（Current Account Norm）。如果一国在中期经常项目差额超过均衡值，其汇率就被认为存在低估，反之则为高估；经常账户差额超过或低于均衡值越多，就意味着汇率低估或高估的程度越高。

② 这意味着，如果汇率变动的压力如果不能通过市场调节的方式释放出来，就只能通过货币危机的方式释放出来。

③ 国际经验表明，经常账户逆差越严重的国家，就越容易爆发货币危机及金融危机。

有必要指出的是，有些国家（如韩国）的金融机构虽然对该国的大企业提供了大量的贷款，但私人信贷占 GDP 的比率在爆发金融危机之前并不高（在65％以下），这可能是由于商业银行对中小企业或新建企业的贷款较少造成的（韩国的商业银行主要对与政府有关系的大企业提供贷款）。目前，国际上衡量企业家精神的指标侧重于对"新成立企业"或"小企业"的衡量。① 这是因为：一方面，根据 Schumpeter 的创新理论，只有新企业的不断产生才能"创造性地破坏"现有的旧的经济结构，并创造新的经济结构，从而推动产业突变及经济发生革命性的变化，所以更高的新企业产生率也意味着更多具有企业家才能的人成为了现实的企业家。同时，创办新企业意味着承担风险，这也是企业家精神的重要表现。而且，更高的新企业产生率也意味着更多具有企业家才能的人成为了现实的企业家。因此，创办新企业的人更能代表企业家精神。另一方面，Wennekers 和 Thurik（1999）则根据 Schumpeter（1912）的创新理论认为，具有创新精神的企业家主要集中在小企业。著名的管理学家 Drucker（1985）也认为，企业家是创办自己的全新小型企业的人。这是因为：从市场经济的角度来看，小企业会更倾向于进行研发活动，这是因为小企业要在竞争激烈的市场中生存下来并得以发展壮大，就必须大量地进行研发或创新活动。

以上分析说明，对企业家创新活动的支持更多地应体现在对具有创新精神的创办新的中小企业的企业家的支持。从这个意义上来说，如果一国金融机构只注重对已有的大企业或甚至已占据市场垄断地位的大企业提供贷款支持，而不注重对新进入的中小企业提供贷款支持，不注重对很少财富甚至没有财富但有才华、有能力或富有创新精神的人提供贷款支持，则也可说明该国的金融机构对具有创新精神的企业家支持不足。

由于一些发展中国家或经济转轨国家的金融体系对具有创新精神的企业家支持不足，因而导致该国的实体经济部门难以创造足够的利润以

① 目前国际上通用的衡量企业家精神的指标有：全球企业家观察（GEM）自1997年开始发布的世界各国的 TEA（Total Entrepreneurial Activity Index，综合企业家活动指数，指的是18—64岁人口中新生企业家的比例）、企业的进入比率和退出比率（Yu, 1997；Sternberg 和 Wennekers, 2005）、自我雇佣比率（Evans 和 Leighton, 1989）、小企业在市场中的相对份额（Audretsch 和 Thurik, 2001）、所有权比率（Carree、Van Stel、Thurik 和 Wennekers, 2007）等。不论是哪种指标，企业家精神都是更加侧重于对"新成立企业"或"小企业"的衡量。

支付利率市场化改革以后的较高的利息。[①] 在这种情况下，一些发展中国家及经济转轨国家（如泰国，俄罗斯等国）的金融部门就不得不将大量资金投放到投机性较强的房地产、股票市场上或甚至大量进行外汇投机活动（由于这些国家的经常账户存在逆差或这些国家的货币汇率存在高估现象而导致这些国家的货币存在贬值的预期），结果形成较大的经济泡沫或导致商业银行的经营风险不断加大，这就埋下了金融危机的隐患。

还必须指出的是，正是由于国内金融体系对国内企业家的支持不足，因此国内企业不得不大量借用外债，这也是导致该国金融脆弱性并最终引发金融危机的一个重要原因。[②]

（三）金融危机并不完全是一件坏事

需要特别指出的是，从发展中国家及经济转轨国家的经验来看，金融危机实际上是对不合理的政策、扭曲的经济结构、不完善的制度安排的一次硬调整，是市场消除过剩的一种方式（Baumol、Litan 和 Schramm，2007）。或者说，金融危机是治理经济疾病的消毒剂或一剂猛药。金融危机有助于释放经济中已经存在或被隐藏的深层次问题，有利于挤出本国经济的"水分"（如挤出房地产及股市泡沫从而对畸形的经济结构进行硬调整，或逐步消除本国汇率的高估现象以使本国货币汇率回归市场水平，等等）。或者说，金融危机实际上能够起到淘汰创新精神不足或决策失误的企业家的作用。金融危机的爆发也会促使一国不得不大力完善市场机制，并不得不进行经济结构的调整。这意味着，金融危机也可能是促使一国进

---

① 利率水平实际上是一国经济发展水平及经济实力的综合反映。19 世纪末 20 世纪初，奥地利著名经济学家庞巴维克（Böhm-Bawerk，1889）曾指出，"利率是一个国家文化水平的反映，一个民族的智力和道德力量越强大，其利率水平越低下。"美国经济学家 Homer 和 Sylia（2005）在经典巨著《利率史》中通过追溯从 20 世纪 60 年代到远古时期几千年的利率史，从而得出结论：只有在经济繁荣和社会稳定的时代，一国的利率水平才会随着该国风险溢价的降低而逐步回落；而战争、革命和暴力只会无限地增加系统性风险，进而推高市场资金价格。Eichengeen 和 Ross（1998）曾进行过一项实证研究，他们发现，从 1975 年到 1992 年，100 个发展中国家爆发的金融危机与发达国家的利率（简称"北方利率"）密切相关。"北方利率"每提高 1 个百分点，发展中国家爆发金融危机的可能性就提高 3 个百分点。

② Mishkin（2006）认为，庞大的经常账户赤字和脆弱的金融部门是导致金融危机的根源。

行重大改革的催化剂。① 因此，从长期来看，金融危机也并不完全是一件坏事。而且，从发展中国家及经济转轨国家的经验来看，如果一国在爆发金融危机过后继续进行市场化改革，使那些效率和抵御风险的能力都十分低下的企业或金融机构被市场淘汰，通过市场化的破产、重组和兼并，淘汰陈旧过剩的产能，促使企业不得不依靠"创新"来求得生存和发展，则这些国家在金融危机爆发以后，其金融发展的质量将会提高，该国经济对抗危机的能力将更强，该国经济的竞争力也会上升。

（四）金融危机最终只能通过培育大量具有创新精神的企业家，并通过金融体系大力支持企业家的创新活动，以及充分发挥市场机制的作用才能从根本上得到解决

从一些发展中国家或经济转轨国家的相关数据可以看出，一些国家（如智利、韩国、俄罗斯等国）的私人信贷占 GDP 的比率在金融危机以后不断上升，这意味着由于这些国家的金融体系对企业家的支持力度逐步加大，因此这些国家的经济逐步从金融危机中摆脱出来而得到逐步的恢复。这说明，解决金融危机的根本出路只能是在大力支持企业家的创新活动基础上充分发挥市场机制的作用。例如，许多国家都是通过实行浮动汇率制度，让本国货币汇率由市场供求决定，该国货币的贬值压力通过市场得以释放，结果提高了该国出口产品的竞争力，从而刺激了该国的出口（这需要具有创新精神的企业家充分发挥作用），并进而使该国经济逐步摆脱了危机，最终使经济得到恢复。

Krugman（1998）也曾指出，克服金融危机的影响而恢复经济增长的关键在于恢复企业和企业家的投资能力。这可以从两个方面同时进行，一是帮助本国的企业家或者培养新的企业家，二是通过引进 FDI 从国外引进企业家。Drucker（1985）也认为，只有成千上万的企业家的创新活动才能避免经济的衰退，而不是政府，因此企业家的创新是唯一能够造就持续和健康发展的经济体的关键。政府主导的"创新"可能只是追求表面的繁荣，而难以真正增加就业机会，并带来大量的财政赤字。

---

① Abiad 和 Mody（2005）对 35 个发达国家和发展中国家 1973—1996 年的金融改革数据进行分析，提出了最新的世界金融改革指数，并发现一些经济和金融事件会对金融改革产生重大影响，如国际收支危机从某一方面会促进金融改革的提早发生。

可见，只有一国通过培育大量具有创新精神的企业家，并通过金融体系大力支持企业家的创新活动，以及充分发挥市场机制的作用，才能从根本上解决金融危机问题。

第二节　发展中国家及经济转轨国家的金融改革取得成功的原因分析

在看到进行金融自由化改革的国家在金融自由化改革过程中都曾经在某种程度上爆发过货币危机或金融危机的同时，我们也应看到这样的事实：许多进行金融自由化改革的国家取得了成功或者说最后也取得了成功。那么，这些国家的金融自由化改革取得成功的原因又是什么呢？对这一问题进行客观深入的探讨有利于我们进一步推动金融理论的发展。

一、注重立法是一国金融自由化改革取得成功的先决条件

从发展中国家及经济转轨国家的经验来看，注重立法是一国金融自由化改革取得成功的先决条件。例如，智利在金融自由化改革过程中，还十分注重建立完善的金融体系法律框架，这主要包括：（1）通过制定《中央银行法》，以确立一个政治上独立的中央银行，使它承担维持物价稳定并对金融机构的风险进行有效监管和及时救助的责任。（2）有关金融机构的法律规则，如《一般银行法》、《银行与金融机构监管基本法》等。这些法律规则规定了金融机构最低安全与效率标准，并规定对金融机构监管的手段和方式，允许监管者设定审慎的规则来控制风险（包括资本充足率、贷款损失准备金、资产集中度、流动性、风险管理以及内部控制等）。（3）有关资本市场的法律规则，如《证券市场法》、《资本市场法》、《IPO法》及《养老基金法》等。这些法律规则旨在为资本市场建立一个透明、公平、有效的法律与监管环境（包括对投资者的保护、对证券的发行交易以及交易商和经纪人的监管等）。较完善的法律框架保证了金融自由化改革的稳步进行。波兰的情况也值得借鉴。波兰在进行经济及金融自由化改

革时，就十分注重建立合理的法律体系。如波兰在改革开始的 1989 年就通过了两部法律——《波兰国民银行法》和新的《银行法》，等等。

二、真实经济领域市场化改革的成功是金融自由化改革成功的前提

从发展中国家及经济转轨国家（如智利等国）的金融改革实践来看，真实经济部门市场化改革的成功是金融自由化改革成功的重要前提，而真实经济领域最重要的改革主要集中在以下方面：

（一）企业生产效率及竞争力的不断提高是金融自由化改革取得成功的微观基础

许多发展中国家及经济转轨国家在进行金融自由化改革之前或过程中都进行了私有化改革，私有化改革的结果是形成了大量的私人经济部门，有些国家（如波兰等国）取得了成功，但有些国家却并不成功（如俄罗斯等国）。从发展中国家及经济转轨国家的经验来看，私有化改革能否成功取决于私有化改革能否培育出大量有创新精神的企业家，能否通过形成合理的公司治理结构从而促进企业生产效率及竞争力的不断提高，并且形成由具有创新精神的企业家主导资源配置的经济体制。在波兰私有化改革过程中产生的私营企业基本上形成了较合理的公司治理结构。形成合理的公司治理结构的目的也在于能够选择出最具创新精神的企业家，以便让这些具有创新精神的企业家来从事公司的经营活动，从而最大限度地提高公司的经营效率。由于健全的公司治理结构及高效率的公司经营是健全的金融体系的微观基础，这就为金融改革取得成效提供了良好的微观基础。

企业生产效率及竞争力的不断提高之所以是金融自由化改革取得成功的微观基础，是因为：（1）只有通过充分发挥私人部门的积极性，并提高企业的生产效率及竞争力，才能为金融业的发展及金融效率的提高奠定微观基础。（2）企业生产效率及竞争力的不断提高有利于减少政府的财政赤字，这就有利于控制通货膨胀，从而为金融自由化改革提供稳定的宏观经济条件。（3）企业生产效率及竞争力的不断提高将有利于不断提高投资者的回报，因此企业生产效率及竞争力的不断提高也是一国资本市场发展的

基础。(4)私有化改革迫使企业不得不增强外汇风险意识及外汇风险管理能力,从而为不断增大汇率弹性及至最终实行浮动汇率制度提供了合格的市场主体,而企业生产效率及竞争力的不断提高将使一国市场主体承担汇率风险的能力不断增大。因此,企业生产效率及竞争力的不断提高也是实行浮动汇率制度的微观基础。

(二)真实经济领域中成功的价格市场化改革也是金融自由化改革成功的条件之一①

发展中国家及经济转轨国家的金融自由化改革经验还证明,能否成功地完成价格的市场化改革也是金融自由化改革能否成功的条件之一。这是因为,只有在价格能够真实反映产品或资源的效用、消费者的偏好或主观评价、生产者的真实成本、相对稀缺程度及市场供求状况的基础上,价格才能既成为收益信号,又成为成本信号,因而成为合理决策的可靠依据。或者说,只有在价格能够真实反映产品或资源的效用、消费者的偏好或主观评价、生产者的真实成本、相对稀缺程度及市场供求状况的基础上,价格才能在金融自由化改革过程以后为金融部门合理配置资源提供正确的信息和合理的激励,从而才有可能避免因资源错误配置而导致的金融部门脆弱性。

三、金融体系是否能真正支持企业家的创新活动是决定一国金融及经济发展的关键

从发展中国家及经济转轨国家的经验来看,实体经济的发展是金融发展的基础,而一国实体经济发展的基础又是该国企业家的创新活动及竞争力。

从印度的经验来看,印度基本上是通过本国的金融业支持本国企业家的创新活动来推动本国的经济增长,这种增长模式比利用外资来刺激本国经济增长更具有可持续性。正是由于印度的金融体系注重支持本国的创业

---

① 必须指出的是,在全球经济逐步一体化的情况下,实现贸易的自由化改革因有利于引进国际市场的价格机制,因而有利于使本国的市场价格反映国际市场的供求状况。

者及企业家，结果印度私营企业家的活动和自由企业制度日益活跃，使印度涌现了一批能与欧美公司竞争的世界级私营企业和企业家。这说明，只有本国拥有众多具有创新精神的企业家才能给本国经济带来长久的比较优势，而建立能大力支持企业家进行创新活动的金融体系，才既能刺激本国的金融发展，又能促进本国经济的长期繁荣。[①] Johnson、McMillan 和 Woodruff（2002）的研究也表明，转轨国家的金融发展及经济增长也取决于企业家的创新活动，那些对企业家的创新活动限制过多的经济体往往经济绩效低下，而企业家的创新活动得到大力支持的经济体最终都取得了成功。同时，将资金贷给有创新精神的企业家也会大大减少银行业的坏账率，从而增强金融体系的稳健性，这也是一国能够避免金融危机的根本所在（这已为本书所介绍的几乎所有的国家的金融改革及金融发展实践所证明）。

从国际经验来看，利率市场化也不应是金融自由化改革的目的，利率市场化的目的是要通过形成市场利率这把"筛子"以便淘汰那些净生产率低于市场利率的低效率投资项目，并促使资源流向由最有创新精神的企业家所选择的高效率项目，从而支持企业家的创新活动以实现资源的合理配置。同样，放松管制也并不是金融自由化改革的目的，放松管制的目的是为了通过创造公平竞争的市场，以便让那些最有创新精神的企业家通过"优胜劣汰"的市场竞争机制获得资源，从而让稀缺的资源由那些最有创新精神的企业家使用，以最大限度地提高资源的使用效率。

从发展中国家及经济转轨国家的经验来看，引进外资之所以对这些国家的金融发展及经济增长起到了一定的促进作用，原因就在于引进外资事实上就是引进了外国企业家的创新活动。[②] 同时，对外开放国内资本市场如果能达到大量引进境外战略投资者和私人共同基金，从而支持国内企业家创新活动的目的，则不但有利于推动本国资本市场的发展，而且有利于刺激本国的经济增长。

---

① 根据 Huang（2010）的研究，从全球许多发展中国家的情况来看，发展中国家私人信贷占 GDP 的平均比率从 1980 的 23%上升到 2000 年的 32%。这意味着，发展中国家金融体系越来越多地支持企业家是刺激发展中国家经济发展的重要因素。

② 但如果引进的外资大量投向了本国的房地产而没有进行创新活动，则会导致经济泡沫。

四、经济转轨国家将股票市场的发展与私有化改革及社会保障制度的建立结合起来是加快资本市场发展的较佳途径

经济转轨国家的股票市场是在私有化改革的基础上发展起来的，将私有化改革与股票市场的发育结合起来，这种方式迅速推动了股票市场的发展。同时，经济转轨国家将私有化改革与社会保障制度的改革结合了起来。在这方面，波兰的经验值得借鉴。波兰的"大私有化"规定，实行"大私有化"的国有企业必须将其股票的25%交给国库以建立社会保障基金及养老基金，这既有利于减少市场化改革所带来的震荡，从而有利于私有化改造的顺利进行，同时又有利于培育资本市场上的机构投资者。此外，由于波兰在私有化改革过程中设立了国民投资基金，这就直接培育了资本市场上的机构投资者。总之，将金融改革与社会保障制度的改革相配合有利于推进金融的自由化改革。这是因为：随着社会保障制度的改革，养老基金和人寿保险公司等机构投资者会不断发展，而养老基金和人寿保险公司会对长期的固定收益金融工具提出稳定的需求，这就会自动推动资本市场的发展。而且，养老金制度的发展还会大大减轻政府在社会保障方面的负担，从而有利于实现宏观经济的稳定。总之，从经济转轨国家的实践来看，将股票市场的发展与私有化改革及社会保障制度的建立结合起来是加快资本市场发展的较佳途径。

五、浮动汇率制度与通货膨胀目标制的结合是一国在经济全球化条件下的较佳选择

从经济转轨国家的经验来看，实行浮动汇率制度既是向自由市场经济转轨的重要一步，也是实现本国经济国际化的关键环节。但是，由于在实行浮动汇率制度的情况下，以稳定本国货币汇率作为稳定国内物价的名义锚作用基本消失，因此为弥补名义锚的缺失，从而既能充分发挥本国货币汇率的调节作用，同时又能保证宏观经济的稳定，并稳定市场信心，实行浮动汇率制度的国家在货币政策框架上应该实行通货膨胀目标制，即以简单、透明的通货膨胀目标作为新的名义锚替代原来的汇率名义锚，增加政

府控制通货膨胀的责任和压力,这就能够保证在本国货币汇率自由浮动的情况下通过控制通货膨胀来保证本国汇率的稳定。

六、加强金融监管是促进金融发展并保持金融稳定的不可缺少的重要一坏

从发展中国家及经济转轨国家的经验来看,对金融业实行严格的监管是金融的自由化特别是资金自由流动的前提。如果一国在没有建立有效的金融监管体系的情况下就实现金融的自由化让资本自由流动,则往往有可能导致经济的波动甚至爆发金融危机。因此,加强金融监管是促进金融发展并保持金融稳定的不可缺少的重要一环。① 从一些国家的经验来看,以下的金融监管措施对推动金融发展并保持金融稳定起到了一定的作用。例如,一些国家为恢复或增强公众对金融体系的信心,要求商业银行提高自有资本和风险准备金的比率,以加强商业银行的稳健性。再如,一些国家为建立安全、有效的银行体系,提高银行体系抵御风险的能力,鼓励金融机构之间的购并重组活动,并允许国内银行与外资银行合并。还有,一些国家在不断增大汇率弹性以便最终实行浮动汇率制度的过程中,加强对货币错配和风险的监管,对银行的净外汇头寸进行严格监控以减少外汇风险曝露,等等。

---

① 在加强金融监管的问题上,有一种理论十分强调政府在金融监管中的作用,这一理论称为金融监管的公共利益理论(Stigler, 1971; Becker 和 Stigler, 1974)。该理论认为,由于市场存在着信息不对称、交易成本以及不完全竞争等问题,私人不可能去监管那些实力雄厚的金融机构,因此只有通过政府对金融机构的监管,才能够克服市场失灵所带来的负面影响,并改善金融机构的治理水平,从而提高金融运行的效率以及维护金融体系的稳定。金融监管公共利益理论的基本思想主要体现在以下两个方面:一方面,积极鼓励政府参与银行的经营和管理,实现对金融的直接控制;另一方面,通过增强政府金融监管的权力,发挥政府在金融监管中的作用,可以弥补市场不完全所带来的负面影响。但该理论有两大前提假设:一是政府拥有的信息是充分的,政府可以比市场本身更了解市场;二是政府是为全体人民的利益着想。但在现实中,这两大前提假设并不存在。由于政府官员往往知识和技能有限,同时政府也是一个拥有自己独立利益的主体,也容易被利益集团俘获。这样,一方面,政府的金融监管政策往往会被少数既得利益集团所左右,因为利益集团为了自己的利益必然有积极性采取各种手段影响政府的金融监管政策,金融监管机构最后常常被捕获(Capture);另一方面,政府对金融机构的过多管制行为,也进一步增加了市场中寻租的机会,从而破坏了市场的正常竞争秩序,这就不利于金融的长期发展。因此,建立有效的金融监管机制,以克服市场失灵并避免政府失败,是应深入研究的问题。在这一问题上,必然充分考虑法治与市场公平竞争的作用。

第十六章

金融发展理论的综合及重新表述：
金融发展理论的一个创新尝试

通过全面回顾并评价金融发展理论的整个发展过程及最新进展，并客观地分析发展中国家及经济转轨国家金融改革的绩效或成败得失，本书将对现有的金融发展理论进行综合或重新表述，以尝试找出一条理论主线，从而力争在现有的金融发展理论基础上有所创新或突破，进而为将金融发展理论向新一代推进开辟思路。

第一节　金融发展的框架：理论
综合基础上的重新表述

为达到以上目的，本书在对现有的金融发展理论进行综合的基础上，构建以下框架来对金融发展理论进行重新表述，参见图 16-1。

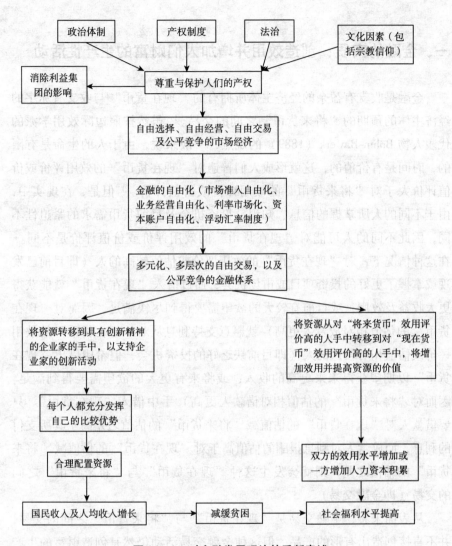

图 16-1　对金融发展理论的重新表述

第二节　金融的实质及功能：一个重新解释

基于对金融发展理论进行重新表述所提出的理论框架，就更加明确金融的实质、功能，这主要是：

一、金融的实质：创造效用并增加人们财富的生产性活动

金融是收支有盈余的经济主体所拥有的"现在货币"与收支有赤字的经济主体的预期的"将来货币"之间的交易。[①] 虽然按照边际效用学派的代表人物 Böhm-Bawerk（1889）的观点，一般来说，由于人的生命是有限的，时间是有价值的，这就形成人们普遍对"现在货币"的效用评价或价值评价大于对"将来货币"的效用评价或价值评价。[②] 但是，在现实中，由于不同的人所掌握的信息、知识、投资机会及目前货币需求的紧迫性不同，因此不同的人可能对"现在货币"的效用评价或价值评价是不同。[③] 在这种情况下，对"现在货币"的效用评价或估值较高的人（即目前已发现或掌握了更好的投资项目或市场机会，通过借入"现在货币"就能获得更大收益及效用，或目前有较大的欲望需要得到尽快满足，因而对"现在货币"的估值相对放款人更高）就愿意支持利息从对"现在货币"的效用评价或估值相对较低的人（即目前缺乏好的投资机会，但希望借出"现在货币"以期望获得未来更高的收入，或将来有更大的欲望需要得到满足，因而对"将来货币"的估值相对借款人更高）手中借入"现在货币"。只要借款人对"现在货币"的估值减"将来货币"的估值之差高于其所支付的利息，而放款人对利息报酬的估值高于对"现在货币"的估值减"将来货币"的估值之差，则就会发生这种"现在货币"与"将来货币"之间的交易（即金融交易）。

从表面来看，金融交易是"现在货币"与"将来货币"之间的交易，并不直接创造出有形的产品，但这种金融交易活动仍然是创造财富的生产

---

① 还可以换一种说法来定义"金融"，即"金融"是帮助"现在不想花钱的人找到现在想花钱的人"，从而增加双方的效用，并进而增加社会的总效用。"现在不想花钱的人"是指那些因为没有掌握最有利的创造效用，从而创造收入的投资机会的人，而"现在想花钱的人"是指那些因为掌握了最有利的创造效用，从而能创造更多收入的投资机会的人。可见，将"现在不想花钱的人"的钱转移到"现在想花钱的人"手中就意味着资源低效率用途转移到高效率用途。

② Guiso、Sapienza 和 Zingales（2002）及 Rajan 和 Zingales（2003）都指出，金融是以今日的财富换取一个将来回报更多财富的承诺。Ross（2003）则认为，金融是当前收入和未来收入的交换。

③ 按照边际效用学派的代表人物庞巴维克（1889）的观点，这种价值评价的差异是由于时间的差异造成的。

性活动。[①] 金融交易之所以能创造财富，是因为：这种交易是将货币从对"现在货币"的效用评价或估值相对较低的人的手中转移到"现在货币"的效用评价或估值较高的人手中，因而创造或增加了效用或价值，而创造或增加效用就是创造了财富。更重要的是，这种"现在货币"与"将来货币"之间的交易实际上是将资源从估值较低的人手中转移到估值更高的人手中，或将资源从收益低的地方转移到收益更高的用途上，这就能使社会的稀缺资源能够得到有效地利用以创造更多的财富。总之，金融活动本质上也是一种生产性活动，或者说是一种特殊的生产性服务活动。从市场的角度来看，人们的金融活动越自由，则创造财富的机会就更多。

二、金融的功能：支持企业家的创新活动及增进并发挥市场的功能

（一）金融的核心功能：支持企业家的创新活动

基于以上分析，金融要达到创造并增加财富的目的，支持企业家的创新活动并使更多的人成为企业家，[②] 这也是金融的真正功能所在。其原因

---

① 传统的经济理论认为只有生产出物质产品的生产活动才是生产性活动，因而才是创造价值和收入的源泉。这种生产观念在我国有深远的影响。但这种观念是不对的。原因就在于：物质是不能生产的，因为物质是不生不灭的，物质既不能创造，又不能消灭，任何人都没有创造物质的能力，连自然也没有这种能力。"地球就是由物质所构成，人力所能做到的，只不过改变已经存在的物质的形态"（Say，1833）。"人所能做的只是整理物质，使物质更有用（如用木料做成一张桌子），或是设法使物质能被大自然变得更有用（如将种子播种在能借大自然的力量而生长的地方）"（马歇尔，1890）。这意味着，物质生产这一概念是不正确的。生产实际上是人类将自然界本来就已有的各种物质或加以重新排列组合，或制造成某种形状，或移动其位置，从而使这些物质由对人无用变成有用（效用），或提供这些物质以前所不具有的效用，或增加其原有的效用以满足人的需要。因此，生产不是创造物质，而是创造能够满足人们需要的效用，或者说，生产的意义就在于各种生产要素（包括劳动、资本及自然资源等）的相互协助作用使自然界已有的物质可用来满足人的需要。Schumpeter（1912）在其"创新"理论中也认为，从技术上以及从经济上考虑，生产并没有在物质的意义上"创造出"什么东西。根据这一生产概念，创出新的效用不只是创造出了新的产品或服务，而且也是创造新的财富（因为只有给人带来效用的东西才是财富，且物品的效用也是物品价值的基础）。

② 综合国外学术界的各种观点，本书将企业家定义为"不断地创新、积极探寻投资机会和勇于承担并积极管理所面临的风险和不确定性的人"。

在于：

1. 企业家的创新活动是创造财富并进而实现经济增长的源泉

根据 Say 等人的生产概念以及 Schumpeter 的创新理论可以得出这样的观点：经济发展，就其本质来说，就是如何充分地利用自然界本来就已有的各种物质以最大限度地创造出人们所需要的效用。显然，在这一过程中，企业家的创新活动是关键。[①] 这是因为：既然生产不是创造物质，而是人类将自然界（即自然资源）本来就已有的各种物质加以重新排列组合，或制造成某种形状，或移动其位置，从而使这些物质形成具有某种效用，进而创造出财富。显然，在这一过程中，人头脑里的知识、智慧、创新精神及进取精神即企业家精神起着关键作用。

企业家就是那些千方百计、绞尽脑汁地去寻找或发现消费者还没有得到满足的需求或还没有认识到的新需求，或大胆而富有想象力地突破既有的商业模式和惯例，不断寻求机会将劳动资本等各种生产要素更好地组合起来发挥协调作用，并运用新的组织形式或新的生产方法、新的工艺程序，从而创造性地将自然界（即自然资源）本来就已有的各种物质或加以重新的排列组合，或制造成某种形状，或移动其位置，从而提供这些物质以前所不具有的效用（效用是创造出来的产品或服务所具有的满足人们欲望或需要的能力）或增加其原有的效用，以充分满足人们的需要，并从中获得利润的人。[②] 这意味着，创意及企业家的创新精神是最有价值的资源，也是最可靠、最持久，甚至可以说是取之不尽、用之不竭的资源。或者说，企业家的创新活动才是整合资源、创造财富，并进而实现经济增长的源泉。[③] 总之，经济增长并不在于投入更多的资源，而在于能使更多的创新思想市场化，在于知识、创意及技术的市场化。这同时还说明，只有企业家的创新活动才能发现或挖掘更好的投资机会或创造更有利的投资项目，而经济发展终究还是要由有利可图的投资机会来推动（Rajan 和 Zin-

---

[①] 缺乏企业家的创新也是中国缺乏品牌产品并出现大量假冒伪劣产品的重要原因。

[②] 这说明，利润并不只是成功投机的报酬，更重要的是积极性和创造力的报酬。

[③] 必须指出的是，私有化改革的目的也是为了培育大批具有创新精神的企业家，如果达不到这个目的，就难以取得成功的经济增长。一些国家（如俄罗斯）的私有化改革之所以不成功，是因为这些国家的私有化改革往往注重的是如何将国有财产分配给公众，而没有注重如何通过私有化改革以培育出大批具有创新精神的企业家。

gales，2003）。

2. 金融如果不能支持企业家的创新活动并使更多的人成为企业家则难以使一国的产出水平达到潜在的产出水平

由于去发掘消费者还没有得到满足的需求或还没有认识到的新需求，并将劳动及资本等各种生产要素合理组合起来，并运用新的组织形式或生产方法、新的工艺程序利用自然界（即自然资源）本来就已有的各种物质以创造出人们所需要的效用需要大量的资源或生产要素。因此，在企业家没有足够的资金，且又不能获得金融体系的融资支持情况下，企业家就无法组合各种生产要素将自然界已经存在的物质变成具有某种效用的产品或服务。这样，经济社会就无法利用人们的知识及企业家的创新精神以最大限度地创造财富，结果就无法使一国的产出水平达到潜在的产出水平。①同时，如果没有金融体系去识别并分摊风险，②则也不会有人愿意将自己的资金借给有创新想法的人。可见，在不发达甚至扭曲的金融体系中，企业家才能被埋没，富有市场前景的创新机会得不到资金支持。这样，一个社会就无法充分利用人们的智慧，将人们的智慧变成受市场欢迎的新产品并开辟新的市场和新的顾客群，结果就难以使一国的产出水平达到潜在的产出水平。③

3. 金融只有通过支持企业家的创新活动并使更多的人成为企业家才能实现经济的繁荣

如果金融能够大力支持企业家的创新活动，就有利于将资金转移到那些或者拥有了新的想法、或者发现了新的市场需求、或者找到了更有利的投资机会、或是掌握了更好的生产方式的企业家手中，从而使这些具有创新精神的企业家能以较小的消耗（如采用新的组织形式或生产方法、新的

---

① 一些发展中国家或转轨国家在金融改革过程中主要将改革的重点放在金融机构的形式改革上，而没有将改革的重点放在充分发挥金融的功能上。

② 风险的产生在于创新的将来回报是未知的，或者说是不确定的，因此进行创新活动必然同时产生风险。

③ 从中国目前的现实来看，由于中国的金融制度安排更多地是在政府的主导下向国有经济部门提供融资，而不是通过市场机制向企业家提供融资进行"创新"活动来创造就业机会并刺激经济的有效增长，因此导致中国目前就业机会不足，居民收入占 GDP 的比例较低、内需不振以及不得不依靠外需（出口）来拉动国内经济增长，并依赖外资来弥补国内企业家精神的不足，因而导致国际收支长期失衡等一系列问题。显然，这样的金融制度安排是难以持续的。

工艺程序等等）将自然界已经存在的物质变成能给消费者带来最大效用的产品或服务，从而实现经济的持续增长。因此金融通过支持企业家的创新活动，就能将好的想法变成财富。只有这样，才能使一国主要依靠思想的创新、知识的积累及企业家的创新活动来推动经济的持续增长，而不只是单纯依靠储蓄来推动经济增长。同时，由于金融具有分散风险的功能，能够将创新活动的风险分配给最愿意承担风险的人，因此，金融发展能够鼓励人们从事风险较大但发展前景也较大的创新活动，这就有利于培育企业家的创新及冒险精神。

应该强调的是，金融体系通过支持企业家的创新活动实际上是帮助个人扩展成功的机会，从这个意义上讲，金融的实质是要给人创造机会，特别是给那些具有知识、智慧、创新及进取精神但却没有关系或财产的人创造机会，以便使所有的人都能充分发挥各自的作用（让有资本的人投资，让有创新精神的人成为企业家，让有劳动能力的人成为雇员），让所有人的人都能得到好处（让有资本的人得到利息或股息，让有创新精神的人得到利润，让有劳动能力的人得到工资）。[1] 特别是，如果金融发展能使更多的人成为企业家，就能使该国拥有不同技能和不同知识的广大人民的聪明才智得到充分发挥，进而实现国民总收入及人均收入的不断增长。[2] 金融发展的目的就是通过刺激国民收入的增长及增加人们的财富，减缓贫困及促进社会福利水平的不断提高。

4. 金融只有支持企业家的创新活动并使更多的人成为企业家，才能实现金融本身的发展

以上分析说明：金融只有支持企业家的创新活动，才能将一个社会的储蓄率转移到效率更高或收益更大的投资项目或用途上。因此，这意味着：（1）只有在企业家创新活动基础上产生的金融合约才是高质量的金融工具及投资工具，只有在一国的金融体系充分支持企业家的基础上，才能

---

① 金融发展通过支持企业家的创新活动，使企业家能够不断扩大生产规模，从而不断增大对劳动的需求，这一方面会创造更多的就业机会，使劳动力市场具有弹性，另一方面又会通过劳动需求的增加及企业家对劳动需求的竞争而导致工资水平的不断提高，这就真正能增加人们的收入并减少贫困。

② Wachtel（2001）曾估计，在最富裕国家，几乎 3/4 的贷款分给了私人部门，这一比例是最贫穷国家的 2 倍。

产生大量丰富的高质量的金融资产；（2）金融机构只有将吸收的资金大量转移给具有创新精神的企业家进行创新活动才能使金融机构的资产质量、效率及盈利水平不断提高，从而不断发展壮大；（3）金融市场只有将那些具有创新精神的企业家所创办或经营的企业推向市场，才能使社会资源得到合理配置，并推动金融市场的效率不断提高及规模不断扩大；（4）金融业只有大力支持企业家的创新活动才能真正推动金融创新的发展，而金融创新也只有围绕企业家的创新活动来进行才能真正地充分发挥金融体系合理配置资源的功能，并避免金融泡沫的产生；（5）一国的金融体系只有通过大力支持企业家的创新活动，使货币及资源主要流向高效率的用途，以便用最少的投入（货币及资源）而最大限度地创造产出，才能避免产生需求拉上、成本推进、供求混合推进或结构失衡型的通货膨胀，从而保证金融的稳定与宏观经济的稳定，等等。总之，金融只有支持企业家的创新活动并使更多的人成为企业家，才能实现金融本身的发展。实际上，这才是金融内生发展的真正根本所在。

5. 只有在本国的金融体系大力支持企业家创新活动的基础上，实现利率的市场化或自由化才有意义

在市场经济条件下，利率是一把挑选投资项目的"铁筛子"，在利率这把"铁筛子"的筛选下，那些期望回报率或净收益率低于利率水平的投资项目将会被淘汰掉，而只有那些期望回报率或净收益率高于利率水平的投资项目才能获得融资。在这种情况下，只有一国的金融体系充分发挥支持企业家创新活动的功能，从而使一国的实体经济具有较高的生产率，才足以消化利率水平提高所造成的财务成本上升的压力，这样，利率的市场化或自由化才有意义。更重要的是，在本国的金融体系大力支持企业家创新活动的基础上实现利率的市场化或自由化，才有可能使市场利率真正发挥优胜劣汰的作用，即发挥其使资源向效率更高、能力更强或更有机会作最有效投资的企业家手中或具有最高预期收益的投资项目上以创造更多的产出。

6. 只有在本国的金融体系大力支持企业家创新活动的基础上，开放本国的资本账户并实行浮动汇率制度才会给本国经济带来利大于弊的结果

开放本国的资本账户及实现本国货币的可兑换实质上是将国内市场与

国外市场连成一体，从而为本国市场主体创造更大的市场空间。在这种情况下，只有本国的金融体系大力支持企业家的创新活动，使本国的企业家能够在更大的范围内将自然界已有的物质转化为能在更大的市场所需要的具有某种效用的产品或服务，从而最大限度地创造产出和利润。显然，只有在这个基础上，一国才能够真正享有开放本国资本账户，从而将国内外市场连成一体所带来的好处：充分利用国内外的资源来最大限度地促进本国的经济增长。

同时，在开放本国的资本账户及实现本国货币的自由兑换从而使国内外市场连成一体的情况下，再实行浮动汇率制度就能使国内价格与国际市场的价格相互挂钩，这就能准确地传递国内外的市场价格信号（在开放经济中，汇率是最重要的资源配置价格），使国内企业家能够充分利用国内外市场价格信号所提供的信息，通过准确地了解国内资源与国外资源的相对丰裕或相对稀缺程度，以便以最低的成本创造出能满足国内外市场需求的具有某种效用的产品或服务。可见，只有在本国的金融体系大力支持本国企业家创新活动的基础上，一国实行浮动汇率制度才是有利的。此外，实行浮动汇率制度还会起到筛选企业家的作用，因为在浮动汇率制度下，那些缺乏创新精神的企业家会失败，而只有那些真正具有创新精神，从而能成功地化解风险的企业家才会取得成功。

需要指出的是，如果一国的金融体系真正大力地支持该国企业家的创新活动，则自然会使本国企业的竞争力不断提高，并进而会使本国出口产品的竞争力得以提高。这样，本国的经常账户就不会长期处于严重的不正常的逆差状态，从而也就不会使本国的货币汇率长期处于不稳定的贬值状态（经常账户是国际收支账户的基础，是决定一国长期均衡汇率水平的基本因素）。只有在这种情况下，实行浮动汇率制度才不会给本国经济带来弊大于利的结果，① 才会最终使得一国经济能够在外部冲击的影响下通过

---

① 如果不是通过大力支持本国企业家的创新活动以真正提高本国企业及本国出口产品的竞争力，而只是试图通过浮动汇率制度，并让本国货币汇率贬值来提高本国产品的出口竞争力，只能是在短期有一定效果（因为只是价格竞争力的提高）。从长期来看，如果一国不能大力支持本国企业家的创新活动，从而使本国企业的创新能力真正提高，并使本国出口产品的竞争优势得以真正提高的情况下就贸然实行浮动汇率制度，则本国货币汇率的不断贬值反而会打击人们对本国经济的信心，并引发通货膨胀。而且，这在开放的条件下还会促使资本的外逃，从而导致本国经济的波动，并最终引发货币危机。

不断调整国内的经济结构而使本国经济的竞争力不断提高。

7. 大力发展远期交易及期货交易有利于支持企业家的创新活动

为支持企业家的创新活动，还应大力发展远期交易及期货交易。这是因为：允许人们进行远期交易及期货交易，并允许人们进行投机活动，同时切实保护人们在远期交易及期货交易中通过成功地预测未来价格的变化趋势，并通过"低价买进、高价卖出"或"高价卖出、低价买进"的投机行为所获得的利润将鼓励在预测价格方面有比较优势的人专门从事这一职业。这些投机者为了获利就不得不广泛地搜集信息，以便准确地分析现在和未来的稀缺性，并准确地预测未来的市场供求及价格变化，只有这样，他们才能成功地观测未来的价格走向。因此，允许正当投机活动的存在也是让一些在预测价格方面有比较优势的人专心致志地研究未来的市场供求状况及市场价格的走向，这就能够提高一个社会预测市场价格变动的能力，就能让企业家们专心致志地根据市场价格状况从事创新活动，并根据远期价格与即期价格之差以及期货价格与现货价格之差所提供的信息做出正确的生产经营决策。同时，从事这种投机活动也存在着巨大的风险，如果投机者对未来价格变化的趋势预测错误则会招致失败，从而带来巨大的亏损及财产损失。投机风险的存在将会迫使一个社会中那些更有能力的人来承担风险，而这将提高整个社会承担风险（包括创新风险）的能力。①从以上角度来看，大力发展远期交易及期货交易有利于支持企业家的创新活动。

8. 一个好的金融体制应该是一个能够筛选并支持具有创新精神的企业家的金融体制

以上分析说明：金融体系只有大力支持企业家的创新活动才能实现经济增长与金融发展的良性循环，从而形成真正的"金融深化"及"金融宽化"。因此，一国在金融发展过程中，着眼点并不在于如何不断丰富金融产品，如何不断增加金融机构及如何不断扩大金融市场，而是应着眼于如何建立一个能有效地支持企业家创新活动的金融体系。或者说，金融发展

---

① 由于投机存在着极大的风险，这就自然促使投机者必须充分利用所有的相关信息，并充分发挥自己的聪明才智，以便对市场供求及市场价格的变化做出成功的预测。可见，投机活动的存在将使市场更有活力。

的关键并不在于金融体系的形式或结构如何，也不在于金融机构的多少和融资规模的大小，不在于金融市场的规模大小，而在于该国的金融体系是否能挑选出真正具有创新精神的企业家及真正有盈利前景的投资项目。衡量一国金融发展水平的最重要的指标应该是"任何一个"具有创新精神或拥有合理项目的企业家获得融资的难易程度，或者说，一个好的金融体制应该是一个能够筛选并支持具有创新精神的企业家的金融体制，是一个能把稀缺的社会资本资源配置给最有效率的企业的体制。①

此外，在金融体系大力支持企业家创新活动的基础上实现金融的市场化或自由化，就意味着允许持有不同信息、知识、观点或想法的投资者能够自由地进行金融交易。这种自由交易实际上能够汇集所有市场参与者所掌握的知识、信息及所有市场参与者的智慧来评估成千上万个大大小小的投资项目（金融工具的交易行为实际上反映了不同的市场参与者对投资项目的评估），并共同地精心计算不同投资机会的市场价值及回报率高低，以便从这些项目中筛选出最有价值及盈利前景的投资项目，这就有利于实现资源的合理配置。

（二）金融的基本功能：增进并发挥市场的功能

金融自由化改革及金融发展的目的是通过创造多元化、多层次的自由交易的金融体系，从而创造公平竞争、自由交易的市场，以便充分发挥市场的功能，这是因为：

1. 只有创造公平竞争的市场，才能将人们的信息、知识、智慧、才能及创造力都汇集起来，以形成比任何个人都更聪明、更有智慧、更有创造力的有效市场

应该指出的是，对企业家的支持并不意味着保护企业家免受市场竞争的威胁，恰恰相反，让企业家在公平的基础上相互之间进行"优胜劣汰"的市场竞争恰恰是对更具有创新精神的企业家的真正支持。这是因为：在

---

① 基于以上分析可得出这样的结论：如果中国下一步能够通过金融改革以形成大力支持企业家创新活动的金融体系，从而通过企业家的创新活动来创造就业机会以增加居民的收入，进而扩大中国的内需，并通过不断提高资源配置效率从而最终推动中国经济的持续有效增长，就能逐步解决中国目前所存在的就业机会不足，居民收入较低、内需不足以及不得不依靠出口来拉动国内经济增长，并依赖外资来弥补国内企业家精神的不足因而导致国际收支长期失衡等一系列问题。

"优胜劣汰"的激烈的市场竞争中，只有那些更具创新精神、因掌握了正确的或最有价值的知识或信息而决策更正确的企业家才能脱颖而出，在市场竞争取得成功并在市场上获得回报。因此，通过创造公平竞争的市场实际上是对企业家的真正支持，让市场（而不是政府）挑选或决定赢家。可见，通过创造公平竞争的市场，金融自由化将使金融体系能够更好地支持企业家的创新活动。

同时，只有让企业家在公平的基础上相互之间进行"优胜劣汰"的市场竞争，才能迫使企业家必须不断地进行创断活动、不断地开发和采用更先进的技术，以不断提高生产效率，从而不断地降低产品成本并提高产品质量，进而最大限度地满足国内外消费者的需求。可见，创造公平竞争的市场也是保护消费者利益的最佳方式。

更重要的是，在"优胜劣汰"的激烈市场竞争中，谁也不能坐享其成，每个人都只能在市场上求生存，求发展。[①] 因此，每个人要想在市场上取得成功，就必须充分利用自己或他人所掌握的知识或信息，并充分发挥自己的聪明才智，以便在此基础上做出最佳的决策，只有这样才能避免失败。总之，在"优胜劣汰"的激烈市场竞争中，每个人都会为了自己的利益而最佳地利用自己所掌握的知识、信息、智慧、才能及创造力，如果自己所掌握的知识或信息不够，则人们就会千方百计地想方设法去利用他人所掌握的知识或信息。[②] 这样，公平竞争的市场，就会将所有人的信息、知识、智慧、才能及创造力都汇集起来，从而形成比任何个人都更聪明、更有智慧、更有创造力的有效市场。[③] 此外，还需指出的是，公平的市场竞争机制还能保证使正确的知识或信息得以广泛传播和充分利用。这是因为：在"优胜劣汰"的激烈的市场竞争中，只有那些掌握了正确的或最有价值的知识或信息的人，才有可能做出正确的决策，从而在市场上获得回报、得到市场的奖励，而那些掌握的知识或信息有限，或甚至掌握错误知识或信息的人则会因缺乏远见或决策失误而被市场所淘汰。这样，就能形

---

① 这意味着，公平竞争不是给个别人或少数人提供出路，而实际上是给所有的人提供出路。
② Baumol、Litan 和 Schramm（2007）指出："自由市场的优点在于：它能发挥许多人的才能，这样的经济体制能容纳持续不断的头脑风暴和实验，而这会带来回报，因为拥有多种技能和不同知识的广大人民比任何一组计划者或专家都更能提出和实施好的主意，所以，正是"无计划性"这个似乎是自由市场经济的弱点的东西，才是其强大的力量所在。"
③ 这意味着，市场上不同的观点越多，则市场就越聪明，越有创造力。

成比任何个人都更聪明、更有智慧、更有创造力的市场机制，这样的市场机制将会利用所有人的信息、知识、智慧、才能及创造力，以便用最少的资源而最大限度地创造出社会所需要的产出，从而实现经济的持续增长。

以上分析说明，对于推动一国的经济发展来说，金融体系是以银行为主还是以金融市场为主并不重要，重要的是要看该国的金融体系是否能够创造公平竞争的市场，并刺激市场的竞争。①

2. 只有创造自由交易的市场，才能最大限度地实现社会财富的增长

金融自由化及金融发展的目的是通过创造多元化、多层次的，能满足不同需求者融资需求的金融体系，从而创造自由交易的市场。

自由交易之所以重要，是因为自由交易能够最大限度地实现社会财富的增长。其内在机理在于：从客观来看，由于每个人所掌握的信息、知识及每个人的才能及创造力可能不同，因此在能够自由进行交易的情况下，人们就只需专业化地从事相对成本最低（即相对效率比别人更高）的生产活动，根据自己所擅长的或发挥比较优势将自然界已有的物质转化为某种效用或产品，然后通过自由交易寻找最适合的交易对象，以便用自己所创造的该种效用或产品同别人具有比较优势（也是自己所需要的）的效用或产品相交换。这样，每个人都将通过这种交换获得比不进行专业化生产和交换多得多的效用或产品，从而最终使每个人都能最大限度地获得效用。从整个经济社会来看，如果每一个人都根据自己的比较优势而专门生产自己效率最高或成本最低的产品，并用自己所生产的效用或产品去同别人具有比较优势的效用或产品相交换，则结果是：（1）生产成本下降；（2）产量增长；（3）每个人所能获得的收入提高，这也意味着社会财富得到了最大限度的增长。

从主观来看，由于同一资源或物品对不同人的福利来说其重要性可能不同，或者说同一资源或物品对于不同的人有不同的效用（因为效用是一个人从消费一种物品或服务中所感觉到的享受、快乐或满足感，是消费者的主观感觉），因此不同的人对资源或物品的效用也可能不同，或者说，同一资源或物品对于不同的人来说价值可能不同。由于每一个人都力求以

---

① 如果不能形成公平竞争的市场机制，则金融自由化的收益将会被那些处于有利地位的利益集团所瓜分。

最小的代价来获得最大的效用，因此一旦出现不同的人对资源或物品的效用及价值评价不同的情况，则只有在能够自由交易的情况下，对资源或物品的效用及价值评价较高的人（需求者）才可能同对资源或物品的效用及价值评价较低的人（供给者）进行交易，使资源或物品由对资源或物品的价值评价较低的人（卖者）手中转移到对资源或物品的价值评价较高的人（买者）手中，这从整个社会来看，资源或物品的价值得以提高了，而这就意味着财富的增加。同时，每个人的利益都增加了（因为买者得到了买价低于其效用评价的资源或物品，而卖者得到了卖价高于其效用评价的资源或物品），而这就意味着社会福利的增加。可见，建立在自愿基础上的自由交易能使资源或物品得到最有效、最充分的利用，并产生最大的价值（因为这种自由交易会使资源或物品流向估价及出价最高，因而效率最大购买者手中）及财富。这说明，只有创造出自由交易的市场，才能使人们最大限度地获得效用或价值，[1] 并最大限度地创造出社会财富。

3. 只有建立自由选择、自由创业、自由流动、公平竞争的市场，才能实现收入的合理分配

在市场经济条件下，收入分配问题实质上是国民收入如何在各个生产要素（包括劳动、资本、土地及企业家才能等）所有者之间进行分配，合理的收入分配则指的是各个生产要素能够根据其在国民收入的创造过程中的贡献大小获得相应的报酬，或者说，每一个生产要素创造了多少收入或财富就得到多少收入或财富的分配才是真正合理的收入分配。在市场经济条件下，收入分配（初次收入分配）的高低是由市场价格决定的（决定收入分配的是各生产要素提供服务后所得到的价格），而市场价格又是由市场供求关系决定的，这意味着，收入分配是否合理，取决于市场价格是否合理，而市场价格是否合理，又取决于市场是否完全公平竞争的市场。[2] 因此，只有建立公平竞争、自由交易的市场，各个生产要素的所有者才能够根据各自对生产的实际贡献大小获得相应的报酬，从而实现收入的合理分配。

---

① 一资源或物品给消费者所能带来的效用只有消费者自己清楚，或者说只能由消费者个人自己的主观效用评价来决定，而市场能够将个人的主观效用评价通过价格机制表现出来，从而准确地判断资源或物品的价值。

② 这意味着，中国目前收入分配不合理的实质说明中国的市场机制及价格体系存在重大缺陷。

这是因为：在自由选择、自由创业、自由流动、公平竞争的市场机制中，如果某一生产要素（如劳动）在某一用途上所获得的报酬低于其创造的边际产品价值（这意味着要素的报酬低于要素的边际生产力或贡献大小），[①] 则意味着该生产要素没有得到最佳的利用，该生产要素就会离开这一用途，而选择能获得更多报酬的其他用途；相反，如果某一生产要素在某一用途上所获得的报酬大于其创造的边际产品价值（即要素的报酬大于要素的边际生产力或贡献大小），则意味着该生产要素被错误配置了，以致造成这一用途的成本过高，[②] 该生产要素就不会被使用（或被解聘），在自由流动的市场机制中，该生产要素也只得流向其他能获得相应报酬的用途。在市场竞争的作用下，这一过程一直会持续到生产要素所获得的报酬恰好等于该生产要素在某一用途上所创造的边际产品价值为止。这就意味着，该生产要素完全按照其在生产中的边际贡献获得相应的报酬。[③] 显然，这样的收入分配是合理的。

从整个经济来看，自由选择、自由创业、自由流动、公平竞争的市场机制作用会使生产要素的报酬恰好等于该要素的边际产品价值（即该要素的边际生产力）这一点，而这一点就是由市场机制的自然规律所决定的收入分配均衡点。这一点意味着既实现了资源的合理配置（即各生产要素已流向能最大限度获得报酬的用途上），同时也实现了收入的合理分配（即生产要素所获得的报酬等于其在生产上或国民收入创造过程中的贡献）。

以上分析意味着，金融自由化改革及金融发展只有创造出公平竞争、自由交易的市场，并进而充分发挥市场的功能，才能实现资源的合理配置，从而最大限度地实现社会财富的增长，并实现收入分配的合理化。因此，一国应该根据如何有利于增进并发挥市场的功能来设计金融发展的路

---

① 要素的边际产品价值是以货币价值来表示要素的"边际生产力"，所谓要素的"边际生产力"是指在其他条件不变的条件下，每增加一单位某种生产要素的投入所增加的产量。如果以实物来表示生产要素的边际生产力则称为边际物质产品，如果以货币收益的形式来表示生产要素的边际生产力，则称为边际收益产品或边际产品价值。

② 要素的报酬对于要素所有者来说是收入，但对使用生产要素的企业来说则是成本。

③ 例如，劳动力获得的报酬（工资）等于其对企业产量所做的边际贡献，或者说是以其对生产所贡献的劳动服务价值来取得报酬。在完全竞争的条件下，如果每种生产要素都根据其边际生产力或边际产品价值获得报酬，则社会产出的总价值将恰好被分配给所有的生产要素。或者说，当每种生产要素按照其生产的价值进行分配时，在完全竞争经济的长期均衡中，每种生产要素获得的社会产出份额的总和等于1，这被称产品耗尽定理（Product Exhaustion Theory）。

径。这说明，一国在进行金融自由化过程中，不应仅仅着眼于如何丰富金融产品、如何增加金融机构、如何扩大金融市场，如何放开利率及汇率，如何开放本国的资本账户，而应着眼于如何促使本国的金融体系支持具有创新精神的企业家及创造公平竞争、自由交易的市场，以充分发挥市场的功能。有利于激励企业家的创新活动的金融体系或金融结构就是最佳的，这才是促进一国金融发展及经济增长的精髓所在。

第三节　金融发展的关键：合理的产权制度

一、金融交易的实质也是一种产权交易

从表面来看，金融交易是"现在货币"与"将来货币"之间的交易，但这种交易实质上是一种产权的交易。这是因为：无论是"现在货币"还是"将来货币"都是财产。但从法律的意义上来说，财产指的是由某一特定物或资源而来的一系列权利，或者说是所有者对该物或资源所具有的排他性的、不受他人干涉的自由取得、拥有、使用、处置以及享受其利益的权利，这些权利（包括绝对性的所有权、排他性的使用权、独占性的收益权及任意性的处置权等）统称为财产权利（简称产权）。因此，财产的正确定义指的是产权。[①] 从这个角度来看，"现在货币"与"将来货币"之间的交易是一种产权的交易。

同时，从现实来看，由于货币是"在资源、商品或劳务的交易中或债务的偿还中能被普遍接受的支付工具"，因此拥有货币就可以从事市场交易，就可以获得资源、商品或劳务。而人们之所以要通过市场交易以获得资源或物品，并不是为了资源或物品本身，而是为了获得控制这些资源或

---

① 财产的正确定义之所以指的是产权，是因为财产本身只是一种存在，但在财产没有被人拥有、利用、处置及享受其利益时，财产本身是没有经济意义及法律意义的。事实上，如果某人名义上是某一财产的拥有者，但该所有者并没有权利控制、运用或处置这一财产，则意味着该所有者事实上并不真正拥有这一财产，他只是财产的名义所有者，财产在他手中并没有实际意义。由此可见，财产的真正的和原来的意义是产权。

物品上的财产权利。只有这样，人们才能通过行使对资源或物品的权利，从而给自己真正带来效用，因此市场交易的实质是产权的交易。[①]

这一切都表明，金融交易（即"现在货币"与"将来货币"之间的交易）实质上也是一种产权交易。这种产权交易使得债务人通过从债权人手中借入"现在货币"，从而能够在时间上提前优先使用（因为债务人目前发现或掌握了好的投资机会或目前有较大的欲望需要得到尽快满足）产权属于债权人的资源以有效地利用这些资源从而增加效用，[②] 并进而创造更多的财富。因此，人们进行金融活动的前提是人们拥有独立的财产，且这种财产权利得到有效的法律保护。此外，人们还能够自由地进行产权的交易。这意味着，建立合理的产权制度[③]以明确地界定人们的产权，并允许人们自由地进行产权交易以及有效地保护人们的产权就成为金融发展的前提和基础。

二、建立合理的产权制度对于促进金融发展至关重要

从现实来看，建立合理的产权制度对于促进金融发展至关重要，这是因为：

第一，明确地界定产权并保护产权也就是创造市场主体。这是因为，

---

① 旧制度经济学的代表人物 Commons（康芒斯）早在 1934 年就深刻指出，"交易"不是传统意义上的物品交换，不是人与自然的关系，而是人与人的关系，是一种所有权的关系，是人与人之间对物品所有权的转让与取得，是"物质东西的所有权的让与和债务的创造"。因此，交易是所有权的转移。新制度经济学也认为，物或资源只是产权的载体，市场交易的实质其实并不是资源或物品本身的交易，而是控制资源或物品的财产权利的交易，或者说是人与人之间对控制资源或物品的财产权利所进行的交易，是人与人之间对控制资源或物品的财产权利的转让与取得。因此，市场交易的实质是人与人之间财产权利的交易。有必要指出的是，边际学派的重要代表人物 Wieser（维塞尔）于 1889 年实际上也看到了这一点，他写道："我们对于财物的欲望并不是为了财物本身，而是为了它们所给予的满足，……我们需要的满足全看我们对这些财物有无处理它们的权利。"

② 这意味着，金融通过将资源在不同的时间进行配置，从而将经济活动与时间联系起来了。

③ Rodrick（1999）、Frankel（2002）等人都认为，合理产权制度的标准是"能够有效的界定和保护产权"。需要特别指出的是，通过进行产权改革以建立合理的产权制度并不等同于将属于国家的财产转变为私人的财产的私有化改革，产权改革的含义更为广泛。如果私有化改革仅仅注重将属于国家财产转变为私人财产，而不相应建立使产权能够得到明确的界定及有效保护的产权制度，则这种私有化改革并不是产权改革，而只是一种对财产的"瓜分"，这样的私有化改革不能给人们带来利益。

一旦某人拥有资源或物品的产权，就意味着某人有权自由处置资源或物品，从而就有权自由地进入市场与别人进行产权交易（即有权通过签订合约与别人进行交换或借贷活动），并真正有能力承担产权交易中所产生的财产义务或责任，真正有能力履行合约和偿还债务，真正有能力承担交易风险，这就自动地真正成为合格的市场主体，从而为金融活动的产生及金融发展创造合格的微观基础。

第二，只有建立合理的产权制度使人们的个人财产所有权（包括债权人、股东以及债务人的财产所有权）得到有效地保护，人们才会真正产生积累的动力、置产的愿望及投资的信心，进而促进一个社会的储蓄、投资、资本积累及金融发展。

第三，个人拥有独立的财产，且这种财产权利得到有效的法律保护是个人经济自由的基础，也只有在这个基础上，才会产生多样化的融资方式（因为只有在人们能够自由交易的情况下才能产生多样化的融资方式），并创造出丰富多样的金融工具或金融资产（因为只有在金融工具的发行者拥有真正的独立财产基础上，投资者才愿意持有该发行人所创造的金融资产），进而形成多层次的金融市场。这同时也说明，个人拥有独立的财产，且这种财产权利得到有效的法律保护，也是实现金融自由化的根本所在。

第四，在个人拥有独立的财产，且这种财产权利得到有效的法律保护情况下，一些拥有独立财产的市场主体自然会为了降低金融活动中的交易成本和风险，而通过签订合约将自己的财产组合起来以形成独立的金融机构（金融机构实质上是通过产权交易，将若干个独立的产权主体组合成一个独立的产权主体以从事金融交易活动，从而降低金融交易成本及风险），这就会产生多样化的金融机构。

第五，明确地界定并有效地保护人们的财产所有权，将使得有更多的人有更多的财产用做借款的抵押（如使土地的所有权得到明确的界定、登记及有效的保护，则会使不会折旧且会因经济发展而不断升值的土地成为良好的抵押品），这就自然会推动金融发展。

第六，最重要的是，保护私人产权以使人们放心地拥有从事经济活动所积累的财富，将会促使更多的人创办企业，从而培育更多的企业家，并进而有利于形成企业家主导的市场经济。同时，对私人产权的保护也是激励企业家创新活动的关键，因为只有企业家在市场竞争中通过进行创新所获得的财产不受侵犯，企业家才会有持续创新的动力，等等。

总之，只有明确地界定并有效地保护人们的个人产权，允许人们自由地进行产权交易，才能培育出更多具有创新精神的企业家。在这个基础上，金融机构才会为获得更多的收益而绞尽脑汁地寻找那些具有创新精神的企业家并给予支持，金融市场才会千方百计地将真正具有创新精神的企业家所创办或经营的企业推向市场，从而使金融体系真正发挥支持企业家创新活动的功能。同时，也只有明确地界定并有效地保护人们的个人产权，以及允许人们自由进行产权交易，金融自由化及金融发展才能真正创造出公平竞争（因为在法律面前，财产权利无大小优劣之分，所有人的财产权利都是平等的，所以，在所有人的财产权利一律平等的基础上，竞争就只能在平等的基础上进行）、自由交易的市场，从而最大限度地创造社会财富，并实现金融发展与经济增长的良性循环。以上这一切表明，合理的产权制度是金融自由化及金融发展的源泉或基石。

第四节　金融发展的基石：权力制衡的政治体制

要真正有效地保护个人的财产权利以建立合理的产权制度，并实行真正的法治，从而真正有效地推动金融的发展及经济增长，就必须建立起权力相互制约与相互平衡（即权力制衡）的从而能够有效约束政府权力的政治体制。[①] 也就是说，只有建立权力制衡的政治体制，才能真正有效地保护个人产权，并实行真正的法治，从而真正为金融发展奠定基石，这是因为：

一、只有建立权力制衡的政治体制，才能真正有效地保护个人产权

要明确地界定并有效地保护个人产权，依靠个人的力量显然是很困难

① Hasan、Wachtel 和 Zhou（2009）等人认为，代表性、问责制和透明度是一个良好的政治体制必不可少的方面。

的（因个人的力量有限），也是不行的（因为可能出现个人不得不运用暴力来维护自己的产权，这就会导致社会经济秩序的混乱），而只有依靠掌握国家机器和政治权力的政府。在现实中，由于每个人都追求利益的最大化，如果不构建权力制衡的政治体制来规范和约束政府官员的行为，限制政府的权力，则政府官员往往会倾向于通过加强管制来扩大自己的权力并进而获得利益，这不但易于产生侵犯个人财产权利的现象，而且会破坏市场的公平竞争，从而严重打击企业家的创新活动。因此，只有建立权力相互制衡的政治体制，使政府的权力得到明确的制度约束，才能使政府不能随意侵犯个人的财产权利，只有这样才能在此基础上真正建立有效保护个人产权的合理的产权制度，从而为金融发展奠定最根本的基石。

从经济运行的角度来看，建立权力制衡的政治体制还能产生以下作用：（1）政府不能随意侵犯个人的财产权利（包括在市场竞争中获胜的企业家的个人财产），从制度上激励人们为实现经济上的成功而努力，使人们焕发为积累财富而大胆创业及不断创新的企业家精神，并真正刺激储蓄和投资；（2）避免政府对经济的不适当干预，这一方面有利于人们自由地从事创新活动及金融活动，以扩大市场主体自由创造收益的机会，另一方面又能大大地减少政府的管制成本，从而大大提高市场的效率；（3）使政府的政策不能朝令夕改，市场运行才不会因政府的随意干预而出现不确定性，以有利于形成一个有规律的、透明、稳定及可预见的经济环境，并使市场主体不必担心因政策的变化而产生不可预测的风险，从而大大增强人们的信心，等等，这一切都会为金融发展及经济增长创造良好的制度环境。

需要特别强调的是，对个人产权的保护之所以还包括合理界定政府的职能，这是因为，如果政府的职能定位不清，在政府能够制定规则的情况下，政府往往会因职能界定不清而与民争利，或因行政权力过大而侵犯公民的个人财产权利以及经营的自由。特别是，如果在政府职能界定不清的情况下，政府的职能变成了保护政府自身，则对个人的产权保护就只能是一句空话。而如果对个人的产权保护只是一句空话，则市场经济的大厦就不可能建立起来，金融的持续发展也将失去根本的基石。事实上，建立权力制衡的政治体制也包括合理界定政府的职能，因为只有合理地界定政府的职能，才能规范或约束政府的权力。在权力制衡的政治体制中，政府应通过保护公民的个人产权、弥补市场缺陷及保证宏观经济的稳定来让市场机制更有效地发挥功能。因此，政府的职能应定位为：（1）保护公民的个人财产权利，并为产权的交易设立规则；（2）建立进入及退出市场的准则；（3）通过对市场结构及市场行为的监督以及纠正市场失灵，维护自由竞争；（4）保护交易的自由，监督合约的执行以确保交易的安全；（5）保护消费者的利益；（6）提供公共物品；（7）解决外部性（Externality）问题；（8）消除垄断；（9）调节收入分配以实现社会公正；（10）熨平经济的波动以保证经济的稳定，等等。只有这样，才能为金融发展创造有效的微观经济基础及稳定的宏观经济环境。

二、只有建立权力制衡的政治体制，才能形成"企业家主导"的市场经济

只有建立权力制衡的政治体制限制政府的权力，明确规定凡是市场能做的，政府就不去做，凡是市场机制能够解决的问题，政府就不去干预（政府为了矫正市场"失灵"而进行的干预越多，对人们的自由破坏也就越多），政府决不应与民争利，[①] 以避免政府打着各种貌似公允的旗号来对经济活动进行管制以扩大自己的权力。这样，该经济体就没有必要建立庞大的政府机构，从而真正造就一个有限与有效的政府，以大大降低经济运行的成本（包括庞大的政府机构本身的行政管理成本、由政府管制造成的经济扭曲所带来的成本，以及纠正政府决策失误或管制错误所产生的成本），并由此形成真正的"企业家主导"的市场经济。还有，一个有限的政府很难而且也不必征收过高的税赋，这也有利于企业家的培育及成长。[②]

在"企业家主导"的市场经济条件下，政府也没有必要对金融业进行过度的管制甚至控制，这就自然能为实现金融的市场化及自由化创造政治上的前提。更重要的是，也只有在"企业家主导"的市场经济中，金融体系才能充分发挥支持企业家创新活动的功能，从而实现金融发展与经济增

---

① 由于每个人的主观效用评价都是不同的，也只有他自己最清楚自己的主观评价，因此关于各个人的主观效用评价的信息是不可能由政府来操纵、协调的，政府官员也不可能掌握这样的信息。只有市场才是汇集分散于由各个人所拥有的个人信息的最好机制。

② Djankov（2006）曾强调过法律与制度在培养企业家创业精神上的重要性。

长的良性循环。

三、只有在权力制衡的政治体制中才能真正实现公平竞争

金融发展及企业家的创新活动会打破社会原有的均衡状态，以此推动经济的发展，使经济体系从一种均衡走向另一种均衡。在这一过程中，会导致利益分配格局的变化，特别是金融的发展会加剧市场的竞争，进而会打破既得利益者对市场的垄断，这就会影响既得利益者的利益。在这种情况下，如果不建立权力制衡的政治体制，以减少直至消除既得利益者对创新、变化及发展的阻挠，则企业家的创新活动就会受到严重影响，金融发展也就无法持续下去。因此，只有建立权力制衡的政治体制，实现所有人的政治权利一律平等，才能真正实现所有人的财产权利一律平等（因为政治权利的平等是财产权利平等的基石），进而实现真正的公平竞争。这意味着，只有在权力相互制衡的政治体制中，竞争才能在真正平等的基础上进行。同时，也只有在权力制衡的政治体制中进行金融自由化改革，才能真正创造出公平竞争、自由交易的市场，否则就可能沦为利益强势集团获取更多资源，从而有可能使社会由专注"做大蛋糕"的生产性活动变成专注"切蛋糕"的非生产性活动，而这样的金融发展最终必然导致危机。

四、只有建立权力制衡的政治体制，才能实行真正的法治

还必须指出的是，只有建立权力制衡的政治体制，才能实行真正的法治。这是因为，只有在人们的政治权利一律平等，且人们政治权力相互制衡，谁也不能违反规则的情况下，由人们共同制定的法律条文才能真正成为人们必须共同遵守的、真正具有权威性的准则，进而才能形成真正的法治。事实上，真正的法治要求所有人（包括政府官员）的经济行为都必须有法律依据，都必须受法律的规范或约束。显然，这只有在权利相互制衡的政治体制中才能真正实现。而且，法治还意味着不允许特权的存在，[①]不容许任何人（特别是政府官员）在法律上有特殊的权利，以保证"法律

---

① Rajan 和 Zingales（2003）认为，一个人的特权同时是对其他人的剥夺。

面前人人平等"。显然，这也只能在权力制衡的政治体制中才能真正实现。这意味着，真正的法治只能在权力制衡的政治体制框架内才能形成。事实上，如果不建立权力制衡的政治体制，如果政府的权力过大，如果政府不受法律的约束，特别是，如果政府官员的违法行为因缺乏权力的制衡而可以不承担相应的法律责任，不受法律的处罚，那么无论制定多少法律条文也难以形成真正的法治。可见，如果不建立权力制衡的政治体制，所谓的法治就可能只是一句空话（或表现为执法质量的低下）。

五、只有建立权力制衡的政治体制，才能建立真正具有相对独立性的中央银行，并真正形成严格的金融监管体系

只有建立权力制衡的政治体制，才能建立真正具有相对独立于政府的中央银行体制，使中央银行能够完全根据金融运行的规律及货币的供求状况而相对独立地决定货币供应量的增长率，并相对独立地实施货币政策，以防止政府通过通货膨胀（通货膨胀实际上是对公民个人财产的隐形侵犯）来解决财政赤字的倾向，通过保证币值的稳定来保护公民的财产，并为经济增长提供稳定的货币环境，以利于经济的稳定。同时，也只有在权力制衡的政治体制中，金融监管机构才会不受政府不适当的人为干预而可以严格执法，金融监管措施才不会因政府对某些金融机构的过度保护而无法实施。由此可见，只有在权力制衡的政治体制中才能真正形成严格的金融监管体系。

以上分析表明，要有效地保护个人产权并实行真正的法治，从而有效地推动金融的发展及经济的增长，最关键的是要建立权力制衡的政治体制，这意味着金融发展及经济增长的关键在于政治体制的不断完善。

第五节 对策建议

基于以上金融发展理论的重新表述，可得出这样的政策建议，为成功地推动一国的金融发展及经济增长，一国必须：

（一）在国内不断进行改革以建立权力制衡的政治体制，同时通过对外开放、引进外来竞争加快改革进程，以推动国内政治体制的不断完善，从而真正建立能够有效保护个人产权的政治体制及产权制度，并以此形成真正的法治。

（二）基于衡量金融发展水平的最重要指标是"任何一个"具有创新精神的企业家获得融资的难易程度以及投资者预期足够收益的信心这一观点，① 一国应该在建立起权力制衡的政治体制及合理的产权制度基础上，不断放松金融管制，不断降低市场主体进入金融市场的门槛，在实现金融"深化"的同时实现"金融"的宽化，建立"普惠式"的金融体系，不断地扩大金融业的覆盖面和受益面，并创造多样化的融资方式及多层次的金融市场。只要有人愿意对拥有创新思想或新技术的人提供融资，就应鼓励市场主体按照自己所认为的最合适的（即对自己最有利的）方式进行融资活动（包括风险投资、小额信贷等）；只要有人愿意投资，就可以放开市场进入门槛，让企业进入市场融资；只要有利于支持人们的自由创业及企业家的创新活动，就可以让金融机构自由经营，等等，以此形成市场化的、能有效支持企业家创新活动的金融体系，帮助企业家克服流动性约束，使创业成为普遍行为并使"创新"活动日常化。②

---

① 由于受制度约束，中国目前没有用私人信贷占 GDP 的比率（事实上，目前中国也没有私人信贷的统计数据）这一反映金融业资金配置状况或者说最能反映金融体系核心功能的"质"的指标来衡量中国的金融发展，而只能是用 M_2、银行信贷或金融资产占 GDP 的比率等规模指标（或称为"量"的指标）来衡量中国的金融发展。而且，中国传统的金融理论往往将金融解释为"资金的融通"，而不是解释为"通过动员储蓄并将储蓄转移到掌握最有利投资机会的投资者手中或效率最高的用途上以实现资源的合理配置"。同时，中国传统的金融理论将金融机构定义为经营货币或资金的机构，而不是视为筛选具有创新精神的企业家，以帮助企业家重新组合各种生产要素进行"创新"活动的金融中介，等等。受这些指标及理论的影响，中国的金融发展模式往往强调信贷规模或融资规模的扩大，而不是对企业家"创新"活动的支持，这是导致中国金融的"数量"虽然不断增长但中国金融的"质量"却十分低下的根本原因。而且，这种强调融资规模的金融发展模式也易于导致金融风险及通货膨胀。因此，中国必须改变主要以 M_2、银行信贷或金融资产占 GDP 的比率等规模指标来衡量中国金融发展的传统做法，并要从根本上改变注重通过扩大信贷规模来刺激经济增长的传统思路。

② 基于 Gentry 和 Hubbard（2004）及 Antunes、Cavalcanti 和 Villamil（2008）等人对美国企业家数量占总人口数量比率的研究结论推算，如果中国能够通过进行真正彻底的政治体制、产权制度及金融体制的改革以创造"企业家主导"的市场经济，并形成能大力支持企业家进行创新活动的金融体系，从而能让9%左右的中国人成为企业家，则"中华民族的伟大复兴"将不会只是停留在口头上的豪言壮语，而将是指日可待的现实。

（三）在建立合理的产权制度基础上放开利率，让利率完全由市场供求决定，以便通过市场利率这把"铁筛子"淘汰那些净生产率低于市场利率的低效率投资项目，并促使资源流向由最有创新精神的企业家所选择的高效率项目，从而支持企业家的创新活动以实现资源的合理配置。

（四）在建立起权力制衡的政治体制及合理的产权制度基础上，不断加大金融开放力度（包括开放本国的资本账户、实行浮动汇率制度等），让更多外资金融机构进入中国，通过引进国际金融市场的竞争压力来创造竞争更激烈、更公平的市场，并迫使国内金融机构不得不努力降低利差或融资成本。这样，就能使更多具有企业家精神的人以较低的成本获得金融支持，同时，在激烈的竞争压力下不得不持续地进行创新活动。

（五）在建立起权力制衡的政治体制及合理的产权制度基础上，明确规定政府对金融体系的监管应建立在"让金融市场更有效地发挥其功能"这一目标之上。为实现这一目标，政府最好的监管是克服利益集团对"创新"活动的阻力，并强化市场竞争功能（而不是强化可能产生腐败的监管者的权力），消除依靠"关系"进行融资活动的行为。在不断完善金融制度以更好地鼓励企业家精神从而刺激经济增长的过程中，政府应提供的最好的监管就是强化市场的功能，而不是直接的行政干预。当金融体系因为支持创新而受到来自某些既得利益者的阻碍时，政府必须尽力消除利益集团的阻力，以充分发挥金融体系支持企业家创新活动的核心功能。

参 考 文 献

Abiad, A. , Oomes, N. and Ueda, K. , 2008, "The Quality Effect: Does Financial Liberalization Improve the Allocation of Capital?" *Journal of Development Economics*, Vol. 87(2), pp. 270-82, October.

Abiad, A. and Mody, A. , 2005, "Financial Reform: What Shakes It? What Shapes It?" *American Economic Review*, Vol. 95, pp. 66-88.

Abiad, A. , Detragiache, E. and Tressel, T. , 2008, "A New Database of Financial Reforms", IMF Working Paper, WP/08/266.

Acemoglu, D. , Johnson, S. , Robinson, J. and Thaicharoen, Y. , 2002, "Institutional Causes, Macroeconomic Systems: Volatility, Crises and Growth", NBER Working Paper, No. 9124.

Acemoglu, D. , S. Johnson and J. A. Robinson, 2001, "The Colonial Origins of Comparative Development: An Empirical Investigation", *American Economic Review*, Vol. 91, pp. 1369-1401.

Acemoglu, D. , Johnson, S. , Robinson, J. A. , 2004, "Institutions as the Fundamental Cause of Long-run Growth", National Bureau of Economic Research Working Paper, No. 10481.

Acs, Z. , 2006, "How is Enterpreneurship Good for Economic Growth", *Inovention: Technology, Govenance, Globalization*, Vol. 1, pp. 97-107.

Acs, Z. , Armington, C. , 2003, "Endogenous Growth and Entrepreneurial Activity in Cities, US", Census Bureau, Working Papers 03-02.

Aggarwal, R. , Demirgüç-Kunt, A. and Peria, M. , 2006, "Do Remittances Promote Financial Development? Evidence from a Panel of Developing Countries", World Bank Policy Research Working Paper, No. 3957.

Aghelvi, B. , Khan, M. and Montiel, P. , 1993, "Exchange Rate Policy in Developing Countries: Some Analytical Issues", IMF Occasional Paper, 78, Washington.

Aghion, P. , 2002, " Does Globalization Hurt the Poor?" Policy Research Working Paper Series 2922, The World Bank.

Aghion, P. , Bacchetta, P. and Banerjee, A. , 2004, "Financial Development and the Instability of Open Economies", *Journal of Monetary Economics*, Vol. 51, No. 6, pp. 1077-1106.

Aghion, P. , Howitt, P. and Foulkes, D. , 2005, "The Effect of Financial Development on Convergence: Theory and Evidence", *Quarterly Journal of Economics*, Vol. 120, No. 1, pp. 173-222.

Aghion, P. , Fally T. , Scarpetta, S. , 2007, "Credit Constraints as a Barrier to the Entry and Post-Entry Growth of Firms", The 45th Panel Meeting of Economic Policy.

Aghion, P. , Howitt, P. , 1992, "A Model of Growth Through Creative Destruction", *Econometrica*, Vol. 60, No. 2, pp. 323-351.

Aghion, P. and Bolton, P. , 1997, "A Theory of Trickle-Down Growth and Development", *The Review of Economic Studies*, Apr. Vol. 64, No. 219, pp. 151-172.

Ahlin, C. and Pang, J. , 2008, "Are Financial Development and Corruption Control Substitutes in Promoting Growth?" *Journal of Development Economics*, Vol. 86(2), pp. 414-433.

Ahlin, C. and Jiang, N. , 2007, "Can Micro-credit Bring Development?" *Journal of Development Economics*, Vol. 86, pp. 1-21

Aidis, R. , Estrin, S. , Mickiewicz, T. , 2007, "Entrepreneurship in Emerging Markets: Which Institutions Matter?" Centre for the Study of Economic and Social Change in Europe, Economics Working Paper, No. 81.

Akimova, A. , Wijeweerab, A. and Dollery, B. , 2009, "Financial Development and Economic Growth: Evidence from Transition Rconomies", *Applied Financial Economics*, Vol. 19, pp. 999-1008.

Alfaro, L., Chanda, A., Kalemli-Ozcan, S. and Sayek, S., 2003, " FDI Spill-over, Financial Markets, and Economic Development", International Monetary Fund Working Paper, WP/03/186.

Alfaro, L., Ozcan, S. and Volosovych, V., 2003, "Why Doesn't Capital Flow from Rich to Poor Countries? An Empirical Investigation", Harvard Business School Working Paper, No. 1004-1040.

Alfaro, L., Chanda, A., Kalemli-Ozcan, S. and Sayek, S., 2004, " FDI and Economic Growth: The Role of Local Financial Markets", *Journal of International Economics*, Vol. 64(1), pp. 89-112.

Alfaro, L. and Chanda, A., 2006, "International Financial Integration and Entrepreneurship", CEP Discussion Paper No. 755. Centre for Economic Perform-ance, London School of Economics and Political Science, London, UK.

Allen, F., Bartiloro, B. and Kowalewski, O., 2006, " Does Economic Struc-ture Determine Financial Structure?" AFA 2007 Chicago Meetings Paper.

Allen, F., Chakrabarti, R. and De, S., 2007, "India's Financial System", Wharton Financial Institutions Center Working Paper, No. 07-36.

Allen, Franklin, Jun Qian and Meijun Qian, 2005, "Law, Finance, and Eco-nomic Growth in China", *Journal of Financial Economics*, Vol. 77, pp. 57-116.

Allen, F. and Santomero, A., 1998, "The Theory of Financial Intermedia-tion", *Journal of Banking and Finance*, Vol. 21, pp. 1461-1485.

Ammissah, E., Bougheas, S. and Falvey, R., 2010, "Financial Constraints, the Distribution of Wealth and International Trade", The University of Nottingham Research Paper, No. 17.

Andres, J., Hernando, I. and Salido, J., 2004, "The Role of the Financial System in the Growth-Inflation Link: The OECD Experience", *European Journal of Political Economy*, Vol. 20(4), pp. 941-961.

Andersen, T. and Tarp, F., 2003, " Financial Liberalization, Financial De-velopment and Economic Growth in LDCs", *Journal of International Development*, Mar,. Vol. 15, pp. 189-209.

Ang, J., 2008, "A Survey of Recent Developments in the Literature of Fi-nance and Growth", *Journal of Economic Surveys*, Vol. 22, No. 3, pp. 536-576.

Ang, J. , 2008, "What Are the Mechanisms Linking Financial Development and Economic Growth in Malaysia? " *Economic Modelling*, Vol. 25 (1), pp. 38-53.

Ansari, M. , 2002, "Impact of Financial Development, Money, and Public Spending on Malaysian National Income: An Econometric Study", *Journal of Asian Economics*, Vol. 13, pp. 72-93.

Antras, P. and Caballero, R. , 2007, "Trade and Capital Flows: A Financial Frictions Perspective", NBER Working Paper, No. 13241.

Antunes, A. , Cavalcanti, T. and Villamil, A. , 2008, "The Effect of Financial Repression and Enforcement on Entrepreneurship and Economic Development", *Journal of Monetary Economics*, Vol. 55, pp. 278-297

Anwar, S. and Sun, S. , 2011, "Financial Development, Foreign Investment and Economic Growth in Malaysia", *Journal of Asian Economics*, Vol. 22, pp. 335-342.

Arestis, P. and Caner, A. , 2004, "Financial Liberalization and Poverty: Channels of Influence", Levy Economics Institute Economics Working Paper Archive with Number 411.

Arestis, P. and Demetriades, P. , 1996, "On Financial Repression and Economic Development: The Case of Cyprus", In Arestis, P. (ed.) *Essays in Honour of Paul Davidson*, Volume 2, "Employment, Economic Growth and the Tyranny of the Market" (pp. 55-76), Cheltenham: Edward Elgar.

Arestis, P. , Demetriades, P. and Luintel, K. , 2001, "Financial Development and Economic Growth: The Role of Stock Markets", *Journal of Money, Credit, and Banking*, Vol. 33, pp. 16-41.

Arestis, P. and Demetriades, P. , 1999, "Financial Liberalberalization: The Experience of Developing Countries", *Eastern Economic Journal*, Vol. 25, Issue 4.

Arteta, C. , Eichengreen, B. and Wyplosz, C. , 2001, "When Does Capital Account Liberalization Help More Than It Hurts?" NBER Working Paper, No. 8414.

Ayyagari, M. , Demirgüç-Kunt, A. and Maksimovic, M. , 2005, "How Important Are Financing Constraints? The Role of Finance in the Business Environment", World Bank, Mimeo.

Aziz, J. and Duenwald, 2002, "Financial Development Intermediation Nexus in China", IMF Working Paper, No. 194.

Baig, T. and Goldfajn, I., 1998, " Financial Market Contagion in the Asian Crisis", IMF Working Paper, No. 155.

Bailliu, Jeannine N., 2000, "Private Capital Flows, Financial Development, and Economic Growth in Developing Countries", Working Papers 00-15, Bank of Canada.

Baltagi, H., Demetriades, P. and Law, S., 2007, "Financial Development, Openness and Institutions: Evidence from Panel Data", *Journal of Development Economics*, Elsevier, Vol. 89(2), pp. 285-296, July.

Bandiera, O., Caprio, Jr. G., Honohan, P., Schiantarelli, F., 2000, " Does Financial Reform Raise or Reduce Saving?" *Review of Economics and Statistics*, Vol. 82, pp. 239-263.

Bandyopadhyay, D., 2006, "How Financial Development Caused Economic Growth in APEC Countries: Financial Integration with FDI or Privatization without FDI", *Asia Pacific Development Journal*, Vol. 13(1), pp. 75-100.

Banerjee, A. and Newman, A., 1993, "Occupational Choice and the Process of Development", *Journal of Political Economy* 101(2), April, pp. 274-98.

Banfield, E., 1958, *The Moral Basis of a Backward Society*, New York: Free Press.

Barro, Robert J., McCleary, Rachel M., 2003, " Religion and Economic Growth, "*American Sociological Review*.

Barth, J., Caprio, G., R. Levine, 2003, "Bank Supervision and Regulation: What Works Best?" *Journal of Financial Intermediation*, Vol. 13, pp. 205-248.

Barth, J., Caprio, G., R. Levine, 2001, "The Regulation and Supervision of Banks Around the World: A New Database", World Bank Working Paper.

Bartolini, L. and Drazen, A., 1997, "Capital-Account Liberalization as a Signal", *The America Economic Review*, Vol. 87(1), pp. 138-154.

Bascom, W., 1994, *The Economics of Financial Reform in Developing Countries*, New York: St. Martin's Press.

Baumol, W. , Litan, R. and Schramm, C. , 2007, *Good Capitalism, Bad Capitalism, and the Economics of Growth and Prosperity*, Yale University.

Beck, T. , 2002, "Financial Development and International Trade: Is There A Link?" *Journal of International Economics*, Vol. 57(1), pp. 107-131.

Beck, T. , 2008: "The Econometrics of Finance and Growth", The World Bank Policy Research Working Paper, No. 4608.

Beck, T. , Demirgüç-Kunt, A. and Levine, R. , 2004, "Law and Firms'access to Finance", World Bank Working Paper, No. 3194.

Beck, T. , Demirgüç-Kunt, A. and Levine, R. , 2004, "Finance, Inequality, and Poverty: Cross-Country Evidence", NBER Working Paper, No. 10979.

Beck, T. , Demirgüç-Kunt, A. and Levine, R. , 2003, "Bank Supervision and Corporate Finance", National Bureau of Economic Research Working Paper, No. 9620.

Beck, T. , Demirgüç-Kunt, A. and Levine, R. , 2003, "Law and Finance. Why Does Legal Origin Matter?", *Journal of Comparative Economics*.

Beck, T. , Demirgüç-Kunt, A. and Levine, R. , 2001, "Law, Politics, and Finance", World Bank Working Paper.

Beck, T. , Demirgüç-Kunt, A. and Levine, R. , 1999, "A New Database on Financial Development and Structure", World Bank Working Paper.

Beck, T. , Demirgüç-Kunt, A. , Laeven, L. and Marsimovic, V. , 2004, "The Determinants of Financial Obstacles", World Bank Policy Research Working Paper, No. 3204.

Beck, T. , Demirgüç-Kunt, A. , Laeven, L. and Levine, R. , 2006, "Finance, Firm Size, and Growth", World Bank Mimeo.

Beck, T. , Demirgüç-Kunt, A. and Peria, M. , 2007, "Banking Services for Everyone? Barriers to Bank Access and Use Around the World", World Bank Policy Research Working Paper, No. 4079, Washington, DC.

Beck, T. , Demirgüç-Kunt, A. and Peria, M. , 2007, "Reaching Out: Access to and Use of Banking Services Across Countries", *Journal of Financial Economics*, Vol. 85(1), pp. 234-266.

Beck, T. , Demirgüç-Kunt, A. and Peria, M. , 2008, "Banking Services for

Everyone? Barriers to Bank Access and Use Around the World", *World Bank Economic Review*, Vol. 22(3), pp. 397-430.

Beck, T., Feyen, E., Ize, A. and Moizeszowicz, F., 2008, "Benchmarking Financial Development", The World Bank, Policy Research Working Paper, WPS4638.

Beck, T., Levine, R. and Loayza, N., 2000, "Finance and the Sources of Growth", *Journal of Financial Economics*, Vol. 58, pp. 261-300.

Beck, T. and Levine, R., 2003, "Legal Institutions and Financial Development", World Bank Working Paper, No. 3136.

Beck, T. and Levine, R., 2002, "Industry Growth and Capital Allocation: Does Having a Market- or Bank-based System Matter?" *Journal of Financial Economics*, Vol. 64, pp. 147-180.

Beck, T., Levine, R. and Levkov, A., 2007, "Big Bad Banks? The Impact of U. S. Branch Deregulation on Income Distribution", NBER Working Paper, No. 13299.

Beck, T., Levine, R. and Loayza, N., 2000, "Finance and the Sources of Growth", *Journal of Financial Economics*, 58, pp. 261-300.

Beck, T., Lundberg, M. and Majnoni, G., 2001, "Financial Intermediary Development and Growth Volatility: Do Intermediaries Dampen or Magnify Shocks?" Policy Research Working Paper Series, No. 2707.

Beck, T. and Torre, A., 2006, "The Basic Analytics of Access to Financial Services", The World Bank Policy Research Working Paper, No. 4026.

Becker, G., 1983, "A Theory of Competition Among Pressure Groups for Political Influence", *Quarterly Journal of Economics*, Vol. 98, pp. 371-400.

Becker, B. and Sivadasan, J., 2006, "The Effect of Financial Development on the Investment-cash Flow Relationship-cross-country Evidence from Europe", European Central Bank Working Paper, No. 689.

Becker, R., Gelos, G. and Richards, A., 2000, "Devaluation Expectations and the Stock Market—The Case of Mexico in 1994/95", Working Paper, International Monetary Fund.

Beehmer, E., Nash, R. and Netter, J., 2005, "Bank Privatization in Developing and Developed Countries: Cross-sectional Evidence on the Impact of Economic and Political Factors", *Journal of Banking& Finance*, Vol. 29, pp. 1981-2013.

Bekaert, G. and Harvey, C., 2003, "Emerging Markets Finance", *Journal of Empirical Finance*, Vol. 10, pp. 3-55

Bekaert, G., Harvey, C. and Lundblad, C., 2001, "Emerging Equity Markets and Economic Development", *Journal of Development Economics*, Vol. 66, pp. 465- 504.

Bekaert, G., Harvey, C. and Lundblad, C., 2009, "Financial Openness and Productivity", NBER Working Paper, No. 14843.

Bellone, F., Musso, P., Nesta, L. and Schiavo, S., 2008, " Financial Constraints and Firm Export Behavior", Department of Economics(University of Trento) Working Paper, No. 816.

Bena, J. and Jurajda, S., 2007. "Which Firms Benefit More from Financial Development?", CEPR Discussion Papers, No. 6392.

Bencivenga, V. and Smith, B., 1991, "Financial Intermediation and Endogenous Growth", *Review of Economics Studies*, Vol. 58, pp. 195-209.

Bencivenga, V. R. and B. D. Smith, 1993, "Some Consequences of Credit Rationing in an Endogenous Growth Model", *Journal of Economic Dynamics and Control*, Vol. 17, pp. 97-122.

Benhabib, J. and Spiegel, M., 2000, "The Role of Financial Development in Growth and Investment", *Journal of Economic Growth*, Vol. 5(4), pp. 341-360.

Berglof, E. and Bolton, P., 2002, "The Great Divide and Beyond-Financial Architecture in Transition", *Journal of Economic Perspectives*, Vol. 16(1), pp. 77-100.

Berglof, E. and Lehmann, A., 2009, " Sustaining Russia's Growth: The Role of Financial Reform", *Journal of Comparative Economics*, Vol. 37, pp. 198-206.

Berman, N. and Héricourt, J., 2008, "Financial Factors and the Margins of Trade: Evidence from Cross-Country Firm-Level Data ", Université Paris1 Panthéon-Sorbonne(Post-Print and Working Papers) Halshs-00321632_v1, HAL.

Bernanke, B., 2005, "The Global Saving Glut and the U. S. Current Account", Remarks at the Sandridge Lecture, Virginia Association of Economics, Richmond, VA. March 10.

Bernard, A. and Jensen, J., 2004, "Why Some Firms Export", *Review of Economics and Statistics*, Vol. 86, pp. 561-569.

Bertocco, G., 2008, "Finance and Development: Is Schumpeter's Analysis Still Relevant?" *Journal of Banking & Finance*, Vol. 32, pp. 1161-1175.

Bianchi, M., 2010, "Credit Constraints, Entrepreneurial Talent, and Economic Development", *Small Bus Econ*, Vol, 34, pp. 93-104.

Bittencourt, M., 2006, "Financial Development and Inequality: Brazil 1985-99", Bristol Economics Discussion Papers, No. 06/582.

Bjrnskov, C. and Foss, N., 2008, "Economic Freedom and Entrepreneurial Activity: Some Cross-country Evidence", *Public Choice*, Vol. 134, pp. 307-328.

Black, S. and Strahan, P., 2002, "Entrepreneurship and Bank Credit Availability", *Journal of Finance*, Vol. 57, pp. 2807-2833.

Blackburn, K., Bose, N. and Capasso, S., 2005, "Financial Development, Financing Choice and Economic Growth", *Review of Development Economics*, Vol. 9 (2), pp. 135-149.

Blackburn, K. and Forgues-Puccio. G., 2010, "Financial Liberalization, Bureaucratic Corruption and Economic Development", *Journal of International Money and Finance*, Vol. 29, pp. 1321-1339.

Blanchflower, D. and Shadforth, C., 2007, "Entrepreneurship in the UK", Paper Provided by Institute for the Study of Labor (IZA) in Its Series IZA Discussion Papers with Number 2818.

Booth, G., Junttila, J., Kallunki, J., Rahiala, M. and Sahlstrom, P., 2006, "How Does the Financial Environment Affect the Stock Market Valuation of R&D Spending? " *Journal of Financial Intermediation*, Vol. 15(2), pp. 197-214.

Bordo, M. and Rousseau, P., 2006, " Legal-Political Factors and the Historical Evolution of the Finance-Growth Link ", NBER Working Paper Series, No. 12035.

Bonin, J. and Wachtel, P., 2003, "Financial Sector Development in Transition Economies: Lessons from the First Decade", *Financial, Markets Institutions and Instruments*, Vol. 12, pp. 1-66.

Boot, A. and Thakor, A. , 1997, "Financial System Architecture", *Review of Financial Studies*, Vol. 10(3), pp. 693-733.

Borensztein, E. and Ostry, J. , 1996, "Accounting for China's Growth Performance", *American Economic Review*, Vol. 86, pp. 224-228.

Borensztein、De Gregorio and Lee, J. , 1998, "How does Foreign Direct Investment Affect Growth", *Journal of International Economics*, Vol. 45(6), pp. 115-35.

Bose, N. and Murshid, A. , 2008, "Mitigating the Growth-Effects of Inflation through Financial Development", *B. E. Journal of Macroeconomics: Topics in Macroeconomics*, Vol. 8(1).

Bourdieu, P. , 1986, "The Forms of Capital", In John G. Richardson(ed.), *Handbook of Theory and Research for the Sociology of Education*, Greenwood Press, pp. 241-258.

Boyd, J. and Prescott, E. , 1986, "Financial Intermediary-Coalitions", *Journal of Economic Theory*, Vol. 38(2), April, pp. 211-232.

Boyd, J. and Smith, B. , 1992, "Intermediation and the Equilibrium Allocation of Investment Capital: Implications for Economic Development," *Journal of Monetary Economics*, Vol. 30(3), December, pp. 409-432.

Boyd, J. and Smith, B. , 1996, "The Coevolution of the Real and Financial Sectors in the Growth Process", *The World Bank Economic Review*, Vol. 10(2), May, pp. 371-396.

Boyd, J. H. , Levine, R. and Smith, B. D. ,2001, "The Impact of Inflation on Financial Sector Performance", *Journal of Monetary Economics*, Vol. 47, pp. 221-248.

Boyreau-Debray, Genevieve, Shang-jin Wei, 2005, "Pitfalls of a State-dominated Financial System: The Case of China", National Bureau of Economic Research Working Paper, No. 11214.

Brada, J. and Claudon, M. , 1990, *Reforming the Ruble*, New York University Press.

Brada, J. and Claudon, M. , 2007, "Trade Liberalization, Capital Account

Liberalization and the Real Effects of Financial Development", *Journal of International Money and Finance*, Vol. 26(5), pp. 730-61.

Braun, M. and Raddatz, C., 2008, "The Politics of Financial Development: Evidence from Trade Liberalization", *The Journal of Finance*, Vol. 63(3), pp. 1469-1508.

Braun, M. and Raddatz, C., 2007, "Trade Liberalization, Capital Account Liberalization and the Real Effects of Financial Development", *Journal of International Money and Finance*, Vol. 26, pp. 730-761.

Brockman, P. and Chung, D. Y., 2003, "Investor Protection and Firm Liquidity", *Journal of Finance*, Vol. 58, pp. 921-937.

Broner, F. and Ventura, J., 2010, "Rethinking the Effects of Financial Liberalization", NBER Working Paper, No. 16640.

Brunetti, A., Kisunko, G. and Weder, B., 1997, "Institutions in Transition, Reliability of Rules and Economic Performance in Former Socialist Countries", World Bank Policy Research Working Paper, No. 778.

Buera, F., Kaboski, J. and Shin, Y., 2009, "Finance and Development: A Tale of Two Sectors", NBER Working Paper, No. 14914.

Burgess, R. and Pande, R., 2003, "Do Rural Banks Matter? Evidence from the Indian Social Banking Experiment", CMPO Working Paper Series, No. 04-104.

Bustos, P., 2007, "Rising Wage Inequality in the Argentinean Anufacturing Sector: The Impact of Trade and Foreign Direct Investment on Technology and Skill Upgrading", Unpublished Manuscript.

Caballero, R. and Krishnamurthy, A., 2003, "Excessive Dollar Debt: Financial Development and Underinsurance", *Journal of Finance*, Vol. 58(2), pp. 867-893.

Cagetti, M. and Nardi, M., 2006, "Entrepreneurship, Frictions, and Wealth", *Journal of Political Economy*, Vol. 114, No. 5.

Calderon, C. and Liu, L., 2003, "The Direction of Causality Between Financial Development and Economic Growth", *Journal of Development Economics*, Vol. 72(1), pp. 321-334.

Calvo, G. and Mendoza, E. , 2000, "Capital Markets Crises and Economic Collapse in Emerging Markets: An Informational Frictions Approach", *American Economic Review*, Vol. 90, pp. 59- 64.

Calvo, G. , 1998, "Capital Flows and Capital Market Crises: The Simple Economics of Sudden Stops", *Journal of Applied Economics*, Vol. 1, pp. 35-54.

Calvo, G. and Reinhart, C. , 2000, "Fear of Floating", NBER Working Paper, No. w7993, November. (2002, *Quarterly of Journal of Economics*, Vol. 117, No. 2, pp. 379-408)

Cameron, R. , 1967, *Banking in the Early Stages of Industrialization*, Oxford University Press.

Cameron, R. , 1972, *Banking and Economic Development*, Oxford University Press.

Campos, N. and Coricelli, F. , 2009, "Financial Liberalization and Democracy: The Role of Reform Reversals", Centre for Economic Policy Research, Discussion Paper, No. 7393.

Caprio, G. , Laeven, L. and R. Levine, 2004, "Governance and Bank Valuation", World Bank Working Paper, No. 3202.

Carlin, W. and Mayer, C. , 2003, "Finance, Investment and Growth", *Journal of Financial Economics*, Vol. 69, pp. 191-226.

Carlos, Diaz-Alejandro, 1985, "Good-bye Financial Repression, Hello Financial Crash ", *Journal of Development Economics*, Vol. 19, pp. 1-24.

Carree, M. and Thurik, A. , 2002, "The Effect of Entrepreneurial Activity on National Economic Growth", *Small Business Economics*, Vol. 24, No. 3, pp. 311-321.

Caskey, J. , Duran, C. and Solo, T. , 2006, "The Urban Unbanked in Mexico and the United States", Policy Research Working Paper, No. 3835, World Bank, Washington, DC.

Cecchetti, S. and Krause, S, 2004, "Deposit Insurance and External Finance", NBER Working Paper, No. 10908.

Cetorelli, N. and Gambera, M. , 2001, "Bank Structure, Financial Development and Growth: International Evidence from Industry Data", *Journal of Fi-*

nance, Vol. 56(4), pp. 617-648.

Chakraborty, I., 2008, "Does Financial Development Cause Economic Growth? The Case of India", *South Asia Economic Journal*, Vol. 9 (1), pp. 109-139.

Chan, L. and Zhaohui, C., 2001, "Cash-Free Sequencing Strategies for Financial Development and Liberalization", *IMF Staff Papers*, Vol. 48 (1), pp. 179-196.

Chaney, T., 2005, "Liquidity Constrained Exporters", Working Paper, University of Chicago, Dept. of Economics.

Chang, Y., Hung, M. and Lu, C., 2005, "Trade, R&D Spending and Financial Development", *Applied Financial Economics*, Vol. 15(11), pp. 809-819.

Chang, R. and Velasco, A., 2001, "A Model of Financial Crises in Emerging Markets", *Quarterly Journal of Economics*, Vol. 116, pp. 489- 517.

Chant, J., 1989, "The New Theory of Financial Intermediation", Kevin Dowd and Mervyn K. Lewis, *Current Issues in Financial and Monetary Economics*, The Macmillan Press Ltd.

Chaney, H., 2005, "Liquidity Constrained Exporters", Memeo, University of Chicago.

Chenery, H. and Strout, A., 1966, "Foreign Assistance and Economic Development", *American Economic Review*, August.

Chinn, M. and Ito, H., 2006, "Capital Account Liberalization, Institutions, and Financial Development: Cross Country Evidence", *Journal of Development Economics*, Vol. 66, pp. 465-504.

Chinn, M. and Ito, H., 2006, "What Matters for Financial Development? Capital Controls, Institutions, and Interactions", *Journal of Development Economics*, Vol. 81(1), pp. 163-192.

Chinn, M. and Ito, H., 2007, "Current Account Balances, Financial Development and Institutions: Assaying the World'Saving Glut'", *Journal of International Money and Finance*, Vol. 26(4), pp. 546-569.

Choong, C., Yusop, Z. and Soo, S., 2004, "Foreign Direct Investment, Economic Growth, and Financial Sector Development: A Comparative Analysis",

ASEAN Economic Bulletin, Vol. 21, No. 3, pp. 278-289.

Chor, D. , 2007, "Unpacking Source of Comparative Advantage", Mimeo, Harvard University.

Chou, Y. , 2007, "Financial Innovations in Banking: Impact on Regional Growth", *Journal of Economic Education*, Vol. 38(1), pp. 78-91.

Christopoulos, D. and Tsionas, E. , 2004, "Financial Development and Economic Growth: Evidence from Panel Unit Root and Cointegration Tests", *Journal of Development Economics*, Vol. 73, pp. 55-74.

Claessens, S. and Feijen, E. , 2006, "Financial Sector Development and the Millennium Development Goals", World Bank Working Paper, No. 89, World Bank, Washington, DC.

Claessens, S. and Laeven, L. , 2003, "Financial Development, Property Rights, and Growth", *Journal of Finance*, American Finance Association, Vol. 58 (6), pp. 2401-2436.

Claessens, S. , Klingebiel, D. and Laeven, L. , 2004, "Resolving Systematic Financial Crises: Policies and Institutions", World Bank Policy Research Working Paper, No. 3377.

Claessens, S. and Laeven, L. , 2005, "Institution Building and Growth in Transition Economies", World Bank Working Paper, No. 3657.

Claessens, S. and Perotti, E. , 2007, "Enrico-Finance and Inequality: Channels and Evidence", *Journal of Comparative Economics*, Vol. 35, pp. 748-773.

Clarida, R. , 2005, "Japan, China, and the U. S. Current Account Deficit", *CATO Journal*, Vol. 25(1).

Clarida, R. , 2005, "Some Thoughts on The Sustainability and Adjustment of Global Current Account Imbalances", Speech Given at the Council on Foreign Relations, March 28.

Clarke, George, Lixin, Colin Xu, Heng-fu Zou, 2002, "Finance and Income Inequality: Test of Alternative Theories", World Bank Policy Research Working Paper, No. 2984.

Coase, Ronald, 1960, "The Problem of Social Cost", *Journal of Law and Economics*, Vol. 3, pp. 1-44.

Coleman, J. , 1990, *The Foundations of Social Theory*, Belknap Press of Harvard University Press.

Collins, S. , 1996, "On Becoming Flexible: Exchange Rate Regimes in Latin American and the Caribbean", *Journal of Developing Economics*, Vol. 41, pp. 117-138.

Cook, C. , 2003, "Does Financial Depth Improve Aggregate Savings Performance? Further Cross-Country Evidence", *Review of Development Economics*, Vol. 7 (2), pp. 248-265.

Cooley, T. and Smith, B. , 1998, "Financial Markets, Specialization, and Learning by Doing", *Research in Economics*, Vol. 52(4), December, pp. 333-361.

Cooper, R. , 1991, "Currency Devaluation in Developing Countries", Princeton Essays In International Finance, No. 86.

Coorey, S. , Mecagni, M. and Offerdal, E. , 1996, " Disinflation in Transition Economies: The Role of Relative Price Adjustment ", IMF Working Paper, No. 138.

Corker, R. , Beaumont, C. , Elkan, R. and Iakova, D. , 2000, "Exchange Rate Regimes in Selected Advanced Transition Economies-Coping with Transition, Capital Inflows, and EU Accession", IMF Policy Discussion Paper, No. 00/03.

Corsetti, G. , Pesenti, P. and Roubini, N. , 1999, "What Caused the Asian Currency and Financial Crisis?" *Japan and the World Economy*, Vol. 11, pp. 305-373.

Cressy, R. , 2002, "Introduction: Funding Gaps", *Economic Journal*, Vol. 112 (477), pp. F1-F16.

Cull, R. and Effron, L. , 2008, "World Bank Lending and Financial Sector Development", *World Bank Economic Review*, Vol. 22(2), pp. 315-343.

Cull, R. , Senbet, L. and Sorge, M. , 2005, "Deposit Insurance and Financial Development. ", *Journal of Money, Credit, and Banking*, Vol. 37(1), pp. 43-82.

Cull, R. and Xu, C. , 2000, "Bureaucrats, State Banks, and the Efficiency of Credit Allocation: The Experience of Chinese State-Owned Enterprises", *Journal of Comparative Economics*, Vol. 28, pp. 1-31.

Cull, R. and Xu, C. , 2005, "Institutions, Ownership, and Finance: The Determinants of Profit Reinvestment Among Chinese Firms", *Journal of Financial Economics*, *Vol.* 77(1), pp. 117-146.

Cull, R., Demirgüç-Kunt, A. and Jonathan Morduch, 2008, "Microfinance Meets the Market", Policy Research Working Paper, No. 4630.

Dabla-Norris, E., Kersting, E. and Verdier, G., 2010, "Firm Productivity, Innovation and Financial Development", IMF Working Paper, WP/10/49.

Das, D., 2003, "Evolving Financial Market Structure in the Emerging Market Economies", *Journal of Asset Management*, Vol. 4(2), pp. 131-144.

De Melo, J. and Tybout, J., 1986, "The Effects of Financial Liberalization on Savings and Investment in Uruguay", *Economic Development and Cultural Change*, Vol. 34, pp. 561-587.

De-Greorio, J., 1996, "Credit Market and Stagnation in an Endogenous Growth Model", IMF Working Paper.

De Gregorio, J. and Guidotti, P., 1995, "Financial Development and Economic Growth", *World Development*, Vol. 23, pp. 433-448.

De-Mel, S., McKenzie, D. and Woodruff, C., 2006, "Returns to Capital in Microenterprises: Evidence from a Field Experiment", World Bank Mimeo.

Debray, G. and Wei, S., 2005, " Pitfalls of State-Dominated Financial System: The Case of China", NBER Working Paper, No. 11214.

Dehesa, M., Druck, P. and Plekhanov, A., 2007, "Relative Price Stability, Creditor Rights, and Financial Deepening", IMF Working Paper, WP/07/139.

Dehejia, R. and Gatti, R., 2005, "Child Labor: The Role of Financial Development and Income Variability", *Economic Development and Cultural Change*, Vol. 53(4), pp. 913-932.

Deidda, L., 2006, "Interaction Between Economic and Financial Development", *Journal of Monetary Economics*, Vol. 53, pp. 233-248.

Deidda, L., and Fattou, B., 2002, "Nonlinearity Between Finance and Growth", *Economics Letters*, Vol. 74, pp. 339-345.

Dekle, R. and Pradhan, M., 1997, "Financial Liberalization and Money Demand in Asean Countries: Implication for Money Policy", IMF Working Paper, No. 36.

Dekle, R. and Kletzer, K. , 2001 , " Domestic Bank Regulation and Financial Crises: Theory and Empirical Evidence from East Asia", IMF Working Paper, WP/01/63.

Demetriades, P. and Hussein, K. , 1996 , "Does Financial Development Cause Economic Growth? Time Series Evidence from 16 Countries", *Journal of Development Economics*, Vol. 51, pp. 387-411.

Demetriades, P. and Law, S. , 2006 , "Finance, Institutions and Economic Development", *International Journal of Finance and Economics*, Vol. 11 (3), pp. 245-260.

Demetriades, P. and Luintel, K. , 1996 , "Financial Development, Economic Growth and Banking Sector Controls: Evidence from India", *The Economic Journal*, Marth.

Demetriades, P. and Luintel, K. , 2004 , "Financial Development and Economic Growth: The Role of Stock Markets", Working Paper.

Demetriades, P. and Rousseau, P. , 2010 , "Government, Openness and Finance: Past and Present", NBER Working Paper, No. 16462.

Demirgüç-Kunt, A. and Detragiache, E. , 2002 , "Does Deposit Insurance Increase Banking System Stability? An Empirical Investigation", *Journal of Monetary Economics*, Vol. 49 (7), pp. 1373-1406.

Demirgüç-Kunt, A. and Detragiache, E. , 2005 , " Cross-Country Empirical Studies of Systemic Bank Distress: A Survey", IMF Working Papers, WP/05/96.

Demirgüç-Kunt, A. , Detragiache, E. and Tressel, T. , 2006 , "Banking on the Principles: Compliance with Basel Core Principles and Bank Soundness", World Bank Mimeo.

Demirgüç-Kunt, A. , Beck, T. and Honohan, P. , 2008 , "Finance For All? Policies and Pitfalls in Expanding Access", World Bank Policy Research Report.

Demirgüç-Kunt, A. and Levine, R. , 1996 , " Stock Markets, Corporate Finance, and Economic Growth: An Overview", *The World Bank Economic Review*, Vol. 10 (2), May, pp. 223-239.

Demirgüç-Kunt, A. and Levine, R. , 1999 , "Bank-based and Market-based Financial Systems: Cross-country Comparisons", Policy Research Working Paper,

No. 2143, World Bank.

Demirgüç-Kunt, A. and Levine, R. , 2001, *Financial Structure and Economic Growth: A Cross-Country Comparison of Banks, Markets, and Development*, Massachusetts Institute of Technology.

Demirgüç-Kunt, A. and Levine, R. , 2008, "Finance and Economic Opportunity", The World Bank Policy Research Working Paper, No. 4468.

Demirgüç-Kunt, A. and Levine, R. , 2008, "Finance, Financial Sector Policies, and Long-Run Growth", The World Bank Policy Research Working Paper, No. 4469.

Demirgüç-Kunt, A. , Laeven, L. and Levine, R. , 2003, "The Impact of Bank Regulations, Concentration and Institutions on Bank Margins", World Bank Working Paper, No. 3030.

Demirgüç-Kunt, A. and Maksimovic, V. , 1999, "Institutions, Financial Markets, and Firm Debt Maturity", *Journal of Financial Economics*, Vol. 54, pp. 295-336.

Demirgüç-Kunt, A. and Maksimovic, V. , 1998, "Law, Finance, and Firm Growth", *Journal of Finance*, Vol. 53, pp. 2107-2137.

Detragiache, E. , Gupta, P. and Tressel, T. , 2005, "Finance in Lower-Income Countries: An Empirical Exploration", International Monetary Fund Working Paper, WP/05/167.

Daniel, B. and Jones, J. , 2007, "Financial Liberalization and Banking Crises in Emerging Economies", *Journal of International Economics*, Vol. 5(1).

Denis, D. , 2004, "Entrepreneurial Finance: An Overview of the Issues and Evidence", *Journal of Corporate Finance*, Vol. 10, pp. 301-326.

Denizer, C. , Desai, R. and Gueorguiev, N. , 1998, "The Political Economy of Financial Repression in Transition Economies", World Bank Policy Research Working Paper, No. 2030.

Diamond, D. and Rajan, R. , 2001, "Banks, Short Term Debt and Financial Crises: Theory, Policy Implications and Applications", *Carnegie-Rochester Conference Series on Public Policy*, Vol. 54, pp. 37-71.

Diamond, D. and Dybvig, P. , 1983, "Bank Runs, Deposit Insurance, and

Liquidity", *Journal of Political Economy*, Vol. 85, pp. 191-206.

Detragiache, E., Gupta, P. and Tressel, T., 2005, "Finance in Lower-Income Countries: An Empirical Exploration", International Monetary Fund Working Paper, WP/05/167.

Detragiache, E., Tressel, T. and Gupta, P., 2008, "Foreign Banks in Poor Countries: Theory and Evidence", *Journal of Finance*, Vol. 63, pp. 2123-2160.

Diamond, D. and Dybvig, P., 1983, "Bank Runs, Deposit Insurance, and Liquidity", *Journal of Political Economy*, Vol. 91, pp. 401-419.

Diamond, D., 1984, "Financial Intermediation and Delegated Monitoring", *Review of Economic Studies*, Vol. 51, pp. 393-414.

Dinc, S., 2005, Politicians and Banks, Political Influences on Government-Owned Banks in Emerging Countries", *Journal of Financial Economics*, Vol. 77, pp. 453-479.

Djankov, S., Glaeser, E., La Porta, R., Lopez-de-Silanes, F. and Shleifer, A., 2003, "The New Comparative Economics", *Journal of Comparative Economics*, Vol. 31.

Djankov, Simeon, McLiesh, Caralee and Andrei Shleifer, 2007, "Private Credit in 129 Countries", *Journal of Financial Economics*, Vol. 84, pp. 299-329.

Diaz-Alejandro and Carlos, 1985, "Good-Bye Financial Repression, Hello Financial Crash", *Journal of Development Economics*, Vol. 19(1-2), pp. 1-24.

Djankov, S., Qian, Y., Roland, G. and Zhuravskaya, E., 2006, "Who Are China's Entrepreneurs", *American Economic Review*, Vol. 96(2), pp. 348-352.

Do, Q. and Levchenko, A., 2007, "Comparative Advantage, Demand for External Finance, and Financial Development", *Journal of Financial Economics*, Vol. 86, pp. 796-834.

Do Soto, Hernando, 2000, *The Mystery of Capital: Why Capitalism Triumphs in the West and Falls Everywhere Else*, New York: Basic Books.

Dollar, D. and Kraay, A., 2002, "Growth Is Good for Poor", *Journal of Economic Growth*, Vol. 7, pp. 195-225.

Dobson, W., 2007, "Finances Services and International Trade Agreements: The Development Dimension", *Handbook of International Trade in Services*, pp.

289-334.

Dooley, M. P. , 2000, "A Model of Crises in Emerging Markets", *The Economic Journal*, Vol. 110, pp. 256-272.

Drabek, Z. and Brada, J. C. , 1998, "Exchange Rate Regimes and the Stability of Trade Policy in Transition Economies", *Journal of Comparative Economics*, Vol. 26, pp. 642-668.

Driffill, J. , 2003, "Growth and Finance", Manchester School, Vol. 71, pp. 363-380.

Drucker, P. , 1985, *Innovation and Entrepreneurship: Practice and Principles*, Big Apple Tuttle-Mori Agency.

Dutta, J. and Kapur, S. , 1998, "Liquidity Preference and Financial Intermediation", *Review of Economic Studies*, Vol. 65(3), July, pp. 551-572.

Duffie, D. and R. Rahi, 1995, "Financial Market Innovation and Security Design: An Introduction", *Journal of Economic Theory*, Vol. 65, pp. 1-42.

Dupas, P. and Robinson, J. , 2009, "Savings Constraints and Microenterprise Development: Evidence from a Field Experiment in Kenya", NBER Working Paper, No. 14693, National Bureau of Economic Research, Cambridge, MA.

Edison, H. , Levine, R. , Ricci, L. and Slok. , T. , 2002, "International Financial Integration and Economic Growth", *Journal of International Money and Finance*, Vol. 21(6), pp. 749-776.

Edwards, S. , 1987, "Sequencing of Economic Liberalization in Developing Countries", *Finance and Development*, Vol. 24, pp. 26- 29.

Edwards, S. , 1998, "Openness, Productivity, and Growth: What Do We Really Know? " *Economic Journal*, Vol. 108, pp. 383- 398.

Edwards, S. , 2001, "Capital Mobility and Economic Performance: Are Emerging Economies Different?" Working Paper, University of California at Los Angeles.

Edwards, S. , 1995, *Capital Controls, Exchange Rates, and Monetary Policy in the Word Economy*, Cambridge University Press, Cambridge and New York.

Eichengeen, B. and Ross, A. , 1998, "Staying Afloat When the Wind Shifts", NBER Working Paper, No. 6370.

Erosa, A. and Cabriliana, A. , 2008, "On Finance as a Theory of TFP", *Inter-*

national Economic Review, Vol. 49, pp. 437-473.

Eschenbach, F. , 2004, "Finance and Growth: A Survey of the Theoretical and Empirical Literature. ", Tinbergen Institute Discussion Papers, No. 04-039/2.

Evans, D. and Jovanovic, B. , 1989, "An Estimated Model of Eepreneurial Choice Under Liquidity Constraints", Journal of Political Economy, Vol. 97(4), pp. 808-827.

Feeney, J. and Hillman, A. , 2004, "Trade Liberalization Through Asset Markets", Journal of International Economics, Vol. 64, pp. 151-67.

Feigenberg, B. , Field, E. and Pande, R. , 2010, " Building Social Capital Through Microfinance", NBER Working Paper, No. 16018.

Fergusson, L. , 2006, "Istitutions for Financial Development: What Are They and Where Do They Come from? " Journal of Economic Surveys, Vol. 20(1), pp. 27-69.

Fernández, R. and Alessandra, F. , 2005, "Culture: An Empirical Investigation of Beliefs, Work, and Fertility", NBER WP 11268.

Fernandez, R. and Rodrik, D. , 1991, "Resistance to Reform: Status Quo Bias in the Presence of Individual-specific Uncertainty", American Economic Review, Vol. 81(5), December, pp. 1146-1155.

Finer, Samuel, 1997, The History of Government, Vol. I-III, Cambridge, U. K. : Cambridge University Press.

Firth, M. , Lin, C. , Liu, P. and Wong, S. , 2009, "Inside the Black Box: Bank Credit Allocation in China's Private Sector", Journal of Banking & Finance, Vol. 33, pp. 1144-1155.

Fischer, S. , 2001, "Ten Years of Transition: Looking Back and Looking Forward", IMF Staff Papers, Vol. 48, Special Issues.

Fischer, S. , 1998, " Capital-Account Liberalization and the Role of the IMF", in: "Should the IMF Pursue Capital-Account Convertibility?" Essays in International Finance, No. 207, Princeton University, pp. 1-10.

Fischer, S. , 2003, " Globalization and Its Challenges", American Economic Review, Vol. 93, pp. 1-30.

Fischer, B. and Helmut, R. , 1993, Liberalisint Capital Flows in Developing

Countries:*Pitfalls*,*Prerequisites and Perspectives*,Paris,France:Development Centre of the Organisation for Economic Co-operation and Development;Washington,D. C:OECD Publications and Information Centre.

Fisman,R. and Love,I. ,2003,"Financial Dependence and Growth Revisited",NBER Working Paper,No. 9582.

Fisman,R. and Love,I. ,2003,"Trade Credit,Financial Intermediary Development,and Industry Growth",*Journal of Finance*,Vol. 58(1) ,pp. 353-374.

Fisman,R. and Love,I. ,2004,"Financial Development and Growth in the Short and Long Run",NBER Working Papers,No. 10236.

Fisman,R. and Love,I. ,2004,"Patterns of Industrial Development Revisited:The Role of Finance",World Bank Policy Research Working Paper Series,No. 2877.

Fields,G. ,2001,*Distribution and Development*:*A New Look at the Developing World*,NY:Russell Sage Foundation,and Cambridge,MA:MIT Press.

Frenkel,J. A. ,1982,"The Order of Economic Liberalization:A Comment",In K. Brunner and A. H. Meltzer,ed. ,*Economic Policy in a World of Change*,Amsterdam:North Holland.

Frankel,J. and Rose,A. ,1997,"Currency Crashes in Emerging Markets:Empirical Indicators",NBER Working Paper,No. 543.

Frankel,J. ,2004,"Experience of and Lessons from Exchange Rate Regimes in Emerging Economies",NBER Working Paper,No. 10032.

Fry,M. ,1978,"Money and Capital or Financial Deepening in Economic Development?"*Journal of Money*,*Credit and Banking*,Vol. 10,No. 4,pp. 464-475.

Fry,M. ,1980,"Saving,Investment,Growth and the Cost of Financial Repression",*World Development*,Vol. 8,April,pp. 317-327.

Fry,M. ,1982,"Models of Financially Repressed Developing Economics",*World Development*,Vol. 10,Sept,pp. 731-750

Fry,M. ,1997,"In Favour of Financial Liberalization",*The Economic Journal*,Vol. 107,(May) ,pp. 754-770.

Fry,M. ,1998,"Financial Development:Theories and Recent Experience",*Oxford Review of Economic Policy*,Vol. 6(4) ,pp. 13-18.

Frydman, R., Gray, C., Hessel, M. and Rapaczynski, A., 1999, "When Does Privatization Work? The Impact of Private Ownership on Corporate Performance in the Transition Economies", *Quarterly Journal of Economics*, Vol. 114, pp. 1153-1191.

Fukuyama, Francis, 1995, *Trust: The Social Virtues and the Creation of Prosperity*, Free Press, New York.

Fung, M., 2009, "Financial Development and Economic Growth: Convergence or Divergence?" *Journal of International Money and Finance*, Vol. 28, pp. 56-67.

Galbis, V., 1977, "Financial and Economic Growth in Less-Developed Counties: A Theoretical Approach", *Journal of Development Studies*, Vol. 13, No. 2, pp. 58-72.

Galbis, V., 1982, "Analytical Aspects of Interest Rate Policies in Less-Deelopmed Countries: a Critical Survey", *Journal of Development Studies*, Vol. 30, pp. 111-165.

Galindo, A., Schiantarelli, F. and Weiss, A., 2007, "Does Financial Liberalization Improve the Allocation of Investment? Micro Evidence from Developing Countries", *Journal of Development Economics*, Vol. 83, pp. 562-587.

Galor, Oded and Joseph Zeira, 1993, "Income Distribution and Macroeconomics", *Review of Economic Studies*, Vol. 60, No. 1, pp. 35-52.

George Kanatas and Chris Stefanadis, 2005, "Cultue, Financial Development, and Economic Growth", Mimeo.

Gerschenkron, Alexander, 1962, *Economic Backwardness in Historical Perspective*, Cambridge, MA, Harvard University Press.

George, R., Clarke, G., Cull, R. and Mary M. Shirley, 2005, "Bank Privatization in Developing Countries: A Summary of Lessons and Findings", *Journal of Banking & Finance*, Vol. 29, pp. 1905-1930.

Ghani, 1992, "How Financial Markets Affect Long Run Growth: A Cross-Country Study", World Bank Policy Research Working Paper, WPS843.

Giné, X. and Townsend, R., 2004, "Evaluation of Financial Liberalization: A General Equilibrium Model with Constrained Occupation Choice", *Journal of De-*

velopment Economics, Vol. 74(2), pp. 269-307.

Giovannini, A. and Melo, D., 1993, "Government Revenue from Financial Repression", *American Economics Review*, Vol. 83(4), pp. 953-963.

Girma, S. and Shortland, A., 2008, "The Political Economy of Financial Development", *Oxford Economic Papers*, Vol. 60, pp. 567-596.

Glaeser, E., Johnson, S. and Shleifer, A., 2001, "Coase Versus the Coasians", *Quarterly Journal of Economics*, Vol. 116, pp. 853-899.

Glaeser, E., Johnson, S. and Shleifer, A., "Legal Origins", *Quarterly Journal of Economics*, Vol. 117, pp. 1193-1230.

Goldsmith, R. W., 1969, *Financial Structure and Development*, New Haven, CT: Yale University Press.

Gonzalez, A., 2007, "Efficiency Drivers of Microfinance Institutions (MFIs): The Case of Operating Costs", *MicroBanking Bulletin*, Vol. 15, Autumn, pp. 37-42.

Gorodnichenko, Y. and Schnitzer, M., 2010, "Financial Constraints and Innovation: Why Poor Countries Don't Catch Up", NBER Working Paper, No. 15792.

Gorodnichenko, Y., Svejnar, J. and Terrell, K., 2009, "Globalization and Innovation in Emerging Markets", The World Bank Policy Research Working Paper, No. 4808.

Gourinchas and Jeanne, 2002, "On the Benefits of Capital Account Liberalization for Emerging Economies", IMF Working Paper, WP/06/189.

Graff, M. and Karmann, A., 2006, "What Determines the Finance—Growth Nexus? Empirical Evidence for Threshold Models", *Journal of Economics*, Vol. 87, , No. 2, pp. 127-157.

Granville, B. and Mallick, S., 2010, "Monetary Policy in Russia: Identifying Exchange Rate Shocks", *Economic Modelling*, Vol. 27, pp. 432-444.

Greenaway, D., Guariglia, A. and Kneller, R., 2007, "Financial Factors and Exporting Decisions", *Journal of International Economics*, Vol. 73 (2), pp. 377-395.

Greenwood, J., Sanchez, J. and Wang, C., 2010, "Quantifying the Impact of

Financial Development on Economic Development", NBER Working Paper, No. 15893.

Greenwood, J. and Javanovic, B. ,1990, "Financial Development, Growth and the Distribution of Income", *Journal of Political Economy*, Vol. 98, No. 5, pp. 1076-1107.

Gregorio, J. and Kim, S. , 2000, "Credit Markets with Differences in Abilities: Education, Distribution, and Growth", *International Economic Review*, Vol. 41, No. 3, Aug. , pp. 579-607.

Grootaert, C. ,1999, "Social Capital, Household Welfare and Poverty in Indonesia", Local Level Institutions Working Paper, No. 6, Washington DC, World Bank.

Gruber, J. and Kamin, S. , 2008, "Do Differences in Financial Development Explain the Global Pattern of Current Account Imbalances?" International Finance Discussion Papers: 923.

Guitian, M. ,1997, "Reality and the Logic of Capital Flow Liberalization", in Ries, Christine P. and Richard, J. , *Capital Controls in Emerging Economies*, Boulder, Colorado: Westview Press, pp. 17-32.

Guiso, L. , Sapienza, P. and Zingales, L. , 2003, "People's Opium? Religion and Economic Attitudes", *Journal of Monetary Economics*, Vol. 50 (1), pp. 225-282.

Guiso, L. , Sapienza, P. and Zingales, L. , 2004: "The Role of Social Capital in Financial Development", *The American Economic Review*, Vol. 94 (3), pp. 526-556.

Guiso, L. , Sapienza, P. and Zingales, L. ,2004, "Cultural Biases in Economic Exchange", NBER WP 11005.

Guiso, L. , Sapienza, P. and Zingales, L. , 2005, "Trusting the Stock Market", University of Chicago, Mimeo.

Guiso, L. , Sapienza, P. and Zingales, L. , 2005, "Does Culture Affect Economic Outcomes?" *Journal of Economic Perspectives*.

Guiso, L. , Sapienza, P. and Zingales, L. ,2002, "Does Local Financial Development Matter?" NBER Working paper, No. 8922.

Guitidn, M. , 1995, *Capital Account Liberalization*, Cambridge Press.

Gupta, K. , 1986, "Financial Development and Economic Growth in India and South Korea", *Journal of Economic Development*, pp. 41-62.

Gupta, K. , 1987, "Aggregate Savings, Financial Intermediation, and Interest Rate", *Review of Economics and Statistics*, Vol. 69(2), pp. 303-311.

Gupta, S. , 2000, "Financial Sector Liberalisation: Experience of South Korea, Chile and India in the 1990s", Master Dissertation, Jawaharlal Nehru University.

Gupta, S. , Pattillo, C. and Wagh, S. , 2007, "Impact of Remittances on Poverty and Financial Development in Sub-Saharan Africa", IMF Working Papers, No. 07/38.

Haber, S. , North, D. and Weingast, B. , 2008, *Political Institutions and Financial Development*, Stanford University Press, Stanford, California.

Hall, B. , 2002, "The Financing of Research and Development", *Oxford Review of Economic Policy*, Vol. 18(1), pp. 35-51.

Hall, B. and Lerner, J. , 2009, "The Financing of R&D and Innovation", NBER Working Paper, No. 15325.

Hanson, J. , 1995, "Open the Capital Account: Cost, Benefits, and Sequencing", in *Capital Controls, Exchange Rates and Monetary Policy in the World Economy*, Edited by Sebastian Edwards, Cambridge University Press.

Hasan, I. , Wachtel, P. and Zhou, M. , 2009, "Institutional Development, Financial Deepening and Economic Growth: Evidence from China", *Journal of Banking & Finance*, Vol. 33, pp. 157-170.

Hay, J. R. and A. Shleifer, 1998, "Private Enforcement of Public Laws: A Theory of Legal Reform", *American Economic Review Papers and Proceedings*, Vol. 88, pp. 398-403.

Hellman, T. F. , Murdock, K. C. and Stiglitz, J. E. , 2000, "Liberalization, Moral Hazard in Banking, and Prudential Regulation: Are Capital Requirements Enough?" *American Economic Review*, Vol. 90, pp. 147-165.

Helpman, E. , Melitz, M. and Yeaple, S. , 2003, "Export Versus FDI", NBER Working Papers, No. 9439.

Henry, P., 2003, "Capital Account Liberalization, the Cost of Capital and Economic Growth", *American Economic Review*, Vol. 93(2), pp. 91-96.

Herger, N., Hodler, R. and Lobsiger, M., 2008, "What Determines Financial Development? Culture, Institutions or Trade", *Review of World Economics*, Vol. 144(3).

Hermes, N. and Lensink, R., 2000, "Financial System Development in Transition Economies", *Journal of Banking and Finance*, Vol. 24, pp. 507-524.

Hermes, N. and Lensink, R., 2003, "Foreign Direct Investment, Financial Development and Economic Growth", *The Journal of Development Studies*, Vol. 38, pp. 142-163.

Hermes, N. and Lensink, R., 2004, "Foreign Bank Presence, Domestic Bank Performance and Financial Development", *Journal of Emerging Market Finance*, Vol. 3, pp. 207-229.

Herring, R. and Chatusripitak, N., 2000, "The Case of the Missing Market: The Bond Market and Why It Matters for Financial Development", Asian Development Bank ADB Institute Working Paper 11, July.

Heybey, B. and Murrell, P., 1997, "The Relationship Between Economic Growth and the Speed of Liberalization During Transition", SSRN Online Document 98051504.

Holden, P. and Prokopenko, 2001, "Financial Development and Poverty Alleviation: Issues and Policy Implications for Development and Transition Countries", IMF Working Paper, WP/01/160.

Holmstrom, B. and Tirole, J., 1997, "Financial Intermediation, Loadable Funds and the Real Sector", *The Quarterly Journal of Economics*, Vol. 112(3), pp. 663-691.

Honohan, Patrick, 2004, "Financial Development, Growth and Poverty: How Close Are the Links?" World Bank Policy Research Working Paper, No. 3203.

Huang, Y., 2006, "Will Political Liberalisation Bring about Financial Development?" Paper of "Macro, Growth and Development Workshop", University of Bristol Working Paper.

Huang, Y., 2006, "Private Investment and Financial Development in a Globalized World", Bristol Economics Discussion Papers, No. 06/589.

Huang, Y. , 2006, "On the Political Economy of Financial Reform", Bristol University Economics Department Working Papers, No. 06/586.

Huang, Y. , 2010, "Political Institutions and Financial Development: An Empirical Study", *World Development*, Vol. 38, No. 12, pp. 1667-1677.

Huang, Y. , 2005, "What Determines Financial Development?" Bristol University Economics Department Working Papers, No. 05/580.

Huang, H. and Lin, S. , 2009, "Non-Linear Finance—Growth Nexus: A Threshold with Instrumental Variable Approach", *Economics of Transition*, Vol. 17 (3), pp. 439-466.

Huang, H. and Wei, S. , 2006, "Monetary Policies for Developing Countries: The Role of Institutional Quality", *Journal of International Economics*, Vol. 70, pp. 239-252.

Hur, J. , Raj, M. and Riyanto, Y. , 2006, "The Impact of Financial Development and Asset Tangibility on Export", *World Development*, Vol. 34 (10), pp. 1728-1741.

Huybens, E. and Smith, B. , 1999, "Inflation, Financial Markets, and Long Run Real Activity", *Journal of Monetary Economics*, Vol. 43, pp. 283-315.

Ibrahim, M. , 2007: "The Role of the Financial Sector in Economic Development: The Malaysian Case", *International Review of Economics*, Vol. 54, pp. 463-483.

Ishii, and Habermeier, 2002, "Capital Account Liberalization and Financial Sector Stability", IMF Occasional Paper211, Washington DC.

Ito, H. , 2006, "Financial Development and Financial Liberalization in Asia: Thresholds, Institutions and Sequence of Liberalization", *The North American Journal of Economics and Finance*, Vol. 1, pp. 303-327.

Iyigun, M. and Owen, A. , 2004, "Income Inequality, Financial Development and Macroeconomic Fluctuation", *The Economic Journal*, Vol. 114 (April), 352-376.

Jalilian, H. and Kirkpatrick, C. , 2001, "Financial Development and Poverty Reduction in Developing Countries", Working Paper, No 30, University of Manchester.

Jalilian, H. and Kirkpatrick, C. , 2005, "Does Financial Development Contribute to Poverty Reduction?" *Journal of Development Studies*, Vol. 41(4), pp. 636-656.

Jaud, M. , Kukenova, M. and Strieborny, M. , 2011, "Finance, Comparative Advantage, and Resource Allocation", Available at SSRN: http://ssrn. com/abstract = 1745143.

Jayaratne, J. and Strahan, P. , 1996, "The Finance—Growth Nexus: Evidence from Bank Branch Deregulation", *Quarterly Journal of Economics*, Vol. 111, pp. 639-670.

Jeanneney, S. and Kpodar, K. , 2008, "Financial Development and Poverty Reduction: Can There Be a Benefit Without a Cost?" IMF Working Paper, WP/08/62.

Jeong, H. , 2005, "Does Financial Development Contribute to Poverty Reduction?" IEPR Working Paper, No. 05-20.

Johnson, B. and Echcverria, C. , 1999, "Sequencing Capital Account Liberalization: Lessons from the Experiences in Chile, Indonesia, Korea and Thailand", IMF Working Paper.

Johnson, S. , 1998, "Sequencing Capital Account Liberalizations and Financial Sector Reform", IMF Paper on Policy Analysis and Assessment 98/8.

Johnson, S. , Boone, P. , Breach, A. and Friedman, E. , 2000, "Corporate Governance in the Asian Financial Crisis", *Journal of Financial Economics*, Vol. 58.

Johnson, S. , McMillan, J. and Woodruff, C. , 2002, "Property Rights and Finance", *American Economic Review*, Vol. 92, pp. 1335-1356.

Jonathan, C. , 1999, "The Role of Subsidies in Microfinance: Evidence from The Grameen Bank", *Journal of Development Economics*, Vol. 60, October, pp. 229-248.

Jonathan, C. , 1996, "Group Lending, Moral Hazard, and the Creation of Social Collateral", *Journal of Development Economics*, Vol. 46, pp. 1-18.

Ju, J. and Wei, S. , 2005, "Endowment Versus Finance: A Wooden Barrel

Theory of International Trade", IMF Working Papers, No. 05/123.

Ju, J. and Wei, S. , 2007, "Domestic Institutions and the Bypass Effect of Financial Globalization", NBER Working Paper, No. 13148.

Ju, J. and Wei, S. , 2008, " When Is Quality of Financial System a Source of Comparative Advantage?" NBER Working Paper, No. 13984.

Kaminky, G. and Schmukler, S. , 2002, "Short-Run Pain, Long-run Gain: The Effects of Financial. Liberalization", Work Bank Working Paper, No. 9787, June.

Kaminsky and Reinhart, 1999, "The Twin Crisis: The Causes of Banking and Balance-of-Payments Problem", *American Economic Review*, Vol. 89, pp. 473-500.

Kaminsky, G. L. and Reinhart, C. M. , 2000, " On Crises, Contagion, and Confusion", *Journal of International Economics*, Vol. 51(1), pp. 145- 168.

Kaplan, E. and Rodrik, D. , 2001, " Did the Malaysian Capital Control Work?" CEPR Discussion Paper, No. 2754.

Kapur, B. , 1976, "Alternative Stabilization Policies for Less-Developed Economics", *Journal of Political Economy*, Vol. 84, No. 4, pp. 777-796.

Kapur, B. , 1983, "Optimal Financial and Foreign-Exchange Liberalization of Less-developed Economics", *Quarterly Journal of Economics*, Vol. 98, No. 1, pp. 41-62.

Kaufmann, D. , Kraay, A. and Mastruzzi, M. , 2007, "Governance Matters VI: Aggregate and Individual Governance Indicators, 1996-2006", Policy Research Working Paper Series, No. 4280, Washington: World Bank.

Kendall, J. , Mylenko, N. and Ponce, A. , 2010, "Measuring Financial Access Around the World", The World Bank Policy Research Working Paper, No. 5253.

Kerr, W. and Nanda, R. , 2009, "Financing Constraints and Entrepreneurship", NBER Working Paper, No. 15498.

Khan, A. , 2001, "Financial Development and Economic Growth", *Macroeconomic Dynamics*, Vol. 5(3), pp. 413-433.

Khan, M. and Senhadji, A. , 2003, " Financial Development and Economic Growth: A Review and New Evidence", *Journal of African Economies*, Vol. 12, pp. 89-110.

Kim, P. , 2007, "The Effects of Financial Sector Development on Innovation as an Engine of Sustained Growth", *Seoul Journa of Economics*, Vol. 20 (1) , pp. 129-160.

Kim, E. and Singal, V. , 2000, "Opening up of Stock Markets: Lessons from Emerging Economies", *Journal of Business*, Vol. 73 , pp. 25-66.

King, R. and Levine, R. , 1993, "Finance and Growth: Schumpeter Might Be Right", *Quarterly Journal of Economics*, Vol. 108 , pp. 717-738.

King, R. and Levine, R. , 1993, "Finance, Entrepreneurship and Growth: Theory and Evidence", *Journal of Monetary Economics*, Vol. 32 , pp. 513-542.

Kirkpatrick, C. and Green. , C. , 2002, "Finance and Development: An Overview of the Issues", *Journal of International Development*, Vol. 14 (2) , pp. 207-209.

Kiyotaki, N. and Moore, J. , 2005, "Financial Deepening", *Journal of the European Economic Association*, Vol. 3 (2-3) , pp. 701-713.

Klapper, J. , Amit, R. , Guillén, M. and Quesada, J. , 2007, "Entrepreneurship and Firm Formation Across Countries", The World Bank Policy Research Working Paper, No. 4313.

Klaus, E. , 2001, "Institutions, Transaction Costs, and Entry Mode Choice in Eastern Earoup", *Journal of International Business Studies*, Vol. 32 (2) , pp. 357-367.

Klein, M. , 1986, *The Timing and Sequencing of Economic Reform in Africa: Lessons for Macroeconomic Management*, Harvard University.

Klein, M. , 2005, "Capital Account Liberalization, Institutional Quality and Economic Growth: Theory and Evidence", NBER Working Paper, No. 11112.

Klein, W. and Olivei, G. , 2008, "Capital Account liberalization, Financial Depth, and Economic Growth", *Journal of International Money and Finance*, Vol. 27 , pp. 861-875.

Klyuev, V. 2001, "A Model of Exchange Rate Regime Choice in the Transitional Economies of Central and Eastern Europe", IMF Working Paper, No. 01/140.

Koetter, M. and Wedow, M. , 2006, "Finance and Growth in a Bank-Based Economy: Is It Quantity or Quality That Matters?" Deutsche Bundesbank, Research Centre, Discussion Paper Series 2: Banking and Financial Studies.

Kokko, A. , 1996, "Productivity Spillovers from Competition Between Local Firms and Foreign Affiliates", *Journal of International Development*, Vol. 8, pp. 517-530.

Kose, M. , 2006, "Financial Globalization: A Reappraisal", IMF Working Paper, WP/06/189.

Kose, M. , Prasad, E. and Terrones, M. , 2008, "Does Openness to International Financial Flows Raise Productivity Growth?" IMF Working Paper, WP/08/242.

Knack, Stephen and Philip Keefer, 1996, "Does Social Capital Have an Economic Payoff: A Cross-country Investigation", *The Quarterly Journal of Economics*, Vol. 112(4).

Knack, Stephen and Paul Zak, 2001, "Trust and Growth", *Economic Journal*, Vol. 111(470), pp. 295-321.

Krasa, S. and Villamil, A. , 2006, "Financial Development and Monetary Policy Efficiency", Emory University(Atlanta), Emory Economics 0613.

Krueger, 1986, "Problem of Liberalization", In Arnold H. ed. , *World Economic Growth*, San Francisco, ICS Press.

Krugman, P. , 1979, "A Model of Balance-of-Payments Crises", *Journal of Money, Credit and Banking*, Vol. 11, August, pp. 311-325.

Kuran, T. , 2009, "The Scale of Entrepreneurship in Middle Eastern History: Inhibitive Roles of Islamic Institutions", in *Entrepreneurs and Entrepreneurship in Economic History*, Eds: William J. Baumol, David S. Landes, and Joel Mokyr, Princeton, NJ: Princeton University Press.

Laeven, L. , 2001, "Financial Liberalization and Financing Constraints: Evidence from Panel Data on Emerging Economies", World Bank Working Paper, Washington, DC.

La Porta, R. , Lopez-de-Silanes, F. and Shleifer, A. , 2003, "What Works in Securities Laws?" Harvard University Mimeo.

La Porta, R. , Lopez-de-Silanes, F. and Shleifer, A. , 2002, "Government Ownership of Banks", *Journal of Finance*, Vol. 57, pp. 265-301.

La Porta, R. , Lopez-de-Silanes, F. , Shleifer, A. and Vishny, R. W. , 2002, "Investor Protection and Corporate Valuation", *Journal of Finance*, Vol. 57, pp. 1147-1170.

La Porta, R. , Lopez-de-Silanes, F. , Shleifer, A. and Vishny, R. W. , 2000, "Agency Problems and Dividend Policies Around the World", *Journal of Finance*, Vol. 55, pp. 1-33.

La Porta, R. , Lopez-de-Silanes, F. , Shleifer, A. and Vishny, R. W. , 2000, "Investor Protection and Corporate Governance", *Journal of Financial Economics*, Vol. 58, pp. 3-27.

La Porta, R. , Lopez-de-Silanes, F. , Shleifer, A. , Vishny, R. W. , 1998, "Law and Finance", *Journal of Political Economy*, Vol. 106, pp. 1113-1155.

La Porta, R. , Lopez-de-Silanes, F. , Shleifer, A. and Vishny, R. W. , 1997, "Legal Determinants of External Finance", *Journal of Finance*, Vol. 52, pp. 1131-1150.

Laban, R. and Larrain, F. , 1997, "Can a Liberalization of Capital Outflows Increase Net Capital Inflows?" *Journal of International Money and Finance*, Vol. 16(3), pp. 415-431.

Lal, D. , 1987, "The Political Economy of Economic Liberalization", *The World Bank Economic Review*, Vol. 1, January, pp. 273-299.

Lal, D. , 1999, *Unintended Consequences: The Impact of Factor Endowments, Culture and Politics on Long-Run Economic Performance*, MIT Press: Cambridge, MA.

Larrain, B. , 2004, "Financial Development, Financial Constraints, and the Volatility of Industrial Output", Federal Research Bank of Boston Public Policy Discussion Paper, No. 04-6.

Law, S. and Demetriades, P. , 2006, "Openness, Institutions and Financial Development", World Economy & Finance Research Programme 0012.

Lee, J. , 2006, "Capital Control as a Safeguard in the Capital Account Crisis", *Seoul Journal of Economics*, Spring.

Lee, J. , 2006, "Financial Reforms: Benefits and Costs", *Seoul Journal of Economics*, Winter, 19, 4; ABI/INFORM Global.

Lee, C. and Wong, S., 2005, "Inflationary Threshold Effects in the Relationship Between Financial Development and Economic Growth: Evidence from Taiwan and Japan", *Journal of Economic Development*, Vol. 30(1), pp. 49-69.

Leland, H. and Pyle, D., 1977, "Informational Asymmetries, Financial Structure and Financial Intermediation", *Journal of Finance*, Vol. 32.

Levine, R., 1997, "Financial Development and Economic Growth: Views and Agenda", *Journal of Economic Literature*, Vol. 35, pp. 688-726.

Levine, R., 1996, "Do Financial Institution Matter?" *Journal of Finance*, Vol. 4, August, pp. 1189-1217.

Levine, R., 1999, "Law, Finance, and Economic Growth", *Journal of Financial Intermediation*, Vol. 8, pp. 36-67.

Levine, R., 2002, "Bank-based or Market-based Financial Systems: Which Is Better?" *Journal of Financial Intermediation*, Vol. 11 (4), October, pp. 398-428.

Levine, R., 2004, "Finance and Growth: Theory and Evidence", NBER Working Paper, No. 10766, September.

Levine, R., 2005, "Finance and Growth: Theory and Evidence", in P. Aghion and S. N. Durlauf eds., *Handbook of Economic Growt*, h North-Holland.

Levine, R., 2008, "Finance and Poor", The Manchester School Supplement 1463-6786, pp. 1-13.

Levine, R., Loayza, N. and Beck, T., 2000, "Financial Intermediation and Growth: Causality and Causes", *Journal of Monetary Economics*, Vol. 46(1), pp. 31-77.

Levine, R. and Zervos, S., 1998, "Stock Markets Banks and Economic Growth", *American Economic Review*, Vol. 88, pp. 537-558.

Levy, N. and Mantey, G., 2003, "Private Pension Funds in Oligopolistic Financial Markets: Some Qualifications to Conventional Theroy of Financial Development", *International Review of Applied Economics*, Vol. 17(2), pp. 167-180.

Liu, T., Li, K., 2001, "Impact of Liberalization of Financial Resources in China's Economic Growth: Evidence from the Provinces", *Journal of Asian Economics*, Vol. 12, pp. 245-262.

Liu, M. and Yu, J. , 2008, "Financial Structure, Development of Small and Medium Enterprises, and Income Distribution in the People's Republic of China", *Asian Development Review*, Vol. 25, No. 1-2, pp. 137-155.

Loayza, N. and Ranciere, R. , 2006, "Financial Development, Financial Fragility, and Growth", *Journal of Money, Credit, and Banking*, Vol. 38 (4), pp. 1051-1076.

Lucas, R. , 1988, " On the Mechanics of Economic Development", *Journal of Monetary Economics*, Vol. 22, pp. 3-42.

Lynin, S. , 2003, *Economic Development: Theory and Practice for a Divided World*, Pearson Education, Inc.

Manning, M. , 2003, "Finance Causes Growth: Can We Be So Sure?" *Contributions to Macroeconomics*, Vol. 3 (1).

Manova, K. , 2008, " Credit Constraints, Heterogeneous Firms and International Trade", NBER Working Paper, No. 14531.

Masson, P. , 1999, "Monetary and Exchange Rate Policy of Transition Economies of Central and Eastern Europe after the Launch of EMU", IMF Policy Discussion Paper 5.

Masson, P. , 2001, "Exchange Rate Regime Transitions", *Journal of Development Economics*, Vol. 64, pp. 571-586.

Masson, P. and Harrison, R. , 2001, " Financing Enterpreneurship: Venture Capital and Regional Development", In Martin, R. Ed. , *Money and the Space Economy*, John Wiley & Sons.

Masten, A. , Coricelli, F. and Masten, I. , 2008, "Non-Linear Growth Effects of Financial Development: Does Financial Integration Matter?" *Journal of International Money and Finance*, Vol. 27, pp. 295-313.

Mathieson, D. , 1980, "Financial Reform and Stabilization Policy in a Developing Economy", *Journal of Development Economics*, Vol. 7, pp. 359-395.

Mathieston, D. and Rojas-Suarez, 1993, " Liberalization of Capital-Account: Experiences and Issues", IMF Occasional Paper 103, Washington DC.

Matin I. and Hulme, D. , 1999, "Financial Services for the Poor and Poorest: Deepening Understanding to Improve Provision", Working Paper, No. 9, University of Manchester.

Matsuyama, K. , 2005, "Credit Market Imperfections and Patterns of International Trade and Capital Flows", *Journal of the European Economic Association*, Vol. 3, pp. 714-723.

Maurer, N. and Haber, S. , 2004, "Related Lending and Economic Performance: Evidence from Mexico", Working Paper, Stanford University, Department of Economics, Palo Alto, CA.

McCaig, B. and Stengos, T. , 2005, "Financial Intermediation and Growth: Some Robustness Results", *Economics Letters*, Vol. 88, pp. 306-312.

McMillan, J. and C. Woodruff, 2002, "The Central Role of Entrepreneurs in Transition Economies", *Journal of Economic Perspective*, Vol. 16 (3), pp. 153-170.

McKinnon, R. , 1973, *Money and Capital in Economic Development*, Washington, DC: Brookings Institution.

McKinnon, R. , 1986, "The Order of Economic Liberalization: Lesson From Chile and Argentina", in Karl Brunnr and Alan Meltzer eds. , *Economic Policy in a World of Change*, Amsterdam: North Holland Publisher.

McKinnon, R. I. , 1991, *The Order of Economic Liberalization—Financial Control in the Transition to a Market Economy*, The Johns Hopkins University Press.

Megginson, W. , 2005, "The Economics of Bank Privatization", *Journal of Banking and Finance*, Vol. 29.

Megginson, W. and Netter, J. , 2001, "From State to Market: A Survey of Empirical Studies on Privatization", *Journal of Economic Literature*, Vol. 39 (2), June, pp. 321-389.

Menkhoff, L. , 2000, "Is the Size of the Financial Sector Excessive?" *Kredit und Kapital*, Vol. 15 (Beihefte), pp. 317-336.

Menzie, D. and Ito, H. , 2002, "Capital Account Liberalization, Institutions and Financial Development: Cross Country Evidence", NBER Working Paper, No. 8967.

Mero, K. , 2004, "Financial Depth and Economic Growth—The Case of Hungary, the Czech", *Acta Oeconomica*, Vol. 54(3), pp. 297-321.

Merton, Robert C., 1992, " Financial Innovation and Economic Performance", *Journal of Applied Corporate Finance*, Vol. 4, pp. 12-22.

Michalopoulos, S., Laeven, L. and Levine, R., 2009, "Financial Innovation and Endogenous Growth", NBER Working Papers, No. 15356.

Miller, Merton H., 1986, "Financial Innovation: The Last Twenty Years and the Next", *Journal of Financial and Quantitative Analysis*, Vol. 21, pp. 459-471.

Mishkin, F., 2001, *The Economics of Money, Banking and Financial Markets*, Columbia University.

Mishkin, F., 2004, "Can Inflation Targeting Working in Emerging Market Countries? "NBER Working Papers, No. 10646.

Mishkin, F., 2006, *The Next Great Globalization: How Disadvantaged Nations Can Harness Their Financial Systems to Get Rich*, Princeton University Press.

Mishkin, F., 2007, "Is Financial Globalization Beneficial?" *Journal of Money, Credit and Banking*, Vol. 39, No. 2-3 (March-April).

Mishkin, F., 2009, "Globalization and Financial Development", *Journal of Development Economics*, Vol. 89, pp. 164-169.

Mishkin, F., 2009, "Why We Shouldn't Turn Our Backs on Financial Globalization", IMF Staff Papers, Vol. 56, No. 1.

Mitton, T., 2006, "Stock Market Liberalization and Operating Performances at the Firm Level", *Journal of Financial Economics*, Vol. 20(1), pp. 15-34.

Modigliani, F. and Miller, M., 1958, "The Cost of Capital, Corporation Finance, and the Theory of Investment ", *American Economic Review*, Vol. 48, pp. 261-297.

Morck, R., Yeung, B. and Yu, W., 2000, "The Information Content of Stock Markets: Why Do Emerging Markets Have Synchronous Stock Price Movements", *Journal of Financial Economics*, Vol. 58, pp. 215-260.

Moshirian, F., 2004, "Financial Services: Global Perspectives", *Journal of Banking and Finance*, Vol. 28. No. 2, pp. 269-276.

Mukerjit, S. and Tallon, J., 2003, "An Overview of Economic Applications of David Schmeidler's Models of Decision Making under Uncertainty", Economics

Series Working Papers 172, University of Oxford, Department of Economics.

Muravyv, A., Oleksandr, T. and Dorotheafer, 2009, "Entrepreneurs' Gender and Financial Constraints: Evidence from International Data", *Journal of Comparative Economics*, Vol. 37, pp. 270-286.

Myrdal, Gunnar, 1970, *The Challenge of World Poverty: A World Anti-Poverty Program in Outline*, New York: Pantheon Books.

Navajas, S., Schreiner, M., Meyer, R., Gonzalea-Vega Rodirguez-Meza, J., 2000, "Microfinance and the Poorest of the Poor: Theory and Evidence From Bolivia", *World Development*, Vol. 28(2), pp. 79-82.

Ndikumana, L., 2005, "Financial Development, Financial Structure, and Domestic Investment: International Evidence", *Journal of International Money and Finance*, Vol. 24, pp. 651-673.

Nicoló, G., Geadah, S. and Rozhkov, D., 2003, "Financial Development in the CIS-7 Countries: Bridging the Great Divide", IMF Working Paper, WP/03/205.

Nicolo, G. and Ivaschenko, I., 2008, "Financial Integration and Risk-Adjusted Growth Opportunities", IMF Working Papers, No. 08/126.

Niels, H. and Robert, L., 2003, "Foreign Direct Investment, Financial Development and Economic Growth", *The Journal of Development Studies*, Vol. 40, pp. 142-163.

Nils Herger, Roland Hodler and Michael Lobsiger, 2007, " What Determines Financial Development? Culture, Institutions, or Trade", NCCR WP.

Nissanke, M. and Stein, H., 2003, "Financial Globalization and Economic Development: Toward an Institutional Foundation", *Eastern Economic Journal*, Vol. 29(2), pp. 287-307.

Nsouli, S., Cornelius P. and Georgiou, A., 1992, "Striving for Currency Convertilblity in North Africa", *Finance and Development*.

North, D. C., 1990, *Institutions, Institutional Change and Economic Performance*, Cambridge University Press: Cambridge.

Nurkes, R., 1953, *The Problem of Capital Formation in Less-Developed Countries*, Oxford University Press.

Obstefeld, M. , et al. , 1999, *Global Capital Market Integration*, *Crisis and Groth*, Cambridge University Press, pp. 34-87.

Obstefeld, M. , 1994, "The Logic of Currency Crisis", *Cahiers Economiques et Monetaires*, pp. 189-213.

Obstfeld, M. , 2009, "International Finance and Growth in Developing Countries: What Have We Learned?" NBER Working Paper, No. 14691.

Odedokun, M. , 1996, "Alternative Econometric Approaches for Analysing the Role of the Financial Sector in Economic Growth: Time Series Evidence from LDCs", *Journal of Development Economics*, Vol. 50, pp. 119-146.

Odedokun, M. , 1997, "Effects of Public Versus Private Investment Spending on Economic Efficiency and Growth in Developing Countries", *Applied Economics*, Vol. 29, pp. 1325-1336.

Odhiambo, N. , 2010, "Finance-Investment-Growth Nexus in South Africa: An ARDL-Bounds Testing Procedure. Economic Change and Restructuring ", Available Online March, doi: 10. 1007/s10644-010r-r9085-5.

Olson, M. , 1965, *The Logic of Collective Action*, Cambridge, MA: Harvard University Press.

Olson, 1982, *The Rise and Decline of Nations*, New Haven, CT: Yale University Press.

Omran, M. and Bolbol, A. , 2003, "Foreign Direct Investment, Financial Development, and Economic Growth ", *American Economic Review*, Vol. 89(3), 605-618.

Oomes, N. and Ohnsorge, F. , 2005, "Money Demand and Inflation in Dollarized Economies: The Case of Russia", *Journal of Comparative Economics*, Vol. 33(3), pp. 462-483.

Oura, H. , 2008, "Financial Development and Growth in India: A Growing Tiger in a Cage?" IMF Working Paper, WP/08/79.

Pagano, M. , 1993, "Financial Markets and Growth: An Overview", *European Economic Review*, Vol. 37(2-3), April, pp. 613-622.

Pagano, M. and Volpin, P. , 2001, "The Political Economy of Finance", *Oxford Review of Economic Policy*, Vol. 17, pp. 502-519.

Papaioannou, E. , 2009, "What Drives International Financial Flows? Politics, Institutions and Other Determinants", *Journal of Development Economics*, Vol. 88, pp. 269-281.

Pastor, G. and Danjanovic, T. , 2001, "The Russian Financial Crisis and Its Consequences for Central Asia", IMF Working Paper, No. 169.

Patrick, H. , 1966, "Financial Development and Economic Growth in Underdeveloped Countries", *Economic Development Cultural Change*, Vol. 14, pp. 174-189.

Paulson, A. and Townsend, R. , 2004, " Entrepreneurship and Financial Constraints in Thailand", *Journal of Corporate Finance*, Vol. 10, pp. 229-262.

Perotti, E. , 2004, "State Ownership: A Residual Role", World Bank Policy Research Working Paper, No. 3407.

Perotti, E. and Oijen, P. , 2001, "Privatization, Political Risk and Stock Market Development in Emerging Economies", *Journal of International Money and Finance*, Vol. 20(1), pp. 43-69.

Perotti, E. and Thadden, E. 2006, "The Political Economy of Corporate Control and Labor Rents", *Journal of Political Economy*, Vol. 114, pp. 145-174.

Peter, B. , 2000, "Stock Market Liberalization, Economic Reform, and Emerging Market Equity Prices", *The Journal of Finance*, No. 2, April.

Philippon, T. , 2007, "Why Has the U. S. Financial Sector Grown So Much? The Role of Corporate Finance", NBER Working Paper, No. 13405.

Piketty, Thomas, 1997, "The Dynamics of the Wealth Distribution and the Interest Rate with Credit Rationing", *Review of Economic Studies*, Vol. 64, pp. 173-189.

Pinto, B. and Ulatov, S. , 2009, "Financial Globalization and the Russian Crisis of 1998", The World Bank Policy Research Working Paper, No. 5312.

Pistor, K. , Raiser, M. and Geifer, S. , 2000, "Law and Finance in Transition Economies", *Economics of Transition*, Vol. 8, pp. 325-368.

Prasad, E. , 2009, "Some New Perspectives on India's Approach to Capital Account Liberalization", NBER Working Paper, No. 14658.

Prasad, E. , et al. , 2003, "Effect of Financial Globalization on Developing

Countries:Some Empirical Evidence",IMF Working Paper,March 17.

Prasad,E. and Rajan,R. ,2006,"Modernizing China's Growth Program", *American Economic Review*,Vol. 96(2),pp. 331-336.

Perotti,E. and Volpin,P. ,2007,"Investor Protection and Entry",Mimeo, University of Amsterdam,London Business School.

Putnam, R. ,1993,*Marking Democracy Work Civic Traditions in Modern Italy*,Princeton University Press.

Qi,Z. , Ran,T. , Liu,M. and Vincent,Y. ,2003,"Financial Development and Urban-Rural Income Disparity in China",Presented to the Chinese Economist Society Conference,University of Michgan.

Qian,J. and Strahan,P. ,2007,"How Laws and Institutions Shape Financial Contracts:The Case of Bank Loans",*The Journal of Finance*,Vol. LXII,No. 6, December.

Quintyn,M. and Verdier,G. ,2010,"Mother,Can I Trust the Government? Sustained Financial Deepening—A Political Institutions View",IMF Working Paper,WP/10/210.

Quirk,P. ,1994,"Capital Account Convertibility:A New Model for Developing Countries",IMF Occasional Paper,No. 81,Washington DC.

Quirk,P. and Evans,E. ,1995,"Capital Account Convertibility:Review of Experiences and Implications for IMF Policies",Occasional Paper,No. 131.

Rahman,A. ,2009,"Financial Inclusion as Tool for Combating Poverty",On the Joesph Mubiru Memorial Lecture Organized by the Central Bank of Uganda, On 20 November,2009.

Raiser,M. ,1999,"Trust in Transition",Working Paper,No39,Prepared in April 1999,http//www. ebrd. com/pubs/econ/workingp/39. pdf.

Rajan,R. ,2006,"The Persistence of Underdevelopment:Constituencies and Competitive Rent Preservation",Working Paper,University of Chicago,Graduate School of Business,Chicago.

Rajan,R. ,2006,"Has Finance Made the World Riskier?"*European Financial Management*, Vol. 12(4),pp. 499-533.

Rajan,R. and Zingales,L. ,1998,"Financial Dependence and Growth",

American Economic Review, Vol. 88, pp. 559-586.

Rajan, R. and Zingales, L., 2003, "The Great Reversals: The Politics of Financial Development in the 20th Century", *Journal of Financial Economics*, Vol. 69.

Rajan, R. and Zingales, L., 2003, *Saving Capitalism from the Capitalists: Unleashing the Power of Financial Markets to Create Wealth and Spread Opportunity*, Crown Publishing Group, New York.

Ram, R., 1999, "Financial Development and Economic Growth: Additional Evidence", *Journal of Development Studies*, Vol. 35, pp. 164-174.

Ramcharan, R., 2010, "The Link Between the Economic Structure and Financial Development", *Journal of Macroeconomics*, Vol. 10.

Rathinam, F., 2007, "Law, Institutions and Finance: Time Series Evidence from India", University of Hyderabad-Department of Economics Working Paper.

Reid, R., 2011, "Financial Development: A Broader Perspective", ADBI Working Paper Series, No. 258.

Reinhart, C. and Reinhard, V., 2003, "Twin Fallacies about Exchange Rate Policy in Emerging Markets", NBER Working Paper, No. 9670.

Ries, C. and Sweeney, 1997, *Capital Controls in Emerging Economies*, Boulder, Colorado: Westview Press.

Rioja, F. and Valev, N., 2004, "Does One Size Fit All: A Reexamination of the Finance and Growth Relationship", *Journal of Development Economics*, Vol. 74, pp. 429-447.

Rioja, F. and Valev, N., 2003: "Financial and the Sources of Growth at Various Stage of Economic Development", *Economic Inquiey*, Vol. 42, pp. 127-140.

Robinson. M., 2001, "The Microfinance Revolution: Sustainable Finance for the Poor", The World Banks, Washington, D. C.

Rodrik, D., 1997, "Trade and Capital Account Liberalization in a Keynesian Economy", *Journal of International Economics*, Vol. 23, pp. 113-129.

Rodrik, D. 1998, "Who Needs Capital-Account Convertibility?" Symposium Paper to Appear in Princeton Essays in International Finance.

Rodrik, D., 2003, *Growth Strategies*, Cambridge: Harvard University.

Rodrik, D. and Wacziarg, R. , 2006, "Do Democratic Transition Produce Bad Economic Outcome?" *American Economic Review*, Vol. 95(2), pp. 50-55.

Roe, M. and Siegel, J. , 2011, "Political Instability: Effects on Financial Development, Roots in the Severity of Economic Inequality", *Journal of Comparative Economics*, Forthcoming.

Rogers, J. , 1992, "Convertibility Risk and Dollarization in Mexico", *Journal of International Money and Finance*, Vol. 11, pp. 188-207.

Roland, G. , 2002: "The Political Economy of Transition", *The Journal of Economic Perspectives*, Vol. 16(1), pp. 29-50.

Rosen, H. , 1998, "The Future of Entrepreneurial Finance", *Journal of Banking & Finance*, Vol. 22, pp. 1105-1107.

Roubini, N. and Wachtel, P. , 1998, "Current Account Sustainability in Transition Economies", NBER Working Paper, No. 6468(Mar.).

Rousseau, P. and Sylla, R. , 2006, "Financial Revolutions and Economic Growth: Introducing This EEH Symposium", *Explorations in Economic History*, Vol. 43(1), pp. 1-12.

Rousseau, P. L. and R. Sylla, 1999, "Emerging Financial Markets and Early U. S. Growth", National Bureau of Economic Research Working Paper, No. 7448.

Rousseau, P. and Paul Wachtel, 2005, "Economic Growth and Financial Depth: Is the Relationship Extinct Already?" Stern School of Business Working Paper 05-15, New York University, New York.

Sachs, J. , 1993, *Poland's Jump to the Market Economy*, The MIT Press.

Sachs, J. , 1996, "Economic Transition and the Exchange Rate Regime", *American Economic Review*, Vol. 86, pp. 147-163.

Safavian, M. , 2001, Corruption and Microenterprises in Russia", Ph. D. Dissertation, The Ohio State University.

Sarkar, J. and Sarkar, S. , 1998, "Does Ownership Always Matter? —Evidence from the Indian Banking Industry", *Journal of Comparative Economics*, Vol. 26, pp. 262-281, Article No. JE981516.

Schiffer, M. and Weder, B. , 2001, "Firm Size and the Business Environment: Worldwide Survey Results", Discussion Paper 43, International Finance

Corporation, Washington, DC.

Schneider, B. , 2000, "Issues in Capital Account Convertibility in Developing Countries", Overseas Development Institute, London(June).

Schumpeter, J. A. , 1912, *The Theory of Economic Deevelopment*, MA: Harvard University Press.

Schutz, T. W. 1971, *Investment in Human Capital: The Role of Education and of Research*, New York: Free Press.

Schularick, M. and Steger, T. , 2006, " Does International Financial Integration Boost Economic Growth?", CESIFO Working Paper, No. 1691.

Shan, J. , 2005, "Does Financial Development 'Lead' Economic Growth? A Vector Auto-regression Appraisal", *Applied Economics*, Vol. 37, pp. 1353-1367.

Shan, J. , Morris, A. and Sun, F. , 2001, "Financial Development and Economic Growth: An Egg and Chicken Problem?" *Review of International Economics*, Vol. 9, pp. 443-454.

Shang-Jin, Wei, 1997, "Siamese Twins—Is There State-Owned Bias", *China Economic Review*, Vol. 8(1).

Sharma, S. , 2007, "Financial Development and Innovation in Small Firms", The World Bank Policy Research Working Paper, No. 4350.

Shaw, E. , 1973, *Financial Deepening in Economic Development*, Oxford University Press, New York.

Shen, C. and Lee, C. , 2006, "Same Financial Development yet Different Economic Growth—Why?" *Journal of Money, Credit, and Banking*, Vol. 38(7), pp. 1907-1944.

Shimpalee, P. and Breuer, J. , 2006, "Currency Crises and Institutions", *Journal of International Money and Finance*, Vol. 25, pp. 125-145.

Shleifer, A. and Vishny, R. , 1993, "Corruption", *Quarterly Journal of Economics*, Vol. 108(3), pp. 599-617.

Shleifer, Andrei and Robert Vishny, 1994, "Politicians and Firms", *Quarterly Journal of Economics*, Vol. 109, pp. 995-1025.

Shleifer, A. and R. W. Vishny, 1998, *The Grabbing Hand: Government Pathologies and Their Cures*, Cambridge, MA: Harvard University Press.

Shleifer, A. and Wolfenzon, D. , 2002: "Investor Protection and Equity Markets", *Journal of Financial Economics*, Vol. 66, pp. 3-27.

Siegle, J. T. , Weinstein, M. M. and Halperin, M. H. , 2004, "Why Democracies Excel", *Foreign Affairs*, Vol. 83, pp. 57-71.

Sikorski, T. , 1997, *Financial Liberalization in Developing Countries*, Edward Elgar.

Singh, R. , 1997, "Financial Liberalization: Stock Market and Economic Development", *Economic Journal*, Vol. 107, pp. 771-782.

Singh, R. , Kpodar, K. and Ghura, D. , 2009, "Financial Deepening in the CFA Franc Zone: The Role of Institutions", International Monetary Fund, WP/09/113.

Skura, D. , 2005, "Entrepreneurial Human Capital Accumulation and the Growth of Rural Businesses: A Four-Country Survey in Mountainous and Lagging Areas of the European Union?" *Journal of Rural Studies*, Vol. 21, pp. 67-79.

Sternberg, R. and Wennekers, S. , 2005, "Determinants and Effects of New Business Creation Using Global Entrepreneurship Monitor Data", *Small Business Economics*, Vol. 24(3), pp. 193-203.

Stigler, G. , 1971, "The Theory of Economic Regulation", *Bell Journal of Economics and Management Science*, Vol. 2, pp. 3-21.

Stiglitz, J. , 1993, "The Role of the State in Financial Markets", Supplement to the World Bank Economic Review and the World Bank Research Observer, Proceedings of the World Bank Annual Conference on Development Economics, pp. 19-52, Washington D. C. : The World Bank.

Stiglitz, J. , 2000, "Capital Market Liberalization, Economic Growth and Instability", *World Development*, Vol. 128, No. 6, pp. 1075-1086.

Stiglitz J. and Weiss, A. , 1981, "Credit Rationing in Markets with Imperfect Information", *The American Economic Review*, June, pp. 393-410.

Stiglitz, J. , 2002, *Globalization and its Discontents*, New York: W. W. Norton.

Stulz, R. , 2005, "The Limits of Financial Globalization", *Journal of Finance*, Vol. 60(4), pp. 1595-1638.

Stulz, R. and Williamson, R. , 2003, "Culture, Openness, and Finance",

Journal of Financial Economics, Vol. 70.

Suwantaradon, R. , 2008, "Financial Frictions and International Trade", Mimeo, Department of Economics, University of Minnesota.

Svaleryd, H. and Vlachos, J. , 2005, "Financial Markets, Industrial Specialization and Comparative Advantage-Evidence from OECD Countries", *European Economic Review*, Vol. 49(1), pp. 113-144.

Sy, N. , 2007, "Capital Account Convertibility and Risk Management in India", IMF Working Paper, WP/07/251.

Tabellini Guido, 2005, "Culture and Institutions: Economic Development in the Regions of Europe", Working Paper.

Tadesse, S. , 2002, "Financial Architecture and Economic Performance: Inter-National Evidence", *Journal of Financial Intermediation*, Vol. 11, pp. 429-454.

Thakor, Anjan, 1996, "The Design of Financial Systems: An Overview", *Journal of Banking & Finance*, Vol. 20, pp. 917-948.

Thornton, J. , 2009, "Does Financial Development Reduce Corruption?" Bangor Business School Working Paper, WP/09/003.

Todaro, M. and Smith, S. , 2006, *Economic Development*, 9th ed. , Pearson Education Limited.

Tornell, A. , 1993, "Economic Growth and Decline with Endogenous Property Rights", NBER Working Paper, No. 4354.

Tornell, A. , Westermann, F. and Martinez, L. , 2004, "The Positive Link Between Fiancial Liberalization, Growth and Crises", CESIFO Working Paper, No. 1164.

Townsend, Robert M. and Kenichi Ueda, 2003, "Financial Deepening, Inequality, and Growth: A Model-Based Quantitative Evaluation", IMF Working Paper , WP03193.

Toy, J. , 1999, "The Sequencing of Structural Adjustment Programmes: What Are the Issues?" UNCTD/UNDP Occasional Paper, No. 70.

Tressel, T. and Detragiache, E. , 2008, "Do Financial Sector Reforms Lead to Financial Development? Evidence from a New Dataset", IMF Working Paper,

WP/08/265.

Tse, C. and Leung, C. , 2002, "Increasing Wealth and Increasing Instability: The Role of Collateral", *Review of International Economics*, Vol. 10, pp. 45-52.

Tullock, G. , 1967, "The Welfare Costs of Tariffs, Monopoly and the Theft", *Western Economic Journal*, Vol. 5, pp. 224-232.

Vlachos, J. and Waldenstrom, D. , 2005, "International Financial Liberalization and Industry Growth", *International Journal of Finance and Economics*, Vol. 10(3), pp. 263-284.

Vollrath, D. and Erickson, L. , 2006, "Land Distribution and Financial System Development", IMF Working Papers, WP07/83.

Wachtel, P. , 2001, "Growth and Finance: What Do We Know and How Do We Know It?" *International Finance*, Vol. 4(3), pp. 335-362.

Wachtel, P. , 2001, "Globalization of Banking: Why Does It Matter?" Paper Presented at Presente y Futuro del Sistema Financiero en Paises Emergentes, Caracas, Venezuela, Available at http://www. stern. nyu: edu/-pwachtel/CaracasPresentation. pdf.

Wachtel, P. , 2003, "How Much do We Really Know about Growth and Finance?" *Federal Reserve Bank of Altlanta Economic Review*, first quarter, pp. 33-47.

Wagner, W. , 2007, "Financial Development and the Opacity of Banks", *Economics Letters*, Vol. 97(1), pp. 6-10.

Wagner, J. , 2007, "Exports and Productivity: A Survey of the Evidence from Firm Level Data", *The World Economy*, Vol. 30(1), pp. 60-82.

Walker, John L. , 2000, "Building the Legal and Regulatory Framework", in Eric S. Rosengren and John S. Jordan eds. , *Building an Infrastructure for Financial Stability*, Federal Reserve Bank of Boston, Conference Series No. 44, June.

Wang, E. , 2000, "A Dynamic Two-Sector Model for Analyzing the Interrelation Between Finanical Development and Industrial Growth", *International Review of Economics and Finance*, Vol. 9(3), pp. 223-241.

Weber, M. , 1930, *The Protestant Ethic and the Spirit of Capitalism*, Harper Collins: New York.

Weder,B. ,2001, "Institutional Reform in Transition Economies: How Far Have They Come?" IMF Working Paper01/114.

Wei,S. ,2006, "Connecting Two Views on Financial Globalization: Can We Make Further Progress?" *Journal of Japanese and International Economics*, Vol. 20,pp. 459-481.

Weller,C. ,2001, "Financial Crises and Financial Liberalization: Exceptional Circumstances or Structural Weaknesses", *Journal of Development Studies*, Vol. 38(1),pp. 98-126.

Wennekers,S. and Thurik,R. ,1999, "Linking Entrepreneurship and Economic Growth", *Small Business Economics*, Vol. 13(1),pp. 27-55.

Willett,1997, "Capital Account Liberalizational and Policy Incentives: An Endogenous Policy View", In Ries Christine and Sweeney, ed. , *Capital Controls in Emerging Economies*, Boulder, Colorado: Westview Press.

Willet,T. and Forte,F. ,1969, "Interest Rate Policy and External Balance", *Journal of Economics*, Vol. 83,pp. 242-262.

Williamson,J. ,1990, *Latin American Adjustment: How Much Has Happened?* Washington DC: Institute for International Economics.

Williamson,J. ,ed. ,1991, *Currency Convertibility in Eastern Europe*, Institute for International Economics.

Williamson,J. ,ed. ,1997, "The Washington Consensus Revisited", In Louis,E. ed. , *Economic and Social Development into the 21 Century*, Washington DC.

Williams,M. ,2002, "Market Reforms, Technocrats, and Institutional Innovation", *World Development*, Vol. 30(3),pp. 395-412.

Williamson,J. and Mahar,M. ,1999, "A Survey of Financial Liberalization", *Essays in International Finance*, No. 211.

Woo,1994, "The Art of Reforming Centrally Planned Economies: Comparing China, Poland, and Russia", *Journal of Comparative Economics*, Vol. 18, pp. 276-308.

World Bank,1989, "World Development Report 1989", Washington DC.

World Bank,2001, "Finance for Growth", Washington DC.

World Bank,2001, *Finance for Growth: Policy Choices in a Volatile World*,

Oxford, UK：World Bank and Oxford University Press.

World Bank, 2001, "Financial Transition in Europe and Central Asia", Washington DC.

Wurgler, J., 2000, "Financial Markets and the Allocation of Capital", *Journal of Financial Economics*, Vol. 58, pp. 187-214.

Wynne, J., 2005, "Wealth as a Determinant of Comparative Advantage", *American Economic Review*, Vol. 95, pp. 226-254.

Xu, Z., 2000, "Financial Development, Investment, and Economic Growth", *Economic Inquiry*, Vol. 38(2), pp. 331-344.

Yang, Y. and Hoon. Y., 2008, "Does Financial Development Cause Economic Growth? Implication for Policy in Korea", *Journal of Policy Modeling*. Vol. 30 (5). p 827-40.

Yao, Y. and Yueh, L., 2009, "Law, Finance, and Economic Growth in China：An Introduction", *World Development*, Vol. 37, No. 4, pp. 753-762.

Yue, M., 2007, "Incomplete Financial Market and Sequence of International Trade Liberalization", *International Journal of Finance and Economics*, Vol. 13 (1), pp. 108-111.

Zack-Williams, A. B., 2001, "No Democracy, No Development：Reflections on Democracy & Development in Africa", *Review of African Political Economy*, Vol. 27, pp. 213-223.

Zhuang, J., Gunatilake, H., Niimi, Y., Khan, M. and Jiang, Y., 2009, "Financial Sector Development, Economic Growth, and Poverty Reduction：A Literature Review", ADB Economics Working Paper Series, No. 173.

Zang, H. and Kim, Y., 2007, "Does Financial Development Precede Growth? Robinson and Lucas Might Be Right", *Applied Economics Letters*, Vol. 14(1-3), pp. 15-19.

Zoli, E. and Vaez-zadeh, E., 2001, "Cost and Effectiveness of Banking Sector Restructuring in Transition Economies", IMF Working Paper, WP101/157.

维塞尔：《自然价值》，商务印书馆 1982 年版。

马歇尔：《经济学原理》，商务印书馆 2005 年版。

穆勒：《政治经济学原理》，商务印书馆 1991 年版。

萨伊：《政治经济学概论》，商务印书馆 1995 年版。

庞巴维克：《资本实证论》，商务印书馆 1984 年版。

康芒斯：《制度经济学》（上、下册），商务印书馆 1997 年版。

克拉克：《财富的分配》，商务印书馆 1997 年版。

熊彼特：《经济发展理论》，商务印书馆 1990 年版。

罗纳德·麦金农：《经济发展中的货币与资本》，上海三联书店 1988年版。

爱德华，肖：《经济发展中的金融深化》，上海三联书店 1988 年版。

罗纳德·麦金农：《经济市场化的次序》，上海三联书店 1997 年版。

罗纳德·麦金农：《欠发达国家的利率政策：金融自由化的回顾》，经济科学出版社 1992 年版。

罗纳德·麦金农：《东亚经济周期与汇率安排》，中国金融出版社 2003年版。

雷蒙德·戈德史密斯：《金融结构与金融发展》，上海人民出版社 1995年版。

Demirgüç-Kunt，A. 和 Levine R：《金融结构和经济增长：银行、市场和发展的跨国比较》，中国人民大学出版社 2006 年版。

尼尔斯·赫米斯、罗伯特·伦辛克：《金融发展与经济增长——发展中国家（地区）的理论与经验》，经济科学出版社 2001 年版。

亚·E. 费·希尔贝多尔托、安·莫门：《发展中国家的自由化》，经济科学出版社 2000 年版。

路易吉·帕加内托、埃德蒙·S. 菲尔普斯：《金融、研究、教育与增长》，中国人民大学出版社 2008 年版。

弗雷德里克·米什金：《下一轮伟大的全球化：金融体系与落后国家的发展》，中信出版社 2007 年版。

阿赫塔尔·霍赛恩、阿尼斯·乔杜里：《发展中国家的货币与金融政策》，经济科学出版社 2000 年版。

安托利·阿格迈依尔：《发展中国家和地区的证券市场》，中国金融出版社 1988 年版。

Gupta，K. 编：《金融自由化的经验》，上海财经大学出版社 2003年版。

威廉·鲍莫尔、罗伯特·利坦，卡尔·施拉姆：《好的资本主义、坏的资本主义》，中信出版社 2008 年版。

拉古拉迈·拉詹、路易吉·津加莱斯：《从资本家手中拯救资本主义》（中译本），中信出版社 2004 年版。

迈克尔·穆萨、保罗·马森等：《世界经济日益一体化进程中的汇率制度》，中国金融出版社 2003 年版。

尼尔斯·赫米斯、罗伯特·伦辛克：《金融发展与经济增长》，经济科学出版社 2001 年版。

罗纳德·麦金农：《元本位下的汇率——东亚高储蓄两难》，王信，何为译，中国金融出版社 2005 年版。

亚洲开发银行编：《东亚货币与金融一体化：发展前景》，财政部国际司译，经济科学出版社 2005 年版。

科勒德克：《从休克到治疗》，上海远东出版社 1999 年版。

亚历山大·兰姆弗赖斯：《新兴市场国家的金融危机》，西南财经大学出版社 2002 年版。

世界银行：《2000/2001 年世界发展报告》，中国财政经济出版社 2001 年版。

世界银行：《金融与增长：动荡条件下的政策选择》，经济科学出版社 2001 年版。

世界银行：《金融自由化：距离多远？多快实现？》，中国财政经济出版社 2003 年版。

世界银行：《公平与发展》，清华大学出版社 2006 年版。

世界银行：《全民金融？拓宽渠道的政策与陷阱》，世界银行政策研究报告，2007 年。

彭兴韵：《金融发展的路径依赖与金融自由化》，上海三联书店、上海人民出版社 2002 年版。

王曙光：《金融发展理论》，中国发展出版社 2010 年版。

王曙光：《金融自由化与金融发展》，北京大学出版社 2003 年版。

雷达、于春海：《金融发展与金融自由化》，中国青年出版社 2005 年版。

杨咸月：《金融深化理论发展及其微观基础研究》，中国金融出版社

2002 年版。

张旭：《金融深化、经济转轨与银行稳定研究》，经济科学出版社 2004 年版。

李丹红：《发展中国家金融自由化研究》，经济日报出版社 2003 年版。

龚明华：《发展中经济金融制度与银行体系研究》，中国人民大学出版社 2004 年版。

唐珏岚：《发展中国家的资本外逃》，上海人民出版社 2007 年版。

周申：《发展中国家贸易自由化与汇率政策》，中国财政经济出版社 2006 年版。

庄毓敏：《经济转轨中的金融改革问题》，中国人民大学出版社 2001 年版。

孔田平：《东欧经济改革之路》，广东人民出版社 2003 年版。

庄起善：《过渡经济的理论与实践》，山西人民出版社 1999 年版。

庄起善：《俄罗斯转轨经济研究》，复旦大学出版社 2000 年版。

许新：《转型经济的产权改革》，社会科学文献出版社 2003 年版。

高晓慧、陈柳钦：《俄罗斯金融制度研究》，社会科学出版社 2005 年版。

郭竞成：《转轨国家金融转型论纲——比较制度分析》，经济科学出版社 2005 年版。

郭连成：《俄罗斯经济转轨与转轨时期经济论》，商务印书馆 2005 年版。

冉茂盛、张宗益：《转型经济与金融发展》，重庆大学出版社 2004 年版。

武良成：《转型国家的汇率制度选择与经济稳定性研究》，中国经济出版社 2006 年版。

曾康霖、黄平：《中东欧转轨经济国家股票市场制度研究》，中国金融出版社 2006 年版。

刘锡良、凌秀丽：《中东欧国有银行产权改革研究》，中国金融出版社 2006 年版。

张蓉：《全球视角下银行私有化研究》，经济科学出版社 2008 年版。

庄起善：《中东欧转型国家金融银行业开放、稳定与发展研究》，复旦大学出版社 2008 年版。

窦菲菲：《转型国家银行改革及其对经济增长影响分析：基于外资银行视角》，法律出版社 2009 年版。

范敬春：《迈向金融自由化道路的俄罗斯金融改革》，经济科学出版社 2004 年版。

王凤京：《俄罗斯的金融自由化与金融危机：剖析与借鉴》，经济科学出版社 2008 年版。

徐明威：《经济转轨国家金融体制比较研究》，中国文史出版社 2005 年版。

凌婕：《商业银行产权改革的框架和路径：理论及国际经验》，上海三联书店 2008 年版。

韩廷春：《金融发展与经济增长——理论、实证与政策》，清华大学出版社 2002 年版。

张礼卿：《发展中国家的资本账户开放》，经济科学出版社 2000 年版。

张礼卿：《资本账户开放与金融不稳定》，北京大学出版社 2004 年版。

张礼卿、李建军：《金融自由化与金融稳定》，人民出版社 2006 年版。

丁志杰：《发展中国家金融开放》，中国发展出版社 2002 年版。

廖发达：《发展中国家资本项目开放与银行稳定》，上海远东出版社 2001 年版。

吴信如：《资本账户自由化增长效应研究》，中国金融出版社 2006 年版。

叶伟春：《资本账户开放的经济效应研究》，上海财经大学出版社 2009 年版。

黄金老：《金融自由化与金融脆弱性》，中国城市出版社 2001 年版。

刘莉亚：《新兴市场国家（地区）金融危机理论研究》，上海财经大学出版社 2004 年版。

金洪飞：《新兴市场货币危机机理研究》，上海财经大学出版社 2004 年版。

杨冬云：《印度经济改革与发展的制度分析》，经济科学出版社 2006 年版。

殷剑峰：《金融结构与经济增长》，人民出版社 2006 年版。

陈志刚:《发展中国家金融开放的次序与速度问题研究》,湖北人民出版社 2007 年版。

彭文平:《金融发展二阶段论》,经济科学出版社 2004 年版

沈悦:《金融自由化与金融开放》,经济科学出版社 2004 年版。

许少强:《东亚经济体的汇率变动》,上海财经大学出版社 2002 年版。

陈学彬等:《当代金融危机的形成、扩散与防范机制研究》,上海财经大学出版社 2001 年版。

王广谦:《20 世纪西方货币金融理论研究:进展与评述》,经济科学出版社 2003 年版。

庄毓敏:《经济转轨中的金融改革问题——对俄罗斯的实证研究》,中国人民大学出版社 2001 年版。

张荔:《金融自由化效应分析》,中国金融出版社 2003 年版。

韩廷春:《金融发展与经济增长——理论、实证与政策》,清华大学出版社 2002 年版。

洪崎:《金融深化理论与实证分析》,中国金融出版社 2000 年版。

沈悦:《金融自由化与金融开放》,经济科学出版社 2004 年版。

黄静茹:《金融约束与金融有序发展》,首都经济贸易大学出版社 2005 年版。

阳佳余、包群、赖明勇:《金融发展、贸易开放与经济增长》,上海三联书店 2008 年版。

乔宗铭:《开放经济中金融深化理论和金融发展》,上海财经大学出版社 2006 年版。

施兵超:《经济发展中的货币与金融——若干金融发展模型研究》,上海财经大学出版社 1997 年版。

朗晓龙:《货币危机与资本管制》,中国经济出版社 2007 年版。

陈雨露、汪昌云:《金融学文献通论:宏观金融卷》,中国人民大学出版社 2006 年版。

王洛林、李扬:《金融结构与金融危机》,经济管理出版社 2002 年版。

谈儒勇:《金融发展理论与中国金融发展》,中国经济出版社 2000 年版。

谈儒勇:《金融发展的微观动因及效应:理论与证据》,中国财政经济

出版社 2004 年版。

施兵超：《利率理论与利率政策》，中国金融出版社 2003 年版。

李扬：《中国金融改革研究》，江苏人民出版社 1999 年版。

汤宪达：《中国金融发展与经济增长的因果方向性实证研究》，经济科学出版社 2008 年版。

李木祥等：《中国金融结构与经济发展》，中国金融出版社 2004 年版。

华民：《中国资本项目的开放：挑战与机遇》，学林出版社 2003 年版。

黄嵩：《金融与经济增长：来自中国的解释》，中国发展出版社 2007 年版。

朱波：《金融发展与内生增长：理论及基于中国的实证研究》，西南财经大学出版社 2007 年版。

刘剑峰：《中国金融发展路径及其效率研究》，经济科学出版社 2009 年版。

范德胜：《经济转轨时期的中国金融发展和经济增长》，中国金融出版社 2006 年版。

贾春新：《金融深化：理论与中国的经验》，《中国社会科学》2000 年第 3 期。

陈雨露、罗煜：《金融开放与经济增长：一个述评》，《管理世界》2007 年第 4 期。

郑志刚：《金融发展的决定因素》，《管理世界》2007 年第 3 期。

吴宏、张萍：《金融对贸易发展差异影响机制研究进展》，《经济学动态》2009 年第 11 期。

赵春明、郭界秀：《金融发展与比较优势关系研究述评》，《经济学动态》2010 年第 4 期。

张杰：《中国经济增长的金融制度原因：主流文献的讨论》，《金融评论》2010 年第 5 期。

朱闰龙：《金融发展与经济增长文献综述》，《世界经济文汇》2004 年第 6 期。

谈儒勇：《中国金融发展与经济增长关系的实证研究》，《经济研究》1999 年第 10 期。

后 记

没有想到这部专著的写作前前后后花了我七年多的时间。

我曾于 2004 年获得国家教育部人文社会科学重点研究基地重大研究项目《发展中国家及经济转型国家的金融改革与经济发展》（项目批准号：05JJD790020）。2009 年，我又获得一项国家自然科学基金项目《制度、收入分配与金融发展：理论探索与实证分析》（项目编号：70973090）。为完成前一个项目并为后一个项目的深入研究打下基础，我打算写一部专著。

因此，我写作本专著的目的主要是：（1）力图在全面、系统地疏理及分析第一、第二及第三代金融发展理论的基础上，进一步追踪解读国外金融发展理论的最新文献，全面回顾并评价金融发展理论的整个发展过程及最新进展，并尝试在现有的金融发展理论基础上有所创新或突破，进而为将金融发展理论向新一代发展开辟思路；（2）根据现实的最新发展变化，并运用主流经济学的基本概念及思路对根据金融自由化理论进行金融自由化改革的发展中国家及经济转轨国家金融改革及金融发展的绩效或成败得失进行全面、深入的分析及客观的评价，并探索成功地进行金融改革并成功地实现金融发展的正确路径；（3）试图通过对金融发展理论及实践的回顾与反思，来促使人们对中国目前的金融改革及金融发展模式进行冷静的反思，同时通过对现有的金融发展理论的综合，进而为中国下一步的金融改革及金融发展提供具有指导意义的新思路；（4）为下一步将制度、收入分配与金融结构及金融发展问题联系起来，同时综合金融发展理论、金融结构理论、产权理论和收入分配理论，并借鉴"经济自由度指数"中的相关指标，系统地探讨制度、收入分配与金融发展之间的关系，从而力求在理论上进行重大创新打下基础。

　　为达到以上目的，我从 2005 年开始自己动手并组织学生搜集国外有关金融发展及相关问题的理论文献。同时，坚持每周组织我指导的学生（包括在校的硕士生及博士生）对国外有关金融发展理论及其他相关理论的最新文献进行一次解读及研讨活动，每次解读并研讨两篇文献。每次的文献解读活动都是我最愉快的时光，因为每次文献解读活动都给我新的启发，并为这部专著的写作提供了丰富的资料。因为要靠我自己一一解读国外金融发展理论的最新文献是不可能的，不只是时间问题，光是论文中的大量模型就会难住我。而我所指导的每一个学生都十分认真地解读我分配给他们的外文文献，可以说，这些学生解读外文文献的水平基本上都有过人之处，我从他们那里学到了许多东西。从这一角度来看，我的学生也是我的老师。因此，我要特别感谢我所指导的所有硕士及博士研究生（由于学生太多，因此无法一一列举他们的姓名）。

　　而本书的写作也得到了我所指导的博士生滑冬玲、许立成、王鸾凤、洪修文、滕芸、孙光慧、刘春华、吴磊等人的大力支持和帮助，他们都对本书的最终完成做出了贡献，特别是书中的大量数据是由滑冬玲及吴磊同学整理完成的。目前，我所提到的这些博士生毕业以后都在各自的岗位上做出了不错的成绩，这使我感到十分欣慰。

　　谨以此书献给大家。

江　春

2012 年 3 月